PMBOK 6th 학습서

PMP
POWER

이두표 저

Project Management Professional

박영사

PMP Power

서문

　　PMBOK 6판은 5판에 비해 프로세스도 늘어났고 일부 변화가 된 내용이 많습니다. 그동안 교육과정을 통해 PMBOK을 보다 쉽게 내용을 전달할 방법을 정리하였습니다. 프로세스 흐름 관련 이해를 돕기 위해 많은 그림과 표를 많이 사용하였습니다. 각 장마다 문제를 출제하여 내용 정리 겸 PMP시험에 대비하도록 하였고, 실제 상황문제가 많이 출제되기 때문에 어떤 유형의 상황문제가 출제되는지에 대한 정리도 하였습니다.

　　PMP는 프로젝트 관리를 하시는 분들은 기본적으로 취득하는 것이 좋습니다. PMP가 목표가 아닌 프로젝트 전문가가 되는 과정에서 얻는 당연한 자격증으로 생각하고, 보다 프로젝트에 관련된 더 많은 지식을 쌓아 국제 경쟁력을 가지는 훌륭한 전문가가 되시기를 기원합니다. 이 학습서가 개인의 자기계발과 더불어 지속적인 동기유발을 위한 자격증 준비를 위한 분들에게 많은 도움이 되었으면 좋겠습니다.

　　PM은 Power를 가져야 하고, 힘을 가진 능력 있는 전문가입니다. 이에 PMP Power가 국제 프로젝트 관리 자격증인 PMP(Project Management Professional) 취득에 많은 도움이 되었으면 좋겠습니다.

2019년 1월
저 자

PMP Power

차례

PART 1 PMBOK(6th edition) 학습서

01 소개(Introduction)

02 프로젝트 운영환경(The environment in which projects operate)

06 프로젝트 일정관리

07 프로젝트 원가관리

08 프로젝트 품질관리

12 프로젝트 조달관리

13 프로젝트 이해관계자관리

PART 2 핵심요약 정리 및 총정리 200문제

Part 2에서는 PART 1에서 들어있던 PMBOK 6판에서 나온 문서들의 흐름, 중요한 요소들의 흐름 및 지식영역별 입력물 및 산출물을 정리하였다. 또한 종합문제 200문제로 최종정리를 하도록 하였다.

PMBOK 6th 학습서

P M P
P O W E R

Project Management Professional

PMBOK(6th edition) 학습서

Part 1 >   Part 2

PMP Power

소개(Introduction)

1장에서는 주로 PMBOK의 목적, 프로젝트 관리 기본 용어 및 프로세스와 관련된 부분이 소개된다.

1.0 PMBOK 지침서의 구성 및 목적

A guide to the PMBOK®(Project Management Body Of Knowledge) 모범적 실무관행으로 일반적으로 인정된 프로젝트 관리 지식체계로서 전 산업영역에서 사용 가능하고, 미국 PMI(Project Management Institute) 소속 자원 봉사자들이 만든 지침서이다. 프로젝트 수행"시 공통언어(Common language)로 사용되는 것을 권장하고 Generally Recognized as Best Practice로서 대부분의 프로젝트에 항시 적용 가능한 지침서이다.

- 프로젝트 관련 지식의 체계화로 Project Management Body Of Knowledge(PMBOK)를 만들었다.
- PMI(Project Management Institute)에서 PMBOK의 차트와 용어집에 대한 기준선을 정립하고 프로젝트 관리 전문지식을 설명하는 용어로 정의한다.
- PMBOK은 일반적으로 인정되는 지식과 실무사례가 적용되고, 우수 실무사례는 기대하는 비즈니스 가치와 결과를 인도함에 프로세스에 해당 지식, 기술, 도구 및 기법을 적용하여 일반적인 동의가 있음을 의미한다. 프로세스는 조정(Tailoring)을 통해 수행되어야 한다.

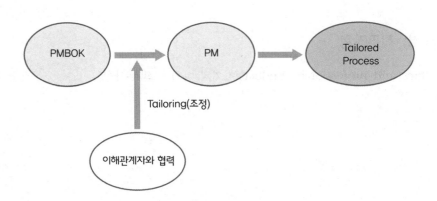

- 프로젝트 상황에 따라 적절한 변경(Tailoring) 후 적용해야 한다. 프로젝트 관리 관련 모든 이론이 상세히 언급되어 있지 않으며, 모든 산업분야에 공통적으로 적용 가능하다.
- 프로젝트 생명주기가 아닌, 관리 지식 영역 중심으로 기술한다.
- 프로젝트 관리자만 아니라, 경영자(층), 전사 프로젝트 관리자 및 모두에게 유용하다. 또한 공통 어휘(Common vocabulary)를 제공한다.

1.1   프로젝트 관리표준서

- PMBOK은 프로젝트관리 표준서(미국표준협회: American National Standards Institute, ANSI)를 기반으로 개발되었다. 표준서와 지침서는 모두 규범적 실무사례가 아닌 설명적 실무사례를 기준으로 한다.
- 프로세스에 일반적으로 연관되는 투입물과 산출물을 제시한다. PMBOK guide에서는 프로젝트 관리프로세스 조정에 관한 핵심개념, 새로운 동향, 고려사항, 그리고 프로젝트에 도구 및 기법을 적용하는 방법을 자세히 설명한다.
- PMBOK Guide에서는 전체 프로그램, 포트폴리오 및 프로젝트 범위가 아닌 프로젝트 관리 분야로 제한한다. A guide to the PMBOK(Project Management Body Of Knowledge) 모범적 실무관행으로 일반적으로 인정된 프로젝트 관리 지식체계, 전 산업영역에서 사용 가능, 미국 PMI(Project Management Institute) 소속 자원 봉사자들이 만든 지침서이다.

1.2   일반적인 용어

PMI Lexicon of Project management term에 전문용어를 정의했다.
(부록 1: 용어집 참조)

1.3 윤리 및 직무강령

Code of ethics and professional conducts(4 가지 가치) — 의무사항

- 책임감
- 존중
- 공정성
- 정직성

1.4 프로젝트

(1) 정의

A Project is a temporary endeavor undertaken to create a unique product, service, or result. 유일한(특정) 상품 또는 서비스, 결과를 창출하기 위하여 수행되는 한시적인 활동이다.

- 프로젝트는 한시적(Temporary)이다. → 시작과 끝이 명확히 나타난다.
- 프로젝트는 고유한(Unique) 제품, 서비스, 결과를 창출한다.
- 프로젝트의 작업, 특성, 이해관계자에 따라 고유성을 가진다.
- 불확실성 또는 제품의 차이가 나타날 수 있다.
- 프로젝트는 점진적으로 구체화(Progressive elaboration)된다.

(2) 프로젝트 결과물

고유한 제품, 서비스 또는 결과물 → 결과물(인도물)은 유형 또는 무형이 될 수 있다.
프로젝트가 산출할 수 있는 결과물은 다음과 같다.

- 개선 또는 새로운 완제품(예: 완제품의 결함을 수정한 품목) 등의 고유한 제품
- 고유한 서비스 또는 서비스를 수행역량(예: 생산 또는 유통을 지원하는 직무기능)
- 산출물 또는 문서들의 고유한 결과물(예: 지식을 개발하는 연구 프로젝트)
- 한 가지 이상의 제품, 서비스 또는 결과물의 공유한 조합(예: 소프트웨어 애플리케이션, 관련문서 및 고객지원서비스)
- 가시적으로 나타나는 산출물이나 문서와 같은 결과물

프로젝트의 예(상세)

- 의료용 신약개발, 관광가이드 서비스 확대, 두 조직 합병
- 조직 내 업무 프로세스 개선
- 조직에서 사용할 새로운 컴퓨터 하드웨어 시스템 조달 및 설치

- 석유탐사, 조직에서 사용하는 컴퓨터 소프트웨어 프로그램 수정
- 새로운 제조 공정을 개발하기 위한 연구진행, 건축물 건설

(3) 프로젝트 종료 조건

한시적인 노력 → 프로젝트의 시작과 끝이 정해져 있다(기간이 짧은 것이 아니다).
프로젝트의 끝은 다음 중 한 가지를 달성하여야 한다.

- 프로젝트의 목표 달성
- 목표 달성에 실패하거나 목표 달성이 불가능한 상황
- 조달자금 소진 또는 더 이상 프로젝트에 자금 할당이 불가능한 상황
- 프로젝트의 필요성 소멸
  - 고객이 더 이상 프로젝트의 완료를 원하지 않음
  - 전략이나 우선순위변경으로 프로젝트가 종료됨
  - 조직 경영진에서 프로젝트 종료를 지시함
- 더 이상 인적 또는 물적 자원을 동원할 수 없는 상황
- 법적 사유나 편의에 의해 프로젝트가 종료되는 상황단계적 발전과 일정한 증가를 순차적으로 유지하면서 지속된다.

(4) 프로젝트 목표

- 프로젝트는 변화를 추진한다. 예) 프로젝트는 조직의 변화를 추진한다
- 프로젝트는 특정목적을 달성하기 위해 어떤 상태에서 다른 상태로 조직을 변화는 것을 목표로 한다.

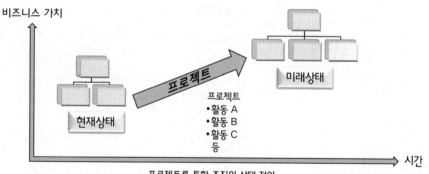

프로젝트를 통한 조직의 상태 전이

- 프로젝트를 통한 비즈니스 가치를 창출한다. 비즈니스 업무에서 파생된 정량적 순 편익으로 비즈니스 가치를 정의한다. 비즈니스 분석에서 시간이나 금전, 재화 또는 무형자산 등의 형태로 받는 대가를 비즈니스 가치로 간주한다.

8

- 프로젝트 비즈니스 가치는 특정 프로젝트의 결과가 이해관계자들에게 제공하는 편익을 의미하고 편익은 유형 또는 무형이 모두 해당된다.
  - 유형 요소의 예
    - 금전적 자산, 주주 지분
    - 설비, 도구, 시장점유율
  - 무형 요소의 예
    - 호감도, 브랜드 인지도
    - 공공 편익, 상표
    - 전략적 연계, 평판

(5) 프로젝트의 착수배경

프로젝트 착수: 조직의 리더는 조직의 영향에 미치는 요인에 대응하여 프로젝트를 착수한다. 이러한 요인은 4가지 범주로 나뉘며, 프로젝트의 배경을 보여준다.

① 규제, 법적 또는 사회적 요구사항 충족

② 이해관계자의 요청 또는 요구사항 충족

③ 비즈니스 또는 기술적 전략 구현이나 변경

④ 제품, 프로세스 또는 서비스의 창출, 개선 또는 수정

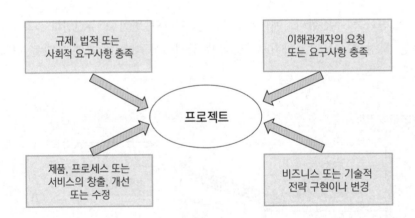

■ 프로젝트 착수배경은 조직의 전략과 연계가 되어야 한다.

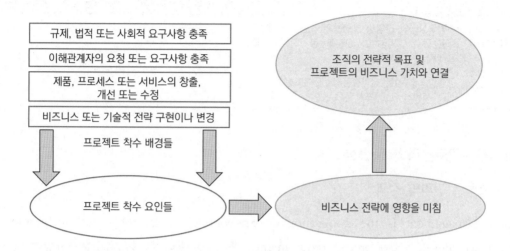

(6) 프로젝트의 착수 유발요인

특정요인	특정요인 예	규제, 법적 또는 사회적 요구사항 충족	이해관계자의 요청 또는 요구사항 충족	제품, 프로세스 또는 서비스의 창출, 개선 또는 수정	비즈니스 또는 기술적 전략 구현이나 변경
신기술	전자회사가 컴퓨터 메모리와 전자부품 기술의 발전에 따라 빠르고 더 싸고, 작은 노트북을 개발하는 신규 프로젝트 승인				
경쟁 세력	경쟁사의 제품가 인하로 인해 경쟁력을 위한 생산절감 필요				
자재 문제	구조물 균열발생에 따른 문제해결 프로젝트				
정치적 변화	현재 프로젝트의 자금에 변화를 요구하는 새로 당선된 공직자				
시장 수요	연비가 높은 자동차를 생산하는 프로젝트 승인				
경기 변화	경기 위축으로 현재 프로젝트의 우선순위 변경 필요				
고객 요청	신규 산업단지에 지원할 신규 변전소를 신축				
이해관계자 요구	조직 내 신규 결과물 산출을 요구하는 이해관계자				
법적 요구사항	화학회사에서 신규 독성 물질의 가이드 마련				
비즈니스 프로세스 개선사항	조직이 린 6 시그마 가치흐름 매핑 연습결과로 프로젝트 이행				
전략적 기회/ 비즈니스 요구	교육회사의 새로운 과정 개설				

특정요인	특정요인 예	규제, 법적 또는 사회적 요구사항 충족	이해관계자의 요청 또는 요구사항 충족	제품, 프로세스 또는 서비스의 창출, 개선 또는 수정	비즈니스 또는 기술적 전략 구현이나 변경
사회적 요구	개발도상국의 전염병 발병률이 높은 지역에 휴대용 정수기, 화장실, 위생 교육을 제공하는 프로젝트				
환경 고려사항	공해감소를 위한 전기자동차 카 쉐어링을 위한 신규 서비스 개발 프로젝트 승인				

1.5 프로젝트관리의 중요성

(1) 프로젝트 관리의 정의

Project Management is the application of knowledge, skills, tools and techniques to project activities to meet project requirements. 프로젝트관리란 프로젝트요구사항을 충족시키기 위해 지식, 기술, 도구, 기법 등을 프로젝트 활동에 적용하는 것이다.

- 프로젝트관리는 프로젝트를 위해 식별된 프로젝트관리 프로세스들의 적절한 적용과 통합을 통해 달성된다.
- 프로젝트관리를 통해 조직은 효과적이고 효율적으로 프로젝트를 실행할 수 있다.

(2) 프로젝트 관리의 중요성

개인과 집단, 공공 및 민간 조직 부문의 효과적인 프로젝트 관리의 장점은 다음과 같다.
- 비즈니스 목표를 충족할 수 있다.
- 이해관계자 기대사항을 충족시킬 수 있다.
- 예측가능성이 향상되고 성공기회가 증가한다.
- 적시에 정확한 제품을 인도할 수 있다.
- 문제 및 이슈해결을 하고 시기적절한 리스크 대응을 할 수 있다.
- 조직자원의 활용도를 최적화 할 수 있다.
- 실패하는 프로젝트 식별, 복구 또는 종료할 수 있다.
- 제약사항(예: 범위, 품질, 일정, 원가 및 자원)에서 균형 있게 요소들을 관리할 수 있다.
- 제약사항간의 균형(예: 범위증가에 따른 비용이나 일정의 증가)을 관리할 수 있다.
- 개선된 방식으로 변경관리를 할 수 있다.

- 프로젝트는 조직에서 가치와 편익을 창출하기 위한 주요수단이다.
- 변화하는 환경에 대한 대응이 중요하다.
- 기업은 지속적으로 비즈니스 가치를 제공할 수 있는 프로젝트 관리를 채택한다.
- 조직 내 전략적 역량으로 간주되어야 하고 조직은 다음을 수행하여야 한다.

- 비즈니스 목표에 프로젝트 결과를 접목한다.
- 시장에서 보다 효과적으로 경쟁한다.
- 조직의 존속과 관련이 있다. 따라서 프로젝트 수행 시 프로젝트관리 계획서를 적절히 조정하여 비즈니스 환경변화가 프로젝트에 미치는 영향에 대응하여야 한다.

(3) 잘못된 프로젝트 관리의 발생결과

- 일이 마감시한이 초과되어도 완료되지 못한다.
- 비용초과가 발생한다.
- 품질 불만족이 발생한다.
- 재작업이 발생한다.
- 통제되지 않는 수준으로 프로젝트가 확대된다.
- 조직의 평판이 상실된다.
- 이해관계자의 불만족이 크게 발생한다.
- 프로젝트의 실행목표 달성 실패한다.

1.6 프로젝트, 프로그램, 포트폴리오 및 운영관리 간 관계

(1) 프로그램

개별적으로 관리해서는 실현되지 않는 편익을 달성하기 위해 통합된 방식으로 관리하는 다양한 관련 프로젝트, 하위 프로그램 및 프로그램 활동들의 그룹으로 정의한다. (주의) 프로그램은 대규모 프로젝트를 의미하는 것이 아니다. 참조로 초대형 프로젝트는 메가 프로젝트라고 부르고 일반적으로 10억 달러 이상, 동원인원이 100만 명 이상이며 몇 년에 걸쳐 수행되는 프로젝트이다. 다음은 프로그램의 예이다. 관련이 있는 프로젝트를 같이 관리하여 시너지를 내는 것이 프로그램 관리의 목적이다.

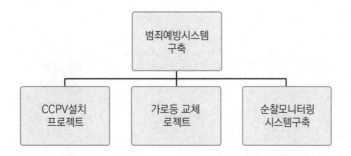

(2) 프로젝트, 프로그램, 포트폴리오 및 운영관리 간 관계

아래 그림과 같이 프로젝트, 프로그램, 포트폴리오 및 운영관리 간에는 연관관계가 있다.

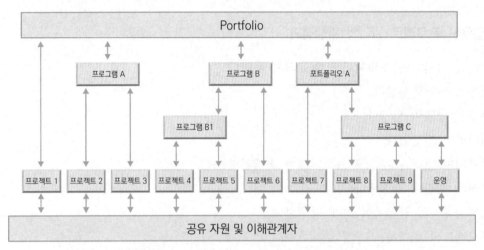

[포토폴리오, 프로그램, 프로젝트 및 운영업무]

그림을 보면 포트폴리오는 프로그램의 모음, 프로젝트+프로그램의 모음, 또는 프로그램의 모음들로 다양하게 구성된다. 포트폴리오 관리는 기업의 전략과 연계하여 프로젝트 또는 프로그램의 우선순위 결정을 하게 된다.

(3) 포트폴리오관리

포트폴리오란 전략적 목표를 달성하기 위해 하나의 그룹으로 관리되는 프로젝트, 프로그램, 하위 포트폴리오 및 운영 업무들로 구성된다. 포트폴리오관리는 전략적 목표를 달성하기 위해 하나 이상의 포트폴리오를 중앙집중식으로 관리하는 기법으로 정의된다. 포트폴리오의 프로그램이나 프로젝트들이 서로 의존관계에 있거나 직접 연관될 필요는 없다.

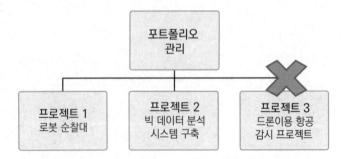

상기 그림처럼 프로젝트 3(드론 이용 항공감시 프로젝트)는 기업의 전략 측면에서 배제될 수가 있는데, 포트폴리오 관리는 프로젝트의 전략적인 타당성 측면 및 기업의 전략의 연계성 부문에서 프로젝트 우선순위 조정에 따른 결정을 하는 것이다. 포트폴리오관리의 목적은 다음과 같다.

■ 조직의 투자 의사결정 지침을 제시하고 전략적 목표를 달성하기 위한 프로그램과 프로젝트의 최적 조합 선택한다. 의사결정의 투명성 제공하고 팀 및 물적 자원 배정의 우선순위를 지정한다.

■ 목표로 하는 투자수익률(ROI) 실현 가능성이 증가하고 모든 구성요소의 종합적인 리스크 관리의 중앙 집중화한다.

다음은 프로젝트, 프로그램 및 포트폴리오를 구분하여 정리한 것이다. 내용을 자세히 보면 상호간 차이점을 발견할 수 있을 것이다.

	프로젝트	프로그램	포트폴리오
용어 정의	고유한 제품, 서비스 또는 결과물을 산출하기 위해 한시적으로 투입하는 노력이다.	개별적으로 관리해서는 실현되지 않는 편익을 달성하기 위해 통합된 방식으로 관리하는 다양한 관련 프로젝트, 하위 프로그램 및 프로그램 활동들의 그룹이다.	전략적 목표를 달성하기 위해 하나의 그룹으로 관리되는 프로젝트, 프로그램 및 하위 포트폴리오와 운영 업무들의 집합체이다.
범위	범위는 프로젝트 전체 생애주기 동안 점진적으로 구체화된다.	프로젝트 보다 큰 범위를 가지며, 더 중요한 장점들을 제공한다.	조직의 전략적 목표에 따라 변경되는 조직범위를 갖는다.
변경	프로젝트 관리자들이 변경을 예상하고 관리 및 통제되는 상태로 변경을 유지하기 위한 프로세스를 실행한다.	구성요소가 결과물 및 또는 산출물을 인도하면서 편익의 인도를 최적화하기 위해 필요에 따라 변경을 수락하고 그에 맞추는 방식으로 관리된다.	포트폴리오 관리자들은 더욱 광범위한 내·외부 환경에서 변경을 지속적으로 감시한다.
계획	프로젝트 생애주기 전반에 걸쳐 상위수준 정보를 세부계획으로 점진적으로 구체화한다.	전반적인 프로그램의 계획을 수립하고, 하위 구성 요소들에 대한 높은 수준의 계획을 수립한다.	통합적인 포트폴리오와 관련되어 필요한 프로세스와 의사소통들을 생성하고, 유지한다.
관리 직원	주로 프로젝트 팀을 관리한다.	프로젝트 관리자들을 관리한다.	포트폴리오 관리 팀원 및 프로그램, 프로젝트 팀원을 관리한다.
감시	프로젝트 관리자는 프로젝트가 생산을 위해 착수한 제품, 서비스 또는 결과물 생산 작업을 감시 및 통제한다.	프로그램 관리자는 전체목표, 일정, 예산 및 프로그램 편익이 충족 되도록 보장하기 위해 프로그램 구성요서의 진행 상황을 감시한다.	포트폴리오관리자는 전략적인 변경을 감시하고 포트폴리오의 자원 할당과 성과결과 및 리스크를 집계한다.
성공	품질, 시기의 적절성, 예산, 그리고 고객 만족	프로그램의 수행이 요구를 만족시키고, 편익을 인도하는지로 측정한다.	포트폴리오 투자에 대한 편익 실현과 집계 투자성과 측면에서 측정한다.

(4) 운영관리

- 운영관리는 상품 또는 서비스의 지속적인 생산과 연관된다. 운영관리를 통해 고객 수요를 충족하기 위해 필요한 최적의 자원을 사용하여 비즈니스가 계속 효율적으로 운영되도록 보장한다. 그리고 투입물(예: 자재, 구성요소, 에너지 및 노동력)을 산출물(예: 제품, 상품 및 서비스)로 변환하는 프로세스를 관리하는 활동에 주력한다. 프로젝트 관리와 상반되는 관리로 이해하는 편이 좋다.
- 운영관리는 동일한 제품을 생산하거나 반복적 서비스를 제공하는 활동을 지속적으로 수행하는 조직의 기능이다. 예) 제품운영, 제조운영, 회계업무, 소프트웨어 지원과 보수
- 운영은 제품생애주기에 규정된 표준에 따라 기본적으로 동일한 태스크그룹을 수행하기 위해 할당된 자원을 사용하여 반복적 산출물을 생산하는 영구적인 노력으로써 지속적 특성을 가지고 있다. 프로젝트는 한시적 노력이라는 특성을 가진다.
- 운영관리는 프로젝트 관리 범위 밖의 영역이지만, 운영을 수행하는 이해관계자의 요구는 프로젝트에 영향이 미치므로, 프로젝트관리에서 중요한 사항이다. 조직이나 기업의 전략적인 목표에 의해 운영(Operation)이 변경되기도 한다.
- 프로젝트는 비즈니스 또는 조직의 운영업무 변경에 주목한다. 특히 새로운 제품 또는 서비스 공급의 결과로 비즈니스 운영에 상당한 변동이 발생되는 경우가 이에 해당된다. 진행중인 운영업무는 프로젝트 범위를 벗어나지만 두 영역이 교차하는 시점이 곳곳에서 나타난다.

프로젝트들이 제품 생애주기 동안 다양한 시점에서 운영 업무와 교차될 수 있으며, 다음은 몇 가지 예이다.
- 신제품 개발, 제품 업그레이드 또는 결과물 증대 시점
- 운영 또는 제품 개발 프로세스 개선 시점
- 제품 생애주기가 끝나는 시점
- 각 종료 단계 시점

위의 각 시점에서 인도물과 지식은 인도된 작업을 수행하기 위해 프로젝트와 운영간에 이전된다. 이는 프로젝트 자원이나 지식을 운영 업무로 이전 또는 운영자원을 프로젝트로 이전하는 방식으로 진행된다.

(5) 조직차원 프로젝트관리 및 전략

- 포트폴리오, 프로그램 및 프로젝트는 조직의 전략에 맞춰 조정되거나 조직 전략에 의해 주

도되며, 각각이 전략 목표 달성에 기여하는 방식이 서로 다르다.

■ 포트폴리오관리를 통해 적절한 프로그램이나 프로젝트를 선정하고, 작업의 우선순위를 정하고, 필요한 자원을 제공함으로써 조직의 전략과 포트폴리오를 일치시킨다.

■ 프로그램관리를 통해 정해진 편익을 실현할 수 있도록 프로그램 구성요소들간 조화를 추구하고 상호 의존관계를 통제한다. 프로젝트관리를 통해 조직의 목표와 목적을 달성할 수 있다.

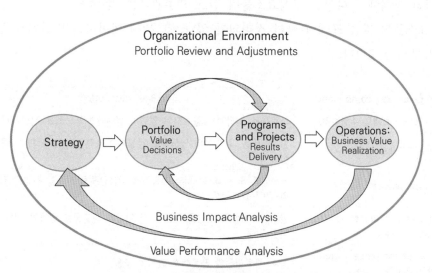

[조직차원 프로젝트관리(출처 OPM3®)]

Quiz 회사조직의 전략을 달성하기 위해 작업의 우선순위를 정하고 효과적으로 촉진하는 방안으로, 프로젝트 또는 프로그램을 모은 것을 무엇이라 하나?

Answer 포트폴리오

Explanation 조직의 전략방향과 관련이 있는 것은 포트폴리오이다.

• 아직도 일부 현장에서는 프로젝트용어로 사용을 하지만 실제로는 포트폴리오 관리를 하는 경우가 많다.

• 회사의 생존과 이익을 대변할 프로젝트의 우선순위를 투자를 결정하고 이를 지속적으로 감시 및 통제하면서 진행을 한다.

• 또한 포트폴리오는 리스크(Risk) 관리와 밀접한 관계가 있다.

• 리스크 분산을 위해 프로젝트를 분산시키고 제품군으로 다양화하는 것이 포트폴리오의 중요한 목적이다.

1.7 지침서 구성요소

(1) 기본 구성요소들

프로젝트는 몇 가지 주요 구성요소로 이루어지는데, 그것들이 효과적으로 관리될 때 성공적으로 완료된다. 이 지침서에서 이러한 구성요소를 식별하여 설명한다.

프로젝트관리 과정에서 다양한 구성요소들이 상호 의존관계를 갖는다.

주요 구성요소들이 다음 표에 간략히 정리되어 있다. 표 뒤에 이어지는 단원에서 구성요소들에 대해 자세히 설명한다.

PMBOK guide key component	Brief description
Project life cycle(프로젝트 수명수기)	프로젝트 시작에서 끝까지의 일련의 생애단계(프로젝트 전체 기간)
Project phase(프로젝트 단계)	한 개 또는 그 이상의 인도물을 완성하여 축적하는 논리적인 프로젝트 활동의 집합체
Phase gate(단계 게이트)	프로젝트 또는 프로그램의 지속에서 다음단계로 지속할 것인지 결정하는 단계의 끝에서의 검토
Project management processes (프로젝트 관리 프로세스)	한 가지 이상의 투입물로 한 가지 이상의 산출물을 만들어 내는 일련의 체계적인 활동
Project management process group (프로젝트 관리 프로세스 그룹)	착수~종료까지의 프로세스 단계의 그룹
Project management knowledge area (프로젝트관리 지식영역)	프로젝트 관리 관점에서 구분한 영역 (통합~이해관계자 관리)

다음 그림은 프로젝트에서 PMBOK® guide의 주요 구성요소간 상관관계이다. 프로세스 그룹, 지식영역 및 단계 게이트가 프로젝트 생애주기 안에서 서로 연관 관계가 있음을 보여준다. 프로세스 그룹(착수~종료)은 시점을 기준으로 구성된 것이고 지식영역(통합~이해관계자 관리) 부분은 관리의 관점으로 만들어진 부분으로 이해하면 된다. 프로세스 그룹들은 시간의 흐름에 따라 전개가 되고 프로젝트 관리 지식영역들은 프로젝트의 관리 관점에서 분류되어 전개되어있다. 시간적인 시점의 생애주기는 각 시간적 흐름에 따라 단계별 게이트 점검이 포함되어 있다.

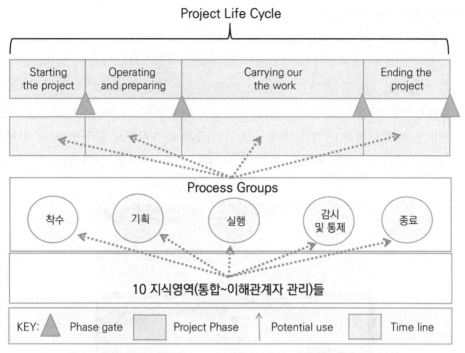

[프로젝트에서 PMBOK® Guide 의 주요 구성요소간 상관관계]

(2) 프로젝트 및 개발 생애주기

프로젝트 생애주기는 시작부터 완료에 이르기까지 프로젝트가 거치는 일련의 단계로, 프로젝트관리를 위한 프레임워크를 제공한다. 이 프레임워크는 수반되는 특정 프로젝트 작업에 관계없이 적용된다. 단계는 순차적 또는 반복적이거나 중첩될 수 있다. 프로젝트 생애주기 내에 일반적으로 제품, 서비스 또는 결과물의 개발과 연관되는 하나 이상의 단계가 있다. 이러한 단계를 개발 생애주기라고 한다. 개발 생애주기는 예측형, 반복적, 점증적 또는 혼합형 모델일 수 있다. 프로젝트 생애주기는 예측형 또는 적응형일 수 있다.

- 예측형 생애주기에서는 생애주기 초기 단계에 프로젝트의 범위와 시간, 원가를 결정한다. 범위변경은 신중하게 관리해야 한다. 예측형 생애주기를 계획주도형 생애주기라고도 한다. 즉 전통적 프로젝트 관리 방법이다.
- 반복적 생애주기에서는 일반적으로 프로젝트 생애주기 초기에 프로젝트 범위가 결정되지만, 프로젝트팀의 제품에 대한 이해도가 높아짐에 따라 시간과 비용 산정치가 정기적으로 수정된다. 반복이란 일련의 반복적인 주기를 통해 제품을 개발하는 것을 의미하는 반면, 점증은 지속적으로 제품의 기능을 추가하는 것을 말한다.
- 점증적 생애주기에서는 사전에 정해진 기간 내에 기능을 계속 추가해 나가는 일련의 반복 과정을 통해 인도물이 산출된다. 최종 반복 단계 이후에만 완성된 것으로 간주되는 필요충

분 역량이 인도물에 포함된다.

■ 적응형 생애주기는 반복적 또는 점증적이다. 반복을 시작하기 전에 자세한 범위가 정의되고 승인된다. 적응형 생애주기를 애자일 또는 변경주도형 생애주기라고도 한다.

■ 반복적과 점증적의 의미를 혼동할 수 있어 아래 그림을 통해 이해하도록 한다. 반복형은 초기에는 개략적이었다가 반복적으로 일을 수행함으로써 점차 또렷하게 인도물을 만들어 내는 것이다. 반면 점증적은 큰 인도물을 초기부터 쪼개서 조각별로 만들어 일의 전체를 완성하는 것이다. 이런 두 가지 특성을 다 가지고 있는 것이 애자일 특징이다.

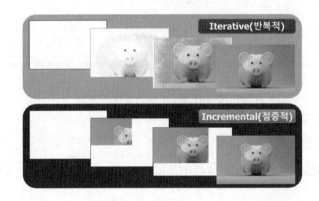

■ 혼합형 생애주기는 예측 생애주기와 적응형 생애주기의 조합이다. 널리 알려졌거나 요구사항이 확실히 정해진 프로젝트 요소들은 예측형 개발 생애주기를 따르고, 계속 진화하는 요소들은 적응형 개발 생애주기를 따른다.

(3) 프로젝트 단계

프로젝트는 여러 개의 별도 단계나 하위 요소로 나뉠 수 있다. 일반적으로 해당 단계에서 수행된 작업 유형을 나타내는 명칭이 이러한 단계나 하위 요소에 지정된다.

다음은 단계 명칭의 일부 예이다.

개념 개발	타당성 조사	고객 요구사항	해결책 개발	설계	프로토 타입	제작	테스트	이전	시운전	마일스톤 검토	교훈

프로젝트 단계는 다양한 요인을 기준으로 설정되며, 다음은 관련 요인의 일부 예이다.

■ 관리 요구사항

■ 프로젝트의 성격

■ 조직, 산업 또는 기술의 고유한 특성

■ 기술, 엔지니어링, 비즈니스, 프로세스 또는 법률 및 기타 프로젝트 요소

■ 의사결정 지점(예: 자금조달, 프로젝트 진행/중단 및 마일스톤 검토)

(4) 단계 심사

단계 심사는 해당 단계의 끝에서 이루어진다. 프로젝트의 성과와 진척도는 다음을 포함하여 다양한 프로젝트 및 비즈니스 문서와 비교한다.
- 프로젝트 비즈니스 케이스
- 프로젝트헌장 및 프로젝트관리 계획서
- 편익관리 계획서

이러한 비교 작업의 결과로 다음 사항에 대한 의사결정(예: 진행 또는 중단 결정)이 내려진다.
- 다음 단계로 계속 진행
- 수정 작업 후 다음 단계로 계속 진행
- 프로젝트 종료 및 해당 단계 지속
- 단계 또는 요소 반복

조직, 업계 또는 작업 유형에 따라 단계 심사를 단계 검토, 단계 관문, 중단시점, 단계 진입 또는 단계 종료 등의 다른 용어로 만들어질 수 있다. 조직에서 이러한 심사를 통해 이 지침서의 범위를 벗어나는 기타 관련 항목(예: 제품 관련 문서 또는 모델)을 검토할 수 있다.

(5) 프로젝트관리 프로세스

프로젝트관리 프로세스로 알려진 일련의 프로젝트관리 활동을 실행하여 프로젝트 생애주기가 관리된다. 모든 프로젝트관리 프로세스에서 적절한 프로젝트관리 도구 및 기법을 사용하여 하나 이상의 투입물로부터 한 가지 이상의 산출물을 생성한다. 산출물은 인도물이나 결과물일 수 있다. 결과물은 프로세스의 최종 결과이다. 프로젝트관리 프로세스는 산업 전반에 걸쳐 적용된다.
프로젝트관리 프로세스들은 각각의 산출물을 통해 논리적으로 연결된다. 프로젝트 전반에서 발생하는 중복 활동들이 여러 프로세스에 포함될 수 있다. 한 프로세스의 산출물은 일반적으로 다음 중 한 가지 결과를 낳는다.
- 다른 프로세스의 투입물
- 프로젝트 또는 프로젝트 단계의 인도물

아래 그림은 투입물, 도구 및 기법, 산출물이 한 프로세스 내에서 그리고 다른 프로세스들과 관련되는 양상을 보여준다.

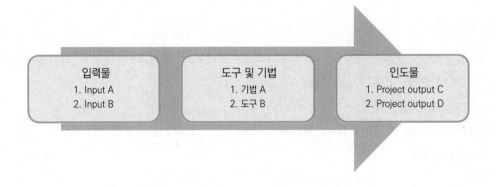

예) 프로세스: 투입물, 도구 및 기법, 산출물

다른 예를 살펴보면 다음과 같다.

Input	Tool and technique	Output
쌀/물 소금	전기에너지 기계/인력	떡

또 다른 예를 살펴보면 다음과 같다.

Input	Tool and technique	Output
씨앗 토양 기술 물 환경	관리기술 기계 인력 약제	벼, 곡식(제품)

한 프로세스의 산출물은 다른 프로세스의 투입물

프로세스 그룹과 그 안에 구성된 프로세스들 사이에서 프로젝트 산출물이 서로 연결되고 다른 프로세스 그룹에도 영향을 미치고 하나의 프로젝트를 여러 단계로 나눌 경우, 일반적으로 프로젝트의 생애주기 전반에 걸쳐 각 단계에서 프로세스 그룹들이 반복되면서 프로젝트가 효과적으로 추진된다. 프로세스 반복 횟수와 프로세스간 상호작용의 횟수는 프로젝트의 요구사항에 따라 달라진다. 프로세스는 일반적으로 다음 세 가지 범주 중 하나에 속한다.

① 프로젝트에 한 번 또는 미리 정해진 시점에 사용되는 프로세스

  : 예로는 프로젝트헌장 개발, 프로젝트 종료 또는 단계 종료 프로세스가 있다.

② 필요에 따라 주기적으로 수행되는 프로세스

  : 자원이 필요할 때 자원 확보 프로세스를 수행한다. 조달 품목이 필요하기 전에 조달수행 프로세스를 수행한다.

③ 프로젝트 전반에 걸쳐 지속적으로 수행되는 프로세스

: 프로젝트 생애주기에 걸쳐, 특히 프로젝트가 연동기획 또는 적응형 개발 방식을 이용할 때 활동정의 프로세스를 수행할 수 있다. 감시 및 통제 프로세스 중 많은 프로세스가 프로젝트 시작 단계부터 종료 단계까지 지속적으로 수행된다.

(6) 프로젝트관리 프로세스 그룹

프로젝트관리 프로세스그룹은 특정한 프로젝트 목표를 달성하기 위해 프로젝트관리 프로세스를 논리적으로 분류한 그룹이다. 프로세스 그룹은 프로젝트 단계와 무관하다. 프로젝트관리 프로세스들은 다음 다섯 가지 프로젝트관리 프로세스 그룹(착수~종료)으로 분류된다.

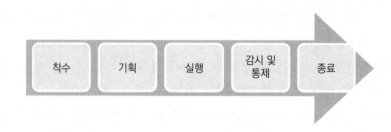

- 착수 프로세스 그룹: 프로젝트 또는 단계의 시작 승인을 받아서 기존 프로젝트의 새 단계 또는 새 프로젝트를 정의하기 위해 수행하는 프로세스.
- 기획 프로세스 그룹: 프로젝트의 범위를 설정하고, 목표를 구체화하고, 프로젝트 목표를 달성하기 위해 필요한 일련의 활동을 정의하는 프로세스.
- 실행 프로세스 그룹: 프로젝트 요구사항에 맞게 프로젝트관리 계획서에 정의된 작업을 완료하는 과정에서 수행되는 프로세스.
- 감시 및 통제 프로세스 그룹: 프로젝트의 진척과 성과를 추적, 검토 및 조절하고, 계획에 변경이 필요한 영역을 식별하여, 이에 상응하는 변경을 착수하는 과정에서 필요한 프로세스.
- 종료 프로세스 그룹: 프로젝트, 단계 또는 계약을 공식적으로 완료하거나 종료하는 과정에서 수행되는 프로세스.

(7) 프로젝트관리 지식영역

프로젝트 관리지식영역은 일반적으로 10개로 구분이 되어있으나, 산업별로 특화를 시키고 확장하여 사용할 수 있다. 예를 들어 건설부문은 별도 지식영역이 추가된다(안전, 계약관리 부문 등). 다음은 PMBOK 6판 기준 지식영역구분이다.

통합관리부터 이해관계자관리까지 10개로 구분하고 있다. 다음은 각 지식영역의 기본내용을 정리한 것이다.

- 프로젝트 통합관리: 프로젝트관리 프로세스 그룹에 속하는 다양한 프로세스와 프로젝트관리 활동을 식별, 정의, 결합, 통합 및 조정하는 프로세스와 활동을 포함한다.
- 프로젝트 범위관리: 프로젝트를 성공적으로 완료하기 위해 필요한 모든 작업을 빠짐없이 프로젝트에 포함시키는 과정에서 수행해야 하는 프로세스들을 포함한다.
- 프로젝트 일정관리: 적시에 프로젝트를 완료하도록 관리하는 프로세스들을 포함한다.
- 프로젝트 원가관리: 승인된 예산 범위 내에서 프로젝트를 완료할 수 있도록 원가를 기획 및 산정하고, 예산을 책정하고, 필요한 자금을 조성 및 관리하고 원가를 통제하는 프로세스들을 포함한다.
- 프로젝트 품질관리: 이해관계자의 기대사항을 충족하기 위해 프로젝트 및 제품 품질 요구사항의 기획, 관리 및 통제에 관한 조직의 품질 정책을 반영하는 프로세스들을 포함한다.
- 프로젝트 자원관리: 프로젝트를 성공적으로 완료하는 데 필요한 자원을 식별하고, 확보하여 관리하는 프로세스들을 포함한다.
- 프로젝트 의사소통관리: 프로젝트 정보를 적시에 적절히 기획, 수집, 생성, 배포, 저장, 검색, 관리, 통제 및 감시하고 최종 처리하는 프로세스들을 포함한다.
- 프로젝트 리스크관리: 프로젝트의 리스크에 대해 리스크관리 기획, 식별, 분석, 대응 기획, 대응 실행 및 감시하는 프로세스들을 포함한다.
- 프로젝트 조달관리: 프로젝트팀 외부에서 제품, 서비스 또는 결과물을 구매하거나 획득하기 위해 필요한 프로세스들을 포함한다.
- 프로젝트 이해관계자관리: 프로젝트에 영향을 주거나 프로젝트의 영향을 받을 수 있는 모든 사람, 집단 또는 조직을 식별하고, 이해관계자의 기대사항과 이해관계자가 프로젝트에 미치는 영향을 분석하고, 프로젝트 의사결정 및 실행에 이해관계자의 효율적인 참여를 유도하기 적절한 관리전략을 개발하는 과정에서 수행해야 하는 프로세스들을 포함한다.

(8) 지침서 구성요소 정리

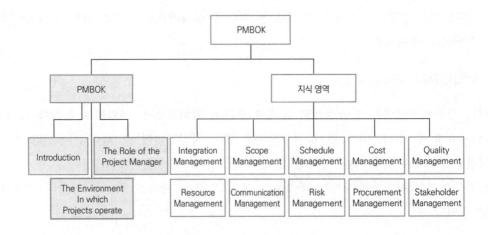

프로세스 그룹, 즉 생애주기 접근 식으로 프로세스를 살펴보면 다음과 같다.

지식 영역	Initiating Process
Integration	Project Start → Develop Project Charter ... 1
Scope	
Schedule	
Cost	
Quality	
Resource	
Communication	
Risk	
Procurement	
Stakeholder	Identify Stakeholders

상기 그림(착수 프로세스 그룹) 착수 프로세스 그룹에서는 단 2개의 프로세스가 존재한다. 일반적으로 프로젝트 헌장승인이 나면 다음에 이해관계자 식별 프로세스가 시작된다.

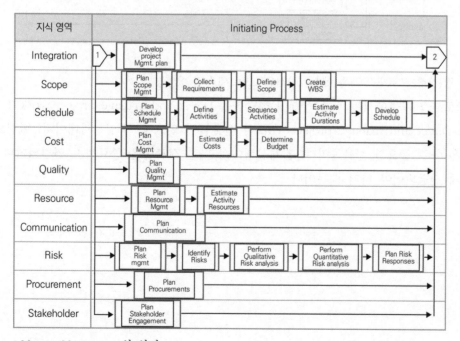

지식 영역	Initiating Process
Integration	1 → Develop project Mgmt. plan → ... 2
Scope	Plan Scope Mgmt → Collect Requirements → Define Scope → Create WBS
Schedule	Plan Schedule Mgmt → Define Activities → Sequence Actvities → Estimate Activity Durations → Develop Schedule
Cost	Plan Cost Mgmt → Estimate Costs → Determine Budget
Quality	Plan Quality Mgmt
Resource	Plan Resource Mgmt → Estimate Activity Resources
Communication	Plan Communication
Risk	Plan Risk mgmt → Identify Risks → Perform Qualitative Risk analysis → Perform Quantitative Risk analysis → Plan Risk Responses
Procurement	Plan Procurements
Stakeholder	Plan Stakeholder Engagement

* Mgmt＝Managment의 약자.

상기 그림(기획 프로세스 그룹)에는 24개의 프로세스가 있다. 전통적 프로젝트 관리 방법은 기획을 꼼꼼하게 하고 철저하게 감시 및 통제를 거쳐 프로젝트 관리를 초점으로 하고 있기에 기획 프로세스 그룹에 프로세스가 많다.

역시 24개 프로세스에서 가장 중심이 되는 프로세스는 전체계획을 가이드 하는 Develop project management plan이다.

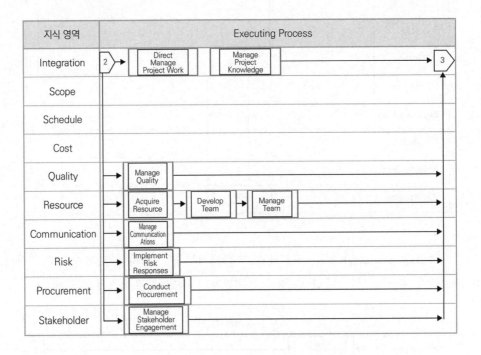

상기 그림(실행 프로세스 그룹)에는 10개의 프로세스가 있다.

실행 프로세스 그룹에서는 전체 실행에 해당하는 Direct and manage project work이 가장 중요하다. Direct and manage project work의 산출물인 인도물, 작업성과데이터, 변경요청, 이슈목록은 아주 중요한 산출물이다. 전체실행에서 나온 산출물은 종료까지 연결되거나 이해관계자에게 전달되어야 하기 때문이다.

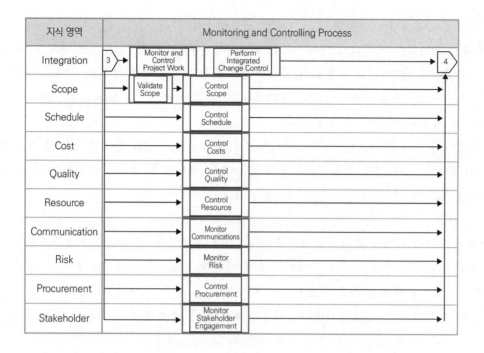

지식 영역	Monitoring and Controlling Process
Integration	3 → Monitor and Control Project Work / Perform Integrated Change Control → 4
Scope	→ Validate Scope → Control Scope
Schedule	→ Control Schedule
Cost	→ Control Costs
Quality	→ Control Quality
Resource	→ Control Resource
Communication	→ Monitor Communications
Risk	→ Monitor Risk
Procurement	→ Control Procurement
Stakeholder	→ Monitor Stakeholder Engagement

상기 그림(감시 및 통제 프로세스 그룹)에는 12개의 프로세스가 있다.

일반적으로 감시 및 통제 프로세스는 기준과 실적을 비교하여 작업성과 정보와 변경요청을 만들어 내지만, 통합관리영역의 2개의 프로세스와 범위관리영역의 범위확인 프로세스는 다른 성격의 활동을 수행하기 때문에 자세히 프로세스 특성을 익혀야 한다.

지식 영역	Closing Process
Integration	4 → Close Phase or Project
Scope	
Schedule	
Cost	
Quality	
Resource	
Communication	
Risk	
Procurement	
Stakeholder	

상기 그림(종료 프로세스 그룹)에는 단 1개의 프로세스가 있다.

조달종료를 포함하여 프로젝트 전체종료를 한다. 이에 종료 시 어떤 순서로 종료를 해야 하는지를 이해하여야 한다. 종료는 일반적으로 행정적 종료와 내부적 프로젝트 종료로 나누어진다.

- 행정적 종료는 고객과 행정적으로 처리해야 하는 것들(예: 최종보고서 제출, claim의 청구행정, 미지급금 처리 등)의 완료가 필요하다.
- 내부적인 종료는 먼저 성공기준을 평가하고 Lessons learned를 완성하고 그동안 축적한 모든 프로젝트 문서 파일 등을 내부 조직 프로세스 자산에 안전하게 저장하는 것이다. 그런 다음에 최종적으로 프로젝트 팀원에 대한 해체가 이루어진다.

PMBOK 6판 기준에서는 통합관리영역에 있는 전체 프로젝트 종료에서 조달종료까지 이루어지기 때문에 조달통제에서 완료된 계약부분이 제대로 완료되었는지 확인하여야 한다.

- 조달종료 역시 행정적 종료가 완벽하게 이루어져야 한다. 프로젝트 종료는 단계적 종료도 포함하고 있다. 단계도중에 전략적, 사업적 타당성이 맞지 않으면 도중에 프로젝트를 중단할 수 있다. 보통 이런 프로젝트 단계 종료를 Pre-mature closing이라고도 부른다.
- 만일 프로젝트가 도중에 중단이 되면, 그동안 투자했던 비용은 매몰비용이 될 가능성이 높다.
- 다음은 49개 프로세스가 포함된 전체 그림이다. 지식영역과 프로세스 그룹이 같이 포함되어 있다. 한 개의 프로세스는 프로세스 그룹에 속하기도 하고 동시에 지식영역의 한 부분에 속하는 프로세스가 된다.

지식영역 프로세스	프로젝트관리 프로세스 그룹				
	착수 프로세스 그룹(2)	기획 프로세스 그룹(24)	실행 프로세스 그룹(10)	감시 및 통제 프로세스 그룹(12)	종료 프로세스 그룹(1)
4. 통합관리	4.1 프로젝트 현장개발	4.2 프로젝트관리 계획개발수립	4.3 프로젝트작업 지시 및 관리 4.4 프로젝트 지식 관리	4.5 프로젝트 작업 감시 및 통제 4.6 통합변경 통제 수행	4.7 프로젝트 또는 단계 종료
5. 범위관리		5.1 범위관리계획수립 5.2 요구사항수집 5.3 범위 정의 5.4 WBS 작성		5.5 범위확인 5.6 범위통제	
6. 일정관리		6.1 일정관리계획수립 6.2 활동정의 6.3 활동순서배열 6.4 활동기간산정 6.5 일정개발		6.6 일정통제	
7. 원가관리		7.1 원가관리계획수립 7.2 원가산정 7.3 예산결정		7.4 원가통제	

지식영역 프로세스	프로젝트관리 프로세스 그룹				
	착수 프로세스 그룹(2)	기획 프로세스 그룹(24)	실행 프로세스 그룹(10)	감시 및 통제 프로세스 그룹(12)	종료 프로세스 그룹(1)
8. 품질관리		8.1 품질관리계획수립	8.2 품질관리	8.3 품질통제	
9. 자원관리		9.1 자원관리계획 　　수립 9.2 활동자원산정	9.3 자원 확보 9.4 팀 개발 9.5 팀 관리	9.6 자원통제	
10. 의사소통 　　관리		10.1 의사소통관리 　　　계획수립	10.2 의사소통 관리	10.3 의사소통감시	
11. 리스크 　　관리		11.1 리스크관리계획수립 11.2 리스크식별 11.3 정성적 리스크 　　　분석수행 11.4 정량적 리스크 　　　분석수행 11.5 리스크대응계획	11.6 리스크 대응 　　　실행	11.7 리스크감시	
12. 조달관리		12.1 조달관리계획수립	12.2 조달 수행	12.3 조달통제	
13. 이해관계자 　　관리	13.1 이해관계자 　　　식별	13.2 이해관계자 　　　참여계획수립	13.3 이해관계자 　　　참여관리	13.4 이해관계자 　　　참여감시	

(9) 프로젝트관리 데이터 정보

프로젝트의 생애주기 전반에서 상당한 양의 데이터가 수집되어 분석 및 변환된다. 프로젝트 데이터는 다양한 프로세스의 결과물로 수집되고 프로젝트팀 내부에서 공유된다. 수집된 데이터는 상황을 고려해 분석되고, 집계 및 변환되어 다양한 프로세스 수행 과정에서 프로젝트 정보로 활용된다. 정보는 구두로 전달되거나 다양한 형식의 보고서로써 저장 및 배포된다. 프로젝트 생애주기 전반에 걸쳐 프로젝트 데이터가 정기적으로 수집되고 분석된다. 다음 정의는 프로젝트 데이터 및 정보와 관련된 주요 용어를 설명한 것이다.

프로젝트관리 데이터 정보-3가지의 정보(WPD/WPI/WPR)

① 작업성과 데이터: 프로젝트 작업의 활동을 수행하는 동안 식별된 실제 관찰 및 측정 데이터이다. 예로는 보고된 실제 작업 완성률(%), 품질 및 기술성과 측정치, 일정 활동의 시작 및 종료 날짜, 변경 요청 횟수, 발생한 결함 수, 실제 원가, 실제 기간 등이 있다. 프로젝트 데이터는 대개 프로젝트관리정보시스템(PMIS)과 프로젝트 문서에 기록된다.

② 작업성과 정보: 다양한 통제 프로세스에서 수집되어 관련영역들의 상관관계를 바탕으로 분석되고 통합되는 성과 데이터이다. 성과 정보의 예로는 인도물의 상태, 변경 요청의 구현 상태, 예측 잔여분 산정치 등이 있다.

③ 작업성과 보고서: 의사결정 또는 이슈제기, 조치 또는 현황파악 목적으로 프로젝트 문서에

삽입된 실물 또는 전자형식의 작업성과 정보이다. 작업성과 보고서의 예로는 상태 보고서, 메모, 정당성 사유서, 정보 기록, 전자 상황판, 권장사항 문서, 업데이트 문서 등이 있다. 다음 아래 그림은 WPD, WPI, WPR과 관련된 연결 흐름이다. WPD는 raw data로 통제프로세스의 실적으로 들어가서 기준과 비교하게 되고, 그 결과로 WPI가 나오게 된다. 각 지식영역의 WPI는 전체감시 및 통제 프로세스로 들어가서 프로젝트에서 가장 중요한 문서인 WPR(작업성과 보고서)을 만들어 낸다. WPR은 정해진 의사소통 방법에 따라 이해관계자에게 전달이 된다.

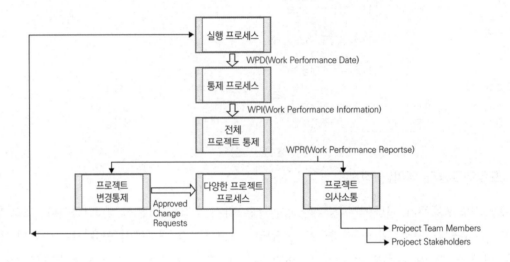

1.8 조정(Tailoring)

일반적으로 프로젝트 관리자는 작업에 프로젝트관리 방법론을 적용한다. 방법론은 전문분야 종사자들이 사용하는 실무사례, 기법, 절차 및 규칙들의 체계이다. 이러한 정의로 지침서 자체가 방법론이 아니라는 점이 분명해진다. 이 지침서와 프로젝트관리 표준서(The standard for project management)는 우수 실무사례로 통상 인정되는 프로젝트관리지식체계 구성요소들을 다루므로 조정작업의 참조서로 활용할 것을 권장한다. "우수 실무사례"로 설명된 지식이 모든 프로젝트에 항상 획일적으로 적용해야 함을 의미하지는 않는다. 특정한 방법론을 권장하는 것은 이 지침서의 범위를 벗어난다. 따라서 조직에 맞는 효과적인 조정(Tailoring)이 필요하다. 프로젝트관리 방법론은 다음을 통해 확보된다.

- 조직 내 전문가를 통한 개발
- 공급업체로부터 구매
- 전문가 협회 및 정부기관으로부터 취득

Chapter 01 소개(Introduction)

프로젝트를 관리하기 위해 적절한 프로젝트관리 프로세스, 투입물, 도구 및 기법, 산출물, 생애주기 단계들을 선택해야 한다. 프로젝트에서 이러한 선택 활동을 프로젝트관리 조정이라고 한다. 조정 과정에서 프로젝트 관리자는 프로젝트팀, 스폰서, 조직의 경영진 등과 협력한다. 경우에 따라 조직에서 특정 프로젝트관리 방법론을 사용해야 할 수 있다. 건전한 프로젝트관리 방법론은 프로젝트의 고유한 특성을 고려하며, 프로젝트 관리자가 어느 정도 조정할 수 있도록 허용한다. 하지만 방법론에 포함된 조정작업에서 주어진 프로젝트에 대한 추가 조정이 필요할 수도 있다.

1.9 프로젝트 비즈니스 문서

프로젝트 관리자는 프로젝트관리 방식에 비즈니스 문서의 취지가 제대로 반영되는지 확인해야 한다. 비즈니스 문서(프로젝트 비즈니스 케이스, 프로젝트 편익관리계획)는 상호 의존관계에 있고, 프로젝트 생애주기 동안 반복적으로 개발되고 유지된다.

프로젝트 비즈니스 케이스 문서의 개발 및 유지에 대한 책임은 일반적으로 프로젝트 스폰서에게 있다. 프로젝트 비즈니스 케이스, 프로젝트관리 계획서, 프로젝트헌장 및 프로젝트 편익관리 계획서의 성공 척도가 조직의 목표와 목적에 부합하고 상호간 조율하에 진행되고 있는지 지속적으로 감독하고 권고사항을 제시할 책임은 프로젝트 관리자에게 있다.

프로젝트 관리자는 담당 프로젝트 용도로 명시된 프로젝트관리 문서를 적절히 조정해야 한다. 일부 조직에서는 비즈니스 케이스와 편익관리 계획서를 프로그램 수준에서 유지한다. 프로젝트 관리자는 해당 프로그램 관리자와 협력을 통해 프로젝트관리 문서가 프로그램 문서와 연계되도록 해야 한다.

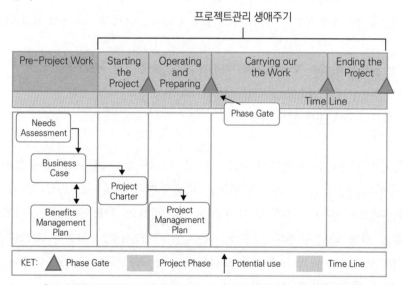

[요구사항 평가와 중대한 비즈니스/프로젝트 문서의 상호관계]

비즈니스 케이스란?

프로젝트 비즈니스 케이스는 문서로 정리된 경제적 타당성 연구 자료로, 정의가 충분하지 못한 구성요소가 제공할 혜택의 타당성을 확인하고 추가적인 프로젝트 활동을 승인하기 위한 기초로 사용된다. 프로젝트 착수의 목표와 이유가 비즈니스 케이스에 열거된다.

프로젝트가 끝나는 시점에서 프로젝트 목표 대비 프로젝트의 성공여부를 측정하는 데 비즈니스 케이스가 유용하다. 비즈니스 케이스는 프로젝트 생애주기 전반에 걸쳐 사용되는 프로젝트 비즈니스 문서이다. 프로젝트 시작 전에 비즈니스 케이스를 근거로 프로젝트의 진행 또는 중단 의사결정을 내릴 수도 있다.

프로젝트 편익관리계획서란?

프로젝트 편익관리 계획서는 프로젝트의 편익이 인도되는 방법과 시기를 설명하고, 그러한 편익을 측정하기 위해 갖춰야 하는 수단을 설명하는 문서이다. 프로젝트 편익은 후원조직과 프로젝트에서 의도한 수혜자들에게 가치를 제공하는 조치, 행위, 제품, 서비스 또는 결과 형태의 산출물로 정의된다. 편익관리 계획서 개발은 실현되어야 하는 목표 편익의 정의와 함께 프로젝트 생애주기 초기에 시작된다.

다음은 편익관리 계획서에서 설명하는 편익의 주요 요소들 중 일부 예이다.

- 목표 편익(예: 프로젝트 구현으로 기대되는 유형 및 무형 가치, 재무적 가치는 순 현재가치로 표시함)
- 전략적 연계성(예: 프로젝트 편익이 조직의 비즈니스 전략에 잘 부합되는 정도)
- 편익 실현을 위한 기간(예: 단계별, 단기, 장기 및 지속적인 편익)
- 편익 책임자(예: 계획서에 설정된 기간에 걸쳐 실현된 편익을 감시 및 기록하고 보고하는 일을 책임지는 담당자)
- 매트릭스(예: 실현된 편익을 표시할 척도, 직접적 척도 및 간접적 척도)
- 가정사항(예: 준비되거나 입증될 것으로 예상되는 요인)
- 리스크(예: 편익 실현에 수반되는 리스크)

편익관리 계획서를 개발하는 과정에서 비즈니스 케이스와 요구사항 평가에서 문서화된 데이터 및 정보를 활용한다. 예를 들어, 문서에 기록된 비용-편익 분석으로 프로젝트를 통해 실현된 편익의 가치와 비교한 원가 산정치를 보여준다. 프로젝트의 활동의 결과인 비즈니스 가치가 조직에서 어떻게 진행 중인 운영의 일부가 되는지에 대한 설명이 사용될 매트릭스와 함께 편익관리 계획서와 프로젝트관리 계획서에 포함된다. 매트릭스를 기준으로 비즈니스 가치 검증과 프로젝트 성공 여부 확인을 실시한다.

▦ 프로젝트 성공척도

프로젝트 이해관계자들은 프로젝트의 성공적인 완료로 나타날 결과와 프로젝트 성공에 가장 중요한 요인이 무엇인지에 대해 서로 달리 생각할 수 있다. 프로젝트 목표를 명확히 문서화하고 측정 가능한 목표를 선정하는 것이 매우 중요하다. 주요 이해관계자와 프로젝트 관리자가 대답해야 할 세 가지 질문이 있다. 프로젝트 이해관계자들은 프로젝트의 성공적인 완료로 나타날 결과와 프로젝트 성공에 가장 중요한 요인이 무엇인지에 대해 서로 달리 생각할 수 있다. 프로젝트 목표를 명확히 문서화하고 측정 가능한 목표를 선정하는 것이 매우 중요하다. 주요 이해관계자와 프로젝트 관리자가 대답해야 할 세 가지 질문이 있다.

① 이 프로젝트의 성공 결과는 어떻게 나타날까?

② 성공을 어떻게 측정할 것인가?

③ 성공에 영향을 미칠 수 있는 요인들은 무엇일까?

이러한 질문에 대한 대답을 문서화하고, 주요 이해관계자와 프로젝트 관리자는 이에 대해 합의해야 한다. 조직의 전략 및 비즈니스 결과물 인도와 관련된 추가 기준이 프로젝트 성공에 포함될 수 있다.

PMBOK정복하기-1장 용어 및 프로세스 정의 요약

프로젝트 관리 지식 체계(PMBOK guide)의 안내서에 따르면 포트폴리오는 무엇인가?

기업의 전략적 목표를 달성하기 위해 그룹으로 관리되는 프로젝트, 프로그램, 하위 포트폴리오 및 운영관리의 모음이다.

프로그램은 무엇인가?

개별 프로젝트 관리로는 얻을 수 없으나 관련이 있는 프로젝트를 모아서 관리하여 얻을 수 있는 혜택을 얻기 위해 함께 관리되는 관련 프로젝트, 서브 프로그램 및 프로그램 활동 그룹.

프로젝트 라이프 사이클의 공통된 특징은 무엇인가?

단계들은 본질적으로 순차적이다. 그것들은 필요에 따라 한 단계에서 다른 단계로 기술 정보를 전달한다. 비용 및 인력 투입 수준은 일반적으로 처음에는 낮고, 중간 단계에서 어떤 시점에 가장 높고 종료단계에서 급격히 떨어진다.

10개의 프로젝트 관리 지식 영역은 무엇인가?

프로젝트 통합 관리(Project integration management)

프로젝트 범위 관리(Project scope management)

프로젝트 일정 관리(Project schedule management)

프로젝트 원가 관리(Project cost management)

프로젝트 품질 관리(Project quality management)

프로젝트 자원 관리(Project resource management)

프로젝트 의사소통 관리(Project communications management)

프로젝트 리스크 관리(Project risk management)

프로젝트 조달 관리(Project procurement management)

프로젝트 이해 관계자 관리(Project stakeholder management)

실행 프로세스 그룹의 9개 프로세스는 무엇인가?

프로젝트 작업 지시 및 관리(Direct and manage project work)

품질관리(Manage quality)

팀 확보(Acquire team)

팀 개발(Develop team)

팀 관리(Manage team)

의사소통관리(Manage communications)

리스크대응계획수행(Implement risk responses)

조달수행(Conduct procurements)

이해관계자참여관리(Manage stakeholder engagement)

재미있는 프로젝트 이야기

진정한 프로젝트 관리자란?

PM은 good career path인가? 라는 질문을 아마도 스스로에게 던졌을 것이다. 무심코 맡은 PM과 내가 원해서 맡은 PM이건 일단 프로젝트관리자가 되면 기술자가 아닌 관리자가 되고, 전문가이지만 소프트 스킬을 잘하는 유연한 예술가가 되어야 한다. 혹자는 PM을 저널리스트의 관점으로 보기도 하는데 이는 프로젝트 환경에서 정치적인 접근과 escalation을 통한 의사결정을 얼마나 잘 끌어내는가에 대한 일부 통찰적 접근으로 볼 수 있을 것이다. 필자는 진짜 PM이 되려면 몇 가지 중요한 요소를 가지고 있어야 하고 지속적인 자기노력과 탐구정신으로 어느 정도 진짜 PM이 완성된다고 생각한다. 5가지 정도로 진짜 PM이 되기 위한 정의를 나름 대로 내리고자 한다.

- 정직해야 한다.
- 프로젝트에 대한 통찰력이 있어야 한다.
- 관리자이지만 리더의 솔선수범 성향을 가져야 한다.
- 하드 스킬과 소프트 스킬의 균형을 잘 유지해야 한다.
- 지속적으로 연구하고 탐구하여 창조적인 부분을 찾아 혁신적 역량을 보여야 한다.

프로젝트 관리자의 크게 보는 시각

단지 깊은 우물을 파는 것보다 현대시대는 다양한 지식으로 프로젝트 환경을 이해하고 조율하는 것이 중요하다. 기업의 경영요소와 기업의 이익과 관련되는 요소들을 이해하고 큰 리스크를 예방하는 지식과 경험을 소유해야 한다. 그렇게 하려면 경영의 일반적인 요소들, 즉 영업, 마케팅, 재무, 회계, 생산 등의 제반 적인 지식습득과 제품 품질과 관련 생산관리 및 품질관리 부문의 지식함양이 필요하다. 필자는 표준화 교육을 받으면서 기업의 기본 성장과 프로젝트 관리에 있어서 기본적인 표준화의 기본과 실무 이해 능력 또한 중요한 요소로 이해되었다. 한참 프로젝트를 진행하고 나서 기본 표준화 규격에 만족을 못하거나 소홀히 하여 실패의 우를 범해서는 안 되겠다는 것이다. 특히 R/D 부분은 초기에 이런 부분들을 잘 점검하고 계획을 잘 세우는 것이 중요하다. 프로젝트 관리자는 작게는 단위 프로젝트를 수행하지만 늘 마음속과 미래의 큰 그림에는 전체 기업의 유지 및 성장에 기여하는 부분을 늘 고민하고 준비하여 대비하는 능력을 갖추어야 한다.

CHAPTER 01

Example

01 프로젝트들을 개별적으로 관리할 때 얻을 수 없는 또 다른 이익이나 통제를 얻기 위해 관련된 프로젝트들을 그룹화하여 관리하는 것은 무엇인가?

① 프로젝트 관리
② 프로그램 관리
③ PMO management
④ 포트폴리오 관리

02 이것은 무엇에 대한 설명인가? 프로젝트를 효과적으로 관리하기 위해 프로젝트 또는 프로젝트 인도물을 분할한 것이며, 이것이 완료되면 하나 이상의 산출물이 만들어지고, 순차적 진행, 특성상 겹칠 수 있다.

① 프로세스 그룹(Process group)
② 프로젝트 단계(Project phase)
③ Decomposition
④ Logical relationship

03 프로그램의 전략적 목표나 이익을 달성하기 위해 프로그램의 관리를 중앙에서 통합적으로 관리하는 것은?

① 프로그램 관리
② 프로젝트 관리
③ PMO management
④ 포트폴리오 관리

04 프로그램 관리의 주요 역할이 아닌 것은 무엇인가?

① 프로젝트 또는 프로그램의 이슈를 해결한다.

② 프로젝트에 영향을 주는 조직의 전략을 프로그램 목표에 일치시킨다.

③ 프로그램에 영향을 주는 자원제약을 해결한다.

④ 조직가치를 극대화 하기 위해 조직전체를 통합화한다.

05 다음 중 프로젝트 특성으로 볼 수 없는 것은 무엇인가?

① 확실한 구체적 목표를 가지고 있다.

② 시간이 지나면서 점점 구체화된다.

③ 유일하고 일시적인 특징이 있다.

④ 계속적으로 반복이 되고 결코 끝이 나지 않는다.

06 프로젝트 관리에 관한 설명으로 가장 적합한 것은?

① 프로젝트 관리란 프로젝트 요구사항을 충족 시키는 데 필요한 지식, 기량, 도구 및 기법 등을 프로젝트 활동에 적용하는 활동이다.

② 결과물이 잘 나오도록 프로젝트 팀원들을 감시하는 행위이다.

③ 프로젝트 획득을 위한 로비 활동이다.

④ 결과물이 정해진 일정에 나오도록 계획을 잘 만드는 활동을 말한다.

07 프로젝트 업무(Project work)와 운영업무(Operational work)의 차이와 설명 중 가장 올바른 설명은 무엇인가?

① 프로젝트 업무는 고유한 산출물을 만드는 것과는 달리 운영업무는 지속적이고 반복적인 산출물을 만든다.

② 출장경비 지급업무는 프로젝트 업무이다.

③ 운영업무가 더 중요하다.

④ 운영업무는 기계가 대신하는 업무이다.

08 다음 설명 중 프로젝트의 성격으로 가장 맞지 않는 것은?

① 한시적이다.

② 유일하다.

③ 구체적 목표를 가지고 있다.

④ 유사한 일을 반복하는 활동이다.

09 프로젝트 단계에 대한 설명이다. 다음 중 내용이 잘못된 것은 어느 것인가?

① 단계는 흐름적으로 연결될 수 있다.

② 단계는 일부 중첩이 되면서 전개될 수 있다.

③ 종료 프로세스에서 단계의 종료는 포함하지 않는다.

④ 프로젝트에는 여러 단계가 포함될 수 있다.

10 PMO(Project management office)란 프로젝트 관련 지배 프로세스 표준화, 자원 분배, 방법론, 도구 및 기법을 조정하는 관리구조이다. 다음 중 PMO의 기본 유형이 아닌 것은 어느 것인가?

① Supportive(지원형)

② Controlling(통제형)

③ Directive(지시형)

④ Integrative(통합형)

CHAPTER 01

Explanation

01 정답 ②

해설 관련된 프로젝트를 같이 진행하여 시너지효과를 만드는 것이 프로그램관리(Program management)이다. 소규모 프로젝트에서는 거의 사용하지 않는다.

02 정답 ②

해설 프로젝트 단계(Phase)는 프로젝트 생애주기에서 프로젝트를 효과적으로 관리하기 위해 필요성에 의해 나눈 것으로 단계의 끝에는 반드시 산출물이 나온다. 작은 Sub-project라고도 하며 착수/기획/실행/종료의 프로세스 그룹활동이 단계 내에 포함된다.

03 정답 ④

해설 조직의 전략적 비니지스 목표들을 달성하는 작업들의 효과적 관리를 촉진하기 위하여 프로젝트들, 프로그램들, 기타 작업들을 모아서 관리하면서 회사차원에서 투자순서 등을 정하고 자원을 통합관리 하는 것이 포트폴리오관리(Portfolio management)이다.

04 정답 ④

해설 프로그램은 프로젝트의 관리를 포함하며 프로그램 자체문제도 해결한다. 그러나 전사조직의 통합은 포트폴리오 관리차원으로 보아야 한다.

05 정답 ④

해설 프로젝트의 주요 특징을 먼저 이해해야 한다. 프로젝트는 일시적이다. 따라서 "반복적이며 끝이 나지 않는다"는 것은 틀리다.

06 **정답** ①

해설 프로젝트 관리는 프로젝트 요구사항을 충족 시키도록 필요한 지식, 기량, 도구, 기법 등을 활동에 적용하는 것을 말한다.

07 **정답** ①

해설 둘 다 사람이 하는 일로 프로젝트는 고유의 산출물을, 운영업무는 지속적이고 반복적인 산출물을 만든다.

08 **정답** ④

해설 프로젝트 정의에서 "유일한 제품, 또는 서비스를 창출하기 위하여 취해지는 한시적인 활동이다"라고 명시하였다. 한시적이라 함은 프로젝트는 "시작과 종료가 있다"를 의미한다. ④번처럼 유사한 일을 반복하는 활동은 운영(Operation)이라고 한다

09 **정답** ③

해설 단계의 종료도 프로젝트 종료에 포함된다.

10 **정답** ④

해설 Supportive(지원형)은 컨설팅의 역할을 하며 템플릿의 제공, 모범관행의 개발, 훈련의 제공, 다른 프로젝트로부터의 정보/교훈사항 제공하는 Project Repository 역할을 한다. Controlling(통제형)은 다양한 방법을 통한 준수 요구하고 템플릿, 양식, 도구, 거버넌스에 대한 준수 등을 요구하며 통제를 한다. Directive(지시형)은 직접 프로젝트에 들어와서 직접 통제를 한다. 통합형은 없다.

프로젝트 운영환경
(The environment in which projects operate)

2.0 개요

프로젝트의 진행과 성공 혹은 실패에 영향을 주는 요인은 기업환경요인(Enterprise environmental factors), 조직프로세스 자산(Organizational process assets) 그리고 조직 시스템(Organizational system)으로 다양하다.

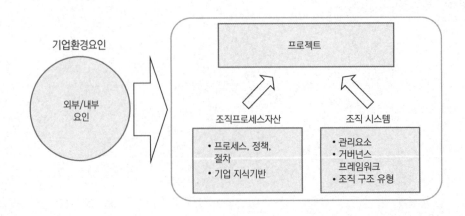

2.1 기업환경요인(EEF: Enterprise environmental factors)

■ 프로젝트팀의 통제 범위 밖에서 프로젝트에 영향을 주거나 제약이 되는 요인 또는 방향을 제시하는 요인으로 프로젝트에 긍정적 혹은 부정적 영향을 줄 수 있다. 대부분 계획 수립 프로세스의 투입물로 간주된다.

조직 내부 기업 환경 요인	조직 외부 기업 환경 요인
조직 문화, 구조 및 거버넌스	시장 여건
설비 및 자원의 지리적 분포	사회적, 문화적 영향 및 이슈
인프라	법적 제한 사항
정보 기술 소프트웨어	상용 데이터베이스
자원 가용성	학술 연구, 정부 또는 산업 표준
직원 능력	재무적 고려사항, 물적 환경 요소

2.2 조직프로세스자산(Organizational Process Assets)

■ 프로젝트 수행조직에서 사용하는 조직 특유의 계획서, 프로세스, 정책, 절차 및 지식기반 일체를 포함한다.
■ 프로젝트를 수행하는 데 사용될 수 있는 작업물, 실무사례 및 지식이 포함한다.
■ 과거 프로젝트에서 습득한 교훈, 선례정보도 포함한다.

구분	내용
프로세스, 정책 및 절차	• 프로젝트 작업의 일부로 업데이트 안 된다. • 대개 PMO나 외부의 다른 기능 조직에 의해 제정된다.
조직의 지식기반	• 프로젝트 전반에 걸쳐 프로젝트 정보를 반영하여 업데이트 된다. • 재무성과, 교훈, 성과지표, 이슈 및 결함 등에 대한 정보 등이 있다.

(1) 프로세스, 정책 및 절차

구분	내용
착수 및 기획	• 조직의 표준 프로세스 및 절차를 조정하는 데 적용할 지침과 기준 • 인적자원 정책, 보건안전 정책, 보안 및 기밀 정책, 품질 정책, 조달 정책, 환경 정책과 같은 조직의 특정 표준이나 정책 • 제품 및 프로젝트 생애주기, 방법 및 절차 & 템플릿 • 사전 승인된 공급업체 목록과 다양한 유형의 계약
실행, 감시 및 통제	• 변경통제 절차 • 변경추적 매트릭스 • 재무 통제 절차(예: 작업시간 보고, 필요한 지출 및 지급 심사, 회계 코드 및 표준 계약 조항) • 이슈 및 결함 관리절차

구분	내용
	• 자원 가용성 통제 및 배정관리 • 조직의 의사소통 요구사항 • 작업승인 우선순위 지정, 승인 및 인가서 발행 절차 • 템플릿(예: 리스크 관리대장, 이슈기록부 및 변경사항 기록부) • 표준화된 지침, 작업지시 • 제안서 평가 기준 • 성과측정 기준 • 제품, 서비스 또는 결과 검증 및 확인 절차
종료	• 최종 프로젝트 감사 • 프로젝트 평가 • 인도물 인수 • 계약 종료, 자원 재 배정, 생산 • 운영 조직으로 지식 이전

(2) 조직 지식저장소(Organizational Knowledge Repositories)

구분	내용
형상관리 저장소	다양한 버전의 소프트웨어 및 하드웨어 구성요소, 모든 수행조직의 표준, 정책 및 절차의 기준선, 프로젝트 문서 저장
재무 데이터 저장소	근로 시간, 발생한 비용, 예산, 프로젝트 원가 초과액 등의 정보
선례정보 및 교훈 저장소	프로젝트 기록 및 문서, 모든 프로젝트 종료 정보 및 문서, 과거 프로젝트 선정 결정의 결과에 관한 정보 및 과거 프로젝트 성과정보, 리스크관리 활동 관련 정보 저장
이슈 및 결함관리 데이터 저장소	이슈 및 결함 상태, 통제 정보, 이슈 및 결함 해결책, 조치 항목의 결과 저장
매트릭스 데이터 저장소	프로세스 및 제품 관련 측정 데이터를 수집하고 가용하도록 데이터 저장
기타 저장소	과거 프로젝트에서 생성된 프로젝트 파일(예: 범위, 원가, 일정, 성과측정 기준선, 프로젝트 달력, 프로젝트 일정 네트워크 다이어그램, 리스크 관리대장, 리스크 보고서 및 이해관계자 관리대장) 등을 저장

2.3 조직 시스템(Organizational systems)

(1) 조직 시스템 정의

시스템이란 구성요소 단독으로 달성할 수 없는 결과를 산출할 수 있는 다양한 구성요소들의 집합체이다. 이러한 시스템들이 조직 내에서 존재하고 이는 조직별, 프로젝트별로 다양하다. 따라서, 프로젝트 관리자는 상황에 맞게 생성되어 프로젝트에 영향을 미치는 고유한 시스템들을 잘 파악하여, 그 안에서 조치를 수행할 수 있는 사람들의 권한, 영향력, 이해관계, 역량 및 정치적 능력을 결정할 수 있어야 한다.

시스템의 예

- 관리요소(Management elements)
- 거버넌스 프레임워크(Governance frameworks)
- 조직 구조 유형(Organizational structure types)

(2) 조직 거버넌스 프레임워크

거버넌스(Governance)란?

- 조직 구성원의 행동을 결정하고 그 행동에 영향을 주도록 고안된 조직 내 모든 수준에서의 조직적 또는 구조적 합의사항으로 사람, 역할, 구조 및 정책에 대한 고려를 포함한다.
- 데이터와 피드백을 통해 지침을 제공하고 감독해야 한다.
- 일반적으로 프로세스, 절차, 문화, 지배환경을 의미한다.

거버넌스 Framework의 예시

- 규칙, 정책, 절차, 규범, 관계, 시스템, 프로세스

(3) 포트폴리오, 프로그램 및 프로젝트의 거버넌스

구분	내용
포트폴리오 거버넌스	투자에 대한 효율화와 조직의 전략 및 운영의 목표 달성을 위한 포트폴리오 활동을 가이드 하는 프레임워크, 기능 및 프로세스이다. 포트폴리오 거버넌스는 의사결정을 위한 프레임워크, 통제 및 포트폴리오 구성 요소내의 통합을 제공해야 한다.
프로그램 거버넌스	효익을 제공하고 조직의 전략 및 운영의 목표 달성을 위한 프로그램 관리 활동을 가이드 하는 프레임워크, 기능 및 프로세스이다. 프로그램 거버넌스는 시간과 비용이 거버넌스 의사결정과 감독활동에 연관되어 있기 때문에 최소한의 권한구조여야 한다.
프로젝트 거버넌스	유일한 제품, 서비스, 그리고 결과를 만들어내고 조직의 전략적 및 운영의 목표 달성을 위한 프로젝트 관리 활동을 가이드 하는 프레임워크, 기능 및 프로세스이다. 프로젝트 거버넌스는 투입물, 프로젝트와 제품 요구사항, 효과적인 실행 및 결과물의 품질 보증을 가이드 해야 한다.

(4) 조직구조 유형

- 어떤 조직도 모든 프로젝트에 모두 적용되는 단일한 조직 구조는 없다.
- 조직의 문화, 풍조 및 구조는 프로젝트 수행에 영향을 미친다.
- 프로젝트 관리 성숙도, 프로젝트 관리 시스템의 수준은 프로젝트에 영향을 미친다.
- 외부주체가 참여하는 경우, 외부적 요소 또한 프로젝트에 영향을 미친다.
- 조직 문화와 유형이 프로젝트 목표를 달성하는 역량에 상당한 영향을 미치기 때문에 프로젝트 관리자는 조직문화를 이해하고 의사결정자를 파악하여 프로젝트의 성공 확률을 높여야 한다.

[프로젝트에 미치는 조직구조의 영향(전문성과 통합속성에 따른 조직구조 형태)]

조직구조 프로젝트 특성	기능	매트릭스			프로젝트 전담조직
		약한 매트릭스	균형 매트릭스	강한 매트릭스	
프로젝트 관리자의 권한	적거나 없음	제한적	낮음-보통	보통-높음	높음-거의 전권
자원 가용성	적거나 없음	제한적	낮음-보통	보통-높음	높음-거의 전권
프로젝트 예산 통제자	기능 관리자	기능 관리자	혼합형	프로젝트 관리자	프로젝트 관리자
프로젝트 관리자의 역할	시간제	시간제	전담제	전담제	전담제
프로젝트 행정업무 담당	시간제	시간제	시간제	전담제	전담제

조직구조별 내용이해

프로젝트에 미치는 조직구조의 영향을 먼저 보면 조직 구조 별로 프로젝트 특성과 관련된 요소별로 차이가 있다. 예를 들면 프로젝트 관리자는 중간매트릭스 조직구조에서부터 Full time 으로 일을 하며, 권한은 강한 매트릭스 조직구조가 되어야 강해질 수 있다.

기능조직(Functional organization) 구조

기능조직은 전통적인 조직형태로 부서장들이 프로젝트 coordination을 하는 방식으로, 별도 프로젝트 관리자가 존재하지 않고 프로젝트에 관련한 조율만 하는 수준으로 직원들은 기능관리자(Functional manager)의 지시를 받아 최소한의 지원을 하는 수준의 조직구조이다.

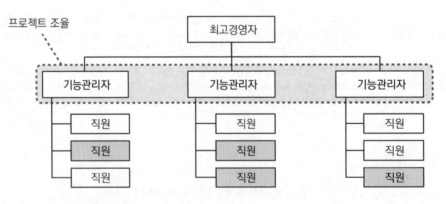

* 회색 상자는 프로젝트 활동에 참여하는 직원을 표시

[기능조직(Functional organization) 구조]

일반적으로 이런 구조에서는 큰 프로젝트 수행은 불가능하고 기존 프로젝트의 소규모 변경이나 중요하지 않은 소규모 프로젝트수행에 적합한 구조이다. 기능 조직은 각 직원에게 직속 상관이 한 명씩 있는 수직 구조로 운영조직의 형태를 취하고 있다. 직원들은 상위 수준에서 생산, 마케팅, 엔지니어링, 회계 등과 같은 전문영역에 따라 분류된다.

프로젝트 전담조직(Projectized organization) 구조

프로젝트 전담구조 기능조직은 프로젝트화된 조직에서는 팀원이 공동 배치되고, 조직 자원의 대부분이 프로젝트 작업에 투입되며, 프로젝트 관리자가 자원사용 및 예산 사용에 있어 많은 독립성과 권한을 행사한다.

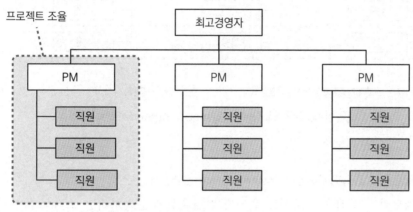

* 회색 상자는 프로젝트 활동에 참여하는 직원을 표시

[프로젝트 전담조직(Projectized organization) 구조]

프로젝트화된 조직에는 부서(Team)라는 조직 단위가 있어, 프로젝트 관리자에게 직접 보고하거나 여러 프로젝트에 지원 서비스를 제공한다. 일반적으로 복합하거나 전문성을 요하는 프로젝트는 이런 조직구조로 대응한다. 프로젝트가 종료될 때는 팀 해체 따른 인력의 이동배치 등의 문제가 있으므로 각 프로젝트관리자는 기능부서장들과 긴밀한 유대관계를 유지하고 팀원들이 적절히 배치하도록 노력해야 한다. 따라서 프로젝트 관리자는 대인관계기술을 잘 이용하여 기능부서장들과 잘 협상하여 팀원이 제자리를 찾아갈 수 있도록 하여야 한다.

약한 매트릭스조직(Weak matrix organization) 구조

약한 매트릭스는 기능 조직의 특성을 많이 가지고 있으며 프로젝트 조율에서 통합자나 촉진자의 역할이 더 많다. 아직도 조직 내에 프로젝트관리자가 존재하지는 않는다. 조직 내에 직원들이 프로젝트업무 조정역할을 한다.

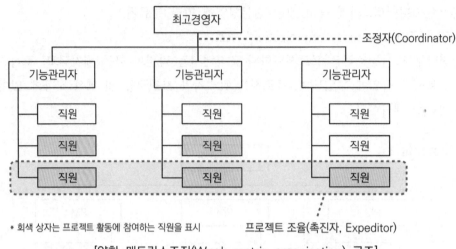

* 회색 상자는 프로젝트 활동에 참여하는 직원을 표시   프로젝트 조율(촉진자, Expeditor)

[약한 매트릭스조직(Weak matrix organization) 구조]

중간(균형) 매트릭스조직(Balanced matrix organization) 구조
중간(균형) 매트릭스 조직은 프로젝트 관리자의 필요성은 인정하지만 조직의 특성에 따라 프로젝트 예산에 대한 사용권한이 기능 부서장이 가질 수 있고 프로젝트 관리자가 가질 수도 있으나, 일반적으로 기능관리자의 권한이 더 크다고 보아야 한다.

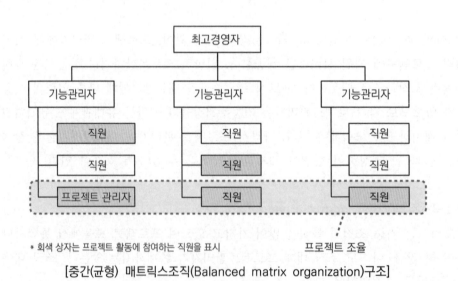

* 회색 상자는 프로젝트 활동에 참여하는 직원을 표시   프로젝트 조율

[중간(균형) 매트릭스조직(Balanced matrix organization)구조]

이런 조직구조에서는 프로젝트관리자는 기능관리자(부서장) 밑에 있어 자원/예산사용에 제약을 받는다. 직원들은 기능부서장과 프로젝트관리자에게 이중 보고해야 하는 문제를 가지고 있으나, 회사입장에서 보면 자원의 극대화라는 측면이 있다.

강한 매트릭스조직(Strong matrix organization) 구조

강한 매트릭스 조직은 프로젝트화된 조직의 특성을 많이 가지며, 상당한 권한을 가진 전임 프로젝트 관리자와 프로젝트 행정업무를 전담하는 직원을 가질 수 있다. 비로소 프로젝트 관리자가 권한을 제대로 발휘할 수 있는 조직구조이다.

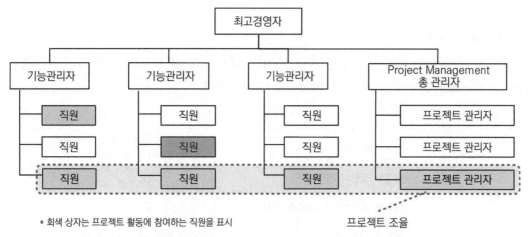

[강한 매트릭스조직(Strong matrix organization)구조]

복합조직(Composite organization) 구조

그림(복합 조직)에서 보듯이 많은 조직은 다양한 수준에서 모든 구조를 내포하고 있다. 한 가지 예로, 기본적인 기능 조직에서도 중요한 프로젝트를 처리하기 위해 특별 프로젝트 팀을 조직할 수 있다. 이러한 팀은 프로젝트화된 조직의 프로젝트 팀 특성을 많이 가질 수 있다.

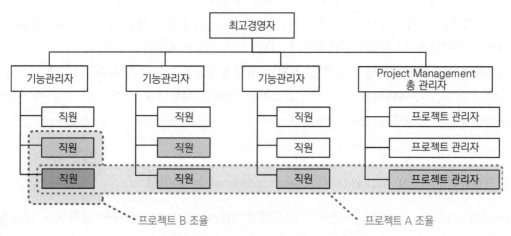

[복합조직(Composite organization)구조]

즉, 팀이 여러 기능 조직에서 온 전담 직원을 두고 독자적인 운영 절차를 개발할 수 있으며, 공식화된 표준 보고 체계를 벗어나서 운영되기도 한다. 실제로 현대사회에서는 너무나 복잡하고 많은 프로젝트들이 동시에 수행되어 있어 탄력적으로 조직을 운용할 수밖에 없다. 특정 어떤 회사가 어떤 조직구조로 프로젝트를 수행하고 있다기보다는 프로젝트 성격(중요성/긴급성/전문성 등)에 맞추어 조직이 운영되고 있는 것이 일반적이다.

전체 조직구조 요약

기능조직과 프로젝트 조직의 특성을 같이 가지고 있으므로 "자원사용의 극대화"라는 측면이 있다. 조직구조별 장단점을 비교 이해하는 것이 중요하다.

조직 구조	장점	단점
기능 조직 (Functional)	• 가장 일반적으로 안정적 • 간편한 보고 체계 • 전문가 집단의 관리 용이	• 기능 또는 전문분야 업무에 치중 • 업무 우선순위 선정난이 • 자원 부족 시 대처 미흡 • 프로젝트 관리경험 부족
매트릭스 조직 (Matrix)	• 명확한 프로젝트의 목표를 가짐 • 자원의 활용 극대화 가능 • 원활한 협조 체계 • 정보의 원활한 흐름 • 프로젝트 종료 후 인적자원 재배치	• 관리인원 중복 • 복잡성: 통제, 긴급조치의 어려움 • 자원 배분 시 문제점 잠재 • 철저한 운영 절차 필요
프로젝트화된 조직 (Projectized)	• 프로젝트관리의 효율성 극대화 • 프로젝트의 전문성 유지 • 높은 의사소통 유지	• 프로젝트 종료 후의 인적자원배치문제 대두 • 일부 기능의 전문성 결여 • 비효율적인 자원발생가능

왜 이해관계자의 영향력이 초기에 크고 시간이 지나면서 작아지나?

■ 프로젝트는 불확실성의 특성을 가지고 있다. 그래서 점진적 구체화라는 특징을 가지고 있다. 초기에는 범위는 확실하지 않고, 범위는 시간이 지나면서 점점 구체화된다. 범위에 관련된 요구사항은 누구에게서 나오는가 하면 바로 이해관계자들로부터 나온다.
■ 초기에 범위를 정할 수 있는 권한을 가진 이해관계자들의 영향력은 높다. 그러나 시간이 지나면서 범위는 구체화되고 프로젝트 관리자는 정해진 계획대로 실행하면 된다. 따라서 이해관계자들의 영향력은 점점 작아진다.

핵심용어(Project expediter/Project coordinator) 차이점

■ Project expediter(프로젝트 촉진자): 의사결정 권한이 없으며 프로젝트 팀원들을 지원해주고 팀원들의 의사소통을 조정하는 역할을 한다.
■ Project coordinator(프로젝트 조정자): 의사결정에 대한 권한이 있으며, 상위 수준의 관리자

에게 보고한다.

(5) PMO(프로젝트 관리 오피스)

PMO란 프로젝트 관련 지배 프로세스 표준화, 자원 분배, 방법론 도구 및 기법을 조정하는 관리구조로 아래와 같이 PMO의 역할구분이 된다. 다음과 같이 3가지 유형으로 분류된다.

Supportive (지원형)	• 컨설팅 역할 • 템플릿 제공, 모범 관행, 훈련, 다른 프로젝트로부터의 정보/교훈사항 제공 • Project Repository 역할	통제력 Low
Controlling (통제형)	• 다양한 방법을 통한 준수 요구 • 템플릿, 양식, 도구, 거버넌스에 대한 준수 등	통제력 Moderate
Directive (지시형)	• 프로젝트 직접 통제	통제력 High

PMO 주요 기능의 예

- PMO에 의해 관리되는 모든 프로젝트간의 공유자원 관리
- 프로젝트 관리 방법론, 모범적 실무 관행 및 표준 식별 개발
- 프로젝트 관리표준, 정책, 절차, 템플릿 등의 준수감시
- 프로젝트 정책, 절차, 템플릿, 공유문서 개발 및 관리
- 프로젝트 간의 의사소통 조정/코칭, 멘토링, 교육, 감독

PMO의 탄생 배경

1980년대 후반부터 수요와 공급의 균형에서 공급이 많아지면서 제품은 경쟁을 하게 되고 제품의 생명주기가 짧아지면서 많은 프로젝트가 발생하였다. 시장에서 제품들간의 경쟁이 점점 치열해지고 이전에 없던 신기술을 적용하고 IT기술이 급속도로 발달하면서 많은 부분의 Interface가 많아지면서 요구수준이 높아지면서 제품개발 프로젝트는 자원의 부족과 기타 문제들로 인해 어려움을 겪게 되었다. 프로젝트의 성공률이 낮아지면서 이에 프로젝트의 실패원인을 찾기 시작하였다. 문제의 원인을 찾다 보니 아래와 같은 몇 가지 중요한 원인이 발견되었다.

- 프로젝트 팀원들의 역량차이 및 프로젝트 자원의 불균형 배치문제
- 업무수행 기간에 표준화 및 문서화 미흡
- 프로젝트 수행기간 중에 문제에 대한 잘못된 관리와 사후대처활동의 취약
- 예산과 일정계획의 미흡 및 경영진의 지원부족

이에 문제해결을 위한 회사차원의 관리조직이 필요하겠다는 인식을 하게 되었다. 프로젝트의 성공을 위해서는 전체적인 통합적 관리를 위한 프로젝트 관리프로세스 정의 후 적용하여야 하며 예산목표와 일정계획 준수를 위한 지식, 통계, 모범사례 활용하여야 한다는 것에 동감하여 이러한 문제해결을 위한 새로운 조직 PMO가 탄생되었다.

PMBOK정복하기-2장 용어 및 프로세스 정의 요약

윤리강령 관련하여 공정성과 관련된 필수 요건을 어떻게 기술하면 좋은가?
공정한 결정을 내리고 공정하고 객관적으로 행동해야 할 의무
(The duty to make fair decisions, act impartially, and objectively)

PMI가 프로젝트 관리 전문가로서 가장 중요하다고 생각하는 4가지 가치는 무엇인가?
책임(Responsibility), 존경(Respect), 공평(Fairness), 정직(Honesty)

조직 프로세스 자산이란 무엇인가?
수행 조직에 사용되는 고유한 계획, 프로세스, 정책, 절차 및 지식 기반(Plans, processes, policies, procedures, and knowledge bases that are specific to and used by the performing organization)

복합 조직구조의 가장 큰 장점은 무엇인가?
프로젝트의 특성에 따라 조직에서 프로젝트 관리에 대한 접근 방식을 관리에 맞게 융통성 있게 조정이 가능하다.

PMI에 의해 식별된 3가지 형태의 대표적인 매트릭스 구조는 무엇인가?
약한 매트릭스, 균형 매트릭스 강한 매트릭스(Weak matrix, balanced matrix, Strong matrix)

프로젝트화된 조직 구조에서 프로젝트 팀원들은 누구에게 보고하는가?
프로젝트 관리자(The project manager)

윤리강령 관련 정직과 관련된 필수 의무사항을 어떻게 설명하는 것이 좋은가?
정직이란? 진실을 이해하고 항상 진실되게 행동해야 할 의무(The duty to understand the truth and always act in a truthful manner)

재미있는 프로젝트 이야기

경영자는 조직구조를 왜 이해하여야 하나?

기업의 조직은 수시로 긴장감을 위해서 변경이 되거나 수주된 계약에 의해 맞춤형 조직구조를 만들기도 한다. 기능조직, 매트릭스 조직, 프로젝트 조직에서 경영자는 신규 프로젝트의 복잡성 신규 중대성 등의 속성을 분석하여 그에 맞는 조직구조를 구성하고 프로젝트 관리자가 필요한 조직구조 경우 그에 맞는 권한과 책임을 정의하여야 한다. 경영자는 기능관리자들이 프로젝트 관리 팀에 합당한 인원을 파견하여야 하며 프로젝트 성과가 기능부서장의 성과에 어느정도 연결시킴으로써 기능부서장은 좋은 인적자원을 프로젝트 팀에 보내게 되는 것이다. 따라서 프로젝트 관리자는 협상 스킬과 더불어 경영자에게 잘 어필하는 정치력도 있어야 한다.

리더가 주의해야 할 것: 후광효과[後光效果, halo effect]

후광효과란 어떤 대상이나 사람에 대한 일반적인 견해가 그 대상이나 사람의 구체적인 특성을 평가하는 데 영향을 미치는 현상을 말한다. 사회심리학이나 마케팅, 광고 등의 분야에서 나타나는 현상이다. 사회심리학에서는 주로 어떤 사람에 대한 인상이나 인성, 업무수행 능력을 평가하는 데 나타나며, 마케팅에서는 상점, 상품, 브랜드에 대한 태도 및 평가와 관련하여 나타낸다. 미국의 심리학자 손다이크(Edward Lee Thorndike)는 어떤 대상에 대해 일반적으로 좋거나 나쁘다고 생각하고 그 대상의 구체적인 행위들을 일반적인 생각에 근거하여 평가하는 경향이라고 설명하였다. 그리고 블룸(Blum)과 네일러(Naylor)는 개인이 갖고 있는 특성에 대한 평가가 그 사람의 다른 다양한 특성들에 대한 평가에 미치는 영향이라고 보았다. 그는 이러한 후광효과는 어떤 대상을 평가하는 데 있어서 불가피하게 발생하는 현상이며, 이것은 평가자가 논리적으로 관련된 행동들을 유사하게 평가하는 방식으로 작용한다고 결론지었다.

실제로 기업에서는 한 분야를 탁월하게 잘하면 다른 분야도 잘 할 것으로 착각하여 승진을 시키거나 보직을 변경한다. 축구 포지션에서 수비를 탁월하게 잘하는 선수가 축구를 잘하니 이번에는 공격을 시키면 어떻게 될까? 아마도 훌륭한 골잡이가 되기는 어려울 것이다. 기업에서 엔지니어를 관리자를 시켰을 때 실제로 관리의 문제를 많이 일으키곤 한다. 영업관리의 특유성을 무시한 채 모든 회의를 논리적인 관점으로 준비하고, 회의주제가 있어야 약속을 잡고, 철저치 회의준비가 되어야 회의참석을 허락한다면, 영업활동에 큰 지장을 일으키게 마련이다. 적재적소 능력 있는 인원배치가 바로 기업의 경쟁력이다. 인사(人事)가 만사(萬事)란 말은 사람이 굉장히 중요하다는 것을 우리에게 전달한다.

CHAPTER 02

Example

01 어떤 조직구조가 자원 활용성 측면에서는 극대화하는 측면이 있지만, 업무보고에 있어서는 이중 보고의 문제점이 있는가?

① 기능조직구조
② 약한 매트릭스 조직구조
③ 균형 매트릭스 조직구조
④ 프로젝트 조직구조

02 프로젝트 조직(Projectized organization)의 특징에 해당이 되지 않는 것은 다음 중 어느 것인가?

① 보고체계가 프로젝트 관리자와 기능부서장으로 이원화되어 있다.
② 프로젝트에 대한 충성도(Loyalty)가 높다.
③ 프로젝트가 종료되면 팀이 해체되기 때문에 안정된 조직은 아니다.
④ Co-location해야 더 업무의 효율성이 높아진다.

03 회사에서 이번에 대규모 프로젝트가 한 지역에 한정되어서 활동이 전개된다. 이렇게 모든 활동들이 한 지역에서 대형 프로젝트에 집중될 때 가장 이상적인 조직 형태는 무엇인가?

① 혼합조직
② 매트릭스조직
③ 프로젝트조직
④ 기능조직

04 당신은 프로젝트 관리자로 임명을 받았는데 프로젝트 추진의 조직구조가 Balanced matrix로 되어있다. 이런 경우 다음 중 프로젝트 관리자와 기능관리자 사이에서 발생하는 갈등을 유발하는 가장 큰 요인은 무엇인가?

① 책임과 권한에 대한 구분
② 예산에 대한 예비비 사용권한의 우선권
③ 프로젝트 환경에서 사용되는 보고양식의 표준화 문제
④ 프로젝트 종료시의 자원 환원 문제

05 매트릭스(Matrix) 조직 구조의 환경에서 가장 중요하다고 생각하는 것은 무엇이라고 생각하는가?

① 통합관리
② 협상
③ 갈등관리
④ 팀원관리

06 당신은 프로젝트 팀원으로 이번에 매트릭스 조직구조에서 일하게 되었다. 당신이 알고 있는 매트릭스 조직구조에서 다음 중 팀원의 입장에서 매트릭스 조직에 대한 장점을 설명한 것은 어느 것인가?

① 기능부분과 프로젝트 부분의 일을 같이 하므로 일의 효율성이 높아진다.
② 프로젝트 관련 일이 끝나더라도 큰 문제 없이 지속적으로 기능부서의 일을 수행할 수 있다.
③ 일에 대한 성과보고를 기능부서장과 프로젝트 관리자에게 각각 보고하게 되니 전문성의 다양성이 심화되었다.
④ 프로젝트 관리 부분의 일보다 기능부분의 일을 항상 우선시 하여 전문성을 유지한다.

07 조직구조에서 Project coordinator은 Project expeditor는 과 어떤 점에서 가장 크게 다른가?

① 의사 결정권이 없다.
② 의사 결정권이 있다.
③ 상위 관리자에게 보고한다.
④ 프로젝트 예산 집행에 대한 사용권이 있다.

08 다음 중 프로젝트 생애주기가 갖고 있는 일반적인 공통점 중 틀린 것은?

① 비용과 인력은 초기에 낮게 투입되고, 증가하다 프로젝트 종료시점에 급격히 감소한다.
② 이해관계자가 프로젝트에 미치는 영향력 및 리스크, 불확실성은 초기에 높으나 점차

낮아진다.

③ 결함을 고치거나 변경에 필요한 비용은 초기에 낮고 진행될수록 많아진다.

④ 제품 생애주기보다 프로젝트 생애주기가 더 광범위하다.

09 PMO의 주요 역할이 아닌 것은 무엇인가?

① 하위수준의 프로젝트 진척을 관리한다.

② 모든 프로젝트들에 걸쳐 자원 공유를 관리한다.

③ 프로젝트들 간의 의사소통을 조정한다.

④ 경영진이 전체 현황을 알 수 있도록 지속적으로 상황실을 관리한다.

10 조직 프로세스 자산 중 지식에 관련된 조직 프로세스 자산의 예인 것은?

① 재무 통제 절차, 변경통제 절차

② 실제 발생했던 이슈나 결함에 관련된 DB(데이터베이스)

③ 조직의 프로세스 조정에 대한 지침 및 기준

④ 회사에서 사용하는 표준 템플릿

CHAPTER 02

Explanation

01 정답 ③

해설 중간(균형)(Balanced matrix)조직구조에는 직원은 기능부서장에게는 평상의 운영 작업 관련된 업무보고를 해야 하고 프로젝트관리자에게는 프로젝트와 관련된 업무보고를 해야 하기 때문에 이중보고의 문제점이 있다. 직원은 항시 두 가지를 업무체계로 근무하기 때문에 항상 바쁘고 업무량이 많다. 회사에서는 자원운용의 극대화라는 측면이 이점이 있다.

02 정답 ①

해설 프로젝트화 조직(Projectized organization)에서 프로젝트 팀은 프로젝트에 대한 충성도 (Loyalty)가 있지만, 프로젝트 종료 후에는 돌아갈 곳이 없다는 단점이 있다. 보고체계가 프로젝트 관리자와 기능부서장으로 이원화되어 있는 조직은 Balanced matrix조직이다.

03 정답 ③

해설 지역에 한정되면서 대규모 프로젝트를 할 경우에는 Co-location이 원칙이다. 즉 프로젝트 조직으로 복잡한 대규모 프로젝트를 수행하여야 가장 효과적이다. 그래야 모든 자원이 동시에 프로젝트 업무에 투입되며, 프로젝트 관리자는 많은 독립성과 권한을 부여 받는다.

04 정답 ①

해설 매트릭스 조직은 권한의 모호함으로 발생되는 책임과 권한의 구분 문제이다. Weak matrix 조직구조에서는 FM(Functional manager: 기능 관리자)에게, Strong matrix 조직구조에서는 PM이 권한을 더 갖기는 하지만 Balanced matrix조직구조는 기능 관리자와 프로젝트 관리자가 권한을 나눠 갖기 때문에, 이로 인한 책임과 권한에 대한 구분과 관련된 갈등이 유발된다.

05   정답 ①

해설   매트릭스 조직의 큰 단점은 팀원들의 이중보고 문제이다. 약한 매트릭스 경우는 프로젝트 관리자가 없고 조정자의 역할로 기능부서장 밑이 속한다. 따라서 이런 책임과 권한이 분산되고 이중보고 및 자원의 사용이 양분되는 상황에서는 어떻게 효율적으로 통합적으로 관리할 수 있는 것이 이슈가 된다. 따라서 매트릭스 조직구조에서는 통합관리 부분이 매우 중요하다.

06   정답 ②

해설   팀원의 입장에서는 다른 부서로 전출 가지 않고 현 부서에서 일을 하기 때문에 보직의 안정성이다. 물론 하는 일은 힘들 수가 있다. 보스(Boss)가 기능부서장과 프로젝트 관리자로 2명이다. 따라서 보고도 각각 해야 된다. 보고체계에 따라 의사소통 문제가 나타날 수 있고 일의 우선순위를 정할 때도 혼란스럽다. 이런 부분은 무엇이 우선인지 잘 파악하여 환경에 맞게 슬기롭게 헤쳐나가야 한다.

07   정답 ②

해설   Project expeditor(촉진자)는 의사결정권이 없지만 Project coordinator(조정자)는 약간의 의사결정권이 있다. 그러므로 Project expeditor에 비해 Project coordinator는 더 많은 의사결정권이 있다.

08   정답 ④

해설   제품 생애주기가 일반적으로 프로젝트 주기보다 광범위하다.

09   정답 ①

해설   PMO는 프로젝트의 상위수준으로 관리하며 프로젝트간 자원관등 전체적인 의사소통 및 경영층에 프로젝트의 중요사항 등을 보고하는 데 있다.

10   정답 ②

해설   ②를 제외한 부분은 조직프로세스 자산의 Template 및 표준에 관한 것들이다. 지식 관련된 조직프로세스자산은 프로젝트를 진행하면서 생긴 결과물들이 축적된 것들이다.

프로젝트 관리자의 역할
(The role of the project manager)

3.0   개요(Overview)

프로젝트 관리자는 프로젝트의 목표를 달성하기 위해 프로젝트 팀의 리더십에서 중요한 역할을 한다. 일부 조직은 착수 전 평가와 분석활동에 프로젝트 관리자가 참여한다(예: 전략적 목표 강화, 조직성과개선, 고객요구 충족을 위한 아이디어).

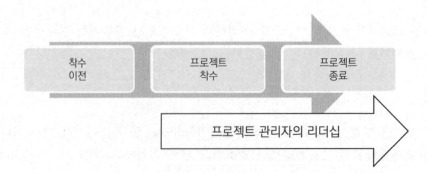

프로젝트 관리자의 역할(오케스트라와 비교)은 다음과 같다.

구성원과 역할
- 다른 역할을 하는 수많은 구성원으로 이루어져 있다.
- 팀원들은 다양한 역할을 수행한다.
- 연주가와 프로젝트 팀원이 각 리더의 팀을 구성한다.

팀에 대한 책임
- 결과에 대한 책임을 지고 제품의 전체적인 측면을 파악해야 한다.
- 조직의 비전과 사명, 목표를 검토하여 제품의 해당항목과 연계되는지를 확인한다.
- 제품을 성공적으로 완료하는 과정에 포함되는 비전, 사명, 목표에 대한 해석한다.
- 팀과 의사소통을 하면서 성공적으로 목표를 완료할 수 있는 방향으로 추진되도록 팀을 장려한다.

지식과 기술
- 지휘자는 모든 악기를 연주하지는 못하지만 음악에 대한 지식과 이해 및 경험이 충분하여야 한다. 지휘자는 리더십과 계획수립, 의사소통을 통한 조정을 바탕으로 오케스트라를 지휘한다.
- 프로젝트 관리자는 프로젝트의 모든 일을 수행하지는 않겠지만 프로젝트관리지식과 기술지식, 프로젝트에 대한 이해 및 경험이 충분하여야 한다.
- 프로젝트 관리자는 리더십과 계획수립, 의사소통을 통한 조정을 바탕으로 프로젝트 팀을 관리한다. 서면(예: 일정표와 계획표)으로 정보를 전달하고, 회의, 언어적 또는 비언어적 신호를 이용하여 팀과 실시간으로 의사소통을 한다.

3.1 프로젝트 관리자에 대한 정의(Definition of a project manager)

프로젝트 관리자의 정의

- 프로젝트 관리자의 역할은 기능관리자나 운영관리자의 역할과 다르다.
- 기능관리자: 기능조직이나 사업부를 관리 감독하는 데 주력한다.
- 운영관리자: 비즈니스 운영을 효율적으로 유지할 책임을 진다.
- 프로젝트 관리자: 수행조직에서 프로젝트 목표를 달성할 책임을 자지도록 팀의 리더로 선임된 책임자이다.

3.2 프로젝트 관리자의 영향력 범위

(1) 영향력 범위

프로젝트 관리자는 자신의 영향력 범위에서 수많은 역할을 수행한다. 이러한 역할은 프로젝트 관리자의 역량을 반영하며 프로젝트 관리분야의 가치와 기여도를 나타낸다.

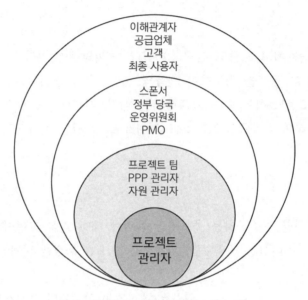

이해관계자
공급업체
고객
최종 사용자

스폰서
정부 당국
운영위원회
PMO

프로젝트 팀
PPP 관리자
자원 관리자

프로젝트
관리자

[프로젝트 관리자의 영향력 범위 예]

(2) 프로젝트에 대한 책임

- 프로젝트 관리자는 프로젝트 팀을 이끌면서 프로젝트 목표(예: 요구사항, 일정, 원가, 품질)와 이해관계자의 기대사항을 충족시킨다.
- 프로젝트 관리자는 가용한 자원을 활용하여 프로젝트에서 경합하는 제약사항(예: 범위, 일정, 원가, 품질 등)간 균형을 조절한다.
- 프로젝트 관리자는 스폰서와 팀원, 기타 이해관계자 사이의 의사소통창구역할을 수행한다 (추진 방향과 프로젝트 성공비전을 제시하는 일을 포함).
- 프로젝트 관리자는 연성기술(Soft skill: 예 대인관계기술, 인적자원관리능력)을 이용하여 프로젝트 이해관계자들의 상충되고 경합하는 목표들간의 균형을 조절함으로 공감대를 형성한다.
- 상위 2% 프로젝트 관리자는 긍정적인 태도를 보이며 탁월한 대인관계 및 의사소통 기술을 발휘하는 차별화되는 역량을 발휘한다.

(3) 조직에 대한 책임

프로젝트 관리자는 다른 프로젝트 관리자와 선제적으로 소통한다. 다른 독립적인 프로젝트나 같은 프로그램에 속하는 다른 프로젝트가 다양한 요인으로 인해 영향을 받을 수 있다.
일부의 예

- 동일한 자원 요구
- 자금조달 우선순위
- 인도물의 수령 또는 배포
- 조직의 목표 및 목적에 프로젝트 목표 및 목적연계

프로젝트 관리자는 조직 전반의 프로젝트 관리 역량 및 능력을 개선하기 위한 노력을 기울이고 암묵적 지식전달 또는 통합 이니셔티브에 참여한다. 다음과 같은 업무도 프로젝트 관리자가 담당한다.

- 프로젝트관리의 가치를 입증한다
- 조직에서 프로젝트관리의 수용을 증가시킨다
- 조직에 존재하는 경우, 프로젝트관리오피스(PMO)의 효율적 업무능력을 개선한다.
- 프로젝트 관리자는 프로젝트 목표를 달성하고 프로젝트 관리계획서가 포트폴리오 또는 프로그램 계획서와 연계되도록 모든 관리자와 긴밀하게 협력한다.

3.3 프로젝트 관리자 역량

(1) 기본 역량

PMI의 역량삼각형(Talent Triangle)을 이용하여 프로젝트 관리자에게 필요한 기술에 프로젝트 관리자 역량개발(Project Management Competency Development, PMCD) 프레임워크를 적용한다.

(2) 역량삼각형(Talent Triangle)

Talent Triangle은 다음 3가지 핵심기술에 초점을 맞춘다.

- 기술적 프로젝트 관리
- 리더십
- 전략 및 비즈니스 관리

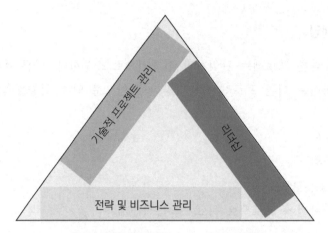

[PMI 역량삼각형(Talent Triangle)]

(3) 역량 삼각형 내용

기술적 프로젝트 관리: 프로젝트, 프로그램 및 포트폴리오관리의 특정영역과 관련된 지식, 기술 및 행동역할 수행의 기술적 측면이다. 기술적 프로젝트관리 기술은 프로그램이나 프로젝트에 대한 원하는 결과를 인도하기 위해 프로젝트관리 지식을 효과적으로 적용하는 기술로 정의된다.
여러 가지 핵심기술의 예는 다음과 같다.

■ 프로젝트의 핵심 성공요인
■ 일정표
■ 선정된 재무보고서
■ 이슈 기록부(Issue log)

전략 및 비즈니스 관리: 성과와 비즈니스 결과물을 개선하는 업계 및 조직의 지식과 전문성 부문이다. 전략 및 비즈니스관리 기술에는 조직의 상위 수준 개요를 확인하고, 전략적 연계 및 혁신을 지원하는 의사결정과 조치를 효과적으로 협상하고 실행할 수 있는 능력을 포함한다. 프로젝트관리자가 비즈니스를 충분히 파악하고 있어야 다음과 같은 일을 수행할 수 있다.

■ 프로젝트의 필수적인 비즈니스 측면을 다른 사람에게 설명한다.
■ 프로젝트 스폰서, 팀, 관련분야 전문가와 협력을 통해 적절한 프로젝트 인도전략을 개발한다.
■ 수립된 전략을 프로젝트의 비즈니스 가치를 극대화하는 방식으로 구현한다.

리더십: 조직의 비즈니스 목표를 달성할 수 있도록 팀을 이끌고 동기부여하며, 지시하기 위해 필요한 지식, 기술 및 행동부문이다. 리더십 기술에는 팀을 이끌며 동기부여하고 지시할 수 있는 능력이 포함된다. 협상, 탄력성, 의사소통, 문제해결, 비판적 사고, 대인관계 기술과 같은 필수 역량을 발휘하는 것도 리더십기술에 포함될 수 있다. 프로젝트 관리는 단순히 숫자, 템플릿, 차트, 그래프, 컴퓨팅 시스템 등으로 업무를 수행하는 것 이상을 의미한다.

흔히 리더십과 관리를 비교한다. 프로젝트 관리자는 리더인가? 관리자인가? 아니면 둘 다인가? 아마도 정답은 둘 다일 것이다. 리더십과 관리는 동의어는 아니다. 프로젝트 관리자가 채택하는 방법으로 행동, 자기인식 및 프로젝트 역할에서 뚜렷한 차이가 확인 된다. 어떤 프로젝트 관리자는 리더에 많은 역량을 발휘하고, 다른 프로젝트 관리자는 프로젝트 관리에 관리측면에 역량을 발휘할 것이다. 프로젝트 관리자는 성공을 거두기 위해 리더십과 관리를 모두 잘 균형 있게 적용해야 한다.

관리	리더십
위치 권력을 사용하여 지시	관계적 힘을 사용하여 안내, 영향 미치기, 협업
유지	개발
행정	혁신
시스템과 구조에 집중	사람들과의 관계에 집중
통제에 의존	신뢰고취
근일 목표에 집중	장기 비전에 집중
방법과 시기 묻기	대상과 이유 묻기
수익 창출에 집중	범위에 집중
현재 상황 수락	현재 상황에 도전
올바르게 수락	올바르게 행동
운영이슈와 문제해결에 집중	비전, 연계, 동기부여 및 영감에 집중

리더십 유형

다음은 가장 일반적인 리더십 유형의 예이다.

- 자유방임형(예: 팀의 자체 의사결정과 목표 설정을 유형)
- 거래형(예: 목표, 피드백 및 성취도를 중심으로 보상을 결정하고 예외기준으로 관리하는 유형)
- 섬김형(예: 다른 사람을 우선 배려라고 섬기는 태도, 다른 사람의 성장, 교육, 발전, 자율성과 행복에 중점을 두는 태도, 관계, 지역사회 및 협력에 집중하는 태도)
- 변신형(예: 이상적인 특성 및 행동, 영감을 주는 동기부여, 혁신과 창의력 조장)
- 카리스마형(예: 영감부여, 정열적, 열정적 태도, 자신감, 강한 신념 보유)
- 상호작용형(예: 거래형과 변신형, 카리스마형을 조합한 유형)

3.4 통합수행

프로젝트에서 통합을 수행할 때 프로젝트 관리자의 역할은 두 가지로 나뉜다.

(1) 프로젝트 관리자는 전략적 목표를 이해하고 프로젝트 목표와 결과를 포트폴리오, 프로그램 및 비즈니스 영역의 목표와 결과에 연계시키기 위해 프로젝트 스폰서와 협력하는 과정에서 핵심역할을 수행한다. 이러한 방식으로 프로젝트 관리자는 전략의 통합과 실행에 기여한다.

(2) 팀이 협력하며 프로젝트 수준에서 실제로 필요한 부분에 집중할 수 있도록 이끌 책임이 프로젝트 관리자에게 있다. 이것이 프로세스와 지식, 인적자원의 통합을 통해 달성된다. 통합은 프로젝트 관리자에게 중요한 기술이다.

(1) 프로세스 수준의 통합 수행

- 프로젝트 관리는 프로젝트 목표를 달성하기 위해 수행되는 일련의 프로세스와 활동으로 볼 수 있다. 프로세스 중 일부는 한번만 수행되기도 하지만 많은 프로세스가 프로젝트 전반에 걸쳐 여러 번 발생되고 중첩되기도 한다.
- 이러한 프로세스의 중첩과 복수 실행의 한가지 예가 범위, 이정 또는 예산에 영향을 주고 변경요청을 필요로 하는 요구사항 변경이다.
- 변경요청 통합에 필요한 통합변경통제수행 프로세스는 프로젝트 전반에 걸쳐 일어난다.
- 프로젝트 프로세스를 통합하는 방법에 대하여 명시된 정의는 없지만 프로젝트 관리자가 상호작용하는 프로젝트 프로세스들을 통합하지 못하면 프로젝트 목표를 달성할 가능성이 낮다.

(2) 인지 수준의 통합

- 프로젝트관리 방법은 다양하며, 선택하는 방법은 일반적으로 프로젝트의 규모, 프로젝트 또는 조직의 복잡성, 수행조직의 문화와 같은 프로젝트 특성에 따라 결정된다.
- 프로젝트 관리자의 개인적 기술과 능력이 프로젝트 관리방식과 밀접한 관계가 있음은 확실하다. 프로젝트 관리자는 해당 지식영역의 역량과 함께 경험, 통찰력, 리더십 및 기술적 및 비즈니스관리 기술도 프로젝트에 적용한다.
- 프로젝트 관리자가 원하는 프로젝트 결과를 산출할 수 있도록 프로세스를 통합하는 능력을 통해 역량을 발휘한다.

(3) 배경수준의 통합

- 프로젝트에 많은 변화가 발생하였다(예: 소셜 네트워크, 다문화 측면, 가상 팀, 새로운 가치 등이

프로젝트에 적용). 프로젝트 관리자는 프로젝트 팀을 이끌기 위해서는 의사소통계획 수립과 지식관리 배경에서 함축된 의미를 고려해야 한다.

■ 프로젝트 관리자가 통합을 관리할 때 이러한 새로운 측면과 프로젝트 배경을 모두 인식해야 한다.

재미있는 프로젝트 이야기

프로젝트 성공을 위한 3 요소

실제 현장에서 프로젝트 성공을 위한 요소들은 무엇일까? 미국의 경우 많은 프로젝트는 고객과 수행조직의 같은 목표를 향해 협력하며 전진한다고 한다. 3일의 workshop이 있다면 하루는 같이 놀고 쉬면서 친목을 다지고, 2일째 와 3일째 집중적으로 workshop을 통해 프로젝트의 뚜렷한 목표를 설정하고 이에 대한 목표 수립과 시스템을 구축하는 경우가 많다.

각 회사에서 전문가들이 파견되어 teamwork을 통해 신뢰를 구축하고 공동의 프로젝트 목표를 액자로 만들어 고객과 수행조직에 같이 벽에 걸어 놓는다. 이 정도면 수행하는 프로젝트는 당연히 성공확률이 높다. 팀원이 된 것을 자랑스럽게 여기면서 자부심과 신뢰로 신명 나게 일하는 분위기 만들기, 자부심을 느끼면서 공동의 목표를 추구하는 프로젝트 수행 문화가 좋아 보인다. 이런 프로젝트 수행환경이 필요하지 아니한가 생각한다.

다음과 같은 프로젝트 성공을 위한 3가지 요소를 다시 생각해 본다
(Source: 프로젝트 성공을 위한 3가지 요소: 프로젝트 경영원론 수업자료: 한양대 경영대학 김승철 교수)

뚜렷한 목적과 목표의 설정이 중요하다. 목표를 구체적으로 수립하고 이러한 비전을 모든 참여자가 이해하고 공유하는 것이다.

실행을 위한 효율적 시스템과 프로세스의 구축이다. 자원 배분과 통제를 효율적으로 수행해 줄 수 있는 효율적인 시스템 구축을 하여야 한다.

우수한 인적자원이 필요하다. 주어진 과제를 실행할 수 있는 능력을 가진 우수한 인적자원과 조직력이 중요하다.

우리가 프로젝트 방법론을 공부하는 목적은?

일이건 프로젝트 건 정확히 방법을 알고 진행하는 것이 좋다. 특히 프로젝트는 과거 경험이나 자신의 독선보다는 합리적인 프로세스를 따라 차분히 진행하는 것이 성공으로 이끄는 지름길이다. 일에 최선을 다하는 것도 중요하지만 제대로 알고 방법대로 하는 것이 프로젝트 방법론을 배우는 이유가 될 수 있을 것이다.

CHAPTER 03

Example

01 프로젝트가 종료단계로 들어가기 직전이다. 품질통제에서 인도물에 대한 검증도 무사히 마치고 이제는 프로젝트를 잘 종료시키고자 한다. 이런 시점에서 프로젝트 관리자가 하여야 할 가장 중요한 역할은 무엇인가?

① 프로젝트 Lessons Learned를 종합한다.
② 범위 확인의 수행을 통한 고객의 인도물 인수 추진한다.
③ 계약 관계 및 클레임 처리를 완료한다.
④ 팀원 해체에 따른 기능 부서장과의 협상한다.

02 프로젝트 관리자는 프로젝트 수행목표 준수를 위해 팀원과 화합하고 팀을 통합하여야 한다. 이에 통합자로서의 PM의 역할을 가장 잘 설명하고 있는 것은?

① 팀원이 프로젝트 목표를 이해하도록 꾸준한 교육을 지원하는 것
② 팀 개발 활동을 통해 Teamwork을 향상시키고 모든 팀 멤버들을 하나의 응집력 있는 전체로 두는 것
③ 팀 개인들의 고충을 이해하고 갈등을 순차적으로 정리하는 것
④ 팀 관리를 통해 수시로 변경요청을 통해 팀의 성과 향상을 위해 노력하는 것

03 당신은 복잡하고 다양한 프로젝트 환경에서 일하는 프로젝트 관리자이다. 프로젝트 관리자는 하드 스킬과 소프트 스킬의 보유를 기본으로 하고 있다. 일반적으로 관리자로서 갖추어야 할 것은 다음 중 가장 우선시 되는 것은 무엇인가?

① 이해관계자와의 Negotiation skill
② 실무에 대한 지식의 탁월함
③ 이해관계자들의 요구사항에 균형을 유지하면서 프로젝트 목표를 준수하는 능력

④ 탁월한 보고 능력

04 당신은 프로젝트 관리자로 여러 팀원들과 프로젝트 목표를 달성하기 위해 최선의 노력을 다하고
    있다. 일이 과도하게 진행되다 보니 일정과 비용관련 갈등도 발생한다. 프로젝트 상황에서 팀의
    단결은 프로젝트 성공을 위해 매우 중요하다. 아래 보기 중에서 팀 단결을 가장 저해하는 것은 무
    엇인가?

    ① 기준선에 대한 감시 및 통제
    ② 프로젝트 관리자에 대한 신뢰감 상실
    ③ 변경절차를 거친 많은 변경요청들
    ④ 지시적인 관리자의 리더십

05 당신은 회사의 경영자이다. 이번에 프로젝트 수행을 위해 능력 있는 프로젝트 관리자 1명을 채용
    하고자 한다. 이번 프로젝트가 포트폴리오 관점에서 중요하고 많은 이해관계자가 많은 편이다. 이
    런 경우 당신은 경영자로서 프로젝트 관리자를 채용할 때 무엇을 우선으로 하겠는가?

    ① 프로젝트 경험
    ② 해당 부분의 전문 지식
    ③ 이해관계자간 의사소통 능력과 통합 기술
    ④ 법률지식 및 도덕성

06 프로젝트 팀원에 대한 배정 및 팀 성과개발 등 동기부여, 문제 해결 일어나는 프로세스그룹은?

    ① 착수(Initiating) 프로세스그룹
    ② 기획(Planning) 프로세스그룹
    ③ 실행(Executing) 프로세스그룹
    ④ 종료(Closing) 프로세스그룹

07 프로젝트를 진행하면서 더 많은 정보들이 추가됨에 따라 좀 더 정확한 일정을 다시 계획하게 되
    면서 계획이 점진적으로 구체화되는 것을 무엇이라고 하는가?

    ① Subsidiary plans
    ② Work breakdown structure
    ③ Scope baseline
    ④ Rolling wave planning

08 프로젝트관리자나 프로젝트 팀이 프로젝트를 성공시키기 위해 고려해야 할 사항이 아닌 것은?

① 적절한 프로세스를 선택한다.

② 일반적으로 정의된 접근 방법을 선택한다.

③ 스폰서 및 이해관계자들의 요구 사항을 맞춘다.

④ 원가와 기간만을 최적화한다.

09 프로젝트에서 교훈 정보를 수집하는 목적으로 가장 적당한 것은?

① 프로젝트 관리자 및 팀원은 이번 프로젝트에서 발생한 교훈사항을 바로 적용하여 프로 젝트를 성공으로 이끈다.

② 교훈사항 문서는 고객의 인수조건에서 확인하는 부분이다.

③ 각 프로젝트에서 작성된 교훈사항은 다음의 프로젝트에 반영하여 효율적인 프로젝트 수행에 도움을 주기 때문이다

④ 교훈 사항 정리의 결과에 따라 팀원의 보상의 차이가 발생하기 때문이다.

10 다음 조직구조들에 관한 설명 중 맞는 것은?

① 균형 매트릭스 조직에서 참여 인력은 Full-time으로 프로젝트에 참여하게 된다.

② 기능 조직에서는 각 부서별로 책임자가 존재한다.

③ 약한 매트릭스 조직을 이끌어가는 사람을 프로젝트 관리자라 한다.

④ 프로젝트화 조직에서 프로젝트 팀원들은 종료 후 반드시 기능조직으로 복귀한다.

CHAPTER **03**

Explanation

01 정답 ②

해설 품질통제를 완료했으므로 범위확인을 거쳐 인도물을 인수받게 해야 한다. ②번을 제외하고는 전부 프로젝트 종료 프로세스 단계에서 일어나는 활동이다.

02 정답 ②

해설 문제에서 통합자로의 역할을 묻는 것이므로, 통합자로서의 PM의 역할은 모든 팀 멤버들을 하나의 응집력 있는 전체로 두는 것이 가장 적절하다.

03 정답 ③

해설 프로젝트 관리자로서 중요한 자격 요건은 이해관계자와의 Negotiation skill, 실무에 대한 지식의 탁월함과 보고 능력도 중요하지만 무엇보다도 이해관계자들의 요구사항에 균형을 유지하면서 프로젝트 목표를 준수하는 능력이다. 즉 이해관계자들을 잘 관리하면서 일을 잘 할 수 있는 능력이다. Balancing the competing project constraints which includes scope, schedule, cost, quality, resources, Risks etc

04 정답 ②

해설 프로젝트 이해관계자 관리 부분에서 프로젝트 관리자에 대한 신뢰감 상실은 프로젝트 관리 전체에 악영향을 미치는 요소로 팀 단결에 영향을 미친다. 다른 요소들로는 팀원 간 불건전한 경쟁, 프로젝트 진행 관련 비생산적인 회의 등이 있다.

05 정답 ③

해설 중대하고 큰 대형 프로젝트를 위한 프로젝트 관리자를 선발할 때는 의사소통 능력과 전체 통합관리 능력이다. 도덕성은 사실 기본적으로 갖추어야 한다.

06 정답 ③

해설 실행프로세스 그룹에 속해있는 프로젝트팀의 획득/개발/관리 부분에서 팀원 배정 및 동기부여, 문제해결 검사가 일어난다.

07 정답 ④

해설 프로젝트 관리계획이 점차 상세해지는 것을 전문 용어로 '연동 기획(Rolling wave planning)'이라 한다. 이는 기획이 반복적이고 지속적인 노력이라는 것이다.

08 정답 ④

해설 원가와 기간만 맞추었다고 프로젝트가 성공한 것은 아니다. 프로젝트 범위에 대한 이해관계자 요구사항과 조직의 프로세스 및 문화를 유지하면서 적절한 프로세스(Tailoring)와 정의된 프로세스 접근으로 수행하는 것이 중요하다.

* 용어(Tailoring) 프로세스를 조직의 규모에 맞게 조절하는 작업이다. 작은 조직은 정의된 49개 프로세스를 전부 지킬 수 없을 수도 있다. 따라서 이에 대한 Process를 단순화하는 작업이 필요하다. 이러한 노력을 "Tailoring 한다"라고 한다.

09 정답 ③

해설 교훈정보를 수집하는 것은 팀 활동으로 만들어 지는 것인데 각 프로젝트에서 작성된 교훈사항은 다음의 프로젝트에 반영하여 효율적인 프로젝트 수행에 도움을 주기 때문이다.

10 정답 ②

해설 기능조직에는 책임자로 기능관리자(Functional manager)가 존재 한다. 프로젝트 관리자는 강한 매트릭스 조직에서 나타나게 되며, 중간(균형) 매트릭스 조직에서는 자신의 일과 프로젝트를 동시에 수행하게 된다. 프로젝트 전담조직은 프로젝트 종료 후 팀원들의 할 일이 없어진다는 단점을 가진다. 일부는 기능조직으로 복귀할 수 있지만 반드시 전부 복귀가 전제되어 있지는 않다.

프로젝트 통합관리

프로젝트 통합관리 지식영역에는 프로세스 그룹 내에서의 여러 가지 프로세스와 프로젝트관리 활동을 식별, 정의, 결합, 통합 및 조정하는 데 필요한 프로세스와 활동이 포함된다. 통합이라는 것은 여러 부분들을 합치고 조정하는 의미이다. 프로젝트는 통합적으로 다뤄야 할 부분들도 많다. 예를 들면, 범위가 증가하면 당연히 일정과 비용이 증가한다. 품질에도 리스크에도 영향을 미칠 수도 있다. 프로젝트관리계획은 따라서 하부관리 계획들(범위관리~이해관계자관리 계획 등)을 만들고 조정 및 통합을 통해 프로젝트 관리 계획이 만들어지는 것이다.

프로세스	설명
4.1 프로젝트헌장 개발 (Develop project charter)	프로젝트의 채택을 공식적으로 승인하고, 프로젝트 관리자에게 조직의 자원을 프로젝트 활동에 투입할 수 있는 권한을 부여하는 내용의 문서를 개발하는 프로세스
4.2 프로젝트관리 계획서 개발 (Develop project management plan)	계획서를 구성하는 모든 요소를 정의, 준비 조정하여 하나의 통합 프로젝트관리 계획서에 취합하는 프로세스
4.3 프로젝트 작업 지시 및 관리 (Direct & manage project work)	프로젝트 목표를 달성하기 위해 프로젝트관리 계획서에 정의된 작업을 지도 및 수행하고, 승인된 변경을 이행하는 프로세스
4.4 프로젝트 지식 관리 (Manage project knowledge)	프로젝트의 목표를 달성하고 조직의 학습에 기여할 수 있도록 기존 지식을 활용하고 새로운 지식을 만들어가는 프로세스
4.5 프로젝트작업 감시 및 통제 (Monitor & control project work)	프로젝트관리 계획서에 정의된 성과 목표를 달성하는 과정에서 프로젝트 진행 상황을 추적 및 검토하고 보고하는 프로세스
4.6 통합 변경통제 수행 (Perform integrated change control)	모든 변경요청을 검토한 후, 변경사항을 승인하고 인도물, 조직 프로세스 자산, 프로젝트 문서, 프로젝트관리 계획서에 대한 변경사항을 관리하며, 결정사항에 대해 의사 소통하는 프로세스
4.7 프로젝트 또는 단계 종료(Close project or phase)	프로젝트, 단계에 대한 모든 활동을 종료하는 프로세스

4.0 개요

(1) 통합관리의 추세와 새로운 실무사례

- 자동화된 도구의 활용: 방대한 양의 정보를 수집, 분석 및 사용하기 위해서는 디지털화된 프로젝트 관리정보 시스템(PMIS)를 활용하는 것이 필요하다.
- 시각적 관리 도구의 활용: 방대한 양의 프로젝트 관련 정보를 텍스트 형태보다 프로젝트 이해관계자들이 이해하기 쉽고, 전달이 용이한 시각적 도구를 활용하면 도움이 된다.
- 프로젝트 지식관리: 모바일 및 계약직 인력이 증가함으로써 지식의 유실방지를 위해 철저하고 지속적인 지식관리가 필요하다.
- 프로젝트관리자의 업무확대: 맡겨진 프로젝트 업무 관련 경영진 혹은 PMO와 의사소통하기 위해 비즈니스 케이스 개발이나 편익분석을 수행하며, CEO를 포함한 다양한 수준의 이해관계자와도 소통해야 한다.
- 복합형 방법론: 전통적인 프로젝트관리방법을 이용하여 프로젝트를 성공시키기 위한 새로운 실무사례들을 통합하고 적용해야 한다.

(2) 통합관리의 조정사항(Tailoring)

프로젝트는 그 자체적으로 독특하고, 고유하기 때문에 프로젝트에 적합한 통합관리 프로세스를 다음 사항들을 고려하여 조정해야 한다.
- 프로젝트 생애주기, 개발 생애주기, 관리 접근방식
- 지식 관리, 변경, 거버넌스
- 교훈, 편익

(3) 애자일/적응형 환경에 대한 고려사항

- 프로젝트 관리자: 협업적 의사결정 환경을 조성하고, 변화에 대응할 수 있는 팀 역량 분위기를 잘 조성하여야 한다.
- 프로젝트 팀원: 상세한 제품계획을 만들고 인도물을 잘 통제해야 한다.

4.1 프로젝트헌장 개발(Develop project charter)

프로젝트 헌장은 프로젝트 착수를 공식화하는 문서이다. 착수가 공식화되기 전에 여러 가지 활동을 하게 되는데 그 중 가장 대표적인 것이 프로젝트 선정(Project selection)에 대한 분석이다. 보통 조직에서는 여러 프로젝트들 가운데 가장 조직의 전략과 일치하는 프로젝트를 선정해서 진행하게 된다. 선정을 위해서는 어떤 프로젝트가 회사에 가장 도움이 되는가를 정량적으로 측정할 필요가 있다. 그래야 착수자(Initiator) 또는 스폰서(Sponsor)가 공식으로 프로젝트에 대해 승인을 할 것이기 때문이다. 프로젝트 착수에서 하는 일들은 다음과 같다.

- 프로젝트 관리자의 선정 및 권한 정의
- 기획(Planning) 이전에 프로젝트 헌장의 개발
- 프로젝트 자금을 승인할 수 있는 수준의 착수자 또는 스폰서가 프로젝트 헌장 작성
- 프로젝트 헌장의 승인
- 개략적 일정의 검토
- 개략적 예산의 검토
- 초기리스크의 식별
- 가정사항 및 제약사항 식별

(1) 프로세스(입력물/도구 및 기법/산출물)

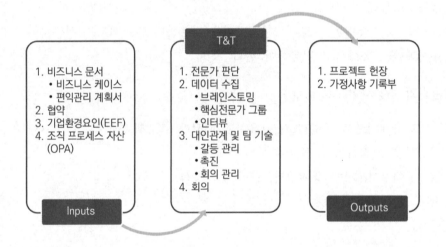

프로젝트 헌장개발 프로세스의 가장 핵심 입력물은 무엇인가? 프로젝트 헌장개발은 착수단계의 프로세스이다. 따라서 타당성분석과 관련이 되는 가장 중요한 문서가 비즈니스 문서이다.

- 비즈니스 케이스는 타당성 검토와 관련된 부분으로 Business needs를 기본으로 하고 있다. 왜 프로젝트를 해야 되는지에 대한 목적 및 배경이 들어 있고, 전략적인 부분 및 재무적인 타당성 분석의 기본 내용이 포함되어 있다.
- 협약은 계약인데 일반적으로 수주활동을 통해 계약이 체결되면 프로젝트가 착수된다.
- 헌장은 스폰서가 주관이다. 작성 및 승인이 모두 스폰서가 주관을 하고 프로젝트 관리자의 도움을 받아 작성이 이루어진다.

(2) 프로세스 흐름도

4. 통합관리	비즈니스 문서	협약 비즈니스 문서	4.1 프로젝트 헌장 개발
5. 범위관리		• 비즈니스 케이스 • 편익관리 계획서	
6. 일정관리			
7. 원가관리			
8. 품질관리			
9. 자원관리			
10. 의사소통관리			
11. 리스크관리			
12. 조달관리			
13. 이해관계자관리	기업/조직	조직 프로세스 자산 기업 환경요인	

4. 통합관리	4.1 프로젝트 헌장개발	4.2 프로젝트관리 계획서 개발 / 4.7 프로젝트 또는 단계 종료	
5. 범위관리		5.1 범위관리 계획수립 / 5.2 요구사항수집 / 5.3 범위정의	
6. 일정관리		6.1 일정관리 계획수립	
7. 원가관리		7.1 원가관리 계획수립	
8. 품질관리	프로젝트 헌장	8.1 품질관리 계획수립	
9. 자원관리		9.1 자원관리 계획수립	
10. 의사소통관리		10.1 의사소통관리 계획수립	
11. 리스크관리	가정사항 기록부	11.1 리스크관리 계획수립	
12. 조달관리	프로젝트 문서	12.1 조달관리 계획수립	
13. 이해관계자관리		13.1 이해관계자 식별 / 13.2 이해관계자 참여 계획수립	

4.1.1 프로젝트헌장개발 프로세스 투입물

1. 비즈니스 문서(Business documents)

■ 비즈니스 문서는 프로젝트 이전에 개발되지만 주기적으로 검토한다.
  – 비즈니스 관점에서 프로젝트의 예상 결과물이 프로젝트에 필요한 투자를 정당화하는지 여부를 판별하는 정보 기술이며 프로젝트 외부의 상급 관리자 또는 임원진에서 의사결정을 내리는 데 사용한다.

- 프로젝트 타당성 확인과 프로젝트 범위 설정에 필요한 근거로 비즈니스 요구와 비용대 비 편익분석 자료가 포함된다(예: 시장수요, 조직요구, 고객요청, 기술발전, 법률 요구사항, 생태학적 영향, 사회적 요구 등에 의해 비즈니스 문서가 만들어진다).
- 비즈니스 문서는 프로젝트 문서가 아니므로 프로젝트 관리자가 업데이트하거나 수정하지 않지만, 권고 사항을 제안할 수 있다.

2. 협약(Agreements)
- 프로젝트 초기 의도를 정의하는 데 사용하며 일반적으로 외부 고객을 위해 프로젝트 수행 시 계약을 사용함(예: 계약서, 양해각서(MOU), 서비스 수준 협약서(SLA), 합의서, 의향서, 구두 합의, e-메일 또는 서면 협약 등).

3. 기업환경요인(Enterprise environmental factors)
- 프로젝트 초기 의도를 정의하는데 사용하며 일반적으로 외부 고객을 위해 프로젝트 수행 시
- 정부 또는 산업 표준, 조직의 인프라, 시장 여건 등
- 정부 또는 업계 표준(예: 제품 표준, 품질 표준, 안전 표준 및 작업자 기술 숙련도 표준 등)
- 법적 및 규제 요구사항 및 제약
- 시장 여건 및 조직의 문화와 정치적 환경
- 조직의 거버넌스 프레임워크(조직의 전략 및 운영상 목표를 충족하기 위하여 인적자원과 정책, 프로세스를 통해 통제, 지시, 조정하는 구조적인 방법)
- 이해관계자의 기대사항과 리스크 한계선

4. 조직프로세스자산(Organizational process assets)
- 조직의 표준 프로세스와 형태, 조직에서 사용하는 표준화된 프로세스 정의, 템플릿, 선례정보 및 습득한 교육 지식 기반 등이다.
    - 조직의 표준 정책, 프로세스 및 절차
    - 포트폴리오, 프로그램 및 프로젝트 거버넌스 프레임워크
    - 감시 및 보고 방법
    - 템플릿(예: 프로젝트헌장 템플릿)
    - 선례정보 및 교훈 저장소(예: 프로젝트 기록과 문서, 과거 프로젝트 선정 의사결정 결과에 관한 정보, 과거 프로젝트 성과에 대한 정보)

비즈니스 문서 flow

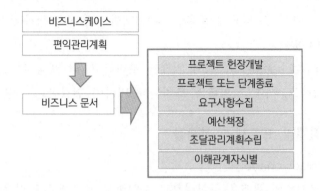

4.1.2 프로젝트헌장개발 프로세스 도구 및 기법

1. 전문가 판단(Expert judgment)

■ 수행 중인 활동에 해당하는 응용분야, 지식영역, 전문분야, 산업분야의 전문지식에 근거하여 제시되는 판단이다(예: 조직의 전략, 편익관리, 업계의 기술과 프로젝트의 핵심영역, 기간 및 예산산정, 리스크 식별 등에 대한 전문지식이나 경험 등).

■ 전문가 판단(Expert judgment)은 프로젝트 헌장을 개발하는 데 사용될 투입물을 평가한다.

■ 조직 내부의 다른 부서, 컨설턴트, 고객 또는 스폰서를 포함한 이해관계자, 전문가 및 기술협회, 산업단체, PMO 등이 있다.

2. 데이터 수집(Data gathering)

■ 브레인스토밍(Brainstorming): 단기간에 일련의 아이디어를 식별하는 데 사용되는 기법이다. 비판 없이 자유롭게 다양한 의견을 개진하는 방식이다. 장점은 다양한 의견을 단시간에 수집할 수 있다. 단점은 참가자들간 의견이 수렴되는 과정에서 직급이 높은 상사의 의견이 채택될 가능성이 높다.

■ 핵심전문가 그룹(Focus groups): 일대일 인터뷰 방식이 아닌 자연스러운 대화 분위기에서 토론하면서 인지된 프로젝트 리스크, 성공 기준 및 기타 주제를 파악한다.

■ 인터뷰(Interviews): 직접 대화를 통해 이해관계자로부터 상위 수준의 요구사항, 가정 또는 제약, 승인 기준 및 그 밖의 정보를 취합하는 데 사용한다.

3. 대인관계 및 팀 기술(Interpersonal and team skills)

■ 갈등관리(Conflict management): 프로젝트 목표, 성공 기준, 상위 수준의 요구사항, 프로젝트 설명, 요약 마일스톤 및 헌장의 기타 요소에 대해 이해관계자들의 공감을 조율한다.

■ 촉진(Facilitation): 성공적인 의사결정, 해결책 또는 결론을 도출하는 방향으로 그룹 사안을

효과적으로 유도하는 기법으로 참가자들의 공감대 형성, 도출된 합의사항이 향후 적절히 다뤄지는지 확인, 의사결정 프로세스 준수하게 한다. 프로젝트 팀이나 팀원이 프로젝트 활동을 성공적으로 수행할 수 있도록 도움을 주는 제반 기법으로 브레인스토밍, 문제해결, 갈등해결, 회의 등이 있다.

- 회의관리(Meeting management): 회의 의제를 준비하고, 각 핵심 이해관계자 그룹 대표자를 빠짐없이 초청하고, 사후 회의록과 조치를 준비하여 전달하는 일을 한다.

4.1.3 프로젝트헌장개발 프로세스 산출물

1. 프로젝트 헌장(Project charter)

프로젝트 헌장은 프로젝트의 채택을 공식적으로 승인하고 프로젝트 관리자에게 조직의 자원을 프로젝트 활동에 투입할 수 있는 권한을 부여하기 위해서 프로젝트 착수자나 스폰서가 발행하는 문서이다. 투입물을 바탕으로 내용을 작성하여 공식 승인된 문서로 아직 상세한 내용을 담을 수 없으므로 개략적인 내용을 주로 담게 되며, 개략적 내용들은 계획에서 더 상세하게 정의되고 문서화된다.

- 프로젝트의 목적과 당위성
- 측정 가능한 프로젝트 목표 및 성공기준
- 개략적 요구사항
- 개략적 프로젝트에 대한 설명
- 개략적 리스크 정보
- 개략적 마일스톤(Milestone) 일정
- 개략적 예산
- 프로젝트 승인 요구사항
- 선임된 프로젝트 관리자의 이름, 책임, 권한 수준
- 프로젝트 헌장을 승인하는 스폰서 또는 기타 주체의 이름과 서명

예: 프로젝트 헌장의 내용은 다음과 같이 좀더 상세한 부분을 포함할 수도 있다.

- 프로젝트 목적 및 측정 가능한 프로젝트 목표
- 성공기준 및 상위 수준 요구사항
- 상위 수준 프로젝트 설명, 요약 마일스톤 일정
- 범위 및 주요 인도물, 프로젝트 포괄적 리스크
- 사전 승인된 재정 자원 및 핵심 이해관계자 목록
- 프로젝트 승인 요구사항(즉, 프로젝트 성공의 구성 요건, 프로젝트 성공 여부 결정권자, 프로젝트 승인권자)

- 프로젝트 종료 기준(즉, 프로젝트 또는 단계를 종료 또는 취소하기 위해 충족되어야 할 요건)
- 선임된 프로젝트 관리자, 담당 업무 및 권한 수준
- 프로젝트헌장을 승인하는 스폰서 또는 기타 주체의 이름과 권한

프로젝트 헌장 Flow

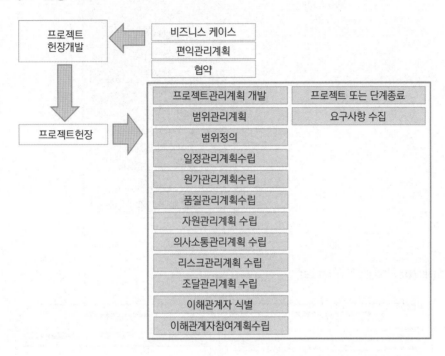

2. 가정사항 기록부(Assumption log)

- 상위 수준의 전략적 및 운영상 가정 및 제약 사항은 보통 프로젝트가 시작되기 전에 비즈니스 케이스에 명시되며, 이후 프로젝트헌장에 반영한다. 기술 사양, 산정치, 일정, 리스크 등을 정의하는 과정을 포함 전반적인 여러 가지 가정이 도출된다.

■■■■■■■ 가정사항 기록부 Flow

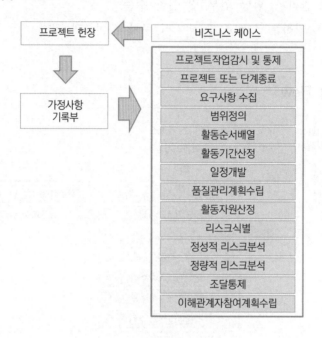

비즈니스 케이스
프로젝트작업감시 및 통제
프로젝트 또는 단계종료
요구사항 수집
범위정의
활동순서배열
활동기간산정
일정개발
품질관리계획수립
활동자원산정
리스크식별
정성적 리스크분석
정량적 리스크분석
조달통제
이해관계자참여계획수립

■■■■■■■ Template-Project charter

PROJECT CHARTER

Project Title: _____

Project Sponsor: _____ Date Prepared: _____

Project Manager: _____ Project Customer: _____

Project Purpose or Justification:

Project Description:

Project and Product Requirements:

Acceptance Criteria:

Initial Risks:

PROJECT CHARTER

Project Objectives	Success Criteria	Person Approving
Scope:		
Time:		
Cost:		
Quality:		
Other:		

Summary Milestones	Due Date

PROJECT CHARTER

Estimated Budget:

Project Manager Authority Level

Staffing Decisions:

Budget Management and Variance:

Technical Decisions:

Conflict Resolution:

Escalation Path for Authority Limitations:

Approvals:

Project Manager Signature	Sponsor or Originator Signature
Project Manager Name	Sponsor or Originator Name
Date	Date

Template-Assumption and constraint log

ASSUMPTION AND CONSTRAINT LOG

Project Title: _____   Date Prepared: _____

ID	Category	Assumption/Constraint	Responsible Party	Due Date	Actions	Status	Comments

프로젝트 선정 방법 과 타당성과 관련 중요 용어들]

회사에서 어떤 프로젝트를 선정하는 것이 좋은지 결정하기 위해 접근하는 방법으로 프로젝트에 들어가는 총 비용과 기대되는 수익을 비교하여 가장 좋은 프로젝트를 선정하는 '편익 측정 방법' 제약 조건을 고려한 상태에서 최적의 조건을 찾는 '수학적 모델링 방법' 등이 있다.

편익 측정 방법(Benefit measurement method)

Scoring model, economic model, comparative approach, benefit contribution

수학적 모델링 방법(Mathematical method)

Linear programming, nonlinear programming, dynamic programming, integer programming, multi−objective programming

현재 가치(Present value, PV) 이해

현재 가치(PV)란 미래가치(Future Value, FV)를 현재의 가치로 환산한 값을 말한다. 일반적으로 프로젝트에서 투자는 현재 시점으로 하는 반면 프로젝트를 통한 이익은 프로젝트가 끝난 후에 발생한다.

문제 5년 후 500만 원을 현재가치로 환산한다면(년 10% 이자율 가정)

정답풀이 $5,000,000/(1+0.1)\times 5 = 3,104,607$원

순 현재가치-NPV(Net present value)

NPV는 프로젝트를 통해 들어오는 모든 이익에서 프로젝트에 들어가는 모든 비용을 뺀 값이다. 따라서, NPV가 클수록 좋은 프로젝트이다.

$$NPV = Total\ Benefit - Total\ Cost = 누적\ NPV - 전체\ 비용$$

BCR(Benefit Cost Ratio): 이익과 원가의 비율

NPV에서는 이익과 비용을 뺐지만 BCR은 나눈다.

$$BCR = Total\ Benefit/Total\ Cost$$

따라서 BCR은 1보다 값이 크면 투자가치가 있고, 만약 선택안이 모두 1보다 클 경우 값이 가장 큰 안을 선택한다.

내부수익률-IRR(Internal rate of return)]

정해진 기간 내에 투자액을 회수하기 위한 이자율(NPV가 0일 때 이자율)을 말한다. IRR이 높을수록 투자가치가 높다는 얘기이고 만약 IRR<은행이자율이라면 차라리 은행에 예금하는 것이 더 나을 것이다.

투자회수기간(Payback period)

투자액을 회수하기까지 걸리는 시간(Total benefit＝Total cost)이 짧을수록 투자 원금의 회수가 빨리 된다는 의미이고 회수 기간이 짧을수록 좋은 프로젝트라고 본다. 프로젝트가 장기간일 경우 적당한 분석 방법이다.

■ 장점은 투자위험지역이나 환경에 따라 회수율을 검토하여 결정을 할 수 있고 방법이 간단하여 이해하기가 쉽고 경영자에게 투자위험(투자기간에 따른)에 대한 정보를 제공한다.

■ 단점으로는 회수기간 이후 현금흐름 무시하고 화폐의 시간적 가치 무시(화폐가치)하고 있고 적정 회수기간 선정의 주관성이 개입된다.

기회비용(Opportunity cost)

어떤 재화의 두 종류의 용도 중 어느 한 편을 포기할 경우, 포기 안 했다면 얻을 수 있는 이익의 평가액을 말한다. 예를 들어 프로젝트에 투자할 돈을 은행에 예금했다면 이자를 받을 수 있었으므로 그 이자가 기회비용이 된다.

매몰비용(Sunk cost)

매몰비용은 Sunk, 즉 가라앉은 비용이다. 다시 말해 이미 지출해서 회수가 불가능한 비용을 말한다. 예를 들어 프로젝트를 진행하면서 1억 원의 비용을 지출했고 문제가 있어서 그 프로젝트를 중단하고 새로운 프로젝트를 진행할 때 앞에서 지출된 1억 원을 새로운 프로젝트에서 고려해서는 안 된다는 것이다. 다른 말로 "Water under the bridge"라고 할 수 있다.

4.2 프로젝트관리계획 개발(Develop project management plan)

프로젝트관리계획은 범위관리 계획, 일정관리 계획 같은 다수의 부분계획들의 집합체이다. 부분관리계획들이 하나의 프로젝트관리계획으로 통합이 되어야 한다.

부분관리계획들(Subsidiary plans)을 잘 정의, 준비, 통합, 조정하는 역할을 수행한다. 부분적 계획들을 식별, 정의, 통합, 조정하는 프로세스가 [프로젝트관리 계획 개발] 프로세스이며 기획을 반복하면서 계획을 점진적으로 구체화하게 된다. 프로젝트관리 계획은 프로젝트를 어떻게 실행하고 어떻게 감시 및 통제하고 어떻게 종료할 것인지를 정의한 문서이기도 하다.

모든 계획서 구성요소를 정의, 준비, 조정하여 하나의 통합 프로젝트관리 계획서에 취합하는 프로세스이며 다음과 같은 요약될 수 있다.

■ 프로젝트관리 계획서는 모든 프로젝트 작업의 기준과 수행 방식을 정의하는 종합적인 문서이다. 프로젝트를 실행, 감시, 통제 및 종료하는 방법을 기술(응용분야와 복잡성에 따라 달라

짐) 한다.

- 프로젝트관리계획서가 승인을 받아서 기준선으로 확정되면, 필히 "통합변경통제 수행"을 통해 변경하여야 한다. 프로젝트에서 한 번 또는 미리 정해진 시점에 수행된다.

(1) 프로세스(입력물/도구 및 기법/산출물)

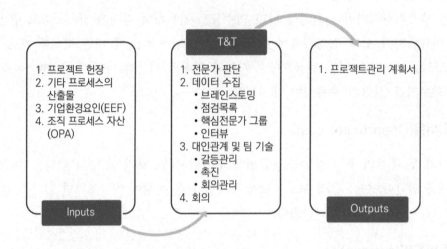

프로젝트관리계획 프로세스의 가장 중요한 입력물은 무엇인가? 기타 프로세스들의 계획들과 3 개의 기준선이다. 프로젝트 헌장은 기본 참조 문서이다. 프로젝트 관리자와 팀원은 집중적으로 데이터를 수집하고, 대인관계 및 팀 기술을 통해 프로젝트 관리계획서를 만든다. 주로 계획들은 회의를 통해 만들어진다. 프로젝트 관리에 있어 조직프로세스 자산에는 지난 유사 프로젝트의 계획 및 문서들이 저장되어 있다. 따라서 기본적으로 과거 기록(예: 점검목록)을 분석하고 이번 프로젝트를 분석하여 계획을 만드는 것이 유리하다. 프로젝트 관리자는 프로젝트 관리계획을 만드는 데 있어 기본 회의를 주관하고 관리하면서 필요에 따라 워크숍 등의 촉진활동도 필요하다.

(2) 프로세스 흐름도

4. 통합관리	4.1 프로젝트 헌장 개발	프로젝트헌장	4.2 프로젝트관리 계획서 개발
5. 범위관리			
6. 일정관리			
7. 원가관리	기타 프로세스의 산출물	임의의 기준선 또는 구성요소 계획서	
8. 품질관리			
9. 자원관리			
10. 의사소통관리	기업/조직	조직 프로세스 자산 기업 환경요인	
11. 리스크관리			
12. 조달관리			
13. 이해관계자관리			

4. 통합관리	4.2 프로젝트관리 계획서 개발	프로젝트 관리 계획서	프로젝트 관리계획서
5. 범위관리			
6. 일정관리			
7. 원가관리			
8. 품질관리			
9. 자원관리			
10. 의사소통관리			
11. 리스크관리			
12. 조달관리			
13. 이해관계자관리			

4.2.1 프로젝트관리계획 개발 프로세스 투입물

1. 프로젝트 헌장(Project charter)

■ 프로젝트팀에서 초기 프로젝트 기획의 출발점으로 프로젝트헌장을 사용한다.

2. 기타 프로세스의 산출물(Outputs from other processes)

■ 5장 범위관리부터 13장 이해관계자관리까지의 다른 많은 프로세스의 산출물들을 통합한다.

■ 다른 기획 프로세스의 산출물인 보조 계획서와 기준선들이 프로세스의 투입물이 된다.

3. 기업환경요인(Enterprise environmental factors)

■ 정부 또는 업계 표준, 법적 및 요구사항 및 제약, 수직 시장 및 집중영역에 대한 프로젝트관리 지식체계, 조직구조, 문화, 관리 실무사례 및 지속가능성, 조직의 거버넌스 프레임워크, 기반시설 등이 있다.

4. 조직프로세스자산(Organizational process assets)

■ 조직의 표준 정책, 프로세스 및 절차, 템플릿(지침과 기준, 프로젝트 종료지침 또는 인도물 확인이나 인수기준 등의 요구사항 등), 변경통제 절차, 감시 및 보고 방법, 리스크 통제절차, 의사소통 요구사항, 과거 유사한 프로젝트의 정보, 선례정보 및 교훈 저장소 등이 있다.

4.2.2 프로젝트관리 계획 개발 프로세스 도구 및 기법

1. 전문가 판단(Expert judgment)

■ 프로젝트관리 계획서를 개발하는 데 있어서 항목을 추가하거나 세부 정보를 제공하고, 수준을 결정하는 데 필요한 다양한 전문지식과 경험을 보유한 전문가들의 판단 등이 해당된다.

2. 데이터 수집(Data gathering)

■ 브레인스토밍(Brainstorming): 프로젝트관리 계획서를 개발할 때 프로젝트 접근방식에 관한 아이디어나 해결책을 수집하기 위한 기법이다.

■ 점검목록(Checklists): 프로젝트 관리자가 계획서를 개발하는 데 활용되거나 필요한 모든 정보가 프로젝트관리 계획서에 포함되었는지 확인하는 데 도움이 될 수 있다.

■ 핵심전문가 그룹(Focus groups): 이해관계자를 소집하여 프로젝트관리 접근방식과 프로젝트관리 계획서의 다양한 구성요소를 통합하는 것에 대해 토론하는 기법이다.

■ 인터뷰(Interviews): 이해관계자들로부터 프로젝트관리 계획서와 그에 포함되는 모든 계획서 또는 프로젝트 문서를 개발하는 데 필요한 구체적인 정보를 수집조직 내부의 다른 부서, 컨설턴트, 고객 또는 스폰서를 포함한 이해관계자, 전문가 및 기술협회, 산업단체, PMO 등이 있다. '전문가의 도움을 받는다'라는 의미로 생각하면 된다.

3. 대인관계 및 팀 기술(Interpersonal and team skills)

■ 갈등관리(Conflict management): 프로젝트관리 계획서의 모든 측면에서 다양한 이해관계자의 이해를 조정하기 위해 갈등관리 기법이 필요하다.

■ 촉진(Facilitation): 효과적인 참여가 이루어지고 참가자들의 공감대가 형성되며 모든 관련사항이 고려되고, 결론 또는 결과가 프로젝트를 위해 정해진 의사결정 프로세스에 따라 철저히 뒷받침되고 있음을 확인한다.

■ 회의관리(Meeting management): 프로젝트관리 계획서를 개발 및 통일하고, 합의에 이르는

데 필요한 수많은 회의의 원활한 진행을 보장하기 위해 필요프로젝트 팀이나 팀원이 프로젝트 활동을 성공적으로 수행할 수 있도록 도움을 주는 제반 기법이다.

4. 회의(Meetings)

■ 프로젝트 접근방식을 논의하고 프로젝트 목표를 달성하기 위해 작업을 실행하는 방법을 결정하며 프로젝트를 감시 및 통제하는 방법을 정의한다.

■ 프로젝트 착수회의는 일반적으로 기획의 종료 및 실행의 시작 단계와 연관된다.
- 프로젝트의 목표를 전달하고 팀의 헌신을 유도한다.
- 이해관계자의 역할과 담당업무를 설명한다.

4.2.3 프로젝트관리 계획 개발 프로세스 산출물

1. 프로젝트관리계획서(Project management plan)

■ 프로젝트를 실행, 감시, 통제 및 종료하는 방법을 기술한 계획이다.

■ 모든 보조 관리 계획서와 기준선, 프로젝트관리에 필요한 기타 정보가 프로젝트관리 계획서에 취합 및 통합이 된다.

■ 프로젝트관리계획서는 3개 기준선(범위기준선, 일정기준선, 원가기준선), 조조관리계획서(범위관리계획서, 요구사항관리계획서, 일정관리계획서, 원가관리계획서, 품질관리계획서, 자원관리계획서, 의사소통관리계획서, 리스크관리계획서, 조달관리계획서, 이해관계자관리계획서) 및 추가 구성요소 등이 포함된다.

보조 관리 계획서	기준선	추가 구성요소
범위관리 계획서(Scope management plan) 요구사항관리 계획서(Requirement management plan) 일정관리 계획서(Schedule management plan) 원가관리 계획서(Cost management plan) 품질관리 계획서(Quality management plan) 자원관리 계획서 (Resource management plan) 의사소통관리 계획서(Communications management plan) 리스크관리 계획서(Risk management plan) 조달관리 계획서(Procurement management plan) 이해관계자 참여관리 계획서(Stakeholder engagement plan)	범위 기준선 (Scope baseline) 일정 기준선 (Schedule baseline) 원가 기준선 (Cost baseline)	변경관리 계획서 (Change management plan) 형상관리 계획서 (Configuration management plan) 성과측정 기준선 (Performance measurement baseline) 프로젝트 생애주기 (Project life cycle) 개발방식 (Development approach) 경영진 검토 (Management reviews)

프로젝트관리 정보시스템(PMIS: Project Management Information System)이란?

프로젝트는 엄청난 자료를 바탕으로 수행되어야 하는 활동으로 수작업으로는 진행이 불가하다. 따라서 일정관련 활동부문, 비용 사용부문 등은 SW에 의존할 수밖에 없다. 회사마다 독특한 프로젝트 운영체계를 가질 수 있으며, 일반적인 운영시스템을 시용할 수도 있다. MS-office(Excel), Ms-project(일정관리), Primavera(예: 중공업, 선박건조, 중동해외 plant사업) 등이 예를 들어 많이 사용되고 있다. 의사결정에 대한 권한이 있으며, 상위 수준의 관리자에게 보고한다.

Template-Project management plan

4.3 프로젝트 작업지시 및 관리(Direct and manage project work)

프로젝트 목표를 달성하기 위해 프로젝트관리 계획서에 정의된 작업을 지도 및 수행하고, 승인된 변경사항을 실행하는 프로세스이다. 통합관리 영역의 프로세스이며 실행 프로세스 그룹의 나머지 부분을 통합하여 전체 실행을 지시하고 관리한다. 주요 내용은 다음과 같다.

- 프로젝트 작업과 인도물을 전반적으로 관리함으로써 프로젝트 성공 가능성을 높인다.
- 프로젝트 관리자의 역할은 다음과 같다.
  - 프로젝트 관리 팀과 함께 계획된 프로젝트 활동의 실행 지시한다.
  - 프로젝트 내에 존재하는 다양한 기술적 및 조직적 연계를 관리한다.
  - 모든 프로젝트 변경사항과 승인된 변경의 구현에 미치는 영향을 검토한다.
- 프로젝트 관리 계획에 따라 실행하면 인도물(Deliverables)들이 생성되며, 그 인도물의 실제 상태와 어떤 작업이 완료되었는지 등에 대한 작업 성과데이터(Work performance data)가 수

집된다. 산출물인 작업성과 데이터는 감시 및 통제 프로세스 그룹의 투입물로도 사용되고, 교훈에 피드백으로 취합되어 향후 작업패키지의 성과를 개선하는 데 활용된다.

- 실행을 하다 보면 시정할 것이 발생되는데 그 결과로 이슈 및 변경요청이 발생한다.
- 4가지(인도물, 작업성과 데이터, 이슈목록, 변경요청)가 실행의 대표적인 산출물(Output)이다.
- 승인된 변경사항 구현도 전체 실행에서 이루어지며 다음과 같은 부분이 포함된다.
  - 시정조치(Corrective action): 작업의 성과를 계획과 맞추는 것을 목적으로 하는 활동이다(예: 일정이 지연된 경우 일정을 맞추기 위해 자원을 더 투입, 오버타임 근무하는 조치).
  - 예방조치(Preventive action): 프로젝트작업의 미래 성과를 프로젝트관리 계획서에 맞추는 것을 목적으로 하는 활동(예: 여러 번의 테스트 수행, 사전교육을 통해 확률을 낮춤)이다.
  - 결함수정(Defect repair): 부적합한 제품, 구성요소를 수정하기 위한 목적의 활동이다.

(1) 프로세스(입력물/도구 및 기법/산출물)

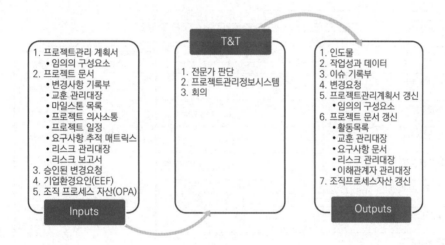

(2) 프로세스 흐름도

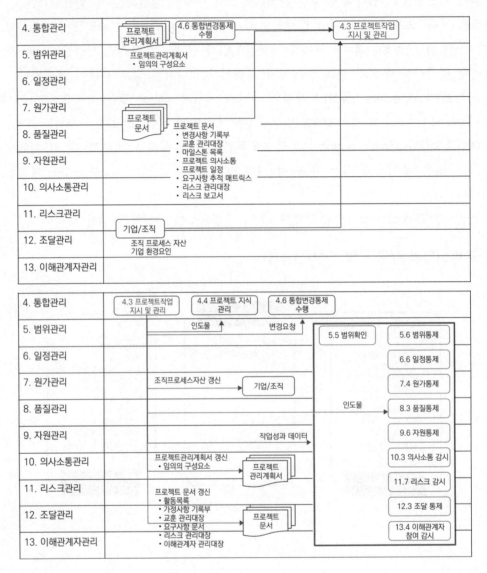

4.3.1 프로젝트 작업지시 및 관리 프로세스 투입물

1. 프로젝트관리 계획서(Project management plan)

■ 실행서 수행해야 할 작업들과 어떻게 수행할 것인지에 대한 방법들이 포함되어 있다.

2. 프로젝트 문서(Project documents)

변경사항 기록부(Change log)	모든 변경요청 이력을 변경사항 기록부에 기록한다.
교훈 관리대장(Lessons learned register)	프로젝트의 성과를 개선하고 실수를 반복하지 않기 위해 교훈을 활용하고, 팀의 활동들이 조정되도록 규정 또는 지침을 어디에 적용할 지 확인하는 데 도움이 된다.
마일스톤 목록(Milestone lists)	구체적 마일스톤들의 예정일을 보여준다.
프로젝트 의사소통(Project communications)	성과 보고서, 인도물 현황, 프로젝트 진행 중 생성되는 기타 정보 등이 있다.
프로젝트 일정(Project schedule)	최소한 작업활동 목록, 기간, 자원 및 계획된 시작일과 종료일을 포함한다.
요구사항 추적 매트릭스 (Requirement traceability matrix)	제품 요구사항과 충족할 인도물을 연결하고, 최종 결과에 집중할 수 있도록 도와준다.
리스크 관리대장(Risk register)	프로젝트 실행에 영향을 미칠 수 있는 위협과 기회에 대한 정보 제공한다.
리스크 보고서(Report report)	식별된 개별 프로젝트 리스크에 대한 요약 정보와 프로젝트 포괄적 리스크 유발원에 대한 정보를 제공한다.

3. 승인된 변경 요청(Approved change requests)

- 프로젝트를 진행하면서 생기는 여러 변경 요청들은 통합변경통제수행 프로세스를 통해 승인 및 거부가 되며 공식적으로 승인된 변경 요청은 실행에서 변경사항을 수행하여야 한다.
- 프로젝트관리 계획서나 프로젝트 문서 등을 변경할 수 있다.

4. 기업 환경 요인(Enterprise environmental factors)

- 조직 구조, 문화, 관리 실무사례 및 지속 가능성, 기반시설(예: 기존 설비, 자본 설비), 이해관계자 리스크 한계선(예: 허용 가능한 원가 초과 비율) 등이 있다.

5. 조직 프로세스 자산(Organizational process assets)

- 조직의 표준 정책, 프로세스 및 절차, 이슈 및 결함 통제, 이슈 및 결함 식별과 해결, 조치 항목 추적 방식을 정의하는 이슈 및 결함 관리 절차 등이 있다.
- 선례 이슈 및 결함 상태, 이슈 및 결함 해결, 조치 항목 결과가 취합된 이슈 및 결함 관리 데이터베이스, 프로세스 및 제품 관련 측정 데이터를 수집하고 활용할 수 있도록 지원하는 데 사용되는 성과측정 데이터베이스 등이 있다.
- 변경통제 및 리스크 통제 절차, 과거 프로젝트에서 생성된 프로젝트 정보(예: 범위, 원가, 일정, 성과측정 기준선, 프로젝트 달력, 프로젝트 일정 네트워크 다이어그램, 리스크 관리대장, 리스크 보고서 및 교훈 저장소) 등이 있다.

4.3.2 프로젝트 작업 지시 및 관리 프로세스 도구 및 기법

1. 전문가 판단(Expert judgment)

■ 업계의 기술지식과 프로젝트의 핵심 영역, 원가 및 예산 관리, 법규 및 조달, 법률 및 규정, 조직 거버넌스 등에 대한 지식과 경험을 갖춘 전문가들에게 자문 및 코칭을 받는 것이다.

■ 전문가의 판단을 사용하여 회사의 PMIS를 이용하여 전체 실행을 지시하고 관리한다.

2. 프로젝트관리 정보시스템(Project management information system)

■ 기업 지식기반 저장소 등의 다른 온라인 자동화 시스템과의 인터페이스로 일정 소프트웨어 도구, 작업 승인 시스템, 형상관리 시스템, 정보 수집 및 배포 시스템 등의 정보기술(IT) 소프트웨어 도구에도 접근하여 프로젝트 관리를 시스템으로 하는 것이다.

■ 핵심성과지표(KPI)의 자동 수집 및 보고가 이 시스템의 일부로 포함될 수 있다.

■ 프로젝트 관리를 위한 시스템으로 프로젝트 착수부터 종료까지 모두 사용된다.

3. 회의(Meetings)

■ 프로젝트 관련 항목을 논의하고 처리하기 위해 회의를 이용하는데 프로젝트 관리에는 다양한 회의가 존재한다. 예를 들어 착수회의, 기술회의, 스프린트 또는 반복(iteration) 기획회의, 스크럼 데일리 스탠드 업 미팅, 운영그룹 회의, 문제해결 회의, 진행 상황 업데이트 회의, 회고 회의 등이 있다.

■ 프로젝트 작업을 수행을 위해 관리자, 팀원, 이해관계자들이 모여 프로젝트 제반 사항을 논의하는 공식 또는 비공식 회의가 있다. 일반적으로 정보교환, 브레인스토밍, 대안 제안 및 평가, 의사결정을 한다.

4.3.3 프로젝트 작업 지시 및 관리 프로세스 산출물

1. 인도물(Deliverables)

■ 인도물이란 프로세스, 단계 또는 프로젝트를 완료하기 위해 산출해야 하는 고유하고도 검증 가능한 제품, 결과 또는 서비스 수행 역량들이다.

■ 다양한 버전 또는 개정본의 인도물(예: 문서, 소프트웨어 및 빌딩 블록)에 대한 통제는 형상관리 도구 및 절차를 통해 지원한다.

■ 측정 가능하고 검증 가능한 다양한 인도물들이 산출되고 이것은 품질 통제프로세스를 통해 품질 요구사항에 부합했는지 확인 받게 된다.

2. 작업성과데이터(Work performance data)

■ 프로젝트작업을 수행하는 과정에서 식별된 실제 관찰 값과 측정치이다. 작업성과데이터는 작업 실행 과정에서 수집되어 심층 분석을 위해 감시 및 통제 프로세스로 전달된다

- 작업성과데이터는 완료된 작업, 핵심성과지표(KPI: Key Performance Index), 기술 성과 측정치, 일정 활동의 실제 시작일 및 종료일, 완료된 사례 요점, 인도물 상태, 일정 진행 상황, 변경요청 횟수, 결함 수, 발생된 실제 원가, 실제활동기간 등이 있다.
- 프로젝트를 진행하는 과정에 수집된 다양한 정보들의 문서화된 것으로 작업의 Raw data이다(Ex. 제품을 만드는 데 소요된 시간, 사용된 비용, 발생한 리스크 등).

3. 이슈기록부(Issue log)

- 모든 이슈를 기록하고 추적하는 프로젝트 문서로 프로젝트 관리자가 이슈를 확실히 조사하여 해결하기 위해 이슈를 효과적으로 추적하고 관리하는 데 이슈기록부를 사용한다.
- 이슈기록부에는 이슈 유형, 이슈 제기자와 발생시점, 설명, 우선순위, 이슈에 배정된 담당자, 목표 해결일, 상황, 최종해결책 등이 기록된다.

4. 변경 요청(Change requests)

- 변경요청은 문서, 인도물 또는 기준선의 수정을 공식적으로 제안하는 것이다.
- 변경요청은 프로젝트 작업 수행 중에 시정, 예방, 결함수정이 되어야 하는 문제가 확인될 때 필요한 변경들은 요청하게 되며, 변경들은 통합변경통제수행 프로세스를 통해 처리된다.

5. 프로젝트 관리 계획서 업데이트(Project management plan updates)

- 통합변경통제 수행을 거친 결과 프로젝트 관리 계획서의 모든 구성요소에 변경요청이 요구될 수 있다.
- 계획과 실행은 반복되며 프로젝트가 진행되므로, 실행의 여러 정보들이 계획을 업데이트시키게 된다.

6. 프로젝트 문서 업데이트(Project documents updates)

다음과 같은 문서들이 대표적으로 업데이트된다.

활동목록(Activity list)	프로젝트작업을 완료하기 위해 수행할 추가 활동이나 수정된 활동을 반영하여 활동목록을 업데이트할 수 있다.
가정사항 기록부(Assumption log)	새로운 가정과 제약 사항이 추가되고, 기존 가정과 제약 사항이 업데이트되거나 종결될 수 있다.
교훈 관리대장(Lessons learned register)	현재 또는 향후 프로젝트의 성과를 개선하는 데 활용할 교훈에 대한 기록 등이 있다.
요구사항 문서(Requirements documentation)	새로운 요구사항의 식별이나 회의 진행 요구사항 포함된다.
리스크 관리대장(Risk register)	새로운 리스크의 식별이나 기존 리스크의 업데이트 등이 있다.
이해관계자 관리대장(Stakeholder register)	기존 또는 신규 이해관계자에 대한 추가 정보가 수집 등이 있다.

7. 조직프로세스자산 업데이트(Organizational process assets updates)

모든 조직 프로세스 자산이 이 프로세스의 결과로 업데이트될 수 있다.

인도물의흐름-전체실행의 결과물

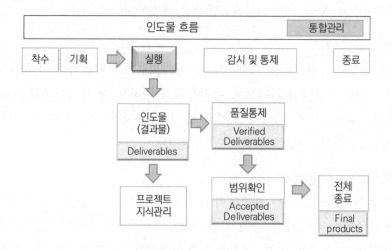

인도물의 승인의 흐름

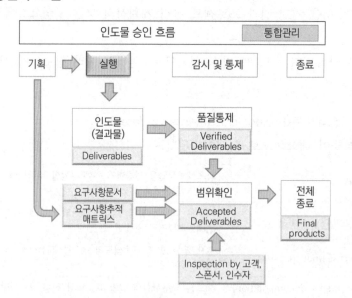

- 실행의 결과물은 종료 때까지 가거나 이해관계자에게 전달이 되어야 된다.
- 실행의 결과물인 인도물은 품질통제, 범위확인을 거쳐 종료 프로세스로 연결된다.
- 범위확인 시에는 인수자는 인수자가 제시했던 요구사항 문서와 요구사항추적 매트릭스 기준으로 검사하여 인수여부를 결정한다.

이슈기록부의 흐름

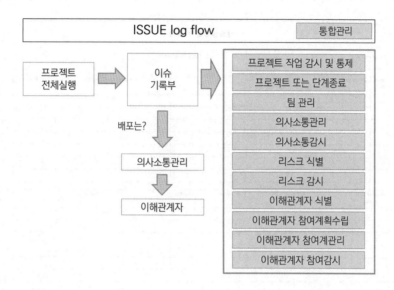

작업성과데이터의 흐름

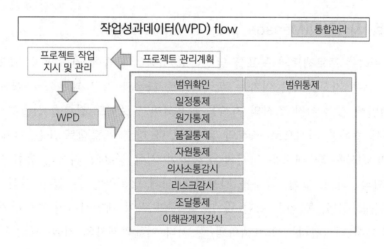

■■■■ Template-Issue log

4.4   프로젝트 지식관리(Manage project knowledge)

프로젝트 지식관리는 프로젝트의 목표를 달성하고 조직의 학습에 기여할 수 있도록 기존 지식을 활용하고 새로운 지식을 만들어가는 프로세스로 다음과 같은 내용을 수행한다.

■ 프로젝트 전반에 걸쳐 이전 조직의 지식을 활용하여 프로젝트 결과를 산출하거나 개선한다.

■ 프로젝트에서 습득한 지식으로 조직의 운영업무나 향후 프로젝트 또는 단계를 지원한다.

■ 기존 지식의 재사용 및 새로운 지식의 창출하여 지식 공유와 지식의 통합을 한다.

  – 명시적 지식: 단어, 그림, 숫자를 사용하여 쉽게 명문화할 수 있는 지식

  – 암묵적 지식: 신념, 통찰력, 경험 및 "노하우"와 같이 개인적이며 표현하기 어려운 지식

■ 조직의 관점에서 지식관리는 프로젝트팀 및 기타 이해관계자의 기술, 경험 및 전문성이 프로젝트 시작 전, 진행 중, 종료 후 반드시 활용될 수 있도록 하는 것이다.

■ 지식관리의 핵심은 신뢰하는 환경을 조성하여 사람들이 자신의 지식을 공유하도록 장려하는 것이다.

(1) 프로세스(입력물/도구 및 기법/산출물)

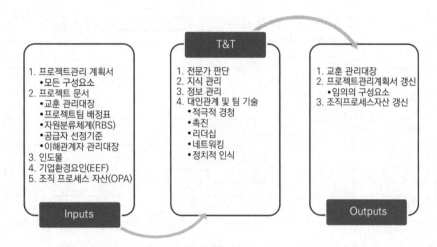

프로젝트 지식관리의 가장 중요한 입력물은 무엇인가? 지식과 관련된 인도물이다.

- 프로젝트의 산출물은 일반적으로 제품, 결과, 서비스를 포함한다. 특히 결과물은 정책제안 보고서, 타당성 검토 보고서 등 각종 연구보고서, 정부과제 보고서 등 지시와 관련된 결과물, 즉 인도물이 많다.

- 도구 및 기법의 지식관리는 이런 부분을 집중 관리하는 것으로 산출물의 대표적인 부분은 교훈 관리대장이다.

- 지식은 명시적 지식과 암묵적으로 나누어진다. 프로젝트 관리에서 명시적 지식은 일반적으로 조직프로세스 자산으로 저장이 된다. 반면에 암묵적 지식은 일종의 전문가들의 노하우로 밖으로 드러나지 않은 지식이 많다. 따라서 PMBOK에서는 적극적으로 암묵적 지식관리를 장려하고 있다. 암묵적 지식을 잘 활용하려면 적극적인 결정, 촉진, 네트워킹 등을 통해 기업 거버넌스를 좋게 만들어야 한다.

(2) 프로세스 흐름도

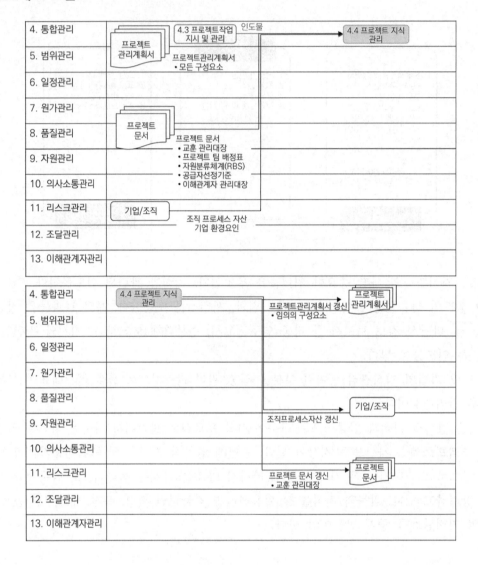

4.4.1 프로젝트 지식관리 프로세스 투입물

1. 프로젝트 관리계획서(Project management plan)

■ 프로젝트관리 계획서를 구성하는 모든 요소이다.

2. 프로젝트 문서(Project documents)

(1) 교훈 관리대장(Lessons learned register): 지식관리 분야에서 효과적인 실무사례에 관한
정보를 제공한다.

(2) 프로젝트 팀 배정(Project team assignments): 프로젝트에서 사용할 수 있는 역량 및 경험

의 종류, 누락될 수 있는 지식에 대한 정보를 제공한다.

(3) 자원분류체계(Resource breakdown structure): 팀 구성에 관한 정보를 제공하고, 그룹으로 활용할 수 있는 지식과 누락되고 없는 지식을 파악하는 데 유용하다.

(4) 이해관계자 관리대장(Stakeholder register): 식별된 이해관계자에 대한 자세한 정보를 제공하여 이해관계자들이 보유하고 있는 지식을 파악할 수 있도록 지원한다.

3. 인도물(Deliverables)

■ 프로세스, 단계 또는 프로젝트를 완료하기 위해 산출해야 하는 고유하고도 검증 가능한 제품, 결과 또는 서비스 수행 역량이다. 프로젝트 지식관리프로세스에 들어가는 부분은 지식과 관련 인도물이 중심이 된다.

4. 기업환경요인(Enterprise environmental factors)

■ 조직, 이해관계자 및 고객의 문화, 설비 및 자원의 지리적 분포. 조직의 지식 전문가, 법적 및 규제 요구사항 및 제약 등이 포함이 된다.

5. 조직프로세스자산(Organizational process assets)

■ 조직의 표준 정책, 프로세스 및 절차, 인사행정, 조직의 의사소통 요구사항, 공식적 지식공유 및 정보 공유 절차 등이다.

4.4.2 프로젝트 지식관리 프로세스 도구 및 기법

1. 전문가 판단(Expert judgment)

■ 지식관리, 정보관리, 조직의 학습, 지식 및 정보관리도구 및 다른 프로젝트로부터 취합한 관련 정보 등을 갖춘 전문가 등이 해당이 된다.

2. 지식 관리(Knowledge management)

■ 사람들을 연결함으로써 협업을 통해 새로운 지식을 도출하고 암묵적 지식을 공유하며 다양한 팀원들의 지식을 통합할 수 있도록 한다.
  - 비공식적인 사회적 교류와 온라인 소셜 네트워킹을 포함한 관계망
  - 실무사례 커뮤니티와 특별 이해 집단
  - 업무 동행 관찰 및 역 체험
  - 핵심전문가 그룹과 같은 토론 포럼
  - 세미나, 컨퍼런스 등의 지식 공유 이벤트
  - 스토리텔링
  - 창의력 및 아이디어 관리 기법
  - 지식 박람회 미 카페

‒ 학습자들 간 교류가 수반되는 교육

3. 정보관리(Information management)
■ 정보를 생성하여 사람들과 연결하는 데 사용한다.
  ‒ 명시적 지식을 명문화하는 방식
  ‒ 교훈 관리대장
  ‒ 라이브러리 서비스
  ‒ 웹 검색, 출간 자료 열람 등을 통해 수집한 정보

4. 대인관계 및 팀 기술(Interpersonal and team skills)
■ 적극적 경청: 오해를 줄이고 의사소통과 지식 공유를 촉진시킨다.
■ 촉진: 성공적인 의사결정, 해결책 또는 결론을 도출하는 방향으로 그룹을 효과적으로 인도하는 데 도움이 된다.
■ 리더십: 관련 지식과 지식 목표에 프로젝트팀이 집중하도록 장려하고, 팀에 비전을 전달하는 데 리더십을 활용한다.
■ 네트워킹: 프로젝트 이해관계자들 간 비공식적인 연결과 관계형성을 가능하게 하고, 암묵적 및 명시적 지식을 공유할 여건을 조성한다.
■ 정치적 인식: 프로젝트 관리자가 프로젝트 환경뿐 아니라 조직의 정치적 환경에 근거하여 의사소통을 계획하는 데 도움이 된다.

4.4.3 프로젝트 지식관리 프로세스 산출물

1. 교훈 관리대장(Lessons learned register)
■ 상황과 관련된 영향, 권고사항 및 제안하는 조치를 포함한다(예: 과제, 문제점, 실현된 리스크와 기회 또는 기타 해당되는 내용).
■ 작업에 참여한 사람이나 팀도 교훈을 포착하는 데 기여한다.
■ 비디오, 그림 또는 오디오를 이용하거나 교훈의 효율성을 보장하기에 적절한 방법으로 문서화한다.
■ 프로젝트 또는 단계가 끝나면 교훈 저장소라고 하는 조직 프로세스 자산으로 정보가 이전된다.

2. 프로젝트 관리 계획서 업데이트(Project management plan updates)
■ 프로젝트관리 계획서의 모든 구성요소가 업데이트될 수 있다.

3. 조직프로세스자산 업데이트(Organizational process assets updates)
■ 지식 중 일부는 명문화되어 인도물에 포함되거나 프로세스 및 절차 개선에 포함된다.

교훈관리대장 Flow

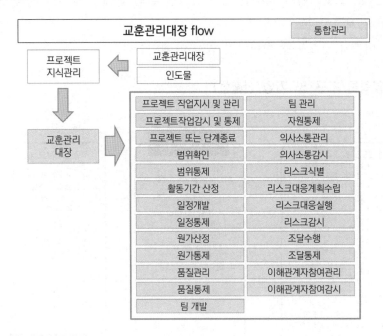

4.5 프로젝트작업 감시 및 통제(Monitor and control project work)

프로젝트관리 계획서에 정의된 성과 목표를 달성하는 과정에서 프로젝트 진행 상황을 추적 및 검토하고 보고하는 프로세로 다음과 같은 핵심 활동을 수행한다.

- 이해관계자들이 프로젝트 현황을 파악한다.
- 성과 이슈를 해결하기 위한 조치를 확인한다.
- 원가 및 일정 예측치를 토대로 향후 프로젝트의 상태를 확인한다.

프로세스 개선에 영향을 미치는 측정치 및 추세정보 수집, 측정 및 평가 활동을 포함한다.

통제에는 시정조치 또는 예방조치 결정 또는 재계획, 이행한 조치로 성과 이슈가 해결되었는지 여부를 판별하는 시행 계획에 관한 후속 조치가 포함하며 다음과 같은 활동 등을 수행한다.

- 프로젝트관리 계획서를 기준으로 실제 프로젝트 성과를 비교한다.
- 시정조치, 예방조치가 진행여부를 주기적으로 성과를 평가한 후, 필요한 조치를 권고한다.
- 개별 프로젝트 리스크 현황을 점검한다.
- 프로젝트의 종료까지 프로젝트의 제품 및 관련 문서의 정확하고 시기 적절한 정보의 기반을 유지한다.
- 프로젝트의 현재상황 보고, 진행 상황 측정 및 예측을 지원하기 위한 정보를 제공한다.
- 현재 원가와 현재 일정 정보를 업데이트하기 위한 예측치를 제공한다.

- 승인된 변경이 발생될 때 구현여부를 감시한다.
- 프로젝트가 전체 프로그램의 일부일 때 프로그램 관리 팀에 프로젝트 진행 상황 및 현황에 관하여 적절히 보고한다.
- 프로젝트가 비즈니스 요구를 벗어나지 않는지 확인한다.

(1) 프로세스(입력물/도구 및 기법/산출물)

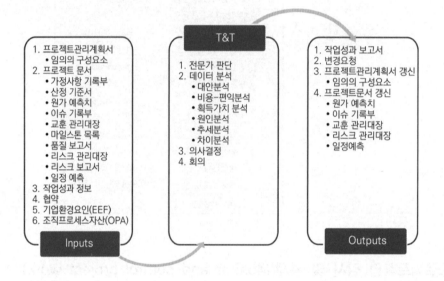

프로젝트작업 감시 및 통제프로세스의 가장 핵심 입력물은 무엇인가? 현재 프로젝트 현황을 파악하기에 필요한 작업성과정보가 핵심이다. 미래예측현황을 파악하기 위해서는 원가예측치와 일정예측 정보가 필요하다. 입력물을 데이터 분석하여 가장 중요한 문서인 프로젝트 작업성과보고서를 만든다.

(2) 프로세스 흐름도

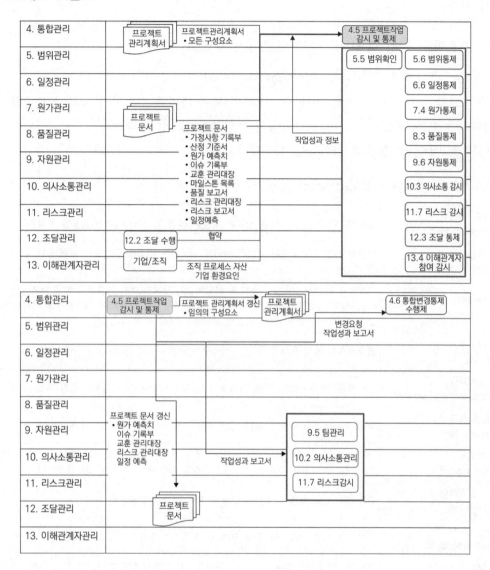

___ 인수자(스폰서 또는 고객) 및 경영진은 프로젝트 작업성과보고서를 보면서 어떤 부분에
관심이 많을까?

• 인수자 또는 스폰서, 경영진들은 프로젝트 성과보고서에서 프로젝트의 현재 현황(범위, 일정,
원가 등)에 관심이 일차적으로 많을 것이다. 현재 프로젝트의 현황을 파악하였다면 그 다음에
는 프로젝트가 언제 끝날 것인지, 원가가 얼마가 더 필요한지 등 예측부분에 관심이 많을 것
이다.

• 이에 현재 현황은 WPI(작업성과정보)를 토대로 분석하여 정리하고, 예측은 EVM(획득가치방법)

을 통해 나온 일정 및 원가의 예측치를 토대로 준비가 된다. 이런 부분을 작업성과 보고서에 담게 된다.

4.5.1   프로젝트 작업 감시 및 통제 프로세스 투입물

1. 프로젝트 관리 계획서(Project management plan)

■ 프로젝트작업 감시 및 통제를 통해 프로젝트의 모든 측면을 검토하기 때문에 프로젝트관리 계획서의 모든 구성요소가 이 프로세스의 투입물이 될 수 있다.

■ 프로젝트 작업 및 통제의 가이드를 제공한다.

2. 프로젝트문서(Project documents)

가정사항 기록부 (Assumption log)	프로젝트에 영향을 미치는 것으로 식별된 가정 및 제약에 대한 정보를 포함한다.
산정 기준서 (Basis of estimates)	다양한 산정치가 도출된 방법과 차이에 대응하는 방법을 결정하는 데 활용할 수 있는 방법을 기술한다.
원가 예측치 (Cost forecasts)	프로젝트의 과거 성과를 기준으로, 프로젝트가 정해진 예산 허용오차 범위 내에 있는지 확인하고, 필요한 변경요청을 식별하는 데 원가 예측치를 사용한다. 원가통제의 획득가치기법을 통한 원가예측치(EAC)가 작업성과 보고서 작성을 위해 투입된다.
이슈 기록부 (Issue log)	목표일까지 특정 이슈를 해결할 책임자를 문서화하고 감시하는 데 사용한다.
교훈 관리대장 (Lessons learned register)	차이에 대한 효과적인 대응, 시정조치 및 예방조치에 관한 정보를 포함한다.
마일스톤 목록 (Milestone list)	특정 마일스톤에 대한 예정일 및 계획된 마일스톤이 달성되었는지 확인하는 데 사용한다.
품질 보고서 (Quality report)	품질관리 이슈, 프로세스, 프로젝트 및 제품 개선을 위한 권고사항, 시정조치 권고사항(재작업, 결함/버그 수정, 100% 검사 등), 품질통제의 결과 요약 자료를 포함한다.
리스크 관리대장 (Risk register)	프로젝트 실행 도중 발생한 위협과 기회에 대한 정보를 제공한다.
리스크 보고서 (Report report)	구체적인 개별 리스크에 관한 정보 및 프로젝트 포괄적 리스크에 대한 정보를 제공한다.
일정 예측 (Schedule forecasts)	프로젝트의 과거 성과를 기준으로, 프로젝트가 정해진 일정 허용오차 범위 내에 있는지 확인하고, 필요한 변경요청을 식별하는 데 일정예측을 사용한다.

3. 작업성과정보(Work performance information)

■ 각 통제 프로세스의 산출물인 작업성과 정보들은 전체감시 및 통제프로세스에서 프로젝트 전체 작업성과보고서를 만들기 때문에 투입이 된다. 작업성과 데이터를 프로젝트관리 계획서 구성요소, 프로젝트 문서 및 기타 프로젝트 변수와 비교하여 작성이 된다.

예) 현재 작업기준 원가기준($1,000), 작업성과데이터($900) → 작업성과정보(10% 원가절감)

4. 협약(Agreements)

■ 조달계약에는 약관이 명시되고, 판매자가 수행하거나 제공할 대상물과 관련하여 구매자가 지정하는 기타 조항이 추가될 수 있다. 조직의 모든 계약이 조달 정책을 준수하면서 프로젝트의 특정 요구를 충족하는지 확인하여야 한다.

5. 기업환경요인(Enterprise environmental factors)

■ 프로젝트관리 정보시스템을 통한 다양한 정보, 기반 시설, 이해관계자의 기대사항과 리스크 한계선, 정부 또는 산업표준 등이 있다.

6. 조직프로세스자산(Organizational process assets)

■ 조직의 표준정책, 프로세스 및 절차, 재무통제절차, 감시 및 보고 방법, 이슈관리 절차, 결함 관리절차, 프로세스 측정치 및 교훈 저장소 등이 있다.

4.5.2 프로젝트 작업 감시 및 통제 프로세스 도구 및 기법

1. 전문가 판단(Expert judgment)

■ 획득가치분석, 데이터 해석, 원가산정기법, 추세분석 등에 대한 전문가들의 판단이다.

2. 데이터 분석(Data analysis)

대안분석	차이가 발생할 때 구현할 시정조치 또는 시정조치와 예방조치를 결합한 조치를 선정하는 데 사용한다.
비용-편익 분석	프로젝트 차이가 발생하는 경우에 비용 측면에서 최상의 시정조치를 결정하는 데 도움이 된다.
획득가치 분석	범위, 일정 및 비용 성과가 통합된 종합적 관점을 제공한다.
원인 분석	문제의 주요한 원인을 파악하는 데 주력하며 편차의 원인과 프로젝트의 목표를 달성하기 위해 프로젝트 관리자가 중점을 두어야 할 영역을 식별하는 데 사용한다.
추세 분석	과거 결과를 기준으로 미래의 성과를 예측하는 데 사용한다. 프로젝트 기간 내 모든 예외를 분석하고 정정할 시간을 프로젝트팀에게 제공하여 충분히 빠른 시기에 분석 정보를 사용할 수 있게 한다. (예방조치 포함)
차이 분석	계획된 성과와 실제 성과 사이 편차(또는 차이)를 검토한다. 기간 산정치, 원가 산정치, 자원 활용도, 자원 사용률, 기술적 성과 및 기타 지표가 여기에 포함된다.

3. 의사결정(Decision making)

■ 투표를 사용하여 의사결정을 할 수 있다(예: 만장일치, 과반수, 또는 다수결 방식 등).

4. 회의(Meetings)

■ 대면, 가상, 공식 또는 비공식 회의(예: 사용자 그룹회의, 검토 회의) 등이 있다.

4.5.3 프로젝트 작업 감시 및 통제 프로세스 산출물

1. 작업성과보고서(Work performance reports)

■ 작업성과보고서는 프로젝트 전체성과를 담고 있으며 다른 이름(예: Status reports, Memos, Justifications, Information notes, Recommendations) 등으로 표현될 수 있다.

■ 프로젝트 현황을 파악하고 의사결정을 내리거나 조치를 결정하는 데 활용하기 위해 물리적 또는 전자 형식으로 작업성과 정보를 통합 및 기록하고 배포한다.

■ 작업성과보고서는 다음과 같은 부분을 포함할 수 있다.

  – 현황보고서, 진행 상황 보고서 등, 획득가치 그래프 및 정보, 추세선 및 예측치, 예비 번다운 차트, 결함 히스토그램, 계약이행 정보 및 리스크 요약 등이 작업성과 보고서에 포함될 수 있다.

  – 현황 판, 히트 보고서, 정지신호등 차트 또는 현황 파악과 의사결정 및 조치결정에 유용한 그 밖의 시각 자료로 보고서를 제시할 수 있다.

■ 작업성과 보고서는 의사결정, 조치결정, 현황파악 목적으로 작성된 물리적 또는 전자 형식의 작업성과 자료이고 의사소통관리 프로세스를 통해 이해관계자들에게 배포된다.

2. 변경 요청(Change requests)

■ 계획된 결과와 실제 결과를 비교한 결과로 변경요청이 제기될 수 있다. 시정조치, 예방조치, 결함수정이 포함된다.

3. 프로젝트 관리 계획서 업데이트(Project management plan updates)

■ 프로젝트 작업 감시 및 통제 프로세스 중에 식별된 변경이 전체 프로젝트관리 계획서에 영향을 미칠 수 있다. 감시와 통제의 결과 정보들이 프로젝트 관리 계획서에 추가될 수 있다.

4. 프로젝트 문서 업데이트(Project documents updates)

감시와 통제의 결과 정보들이 프로젝트 문서에 추가될 수 있다.

원가 예측치(Cost forecasts)	원가 예측치 변경사항은 원가관리 프로세스를 통해 기록한다.
이슈기록부 (Issue log)	제기된 새로운 이슈가 이슈 기록부에 기록한다.
교훈관리대장 (Lessons learned register)	차이에 효과적인 대응, 시정조치 및 예방조치 정보로 업데이트 한다.
리스크 관리대장(Risk register)	새로운 리스크는 리스크 관리대장에 기록되고, 리스크관리 프로세스를 통해 관리한다.
일정 예측(Schedule forecasts)	일정예측 변경사항은 일정관리 프로세스를 통해 기록한다.

Template-프로젝트 성과보고서

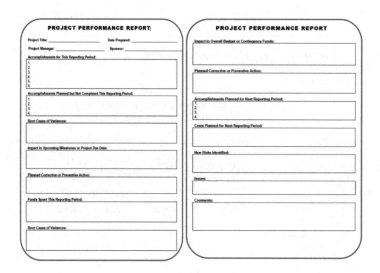

WPR Flow

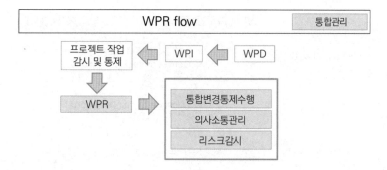

WPI Flow

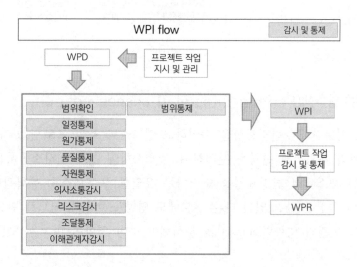

WPD~WPI Flow

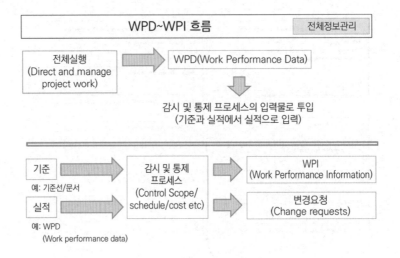

WPI~WPR flow

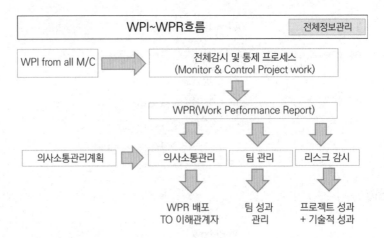

4.6 통합변경통제수행(Perform integrated change control)

모든 변경요청을 검토한 후, 변경사항을 승인하고 인도물과 조직 프로세스 자산, 프로젝트 문서 및 프로젝트관리 계획서의 변경을 관리하며, 결정사항에 대해 의사소통하는 프로세스이다. 프로젝트관리 프로세스에서 변경요청을 담당하는 유일한 프로세스로 통합관리영역에 들어가 있다. 어떤 부분의 변경은 관련 있는 다른 부분에도 영향을 미치게 되므로 반드시 변경 사항이 발생했을 때는 그 변경의 영향력(Impact)을 분석해야 하며 영향이 미치는 모든 부분을 포함하여 변경을 통합적으로 관리해야 한다. 통합변경통제수행 프로세스는 다음과 특징을 가지고 있고 관련된 일들을 수행한다.

■ 프로젝트 문서, 인도물 또는 프로젝트 관리 계획서에 대한 모든 변경요청을 검토하고 변경요청의 해결책을 결정한다.

■ 전체 프로젝트 목표 또는 계획을 고려하지 않은 변경으로 인해 종종 발생하는 프로젝트 포괄적 리스크를 해결하면서 프로젝트 내에서 문서화된 변경사항을 통합된 방식으로 고려할 수 있도록 한다. 형상 요소의 모든 변경은 공식적으로 통제되어야 하고, 변경요청이 있어야 한다.

■ 구두 요청으로 변경을 시작할 수는 있지만, 변경사항을 서면 형식으로 기록하고 변경관리 및 형상관리 시스템에 입력해야 한다.

■ 변경요청이 프로젝트 기준선에 영향을 미칠 가능성이 있을 때마다 항상 공식적인 통합 변경통제 프로세스가 필요하다.

■ 문서화된 모든 변경요청은 담당자(보통 프로젝트 스폰서 또는 프로젝트 관리자)가 승인, 연기 또는 거부해야 한다.

■ 프로젝트에 대한 변경을 검토, 평가, 승인, 연기 또는 거부하고 결정사항을 기록하고 전달하는 일을 담당하기 위해 공식적으로 구성된 위원회인 변경통제위원회(CCB: Change control board)가 통합 변경통제 수행 프로세스에 참여한다.

■ 만일 고객 또는 스폰서가 변경통제위원회(CCB)에 포함되지 않는다면, 변경통제위원회(CCB) 승인 후의 특정 변경요청에는 고객 또는 스폰서 승인이 요구되기도 한다.

■ 통합 변경통제 수행 프로세스의 최종 책임자는 프로젝트 관리자이다.

■ 기준선이 설정되기 전에는 통합 변경통제 수행 프로세스를 통해 공식적으로 변경요청을 통제할 필요가 없지만, 프로젝트 기준선이 설정된 후에는 통합 변경통제 수행 프로세스를 통해 변경요청을 처리해야 한다.

(1) 프로세스(입력물/도구 및 기법/산출물)

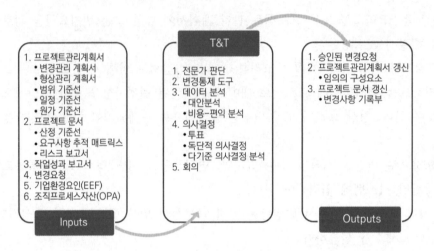

통합변경통제수행 프로세스의 가장 중요한 입력물은 변경요청이다. 만일 변경요청을 받는다면 변경요청서만 가지고 승인 또는 거부를 할 수 있을까? 무엇인가 필요한 보조문서가 필요하지 않을까? 그런 부분을 찾아본다면 역시 인도물에 대한 검토 부분은 "작업성과보고서"가 가장 적절한 보조 문서이다. 기타 프로젝트 문서와 프로젝트관리 계획서들도 변경요청에 대한 검토 시 참조하는 문서 및 계획들이다. 도구 및 기업에 들어가 있는 회의는 일종의 변경요청에 대한 검토회의이다. 흔히 CCB(Change control board)라고 하는데, 일종의 변경검토위원회 성격을 가진 회의이다.

(2) 프로세스 흐름도

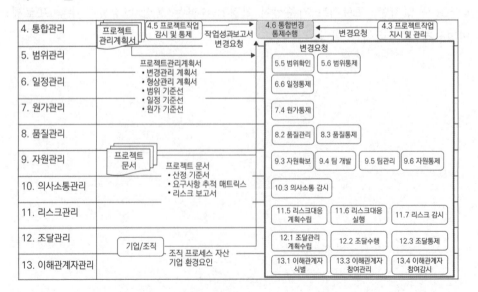

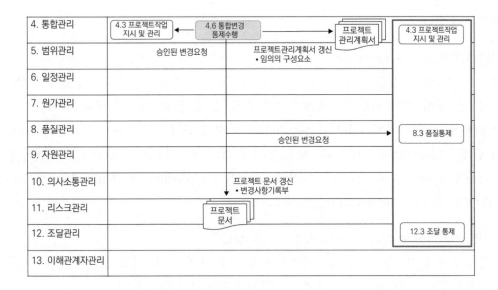

4.6.1 통합 변경 통제 수행 프로세스 투입물

1. 프로젝트 관리 계획서(Project management plan)

■ 변경관리계획서(Change management plan): 변경통제 프로세스 관리 지침을 기술하고, 변경통제위원회(CCB)의 역할과 담당 업무를 명하고 변경통제계획을 포함한다.

■ 형상관리계획서(Configuration management plan): 구성 가능한 항목을 기술하고, 프로젝트 제품이 일관성과 운영 상태를 유지할 수 있도록 기록하고 업데이트할 항목을 명시한다.

■ 범위기준선(Scope baseline): 프로젝트 및 제품정의를 제시한다.

■ 일정기준선(Schedule baseline): 프로젝트 일정 변경으로 인한 영향을 평가하는 데 사용한다.

■ 원가기준선(Cost baseline): 프로젝트 원가 변경으로 인한 영향을 평가하는 데 사용한다.

2. 프로젝트 문서(Project documents)

■ 산정 기준서(Basis of estimates): 기간, 원가 및 자원 산정치를 도출한 방법을 기술하며, 시간, 예산 및 자원 변경으로 인한 영향을 계산하는 데 사용될 수 있다.

■ 요구사항 추적 매트릭스(Requirements traceability matrix): 프로젝트 범위 변경으로 인한 영향을 평가하는 데 유용하다.

■ 리스크 보고서(Risk report): 요청된 변경으로 수반되는 개별 및 프로젝트 포괄적 리스크 유발 원에 대한 정보를 제시한다.

3. 작업성과 보고서(Work performance reports)

■ 작업성과보고서에는 자원 가용성, 일정 및 원가데이터, 획득가치 보고서 및 번업 또는 번다운 차트가 포함된다. 변경요청 검토와 관련하여 실행의 산출물인 작업성과데이터는 실적정

보를 제공한다.

4. 변경 요청(Change requests)

- 각 프로세스에서 변경 요청을 하는데 주로 시정조치, 예방조치, 결함수정을 요구한다. 이 변경들은 통합변경통제수행 프로세스에서 검토 후 승인 및 거부가 된다.
- 수정 또는 추가된 아이디어나 내용을 반영하기 위해 공식적으로 관리되는 문서 또는 인도물에 대한 업데이트도 포함될 수 있다. 변경에 대한 결정권자는 보통 프로젝트 관리자이다.
- Change Request: A formal proposal to modify any document, deliverable, or baseline (PMBOK® Guide－Sixth Edition, Glossary)

5. 기업환경요인(Enterprise environmental factors)

- 기업의 환경적 요소는 어떤 프로세스에든 투입될 수 있으며, 기업에서 사용하는 프로젝트 관리시스템(PMIS)을 이용하여 전체 프로젝트를 감시하고 통제한다.
- 법적 제한사항(국가, 지방규정), 정부 또는 업계 표준, 법적 및 규제 요구사항, 조직의 거버넌스 프레임워크, 계약체결 등이 있다.

6. 조직프로세스 자산(Organizational process assets)

- 변경통제절차, 변경 승인 절차, 과거의 프로젝트 파일이나 교훈들은 유용한 자료로 사용된다.
- 변경인가서 발행 절차, 형상관리 지식기반 등이 조직프로세스 자산의 예들이다.

4.6.2 통합 변경 통제 수행 프로세스 도구 및 기법

1. 전문가 판단(Expert judgment)

- 업계의 기술 지식과 프로젝트의 핵심 영역, 법률 및 규정, 법규 및 조달, 형상관리, 리스크 관리 등에 대한 전문가판단이다. 전문가의 판단으로 변경을 승인할 것인지 말 것인지의 결정한다.

2. 변경통제 도구(Change control tools)

- 용이한 형상관리와 변경관리를 위해 수동 또는 자동 처리 도구를 사용할 수도 있다.
- 형상통제는 인도물과 프로세스 모두의 사양에 집중한다. 변경통제는 프로젝트 문서, 인도물 또는 기준선에 대한 변경을 식별하여 문서화하고 승인 또는 거부하는 데 주력한다.

형상항목 식별	제품 형상의 정의 및 검증, 제품 및 문서 라벨 부착, 변경 관리 및 책임유지 등에 대한 기준을 제시하는 형상 항목의 식별과 선정을 한다.
형상항목 상태 기록 및 보고	각 형상 항목에 대한 정보 기록 및 보고를 한다.
형상항목 검증 및 감사 수행	형상 검증 및 형상 감사를 통해 프로젝트 형상 항목의 구성이 올바르고 해당 변경이 등록, 평가, 승인 및 추적되고 올바르게 구현되도록 한다. 이를 통해 구성 문서에 정의된 기능 요구사항을 충족시킬 수 있다.

변경사항 식별	프로세스 또는 프로젝트 문서에 대한 변경 항목 식별 및 선정한다.
변경사항 문서화	해당하는 변경요청에 변경사항 문서화한다.
변경사항 결정	변경사항 검토 후 승인, 거부 또는 연기하거나 프로젝트 문서, 인도물 또는 기준선 변경에 대한 그 밖의 변경 결정한다.
변경사항 추적	변경사항이 등록, 평가, 승인 및 추적되고 있는지 확인하고, 이해관계자에게 최종 결과를 전달한다.

3. 데이터 분석(Data analysis)

- 대안분석(Alternatives analysis): 요청된 변경을 평가하고 수락 또는 거부하거나 최종적으로 수락하기 위해 수정이 필요한지 여부를 결정하는 데 사용되는 기법이다. 다른 좋은 대안이 없는지 분석한다.

- 비용−편익 분석(Cost−benefit analysis): 요청된 변경에 관련 비용을 지출할 가치가 있는지 판별하는 데 유용한 기법이다.

4. 의사결정(Decision making)

- 투표: 만장일치, 과반수 또는 다수결 등이 있다.
- 독단적 의사결정: 한 사람이 의사결정을 하고 책임을 진다.
- 다기준 의사결정 분석: 의사결정 매트릭스를 이용하여 사전에 정의된 기준에 따라 요청된 변경을 평가하는 체계적인 분석법이다.

5. 회의(Meetings)

- CCB(Change control board)가 대표적으로 사용된다. 변경통제위원회(CCB)와 함께 변경통제 회의를 진행한다. 변경으로 인한 영향을 회의에서 반드시 평가해야 한다. 또한 변경통제 위원회에서 형상관리 활동도 검토할 수 있다.

▒▒▒ 변경통제회의(CCB: Change control board)란?

변경통제 위원회 또는 Change Control Meeting이라고도 한다. 변경요청에 대한 부분을 프로젝트 관리계획과 작업성과정보를 바탕으로 변경요청내용을 꼼꼼하게 검토하여 승인 또는 거부를 하게 된다. 승인된 변경은 실행에서 실시하고 프로젝트관리 계획과 문서 등을 업데이트하게 된다. 승인 또는 거부된 요청사항은 Change Log에 담아서 이해관계자에 배포되고 조직 프로세스 자산에 보관하게 된다. C.C.B 구성원은 회사 내에 주제관련 전문가들이 모여 구성된다.

- Change control board(CCB): A formally chartered group responsible for reviewing, evaluating, approving, delaying, or rejecting changes to the project, and for recording and communicating such decisions − − − − PMBOK® Guide−Sixth Edition, Glossary

- 변경로그(Change log): 변경로그는 프로젝트 기간 동안 발생하는 변경요청에 따른 부분을 문서화하는 데 사용되고 변경의 영향, 시간, 원가, 리스크관점에서 프로젝트의 이해관계자에게 전달된다.

4.6.3 통합 변경 통제 수행 프로세스 산출물

1. 승인된 변경요청(Approved change requests)

- 변경요청은 프로젝트 관리자, 변경통제위원회(CCB) 또는 배정된 팀원에 의해 변경관리 계획서에 따라 처리된다. 검토 결과로 변경이 승인, 연기 또는 거부될 수 있다.
- 변경관리는 변경통제시스템에 의해 관리되고 모든 승인 또는 거부된 내용은 프로젝트 문서인 Change log에 담아 의사소통관리 프로세스를 통해 이해관계자들에게 배포된다.

2. 프로젝트 관리 계획서 업데이트(Project management plan updates)

- 프로젝트관리 계획서의 모든 구성요소가 이 프로세스의 결과로 변경될 수 있다(최종 기준선 이후로만 허용된다. 선례 데이터의 무 결성 보호 차원이다).

3. 프로젝트 문서 업데이트(Project documents updates)

- 공식적으로 통제되는 모든 문서가 업데이트될 수 있다(대표적으로 변경사항 기록부가 업데이트된다). 또한 기타 문서들을 업데이트한다.

PM Template- Configuration management plan

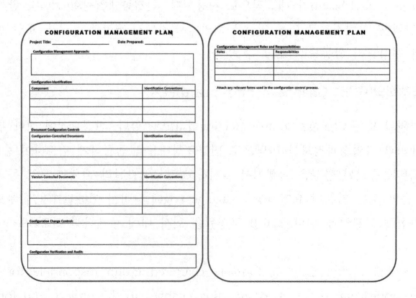

PM Template- Change management plan

PM Template- Change request

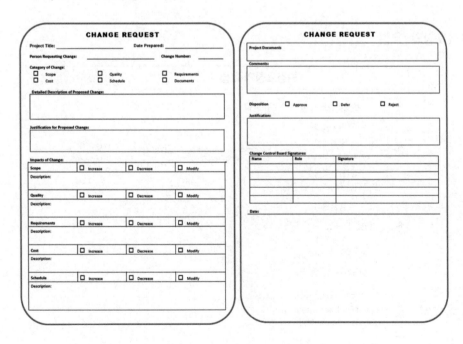

PM Template- Change log

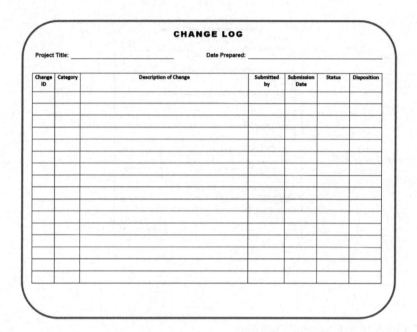

변경요청의 흐름

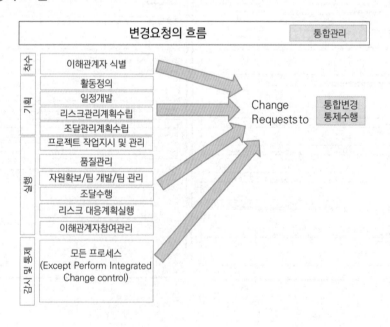

변경요청의 승인흐름

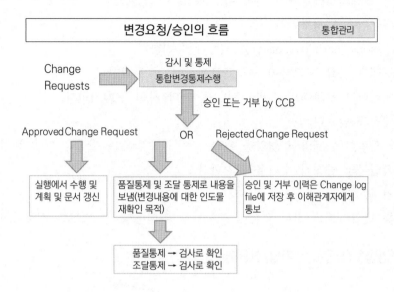

변경기록부(Change log)의 흐름

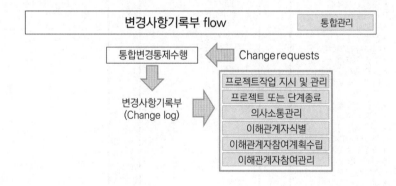

4.7 프로젝트 또는 단계종료(Close project or phase)

프로젝트의 모든 활동을 공식적으로 종료하여 프로젝트나 단계를 종료한다. 프로젝트를 통해
생성된 문서와 정보는 향후 다른 프로젝트나 단계에서 이용할 수 있도록 체계적으로 분류하고
정리한다. 프로젝트 또는 단계 정보가 보관되고 계획된 작업이 완료된다. 새로운 작업이 가능
하도록 조직 팀의 자원을 해산한다.

- 단계 또는 프로젝트의 완료 또는 종료기준을 충족하는 데 필요한 조치와 활동은 다음과 같다.
- 모든 문서와 인도물이 최신 상태이며 모든 이슈가 해결되었는지 확인(행정종료 측면)한다.
- 고객의 인도물 인도 및 공식적 수락 여부를 확인한다.

- 조직의 정책에 따라 요구되는 최종 프로젝트 보고서를 작성(행정종료 측면)한다.
- 모든 비용이 프로젝트에 청구되는지 확인(행정종료 측면)한다.
- 프로젝트 성공기준을 평가한다.
- 프로젝트 Lessons learned register를 최종 마무리한다.
- 방대한 프로젝트 자료 처리하여 조직프로세스에 잘 보관한다.
- 팀원을 재배정하고 프로젝트 설비, 장비 및 기타 자원 재배치한다.
- 프로젝트 계정을 닫는다.
- 조달관리와 관련하여 계약상 협약을 완료하는 데 수반되는 활동은 다음과 같다.
- 판매자의 작업물의 공식적 수락을 확인한다.
- 미결 클레임 종결한다.
- 최종 결과를 반영하도록 기록 업데이트하고 향후 활용할 수 있도록 정보를 보관한다.

(1) 프로세스(입력물/도구 및 기법/산출물)

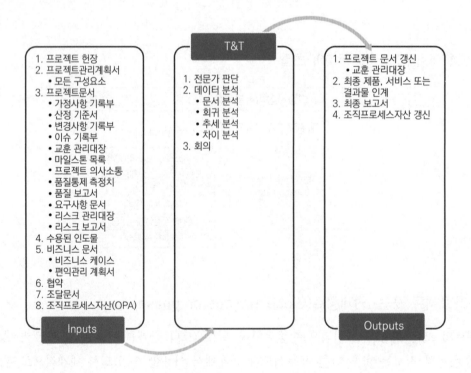

프로젝트 종료 프로세스에 있어서는 가장 중요한 입력물은 역시 수용된 인도물이다. 최종 인도물을 고객에게 이전을 하면서 마무리한다. 조달종료를 포함한 전체종료이기 때문에 조달종료와 관련된 조달문서와 협약(계약)이 입력물로 들어온다. 프로젝트 종료 시는 초기 비즈니스의 문서를 다시 리뷰한다. 또한 종료할 때는 착수 시에 설정한 성공기준을 다시 평가한다. 종료 시에는 이슈도 마무리되어야 하고 품질문제들이 완전하게 해결이 되어야 한다. 따라서 이에 대한 관련 문서(이슈기록부, 품질보고서 등)를 검토한다.

(2) 프로세스 흐름도

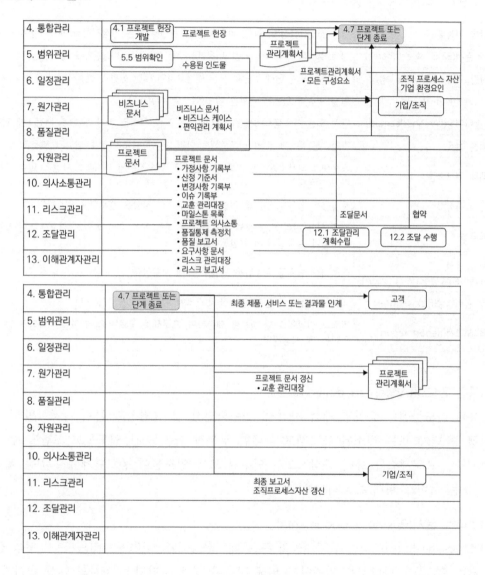

4.7.1 프로젝트 또는 단계 종료 프로세스 투입물

1. 프로젝트 헌장(Project charter)

■ 프로젝트헌장은 프로젝트 성공 기준, 승인 요구사항 및 프로젝트를 승인할 사람을 기술한다.

■ 종료의 지침서 역할을 한다.

2. 프로젝트 관리 계획서(Project management plan)

- 프로젝트관리 계획서의 모든 구성요소들로 프로젝트 종료에 대한 지침과 가이드를 제공한다.

3. 프로젝트 문서(Project documents)

가정사항 기록부	기술 사양, 산정치, 일정, 리스크 등과 관련된 모든 가정사항과 제약사항이 기록된다.
산정 기준서(Basis of estimates)	실제 결과와 비교하여 기간, 비용 및 자원 산정치와 비용통제를 평가하는 데 사용한다.
변경사항 기록부(Change log)	프로젝트 또는 단계 전반의 모든 변경요청에 대한 현황이 변경사항 기록부에 기록된다.
이슈 기록부(Issue log)	미결 이슈가 있는지 여부를 확인하는 데 사용한다.
교훈 관리대장(Lessons learned)	단계 또는 프로젝트에서 습득한 교훈은 최종 처리를 마친 후 교훈 저장소에 입력한다.
마일스톤 목록	마일스톤 목록에 다양한 프로젝트 마일스톤이 완료된 최종 날짜가 제시된다.
프로젝트 의사소통	프로젝트 의사소통에는 프로젝트 전반에 걸쳐 진행된 의사소통 내용의 일부 또는 전부가 포함된다.
품질통제 측정치	품질통제 활동의 결과를 기술하고 품질 요구사항을 준수함을 입증한다.
품질보고서	팀에 의해 관리 또는 상부 보고된 모든 품질 보증 이슈와 개선 권고사항, 품질통제 프로세스의 결과 요약이 포함된다.
요구사항 문서 (Requirements documentation)	프로젝트 범위를 준수함을 입증하는 데 사용한다.
리스크 관리대장(Risk register)	프로젝트 전반에 걸쳐 발생한 리스크에 대한 정보를 제공한다.
리스크 보고서(Report report)	리스크 현황에 대한 정보를 제공하며, 프로젝트 종료 시점에 미결 리스크가 없는지 확인하는 데 사용된다.

4. 수용된 인도물(Accepted deliverables)

- 수용된 인도물에는 승인된 제품 사양서, 인수확인서 및 작업성과 문서가 포함될 수 있다.
- 진행 중 단계 또는 취소된 프로젝트에 대한 부분적 또는 중간 인도물도 포함될 수 있다.
- 범위확인 프로세스를 통해 공식적으로 인수된 모든 인도물이 종료단계에서 최종 제품, 결과 또는 서비스 형태로 고객에게 이관된다.

5. 비즈니스 문서(Business documents)

- 비즈니스 케이스(비즈니스 요구사항과 프로젝트 타당성을 설명하는 비용-편익 분석 정보를 기술): 프로젝트 타당성을 입증하기 위해 사용된 경제적 타당성 조사의 예상 결과가 충족되었는지 판단하는 데 사용한다.
- 편익관리 계획서(프로젝트에서 목표하는 편익 정보를 기술): 프로젝트의 편익이 계획한 대로 달성되었는지 평가하는 데 사용한다.

6. 협약(Agreements)

- 공식적인 조달종료 요구사항은 일반적으로 계약서의 약관으로 명시되고, 조달관리 계획서

에 포함된다.

7. 조달문서(Procurements documentation)

■ 모든 계약변경 문서, 지불 기록 및 검사 결과와 함께 계약 일정, 범위, 품질 및 원가 성과에 대한 정보를 분류한다.

■ 프로젝트를 종료할 때 "준공" 계획서/도면 또는 "개발" 문서, 설명서, 문제 해결 및 기타 기술 문서도 조달문서의 일부로 고려한다. 이러한 정보는 교훈 정보에 반영하고, 향후 계약에서 계약업체 평가 기준으로 활용될 수 있다.

8. 조직 프로세스 자산(Organizational process assets)

■ 프로젝트 종료 또는 단계 종료 지침이나 요구사항(예: 교훈, 최종 프로젝트 감사, 프로젝트 평가, 제품 확인, 인수기준, 계약 종료, 자원 재배정, 팀 성과 평가 및 지식 이전) 등이 포함된다.

■ 모든 공식적 조직 표준, 정책, 절차, 프로젝트 문서의 다양한 버전과 기준선을 포함하는 형상관리 지식기반 등이 모든 프로세스에 투입된다.

■ 종료의 요구사항이나 교훈 사항들을 참고하게 된다.

4.7.2 프로젝트 또는 단계 종료 프로세스 도구 및 기법

1. 전문가 판단(Expert judgment)

■ 관리통제, 감사, 법규 및 조달, 법률 및 규정에 대한 전문가 의견 등이다.

2. 데이터 분석(Data analysis)

■ 문서 분석: 사용 가능한 문서 평가를 통해 향후 프로젝트 및 조직 자산 개선을 위해 공유할 교훈과 지식을 식별한다.

■ 회귀 분석: 향후 프로젝트 성과를 개선하기 위해 프로젝트 결과물에 기여한 여러 프로젝트 변수들의 상호관계를 분석하는 기법을 사용하여 분석한다.

■ 추세 분석: 조직에서 사용한 모델을 확인하고 향후 프로젝트에서 조정을 수행하기 위해 활용할 수 있는 기법을 사용한다.

■ 차이 분석: 초기 계획과 최종 결과를 비교하여 조직의 지표를 개선하는 데 사용한다.

3. 회의(Meetings)

■ 인도물이 수락되었는지 확인하고, 종료 기준이 충족되었는지 확인하며, 계약 완료를 공식화한다. 또한 이해관계자의 만족도를 평가하고, 교훈을 수집하고, 프로젝트에서 산출된 지식과 정보를 이전하고, 성공을 축하하기 위해 회의를 진행한다. 회의에는 대면, 가상, 공식 또는 비공식 회의 등이 있다. 예로는 종료 보고 회의, 고객대상 정리 회의, 교훈검토 회의, 축

하 회의 등이 있다.

4.7.3 프로젝트 또는 단계 종료 프로세스 산출물

1. 프로젝트 문서 업데이트(Project documents updates)
- 모든 프로젝트 문서를 업데이트하여 최종 버전으로 표시한다.
    - 교훈 관리대장에 단계 또는 프로젝트 종료에 대한 최종 정보를 기록하면서 종결한다.
    - 최종 교훈 관리대장에는 편익관리, 비즈니스 케이스의 정확성, 프로젝트 및 개발 생애 주기, 리스크 및 이슈 관리, 이해관계자 참여 및 기타 프로젝트관리 프로세스에 대한 정보가 포함된다.

2. 최종 제품, 서비스 또는 결과 이전(Final product, service, or result transition)
- 프로젝트를 통해 인도된 제품, 서비스 또는 결과물이 생애주기 전반에 걸쳐 운영, 유지 및 지원을 담당할 여러 그룹이나 조직으로 인계한다.
- 최종 승인된 제품, 서비스 또는 결과를 고객에게 이전한다.

3. 조직 프로세스자산 업데이트(Organizational process assets updates)
- 프로젝트 문서, 운영 및 지원 문서, 프로젝트 또는 단계 종결 문서, 교훈 저장소 등이 중요 저장의 대상이다. 이번 프로젝트 또는 단계의 여러 문서 및 정보, 교훈 등을 분류하고 문서화 한다.
    - 프로젝트 파일: 프로젝트 관리 계획서, 범위, 원가 일정 및 프로젝트 달력, 위기 관리대장, 변경 관리 문서, 위기 대응 조치, 위기 영향
    - 프로젝트 또는 단계 종료문서: 인도물의 인계를 명시하는 공식적인 문서를 포함하는 종료 문서, 요구사항 완료를 확인하고 계약을 검토하여 완료를 확인하고 완료된 인도물과 미완성 인도물의 공식적인 인계 절차를 명시한다.
    - 선례정보: 향후 프로젝트에 활용 가능한 지식정보를 포함한다.

4. 최종 보고서(Final report)
- 프로젝트 또는 단계에서 요약 수준으로 설명하고, 범위 목표, 범위를 평가하는 데 사용된 기준, 완료 기준이 충족되었음을 입증하는 증거이다.
- 품질 목표, 프로젝트 및 제품 품질을 평가하는 데 사용된 기준, 검증 및 실제 마일스톤 인도일 및 차이에 대한 이유가 포함된다.
- 허용 가능한 원가 범위, 실제 원가 및 모든 차이에 대한 이유를 포함하는 원가 목표가 포함되고 최종 제품, 서비스 또는 결과에 대한 확인 정보 요약이 정리된다.
- 프로젝트가 해결하려고 했던 이점을 결과가 달성했는지를 포함하는 일정 목표. 프로젝트가 끝나는 시점에 편익이 충족되지 않을 경우, 달성한 정도와 향후 편익 실현 산정치를 제시

한다.

- 최종 제품, 서비스 또는 결과물이 비즈니스 계획서에 식별된 비즈니스 요구사항을 어떻게 달성했는지에 대한 요약 정보가 기록된다.
- 프로젝트가 끝나는 시점에 비즈니스 요구가 충족되지 않을 경우, 달성한 정도와 향후 비즈니스 요구가 충족될 산정치를 제시한다.
- 프로젝트에서 발생한 리스크나 이슈에 대한 요약 정보와 해결 방법에 대한 간략한 설명이 포함된다.

Lesson learned는 왜 필요한가?

프로젝트를 수행하면서 실패 및 성공한 사례 등을 잘 요약하여 만들어 놓은 문서이다. 프로젝트를 진행하면서 프로젝트관리자와 팀원이 기록을 유지하다가 종료가 되면 마무리하고 조직프로세스자산인 Data base에 저장을 해 놓는다. 그 이유는 다음 프로젝트에서 선례정보를 이용하여 원가정보, 일정정보 및 중요한 프로젝트 정보를 참조하여, 차기 프로젝트의 성공확률을 높이기 위해서다.

PM Template-Contract close out

CONTRACT CLOSE-OUT

Project Title: _____   Date Prepared: _____

Project Manager: _____   Contract Representative: _____

Vendor Performance Analysis

What Worked Well:	
Scope	
Quality	
Schedule	
Cost	
Other	
What Can Be Improved:	
Scope	
Quality	
Schedule	
Cost	
Other	

Record of Contract Changes

Change ID	Change Description	Date Approved

CONTRACT CLOSE-OUT

Record of Contract Disputes

Description	Resolution	Date Resolved

Date of Contract Completion _____

Signed Off by _____

Date of Final Payment _____

PM template-Lessons learned

LESSONS LEARNED

Project Title: _____   Date Prepared: _____

Project Performance Analysis

	What Worked Well	What Can Be Improved
Requirements definition and management	A1	A2
Scope definition and management	B1	B2
Schedule development and control	C1	C2
Cost estimating and control	D1	D2
Quality planning and control	E1	E2
Human resource availability, team development, and performance	F1	F2

PM Template-Project close out

PROJECT CLOSE-OUT

Project Title: _____   Date Prepared: _____   Project Manager: _____

Project Description

PROJECT CLOSE-OUT

Performance Summary

	Project Objectives	Completion Criteria	How Met
Scope			
Quality			
Time			
Cost			

통합관리 지식영역 종합정리(프로세스 Input-output 위주)

통합관리 지식영역 전체 흐름정리

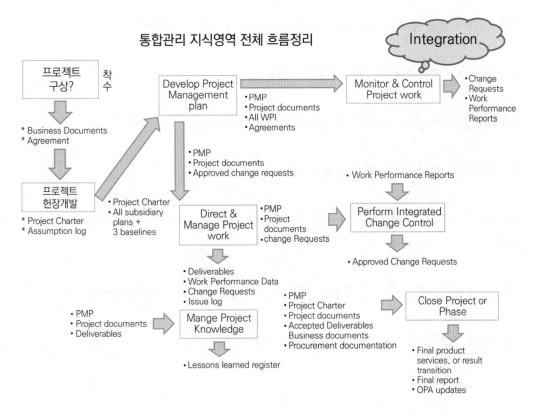

프로젝트 구상? 착수

* Business Documents
* Agreement

프로젝트 헌장개발

* Project Charter
* Assumption log

• Project Charter
• All subsidiary plans +
  3 baselines

Develop Project Management plan
• PMP
• Project documents
• All WPI
• Agreements

• PMP
• Project documents
• Approved change requests

Monitor & Control Project work

Integration

• Change Requests
• Work Performance Reports

Direct & Manage Project work
• PMP
• Project documents
• change Requests

• Deliverables
• Work Performance Data
• Change Requests
• Issue log

• Work Performance Reports

Perform Integrated Change Control

• Approved Change Requests

• PMP
• Project documents
• Deliverables

Mange Project Knowledge

• Lessons learned register

• PMP
• Project Charter
• Project documents
• Accepted Deliverables
  Business documents
• Procurement documentation

Close Project or Phase

• Final product
  services, or result
  transition
• Final report
• OPA updates

프로젝트 통합관리 지식영역 종합정리(주관식 문제)

1. 프로젝트에서 통합 관리(Integration management)가 필요한 이유는?

2. 통합 관리 지식영역 프로세스를 7개를 적어보라.

3. 프로젝트 헌장(Project charter)을 만드는 과정을 적어보라.

4. 프로젝트 선정 방법에는 어떤 것들이 있나?

5. 프로젝트 관리 계획은 여러 부분적 관리 계획들(Subsidiary plans)이 포함되어 있다. 어떤 것들이 있나?

6. 프로젝트에서 변경을 처리하는 흐름을 적어보라. CCB(Change control board)가 무엇인가?

7. 프로젝트를 종료할 때 어떤 순서로 종료해야 하나?

PMBOK정복하기-4장 용어 및 프로세스 정의 요약

통합변경통제수행프로세스의 산출물은 무엇인가?

승인된 변경 요청(Approved change requests)

프로젝트 관리 계획 업데이트(Project management plan updates)

프로젝트 문서 업데이트(Project documents updates)

작업성과 측정에는 무엇이 포함되는가?

계획대비 실제 일정 성과, 계획대비 실제 비용 성과, 계획 대비 실제 기술성과

(Planned versus actual schedule performance, Planned versus actual cost performance, Planned versus actual technical performance)

종료 프로세스 그룹에서 어떤 프로젝트 어떤 프로세스가 있는가?

단계 및 프로젝트 종료 프로세스

프로젝트 이슈, 변경 요청에 의문이 있거나, 질문이 있는 경우 무엇을 참고해야 하나?

프로젝트 관리 계획(Project management plan)

착수자란 무엇인가? What is the "initiator"?

프로젝트를 승인 할 수 있는 사람(또는 조직)

The person(or organization) with the ability to authorize the project.

이슈로그란 무엇인가?

토론이나 프로젝트 이해 관계자간의 분쟁을 문서화하고 감사하는 데 사용되는 프로젝트 문서.

(Project document used to document and monitor elements under discussion or in dispute between project stakeholders).

프로젝트관리지식체계(PMBOK®) 지침서에서 중요한 3가지 주요 문서(프로젝트헌장, 프로젝트범위기술서, 프로젝트관리계획)를 어떻게 설명하는가?

① 프로젝트 헌장: 프로젝트에 공식 승인을 한다.

② 프로젝트 범위기술서 (Project scope statement): 수행해야 할 작업과 프로젝트에서 수행하여야 하는 특정 산출물에 대해 설명한다.

③ 프로젝트관리계획: 프로젝트관리에 있어 가이드 절차 등 수행 방법을 설명한다. 부가관리 계획들의 모음이고 3가지 기준선의 모음이다.

프로젝트 또는 단계 종료시기는 언제인가?

프로젝트 또는 단계의 작업이 완료될 때(When the work of the project or phase is complete) 작업이 중지되면(작업이 완료되기 전에) When the work stops(before the work is complete).

프로젝트가 자금을 조달을 하여야 하는 이유와 프로젝트의 목적과 배경이 설명 된 비즈니스 요구사항이 들어있는 비즈니스 문서는 무엇인가?

비즈니스 케이스(Business case)

PMIS(프로젝트 관리 정보 시스템)란 무엇인가?

프로젝트 관리 프로세스의 결과를 수집, 통합 및 배포하는 데 사용되는 도구와 기술로 구성된 정보 시스템으로 프로젝트 시작에서 종료 시까지 프로젝트의 모든 측면을 지원하는 데 사용되며 수동 및 자동화 시스템을 모두 포함 할 수 있다(An information system consisting of the tools and techniques used to gather, integrate, and disseminate the outputs of project management process. It is used to support all aspects of the project from initiating through closing, and can include both manual and automated systems).

변경통제위원회의 책임은 무엇인가?

변경 요청을 검토, 평가 및 승인(또는 거부)한다.

To review, evaluate, and approve(or reject) Change requests

Close Project or Phase의 주요 산출물은 무엇인가?

최종 제품, 서비스 또는 결과물의 전환

최종보고서(Final reports)

조직 프로세스자산 업데이트

프로젝트 문서 업데이트

프로젝트 감시 및 통제 프로세스의 4가지 산출물은 무엇인가?

작업성과보고서(Work performance reports)

변경요청(Change requests)

프로젝트관리계획 업데이트(Project management plan updates)

프로젝트문서 업데이트(Project documents updates)

프로젝트 헌장 개발 프로세스의 기본 산출물은 무엇인가?

프로젝트 헌장(Project charter)

이슈기록부(Issue log)

통합관리에서 형상관리시스템의 목적은 무엇인가?

제품에 대한 변경 사항을 제출, 추적, 검토 및 승인 또는 거부하는 방법을 정의하고 문서화한다.

조직이 프로젝트를 수행하는 3가지 주된 이유는 무엇인가?

비즈니스 문제를 해결하기 위해(To solve a business problem)

비즈니스 요구를 해결하기 위해(To address a business need)

비즈니스 기회를 활용하기 위해(To exploit a business opportunity)

"통합변경통제"란 무엇인가?

모든 변경요청을 검토하는 프로세스로 변경요청에 대한 변경 승인 및 인도 물, 조직 프로세스 자산, 프로젝트 문서 및 프로젝트 관리 계획을 업데이트한다(The process of reviewing all Change requests; approving changes and managing changes to deliverables, Organizational process assets, Project documents, and the Project management plan).

통합관리에서 프로젝트 헌장은 무엇인가?

프로젝트 착수자 또는 스폰서가 발급한 문서로 공식적으로 프로젝트의 존재를 승인하고 프로젝트 관리자에게 프로젝트 활동에 조직의 자원을 사용할 수 있는 권한을 부여하는 공식적인 문서이다.

▨▨▨ 재미있는 프로젝트 이야기

프로젝트 관리의 능력 향상을 위해서는?

프로젝트 관리를 잘하려면 단위 프로젝트를 잘 관리하면 성공한다. 이에 프로젝트 방법론을 잘 적용하고 소프트 스킬을 이용해 이해관계자를 잘 관리하고 효과적인 의사소통을 하여 목표를 달성하면 된다. 그럼 한 단계 높은 수준의 관리 또는 프로젝트 경영의 시각으로 보면 어느 부분을 보완해야 할까?

1) 경영학의 기본 전략은 이해하여야 한다. 내가 하는 프로젝트가 회사의 어느 차원에서 설정되었는지 알고 진행하는 것이 좋다.

2) 역사에서 교훈을 잘 이해하고 적용하는 것이 좋다. 그렇게 하려면 역사 책 등을 많이 읽으면 좋다. 대부분 역사소설에는 갈등조정 전략 의사소통 리더십 이해관계자 관리 등이 주요 문제로 다루어지기 때문이다.

3) 조직관리 등 사람에 대한 부분에 대해 관심을 기울어야 한다. 보이지 않는 사람들의 마음을 이해하고 움직이는 것은 많은 노력이 들어가기 때문이다.

4) 지속적인 자기계발이 있어야 한다. 흐르는 물이 멈추면 썩듯이 지식의 함양도 멈추면 따라가기 힘들다. 특히 요즘처럼 쏟아지는 가벼운 정보의 범람 속에 무거운 지식을 꾸준히 함양하는 것이 중요하다.

5) 대인 관계를 통해 Mentor를 만들어 따라가는 것도 좋은 방법이다. 전문가들은 이미 실패를 통해 길을 가고 있기 때문에 내가 소홀히 하는 부분을 깨우쳐 줄 수 있을 것이다. 항상 생각만 하고 실천을 못한 부분과 시간이 없다는 핑계로부터 구원을 받을 수 있을 것이다

타당성 검토의 중요성

프로젝트 헌장개발 시 중요한 입력 물인 비즈니스케이스는 타당성 검토를 의미하고 요구한다. 쉽게 생각하는 타당성 검토는 큰 문제의 시작일수 있다. 안이한 타당성 검토로 인해 수많은 사업들이 적자를 지속하고 운영관리에서도 어려움을 겪고 있지 아니한가? 수많은 민자사업, 각 지방의 축제들 이루 수많은 사업들이 초기에 멋있게 포장되어 시작했으나 합리적 타당성 분석으로 인해 어려움을 겪고 있는 것이 사실이다. 프로젝트의 타당성 검토는 프로젝트 생애주기 뿐만 아니라 운영관리의 타당성까지 같이 검토해줘야 기업의 지속성장을 유지해준다. 앞으로는 Benefit review에 초점을 맞추어 프로젝트 타당성의 범위를 확대해야 한다.

CHAPTER 04

Example

01 프로젝트 헌장(Project charter)에 다음과 같은 요건이 최소한 정의되어야 한다. 중요요건은 무엇인가?

① 프로젝트에 관한 상세한 위험 및 제한사항

② 프로젝트 관리자와 기능관리자의 책임과 권한

③ 프로젝트 관리조직의 지정

④ 상세한 프로젝트 산출물

02 통합변경통제 시스템을 실시하는 근본적인 이유는 무엇인가?

① 변경요청 되는 내용을 정확히 이해하기 위해서

② 변경요청을 통제하여 요청 회수를 줄이기 위해서

③ 변경요청 내용을 가장 빠르게 반영하기 위해서

④ 변경요청 시 변경내용의 정식 문서화를 통한 절차확립 및 버전 관리 등을 철저하게 관리하기 위하여

03 감시 및 통제프로세스(범위/일정/원가)에서 공통적으로 나오는 산출물만 짝지은 것은 다음 중 어떤 것인가?

① 작업성과 데이터, 변경요청들

② 작업성과 정보, 변경요청들

③ 검증된 인도물, 작업성과보고서

④ 변경요청들, 검증된 인도물

04 변경요청과 관련 프로세스 흐름 및 관련내용의 설명이 잘못 된 것은 무엇인가?

① 정식변경은 통합변경통제수행 프로세스를 통해 승인 또는 거부가 되어야 한다.

② 변경요청은 시정요구, 예방조치, 결함수정 요구를 포함할 수 있다.

③ 승인된 변경은 실행을 통해 변경실행이 되고 계획이나 문서를 갱신하게 한다.

④ 승인된 변경은 제대로 변경내용이 실행되었는지를 재확인하기 위해 범위확인과 품질 관리수행 프로세스를 통해 재확인된다.

05 변경통제관련 설명이다. 다음 중 잘못된 설명은 어느 것인가?

① 범위확인이 완료되어 인도물이 승인이 되고 나서 발생되는 변경요청사항은 원칙적으로 정식변경절차를 거쳐야 한다.

② 통합변경 통제수행 프로세스에서 진행하는 변경요청 검토는 승인이 되면 실행을 통해 조치하고 문서나 계획을 갱신한다.

③ 승인된 변경요청이나 거부된 변경요청 사항은 Change log에 기록하고 이해관계자에게 통보되어야 한다.

④ 모든 승인된 변경요청내용은 품질관리 프로세스로 입력물로 투입되어 변경내용을 반영하여 프로세스 개선 활동을 할 때 사용된다.

06 다음 중 통합관리지식영역의 프로젝트 헌장개발의 산출물인 프로젝트헌장(Project charter)과 관련하여 바른 설명이 아닌 것은?

① Business case란 타당성 검토를 뜻한다.

② 제품과 관련된 특징 등이 기술되어 있다.

③ 프로젝트 차터 승인 후 PM(프로젝트 관리자)은 자원(Resource)을 사용하는 권한(Authority)를 받게 된다.

④ 프로젝트 차터는 작성 후 절대 갱신될 수 없다.

07 프로젝트 종료 시 왜 lesson learned는 필요한가? 가장 적절한 것은?

① 회사의 중요한 자산이면서, 다음 프로젝트 시 중요내용을 활용하게 된다.

② 프로젝트의 표준 및 절차가 들어 있어서 표준 template를 사용하기 때문이다.

③ 프로젝트 정보시스템과 연결되어 저장되며, 보안상 해당 프로젝트 관리자의 이해관계자들은 절대 볼 수 없다.

④ 프로젝트 지연 또는 취소 시 중요한 근거자료가 된다.

08 당신은 문제가 예상되는 프로젝트를 수행하는 프로젝트 관리자로 최근에 임명되었다. 프로젝트의 현황을 분석해보니 프로젝트 일정은 지연이 되고 있으며 많은 갈등과 변경사항을 포함하고 있다. 프로젝트 획득가치분석을 통해 당신은 현 프로젝트가 계속 진행되면 중 후반에 비용초과가 예상 되었다. 이런 상황에서 당신은 프로젝트 관리자로서 어떤 조치를 취할 것인가?

① 상위 관리자와 협의한다.

② 프로젝트 팀원과 조치사항을 협의한다.

③ 프로젝트 팀원과 같이 영향을 분석하고 대안을 찾아본다.

④ 프로젝트 계획을 변경한다.

09 프로젝트에 대한 기술적인 업무가 모두 종료되었다. 이제 마지막으로 프로젝트 관리자와 팀원이 하여야 하는 일은?

① 교훈(lessons learned)작성한 것을 최종 정리한다.

② 예비비 남은 부분을 환원 조치한다.

③ 최종 범위확인을 위해 고객과 요구사항 문서를 같이 검토한다.

④ Risk register를 최종 갱신한다.

10 한 성분을 증가시켜 가면 단위 투입량에 대한 수확량이 점점 증가하여 극대점에 이르렀다가 이 적정 투입량보다 더 많이 투입하면 수확량이 오히려 점차 감소하는 법칙으로 예를 들면 고장 설 비 수리에 투입되는 요원의 적정성 등이 있다. 이 법칙을 무엇이라 하는가?

① 한계효용의 법칙

② 수확체감의 법칙

③ 규모의 경제법칙

④ 수요와 공급의 법칙

CHAPTER 04

Explanation

01 정답 ③

해설 프로젝트 헌장(Project charter)에는 프로젝트 관리조직의 지정(즉 PM의 임명)에 대한 요건이 지정되어야 한다.

02 정답 ④

해설 변경요청 시 통합변경통제를 통해 정식적인 변경절차를 수립하고 변경내용의 문서화 및 추적 시스템, 버전 관리 등의 철저한 유지관리를 위해서다.

03 정답 ②

해설 통제프로세스는 기준과 실적을 투입하여, 실적이 안 좋으면 변경요청을 통해 개선을 하고, 작업성과데이터를 측정하여 나온 작업성과정보가 나온다.

04 정답 ④

해설 승인된 변경이 제대로 실행되었는지를 재확인하기 위해, 승인된 변경요청은 품질통제 프로세스에서 검사를 통해 확인이 되고 조달통제 프로세스로도 들어가서 승인된 변경요청은 조달작업기술서를 포함하여 계약의 내용을 변경할 수 있다.

05 정답 ④

해설 모든 승인된 변경요청내용은 품질통제 프로세스로 입력물로 투입되어 변경된 내용이 시정조치가 되어 들어오는지 철저히 검사하는 데 사용된다. 왜냐하면 변경요청에 의한 시정조치는 문제가 있어 발생한 경우가 많으므로 똑같은 문제가 발생되지 않도록 확실히 검사하여 예방하여야 한다. 그래서 품질통제에서 검증을 한다. 외부 인도물에 대한 승인된 변경요청은 조달 통제프로세스에 입력이 되어 계약조항 등에 들어 있는 조달 기술서, 가격, 기타 제품의 특징, 결과, 서비스에 영향이 미치는지 확인하여야 한다.

06 정답 ④

해설 프로젝트 헌장은 단계별 비즈니스 needs를 재검토하게 되며 갱신된 부분을 승인받고 변경할 수 있다. 프로젝트 진행 후 또다시 헌장을 승인 받지는 않고 그 안에 있는 비즈니스 타당성부분만 다시 승인 받는 의미이다.

07 정답 ①

해설 프로젝트를 수행하면서 실패한 내용, 성공한 사례 등을 잘 요약하여 만들어 놓은 문서가 Lessons learned이다. 조직프로세스 자산인 database에 저장을 해 놓는다. 그 이유는 다음 프로젝트에서 선례정보를 이용하여 원가정보, 일정정보 및 중요한 프로젝트 정보를 참조하여 프로젝트 성공확률을 높이기 위한 것이다.

08 정답 ③

해설 문제가 예상되면 관리자나 팀과 협의도 해야겠지만, 여기에서 묻는 것은 보다 더 구체적인 답변을 요구하는 것이다. 이미 획득가치 성과 분석을 통해서 이미 프로젝트 중 후반에 비용 초과의 결과를 가져올 것이라는 분석이 나왔기 때문에 대안을 찾아보는 것이 적절하다.

09 정답 ①

해설 프로젝트에 대한 모든 기술적인 업무가 종료되었다는 것은 고객과의 인도물 인수승인까지 완료된 것을 의미한다. 따라서 이제는 그동안 정리해 온 교훈작성(lessons learned)을 마무리하고 보관하는 것이다. 그리고 팀 해체에 따른 문제를 정리하는 것이다.

10 정답 ②

해설 이유는 작업자가 투입되면 어느 정도 작업자 수에 비례하여 생산성이 올라가다가 계속 많아지면 서로 간의 간섭 및 공간중복으로 방해를 받아 생산성이 떨어진다. 그래서 적정성 유지가 중요하다.

프로젝트 범위관리

프로젝트 범위관리 영역에는 프로젝트를 성공적으로 완료하기 위해 모든 작업을 빠짐없이 프로젝트에 포함시키는 과정에서 수행하는 프로세스들이 포함된다. 프로젝트 범위관리에서 주된 과제는 프로젝트에 포함되는 것과 그렇지 않은 것을 정의하고 통제하는 것이다. 프로젝트 착수 시 이해관계자들의 요구사항 수집을 확실하게 분석하고, 이번 프로젝트에 포함된 내용을 정리해야 한다. 분석을 통해 요구사항, 즉 범위를 확실히 정의하고 범위가 최종 확정이 되면, 범위의 일정과 비용을 신뢰적으로 산출할 수 있을 정도의 낮은 수준까지 분할하는 과정을 거치게 된다. 즉 범위를 대충 추정하고 시작하면, 나중에 범위는 계속 증가하게 된다. 다시 말해 범위가 정해지지 않으면 원가와 일정의 정확한 예측이 불가능하므로, 프로젝트가 진행하면서 범위는 증가되고 프로젝트는 결국 실패하게 된다.

범위관리가 프로젝트 시작에서 가장 중요하므로 이번 범위관리프로세스에서 범위관리계획을 세우고 요구사항 수집/범위정의/WBS만들기 등의 기획프로세스그룹에 속해있는 프로세스 4개와 감시 및 통제 프로세스 그룹에 있는 2개의 프로세스, 즉 범위확인 및 범위통제 프로세스 등이 있다. 여기서 범위확인 프로세스는 프로젝트 전체 인도물에 대한 검증이므로 매우 중요하다.

프로세스	설명
5.1 범위관리계획 수립 (Plan scope management)	프로젝트 및 제품범위를 정의하고 확인 및 통제하는 방법을 기술한 범위관리계획서를 작성하는 프로세스이다.
5.2 요구사항수집 (Collect requirements)	프로젝트 목적달성에 필요한 요구사항과 이해관계자의 요구를 판별하고 문서화하며 관리하는 프로세스이다.
5.3 범위정의 (Define scope)	프로젝트와 제품에 대한 상세한 설명을 작성하는 프로세스이다.
5.4 작업분류체계 작성 (Create WBS)	프로젝트 인도물과 프로젝트 작업을 보다 작고, 관리 가능한 구성 요소로 세분하는 프로세스이다.
5.5 범위확인 (Validate scope)	완료된 프로젝트 인도물의 이해관계자 인수를 공식화하는 프로세스이다.
5.6 범위통제 (Control scope)	프로젝트와 제품 범위에 대한 상태를 감시하고 범위기준선에 대한 변경을 관리하는 프로세스이다.

5.0 개요

- 제품범위: 제품, 서비스 또는 결과의 특성과 기능 등을 포함한다.
- 프로젝트의 범위: 지정된 특성과 기능을 갖춘 제품, 서비스 또는 결과를 제공하기 위해 수행되는 작업, 때로는 "프로젝트 범위"가 제품범위를 포함하는 것으로 인식되기도 한다.

(1) 범위관리의 핵심개념

프로젝트 생애주기는 예측형 방식부터 적응형 또는 애자일 방식까지 연속적으로 이어질 수 있다. 예측형 생애주기에서는 프로젝트를 시작할 때 프로젝트 인도물이 정의되며 범위변경이 점진적으로 관리된다. 적응형 또는 애자일 생애주기에서는 여러 번의 반복(Iteration)을 거쳐 인도물이 개발되며 이 과정에서 반복이 시작될 때 각 반복에 대한 자세한 범위가 정의되고 승인된다.

- 적응형 또는 애자일 생애주기에서 스폰서와 고객대표는 프로젝트에 지속적으로 참여하면서 진행과정에서 생성되는 인도물에 대한 피드백을 제공하고 제품 백 로그가 현재 요구사항을 반영하고 있는지 확인해야 한다. 각 반복마다 두 가지 프로세스(범위확인/범위통제)가 반복된다.
- 반대로 예측형 프로젝트에서는 각각의 인도물 또는 단계검토와 함께 범위확인이 이루어지며 범위통제는 지속적인 프로세스이다.
  - Backlog(백 로그): 적응형 생애주기를 갖는 프로젝트는 상위수준의 변경에 대응해야 하며 지속적인 이해관계자의 참여가 필요한데, 적응형 프로젝트의 전체범위는 다양한 작은 요구사항과 수행할 작업으로 세분되는데 이를 제품 백 로그라고 한다.

(2) 프로젝트 범위관리의 추세와 새로운 실무사례

- 글로벌 환경이 보다 복잡해짐에 따라 조직은 요구사항 활동의 정의, 관리 및 통제를 위한 비즈니스 분석으로 경쟁우위를 달성하는 방법의 필요성을 인지하기 시작했다.
- 요구사항 관리(실무관리 지침서: Requirement management: A Practice guide)에 따르면 요구사항 관리 프로세스는 요구사항 평가부터 시작하며 요구사항 평가는 포트폴리오 계획수립, 프로 그램 계획수립 또는 개별 프로젝트에서 시작될 수 있다.
- 이해관계자 요구사항 도출, 문서화 및 관리는 프로젝트 범위관리 프로세스에서 이루어지며, 프로젝트 범위관리의 추세 및 새로운 실무사례에는 비즈니스 전문가와 협업을 위한 집중노 력이 포함된다.
  - 문제 판별 및 비즈니스 요구사항을 식별하고 비즈니스 요구사항을 충족시키기 위한 실 행 가능한 해결책을 식별하고 권고한다.
  - 비즈니스 및 프로젝트 목표달성을 위한 이해관계자의 요구사항을 도출, 문서화 및 관리 한다.
  - 제품, 서비스 또는 프로그램이나 프로젝트 최종결과의 성공촉진을 한다.

(3) 조정 고려사항

프로젝트는 각각 고유하므로 프로젝트 관리자는 프로젝트 범위 관리 프로세스의 적용방식을 조정해야 한다. 다음은 조정을 위한 고려사항의 일부 예이다.

- 지식 및 요구사항 관리: 조직에 공식 또는 비공식 지식 및 요구사항 관리 시스템이 있는가? 요구사항이 향후 다시 사용할 수 있게 하려면 프로젝트 관리자는 어떤 지침을 마련해야 하 는가?
- 확인 및 통제: 조직에 확인 및 통제에 관련된 기존의 공식 또는 비공식 정책, 절차 및 지침 이 있는가?
- 개발 방식: 조직이 프로젝트 관리에 있어 애자일 방식을 사용하는가? 개발 방식이 반복적인 가? 또는 점증적인가? 예측적 방식을 사용하는가? 혼합적 방식이 생산적인가?
- 요구사항의 안정성: 프로젝트에 요구사항이 불확실한 영역이 있는가? 불확실한 요구사항으 로 인해 요구사항이 확실하고 잘 정의될 때까지 린, 애자일 또는 기타 적응형 기법을 사용 해야 하는가?
- 거버넌스: 조직에 공식 또는 비공식 감사 및 거버넌스 정책, 절차 및 지침이 있는가?

(4) 애자일, 적응형 환경을 위한 고려사항

- 애자일 방식은 의도적으로 프로젝트 초기 단계에서 범위정의와 합의에 적은 시간을 할애하

고 지속적인 발견과 구체화를 위한 프로세스 구축에 보다 많은 시간을 할애한다.

■ 새로운 요구사항을 갖는 요구사항을 갖는 많은 환경에서는 실제 비즈니스 요구사항과 처음 규정된 비즈니스 요구사항이 다른 경우가 자주 있다.

■ 애자일 방식은 요구사항을 구체화하기 위한 목적으로 프로토 타입과 릴리스버전을 제작 및 검토한다. 결과적으로 프로젝트 전반에 걸쳐 범위가 정의되고 재정의된다.

■ 애자일 방식에서는 요구사항이 백 로그를 구성한다.

5.1 범위관리 계획수립(Plan scope management)

범위관리계획수립은 프로젝트와 제품의 범위를 정의, 확인 및 통제하는 방법을 기술한 범위관리 계획서를 작성하는 프로세스이다.

■ 주요 이점은 프로젝트 전반에 걸쳐 프로젝트 범위를 관리하는 방법에 대한 지침과 방향을 제공하는 점이다.

■ 범위관리계획수립 프로세스는 프로젝트에서 한 번 또는 미리 정해진 시점에 수행된다.

■ 범위관리계획수립 프로세스는 프로젝트 범위 추가(Scope creep)를 줄이는 데 도움을 준다.

■ 범위 관련 프로세스의 지침이다.

• The process of creating a scope management plan that documents how the project and product scope will be defined, validated, and controlled－－－－*PMBOK®* Guide－Sixth Edition, Glossary.

(1) 프로세스(입력물/도구 및 기법/산출물)

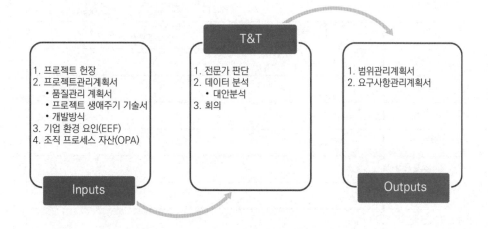

범위관리계획수립 프로세스의 가장 중요한 입력물은 프로젝트 관리계획서와 프로젝트 헌장이다. 이제 프로젝트가 시작되었다. 따라서 프로젝트는 이해관계자들의 요구사항을 기반으로 시작이 본격 진행이 되는데 이런 부분에 대한 지침과 방향을 준비하는 것이 범위관리 계획서와 요구사항 관리계획서이다.

- 계획서는 프로젝트 관리자와 팀원이 같이 모여 회의를 통해 만든다.
- 회의 시에는 데이터를 분석하면서 대안을 찾고 전문가들에게 조언을 구하는 것이 일반적이다.
- 어떤 계획이든지 신규로 만들기는 쉽지가 않다. 따라서 계획을 만들 때는 과거의 유사 계획을 참조하는 것이 일반적이다. 유사문서나 계획들은 조직프로세스 자산에 포함되어 있다.

(2) 프로세스 흐름도

4. 통합관리	4.1 프로젝트 헌장 개발	프로젝트헌장 프로젝트관리계획서	4.2 프로젝트관리 계획 개발
5. 범위관리		5.1 범위관리계획 수립	
6. 일정관리			
7. 원가관리		조직 프로세스 자산 기업 환경요인 기업/조직	
8. 품질관리			
9. 자원관리			
10. 의사소통관리			
11. 리스크관리			
12. 조달관리			
13. 이해관계자관리			

4. 통합관리		4.2 프로젝트관리 계획 개발	프로젝트 관리계획서
5. 범위관리	5.1 범위관리계획 수립	범위관리계획서, 요구사항관리계획서	
6. 일정관리			
7. 원가관리			
8. 품질관리			
9. 자원관리			
10. 의사소통관리			
11. 리스크관리			
12. 조달관리			
13. 이해관계자관리			

5.1.1 범위관리 계획수립 프로세스 투입물

1. 프로젝트헌장(Project charter)
■ 개략적인 수준의 프로젝트 설명 및 제품에 대한 특성을 제공한다.

2. 프로젝트관리계획서(Project management plan)
■ 프로젝트 관리 계획서의 각종 계획서들이 범위 관리 계획서 작성에 도움을 주고, 범위 계획 및 범위 관리 방법에 대한 지침이다. 다음은 프로젝트 관리 계획서를 구성하는 요소의 일부 예이다.
  – 품질관리계획서: 프로젝트 및 제품범위를 관리하는 방식은 조직의 품질정책, 방법론 및 표준이 프로젝트에서 구현되는 방식의 영향을 받을 수 있다.
  – 프로젝트 생애주기 기술서: 프로젝트 생애주기는 프로젝트 개시부터 완료에 이르기까지 프로젝트가 진행되는 일련의 단계를 결정한다.
  – 개발방식: 개발방식은 폭포식, 반복적, 적응형, 애자일 또는 혼합적 방식 사용여부를 정의한다.

3. 기업환경요인(Enterprise environmental factors)
■ 조직의 문화, 기반시설, 인사행정, 시장여건 등이 있다.

4. 조직프로세스 자산(Organizational process assets)
■ 정책과 절차, 선례정보 및 교훈 저장소 등이 있다.

5.1.2 범위관리 계획수립 프로세스 도구 및 기법

1. 전문가 판단(Expert judgment)
■ 다음 주제에 대한 전문 교육을 이수했거나 지식을 갖춘 집단 또는 개인이 제공하는 전문성을 고려해야 한다. 예: 과거 유사한 프로젝트, 산업분야, 전문분야 및 응용분야의 정보

2. 데이터 분석(Data analysis)
■ 대표적인 예가 대안분석이다. 다양한 요구사항 수집, 프로젝트 및 제품 범위 구체화, 제품 개발, 범위확인, 범위통제 방법을 평가한다.

3. 미팅(Meetings)
■ 범위관리 계획서를 개발하기 위한 프로젝트 회의에 프로젝트 팀이 참석할 수 있다.
■ 프로젝트 팀원, 프로젝트 관리자, 스폰서, 특정 팀원, 특정 이해관계자 등이 해당된다.

5.1.3 범위관리 계획수립 프로세스 산출물

1. 범위관리계획서(Scope management plan)

프로젝트의 범위가 어떻게 정의되고, 개발되고, 감시 및 통제되고, 확인되는지에 대한 절차와
방법을 기술한 계획이다. 범위관리계획서의 구성요소에는 다음과 같은 것이 포함된다.

- 상세한 프로젝트 범위 기술서 작성을 위한 프로세스
- 상세한 프로젝트 범위 기술서로부터 WBS를 작성하는 프로세스
- 작성된 WBS를 관리하고 승인 받는 프로세스
- 범위기준선 승인 및 유지 방법을 확립하는 프로세스
- 완료된 인도물에 대한 공식적인 인수를 받는 프로세스
- 상세한 프로젝트 범위기술서에 대한 변경 요청 프로세스
  - Scope management plan: Describes how the project scope will be defined, developed, monitored, controlled, and verified

2. 요구사항관리계획서(Requirements management plan)

요구사항들을 어떻게 분석하고, 문서화하고 관리할지에 대한 절차와 방법을 기술한 문서로 요
구사항관리계획서의 구성 요소에는 다음과 같은 것들이 포함된다.

- 요구사항 활동에 대한 계획, 추적, 보고 절차와 방법
- 형상 관리 활동들
- 요구사항 우선순위 프로세스
- 사용할 제품에 대한 지표와 사용 이유
- 요구사항 추적 표에 기입할 요구사항 속성, 작성 방식 등의 요구사항 추적 방식
  - Requirements management plan: Describes how project requirements will be analyzed, documented, and managed.

• PM Template—Scope management plan

SCOPE MANAGEMENT PLAN

Project Title: _____ Date: _____

Scope Statement Development

WBS Structure

WBS Dictionary

SCOPE MANAGEMENT PLAN

Scope Baseline Maintenance

Scope Change

Deliverable Acceptance

Scope and Requirements Integration

PM Template-Requirement management plan

REQUIREMENTS MANAGEMENT PLAN

Project Title: _____ Date: _____

Requirements Collection:

Categories:

Prioritization:

Traceability:

Configuration Management:

Verification:

5.2 요구사항 수집(Collect requirements)

프로젝트의 목적을 달성하기 위해 이해관계자의 필요사항과 요구사항을 결정하고 문서화하고 관리하는 프로세스이다. 프로세스의 이점은 제품범위를 포함한 프로젝트 범위를 정의하기 위한 기준을 제시한다. 적극적인 이해관계자와 요구사항의 분할(Decomposition)을 성공에 중요한 영향을 준다. 요구사항은 이해관계자들의 필요와 기대사항을 수량화하고 문서화한 것이다.

• The process of determining, documenting and managing stakeholder needs and requirements to meet project objectives－－－*PMBOK® Guide*－Sixth Edition, Glossary

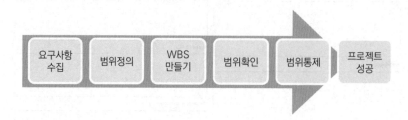

___ **요구사항의 종류**

요구사항 종류	내용
사업적 요구사항 (Business requirements)	사업적인 이슈 혹은 기회, 프로젝트를 시작하게 된 이유와 같이 전략적인 측면에서의 요구사항
이해관계자 요구사항 (Stakeholder requirements)	이해관계자 혹은 이해관계자 그룹의 요구사항
솔루션 요구사항 (Solution requirement)	기능적 요구사항(functional requirements): 제품의 기능 예) 제품에 대한 프로세스, 데이터, 상호작용, 기능 등
	비 기능 요구사항(Nonfunctional requirements): 기능적 요구사항을 보완함 예) 신뢰성, 보안 성, 성능, 안전, 서비스 수준 등
이전 관련 요구사항 (Transition requirements)	데이터 이전, 교육/훈련에 대한 요구, AS-IS 에서 TO-BE 로의 전환 등
프로젝트 요구사항 (Project requirements)	프로젝트가 만족시켜줘야 할 활동, 프로세스 혹은 조건들
품질 요구사항 (Quality requirements)	프로젝트의 인도 물 혹은 프로젝트 요구사항에 대한 성공적인 완수를 검증하기 위해 필요한 상태 혹은 기준들

(1) 프로세스(입력물/도구 및 기법/산출물)

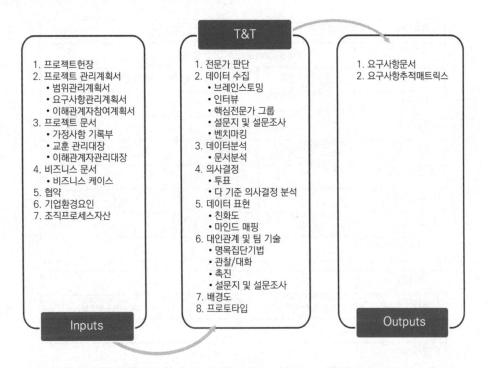

Inputs
1. 프로젝트헌장
2. 프로젝트 관리계획서
   • 범위관리계획서
   • 요구사항관리계획서
   • 이해관계자참여계획서
3. 프로젝트 문서
   • 가정사항 기록부
   • 교훈 관리대장
   • 이해관계자관리대장
4. 비즈니스 문서
   • 비즈니스 케이스
5. 협약
6. 기업환경요인
7. 조직프로세스자산

T&T
1. 전문가 판단
2. 데이터 수집
   • 브레인스토밍
   • 인터뷰
   • 핵심전문가 그룹
   • 설문지 및 설문조사
   • 벤치마킹
3. 데이터분석
   • 문서분석
4. 의사결정
   • 투표
   • 다 기준 의사결정 분석
5. 데이터 표현
   • 친화도
   • 마인드 매핑
6. 대인관계 및 팀 기술
   • 명목집단기법
   • 관찰/대화
   • 촉진
   • 설문지 및 설문조사
7. 배경도
8. 프로토타입

Outputs
1. 요구사항문서
2. 요구사항추적매트릭스

요구사항수립 프로세스에서 가장 중요한 입력물은 이해관계자 관리대장이다. 요구사항은 대부분 이해관계자로부터 나오기 때문이다. 또한 기타 문서들(협약, 가정사항기록부, 비즈니스케이스)을 보면 요구사항을 분석할 수 있다. 요구사항수집 프로세스에는 유독 도구 및 기법이 많다. 중요한 도구 및 기법으로 명목집단 기법, 친화도, 핵심전문가 그룹 및 마인드 맵을 자세히 이해할 필요가 있다. 또한 추가로 델파이 기법(전문가 익명으로부터 의견을 수집하는 기법)도 이해를 해야 한다. 요구사항수집 프로세스는 다양한 문서를 분석하기 때문에 시간과 노력이 많이 들어가고, 이해관계자들을 상대하기 때문에 소프트스킬 능력이 필요하다.

(2) 프로세스 흐름도

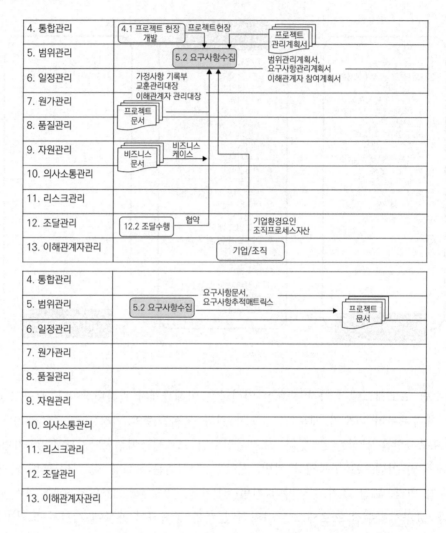

• Requirement: A condition or capability that is necessary to be present in a product, service, or result to satisfy a business need. − − −*PMBOK® Guide* − Sixth Edition, Glossary.

5.2.1 요구사항 수집 프로세스 투입물

1. 프로젝트헌장(Project charter)
■ 개략적 수준의 초기 프로젝트 요구사항과 프로젝트 설명이 들어있다.

2. 프로젝트 관리계획서(Project management plan)
■ 범위관리계획서(Scope management plan): 범위를 어떻게 관리하는 지와 요구사항을 수집

할 것인지를 결정하는 데 지침을 준다.

- 요구사항관리계획서(Requirement management plan): 범위관리계획의 산출물로 프로젝트 요구사항을 수집, 분석 및 문서화하는 방법에 대한 정보가 포함된다.
- 이해관계자 참여계획서(Stakeholder engagement plan): 이해관계자의 의사소통 요구사항과 참여수준을 파악함으로써 이해관계자의 참여를 평가하고 적용하는 데 사용한다.

3. 프로젝트 문서(Project documents)

- 가정사항 기록부(Assumption log): 제품, 프로젝트, 환경, 이해관계자 및 요구사항에 영향을 줄 수 있는 기타요인에 대해 식별된 가정사항이 포함된다.
- 교훈 관리대장(Lesson learned register): 반복적 또는 적응형 제품개발 방법론을 사용하는 프로젝트의 경우에 효과적인 요구사항 수집기법에 대한 정보를 제공하는 데 사용된다.
- 이해관계자 관리대장(Stakeholder register): 요구사항에 대한 정보를 제공할 수 있는 이해관계자를 식별하는 데 사용된다. 또한 이해관계자가 프로젝트에 대해 갖는 요구사항과 기대사항을 기술한다.

4. 비즈니스 문서(Business documents)

- 비즈니스 요구사항을 충족시키기 위한 필수, 권장 및 선택적 기준을 설명하는 비즈니스 케이스가 있다.

5. 협약(Agreements)

- 협약에는 프로젝트 및 제품 요구사항이 포함될 수 있다.

6. 기업환경요인(Enterprise environmental factors)

다음은 요구사항 수집 프로세스에 영향을 미칠 수 있는 기업환경요인의 일부 예이다.
예: 조직의 문화, 기반시설, 인사 행정 정책, 시장 여건

7. 조직 프로세스 자산(Organization process assets)

다음은 요구사항 수집 프로세스에 영향을 미칠 수 있는 조직 프로세스 자산의 일부 예이다.
예: 정책과 절차, 이전 프로젝트의 정보를 포함하는 선례정보 및 교훈 저장소

5.2.2 요구사항 수집 프로세스 도구 및 기법

1. 전문가 판단(Expert judgment)

- 주제에 대한 전문 교육을 이수했거나 지식을 갖춘 집단 또는 개인이 제공하는 전문성을 고려한다. 예: 비즈니스 분석, 요구사항 도출, 요구사항 분석, 요구사항 문서, 과거 유사한 프로젝트 요구사항, 도식화 기법, 촉진, 갈등 관리 등이 있다.

2. 데이터 수집 (Data gathering)

다음은 데이터수집기법의 일부 예이다.

- 브레인스토밍(Brainstorming): 프로젝트 및 제품 요구사항과 관련 된 다양한 아이디어를 창출하여 취합하는 데 사용하는 기법으로 비판 없이 자유롭게 의견을 개진하고 발표하는 기법이다.
- 인터뷰(Interview): 이해관계자와 직접적으로 이야기를 하면서 정보를 취득하는 것으로 미리 준비하거나 즉흥적으로 질문을 하기도 하고, 녹취를 하기도 한다. 장점은 정확한 요구사항을 수집할 수 있으나 시간과 노력이 많이 소요된다.
- 핵심전문가그룹(Focus groups): 미리 검증된 이해관계자 및 관련 전문가들이 함께 제품, 서비스 등에 대한 그들의 기대사항이나 태도에 대해서 토론을 통해 요구사항을 수집하는 것이다.
- 설문지 및 설문조사(Questionnaires and surveys): 많은 사람으로부터 빠르게 정보를 수집하고, 그 정보의 통계적 분석을 이용한다.
- 벤치마킹(Benchmarking): 비교 대상의 조직을 선정하고 비교하여 실무관행을 식별하거나, 개선을 위한 아이디어를 도출하거나, 성과 측정을 위한 기초를 제공하는 기법이다.

3. 데이터 분석(Data analysis)

문서 분석이 대표적인 데이터 분석의 예이다. 기존의 문서들을 분석하여 요구사항과 관련된 것들을 식별하는 기법이다. 문서 분석은 문서정보의 검토와 평가로 구성된다. 주로 기존 문서를 분석하고 요구사항과 관련된 정보를 식별하여 요구사항을 도출하는 데 문서 분석이 사용된다. 다음은 문서 분석의 일부 예이다.

- 협약, 비즈니스 계획서, 비즈니스 프로세스 또는 인터페이스 문서, 비즈니스 규칙저장소,
- 현재 프로세스 흐름도, 마케팅 문헌, 문제/이슈 기록부, 정책 및 절차, 법률, 규정 또는 명령 등의 법규 문서, 제안요청서, 사용사례

4. 의사결정(Decision making)

다음은 요구사항 수집 프로세스에서 사용할 수 있는 의사결정 기법의 일부 예이다.

- 투표: 여러 가지 대안을 사후조치의 형태로 평가하는 프로세스이자 단체 의사결정기법이다.
  - 만장일치(Unanimity): 모든 사람이 한 가지 의견에 동의하고 결정
  - 과반수(Majority): 구성원의 50% 이상이 동의하는 방식이다.
  - 다수결(Plurality): 구성원의 50%가 안 되더라도 가장 많은 수의 의견으로 결정한다.
- 단독결정(Dictatorship): 한 사람의 의견으로 결정된다.
- 다기준 의사결정 분석: 체계적인 분석방식을 제공하는 여러 가지 기준을 바탕으로 의사결정 매트릭스를 사용하는 기법이다.

5. 데이터 표현(Data representation)

대표적인 데이터 표현의 예이다.

- 친화도(Affinity diagram): 친화도를 이용하면 검토 및 분석을 위하여 많은 아이디어를 몇 개의 그룹으로 분류하는 기법이다.

- 마인드 매핑(Mind mapping): 브레인스토밍 결과를 한 장의 지도로 통합하고 파악된 공통점과 차이점을 반영하여 새로운 아이디어를 창출하는 기법이다.

6. 대인관계 및 팀 기술(Interpersonal and team skills)

다음은 대인관계 및 팀 기술의 일부 예이다.

- 명목집단기법(Nominal group technique): 브레인스토밍을 보완하는 방식으로 투표를 통해 아이디어에 등급을 매긴다. 다음 네 단계로 구성된 구조적 형태의 브레인스토밍이다.

  ① 그룹에 질문 또는 문제를 제기한다. 각 개인이 각자의 의견을 조용히 적는다.

  ② 모든 의견이 기록될 때까지 중재자가 플립차트에 의견을 적는다.

  ③ 모든 그룹 원이 명확히 이해할 때까지 각 기록된 의견을 토론한다.

  ④ 의견의 우선순위를 정하기 위해 개인이 투표한다(일반적으로 1~5의 점수제를 사용한다). 투표는 여러 번 이루어질 수 있다. 각 회차가 끝나면 투표를 집계하여 가장 높은 점수를 받은 의견이 선택된다.

- 관찰(Observations): 개개인이 각자의 환경에서 담당직무, 태스크 또는 프로세스를 수행하는 방법을 직접 지켜보는 방식이다. 프로세스를 어떻게 수행하는지 관찰하는 것으로 Job Shadowing이라고 부르기도 하고 "직무 동행관찰"이라고 부른다.

- 촉진: 촉진은 주요 이해관계자가 모여 제품 요구사항을 정의하는 집중 토론 세션에 사용된다. 주로 워크숍을 통해 교차기능 요구사항을 신속히 정의하고 이해관계자들 간 이견을 조정할 수 있다. 중요한 이해관계자들을 함께 모이게 하여 제품에 대한 요구사항을 정의하는 것으로 장점은 많은 이해관계로부터 단기간에 많은 요구사항을 정의할 수 있다.

  다음은 촉진기술을 사용하는 상황의 일부 예이다.

  - 합작 애플리케이션 설계/개발(JAD): 주로 소프트웨어 개발 산업에서 사용한다.

  - 품질기능전개(QFD): 주로 제조산업에서 신제품 개발을 위한 핵심적 특성을 결정하는 데 유용하게 사용한다.

  - 사용자스토리(User story): 필요한 기능을 짧은 문구로 설명하며 주로 워크숍을 통해 취합한다.

7. 배경도(Context diagrams)

- Scope model이 한 예이다. 배경도는 비즈니스 시스템(프로세스, 장비, 컴퓨터 시스템 등)과 함께 인적자원 및 다른 시스템(행위자)과 비즈니스 시스템의 상호작용 방법을 도식으로 보여

주는 제품 범위도이다.

■ 비즈니스 시스템으로의 투입물, 투입물을 제공하는 행위자, 비즈니스 시스템으로부터의 산출물, 그리고 산출물을 수령하는 행위자가 배경도에 표시된다.

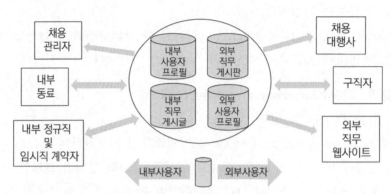

[예: 배경도(Context Diagrams)]

8. 프로토타입(Prototypes)

■ 실제 프로젝트의 산출물을 만들기 전에 비슷한 모형을 이해관계자들에게 제공하여 요구사항을 알아내는 방법(예: 자동차 크레이 모델, 소형제품, 컴퓨터 생성 2D/3D, 모형 또는 시뮬레이션, 스토리보드 기법(소프트웨어 분야))이다.

5.2.3 요구사항 수집 프로세스 산출물

1. 요구사항 문서(Requirements documentation)
개별 요구사항들이 프로젝트에 대한 사업적 요구사항을 어떻게 충족시키는지를 기술한 문서로 프로젝트 초기에는 개략적이었다가 프로젝트 진척에 따라 점차 상세화된다. 요구사항 문서는 다음과 같은 정보들이 포함할 수 있다.

■ 사업적 요구사항(Business requirements)

■ 이해관계자 요구사항(Stakeholder requirements)

■ 솔루션 요구사항(Solution requirements)

■ 프로젝트 요구사항(Project requirements)

■ 이전 요구사항(Transition requirements)

■ 요구사항 관련 가정사항

■ 품질 요구사항 등

■ 의존 관계 및 제약 사항 등

2. 요구사항 추적 매트릭스(Requirements traceability matrix)

제품의 요구사항과 인도물을 연결시키는 표로 각 요구사항을 사업적 혹은 프로젝트의 목표와 연결시킴으로써 사업의 가치를 확보할 수 있도록 도와주며 요구사항 문서에 있는 승인된 요구사항들은 프로젝트 종료 시 반드시 고객에게 인도물로 전달된다는 것을 확신시켜 준다. 그래서 범위확인과 범위통제 프로세스에 들어간다. 다음은 추적 요구사항의 일부 예이다.

비즈니스 요구, 기회, 목적 및 목표

- 프로젝트 목표
- 프로젝트 범위 및 WBS 인도물
- 제품설계
- 제품개발
- 테스트 전략과 테스트 시나리오
- 상위수준부터 상세한 수준까지의 모든 요구사항

PM Template-요구사항문서

프로젝트 명:

이해관계자	요구사항	분류	우선순위	인수기준

PM Template-요구사항추적 매트릭스

요구사항 추적 매트릭스								
프로젝트 이름								
원가센터								
프로젝트 설명								
ID	직원 ID	요구사항 설명	비즈니스요구, 기회, 목적 및 목표	프로젝트 목표	WBS 인도물	제품 설계	제품 개발	테스트 사례
001	1.0							

요구사항 추적 매트릭스								
	1.1							
	1.2							
	1.2.1							
002	2.0							
	2.1							

요구사항문서 Flow

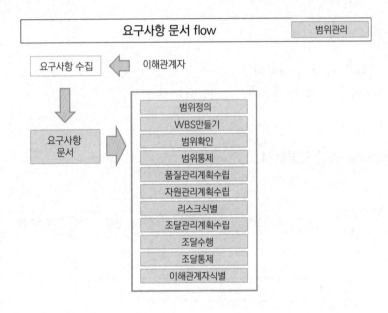

━━ 요구사항의 Flow(착수시의 개략적 요구사항 → 기획단계의 요구사항)

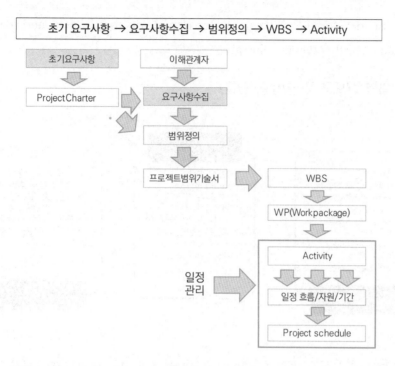

5.3 범위정의(Define scope)

프로젝트와 제품에 대한 상세한 설명을 작성하는 프로세스로 수집된 요구사항들이 프로젝트의 범위에 포함되는지 혹은 포함되지 않는지를 정의함으로써 프로젝트, 서비스 혹은 결과물을 기술한다. 범위정의의 이점은 제품, 서비스 또는 결과물의 범위와 인수기준을 설명한다는 점이다.

- 요구사항 수집 프로세스에서 확인된 요구사항이 모두 프로젝트에 포함되는 것은 아니다. 요구사항수집 프로세스의 결과물인 "요구사항 문서"로부터 프로젝트의 최종 요구사항을 선택하고 결정한다. 즉 범위를 정의한다.
- 상세한 프로젝트 범위기술서는 프로젝트 착수과정에서 문서화한 주요 인도물, 가정, 제약에 기초하여 작성한다.
- 범위정의 프로세스는 반복적으로 수행되고 상세 범위는 한 번에 하나의 반복 주기에서 결정된다. 다음 주기에 대한 상세 계획은 현재의 프로젝트 범위와 산출물을 가지고 수행이 된다.

범위정의(Define scope) 프로세스의 정의

The process of developing a detailed description of the project and the product―
PMBOK® Guide―Sixth Edition, Glossary

(1) 프로세스(입력물/도구 및 기법/산출물)

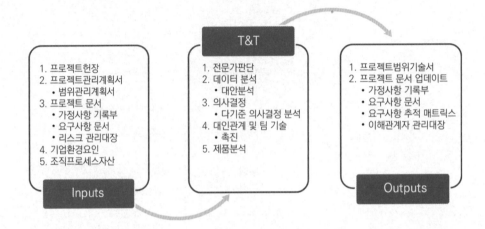

범위정의 프로세스에서 핵심 입력물은 역시 요구사항문서이다. 범위정의 프로세스에서는 프로젝트 관리자와 팀원들이 이번 프로젝트에서 만들어야 할 제품을 분석하고 더 좋은 대안이 없는지 찾아보면서 전문가에게 문의하며 workshop 등을 진행하는 프로세스이다. 범위정의 프로세스 결과로는 프로젝트 범위를 잘 정의한 기술서가 만들어진다. 프로젝트 범위기술서는 프로젝트의 상세내용, 제품의 내용 및 기능적 요구사항, 가정 및 제약사항 및 이번 프로젝트에서 수행하지 않는 제외사항이 기록된다. 이런 내용들이 들어 있기 때문에 프로젝트 범위기술서는 다음 프로세스인 WBS만들기 프로세스의 중요한 입력물이 된다.

(2) 프로세스 흐름도

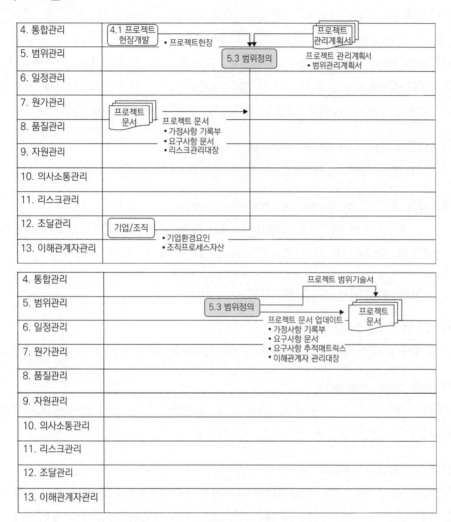

5.3.1 범위정의 프로세스 투입물

1. 프로젝트 헌장(Project charter)

■ 초기 제품의 특징이 기술된 문서이다. 상위수준 프로젝트 설명, 제품, 특성 정보 및 승인 요구사항을 제공한다.

2. 프로젝트관리계획서(Project management plan)

■ 범위관리계획서: 프로젝트의 범위를 정의하고, 감시하고, 통제하기 위한 활동들을 기술한다.

3. 프로젝트 문서(Project documents)

- 가정사항 기록부: 제품, 프로젝트, 환경, 이해관계자를 비롯하여 프로젝트 및 제품범위에 영향을 줄 수 있는 기타요인에 대한 가정과 제약이 포함된다.
- 요구사항문서(Requirement documentation): 범위에 통합될 요구사항이 기술된다.
- 리스크 관리대장(Risk register): 리스크 방지 또는 완화를 위한 프로젝트 및 제품축소 또는 변경과 같이 프로젝트 범위에 영향을 줄 수 있는 대응전략이 포함된다.

4. 기업환경요인(Enterprise environmental factors)

- 조직의 문화, 기반시설, 인사 행정 정책, 시장여건 등이 있다.

5. 조직프로세스 자산(Organizational process assets)

- 프로젝트 범위기술서에 대한 정책, 절차 그리고 템플릿 등이 있다. 과거 프로젝트에서 생성된 프로젝트의 파일들 및 과거 프로젝트에서 습득한 교훈 등이 대표적이다.

5.3.2 범위정의 프로세스 도구 및 기법

1. 전문가 판단(Expert judgment)

- 유사 프로젝트에 대한 경험이나 지식을 갖춘 집단 또는 개인이 제공하는 전문성을 고려한다.

2. 데이터 분석(Data analysis)

- 예로 대안 식별(Alternatives Generation)이 있다. 대안분석은 헌장에 명시된 요구사항과 목표를 충족시킬 수 있는 방법을 평가하는 데 사용될 수 있다.

3. 의사결정(Decision making)

- 예로 다기준 의사결정기법분석이 있다. 의사결정 매트리스를 사용하여 요구사항, 일정, 예산 및 자원 등의 기준을 정립하는 데 체계적인 분석 방법을 제공하는 기법이다.

4. 대인관계 및 팀 기술(Interpersonal and team skills)

- 대인관계 및 팀 기술 기법의 한 예로 촉진이 있다. 촉진은 기대사항 또는 전문분야가 다양한 이해관계자가 참석하는 워크숍과 실무회의에서 사용한다. 목표는 프로젝트 인도물과 프로젝트 및 제품 경계에 대해 참석자 간에 공감대를 형성하는 것이다.

5. 제품 분석(Product analysis)

- 제품과 서비스를 정의하는 데 사용할 수 있다. 제품 분석의 예는 다음과 같다. 예) 제품 분해, 시스템 분석, 요구사항 분석, 시스템 분석, 시스템공학, 가치 분석, 가치엔지니어링 등이 있다.

5.3.3 범위정의 프로세스 산출물

1. 프로젝트범위기술서(Project scope statement)

- 프로젝트 범위설명: 프로젝트 범위 혹은 제품 범위, 주요 산출물, 가정사항과 제약사항을 기술한 문서이다.
- 제품범위명세서: 프로젝트헌장과 요구사항 문서에 기술된 제품, 서비스 등에 대한 내용을 점진적 구체화한 문서이다. 인도물을 상세히 기술하고 프로젝트 이해관계자들간 프로젝트 범위에 대한 상호 이해를 증진한다.
- 인도물: 산출물과 프로젝트관리 보고서, 문서 등의 부수적 결과물을 모두 포함한다.
- 인수기준: 인수물이 인수되기까지의 충족해야 할 일련의 조건이 포함된다.
- 프로젝트 제약 사항: 프로젝트 범위와 연관되어 관리 팀의 옵션을 제한하는 특정 프로젝트 제약사항을 열거하여 설명한다. 주로 일정 및 원가에 대한 제약이 핵심이다. 예를 들어 원가는 분기별 집행한도에 대한 부분이 포함되고, 일정은 마일스톤 및 기간의 Imposed date 등이 될 수 있다.
- 프로젝트 가정: 프로젝트 범위와 연관된 특정 프로젝트 가정을 열거하여 설명하고, 그러한 가정이 오류로 판명되는 경우 잠재적 영향력에 대한 설명을 추가한다.
- 프로젝트 제외사항: 범위에 포함되지 않는 사항을 명확히 해야 한다.
  - Project scope statement: The description of the project scope, major deliverables, assumptions, and constraints. − −*PMBOK®* Guide−Sixth Edition, Glossary

2. 프로젝트 문서 업데이트(Project documents updates)

- 가정사항 기록부: 가정 또는 제약 사항과 함께 업데이트된다.
- 이해관계자 관리대장, 요구사항 문서, 요구사항 추적 매트릭스 등이 업데이트된다.

프로젝트범위기술서(Project scope statement)-프로젝트 헌장과 비교

프로젝트 헌장	프로젝트 범위기술서
프로젝트 목적	프로젝트 범위설명(점진적으로 구체화)
측정 가능한 프로젝트 목표 및 해당하는 성공기준	프로젝트 인도물
상위 수준 요구사항	인수기준
상위수준 프로젝트 설명, 범위 및 주요 인도물	프로젝트 제외
전체 프로젝트 리스크	가정사항
요약 마일스톤 일정	제약사항
사전 승인된 재정자원	

프로젝트 헌장	프로젝트 범위기술서
핵심 이해관계자 목록	
프로젝트 승인 요구사항	
프로젝트 종료기준	
선임된 프로젝트 관리자, 담당업무 및 권한수준	
프로젝트헌장을 승인하는 스폰서 또는 기타 주체의 이름과 권한	

PM template-프로젝트범위기술서(Project scope statement)

구분	내용
프로젝트 범위(상세)	
프로젝트 인도물 (기능 및 시험 요구사항)	
인수기준	
제외사항	
제약사항(일정/예산 등)	
가정사항	

5.4 작업분류체계 작성(Create WBS)

작업분류체계 작성은 프로젝트 인도물과 프로젝트 작업을 보다 작고, 관리 가능한 구성요소로 세분하는 프로세스이다. 주요이점은 인도할 결과물에 대한 프레임워크를 제시한다는 점이다.

- 이 프로세스는 프로젝트에서 한 번 또는 미리 정해진 시점에 수행된다. 작업분류체계(WBS)란 프로젝트 팀이 프로젝트의 목표를 달성하고, 필요한 인도물들을 생성하기 위해 수행해야 할 업무의 범위를 인도물 중심으로 계층구조로 분할한 것이다.
- WBS는 전체 프로젝트 범위를 구성 및 정의하고 현재 승인된 프로젝트 범위기술서에 명시된 작업을 표시해준다.
- Work package는 WBS의 최하위 요소이며, Work package단위로 일정, 원가를 추정하고 감시 및 통제를 할 수 있으며 Work는 제품 혹은 인도물을 의미하며, 활동(Activity)을 의미하지 않는다.
- 범위관리영역의 기획프로세스의 마지막 프로세스로 단계가 종료되거나 프로젝트가 종료되면 어떤 인도물들이 전달될지 한눈에 보여준다.
  - The process of subdividing project deliverables and project work into smaller, more manageable components−*PMBOK® Guide*−Sixth Edition, Glossary

(1) 프로세스(입력물/도구 및 기법/산출물)

WBS 만들기 프로세스의 가장 중요한 입력물은 무엇인가? 당연히 프로젝트 범위기술서이다. 전체 범위를 일정과 원가를 신뢰성 있게 분석하고 일을 분할하여 효과적으로 관리하는 것이 WBS만들기의 목적이다. 전체 WBS에서 승인 받은 범위가 Scope baseline이다.

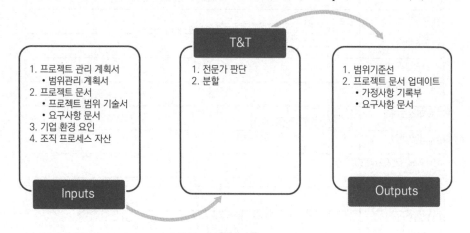

T&T

Inputs
1. 프로젝트 관리 계획서
 • 범위관리 계획서
2. 프로젝트 문서
 • 프로젝트 범위 기술서
 • 요구사항 문서
3. 기업 환경 요인
4. 조직 프로세스 자산

T&T
1. 전문가 판단
2. 분할

Outputs
1. 범위기준선
2. 프로젝트 문서 업데이트
 • 가정사항 기록부
 • 요구사항 문서

핵심용어 Work breakdown structure

프로젝트 목표를 달성하고 필요한 인도 물을 산출하기 위하여 프로젝트 팀이 실행할 작업을 인도물 중심으로 분할한 계층 구조 체계이다. 작업분류체계는 프로젝트의 총 범위를 구성하고 정의하며, 프로젝트 작업을 관리하기 쉽도록 작은 작업 단위로 세분한다. 작업분류체계의 아래로 내려갈수록 프로젝트 작업이 점차 상세하게 정의된다. 최하위 작업분류체계 구성요소에 포함된 계획된 작업을 작업 패키지(Work package)라고 하며, 이 패키지 단위로 일정을 계획하고, 원가를 산정하고, 감시 및 통제할 수 있다. 작업분류체계(WBS)는 현재 승인된 프로젝트 범위 기술서에 명시되어 있는 작업을 나타낸다. 이해관계자는 작업분류체계를 이루는 구성요소를 사용하여 프로젝트의 인도물을 검토할 수 있다.

(2) 프로세스 흐름도

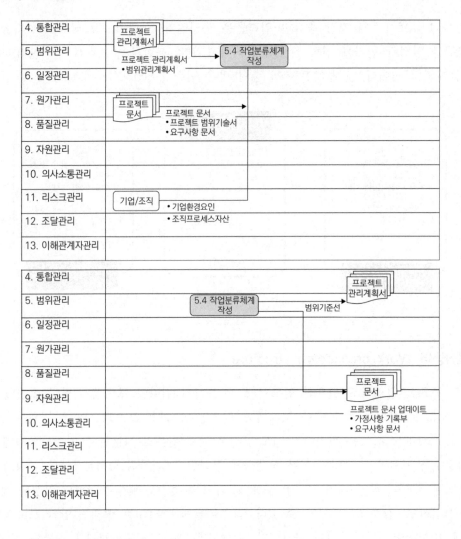

5.4.1 작업분류체계 작성 프로세스 투입물

1. 프로젝트 관리계획서(Project management plan)

- 범위관리계획서(Scope management plan): 상세한 프로젝트 범위기술서로부터 어떻게 WBS를 만들고, 유지 및 승인 받는지 기술한 계획서이다.

2. 프로젝트 문서(Project documents)

- 프로젝트범위기술서(Project scope statement): 수행해야 할 업무와 범위에서 제외된 업무를 참조하고 내부 및 외부 가정사항과 제약조건들을 참조한다.
- 요구사항문서(Requirements documentation): 개별 요구사항이 프로젝트의 비즈니스 요구

를 충족하는 방법을 기술한 문서이다

3. 기업 환경 요인(Enterprise environmental factors)

■ 프로젝트 특성과 관련이 있는 산업분야별 WBS 표준(예: ISO/IEC 15288)이 있다.

4. 조직프로세스자산(Organizational process assets)

■ WBS에 관련된 정책, 절차, Template 및 과거 프로젝트의 프로젝트 파일들을 참조한다.

5.4.2 작업분류체계 작성 프로세스 도구 및 기법

1. 전문가 판단(Expert judgment).

■ 유사 프로젝트에 대한 경험이나 지식을 갖춘 집단 또는 개인이 제공하는 전문성을 고려해야 한다.

2. 분할(Decomposition)

프로젝트의 인도물들을 더 작고 관리 가능한 요소로 세분화하는 것으로 WBS는 작업 및 인도물이 원가를 추정 및 기간 산정이 가능한 수준까지 분할하여야 한다. Work package의 수준은 프로젝트의 규모와 복잡성에 따라 다르다.

[분할의 순서]

① 프로젝트 범위 기술서로부터 프로젝트 인도물 및 관련 작업을 식별한다.

② WBS를 구조를 만들고 편성하는 활동을 한다.

③ 상위 수준 WBS요소를 상세한 하위수준 구성요소로 분할하는 활동을 한다.

④ WBS의 각 요소에 대해 식별 코드를 개발하고 배정한다.

⑤ 분할의 적정성을 검증(하위 레벨의 WBS 요소를 합치면 그 상위 요소가 되어야 함)한다.

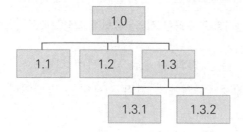

[WBS 작성 방법]

■ 작성 방식: 상향식 방법과 하향식 방법이 있다.

■ 작성 유형:

　① 프로젝트 생애주기로 구성한다.

　② 인도물 중심으로 구성한다.

　③ 프로젝트 팀 외부의 조직이 만든 요소들을 합쳐서 구성한다.

- 하위의 WBS 혹은 Work Package를 합하면 상위 WBS 요소가 되어야 한다.
- 너무 상세한 분할은 과도한 관리 업무를 발생시킬 수 있다.
- 프로젝트 초기 명확히 정의되지 않은 업무는 추후에 명확해지면 분할해야 한다.

▨▨▨▨ 용어: "Rolling wave planning"이란?

규모가 큰 프로젝트에서 분할은 한번에 모든 프로젝트의 작업 및 인도물을 세분화하기 어렵다. 여러 차례 분할을 반복적으로 수행하면서 점점 구체화된 WBS를 만들게 된다. 계획을 반복하면서 문서가 점차 상세해지는 것을 'Rolling wave planning'이라고 한다. 너무 세분화하면 관리 및 통제가 쉬워지는 장점이 있는 반면, 오히려 관리의 불편을 초래할 수 있으므로, 프로젝트 팀은 적절한 분할 수준을 결정해야 한다.

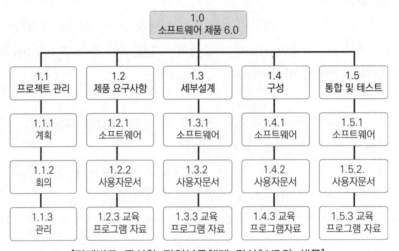

[단계별로 구성한 작업분류체계 작성(WBS) 샘플]

프로젝트 생애주기 순으로, 즉 시점의 단계로 분할하여 작성하는 것이 단계별로 구성한 작업분류체계(WBS)이다. 주로 IT/SW분야에서 널리 사용하는 방법이다.

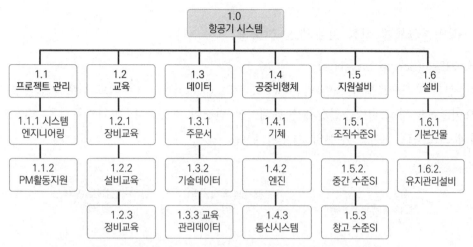

[주요 인도물이 표시된 작업분류체계 작성(WBS) 샘플]

인도물 중심의 WBS는 주로 제조분야에서 널리 사용되는 방식이다. 실체화되는 제품은 분할이
가능하기 때문이다.

[Work package size를 결정하는 경험 법칙]–유용성의 법칙이 가장 효율적

(1) 8/80 법칙: 하루 8시간, 월~금요일까지 일한다고 하면, Work package 크기는 하루 이상
2주 이하의 크기로 결정한다.

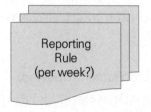

8/80 법칙

(2) Report 보고 법칙: 만약 작업 수행 결과를 일주일 단위로 보고한다면, Work package 크기
는 일주일 작업 분량이다.

(3) 유용성의 법칙: Work package 크기는 작업에 대해 비용이나 기간을 산정하기 용이해야
하고, 자원을 배정하기 좋아야 하며, 작업 진척을 추적하기 좋아야 한다.

5.4.3 작업분류체계 작성 프로세스 산출물

1. 범위 기준선(Scope baseline)

범위기준선은 고객으로부터 승인 받은 WBS, WBS dictionary, 프로젝트 범위 기술서를 포함하고 있으며, 오직 정식 변경승인절차를 통해서만 변경이 가능하다. 범위기준선은 향후 감시 및 통제에서 프로젝트 진척을 추적의 기준이 된다.

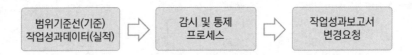

범위 기준선(Scope baseline)에는 다음과 같은 요소가 포함된다.

■ 프로젝트 범위기술서: 프로젝트 범위, 주요인도물, 가정 및 제약사항이 포함된다.

■ 작업분류체계(WBS): 단계가 내려갈수록 작업에 대한 정의가 점진적으로 상세해진다.

■ 작업패키지: 고유한 식별자를 갖는 식별자를 갖는다. 통제단위는 2개 이상의 작업패키지로 구성되지만 각 하나의 작업패키지는 하나의 통제단위와 연관이 있다.

■ 상세 미 분류 작업패키지: 하나의 통제단위에 하나 이상의 상세 미 분류 작업패키지가 포함될 수 있다.

■ 작업분류체계(WBS) 사전: WBS의 각 구성요소와 관련된 상세한 인도물, 활동, 일정 정보를 제공하는 문서이다. 다음은 WBS사전에 포함된 정보의 일부 예이다.

  - WBS 코드 ID, 작업 설명, 가정사항 및 제약사항, 담당 조직, 일정 마일스톤

  - 연관된 일정활동, 필요한 자원, 원가 산정치, 품질 요구사항, 인수기준

  - 기술 참고문헌, 협약정보

• Scope baseline

  The approved version of a scope statement, work breakdown structure(WBS), and its associated WBS dictionary, that can be changed using formal change control procedures and is used as a basis for comparison to actual results—*PMBOK® Guide*—Sixth Edition, Glossary

2. 프로젝트 문서 업데이트(Project document updates)

다음은 이 프로세스를 수행한 결과로 업데이트될 수 있는 프로젝트 문서의 일부 예이다.

■ 가정사항기록부(Assumption log): 작업분류체계(WBS) 작성 프로세스에서 식별된 추가 가정 또는 제약사항과 함께 업데이트한다.

■ 요구사항문서(Requirement documentation): 승인된 변경사항을 포함하여 요구사항 문서가

업데이트될 수 있다.

PM Template-WBS

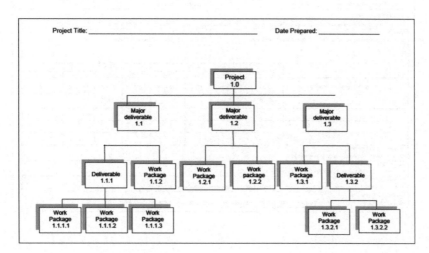

PM Template-WBS

WORK BREAKDOWN STRUCTURE

Project Title: _____ **Date Prepared:** _____

1. Project
    1.1.   Major Deliverable
        1.1.1. Control Account
            1.1.1.1. Work package
            1.1.1.2. Work package
            1.1.1.3. Work package
        1.1.2. Work package
    1.2.   Control Account
        1.2.1. Work package
        1.2.2. Work package
    1.3.   Major Deliverable
        1.3.1. Control account
        1.3.2. Control account
            1.3.2.1. Work package
            1.3.2.2. Work package

PM Template-WBS Dictionary

Project Title: _____					Date Prepared: _____				
Work Package Name: *From the WBS*					**WBS ID:** *From the WBS*				
Description of Work:									
Description of the work to be delivered in sufficient detail to ensure a common understanding by stakeholders.									
Milestones:					**Due Dates:**				
1. *List any milestones associated with the work package.* 2. 3.					*List the due dates of the milestones.*				

ID	Activity	Resource	Labor			Material			Total Cost
			Hours	Rate	Total	Units	Cost	Total	
	From Activity list or schedule	*From Resource requirements*	*Total effort.*	*Labor rate.*	*Hours X rate.*	*Amount*	*Cost*	*Units X cost.*	*Labor + Material.*

Quality Requirements:
Quality metrics used to verify the deliverable.
Acceptance Criteria:
Criteria that will be used to accept the WBS element.
Technical Information:
Technical information or reference to technical documentation that contains technical information.
Contract Information:
Relevant contract information that contains constraints, resource information, or other relevant information.

WBS(Work breakdown structure)-착수부터 WBS

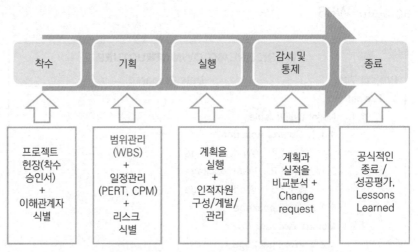

[착수-기획-실행-감시 및 통제 종료]

WBS(Work breakdown structure)–착수~WBS~활동

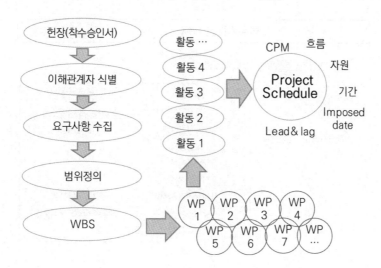

WBS(Work breakdown structure) 만드는 순서 및 방법

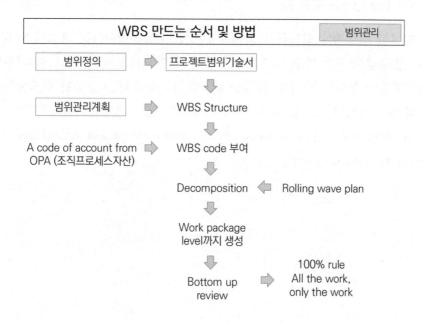

범위기준선 Flow

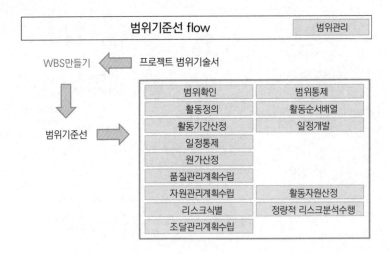

5.5 범위확인(Validate scope)

범위확인은 완료된 프로젝트 인도물의 이해관계자 인수를 공식화하는 프로세스이다. 이 프로세스의 주요이점은 객관적인 인수 프로세스를 통해 각 인도물을 확인함으로써 최종제품, 결과, 서비스의 인수확률을 높이는 것이다. 품질통제 프로세스에서 나온 검증된 인도물들을 고객 및 스폰서들에 의해 검토되며 검사를 통해 공식적 승인을 받는 프로세스이다.

• The process of formalizing acceptance of the completed project deliverables—*PMBOK®Guide—Sixth Edition, Glossary*

(1) 프로세스(입력물/도구 및 기법/산출물)

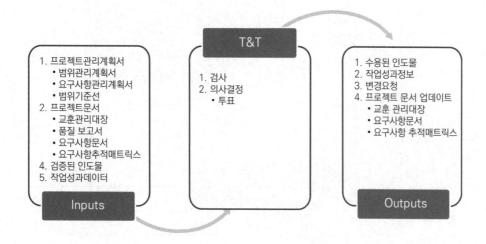

Inputs	T&T	Outputs
1. 프로젝트관리계획서 • 범위관리계획서 • 요구사항관리계획서 • 범위기준선 2. 프로젝트문서 • 교훈관리대장 • 품질 보고서 • 요구사항문서 • 요구사항추적매트릭스 4. 검증된 인도물 5. 작업성과데이터	1. 검사 2. 의사결정 • 투표	1. 수용된 인도물 2. 작업성과정보 3. 변경요청 4. 프로젝트 문서 업데이트 • 교훈 관리대장 • 요구사항문서 • 요구사항 추적매트릭스

범위확인 프로세스는 인수자(예: 고객, 스폰서, 기타 인수 책임자)가 품질통제 프로세스에서 나온 검증된 인도물을 요구사항과 요구사항추적 매트릭스와 같이 검토하여 최종 인수를 결정하는 프로세스이다. 따라서 가장 핵심 입력물은 검증된 인도물, 요구사항문서, 요구사항추적 매트릭스이다. 도구 및 기법인 검사(Inspection)는 인수에 초점을 맞추어 진행되며, 주관성이 일부 들어갈 수도 있으므로, 의사결정이라는 기법을 같이 사용한다. 인수가 결정되면 결과물로 수용된 인도물(Accepted Deliverables)이 나온다.

품질통제와 범위확인 프로세스의 차이점은?

구분	품질통제	범위확인
인도물의 검사주체	품질관리자 및 품질관리 팀	제품 인수자(고객 및 인수자)
검사의 초점	품질표준에 대한 인도물의 정확성 여부	요구사항에 대한 인도물에 대한 인수성 여부
주요 입력물	인도물과 품질매트릭스	검증된 인도물과 요구사항문서 및 요구사항 추적매트릭스
산출물(결과물)	검증된 인도물	수용된(인수된) 인도물

■ 범위확인은 완료된 프로젝트 인도물의 이해관계자 인수를 공식화하는 프로세스이다.
■ 품질통제는 실행의 결과물의 품질을 확인하는 것이다.

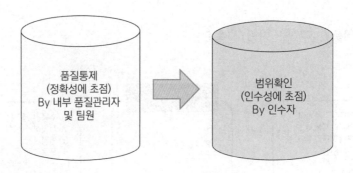

(2) 프로세스 흐름도

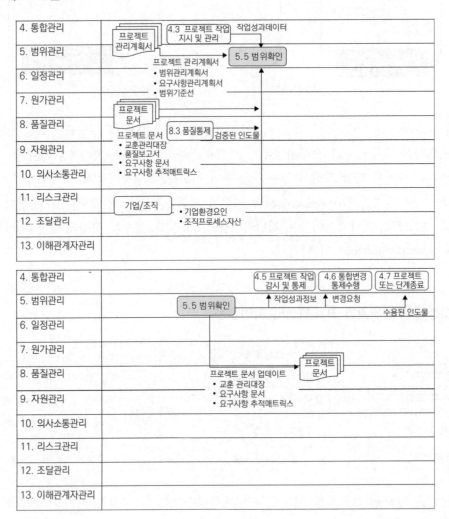

5.5.1 범위확인 프로세스 투입물

1. 프로젝트관리계획서(Project management plan)

■ 범위관리 계획서(Scope management plan): 완료된 프로젝트 인도물에 대한 공식적인 인수방법을 지정한다.

■ 요구사항관리 계획서(Requirement management plan): 프로젝트 요구사항을 확인하는 방법을 설명한다.

■ 범위기준선(Scope baseline): 범위기준선에서 정의한 프로젝트 범위와 완료된 인도물간 비교한다.

2. 프로젝트 문서(Project documents)

■ 교훈 관리대장(Lessons learned register): 프로젝트 초반에 얻은 교훈을 이후 단계에 적용하여 인도물 확인의 효율성과 효과를 향상시킬 수 있다.

■ 품질 보고서(Quality report): 품질보고서에 제공되는 정보에는 팀에서 관리 또는 보고하는 모든 품질이슈, 개선 권고사항 및 품질통제 프로세스의 결과 요약이 포함될 수 있다.

■ 요구사항문서(Requirements documentation): 프로젝트, 제품 등에 대한 상세 요구사항과 인수조건을 기술한 문서로 변경 관련하여 시정 또는 예방조치가 필요한지 여부를 판단하기 위해 실제결과와 요구사항을 비교한다.

■ 요구사항 추적매트릭스(Requirements traceability matrix): 요구사항에 대한 정보가 포함하고 초기 요구사항부터 종료까지의 요구사항을 추적 가능하게 한다.

3. 검증된 인도물(Verified deliverables)

■ 품질통제 프로세스를 통해 품질 관련한 부분을 검증하여 완료된 인도물이다.

4. 작업성과자료(Work performance data)

■ 요구사항 준수 정도, 부적합 건수, 부적합 정도 또는 해당기간에 수행된 인도물 확인주기 수 등이 포함될 수 있다. 예를 들어 실행에 따른 작업의 실제 데이터(일정, 원가, 품질 등) 등이 있다.

5.5.2 범위확인 프로세스 도구 및 기법

1. 검사(Inspection)

■ 작업과 인도물들이 요구사항과 제품인수조건에 맞는지를 측정하여 검사하며 Reviews, Product Reviews, Audits, Walkthroughs라고도 부르기도 한다.

2. 의사결정(Decision making)

■ 인도물 인수 검사 시 인수에 따른 그룹 의사결정이 필요하다. 의사결정의 한 예가 투표이다. 프로젝트 팀과 그 밖의 이해관계자에 의해 확인활동이 수행될 때 결론에 도달하기 위해 투표를 활용한다.

5.5.3 범위확인 프로세스 산출물

1. 수용된 인도물(Accepted deliverables)

■ 인수기준을 맞춘 인도물은 고객 또는 스폰서가 공식적으로 서명 및 인수하며 공식 인수를 의미하는 공식 문서는 [프로젝트 혹은 단계 종료] 프로세스로 보내진다.

2. 변경요청(Change requests)

■ 수용이 안 된 인도물은 시정조치가 필요하다. 따라서 변경조치를 통해 개선을 목적으로 한다.

3. 작업성과정보(Work performance information)

■ 기준과 실적을 비교하여 나온 작업의 성과이다. 수용된 인도물, 수용되지 않은 인도물과 그 이유 등 프로젝트 진척에 대한 정보가 포함된다.

4. 프로젝트 문서 업데이트(Project document updates)

제품 혹은 제품의 종료에 대한 상태 보고 문서들을 수정하고 검증된 문서들은 이해관계자 혹은 스폰서로부터 승인을 필요로 한다.

■ 교훈관리대장(Lessons learned register): 발생한 문제와 사용가능했던 방지책 및 인도물 확인에 효과적인 방식에 대한 정보로 업데이트한다.

■ 요구사항문서(Requirement documentation): 확인 활동의 실제결과로 업데이트될 수 있다.

■ 요구사항 추적매트릭스(Requirement traceability matrix): 사용된 방법, 결과를 포함하는 인도물 확인 결과와 함께 업데이트된다.

• Accepted deliverables

Products, results, or capabilities produced by a project and validated by the project customer or sponsors as meeting their specified acceptance criteria－*PMBOK*® Guide－Sixth Edition, Glossary

PM Template-제품인수서

Project title:				Date prepared:		
ID	요구사항	검증방법 (Verification)	확인방법 (Validation)	인수기준	Status (승인/거부)	Sign-off (사인포함)

5.6 범위통제(Control scope)

범위통제 프로세스는 감시 및 통제 프로세스 그룹에 속해 있으면서 프로젝트와 제품 범위에 대한 상태를 감시하고, 범위기준선에 대한 변경을 관리하는 프로세스이다. 주요이점은 프로젝트 전반에 걸쳐 범위기준선이 유지되도록 하는 것이다. 프로젝트 전반에 걸쳐 범위기준선을 관리하고 모든 변경요청 및 권고 시정조치가[통합변경통제] 프로세스를 통해 처리되도록 한다. 범위 추가(Scope creep)는 프로젝트 일정, 원가 및 자원 등의 수정 없이 제품 범위 혹은 프로젝트 범위가 무절제하게 증가하는 현상이다. 범위통제 프로세스에서는 Scope creep을 방지하도록 범위를 통제하여야 한다.

Scope Creep이란?

범위, 프로젝트 일정, 원가 및 자원 등이 정식변경절차에 따른 승인이 없이 조용히 제품 범위 혹은 프로젝트 범위가 추가되는 현상이다. Scope creep은 프로젝트를 실패시키는 원인이 되기 때문에 하면 안 된다.

• The process of monitoring the status of the project and product scope and managing changes to the scope baseline—*PMBOK®* Guide—Sixth Edition, Glossary

(1) 프로세스(입력물/도구 및 기법/산출물)

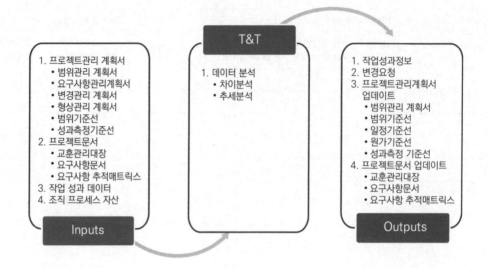

범위통제 프로세스에서 가장 중요한 입력물은 무엇인가? 범위통제프로세스는 통상적인 감시 및 통제 프로세스 패턴을 갖는다. 즉 기준과 실적을 비교하여 작업성과정보와 변경요청을 만들어낸다. 입력물에서 기준은 범위기준선이고, 실적은 작업성과데이터이다. 기타 입력물은 범위통제에서 수행하는 활동과 관련된 부분이다. 예를 들면 성과측정, 요구사항의 관리, 변경의 관리 부분이 될 것이다. 범위통제 프로세스는 범위확인과 완전히 수행하는 활동이 다르다. 범위확인은 인도물에 대해 인수결정을 하는 프로세스이다. 범위통제는 범위기준선 대비 얼마나 일이 진척되었는지를 감시 및 통제하는 프로세스이다. 예를 들면 하루 10개가 기준, 8개를 생산했다면 20% 일이 지연된 것이다. 이러한 비교 정보는 작업성과 정보에 포함된다. 또한 20% 지연은 프로젝트 진척에 문제가 발생시킬 수 있다. 따라서 변경요청을 통한 시정조치가 이루어진다.

(2) 프로세스 흐름도

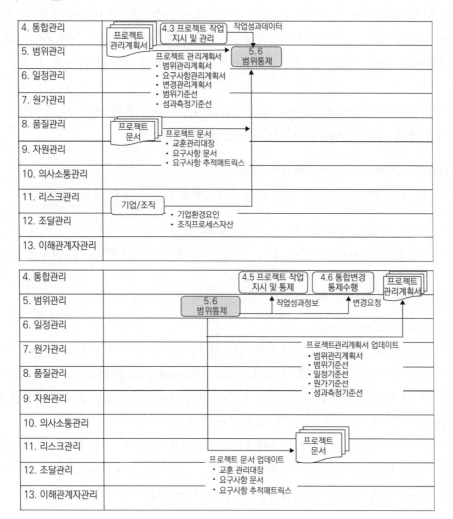

5.6.1 범위통제 프로세스 투입물

1. **프로젝트관리계획서(Project management plan)**

- 범위 기준선(Scope baseline)

- 범위관리 계획서(Scope management plan)

- 변경관리 계획서(Change management plan)

- 형상관리 계획서(Configuration management plan)

- 요구사항 관리 계획서(Requirement management plan)

2. 프로젝트 문서(Project documents)

- 교훈관리대장(Lessons learned register): 과거의 교훈을 참조하여 범위통제를 수행한다.
- 요구사항문서(Requirements documentation): 요구사항은 명확하고, 추적 가능하고, 완벽하고, 일관되고, 수용 가능해야 한다. 요구사항 문서는 범위 변경을 제대로 감지할 수 있게 한다.
- 요구사항 추적 매트릭스(Requirements traceability matrix): 범위 변경 시 요구사항 추적 매트릭스를 통해 변경의 영향을 파악할 수 있다.

3. 작업성과데이터(Work performance data)

- 접수된 변경요청의 수, 승인된 변경요청 건수, 완료된 인도물의 수를 포함한다.

4. 조직 프로세스 자산(Organizational process assets)

- 공식/비공식 범위, 통제관련 정책, 절차, 가이드라인 및 감시 및 보고방법, 사용된 template 등

5.6.2 범위통제 프로세스 도구 및 기법

1. 데이터 분석(Data analysis)

- 차이분석(Variance analysis): 기준선과 실적의 차이를 분석하여 차이의 원인과 정도를 결정하는 기법으로 프로젝트 성과 측정치(Project performance measurements)가 원래의 범위 기준선으로부터 벗어난 정도를 측정하는 데 사용된다. 차이의 원인과 정도를 결정한 후, 시정 조치 혹은 예방 조치가 필요한지를 결정해야 한다.
- 추세분석(Trend analysis): 시간경과에 따른 프로젝트 성과를 분석하여 성과의 향상 또는 저하여부를 판별한다. 프로젝트 성과 측정치(Project performance measurements)가 원래의 범위 기준선으로부터 벗어난 정도를 측정하는 데 사용된다.

5.6.3 범위통제 프로세스 산출물

1. 작업성과정보(Work performance information)

- 프로젝트 범위가 기준선대비 어떻게 수행되었는지에 대한 연관된 정보 포함된다. 변경 요청의 종류, 식별된 범위 차이와 그 원인, 변경이 일정과 원가에 미치는 영향, 향후의 범위 성과 예측 등의 정보를 포함한다.

2. 변경요청(Change requests)

- 차이분석을 통해 알아낸 정보들과 계획에 미달된 실적을 계획에 맞추기 위한 조치들이 요청되고 예방 조치, 시정 조치, 결함 수정 같은 변경이 요청된다.

3. 프로젝트관리계획서 업데이트(Project management plan updates)

- 범위관리계획서, 범위기준선, 원가 기준선, 일정 기준선 및 성과측정기준선에 대한 업데이트이다.

4. 프로젝트 문서 업데이트(Project documents updates)

- 요구사항문서, 요구사항 추적매트릭스

PM Template-차이분석(Variance analysis)

범위관리 지식영역 종합정리(프로세스 Input-output 위주)

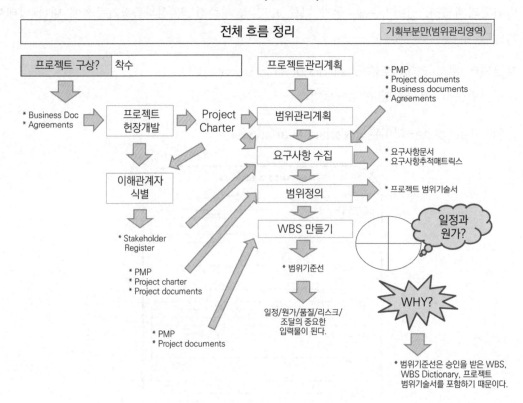

전체 흐름 정리 　　　　　　　　　기획부분만(범위관리영역)

프로젝트 구상? | 착수

프로젝트관리계획

* PMP
* Project documents
* Business documents
* Agreements

* Business Doc
* Agreements

프로젝트
헌장개발

Project
Charter

범위관리계획

이해관계자
식별

요구사항 수집

* 요구사항문서
* 요구사항추적매트릭스

범위정의

* 프로젝트 범위기술서

* Stakeholder
  Register

WBS 만들기

일정과
원가?

* PMP
* Project charter
* Project documents

* 범위기준선

WHY?

일정/원가/품질/리스크/
조달의 중요한
입력물이 된다.

* PMP
* Project documents

* 범위기준선은 승인을 받은 WBS,
  WBS Dictionary, 프로젝트
  범위기술서를 포함하기 때문이다.

프로젝트 범위관리 지식영역 종합정리(주관식 문제)

1. 프로젝트에서 범위(Scope)를 관리하는 이유는?

2. 프로젝트 범위관리지식영역에 있는 프로세스를 모두 적으시오.

3. 요구사항을 수집하는 기본흐름을 적으시오.

4. 프로젝트 범위기술서(Project scope statement)는 무엇이며, 어떤 내용을 포함하고 있나?

5. WBS를 만드는 것은 프로젝트에서 왜 중요하나?

6. 범위기준선(Scope baseline)은 무엇이며, 포함된 3가지는 무엇인가?

7. 범위확인(Validate scope)에서 하는 가장 중요한 활동은 무엇인가?

8. 범위를 통제하기 위해서는 기준과 실적정보가 비교되어야 한다. 기준은 무엇이고 실적은 무엇인가?

PMBOK정복하기-5장 용어 및 프로세스 정의 요약

도구 및 기법에서 분할이란 무엇인가?

프로젝트 범위와 프로젝트 산출물을 더 작고 관리하기 유리한 부분으로 나누고 세분하는 데 사용되는 기술이다(A technique used for dividing and subdividing the project scope and project deliverables into smaller, more manageable parts).

범위 기준선은 무엇으로 구성되는가?

Approved Project scope statement, WBS, WBS dictionary

기획 프로세스 그룹에서 어떤 프로젝트 범위 관리 프로세스가 발생하는가?

범위관리계획, 요구사항수집, 범위 정의, WBS만들기

(Plan scope management, Collect requirements, Define scope, Create WBS)

범위확인 프로세스의 대표적인 7개의 입력물은 무엇인가?

프로젝트관리계획

Lessons learned register

요구사항문서화

요구사항추적매트릭스

품질보고서들

검증된 인도물

작업성과데이터

일반적으로 제품 범위가 상세하고 관리되고 측정되는 것은 무엇인가?

제품 요구 사항(Product requirements)

고객이 프로젝트 헌장이나 프로젝트 계획에 원래 포함되지 않은 추가사항을 정식변경절차를 거치지 않고 반영토록 하는 것을 무엇이라고 하는가?

Scope creep

WBS 만들기 프로세스의 도구와 기법은 무엇인가?

분해(Decomposition)

전문가의 판단(Expert judgment)

적절하게 범위관리를 한다는 것은 무엇을 의미하는가?

요구되는 작업과 단지 요구되는 작업만 수행하는 것을 의미한다.

프로젝트 관리자가 프로젝트 관리 시 관리하는 가장 낮은 레벨은 무엇인가?

작업 패키지 수준(Work Package Level)

차이분석의 일반적인 활동은 무엇인가?

기준선과 실제차이를 분석한다.

차이의 원인을 결정한다.

시정 조치가 필요한지 결정한다.

재미있는 프로젝트 이야기

가야금과 아쟁의 테일러링

가야금은 우리나라 전통악기로 가야국왕이 명령하여 우륵이 만들었다는 설이 있다. 우륵은 당시 중국의 쟁, 동남아시아의 유사악기 등을 벤치마킹하여 가야금을 우리나라 전통악기로 만들었다. 반면 아쟁은 당악기로 고려시대에 들여온 것이다. 활을 이용해 지금의 첼로처럼 문질러서 소리를 내는 칠현악기이다. 초기 7현으로 들여왔으나 음역 내를 더 나누어 10현으로 정악에서 사용하였다. 우리 실정에 맞게 음악 악기의 테일링을 한 것이다. 가야금과 아쟁이 만나면 환상적인 음악이 나온다.

창조적인 PM이 반드시 가져야 할 역량-Design thinking의 효과

사람의 뇌에 종양이 발생하면 예전에는 방사선 치료나 물리적인 수술을 하였지만, 최근에는 의료 장비의 기술의 발달로 양성자치료기를 이용하여 치료를 한다고 한다. 성인들의 경우에는 자기 통제력이 있어 거대한 의료기기 속으로 들어갈 때 진동과 소음에 어느 정도 견디지만 어린아이들은 두려움에 거의 80% 이상이 수면마취를 하지 않으면 안 되는 상황이라는 것을 양성자치료기 제작사 대표는 발견하고 깜짝 놀랐다고 한다. 이에 많은 기술적인 검토를 하고 내부적으로 창의적인 생각으로 만들어 낸 방법은 의외로 단순했다. 아이들의 치료기에 대한 두려움을 없애기 위한 방법으로 치료기 외관을 혁신적인 그림으로 만들었다. 치료기 표면들에는 해저 잠수함 그림을 그리고 그 안에 들어가기 전부터 모험을 떠나는 이야기를 들려주면서 실제 치료기에 들어가 치료하기 전까지 아이들로 하여금 낯설지 않은 환경을 만들었다고 한다. 실제 그림 방법이 적용 후 아이들은 공포로부터 탈출했고 어떤 아이들은 다시 오고 싶다는 이야기를 할 정도였다. 인간이 낯선 환경(소음/진동)에서 백색의 의료기기로부터의 공포심을 아이들이 좋아하는 캐릭터 그림을 통해 모험을 떠나는 이야기를 계속 들려주면서 실제 치료 시에는 모험에 성공하는 상황을 만들어 자연스럽게 아이들이 치료에 적용하게 만드는 과정을 연출하였던 것이다. 이처럼 디자인 씽킹은 어찌 보면 결과를 알고 보면 별것 아니지만, 창의적인 아이디어로 큰 문제를 해결하고 기술적으로 쉽게 풀지 못하는 문제를 다른 방법으로 시간과 비용을 절감하면서 해결하는 최적의 대안식별을 하게 되었다.

좋은 아이디어는 한 사람으로부터 우연적으로 나오는 것이 아니고 사람들의 네트워킹과정에서 서로의 생각을 교환하는 과정에서 새롭게 탄생되는 경우가 많다고 한다. 요즘 조직학에서도 네트워크 이론이 대세인데 프로젝트 관리자가 반드시 가져야 하는 역량으로 Design thinking은 참 절대적으로 것으로 본다. 어려운 과제를 팀원들과 슬기롭게 해결하는 능력은 팀원들의 의사소통과 오픈 마인드 그리고 창의적인 생각의 마디를 잘 연결해주는 네트워크가 조화롭게 존재하기 때문이다.

CHAPTER 05

Example

01 범위통제에서 정식적인 변경통제절차를 무시하고 변경이 발생되는 것을 무엇이라고 하나?

① Gold plating

② Change requests

③ Scope creep

④ Change control board

02 다음 중 범위확인과 품질통제 프로세스의 비교 설명이 잘못된 것은?

① 품질통제가 인도물이 품질표준에 맞추는지 정확성에 초점을 맞추는 반면 범위확인은 인도물을 고객이 인수할 것인지에 초점을 맞추고 있다.

② 일반적으로 품질통제가 범위확인에 선행한다.

③ 품질통제를 마치면 검증된 인도물이라 부른다.

④ 범위확인을 통과한 인도물은 범위통제 프로세스를 거쳐 프로젝트 종료프로세스로 보내진다.

03 몇 개의 Work package를 다시 grouping하여 프로젝트를 효율적으로 비용 및 일정을 통제하는 단위를 지칭하는 용어는?

① Control account

② 100% rule

③ WBS(Work breakdown structure)

④ A code of account

04 범위확인의 목표는 무엇인가? 가장 알맞은 것은?

① 결함을 고치고 프로젝트 범위기술서를 갱신하여 변경조치를 하는 것

② 프로젝트 목표를 일체화시키고 공동의 목표를 달성하기 위한 노력을 하는 것

③ 스폰서와 이해관계자로부터 인도물의 정식인수를 얻어내는 것

④ 인도물의 품질을 품질표준에 준하여 꼼꼼히 검사하는 것

05 범위관리부문에 있어 범위정의(Define scope)의 산출물인 프로젝트 범위기술서의 목적과 내용을 가장 잘 설명한 것은?

① 프로젝트 요구사항들을 분석하고 정리하여 프로젝트의 범위 및 요구사항, 인도물을 설명하고 가정 및 제약사항, 인수조건 등을 포함한다.

② 프로젝트 초기 착수단계에서 프로젝트의 목적 및 개요를 나타낸다.

③ 프로젝트 제품의 기능을 설명하고 품질의 목표를 규정하고 프로세스 개선계획을 통한 개선의 활동을 정의한다.

④ 인도물들을 분할한다.

06 당신은 프로젝트 관리자이다. 이번 프로젝트가 거의 완료되어 가고 있을 때, 고객이 프로젝트 작업에 대한 범위변경을 갑자기 요구하였다. 이때 당신은 프로젝트 관리자로서 어떻게 대처하겠는가?

① 범위를 즉시 변경한다.

② 변경을 거절한다.

③ 변경에 따르는 영향(Impact)을 고객에게 알린다.

④ 상위 관리자에게 보고한다.

07 프로젝트 관리자가 어느 날 팀 회의를 주재하였다. 회의 중 한 팀원이 업무 도중 고객으로부터 추가 범위작업을 요청을 받아서 프로젝트 헌장의 범위에 벗어나는 작업범위의 추가를 제안하였다. 이때 프로젝트 관리자는 이에 범위에 정한 일만 반드시 수행하도록 강조하면서 지시하였다. 만일 범위변경을 하려면 정식변경절차를 따르도록 지시하였다. 이런 경우 프로젝트관리자는 프로젝트 관리에서 어떤 부분을 강조한 것으로 이해되는가?

① 범위 관리의 중요성

② 관리자의 리더십 발휘

③ 프로젝트 헌장 준수

④ 리스크 관리의 중요성 강조

08 다음 중 어느 것에 WBS(Work breakdown structure)가 가장 유용하게 사용되는가?

① 작업범위에 대한 구체적인 내부 이해관계자와 및 고객과의 의사소통
② 각 작업에 대한 예비비 산정
③ Kick off meeting을 하기 위한 준비
④ 품질 목표 결정

09 범위기준선이 리스크 식별(Identify risks)의 중요한 입력물이 되는 이유는 무엇인가?

① 모든 작업에 대해 식별함으로써, 위험의 근원을 파악하는 데 도움이 된다.
② Work package를 식별을 통해 각 작업에 대한 책임과 권한을 할당할 수 있다.
③ 완료되어야 할 모든 업무를 식별함으로써, 품질문제에 대한 접근이 가능하다.
④ 범위기준선에 포함되어 있는 WBS(Work breakdown structure)는 원가산정의 기본이 된다.

10 당신은 프로젝트 관리자이다. 이에 고객과의 계약을 성실히 수행하고 범위확인 프로세스를 완료하고 이제 종료 프로세스 단계에 접어들었다. 그러나 고객은 결과물에 대해 심각한 범위 추가 및 변경을 요청하였다. 이때 당신은 프로젝트 관리자로 계약 및 프로젝트 팀원들에 대해서 어떤 조치를 취하겠는가?

① 변경에 대비한 프로젝트 팀원의 대기조치 및 추가 투입 및 별도 계약을 추진한다.
② 프로젝트 팀원 해제(Release) 후 별도 계약을 진행하고, 계약이 성사되면 그때 팀원 투입한다.
③ 계약방식을 고정계약으로 변경하고 팀원은 일단 대기조치한다.
④ 고객에게 변경하기에 너무 늦었다고 통보하고 종료추진하고 팀원은 일단 대기조치한다.

CHAPTER 05

Explanation

01   정답 ③

해설   Scope creep은 문자 그대로 살금살금 범위를 조용히 증가시키는 것으로, 만일 방치하면 비용, 일정 증가 및 인수거부 등이 나타날 수 있는 프로젝트실패의 원인이 된다. 프로젝트 관리자는 변경통제 등을 통해 작은 변경사항도 철저히 감시하고 Scope creep이 발생하지 않도록 미연에 예방조치(교육) 등을 하여야 한다.

02   정답 ④

해설   범위확인을 통과한 인도물은 인수된 인도물이라 하며, 바로 종료프로세스로 보내진다.

03   정답 ①

해설   통제계정은 유사한 Work package를 모아서 상위수준의 시점에서 조직으로 회계와 연계 코드 등을 통해 비용 및 일정을 효과적으로 통제하는 데 목적이 있다.

04   정답 ③

해설   ③번은 품질 통제에 관한 내용이다. 범위확인은 인도물의 정식인수를 이끌어 내는 과정으로 이해관계자의 요구사항을 확인하여 검사하는 프로세스이다.

05   정답 ①

해설   프로젝트 범위기술서는 중요한 문서이다. 요구사항을 잘 정리한 문서로 이것을 바탕으로 WBS(Work breakdown structure)가 만들어진다. ②번의 설명은 프로젝트 차터(헌장)를 설명한 것이고, ④번의 설명에서 제품의 기능 설명부분은 맞지만, 품질의 목표 및 프로세스 개선부분은 품질관리 영역에서 수행해야 하는 활동이다.

06 정답 ③

해설 프로젝트가 거의 완료되어 가고 있을 때, 고객이 작업에 대한 범위변경을 요구하였다면 프로젝트 관리자는 변경에 따르는 영향(Impact)을 먼저 고객에게 알려야 한다. 그럼에도 불구하고 고객이 강력하게 변경요청을 할 경우 정식 변경절차를 따르도록 한다.

07 정답 ①

해설 이 문제는 3가지 중요한 부분이 나온다. 회의 시 강력한 리더십, 정식변경관리절차의 중요성을 강조하였다. 그러나 범위관리의 중요성을 제일 강조하였다. 프로젝트의 범위관리는 all the work, only the work, 즉 모든 일을 빠짐없이 하되, 반드시 정해진 일만 해야 하는 것, 즉 WBS(Work breakdown structure)에 정한 일을 하는 것을 해야 함을 강조하고 있다.

08 정답 ①

해설 WBS(Work breakdown structure)는 전체 범위를 나타내는 것으로 고객과의 커뮤니케이션에 가장 중요한 기준이 된다.

09 정답 ①

해설 WBS(Work breakdown structure)는 모든 작업 범위를 가지고 있으며 각 Work package가 어떤 내용이고 어떻게 구성되었는지를 분석하면 리스크 식별에 용이하다.

10 정답 ②

해설 프로젝트가 종료단계에서 심각한 범위변경은 받아들이기에 불가하다. 따라서 이런 경우에는 고객의 요구대로 일을 수행하였기에 일단 이번 프로젝트는 종료하고, 추가 별도의 계약으로 추진하는 것이 합당하며 그에 따른 팀원의 새로운 투입이 필요하다. 기존 프로젝트 팀원을 계속 일방적으로 잔존시킬 수는 없다.

프로젝트 일정관리

일정관리를 한다는 의미는 활동의 시작과 끝을 정한다는 것이다. 일정을 구성하는 요소는 크게 기간, 흐름, 자원 세 가지이다. 일정의 구성요소(흐름, 자원, 기간)들은 서로 연결이 되어 있어서 관리를 안 하면 원하는 시기에 필요한 자원을 얻지 못하고 다음 단계의 흐름도 원활히 진행할 수 없고, 그로 인해 기간은 길어지고 Risk는 증가할 수밖에 없다. 그래서 일정관리가 반드시 필요한 것이다.

■ 기획프로세스단계에는 일정관리계획, 활동정의, 활동순서배열, 활동기간산정, 일정개발 프로세스가 있고 감시 및 통제단계에는 일정통제프로세스가 있다.

■ 특이한 점은 자원산정 부분인데 PMBOK 6판부터는 자원산정은 9장에 있는 자원관리 지식 영역에 있는 활동자원산정 프로세스에서 수행한다.

■ 9장의 활동 자원산정의 산출물인 자원요구사항(Resource requirements)과 자원분류체계 및 자원달력이 6장에 있는 활동기간산정과 일정개발프로세스의 입력물로 들어오는 것에 주의해야 한다.

■ 일정관리 프로세스들의 정의는 다음과 같다.

프로세스	설명
6.1 일정관리계획 수립 (Plan schedule management)	프로젝트 일정의 기획, 개발, 관리, 실행 및 통제에 필요한 정책과 절차, 문서화 기준을 수립하는 프로세스
6.2 활동 정의 (Define activities)	프로젝트의 인도물(Deliverables)들을 만들어내기 위해 수행해야 하는 특정 활동(Activities)들을 식별하고 문서화하는 프로세스
6.3 활동 순서배열 (Sequence activities)	프로젝트 활동들 간의 관계를 식별하고 문서화하는 프로세스
6.4 활동기간 산정 (Estimate activity durations)	산정 혹은 추정된 자원으로 개별 일정 활동을 완료하는 데 필요한 작업 기간을 산정하는 프로세스
6.5 일정개발 (Develop schedule)	프로젝트 일정을 작성하기 위해 활동들간의 순서, 기간, 자원 요구사항 및 일정상의 제약사항들을 분석하는 프로세스
6.6 일정통제 (Control schedule)	프로젝트 활동들의 진행 상태를 감시하여 프로젝트의 진척 상태를 수정하고, 일정 기준선에 대한 변경을 관리하는 프로세스

6.0 개요

(1) 일정관리의 핵심개념

- 프로젝트 일정계획을 통해 프로젝트가 프로젝트 범위 안에서 정의된 제품, 서비스 및 결과물을 인도할 방법과 시기를 상세히 기술한다.
- 의사소통 및 이해관계자 기대사항 관리 도구이자 성과보고의 기준으로 사용되는 계획서를 작성한다.
- 프로젝트 관리 팀에서 주 공정 또는 애자일 접근방식과 같은 일정계획 방식을 선정하고 프로젝트의 특성을 고려해야 한다.
- 프로젝트 전반에 걸쳐 습득한 지식, 리스크에 대한 이해도 향상, 부가가치 활동에 맞춰 조정할 수 있는 수준의 유연성을 유지하도록 상세한 프로젝트 일정을 계획해야 한다.

(2) 프로젝트 일정관리의 추세와 새로운 실무사례

- 글로벌 시장에서 나타나는 고도의 불확실성과 예측불가성으로 인해 환경 요건에 맞는 실무사례를 효과적으로 채택하고 조정해야 한다. 예를 들면 다음과 같다.
  - 백 로그를 사용한 반복형 일정 계획(Iterative scheduling with a backlog)
  - 주문형 일정 계획(On-demand scheduling)
- 백 로그를 사용한 반복형 일정계획이 애자일 실무사례로 확산되고 있다.
  - 적응형 생애주기에 기반한 연동기획의 한 가지 형태이다.
  - 사용자 스토리에 요구사항들을 명시한 다음, 제작에 앞서 요구사항들의 우선순위를 정하고 세분화한다.

- 작업의 시간 상자 주기를 사용하여 제품 기능을 개발한다.
- 고객에게 점증적 가치를 제공하기 위해 또는 여러 팀에서 상호 의존관계가 거의 없는 수많은 기능을 동시에 개발할 수 있을 때 종종 사용한다.
- 이 방식의 이점은 개발 생애주기 전반에 걸쳐 언제든지 변경할 수 있다는 점이다.
- 주문형 일정계획
  - 칸반(Kanban) 시스템에서 일반적으로 사용되는 이 방식은 팀에서 인도하는 처리량과 요구량 사이 균형을 맞추기 위해 진행 중인 팀 작업을 제한하는 린(lean) 생산방식의 제약이론 및 끌기식(Pull-based) 일정계획 개념을 기반으로 한다.
  - 주문형 일정계획은 제품 또는 증량분 개발을 위해 과거에 정해진 일정에 의존하지 않고 가용 자원이 확보되는 즉시 백 로그 또는 중간 대기열의 작업을 끌어내는 방식이다.
  - 운영 또는 유지 환경에서 점진적으로 제품을 진화시키는 프로젝트와 크기 및 범위가 비교적 비슷하거나 크기 및 범위 별로 묶을 수 있는 작업에 대개 주문형 일정계획 방식을 사용한다.

(3) 조정 고려사항

프로젝트가 고유하므로 프로젝트 관리자가 프로젝트 일정관리 프로세스를 적용할 방식을 조정해야 할 수도 있다. 다음과 같은 요소를 감안하여 조정을 하여야 한다.
- 생애주기 접근방식
- 자원 가용성
- 프로젝트 차원
- 기술지원

(4) 애자일, 적응형 환경을 위한 고려사항

- 적응형 방식
  - 적응형 방식은 짧은 주기를 사용함
  - 짧은 주기는 인도물의 접근 방식과 접합성에 대해 신속한 피드백을 제공함.
  - 일반적으로 반복적, 주문형 및 끌기식(Pull-based) 일정계획으로 나타남.
- 대규모 조직/대규모 프로젝트
  - 대규모 전사적 시스템의 전체 인도 생애주기를 진행하기 위해서는 예측형 접근방식이나 적응형 접근방식 또는 두 가지 혼합형 방식을 활용하는 다양한 기법을 채택해야 할 수 있음.
  - 조직에서 여러 가지 핵심 방식의 실무사례를 결합하거나 이미 수행한 방법을 선정한 후 기존 방법들의 몇 가지 원칙과 실무사례를 채택해야 할 때도 있음.

- 프로젝트 관리자
  - 예측 개발 생애주기를 사용하여 프로젝트를 관리하거나 적응형 환경에서 프로젝트를 관리하는 데 따라 프로젝트 관리자의 역할이 바뀌지는 않음.
  - 적응형 접근방식으로 성공을 거두려면 프로젝트 관리자가 사용하는 도구와 기법에 익숙하여 효과적으로 적용할 수 있어야 함.

6.1 일정관리계획수립(Plan schedule management)

프로젝트 일정을 계획하고, 수립하고, 관리하고, 수행하고 통제하기 위한 일정관리 정책, 절차를 수립하고 이를 문서화하는 프로세스이다. 일정관리계획서는 일정관리방법과 일정관리도구를 식별하고, 양식을 준비하고, 프로젝트 일정을 개발하고, 통제하기 위한 기준을 수립한다. 일정관리계획서는 프로젝트 관리계획서에 포함되며. 일정통제 한계점(Threshold)을 포함한다. 일정관리계획서는 프로젝트 관리계획서를 작성하는 데 중요한 투입물이다.

(1) 프로세스(입력물/도구 및 기법/산출물)

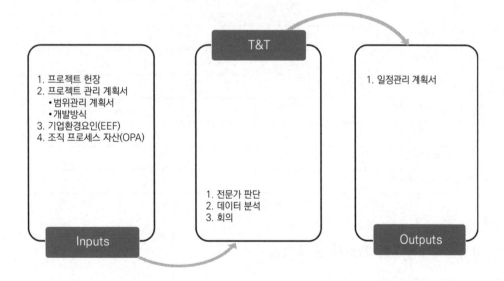

T&T

1. 프로젝트 헌장
2. 프로젝트 관리 계획서
   • 범위관리 계획서
   • 개발방식
3. 기업환경요인(EEF)
4. 조직 프로세스 자산(OPA)

1. 전문가 판단
2. 데이터 분석
3. 회의

Inputs

1. 일정관리 계획서

Outputs

일정관리계획수립은 프로젝트관리자와 팀원이 회의를 하면서 데이터 분석을 하면서 일정관리계획서를 수립하는 프로세스이다. 조직프로세스 자산에서 과거 유사한 계획을 보는 것이 일반적이다.

(2) 프로세스 흐름도

6.1.1 일정관리계획수립 프로세스 투입물

1. 프로젝트 헌장(Project charter)

- 프로젝트 일정관리에 영향을 미치는 마일스톤 일정을 간략히 정의한다. 마일스톤 일정과 프로젝트 승인에 대한 요구사항들을 포함한다. 예: 프로젝트 시작일, 종료일, 중요 마일스톤 등을 포함한다.

2. 프로젝트 관리 계획서(Project management plan)

- 범위관리 계획서(Scope management plan): 범위를 정의 및 개발하는 방법을 기술하고 일정을 개발하는 방법에 대한 정보를 제시한다.

- 개발방식(Development approach): 일정계획 방식, 산정 기법, 일정계획 도구 및 일정통제 기법을 정의하는 데 도움을 준다.

3. 기업환경요인(Enterprise environmental factors)

- 조직의 문화와 구조, 가용성(팀 자원, 기술 및 물리적 자원), 일정계획 소프트웨어, 지침과 기준, 상용 데이터베이스 등이 있다.

4. 조직 프로세스 자산(Organizational process assets)

- 선례정보 및 교훈 저장소, 기존의 공식적 및 비공식적 일정개발, 관리, 통제 관련 정책, 절차, 지침 등이다. 템플릿과 양식, 감시 및 보고 방법도 포함된다.

6.1.2 일정관리계획수립 프로세스 도구 및 기법

1. 전문가 판단(Expert judgment)

- 일정 개발, 관리 및 통제, 일정계획 방법론(예: 예측 또는 적용형 생애주기), 일정계획 소프트웨어, 프로젝트 개발대상 업계 등에 대한 전문지식을 갖춘 전문가의 의견 등이다.
- 과거 유사한 프로젝트로부터 얻은 프로젝트 환경 및 정보들로부터 얻은 귀중한 통찰을 바탕으로 판단한다. 특정산업영역, 지식영역, 교육/훈련 등에서 얻은 전문지식을 바탕으로 프로젝트에서 수행할 활동들에 대한 적합한 판단을 하는 데 도움을 준다.

2. 데이터 분석(Data analysis)

- 대안분석(Alternatives analysis): 사용할 일정 방법론을 결정하거나 프로젝트에서 다양한 기법을 결합하는 방법이 포함될 수 있다. 일정의 상세도 수준, 연동기획의 연동 기간, 일정의 검토 및 업데이트 주기를 결정하는 일도 수반한다. 각 프로젝트에 대해 일정을 관리하는 데 필요한 상세 수준과 최신 상태를 유지하는 데 걸리는 시간 사이의 적절한 균형을 이루어야 한다.

3. 회의(Meetings)

- 일정관리 계획서를 개발하기 위해 기획 회의를 개최하는 것이다. 프로젝트 팀이 프로젝트 일정 계획 수립을 위한 회의를 진행한다. 여기에는 프로젝트 관리자, 스폰서, 선택된 프로젝트 팀원, 선택된 이해관계자 및 일정 관리와 관련된 인력이 포함된다.

6.1.3 일정관리계획수립 프로세스 산출물

1. 일정관리계획서(Schedule management plan)

일정을 개발하고, 감시하고 통제하기 위한 기준들과 활동들 기술하고 프로젝트 요구에 따라 일정관리 계획서를 공식적 또는 비공식적으로, 구체적으로 혹은 개괄적으로 기술할 수 있고,

해당하는 통제 한계선을 기술서에 명시한다. 다음과 같은 내용을 일정 관리 계획서에 포함한다.

- 프로젝트 일정 모델 개발(Project schedule model development): 프로젝트 일정을 개발하는 데 필요한 일정 관리 방법론과 일정 관리 도구들 구체적으로 기술한다.
- 릴리즈 및 반복기간(Release and iteration length): 적응형 생애주기를 사용할 때 릴리즈, 연동 및 반복(Iteration)에 대한 시간 상자 주기를 정한다. 시간 상자 방법을 사용하면 팀에서 필수적인 기능을 먼저 처리하고 다른 기능을 시간이 허락될 때 처리할 수 있으므로 범위추가를 최대한 줄일 수 있다.
- 정확도 수준(Level of accuracy): 현실적인 활동 기간 산정을 결정하기 위한 수용 가능한 범위를 구체화하고, 일정에 대한 여유를 포함할 수 있다. 실제 활동기간 산정치를 결정하는 데 허용되는 범위를 지정하며 우발사태에 대한 기간을 포함할 수 있다.
- 측정 단위(Units of measure): 측정 단위를 정의(예: 시간, 일, 주 단위 혹은 미터, 리터, 톤, 킬로미터 등의 양적 측정 단위 등)한다.
- 조직의 절차(Organizational procedures links): WBS는 일정 산정과 일정 결과에 일관성을 제공하며, 일정 관리 계획에 대한 프레임워크를 제공한다. 일정관리 계획서의 기준이 되는 프레임워크를 제공하여 산정치 및 도출되는 일정과 일관성을 보장한다.
- 프로젝트 일정 모델 유지보수(Project schedule model maintenance): 프로젝트 수행 중 일정 모델에 대한 상태 수정과 진척을 기록한다.
- 통제 한계점(Control Thresholds): 일정에 대한 계획대비 실적에 대한 서로 합의된 차이(예: 계획대비 5%, 10%)가 있다. 일정한 조치를 수행해야 할 시기에 도달하기까지 허용하기로 합의된 변이를 나타내기 위해서 일정성과 감시에 필요한 통제 한계선을 지정한다. 한계선은 일반적으로 기준선 계획서에 확정된 모수로부터 편차율(%)로 표시한다.
- 성과측정규칙(Rules of performance measurement): EVM 혹은 기타 다른 방법들을 설정(예: 완료 율, 통제계정, SPI, SV 등)한다.
- 보고 양식(Reporting formats): 프로젝트 일정 보고에 대한 양식과 주기가 정의된다.
- 프로세스 설명(Process description): 일정관리 프로세스 각각에 대해서 기술한다.

• Schedule management plan

Establishes the criteria and the activities for developing, monitoring, and controlling the Schedule. − −Adapted from: PMBOK® Guide−Sixth Edition, Glossary

PM Template-Schedule management plan

SCHEDULE MANAGEMENT PLAN

Project Title:	Date:

Schedule Methodology

Schedule Tools

Level of Accuracy	Units of Measure	Variance Thresholds

Schedule Reporting and Format

Process Management

Activity identification	
Activity sequencing	
Estimating resources	
Estimating effort and duration	
Updating, monitoring, and controlling	

6.2 활동정의(Define activities)

프로젝트 인도물을 생산하기 위해 수행할 관련 활동들을 식별하고 문서화하는 프로세스이다. 프로젝트작업의 산정, 일정계획, 실행, 감시 및 통제에 대한 기준을 제공하는 활동들로 작업패키지를 세분화한다. 일정(Schedule)을 구성하는 가장 기본요소가 바로 활동(Activity)이다.

• The process of identifying and documenting the specific actions to be performed to produce the project deliverables—*PMBOK*® Guide—Sixth Edition, Glossary

활동은 WBS에 정의된 범위를 달성하기 위해 수행되어야 하는 활동을 말한다. 예를 들면, 건물을 짓는 프로젝트에서 WBS상에 회의실의 WP(Work package)로 회의탁자 있을 수 있다. 이 회의 탁자는 인도물(Deliverable)이다. 이 인도물을 완료하기 위해서는 활동이 식별되고 정의되어야 한다. 즉, WBS에 있는 WP(Work package)로부터 활동이 식별된다. 다시 말하면, 활동을 전부 수행하면 WP(인도물)가 완성된다.

> WBS 의 WP 로부터 활동정의를 통한 Activity 식별의 흐름 이해하기
>
> WBS ⇨ WP(Work package) ⇨ 활동정의 ⬆ 활동순서(흐름)
>
> WBS 의 최저단위　　　　식별의 대상

상기 문장에서 회의탁자를 예를 들면 다음과 같다. 회의탁자(Work package)를 구입하기 위해 아래와 같은 활동 등이 수행이 된다. 마지막에 활동이 완료되면 회의탁자 설치가 완성된다.

① 회의 탁자사양 설계하기

② 회의 탁자사양 결정하기

③ 주문업체에 견적의뢰하기

④ 견적서 받고 업체 선정하기

⑤ 주문 계약하고 납기일정/대금일정 결정하기

⑥ 초도품 검사 후 승인하기

⑦ 주문(발주)하기

⑧ 납품 받기

⑨ 대금지급하기

⑩ 회의실에 회의탁자 설치하기

식별된 활동들은 서로 흐름과 기간을 갖게 되고, 자원을 소비한다. 활동정의를 통해 나온 활동목록은 말 그대로 목록이므로 상세 내용이 없다. 활동에 관련된 추가정보는 '활동 속성(Activity attribute)으로 작성한다. 보통 고객이나 스폰서가 제시하는 일정상 중요한 시점인 마일스톤(Milestone)도 일정에 포함되어야 하므로 마일스톤(Milestone)에서 찾아내어 작성한다. 활동의 3요소(흐름, 기간, 자원)가 결정되면 그 내용으로 일정(Schedule)을 작성할 수 있다.

WBS → Work package → Activity flow

초기 요구사항 → 요구사항수집 → 범위정의 → WBS → Activity

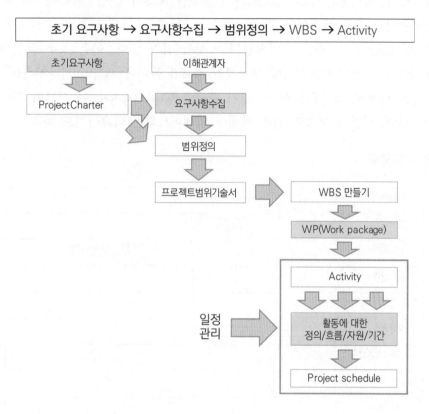

(1) 프로세스(입력물/도구 및 기법/산출물)

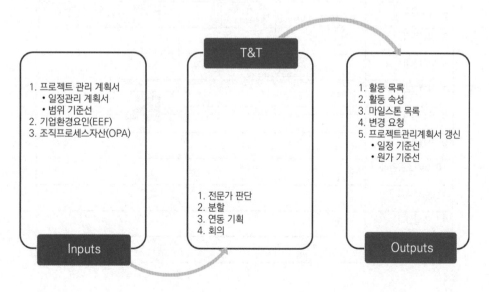

- 활동정의 프로세스에서는 실제로 Work package에서 활동을 찾아내는 일을 수행한다. 따라서 가장 중요한 입력물은 Work package가 포함된 WBS이다. 범위관리에서는 WBS가 포함된 범위기준선이 가장 핵심이다.
- 모든 Work package가 활동으로 식별되는 것이 쉽지 않다. 이런 경우 분할 시 Rolling wave plan(연동기획)이 이용되는데 구체적인 정보가 들어올 때까지 기다리라는 것이다. 먼 미래의 일은 대체적으로 구체적이지 않기 때문에 Work package는 시간이 지나가면서 구체적으로 된다. 이런 부분으로 인해 계획이 업데이트되는 이유이기도 하다.

(2) 프로세스 흐름도

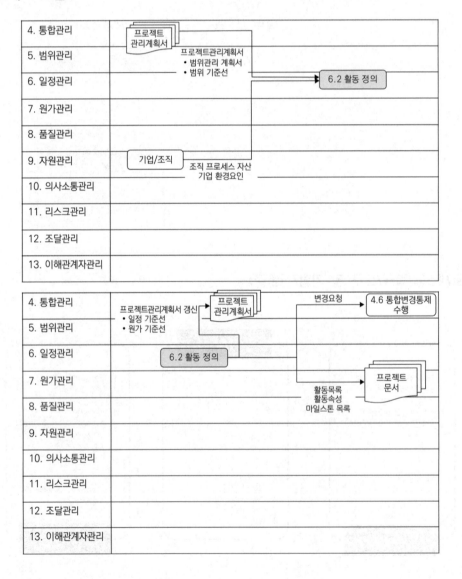

6.2.1 활동정의 프로세스 투입물

1. 프로젝트 관리 계획서(Project management plan)

- 일정 관리 계획서(Schedule management plan): 프로젝트 일정 관리 계획서는 지침이다. 일정 방법론, 연동기획의 연동 기간, 작업 관리에 필요한 상세도 수준을 정의한다.

- 범위 기준선(Scope baseline): 활동을 정의하는 과정에서 프로젝트 범위 기준선에 기술된 프로젝트 작업분류체계(WBS), 인도물, 제약 및 가정 사항을 명확히 고려해야 한다. 범위기준선에는 승인 받은 WBS, WBS dictionary, Project scope statement가 포함되어 있다. WBS는 가장 중요한 투입물이며, 프로젝트범위기술서에는 제약사항으로 마일스톤이 있다. 활동은 WBS의 최하위 level인 Work package를 가지고 무슨 활동을 식별할 것을 파악하는 것으로, 그 Work package를 포함한 WBS가 핵심투입물인데, WBS는 범위기준선에 포함되어 있다.

2. 기업환경요인(Enterprise environmental factors)

- 조직의 문화와 구조, 출간되어 상용 데이터베이스에 보관된 상용 정보, 프로젝트관리 정보 시스템(PMIS) 등을 참고한다.

3. 조직 프로세스 자산(Organizational process assets)

- 지식자산에는 프로젝트에 대한 교훈 사항들이 저장, 표준화된 프로세스 템플릿, 조직의 공식 비공식 정책, 절차 및 가이드라인 등이 있다. 과거 유사한 프로젝트에 사용된 활동목록에 관한 선례정보를 포함하는 교훈 저장소 및 표준화된 프로세스 등이 있다.

- 기존의 공식적 및 비공식적 활동 계획수립과 관련된 정책, 절차 및 지침(예: 활동정의를 개발할 때 고려하는 일정계획 방법론 등) 등도 포함된다.

6.2.2 활동정의 프로세스 도구 및 기법

1. 전문가 판단(Expert judgment)

- 주제 관련 전문가에게 물어보는 것이다. 과거 유사한 프로젝트 및 수행할 작업에 관한 전문 지식을 갖춘 개인 또는 그룹을 전문가로 고려한다.

2. 분할(Decomposition)

- WBS만들기에서는 주요 인도물을 관리수준을 위해 "Work package"로 분할했고 "활동정의"에서는 해당 Work package를 활동으로 분할하는 것이다.

- 분할은 프로젝트 범위와 프로젝트 인도물을 관리하기 편한 요소로 세분하는 기법이다.

- 활동이란 작업패키지를 완료하는 데 필요한 업무이다.

- 활동정의 프로세스에서는 인도물이 아닌 활동으로 최종 산출물을 정의하고, 분할 작업에

팀원들이 참여하면 결과물의 품질과 정확도가 향상될 수 있다.

3. 연동 기획(Rolling wave planning)

■ 빠른 시일 내 완수할 작업은 상세하게 계획하고 미래의 작업은 상위 수준으로만 계획하는 방식의 반복적 기획기법이다.

■ 프로젝트 생애주기상의 위치에 따라 다양한 상세 수준으로 작업이 계획된다. 정의된 정보가 부족한 초기 전략적 기획 기간에는 파악된 상세 수준으로 작업패키지를 분할한다. 가까운 시일에 발생할 사건에 관한 정보가 추가로 확인되면 작업패키지를 여러 활동으로 분할한다.

4. 회의(Meetings)

■ 작업을 완료하는 데 필요한 활동을 정의하기 위해 팀원 또는 해당 주제 전문가와 함께 회의를 진행할 수 있다.

연동기획이란?

프로젝트는 프로젝트 생애주기 동안 반복적으로 활동을 정의하고, 활동 목록은 갈수록 구체화된다. 초기에 모든 활동이 결정되기 어려우므로 어떤 활동은 상위 수준에 있게 되며 이러한 상위수준의 활동들이 시간이 지나면서 점차 상세수준의 활동으로 된다. 즉 분할과 같이 활동도 상세화된다는 것으로 이해하면 된다.

6.2.3 활동정의 프로세스 산출물

1. 활동목록(Activity list)

■ 프로젝트를 수행하는 데 필요한 모든 일정활동이 열거된 목록문서이다.

■ 프로젝트에서 필요한 모든 활동들을 포함한 리스트인 활동 식별자(Activity identifier), 활동명(Activity label) 및 활동내용기술서(A scope of work description for each activity)를 포함한다.

■ 프로젝트가 진행됨에 따라 주기적으로 활동목록이 업데이트된다. 프로젝트 팀원이 완료해야 하는 작업을 충분히 파악할 수 있도록 상세히 기술된 각 활동에 대한 작업 범위명세서와 활동식별자를 활동목록에 포함한다.

2. 활동속성(Activity attributes)

■ 활동속성은 활동목록을 상세히 설명하는 문서이다. 활동속성에는 Lead(선도), Lag(지연), 자원 요구사항, 지정일, 제약, 가정, 책임자, 노력수준, 세분업무, 배분업무 등을 포함한다.

■ 활동들이 가지고 있는 속성들은 다음과 같다.
  - 활동 식별자(Activity identifier (ID) or Codes)
  - WBS ID

- 활동명(Activity label or title)
- 활동기간(Activity duration)
- 활동원가(Activity cost)
- 활동내용(Activity description)
- 선행 활동(Predecessor activities) 및 후행 활동(Successor activities)
- 활동들간 선 후행 관계(Logical relationships)
- 리드와 래그(Lead and lags): 선도와 지연
- 소요자원(Resources) 및 자원요구사항(Resource requirements)
- 수행기간(Imposed dates)
- 제약조건 및 가정(Constraints & assumptions)
- 작업장소 및 지정일자
- 프로젝트 달력

3. 마일스톤목록(Milestone list)

- 마일스톤은 일정에서 지켜야 하는 제약조건이며, 기간 값이 없는 중요한 사건 또는 특정 시점을 말한다. 프로젝트에서 중요한 지점 또는 사건이다.
- 각 마일스톤이 계약에 따른 필수사항인지 또는 선례정보에 근거한 선택사항인지 여부가 표시한다. 중대한 지점이나 시점을 나타내므로 기간은 '0'이 된다.
- 마일스톤은 범위기준선 내에 있는 프로젝트 범위기술서 내용을 보고 파악하게 된다. 범위기준선에 범위기술서는 담겨 있기 때문에, 범위기준선이 활동정의에 들어오게 된다.

4. 변경 요청(Change requests)

- 프로젝트 기준선이 결정된 후, 여러 가지 활동으로 인도물을 점진적으로 구체화하는 과정에서 초기에 프로젝트 기준선에 포함되지 않았던 작업이 등장할 수 있다.

5. 프로젝트 관리 계획서 업데이트(Project management plan updates)

- 일정기준선(Schedule baseline): 초기 일정 기준선에는 포함되지 않은 작업이 발견되고, 그로 인해 인도일 또는 일정 기준선에 속하는 그 밖의 주요 일정 마일스톤을 변경할 수 있다.
- 원가기준선: 일정활동의 변경이 승인되면 그에 따른 원가 기준선 변경사항도 취합될 수 있다.

▥ 활동 속성의 유형과 의미

활동속성 중 "노력수준[Level of effort], 세분업무[Discrete effort], 배분업무[Apportioned effort]"의 미는?

- 노력수준[Level of effort]: 활동은 시간을 소비하는데 이 소비한 시간이 온전히 프로젝트의

산출물 생산에 소비된 시간이 아니라 단지, 소요된 시간 자체를 일로 보는 경우이다. 감독관이나 관리자는 최종 제품 생산에 시간을 소비하는 것이 아니라, 관리자 역할을 하는데 이러한 사람들은 시간이 지나면 일에 대한 대가로 급여를 받는다.

- 세분업무[Discrete effort]: 세분업무는 측정 가능한 특정 최종 제품이나 결과에 관련된 노력을 말한다. 이러한 노력은 구체적인 산출물을 생산한다.
- 배분업무[Apportioned effort]: 배분업무는 어떤 업무에 전혀 다른 업무를 일부 배분한 것이므로 이 방법은 특정 Work package에 관련되어서만 드물게 사용된다. 예를 들어 [생산]이라는 Work package 안에 전체의 20%를 검사하는 작업을 넣는 것으로 검사는 전체[생산]의 20%로 미리 배분되어 있는 것이다.

마일스톤이 활동정의의 산출물로 나오는 흐름

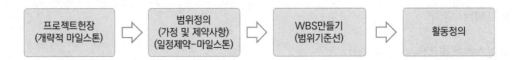

Summary activity란?

Hammock activity라고도 불리는 요약 활동은 프로젝트일정의 활동 묶은 것을 표현하는 데 사용된다. 이것은 활동의 그룹에 대한 일정 정보를 요약해서 제공하기 위해 사용되며, 프로젝트 전체를 요약 활동으로 표현할 수도 있다. 요약 활동은 막대 형태로 표현할 수 있으며 경우에 따라 시작일과 완료일을 표시할 수도 있다.

PM Template-Activity list

ID	활동내용	작업내용

PM Template-Activity attributes

ACTIVITY ATTRIBUTES

Project Title: _____ Date Prepared: _____

ID:	Activity:					
Description of Work:						
Predecessors	Relationship	Lead or Lag	Successor		Relationship	Lead or Lag
Number and Type of Resources Required:	Skill Requirements:		Other Required Resources:			
Type of Effort:						
Location of Performance:						
Imposed Dates or Other Constraints:						
Assumptions:						

PM Template-Milestone list

MILESTONE LIST

Project Title: _____ Date Prepared: _____

Milestone	Milestone Description	Type

활동목록과 활동속성의 Flow

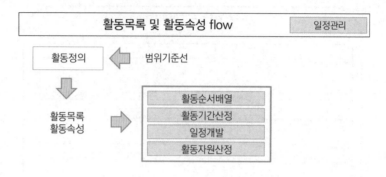

마일스톤 목록 Flow

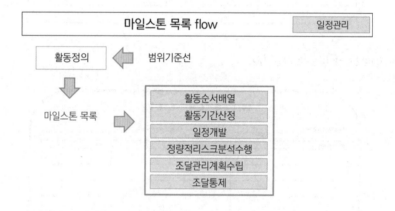

6.3 활동순서(Sequence activities)

활동순서는 프로젝트 활동들 사이의 관계를 식별하여 문서화하는 프로세스이다.

■ 주어진 모든 프로젝트 제약 조건에서 최고의 효율을 달성할 수 있도록 논리적 작업 순서를 정의한다. 맨 처음과 마지막을 제외한 모든 활동이 하나 이상의 선행활동 및 후행활동과 적절한 논리적 관계로 연결한다.

■ 일정 기준선을 게시하기 위한 첫 단계로 프로젝트 활동의 목록을 다이어그램으로 변환하는 일에 주력한다.

• The process of identifying and documenting relationships among the project Activities
  PMBOK® Guide − Sixth edition, glossary

활동정의 프로세스를 통해 식별된 활동들은 순서(흐름) 없이 아무렇게나 진행할 수 없다. 활동들간의 순서(흐름)를 이해하고 식별하고 문서화해야 일정(Schedule)을 만들 수 있다. 활동 들간의 흐름은 말로 표현하기에는 한계가 많다. 그림으로 표현하는 것이 훨씬 시각적으로 이해하기 쉽고 효율적이다. 큰 프로젝트는 수천, 수만 개의 활동들이 있으며, 그 활동을 화살표로 이어 그림화하면 마치 망(Network)처럼 보인다. 그래서 활동들의 연관성을 도식(Diagram)화한 것을 Project Schedule network diagram이라고 한다. 요즘은 워낙 활동이 복잡하므로 관련 Software를 이용하여 작성한다.

(1) 프로세스(입력물/도구 및 기법/산출물)

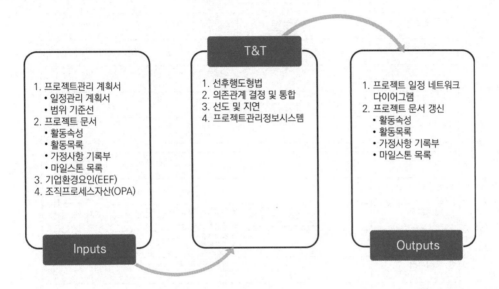

- 활동순서 프로세스의 가장 중요한 입력물은 활동목록과 활동속성이다. 활동속성에는 선후행 논리적 관계, Lead 및 lag가 표기되어 있다.
- 활동순서 프로세스에서는 그런 내용을 분석하여 프로젝트 일정 네트워크 다이어그램을 만드는 것이다. 선후행 도형법은 활동순서 프로세스의 대표적 도구 및 기법으로 활동의 논리적 의존관계(FS, FF, SS, SF)를 가장 잘 표현해줄 수 있는 기법이다.
- 의존관계(강제적, 임의적, 내부/외부 의존관계) 및 기타 도구 및 기법(선도 및 지연, PMIS)을 잘 사용하여 프로젝트 일정 네트워크 다이어그램을 만드는 것이 활동순서 프로세스의 중요한 목적이다.

(2) 프로세스 흐름도

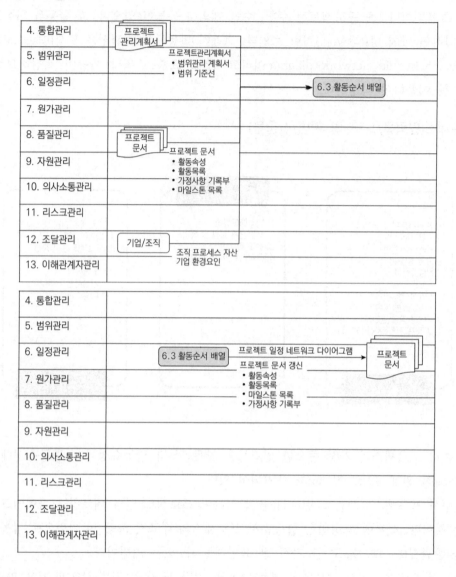

6.3.1 활동순서 프로세스 투입물

1. 프로젝트 관리 계획서(Project management plan)

활동순서 배열을 위한 대상과 순서에 대한 정보, 순서에 영향을 줄 수 있는 제품 범위의 정보
가 투입된다.

- 일정관리 계획서(Schedule management plan): 활동순서 배열 방법과 정확도 수준, 그리고
  활동순서 배열에 필요한 그 밖의 기준을 정의한다.
- 범위기준선(Scope baseline): 활동순서 배열 과정에서 범위 기준선에 기술된 프로젝트 작
  업분류체계(WBS), 인도물, 제약 및 가정 사항을 명확히 고려해야 한다.

2. 프로젝트 문서(Project documents)

- 활동 목록(Activity list): 필요한 일련의 이벤트 또는 정의된 선행활동 또는는 후행활동 관계뿐만 아니라 정의된 선도 및 지연, 활동 간 논리적 관계를 설명한다. 활동목록은 활동순서(흐름)를 만들기 위한 기본 입력물이다.
- 활동 속성(Activity attribute): 프로젝트에 필요한 모든 활동을 일정한 순서로 열거한 목록이다. 이러한 활동 간 의존관계와 그 밖의 제약이 활동순서 배열에 영향을 미칠 수 있다. 활동속성에는 활동의 의존관계 및 선후행 관련 정보들이 있다.
- 가정사항 기록부(Assumption log): 기록된 가정 및 제약 사항은 활동순서 배열 방식, 활동 간 관계, 선도 및 지연의 필요성에 영향을 줄 수 있고, 프로젝트 일정에 영향을 미칠 수 있는 개별 프로젝트 리스크를 유발할 수 있다.
- 마일스톤 목록(Milestone list): 활동순서 배열 방법에 영향을 줄 수 있는 특정 마일스톤의 예정일이 명시될 수 있다. 순서 배열의 검토대상으로 일정에 대한 제약조건 등이 들어 있다.

3. 기업환경요인(Enterprise environmental factors)

- 정부 또는 산업 표준, 프로젝트관리 정보시스템(PMIS), 일정계획 도구, 조직의 작업승인 시스템 등이 있다.

4. 조직 프로세스 자산(Organizational process assets)

- 지속적으로 축적된 정보는 언제든지 참조할 수 있다.
- 포트폴리오 및 프로그램 계획과 프로젝트 의존관계 및 상호관계, 기존의 공식적 및 비공식적 활동 계획수립과 관련된 정책, 절차 및 지침(예: 논리적 관계를 개발할 때 고려하는 일정계획 방법론) 등이 있다.
- 프로젝트 활동에 대한 네트워크 준비를 신속히 처리하는 데 사용할 수 있는 템플릿의 관련 활동속성 정보에는 활동순서 배열에 유용한 추가 정보가 포함되기도 한다.
- 활동순서 프로세스 최적화에 도움이 될 수 있는 선례정보가 저장된 교훈 저장소 등이 있다.

6.3.2 활동순서프로세스 도구 및 기법

1. 선후행 도형법(PDM: Precedence diagramming method)

- 일정모델을 구성하는 데 사용되는 기법으로, 활동을 노드로 표시하고 그래픽 형태로 한 가지 이상의 논리적 관계로 연결하여 활동들의 수행 순서를 보여준다.
- 활동의 흐름을 아래와 같이 그림으로 망(Network)처럼 표시한 것이다. 노드들로 활동들을 표현하고, 그래픽적으로 연결한 일정 모델로 AON(Activity-on-node)는 PDM의 한 형태이다.

  FS: Finish-to-Start

  FF: Finish-to-Finish

SS: Start－to－Start

SF: Start－to－Finish

그림을 통해 각 논리적 관계를 이해해 보면 다음과 같다.

[논리적 의존관계]

2. 의존관계 결정 및 통합(Dependency determination and integration)

활동들간의 연관성은 크게 4가지가 있다.

① 의무적 의존성(Mandatory dependencies)은 건설에서 기초공사를 끝내야 상부건물을 세울 수 있듯이 반드시 앞 공정을 따라야 하는 관계로 "Hard logic" 또는 "Hard dependencies" 이라고도 한다. 법적 또는 계약에 따라 요구되거나 작업의 성격상 내재된 의존관계이며, 물리적 제한이 따른다. 기술적 의존관계는 의무적 관계가 아닐 수 있다. 의무적 의존관계 를 일정계획 도구에서 일정 제약 사항과 혼동하면 안 된다.

② 임의적 의존성(Discretionary dependencies)은 과거의 Best practice 같이 프로젝트 팀에서 선호하는 임의의 연관관계이며, Preferred logic, Preferential logic, Soft logic이라고도 한 다. 특정 응용분야의 모범적 실무사례 지식에 근거하여 또는 특정한 순서가 요구되는 프로 젝트의 일부 특수한 상황에 따라 설정된다. 임의적 의존관계는 임의의 총 여유 값을 생성 하고 나중에 일정계획 대안을 제한할 수 있기 때문에 철저히 문서화해야 한다(예: 상세 설계 를 하지 않고 기초 공사를 할 수 있고, 상세 설계 완료 후 기초공사를 할 수 있다).

③ 외부 의존관계(External dependency)는 프로젝트 업무 범위 외의 활동과 프로젝트 활동 사 이의 관계이다. 예) 하드웨어가 설치되어야 테스팅 작업을 할 수 있다.

④ 내부 의존관계(Internal dependency)는 프로젝트 활동간 선행 관계를 포함하며, 일반적으 로 프로젝트 팀 내의 통제하에 있는 관계이다(예: 프로젝트 팀에서 기계가 조립되기까지 기계를 테스트할 수 없는 경우).

Quiz	용어에 대한 정의이다. 서로 정의가 맞는 것끼리 연결하시오.		
A	Mandatory dependency	가	A relationship that is established based on knowledge of best practices within a particular application area or an aspect of the project where a specific sequence is desired
B	Discretionary dependency	나	Typically a linked preceding activity that is within the team's ability to control
C	External dependency	다	A relationship between project Activities and non-project Activities
D	Internal dependency	라	A relationship that is contractually required or inherent in the nature of the Work

Answer A-라, B-가, C-다, D-나

3. 선도 및 지연 적용(Applying leads and lags)

Lead와 lag는 당연히 그렇게 해야만 하는 관계이다. 그래서 특히 Lead와 공정단축기법인 Fast tracking & crashing과 혼동하면 안 된다.

- Lead(선도): 선행활동을 기준으로 후행활동을 앞당길 수 있는 기한을 의미한다. 후속활동의 가속화를 허락하는 것이다. 즉, 앞 활동이 끝나기 전에 후속활동을 먼저 시작하는 관계를 나타낸다. 예: FS−2days 의미는 앞 공정이 끝나기 2일 전에 먼저 시작하라는 의미이다.
- Lag(지연): 선행활동을 기준으로 후행활동을 미루는 것을 의미한다. Lead와 반대로 후속활동을 일정 기간 기다리도록 지연시키는 것이다 즉, 앞 활동이 끝난 후 일정 기간 기다렸다가 후속활동을 시작하는 것이다. 예) 밀가루 반죽을 하고 숙성 후 빵을 만들어야 한다.

선도와 지연을 사용한다고 일정 논리가 바뀌지는 않는다. 기간 산정치에 선도나 지연은 포함되지 않는다. 활동 및 관련 가정사항은 모두 문서화해야 한다.

4. 프로젝트관리정보시스템(Project management information system)

- 활동순서를 계획, 구성 및 조정하고, 논리적 관계와 선도 및 지연 값을 삽입하고, 서로 다른 유형의 의존관계를 구별하는 데 유용한 기능이 있는 일정계획 소프트웨어가 포함된다.

6.3.3 활동순서프로세스 산출물

1. 프로젝트 일정네트워크 다이어그램(Project schedule network diagrams)

- 프로젝트 일정활동 간 논리적 관계, 즉 의존관계를 보여주는 도표이다.

■ 전체 프로젝트 상세 정보 또는 한 가지 이상의 요약 활동을 일정 네트워크 다이어그램에 포함할 수 있다. 여러 가지 선행활동이 동반되는 활동에서는 경로수렴(Path convergence)이 나타난다. 여러 가지 후행활동이 동반되는 활동에서는 경로분기(Path divergence)가 나타난다.

■ 활동들 간의 연관성을 그림으로 표현하는 것이 가장 좋으며, 연결된 그림을 크게 놓고 보면 마치 망(Network)처럼 보여서 네트워크(망)라고 한다.

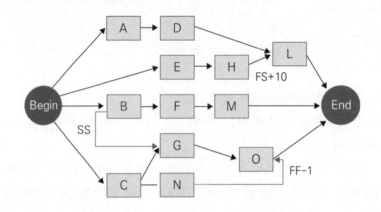

2. 프로젝트 문서 업데이트(Project document updates)

■ 활동 목록(Activity list): 활동순서 배열 과정에서 프로젝트 활동 간 관계 변경이 활동목록에 영향을 줄 수 있다.

■ 활동 속성(Activity attributes): 필요한 일련의 이벤트 또는 정의된 선행활동 또는 후행활동 관계뿐만 아니라 활동 간에 정의된 선도 및 지연과 논리적 관계를 설명한다.

■ 가정사항기록부(Assumption log): 기록된 가정 및 제약 사항은 순서배열, 관계 결정, 선도 및 지연에 따라 업데이트한다. 프로젝트일정에 영향을 줄 수 있는 개별 프로젝트 리스크를 유발할 수 있다.

■ 마일스톤 목록(Milestone list): 활동순서 배열 과정에서 프로젝트 활동 간 관계 변경이 특정 마일스톤의 예정일에 영향을 줄 수 있다.

6.4 활동기간산정(Estimate activity durations)

산정된 자원으로 개별 활동을 완료하는 데 필요한 작업 기간 단위 수를 산정하는 프로세스로 다음과 같은 부분의 특징과 일을 수행한다.

■ 각 활동을 완료하는 데 걸리는 기간을 파악하고 활동기간 산정 과정에서 작업 범위, 필요한 자원 유형 또는 기술 수준, 산정된 자원 수량, 자원달력에 대한 정보를 사용한다.

- 기간 산정치에 영향을 줄 수 있는 요인으로는 기간, 투입되는 업무량 또는 자원 유형에 적용되는 제약(예: 고정 기간, 고정 업무 또는 작업, 고정 자원 수), 사용하는 일정 네트워크 분석 기법 등이 있다.
- 기간 산정치는 점진적으로 구체화되고 기간산정 프로세스에서 투입 데이터의 질과 가용성을 고려한다.

• The process of estimating the number of Work periods needed to complete individual Activities with estimated resources – *PMBOK®* Guide – Sixth Edition, Glossary

일정을 구성하는 가장 중요한 요소 중 하나가 기간(Duration)이다. 활동을 수행하기 위해 필요한 기간이 결정되어야 하며, 기간의 예측이 좋을수록 일정의 정확도도 올라가게 된다. 같은 활동이라도 자원의 유형이나 수에 따라 기간 값이 바뀔 수 있으므로, 기간 산정 시 자원을 고려해야 한다. 자원은 9장 자원산정에서 이루어지는데 활동자원산정의 산출물인 자원요구사항(Resource requirements)과 자원달력이 활동기간산정 프로세스의 입력물이 된다. 활동기간 산정 프로세스의 산출물인 활동기간산정치는 추정치이므로 일정에 영향을 주고, 산정치의 폭에 따라 리스크 식별 프로세스에서 리스크의 중요도를 결정하는 데 영향을 준다.

활동을 완료하는 데 필요한 업무량 산정치와 가용 자원량 산정치가 필요하다. 자원의 수와 해당 자원의 기술 숙련도에 따라 활동 기간이 결정된다. 다음은 다양한 기간 산정과 관련된 내용들이다.

- 수확체감의 법칙: 단위작업을 산출하기 위해 필요한 업무량을 결정하는 데 사용한 요인 중 한 가지(예: 자원)는 증가하고 나머지 요인들은 그대로 유지되는 경우, 해당 요인의 보충으로 인해 산출량이 점점 줄어들거나 산출물 증가율이 감소하기 시작하는 지점에 도달한다.
- 자원의 수: 자원 수를 원래 할당량의 두 배로 늘리면 리스크로 인해 기간이 추가될 수 있기 때문에 반드시 작업 기간이 절반으로 단축되지는 않으며, 일정 시점에서 특정 활동에 자원을 너무 많이 보충하면 지식 이전, 학습곡선, 추가적인 통합 및 기타 관련 요인들로 인해 기간이 연장될 수 있다.
- 기술 발전: 기간 산정치를 결정하는 데 기술 발전도 중요한 요인으로 작용한다.
- 팀원 동기부여: 사람들이 마감일 직전 최후의 순간에야 비로소 이행하기 시작하는 학생증후군(또는 지연행동)과 마감일까지 작업을 연장하여 남은 기간을 소진하는 파킨슨 법칙도 프로젝트관리자는 인지해야 한다.

(1) 프로세스(입력물/도구 및 기법/산출물)

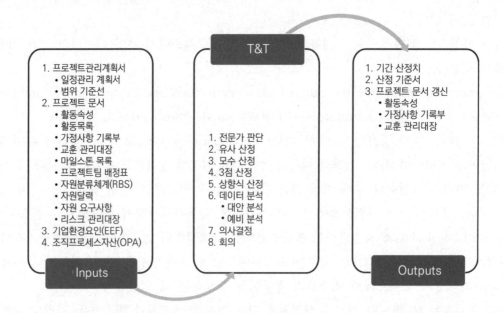

- 활동기간 산정 시 가장 중요한 입력물은 기본적으로 활동목록과 속성이지만 기간 산정 시에는 9장 자원산정의 산출물에서 들어온 자원요구사항(Resource requirements)이다. 자원의 유형과 속성에 따라 기간의 값이 달라지기 때문이다. 또한 자원분류 체계와 자원달력은 보조적으로 중요한 문서이다.
- 활동기간 산정 프로세스에는 도구 및 기법이 등장을 한다. 유사 산정, 모수 산정, 삼정 추정, 상향식 산정이다. 이 4가지 기법은 원가산정 프로세스에서도 그대로 사용되는 기법이므로 각 산정법의 특징과 사용환경을 이해하여야 한다.
- 활동기간 산정 프로세스의 산출물은 기산 산정치는 일정개발 프로세스에도 들어가지만 산정치의 불확실성 때문에 리스크 식별 프로세스로도 입력물로 들어간다. 산정 폭이 큰 것은 아무래도 리스크가 큰 활동이라 보기 때문이다.

(2) 프로세스 흐름도

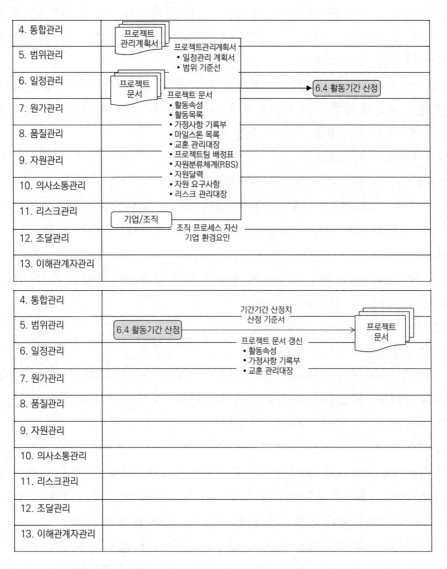

6.4.1 활동기간산정 프로세스 투입물

1. 프로젝트 관리 계획서(Project management plan)

- 일정 관리 계획서(Schedule management plan): 활동 기간 산정에 필요한 방법, 정확도 수준 등 규정 및 프로젝트 업데이트 주기 등을 정의한다.
- 범위기준선(Scope baseline): 기간 산정치에 영향을 미칠 수 있는 자세한 기술 정보가 수록된 작업분류체계(WBS) 사전이 범위 기준선에 포함되어 있다.

2. 프로젝트 문서(Project documents)

- 활동목록(Activity list): 활동목록(Activity list)은 기간 산정의 대상이다. 프로젝트에 필요한 모든 일정활동을 산정하여 열거한 목록이다. 일정활동 간 의존관계와 그 밖의 제약이 기간 산정치에 영향을 미칠 수 있다.

- 활동속성(Activity attributes): 기간 산정에 도움이 되는 활동의 상세 내용을 포함한다. 정의된 선행활동 또는 후행활동 관계뿐만 아니라, 기간 산정치에 영향을 줄 수 있는 정의된 선도 및 지연, 활동 간 논리적 관계를 설명한다.

- 가정사항 기록부(Assumption log): 가정사항 기록부에 기록된 가정 및 제약 사항은 프로젝트 일정에 영향을 줄 수 있는 개별 프로젝트 리스크를 유발할 수 있다.

- 교훈관리 대장(Lessons learned register): 프로젝트 초기에 업무량 및 기간 산정과 관련하여 습득한 교훈을 이후 단계에 적용함으로써 업무량 및 기간 산정치의 정확도와 정밀도를 향상시킬 수 있다.

- 마일스톤 목록(Milestone list): 마일스톤 목록에 기간 산정치에 영향을 줄 수 있는 특정 마일스톤의 예정일을 명시할 수 있다.

- 프로젝트 팀 배정표(Project team assignments): 적임자들을 팀에 배정하면 프로젝트 팀원 배정이 완료된다.

- 자원 요구사항(Resource requirements): 산정된 자원의 유형과 수량은 기간에 영향을 준다.

- 자원분류체계(RBS: Resource breakdown structure): 자원 범주와 유형별로 자원을 식별하여 분류한 계측적인 구조를 보여주는 계통도이다.

- 자원 달력(Resource calendars): 자원 달력은 내부자원, 외부자원 모두 고려될 수 있으며 자원의 가용성을 의미한다. 인적자원의 경우 사람의 유형, 가용성, 역량이 자원 달력에 포함될 수 있으며 자원가용성은 기간에 영향을 주기 때문에 반드시 고려해야 한다. 예를 들면, 초급 기술자보다 고급 기술자가 같은 일을 더 빨리 끝낼 수 있다.

- 리스크 관리대장(Risk register): 리스크, 리스크 분석 결과 및 리스크 대응 계획 등의 정보를 제공한다. 개별 프로젝트 리스크가 자원 선정과 가용성에 영향을 미칠 수 있다.

3. 기업 환경 요인(Enterprise environmental factors)

- 기간 산정 데이터베이스 및 기타 생산성 관련 지표들, 상용 정보들, 팀 멤버들의 위치 등이 있다.

4. 조직 프로세스 자산(Organizational process assets)

- 과거 일정 산정 관련 정보들, 프로젝트 일정, 일정 계획 방법론, 교훈(Lessons learned) 등등

6.4.2 활동기간산정 프로세스 도구 및 기법

1. 전문가판단(Expert judgment)

■ 주제 전문가에게 의견을 물어본다. 일정 개발, 관리 및 통제, 산정 분야 전문가, 적용 또는 응용 분야 지식 등에 대한 전문가의 의견이다.

2. 유사산정(Analogous estimating)

■ 과거 유사한 활동 또는 프로젝트의 선례 데이터를 활용하여 활동 또는 프로젝트의 기간이나 원가를 산정하는 기법이다.

■ 프로젝트 특성상 같을 수는 없지만, 범위와 성격이 유사하다면 참조할 수 있다. Historical information 및 전문가 판단을 사용이 때문에 Top-down estimating이라고 부른다. 장점은 시간과 비용절약이며, 단점은 프로젝트가 신규이거나 복잡한 경우는 사용하기에 부적절하다는 점이다.

■ 프로젝트에 대한 상세한 정보가 제한적일 때 흔히 유사산정을 통해 프로젝트 기간을 산정한다.

■ 유사기간 산정치를 프로젝트 전체 또는 일부분에 적용할 수 있고, 다른 산정기법과 연동하여 사용할 수도 있다.

■ 과거 활동이 외관적으로뿐만 아니라 실제 내용에서도 유사하고 산정치를 준비하는 프로젝트 팀원이 필요한 전문 지식을 갖추고 있을 때 유사산정의 신뢰도가 가장 높다.

3. 모수산정(Parametric estimating)

■ 알고리즘을 이용하여 선례 데이터와 프로젝트 모수를 기준으로 원가 또는 기간을 계산하는 산정기법이다. 이 기법은 모델을 만드는 데 기반이 되는 데이터와 정교함에 따라 더 높은 정확도의 결과를 산출할 수 있다.

■ 모수산정은 선례 데이터와 그 외 여러 변수(예: 건설부지 면적) 간 통계적 관계를 이용하여 원가, 예산, 기간 등의 활동 모수에 대한 산정치를 계산한다.

■ 모수 일정 산정치를 프로젝트 전체 또는 일부분에 적용할 수 있고, 다른 산정기법과 연동하여 사용할 수도 있다.

■ 모수(Parametric)를 정해서 산출하는 방식이다. 범위가 유사하고 한 개가 다른 것들을 대표할 수 있을 때 가능하다. 예) 방 1개 페인트칠하는 데 3일 소요된다면, 방 10개는 30일이 소요될 것으로 추정하는 것이다.
  - 장점: 계산은 편하다.
  - 단점: 학습곡선을 반영하지 않았으며 이렇게 모수 계산으로 하는 경우가 많지가 않다.

4. 3점 산정(Three-point estimating)

산정의 불확실성과 리스크를 고려하여 1점 기간 산정치의 정확도를 개선할 수 있으며 활동기간의 대략적 범위를 정의할 때 3점 산정치가 유용하다. 3점 산정은 직접 경험 없이 일정을 산정해야 할 경우 전문가나 유사 프로젝트 경험자들과의 인터뷰를 통해 기본 데이터 수집하는 방식이다.

- Most likely(tM): 할당 가능한 자원, 자원별 생산성, 활동에 실질적인 가용 기대치, 공급중단을 고려하여 산정한 활동기간 ⋯ 가장 확률이 높다고 생각하는 기간 값
- Optimistic(tO): 최상의 활동 시나리오 분석에 근거한 활동기간 ⋯ 가장 좋은 시나리오에 근거해서 추정한 값
- Pessimistic(tP): 최악의 활동 시나리오 분석에 근거한 활동기간 ⋯ 가장 나쁜 시나리오에 근거해서 추정한 값
- 삼각분포(Triangular distribution): $tE = (tO + tM + tP)/3$(선례 데이터가 불충분하거나 판단데이터를 사용할 때) ⋯ 3가지 값을 수집(산정)한 후 3가지 값의 평균값을 산정하는 방식이다.
- 베타분포(Beta distribution): $tE = (tO + 4tM + tP)/6$

   PERT(Program Evaluation and Review Technique) weighted average.

   3가지 값(Most likely, Optimistic, Pessimistic)을 사용한다.

5. 상향식 산정(Bottom-up estimating)

- 작업분류체계(WBS)의 하위 수준 구성요소별 산정치를 집계하여 프로젝트 기간이나 원가를 산정하는 방법으로 합리적인 신뢰도 수준으로 활동기간을 산정할 수 없을 때, 활동에 포함된 작업을 더 구체적으로 세분한 다음에 상세한 기간을 산정한다.
- 모든 산정치를 집계하여 각 활동기간에 대한 총 수량을 산출하는 방식이다. 장점은 구체적인 정보가 있으면 정확도가 높다. 단점은 일일이 Work package별 기간을 산정하는 방식이기 때문에 시간과 노력이 많이 소모된다.

6. 데이터 분석(Data analysis)

- 대안분석(Alternatives analysis): 더 좋은 대안을 찾는 기법이다. 다양한 수준의 자원 역량 또는 기량, 일정단축 기법, 여러 가지 도구(수동 대비 자동)를 비교하여 자원에 관한 제작, 임대 또는 구매 결정을 내리는 데 사용한다.
- 예비분석(Reserve analysis)
  - 프로젝트에 필요한 우발사태 예비와 관리예비의 양을 결정하는 데 사용하며 일정 불확실성을 고려하여 일정예비라고 하는 우발사태 예비를 기간 산정치에 포함시킬 수 있다.
  - 우발사태 예비는 "예측 가능한 리스크(Known-unknowns)"와 연관되며 우발사태 예비는 개별 활동으로부터 분리하여 합산될 수 있다.

- 프로젝트에 관해 더 정확한 정보가 수집됨에 따라 우발사태 예비를 사용하거나 삭감 또는 제거할 수 있고 프로젝트 일정에 대한 관리예비 산정치도 산출할 수 있다.
- 관리예비는 관리통제 목적으로 보유하는 일정량의 프로젝트 예산이며, 예견되지 않았지만 프로젝트 범위에 속하는 작업용으로 예비로 준비된 것이다. 관리예비의 용도는 프로젝트에 영향을 줄 수 있는 "예측 불가능 리스크(Unknown‒unknowns)"를 처리하기 위한 것이다.
- 관리예비는 전체 프로젝트 기간 요구사항에는 포함되지만 일정 기준선에는 포함되지 않는다. 조건에 따라, 관리예비를 사용하기 위해 일정 기준선을 변경해야 할 수도 있다.

7. 의사결정(Decision‒making)

- 애자일 기반 프로젝트에서 대개 사용되는 투표 방법의 한 가지로, '손가락 거수법(fist to five)'이 있다.
- 팀원들이 함께 모여, 활동의 기간을 추정하는 기법으로 브레인스토밍, 델파이 기법, 명목집단그룹(Nominal group techniques) 등 실제적인 작업에 참여할 인력들이 참여하면 더욱 정확한 산정이 가능하다.

8. 회의(Meeting)

- 스프린트 또는 반복(iteration) 기획회의를 열기도 한다.

Quiz	용어에 대한 정의이다. 서로 정의가 맞는 것끼리 연결하시오.		
A	Analogous	가	Applying an average or weighted average of optimistic, pessimistic, and most likely estimates
B	Parametric	나	Aggregating the estimates of the lower-level components of the WBS
C	Bottom Up	다	Using an algorithm to calculate cost or duration based on historical data and project parameters
D	Three-Point	라	Using historical data from a similar activity or project

Answer A-라, B-다, C-나, D-가

6.4.3 활동기간산정 프로세스 산출물

1. 기간 산정치(Duration estimates)

- 활동, 단계 또는 프로젝트를 완수하는 데 필요한 최빈 단위기간 수를 평가한 수치이다.
- 지연은 기간 산정 치에 포함되지 않는다. 활동기간이 8일 이상, 12일 이하임을 나타내는 '2주±2일' 범위(주 5일제 근무로 가정), 활동에 3주 이하 소요될 확률이 85% 수준으로 높음을 나타내는 '3주 초과 확률 15%' 등으로 표기될 수 있다.

2. 산정 기준서(Basis of estimates)

- 기간 산정치를 뒷받침하는 추가적 상세정보의 양과 유형으로 상세하게 기술하는 것보다 기간 산정치의 명확하고 정확한 산정 근거를 제시하는 것이 중요하다. 다음과 같은 문서가 포함된다.

    - 산정치 기준(산정 방법)과 가정사항 및 제약사항을 기술한 문서
    - 일정한 범위 값으로 기간이 산정됨을 나타내는 가능한 산정치 범위(예: ±10%)
    - 최종 산정치의 신뢰도 수준
    - 산정치에 영향을 미치는 개별 프로젝트 리스크 문서

3. 프로젝트문서 업데이트(Project documents updates)

- 활동 속성(Activity attributes): 이 프로세스 동안 산출되는 활동기간 산정치는 활동속성의 일부로 문서에 명시된다.

- 가정사항 기록부(Assumption log): 기간 산정치를 구하는 과정에서 내린 가정사항(예: 자원의 기술 숙련도와 가용성)과 기간 산정치의 기준이 기록부에 포함하고 일정계획 방법론과 일정계획 도구에서 제기되는 제약도 기술한다.

- 교훈 관리대장(Lessons learned register): 기간 산정치 산출에 효과적, 효율적인 기법을 교훈 관리대장에 업데이트

PM Template--기간 산정치

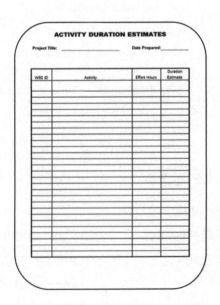

6.5   일정개발(Develop schedule)

활동 순서, 기간, 자원 요구사항, 일정 제약을 분석하여 프로젝트를 실행, 감시 및 통제하기 위한 프로젝트 일정모델을 생성하는 프로세스로 프로젝트 활동들의 완료 예정일이 정해진 일정모델을 생성한다. 수용 가능한 프로젝트 일정을 개발하는 작업은 반복적인 프로세스이다.

- 활동, 활동의 연관성, 활동의 기간, 활동에 필요한 자원이 모두 결정되면 이 요소들을 합하여 일정을 개발하기 때문에 입력물이 많다.
- 앞에서 진행된 프로세스들의 주요 산출물이 전부 일정개발 프로세스의 입력물(투입물)이 된다.
- 활동정의, 활동순서, 활동자원산정, 활동기간산정 프로세스들의 산출물이 일정개발에 거의 투입된다.
- 승인 받은 프로젝트 일정은 일정기준선(Schedule baseline)이 된다.
- 일정통제로 들어가는 프로젝트 일정은 최근까지의 작업일정이 업데이트 되어 있으면 실적으로 들어간다.

- The process of analyzing activity sequences, durations, resource Requirements, and Schedule constraints to create the project Schedule Model for project execution and monitoring and controlling – *PMBOK®* Guide – Sixth Edition, Glossary

(1) 프로세스(입력물/도구 및 기법/산출물)

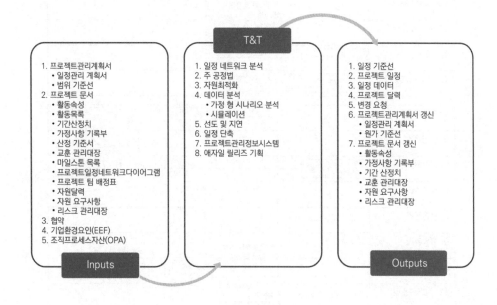

Inputs	T&T	Outputs
1. 프로젝트관리계획서 • 일정관리 계획서 • 범위 기준선 2. 프로젝트 문서 • 활동속성 • 활동목록 • 기간산정치 • 가정사항 기록부 • 산정 기준서 • 교훈 관리대장 • 마일스톤 목록 • 프로젝트일정네트워크다이어그램 • 프로젝트 팀 배정표 • 자원달력 • 자원 요구사항 • 리스크 관리대장 3. 협약 4. 기업환경요인(EEF) 5. 조직프로세스자산(OPA)	1. 일정 네트워크 분석 2. 주 공정법 3. 자원최적화 4. 데이터 분석 • 가정 형 시나리오 분석 • 시뮬레이션 5. 선도 및 지연 6. 일정 단축 7. 프로젝트관리정보시스템 8. 애자일 릴리즈 기획	1. 일정 기준선 2. 프로젝트 일정 3. 일정 데이터 4. 프로젝트 달력 5. 변경 요청 6. 프로젝트관리계획서 갱신 • 일정관리 계획서 • 원가 기준선 7. 프로젝트 문서 갱신 • 활동속성 • 가정사항 기록부 • 기간 산정치 • 교훈 관리대장 • 자원 요구사항 • 리스크 관리대장

일정개발 프로세스의 주요 입력물은 활동정의, 활동순서, 자원산정(9장), 활동기간산정 프로세스의 산출물들이다. 왜냐하면 일정은 활동의 식별 후 순서, 자원 및 기간을 합쳐서 만들기 때문이다. 여기에 조달부문의 협약부문, 리스크 관련 관리대장 및 교훈 관리대장 정도가 추가로 들어간다.

- 일정개발 프로세스의 핵심 도구 및 기법은 뭐라 해도 CPM(주 공정 법)이다. CPM은 매우 중요한 도구 및 기법이다. 왜냐하면 실제로 프로젝트 관리자는 일정관리에 있어 우선순위로 관리하는 부분이 CPM이기 때문이다.
- 일정개발프로세스의 산출물은 프로젝트 일정, 프로젝트 일정 중에 승인 받은 일정인 일정기준선, 일정데이터, 프로젝트 달력(자원가용성) 등이 있다.

(2) 프로세스 흐름도

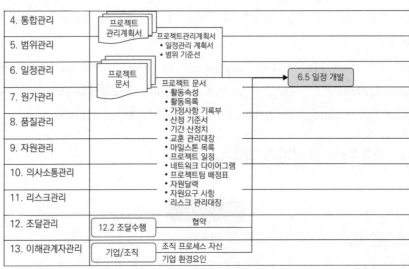

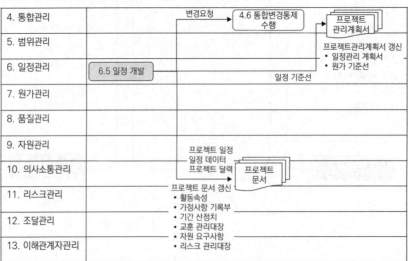

6.5.1 일정개발 프로세스 투입물

1. 프로젝트 관리 계획서(Project management plan)

- 일정 관리 계획서(Schedule management plan): 프로젝트 일정을 수립하는 데 필요한 일정 수립 방법과 도구 및 계산 방법에 대한 지침이다. 일정표 작성에 사용되는 일정계획 방법과 일정 산출 방법이 기술된다.
- 범위기준선(Scope baseline): 범위 기술서와 작업분류체계(WBS), 작업분류체계사전(WBS dictionary)에 일정모델을 생성할 때 고려하는 프로젝트 인도물에 관한 자세한 정보가 기술된다.

2. 프로젝트 문서(Project documents)

- 활동목록(Activity list): 프로젝트에 필요한 모든 일정활동을 산정하여 열거한 목록이다.
- 활동속성(Activity attributes): 일정모델을 생성하는 데 사용된 상세정보를 제공한다.
- 가정사항 기록부(Assumption log): 가정사항 기록부에 기록된 가정 및 제약 사항은 프로젝트 일정에 영향을 줄 수 있는 개별 프로젝트 리스크를 유발할 수 있다.
- 산정기준서(Basis of estimates): 상세하게 기술하는 것보다 기간 산정치의 명확하고 정확한 산정 근거를 제시하는 것이 중요하다.
- 기간 산정치(Duration estimates): 활동을 완료하는 데 필요한 최빈 단위기간의 수를 정량적으로 평가한 수치를 제시한다.
- 교훈(Lessons learned): 프로젝트 초기에 일정 개발과 관련하여 습득한 교훈을 이후 단계에 적용함으로써 일정모델의 타당성을 향상시킨다.
- 마일스톤 목록(Milestone list): 구체적 마일스톤별 예정일이 열거된다.
- 프로젝트 일정 네트워크 다이어그램(Project schedule network diagrams): 일정 산정에 사용할 선행활동과 후행활동 간 논리적 관계를 보여준다.
- 프로젝트 팀 배정표(Project team assignments): 프로젝트 팀원 배정표에는 각 활동에 배정되는 자원을 명시한다.
- 자원 달력(Resource calendars): 프로젝트 기간에 자원 가용성에 관한 정보를 제시한다.
- 자원 요구사항(Resource requirements): 일정모델을 생성하는 데 사용되는 각 활동에 필요한 자원의 유형과 수량을 명시한다.
- 리스크 관리대장(Risk register): 식별된 모든 리스크와 일정모델에 영향을 미치는 리스크 특성을 상세히 기술하고 리스크 영향력 예상치 또는 평균치를 사용하여 일정 관련 리스크 정보를 일정 예비에 반영한다.

3. 협약(Agreements)

■ 공급업체가 계약상 약정을 충족하기 위해 프로젝트 작업을 수행하는 방법에 대한 구체적 정보를 개발하는 과정에서 프로젝트 일정에 투입될 정보를 확보할 수 있다.

4. 기업 환경 요인(Enterprise environmental factors)

■ 정부 또는 산업표준, 의사소통채널 등이 있다.

5. 조직 프로세스 자산(Organizational process assets)

■ 일정모델 개발 및 유지관리에 적용되는 정책을 포함하는 일정개발 방법론, 프로젝트 달력 등이 있다.

6.5.2　일정개발 프로세스 도구 및 기법

1. 일정 네트워크 분석(Schedule network analysis)

■ 프로젝트 일정모델을 생성하는 데 사용하는 중요한 기법이다.

■ 주 공정 법(CPM), 자원최적화 기법 및 모델링기법 등의 여러 가지 다른 기법을 함께 사용한다.

■ 추가 분석 예시는 다음과 같다.

  − 여러 경로가 단일 시점으로 수렴할 때나 단일 시점에서 여러 경로가 분기될 때, 일정이 뒤쳐질 가능성을 줄이기 위해 모든 일정예비를 집계할 필요가 있는지 평가한다.

  − 주공정의 리스크를 완화하기 위해 일정예비를 유용하거나 리스크 대응책을 구현할 필요가 있을 정도로 위험한 활동이나 선도가 긴 항목이 주 공정에 포함되어 있는지 확인하기 위해 네트워크를 검토한다.

2. 주 공정법(CPM: Critical path method)

■ 프로젝트 기간의 최단기 일정을 산정하고, 일정 모델 내에서 논리적인 네트워크 경로에서 여유 시간을 결정하는 데 사용한다. 전진계산법(Forward pass) 및 후진계산(Backward pass) 분석을 통해 일정 네트워크 내에서 빠른 시작일, 빠른 종료일, 늦은 시작일, 늦은 종료일을 계산한다.

■ 분석의 결과로 나온 빠른 시작일, 늦은 시작일 및 종료일이 반드시 프로젝트 일정으로 결정될 필요는 없으나 활동의 기간, 논리적인 관계, 선도와 지연 및 다른 제약조건들을 입력함으로써 활동이 수행되는 데 필요한 기간을 산출한다.

■ CPM은 단위활동기간과 활동 순서에 가장 빠른 시작일 및 완료일(ES, EF)과 가장 늦은 시작일 및 완료일(LS, LF)을 계산한다. CPM의 초점은 어떤 활동들이 최소의 일정상 여유를 갖고 있는지를 결정하기 위한 여유시간(Float)을 계산한다.

- 동일 경로상의 여유(Total Float)는 −(음), 0, +(양)으로 일정의 유연성을 표시한다.
- 전진계산(Forward Pass): 프로젝트 시작일을 기준으로 일정을 계산하는 방법이다. "As Soon As Possible" 일정표의 ES(Early start date)와 EF(Early finish date)를 구한다.
- 후진 계산(Backward Pass): 프로젝트 종료일로부터 활동의 완료일을 기준으로 일정을 역산하는 일정계산방법 "As Late As Possible" 일정표의 LS(Late start date)와 LF(Late finish date)를 구한다. 먼저 전진계산을 하면 다음과 같다. 현재에서 미래로 계산하는 방식이다.

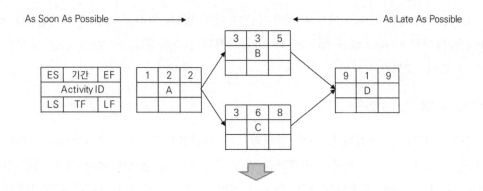

후진계산을 하면 다음과 같다.

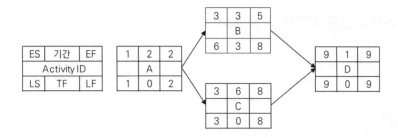

상기 그림에서 얻을 수 있는 정보는 무엇인가?

먼저 CPM(Critical path method)를 이해하려면 상기 그림에서 왜 전진계산과 후진계산을 했는지의 이유를 알아야 한다. 전진계산과 후진계산의 결과로 나온 정보는 바로 LS−ES 또는 LF−EF의 값이다. LS−ES 또는 LF−EF의 값을 TF(Total float)라고 하는데, TF의 정의는 다음과 같다.

- Total float(TF): 프로젝트 납기일을 지연시키지 않고 활동이 가질 수 있는 여유시간으로 LS−ES 또는 LF−EF으로 계산한다.

따라서 Path A−B−D와 A−C−D중에서 TF가 0보다 큰 활동을 가지고 있는 Path는 B활동 TF 3이기 때문에 A−B−D가 된다. 즉 A−B−D Path에서 B활동은 TF가 3일이기에 자체적으로 3일 지연시켜도 전체일정의 지연을 발생시키지 않는다.

반면에 A−C−D Path는 전부 TF가 0이므로 여유시간이 전혀 없다. 즉 어느 활동이라도 조금만 지연되어도 전체 일정에 영향을 줄 수 있다.

상기 그림에서 CPM은?

A−C−D Path는 전부 TF가 0이므로 여유시간이 전혀 없다. 따라서 CPM은 A−C−D Path이다. CPM은 따라서 Connection line of TF 0라고 정의 할 수 있다. 또 다른 접근 방식은 가장 기간이 큰 값이 CPM이다.

CPM은 왜 중요한가?

일정관리에서 프로젝트관리자가 가장 중점적으로 관리하는 것이 바로 CPM관리이다. 가장 Critical 한 일정의 연결선이기에 공정지연을 막고, 늘 감시 및 통제를 해야 하기 때문이다. 일정관리는 엄청난 자원이 투입되고 많은 활동이 연결이 되어 있기에 기업에서 무엇보다도 관심을 가지고 있는 부분이다. 그래서 이런 고객의 일정관리의 Need를 알고 있기에 다양한 일정관리 SW Tool이 제공되고 있다. 예: MS−PROJECT, 프리마벨라 등

TF(Total Float)와 같은 의미를 가진 용어는?

- Total Float 구하는 공식은? LS−ES or LF−EF
- Total Float와 같은 의미는? Float, Slack, Buffer

Free Float란?

- Free Float(FF): 후행 활동의 빠른 시작일을 지연시키지 않고 선행 활동이 가질 수 있는 여유시간이다: 공식은 다음과 같다. EF - ES Successor

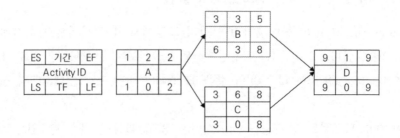

■ 상기 그림에서 B와 D사이에 6, 7, 8일의 3일간의 Free Float가 발생하고 있음을 알 수 있다.

3. 자원 최적화(Resource optimization)

■ 자원평준화(Resource leveling): 자원들을 주공정상의 활동들에 가장 먼저 할당하는 등과 같은 방법으로 자원을 조정함을 의미한다. 그래서 자원 평준화 결과는 주 공정(Critical Path) 의 변경을 유발한다. 가용 공급량과 자원 요구량 사이 균형유지 목표를 지키면서 자원제약 에 근거하여 시작일과 종료일을 조정하는 기법이다.

  – 공유 자원 또는 중요한 필수 자원이 일정한 시간대 또는 제한된 수량에 한하여 사용 가 능하거나 초과 배정된 경우(예: 동일한 기간에 한 가지 자원을 둘 이상의 활동에 배정한 경우) 또는 자원 사용량을 일정한 수준으로 유지해야 하는 경우에 자원평준화를 사용한다.

  – 자원평준화로 인해 초기 주 공정이 변경될 수 있다.

  – 자원평준화에 가용 여유가 사용된다. 결과적으로 프로젝트 일정 전반의 주 공정이 변경 될 수 있다.

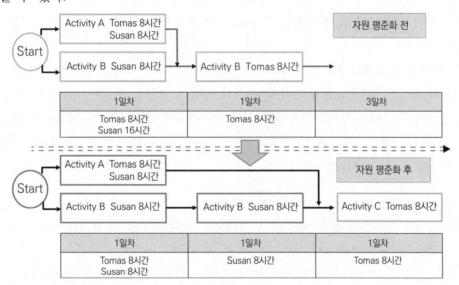

상기 그림에서 자원평준화 이전에는 Susan은 1일차에 Activity A와 B를 동시에 수행하기 때문 에 16시간이 필요했다. 그래서 자원평준화를 통해 하루 8시간 근무시간을 기준으로 하여 2일 차에 Susan이 업무를 수행하고, Tomas는 3일차에 업무를 수행하였다. 결과적으로 전체일정 2 일이 자원평준화로 인해 전체일정이 3일이 되었다. 일정이 지연될 수 있는 가능성이 있는 것 이 자원 평준화의 결과이다.

■ 자원 평활화(Resource smoothing): 단위 활동의 Buffer 안에서 일정을 조정하므로 일정을 지연시키지 않고 자원을 최적화한다. 프로젝트에 대한 자원 요구사항이 미리 정해진 자원 한도를 초과하지 않도록 일정모델의 활동을 조정하는 기법이다.

226

　　－ 자원 평활화는 프로젝트의 주 공정을 변경하지 않으며 완료일을 지연하지 않을 수 있다.
　　－ 해당하는 자유여유(FF)와 총 여유 안에서만 활동을 지연할 수 있다.
　　－ 자원 평활화를 사용하면 일부 자원이 최적화되지 않을 수 있다.

4. 데이터 분석(Data analysis)

■ 가정 시나리오 분석(What-if scenario analysis)
　　－ 프로젝트 목표에 미칠 긍정적 또는 부정적 영향을 예측하기 위해 여러 가지 시나리오를 평가하는 분석 기법이다. "시나리오 X의 상황이 발생한다고 가정하면?"이라는 질문을 분석한다.
　　－ 주요 구성요소의 인도 지연, 특정 엔지니어링 기간 연장, 그리고 파업 또는 허가 절차 변경 등의 외부 요인 발생과 같은 여러 가지 시나리오를 계산하기 위해 일정을 적용하여 일정 네트워크 분석을 수행한다.
　　－ 가정형 시나리오 분석의 결과는 다양한 조건에서 프로젝트 일정의 타당성을 평가하고, 예측하지 못한 상황의 영향을 해결하기 위한 일정예비와 대응 계획을 준비하는 데 사용할 수 있다.

■ 시뮬레이션(Simulation): 프로젝트 목표 달성에 미칠 잠재적 영향을 평가하기 위해 개별 프로젝트 리스크 및 기타 불확실성 유발 근원의 종합적 영향을 모델링기법이다. 가장 일반적인 시뮬레이션 기법은 몬테카를로 분석이다. 각 활동에 대한 가능한 결과들의 확률분포가 먼저 정의되고, 전체 프로젝트의 결과에 대한 Random number로 확률분포를 계산하는 기법이 Monte Carlo 분석기법이다.

5. 선도 및 지연 적용(Applying leads and lags)

■ 선도와 지연은 네트워크 분석 과정에서 후행활동 시작 시간을 조정하는 방식으로 실행 가능한 일정을 구하기 위해 적용하는 조정하는 것이다.
■ 부적절한 선도 및 지연은 일정을 왜곡할 수 있다. 따라서 실행 가능한 프로젝트 일정을 위해 일정 네트워크 분석 동안에 조정이 되어야 한다.

6. 일정 단축(Schedule compression)

범위변경 없이 프로젝트 일정을 단축시키는 방법으로 대표적으로 두 가지가 있다.

■ 공정 압축법(Crashing): 최소한의 부가 비용으로 최대한의 기간 단축을 위해 비용과 기간의 상관관계를 분석하는 것으로, 반드시 실행 가능한 대안들을 도출해 내는 것은 아니며 추가 인력을 투입하기 때문에 비용이 증가한다.
■ 공정중첩 단축법(Fast tracking): 보통 순차적으로 행해지는 활동들을 동시에 수행하는 것으로 리스크는 수반하나 비용 증가 없이 행하는 방식이다.

공정 압축법(Crashing)과 공정중첩 단축법(Fast tracking) 비교정리

아주 중요한 부분이니 차이점을 잘 숙지하여야 한다.

구분	Crashing	Fast tracking
방법	자원(비용)을 더 투입하여 일정을 단축시킨다.	순차적으로 수행해야 하는 단계나 활동들을 병행으로 수행한다.
대상	Critical path 상에 있는 활동 중에서 최소의 비용으로 최대의 단축을 얻을 수 있는 활동을 수행한다.	연관관계 중 강제적 의존관계(Hard logic)를 제외한 활동 중에서 병행수행이 가능하다고 판단이 되는 작업을 수행한다.
상황	- 예산이 충분하거나 여분의 자원이 존재할 때 - 재작업 가능성이나 리스크 요소가 증가하는 것을 원하지 않을 때 사용한다.	- 예산을 더 투입할 수 없을 때 - 재작업이 필요하거나 리스크가 증가하는 상황이 발생할 가능성이 있다.

그림으로 이해하는 일정단축기법(FS에서 Fast tracking, Crashing의 사용)

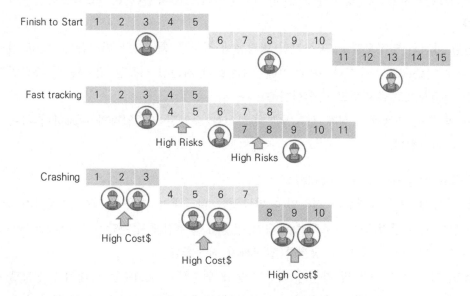

7. 프로젝트 관리 정보시스템(Project management information system)

■ 프로젝트관리 정보시스템에는 활동, 네트워크 다이어그램, 자원 및 활동기간에 대한 투입물을 기준으로 시작일과 종료일을 생성하여 일정모델 구축 프로세스를 촉진하는 일정계획 소프트웨어가 포함한다.

8. 애자일 릴리즈 기획(Agile release planning)

■ 제품 로드맵과 제품 진화를 위한 제품 비전을 근거로 릴리즈 일정(일반적으로 3~6개월)을 요약한 상위 수준 일정표가 생성된다.

■ 릴리즈까지 반복(iteration) 또는 스프린트 횟수도 결정하고, 제품 책임자와 팀이 비즈니스

목표, 의존관계 및 장애를 기반으로 개발해야 할 제품량과 제품 출시까지의 소요 기간도 애자일 릴리즈 기획을 통해 결정한다.

▨▨▨▨ 주 공정 연쇄법(Critical chain method)-참고

PMBOK 6판에서는 없지만 5판까지 나와있던 도구 및 기법이다. 주 공정 연쇄법은 참조적으로 알아두면 좋다. 주 공정 연쇄법은 자원 제약하의 프로젝트 일정을 조정하는 일정 네트워크 분석 기법으로, 주 공정 식별 후, 자원 가용성이 들어간 자원 제약 일정이 결정한다. 비 작업 일정인 기간 버퍼(Duration buffer) 관리하며, 버퍼 일정 활동 추가하고 늦은 시작/종료일로 일정을 결정한다.

6.5.3 일정개발 프로세스 산출물

1. 일정 기준선(Schedule baseline)

■ 프로젝트관리자가 경영층이나 스폰서에게 공식적으로 승인 받은 프로젝트 일정의 기준선이다.

■ 승인된 버전의 일정모델로, 공식적인 변경통제 절차를 통해서만 변경할 수 있고 실제 결과와 비교 기준으로 사용한다. 해당 이해관계자들이 기준선 시작일 및 기준선 종료일과 함께 일정 기준선으로 수락하고 승인한다.

■ 감시 및 통제 과정에서 실제 시작일과 종료일을 승인된 기준일자와 비교하여 차이가 발생했는지 판단한다.

2. 프로젝트 일정(Project schedule)

■ 세부 활동에 대한 계획상의 시작일과 완료일을 나타내며, 자원 할당이 결정되기 전까지는 예비단계로, 일반적으로 프로젝트 계획이 완성되기 이전에 수행단계로, Master schedule과 같은 요약된 형태부터 더욱 상세한 일정까지 작성한다.

■ 예정일, 기간, 마일스톤 및 자원과 해당 활동을 연결하여 보여주는 형태의 일정모델 산출물이다. 프로젝트 일정에 각 활동의 예정시작일과 예정종료일을 반드시 포함시켜야 한다.

■ 이 프로세스는 보통 프로젝트관리 계획서가 완성되기 전에 진행된다.

3. 일정 데이터(Schedule data)

■ 일정을 기술하고 통제하는 데 사용되는 정보의 집합이다. 일정 데이터에 일정 마일스톤, 일정활동, 활동속성, 그리고 식별된 모든 가정 및 제약을 기술한 문서를 반드시 포함시켜야 한다.

　　– 기간별 자원 요구사항(대개 자원 히스토그램 형태)

　　– 대안 일정, 예를 들어 최상 또는 최악 사례, 자원 평준화를 했는지 여부, 또는 지정일자

가 있는지 여부

– 적용된 일정 예비 및 자원히스토그램

– 현금흐름 추정 및 주문 및 인도일정

■ 일정상 문제가 생길 경우 왜 그렇게 되었는지 일정수립 시 혹시 잘못이 없었는지를 재검토할 때 유용하게 사용된다.

4. 프로젝트 달력(Project calendars)

■ 일정활동을 수행할 수 있는 근무일 또는 근무 교대시간을 보여준다.

■ 예정된 작업에 사용할 수 없는 기간으로부터 예정 활동을 완료하는 데 할당할 수 있는 기간(일수 또는 기간의 일부 구간)이 프로젝트 달력에 구분하여 표시된다.

■ 프로젝트 달력을 두 개 이상 필요로 하는 일정모델이 있을 수 있다.

5. 변경 요청(Change requests)

프로젝트 범위 또는 프로젝트 일정의 변경으로 인해 범위 기준선, 일정 기준선 및 또는 프로젝트관리 계획서의 다른 구성요소에 대한 변경요청이 제기될 수 있다.

6. 프로젝트관리계획서 업데이트(Project management plan updates)

■ 일정관리 계획서(Schedule management plan): 일정을 개발하고 관리하는 방법에 대한 변경사항을 반영하여 일정관리 계획서를 업데이트한다.

■ 원가 기준선(Cost baseline): 원가 기준선 변경은 범위, 자원 또는 원가 산정치의 승인된 변경 사항에 부합해야 한다. 경우에 따라 원가차이가 너무 심해서 성과측정에 대한 현실적 기준을 제시하는 개정된 원가 기준선이 필요할 수 있다.

7. 프로젝트 문서 업데이트(Project document updates)

■ 활동 속성(Activity attributes): 개정된 자원 요구사항과 일정개발 프로세스에서 발생된 기타 개정사항을 반영하여 활동속성을 업데이트한다.

■ 가정사항 기록부(Assumption log): 기간, 자원의 사용, 순서배열 관련 가정의 변경 또는 일정모델 개발 결과로 드러나는 기타 정보를 반영하여 가정사항 기록부를 업데이트한다.

■ 기간 산정치(Duration estimates): 활동의 의존관계, 자원의 수와 가용성으로 인해 기간 산정치를 변경하게 될 수 있다. 자원평준화 분석으로 자원 요구사항이 변경되면, 기간 산정치도 업데이트해야 할 수 있다.

■ 교훈 관리대장(Lessons learned register): 일정모델 개발에 효과적, 효율적인 기법 및 정보로 교훈 관리대장을 업데이트한다.

■ 자원 요구사항(Resource requirement): 자원평준화가 필요한 자원의 종류와 수량에 대한 예비 산정치에 상당한 영향을 미칠 수 있다. 자원평준화 분석 결과로 자원 요구사항이 변경

되면 자원 요구사항을 업데이트한다.

■ 리스크 관리대장(Risk register): 일정계획 과정에서 가정을 통해 인지된 기회나 위협을 반영하여 리스크 관리대장을 업데이트한다.

주 공정 법(CPM: Critical path method)의 유래 및 정의

CPM은 듀퐁과 Remington Rand에 의해서 1950년대에 개발되었다. 전진계산과 후진계산을 통하여 시작일과 종료일을 계산하는 모델링 기법으로, 전진계산(Forward pass)은 최초의 활동부터 오른쪽으로 0부터 시작하여 활동별 기간을 더해 나가되, 선행 활동이 2개 이상인 활동은 해당 활동에 도달하는 여러 가지 경로 중에서 가장 큰 값을 가진 경로를 선택하고 각 활동별 가장 빠른 시작일자(ES)와 가장 빠른 완료일자(EF)가 계산된다.

주공정 경로상에 있는 활동들을 Critical activity라고 하고, 후진계산(Backward pass) 방법은 전진계산이 끝나면 최종 활동부터 역으로 시작일과 종료일 계산을 수행하며, 이때에는 후속활동이 2개 이상인 경우 가장 작은 값을 가진 경로를 선택하여 그 값을 취한다. 가장 늦은 시작일자(LS)와 가장 늦은 완료일자(LF)를 계산하는 기법이다.

GERT(Graphical evaluation and review techniques)]는?

GERT(Graphical Evaluation and Review Techniques): GERT Techniques은 PERT와 유사하지만 순환(Looping), 조건분기(Branching), 여러 프로젝트 결과 표현을 할 수 있는 장점이 있다. 예를 들어 만약 테스트라는 활동이 있는데 테스트 실패 시 다시 테스트를 수행하는 형태의 환 구조는 PERT에서 표현할 수 없다. 그리고 테스트 결과에 따라 서로 다른 가지로 나뉘게 되는 것 역시 PERT에서 표현이 안 되지만 이러한 문제를 GERT 방식에서는 쉽게 표현해 줄 수 있다. 주로 R&D분야에서 많이 사용되는 일정관리 기법이다. 왜냐하면 R&D분야는 개발 과정에서 실패에 따른 프로세스 회귀상황이 많이 발생하기 때문에 조건부 회귀가 가능한 GERT를 사용한다.

프로젝트 일정 Flow

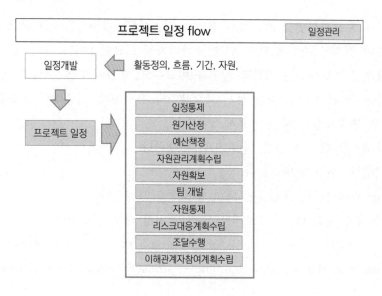

자원(Resource) Flow

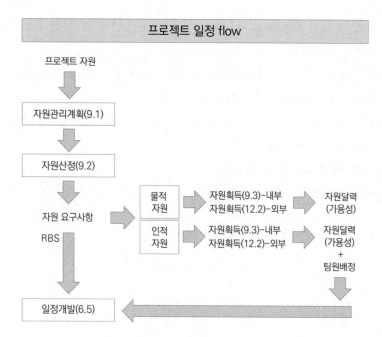

6.6   일정통제(Control schedule)

프로젝트의 상태를 감시하면서 프로젝트 전반에 걸쳐 일정 기준선을 유지하고 프로젝트 일정을 업데이트하며 일정 기준선에 대한 변경을 관리하는 프로세스이다. 변경 발생 시 실질적인 변경 관리일정통제 프로세스는 계획과 실적을 비교하고, 승인되지 않은 일정 변경이 일어나지 않도록 통제하는 게 목적이다. 다른 통제 프로세스와 유사하며, 기준대비 실정을 비교해서 실적이 못한 경우 변경요청을 하는 프로세스이다.

일정통제 프로세스는 다음과 같은 일을 또한 수행한다.

- 프로젝트 일정의 현황을 판단한다.
- 일정 변경을 발생시키는 요인들에 대한 영향력을 행사한다.
- 필요한 일정예비 재검토하고 프로젝트 일정의 변경 여부 판별한다.

• The process of monitoring the status of the project to update the project Schedule and manage changes to the Schedule baseline — *PMBOK*® Guide — Sixth Edition, Glossary.

애자일 접근법 사용시 주력해야 할 점.

- 인도되어 수용된 작업의 총량을 경과한 시간주기에 완료된 작업 산정치와 비교하여 프로젝트 일정의 현황을 판단한다.
- 프로세스 개선을 위해 회고 검토(교훈기록을 위한 예정된 검토) 수행 후, 필요 시 개선한다.
- 잔여 작업 계획의 우선순위를 재지정(백 로그)한다.
- 반복(Iteration)주기당 주어진 시간(합의된 작업주기 기간, 일반적으로 2주 또는 1개월)에 인도물이 생산, 검증, 수용되는 비율(속도)을 판정한다.
- 프로젝트 일정의 변경여부를 판별한다.
- 변경이 발생하면 실질적인 변경관리를 한다.

(1) 프로세스(입력물/도구 및 기법/산출물)

일정통제 프로세스는 역시 감시 및 통제 프로세스의 패턴에 따른다. 기준과 실적이 투입되고 산출물로 작업성과정보와 변경요청이 나온다.

- 일정통제 프로세스는 기준으로 일정기준선이 투입되고 실적으로는 작업성과데이터가 들어간다. 도구 및 기법으로 주로 차이분석 및 추이분석 기법이 사용되고 산출물로 작업성과정보와 변경요청이 나온다.

- 특이한 점은 일정 예측치가 나오는데 이것은 작업성과보고서에 작성될 때 프로젝트 미래예측을 위한 것으로 "프로젝트작업 감시 및 통제" 프로세스에 입력되기 때문이다.

- 따라서 미래예측과 관련 일정예측을 위해 도구 및 기법으로 데이터 분석기법에 있는 획득가치기법이 사용된다.

(2) 프로세스 흐름도

6.6.1 일정통제프로세스 투입물

1. 프로젝트 관리 계획(Project management plan)

- 일정관리 계획서(Schedule management plan): 일정 업데이트 빈도, 예비 유용 방법 및 일정관리 방법이 기술된다. 프로젝트 일정을 어떻게 관리하고 통제할 것인가를 기준으로 한다.
- 일정기준선(Schedule baseline): 변경, 시정조치 또는 예방조치가 필요한지 여부를 판단하기 위해 실제 결과와 비교되는 기준을 제공한다.
- 범위기준선(Scope baseline): 일정 기준선 감시 및 통제 과정에서 범위 기준선에 명시된 프

로젝트 작업분류체계(WBS), 인도물, 제약 및 가정사항을 명확히 고려한다.

- 성과측정 기준선(Performance measurement baseline): 획득가치 분석을 사용할 때, 성과측정 기준선을 실제 결과와 비교하여 변경, 시정조치 또는 예방조치가 필요한지 여부를 판단한다.

2. 프로젝트 문서(Project documents)

- 교훈관리대장(Lessons learned register): 프로젝트 초기 단계의 교훈을 이후 단계에 적용하여 일정을 더 효과적으로 통제할 수 있다.
- 프로젝트 달력(Project calendars): 일정 예측치를 계산할 때 일부 활동에 대해 여러 다른 작업 기간을 허용하기 위해 프로젝트 달력을 두 개 이상 필요로 하는 일정모델이 있다.
- 프로젝트일정(Project schedule): 표시된 기준일에 업데이트, 완료한 활동, 시작한 활동을 나타내는 표시가 포함된 최신 버전 일정을 가리킨다.
- 자원달력(Resource calendars): 팀과 물리적 자원의 가용성 정보를 보여준다.
- 일정데이터(Schedule data): 일정데이터는 일정통제 프로세스를 통해 검토하고 업데이트한다.

3. 작업성과데이터(Work performance data)

- 시작된 활동, 활동의 진척도(예: 실제 기간, 잔여 기간, 실제 달성률), 완료된 활동 등과 같은 프로젝트 현황정보가 작업성과 데이터에 포함된다.
- 통제 프로세스 특성상 기준과 실적 비교대상에서 실적으로 투입된다.

4. 조직프로세스 자산(Organizational process assets)

- 기존의 공식적, 비공식적 일정통제 관련 정책, 절차 및 지침 및 일정통제 도구
- 사용할 감시 및 보고 방법 등이 포함된다.

6.6.2 일정통제프로세스 도구 및 기법

1. 데이터 분석(Data analysis)

- 획득가치분석(Earned value analysis): 일정차이(SV), 일정성과지수(SPI) 등의 일정성과 측정치를 이용하여 초기 일정 기준선에서 벗어난 변이 정도를 평가해줄 수 있다.
- 반복 번 다운 차트(Iteration burn down chart): 반복(Iteration)계획에서 수행된 작업을 근거로 이상적인 번 다운 기준의 차이를 분석하는 데 이 차트를 사용한다. 예측치 추세선을 사용하여 반복(Iteration) 완료시점에서 발생할 수 있는 차이를 예측한다. 반복(Iteration) 과정에서 적절한 조치를 취할 수 있다. 이상적인 번 다운과 일일 실제 잔여 작업을 나타내는 대각선을 그린 다음에 추세선을 계산하여 잔여 작업에 기준한 완료일을 예측한다.
- 성과 검토(Performance reviews): 성과검토를 통해 진행 중인 작업의 실제 시작일과 종료

일, 달성률, 잔여 기간 등과 같은 일정성과를 측정하고, 일정 기준선 대비 비교 및 분석한다. 일정차이(CV)와 일정 성과지수(SPI) 등 성과측정 기법은 편차의 크기를 평가하고 통제의 중요한 부분은 일정 편차가 적절한 시정 조치를 요구하는지를 결정한다. 주공정 또는 거의 주공정에 가까운 활동의 지연은 즉각적인 조치를 필요로 한다.

- 추세 분석(Trend analysis): 추세분석을 통해 시간 경과에 따른 프로젝트 성과를 분석하여 성과 향상 또는 저하 여부를 판별한다. 그래프 분석 기법은 현재까지 성과를 파악하고 완료일 형식으로 향후 성과 목표와 비교하는 데 유용하다.

- 차이분석(Variance analysis): 차이분석을 통해 계획 대비 실제 시작일과 종료일, 계획 대비 실제 기간, 여유의 차이를 분석한다. 일정 기준선 대비 차이의 원인과 정도를 판정하고, 이렇게 발생한 차이가 완료할 향후 작업에 주는 영향을 평가하여 시정조치나 예방조치가 필요한지 여부를 판단하는 것도 한 부분이다.

- 가정형 시나리오 분석(What-if scenario analysis): 가정형 시나리오 분석을 통해 프로젝트 리스크관리 프로세스 결과로 도출되는 다양한 시나리오를 평가하여 프로젝트관리 계획서 및 승인된 기준선에 맞춰 일정모델을 조율한다.

2. 주공정법(Critical path method)

- 주공정 경로를 따라 진척도를 비교하는 것은 일정 현황을 판단하는 데 효과적이다.

- 준 주공정 경로(Near critical path)에서 활동들의 진척도를 평가하여 일정 리스크를 식별할 수 있다.

3. 프로젝트 관리 정보시스템(Project management information software)

- 예정 날짜와 실제 날짜를 비교 추적하고, 일정 기준선에서 벗어난 차이와 일정 기준선 대비 달성된 진척도를 보고하고, 프로젝트 일정모델의 변경으로 인한 영향을 예측하는 기능을 제공하는 일정계획 소프트웨어가 프로젝트관리 정보시스템에 포함된다.

4. 자원 최적화(Resource optimization)

- 자원 최적화 기법을 통해 자원 가용성과 프로젝트 시간을 모두 고려하면서 활동일정과 활동에 필요한 자원을 계획한다.
  - Resource leveling은 자원들을 주공정상의 활동들에 가장 먼저 할당하는 등과 같은 방법으로 자원을 조정함을 의미한다. 그래서 자원 평준화 결과는 주공정(Critical Path)의 변경을 유발한다.
  - Resource smoothing은 단위 활동의 buffer 안에서 일정을 조정하므로 일정을 지연시키지 않고 자원을 최적화한다.

5. 선도 및 지연(Leads and lags)

- 뒤처진 프로젝트 활동을 계획에 맞출 방법을 찾기 위한 네트워크 분석 과정에서 선도 및 지연 조정을 적용한다. 적절한 선도 및 지연 재조정으로 합리적인 일정 통제가 필요하다.

6. 일정 단축(Schedule compression)

- 잔여 작업에 공정중첩 단축법 또는 공정 압축법을 사용하여 현재 지연된 프로젝트 활동을 계획에 맞추기 위한 방법을 찾는 데 사용되는 기법이다.

▨ Schedule control actions

Crashing: Overtime -7 x 24 week available	Fast-Tracking "soft logic"	Crashing: Add resources	Reduction in scope -prioritize or accept the change-adjust the baseline
Minor delays	Substantial delays	Major delays	Showstoppers

상기 그림을 기반으로, 일정이 조금만 지연(Minor delays)이 되는 경우는 일반적으로 Over time 을 통해서 일정을 맞출 수 있다. 그러나 실제적으로 일정 지연이 나타나면 "Fast–tracking"을 통해 대응을 하게 된다. 그러나 일정이 크게 지연된 경우에는 "Fast–tracking"으로서는 한계 가 나타난다. 이런 경우에는 자원을 추가로 투입하는 "Crashing"기법을 사용하여야 한다. 만일 일정에 치명적인 Show stopper가 발생하면 범위를 축소하거나 기준선을 변경하여야 한다.

6.6.3 일정통제프로세스 산출물

1. 작업성과 정보(Work performance information)

- 작업성과 정보에는 일정 기준선과 비교하여 프로젝트 작업의 진행 정도에 대한 정보가 포함된다. 작업패키지 수준과 통제단위 수준에서 시작일과 종료일, 기간에서 발생한 차이를 계산할 수 있다.
- 획득가치 분석을 사용하는 프로젝트의 경우, SV와 SPI를 작업성과 보고서에 포함시키도록 명시한다.

2. 일정 예측치(Schedule forecasts)

- 프로젝트를 실행함에 따라 제공되는 작업성과 정보를 근거로 예측 결과를 업데이트하고 재발행한다. 이 정보는 프로젝트의 과거 성과와 시정조치 또는 예방조치에 따라 예상되는 향후 성과에 근거한다.

- 획득가치 지표뿐만 아니라 향후 프로젝트에 영향을 줄 수 있는 일정예비 정보도 포함될 수 있다. 획득가치 기법에 기반한 일정예측치를 제공한다.

3. 변경요청들(Changes requests)

- 진행상황 보고서, 성과측정 결과 및 프로젝트 범위 또는 프로젝트 일정에 대한 수정사항을 검토한다.
- 일정 차이분석의 결과로 일정 기준선, 범위 기준선 및 프로젝트관리 계획서의 다른 구성요소에 대한 변경요청이 제기될 수 있다.

4. 프로젝트관리 계획서 업데이트(Project management plan updates)

- 일정관리 계획서(Schedule management plan): 일정관리 방법에 대한 변경사항을 반영하여 일정관리 계획서를 업데이트한다.
- 일정기준선(Schedule baseline): 프로젝트 범위, 활동 자원, 또는 활동 기간 산정치 관련 변경요청이 승인되면 그에 따른 일정 기준선 변경사항도 취합하고 일정단축기법 또는 성과 이슈로 인해 발생한 변경사항을 반영하여 일정 기준선을 업데이트한다.
- 원가 기준선(Cost baseline): 원가 기준선 변경은 범위, 자원 또는 원가 산정치의 승인된 변경 사항에 부합하여야 한다.
- 성과측정 기준선(Performance measurement baseline): 범위, 일정성과 또는 원가 산정치의 변경이 승인되면 그에 따른 성과측정 기준선 변경사항도 취합한다. 경우에 따라 성과차이가 너무 심해서 성과측정에 대한 현실적 기준을 제시하기 위해 성과측정 기준선을 개정하는 변경요청이 제기될 수 있다.

5. 프로젝트 문서 업데이트(Project documents updates)

- 가정사항 기록부(Assumption log): 일정성과에서 활동, 순서배열, 기간 및 생산성에 대한 가정을 수정할 필요성이 확인될 수 있다.
- 산정 기준서(Basis of estimates): 일정성과에서 기간 산정치 개발 방법을 수정할 필요성이 확인될 수 있다.
- 교훈 관리대장(Lessons learned): 일정을 유지하는 데 효과적인 기법, 차이의 원인, 일정차이에 대응하기 위해 사용한 시정조치를 반영하여 교훈 관리대장을 업데이트할 수 있다.
- 프로젝트 일정(Project schedule): 일정 변경사항을 반영하여 프로젝트를 관리할 수 있도록 업데이트된 일정 데이터를 적용한 일정모델로부터 업데이트된 프로젝트 일정을 생성한다.
- 자원달력(Resource calendars): 자원최적화, 일정단축, 시정조치 또는 예방조치의 결과로 발생한 자원달력 사용 변경사항을 반영하여 자원달력을 업데이트한다.
- 리스크 관리대장(Risk register): 일정단축기법 때문에 발생할 수 있는 리스크에 근거하여 리스크 관리대장과 관리대장에 있는 리스크대응 계획을 업데이트한다.

■ 일정 데이터(Schedule data): 승인된 잔여 기간과 승인된 일정 수정사항을 표시하기 위해 새로운 프로젝트 일정 네트워크 다이어그램을 개발할 수 있다. 경우에 따라 프로젝트 일정이 심하게 지연되는 경우에 작업 지시, 성과측정, 프로젝트 진척도 측정에 실질적인 데이터를 제공하기 위하여 예측 시작일과 종료일이 정해진 새로운 목표 일정이 필요하다.

일정관리 지식영역 종합정리(프로세스 Input-output 위주)

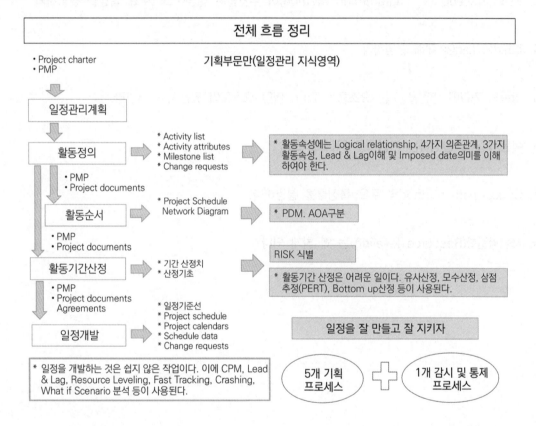

프로젝트 일정관리 지식영역 종합정리(주관식 문제)

1. 프로젝트에서 일정관리가 필요한 이유는?

2. 프로젝트 일정(Schedule)을 만들기 위해 반드시 필요한 4가지 요소는 무엇인가?

3. PDM(Precedence diagramming method)이 무엇인지 설명하고, 주요 특징을 설명하라.

4. Lead와 Lag에 대해 설명하라.

5. 활동의 기간에 영향을 주는 요소들은 많다. 어떤 요소들이 있는지 적어보라.

6. 활동 기간을 산정하는 기법들을 적어보시오.

7. Critical path method의 주요 특징들을 설명하라.

8. 자원평준화(Resource leveling)는 왜 하게 되나?

PMBOK정복하기-6장 용어 및 프로세스 정의 요약

일정관리에서 두 가지 유형의 네트워크 다이어그램은 무엇인가?

AON(Activity on Node)

AOA(Activity − on − Arrow).

일정관리에서 프로젝트 일정의 특징은 무엇인가?

달력 기반이고 자원이 할당되어 있다. 그것은 프로젝트관리계획의 일부로 승인된다. 그것은 일정 성과를 측정하기 위한 기초를 형성한다.

"리드(Lead)"와 "래그(Lag)"라는 용어는 무엇을 의미하는가?

리드(Lead): 선행활동과 관련하여 후속활동을 선행시킬 수 있는 기간

래그(Lag): 선행활동과 관련하여 후임 활동이 지연되어야 하는 기간

일정관리에서 3점 추정치인 PERT의 공식은 무엇인가?

Te = (To + 4Tm + Tp)/6

일정관리에서 자원평준화(Resource leveling)란 무엇인가?

자원 평준화(Resource leveling)란 자원 수요와 가용자원의 균형을 맞추기 위해 자원의 제약조건에 따라 시작날짜와 마감날짜를 조정하는 기법이다. 동일한 유형 또는 동일한 기술 수준의 리소스간에 작업을 평준화할 수 있다.

일정관리에서 논리적 의존관계는 무엇인가?

Finish − to − start

Finish − to − finish

Start − to − start

Start−to−finish

일정관리에서 활동정의 프로세스를 위한 입력물은 무엇인가?
일정관리계획
범위기준선
기업환경 요인
조직프로세스자산

일정통제 프로세스의 도구와 기법은 무엇인가?
데이터분석(EVA, Iteration burndown chart, performance reviews, trend analysis, variance analysis, what if scenario analysis)
CPM(Critical path method)
PMIS
Resource optimization
Leads and lags
Schedule compression

총 여유시간(Total float)은 어떻게 계산이 되는가?
LS−ES 또는 LF−EF

자유여유시간(Free float)은 어떻게 계산이 되는가?
ES Successor−EF Predecessor.

전문가판단, 분할, Rolling wave plan 및 회의는 어느 프로젝트 일정관리 프로세스의 도구 및 기법인가?
활동 정의(Define Activities)

일정관리에서 4가지 유형의 의존성은 무엇인가?
강제, 임의, 외부 및 내부의존성(Mandatory, Discretionary, External and Internal dependency)

프로젝트 일정관리의 6가지 프로세스는 무엇인가?

일정관리계획수립, 활동 정의, 활동순서, 활동기간산정, 일정개발, 일정통제

(Plan schedule management, Define activities, Sequence activities, Estimate activity durations, Develop schedule, Control schedule)

재미있는 프로젝트 이야기

프로젝트 관리의 일정관리 어려움

어느 기업이든 비슷한 유형의 문제를 가지고 있다. 일정관리가 잘 안 되고 있다는 점이다. 정작 원인은 잘 이야기하지 않는다. 그러나 사실 문제의 원인은 요구사항의 관리의 부재와 프로젝트 진행 후에 발생하는 지속적인 변경으로 인해 수정이다. 거기에는 이해관계자 관리라는 큰 복병이 숨어 있다. 원칙대로 처리해도 안 되는 원인은 우리 현실에서는 이해관계자의 주종관계로 인해 합리적인 프로세스의 준수에 대한 질서의 파괴이다. 경영진은 내부적인 일정관리의 문제만 지적하지만 프로젝트 관리자는 위에서 언급한 원인에 대한 여러 가지 문제(요구사항 관리의 부재, 진행중의 지속적인 변경사항 발생, 이해관계자들의 비 합리적인 요구 등)들이 복합적으로 나타나는 가운데 내부적으로 활동량의 증가에 따른 자원의 부족, 일정의 준수를 위한 피나는 노력, 오버타임 등 업무 과중과 스트레스로 인한 내부갈등 등으로 공통을 반복적으로 받는다. 아무리 프로젝트 방법론의 교육을 시켜도 잘 개선되는 않은 이 문제 해결 방안은 무엇일까? 우리 모두가 고민해볼 사항이다.

Critical chain scheduling, Project buffer 정의

일정 네트워크 다이어그램을 작성하고, 주 경로 계산은 CPM과 유사하지만, 자원 제약 사항을 고려하고, 여유시간을 고려하여 작성한 것으로 각 활동들에 포함된 여유 시간을 없애고, 별도로 여유 시간을 모아서 관리한 것이다. 여기에 사용된 관련 이론은 학생 증후군(Student syndrome), 파킨슨의 법칙(Parkinson's Law)이다. 사람들은 주어진 환경에서 일을 미루는 경향이 있고, 설사 빨리 끝나더라도 기다렸다 보고하는 습관 때문에 리스크가 발생하면, 일정은 지연되거나, 문제가 생긴다. 이런 부분을 연구하여 이스라엘 학자 엘드골드렛 박사의 책에 의해 Critical chain이란 용어가 사용되었다. A활동, B활동, C활동이 있는 경우 각 활동에 각 buffer가 있었지만, 이것을 전부 뒤에 미루어 놓고 리스크 발생시 보전하는 방식으로 접근하였다. 그 결과 일정이 약 15~20% 단축되었던 성공사례가 발생되었고, 그로 인해 많은 기업들이 T.O.C(Theory of Constraints)—제약이론이라는 내용으로 Critical chain이 소개 되었다. Project buffer는 이와 같이 마지막에 모은 buffer들의 합을 의미한다.

CHAPTER 06

Example

01 일정흐름의 산출물로 활동들간의 연관성을 그림으로 표현하는 것으로 활동흐름(Sequence activities) 프로세스의 산출물은 무엇인가?

① Activity attributes

② Project schedule network diagram

③ Project schedule

④ Schedule baseline

02 당신은 프로젝트 관리자이다. 아래 그림에서 당신은 프로그램 관리자로부터 다른 프로젝트의 긴급성 때문에 일부 자원의 지원을 요청 받았다. 따라서 팀원을 일부 감축하여야 한다. 이런 경우 어떤 활동으로부터 자원의 활동시간을 줄이는 것이 가장 좋은가?

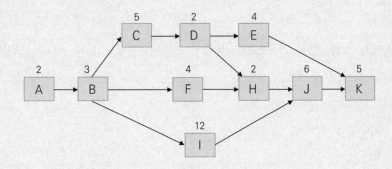

① A

② B

③ F

④ I

03 당신은 프로젝트 관리자로서 팀원들과 정기적으로 일정성과에 대한 작업성과정보를 만들고 있다. 일정에 대한 실적은 실제 실행의 작업성과데이터의 내용을 실적으로 한다. 이때 실적과 비교되는 일정의 기준은 어떤 것이 되겠는가?

① 일정관리계획(Schedule management plan)
② 일정기준선(Schedule baseline)
③ 작업성과보고서(Work performance reports)
④ 프로젝트 자원달력(Project calendars)

04 다음 중 일정관리와 관련이 되어 있는 네트워크 다이어그램(Network diagram)의 설명 중 맞지 않는 것은?

① 주로 활동 흐름을 만들 때 사용된다.
② 활동 간의 논리적 연관관계를 보여준다.
③ FF, SF, FS, SF 중에서 가장 일반적인 논리적 관계는 FS(Finish to Start)이다.
④ FS와 활동 의존성의 Mandatory dependency는 똑같은 의미이다.

05 일정 개발에서 사용되는 Float(Stack)은 무엇에 대한 것인가? 다음 설명 중 Float에 대한 설명 중 가장 정확한 표현은 다음 중 어느 것인가?

① 전체 일정에서 발생되는 전체 일정이 가지고 있는 여유기간의 총 합계
② 활동에서 발생되는 제약기간
③ 전체일정을 지연시키지 않고 단위활동이 가질 수 있는 여유기간
④ Float와 Free Float는 같은 의미이다.

06 일정흐름에서 후행작업을 가속화하는 논리적 연관관계를 나타내는 용어는 무엇인가?

① Lead
② Lag
③ Forward pass
④ Fast tracking

07 일정관리에서 회의 또는 보고 시 사용되는 마일스톤(중요시점)을 가장 잘 표현한 것은 다음 중 어느 것인가?

① 연관된 활동들의 연결된 네트워크 조합
② 일정의 기준선을 포함한 프로젝트 전체일정 표
③ 각 활동의 시작과 끝을 포함하는 자원 가용성을 포함한 달력 형태의 일정 관리

④ 중요한 작업단위의 일을 완료하는 시점으로 중요 검증 단계의 표시

08 당신은 프로젝트 관리자로 일정에 대한 3점 추정을 이용한 PERT 분석을 하고 있다. 한 개의 중요한 활동에 대해 낙관적 산정치(Optimistic estimates)는 10일, 비관적 산정치(Pessimistic estimates)는 20일이다. Most likely estimate가 14일이라면 PERT에 의한 계산식의 값은 얼마인가?

① 13 days

② 14 days

③ 15 days

④ 16 days

09 건설에서 '기초공사를 끝내야 상부건물을 세울 수 있다'는 활동흐름에서 어떤 의존성의 예인가?

① 임의적 의존성

② 외부적 의존성

③ 의무적 의존성

④ 내부적 의존성

10 활동흐름에서 Lead 또는 Lag표현을 한 PDM의 표시방식에서 FS-3 days라고 표시가 되었다면 무슨 의미인가?

① 앞 공정이 끝나기 3일 전에 시작하라.

② 앞 공정이 끝나고 3일 후에 시작하라.

③ 앞 공정이 시작되면 3일 후에 시작하라.

④ 앞 공정이 시작되면 3일 전에 시작하라.

CHAPTER 06

Explanation

01 정답 ②

해설 프로젝트 일정 네트워크도(Project schedule network diagrams)는 PDM처럼 활동들 간의 연관성을 도식화한 문서이다. 활동들간의 연관성은 그림으로 표현하는 것이 가장 좋으며, 연결된 그림을 크게 놓고 보면 마치 망(Network)처럼 보여서 네트워크(망)이라고 한다.

02 정답 ③

해설 여기에서는 Critical path method를 찾고 Float부분을 확인하여야 한다. Float는 CPM이 아닌 연결부분에서 나온다. Float(Slack)는 전체일정을 지연시키지 않고 단위활동을 줄일 수 있기 때문이다. 상기 그림에서 나올 수 있는 Path는 4가지가 나온다.

A–B–C–D–E–K=2+3+5+2+4+5= 21
A–B–C–D–H–J–K= 2+3+5+2+6+5=23
A–B–F–H–J–K= 2+3+4+2+6+5=22
A–B–I–J–K=2+3+12+6+5=28

여기서 CPM은 A–B–I–J–K이다. 따라서 A–B–K는 공통 Path이므로 제외가 되고 I는 CPM상에 있으므로 정답은 보기 중에서는 F이다.

03 정답 ②

해설 감시 및 통제 프로세스 그룹에 속하는 일정통제프로세스에서 실적의 기준이 되는 것은 일정 기준선(Schedule baseline)이다.

04 정답 ④

해설 프로젝트 네트워크 다이어그램은 프로젝트의 활동과 각 활동간의 논리적인(의존) 관계를 도식적으로 나타내는 것이다. Finish to Start와 의존성의 Mandatory dependency와 FS의 의미는 유사하나 속성이 다르기 때문에 똑같다고 볼 수는 없다. 강제적 의존성은 선행활동이 끝나고 다음 활동이 시작되어야 하는 강제적인 의존 관계를 나타낸다. 그래서 "Hard logic"이라고 부른다.

05 정답 ③

해설 여기서 Float이나 Slack은 전체일정을 지연시키지 않고 가질 수 있는 단위활동이 가지고 있는 여유시간이다. 일반적으로 Float는 non-critical path에서 발생된다.

06 정답 ①

해설 선도 및 지연시간(Leads and lags)은 논리적 의존관계에서 후행공정을 선행공정과 연결 시 선도(Leads), 또는 지연시간(Lags)의 설정이 필요할 수 있다. 만일 FS-3으로 표현한다면 후행활동을 3일 당겨서 시작한다는 것으로 표현될 수 있다. 즉 현재 활동이 끝나기 3일 전에 후행공정이 앞당겨서 시작됨을 의미한다. 거꾸로 FS+3은 후행공정이 선행공정이 끝나고 3일 후에 시작됨을 나타낸다. 일반적으로 지연은 건설에서 시멘트의 숙성시간을 고려한다든지, 제빵에서 빵이 숙성된 다음 빵을 굽는 등 어느 정도 시간을 기다릴 필요가 있을 때 표현된다.

07 정답 ④

해설 Milestone 차트는 외관상 간트 차트(Gantt chart)와 유사하나 주요 작업의 완료시점을 나타내고, 관리하므로 큰 일정 관리로 보면 된다. 마일스톤 차트는 경영진과 고객에게 보고하기에 좋은 방식의 의사소통방식이다.

08 정답 ②

해설 Duration estimate=(O+4×ML+P)/6이므로 (10+4×14+20)/6=14days
이번 정답은 Mist Likely 값과 같게 산출되었으나 대부분의 분석 시에는 비관치가 유세하므로 배타분포를 보이고 Mean value가 Most likely보다 높게 나오는 경향이 많다.
PERT는 Beta distribution(베타 분포)을 사용하는데, 주로 3가지의 산정기간을 사용한다.
그 3가지는 Optimistic(낙관치), Most likely(예상시간, 일반적), Pessimistic(비관치)이다. 가중평균값(Weighted average)은 기대평균값(Expected mean value)이라고도 한다.
가중평균값=(Optimistic+4+Most likely+Pessimistic)/6이며,

편차(Deviation)＝표준편차(SD: 시그마)＝Pessimistic－Optimistic)/6이다.

PMBOK 6판에서는 PERT 부분이 강조되어 나와 있지 않지만 실제 기업에서 R&D분야의 일정관리에 사용되는 중요한 도구이므로 알 필요가 있다.

09 정답 ③

해설 의무적 의존성(Mandatory dependencies)은 건설에서 기초공사를 끝내야 상부건물을 세울 수 있듯이 반드시 따라야 하는 관계로 Hard logic이라고도 한다.

- 임의적 의존성(Discretionary dependencies): 과거의 Best practice 같이 프로젝트 팀에서 선호하는 임의의 연관관계이며, Preferred logic, preferential logic, soft logic이라고도 한다.
- 외부적 의존성(External dependencies): 프로젝트 활동과 프로젝트가 아닌 활동간의 연관성으로, 예를 들면 건설 프로젝트에서 건설을 시작하기 전에 환경 공청회를 열어야 하는 경우이다.

10 정답 ①

해설 FS－3 days의미는 Lead에 해당된다. Finish－start이기 때문에 뒤에 있는 활동이 앞 활동이 끝나기 3일 전에 먼저 시작하라는 의미이다.

프로젝트 원가관리

프로젝트 원가관리영역에는 승인된 예산범위에서 프로젝트를 완료할 수 있도록 원가를 기획하고 산정하고, 예산을 책정하고, 필요한 자금을 조성 및 관리하고 원가를 통제하는 프로세스들이 포함된다. 프로젝트 원가 관리 지식영역은 다음과 프로세스를 포함한다.

- 프로젝트의 원가 산정을 어떻게 하며, 향후 어떤 절차로 원가를 관리할지를 계획하는 원가관리계획수립(Plan Cost Management) 프로세스
- 개별 활동들에 대한 원가를 산정하는 원가산정(Estimate Costs) 프로세스
- 산정된 개별 활동에 대한 원가 혹은 Work package별 원가를 합산하는 예산결정(Determine Budget) 프로세스
- 승인된 프로젝트 원가 기준선에 대한 상태를 감시하고 변경을 관리하는 원가통제(Control Costs) 프로세스로 구성되어 있다.

총 4개의 프로세스 중에서 원가관리 계획수립 프로세스, 원가 산정 프로세스 및 예산 결정 프로세스는 기획 프로세스 그룹에 속하고, 원가통제 프로세스는 감시 및 통제 프로세스 그룹에 속한다. 총 4개의 프로세스 중 3개의 프로세스가 기획 프로세스 그룹에 포함된다는 것은 프로젝트 원가에 대한 계획 수립이 얼마나 중요한지를 알려주는 반증이라고 할 수 있다. 다음 표는 프로젝트 원가 관리의 모든 프로세스에 대한 정의이다.

프로세스	설명
7.1 Plan cost management (원가관리 계획수립)	프로젝트 원가에 대한 계획, 관리, 추가예산 신청, 및 통제에 대한 정책, 절차 및 문서를 작성하는 프로세스
7.2 Estimate costs (원가 산정)	프로젝트 활동을 완료하기 위해 필요한 자원들의 금전적 추정치를 계산하는 프로세스
7.3 Determine budget (예산 결정)	승인된 원가 기준선을 수립하기 위해 개별활동 혹은 work package 별 추정된 원가를 합산하는 프로세스
7.4 Control costs (원가 통제)	프로젝트 원가 수정을 위해 프로젝트의 상태를 감시하고, 원가 성과 기준선에 대한 변경을 관리하는 프로세스

7.0   개요

(1) 원가관리의 핵심개념

원가 관리는 프로젝트의 활동을 완료하는 데 필요한 자원의 원가에 중점을 한다. 프로젝트가 승인된 예산 내에서 완료되도록 원가를 산정, 예산 결정, 통제를 포함하는 과정이다. 이해관계자마다 프로젝트 원가를 측정하는 방법을 시기가 서로 다르다는 점도 원가관리에서 인식해야 할 중요한 측면이다.

(2) 프로젝트 원가관리의 추세와 새로운 실무사례

프로젝트 원가관리 실무사례에서 획득일정(ES)의 개념을 포함시켜 획득가치관리(EVM)의 범위를 확장하는 추세에 있다. 획득일정(ES)은 획득가치관리(EVM)의 이론 및 실무사례를 확장하는 개념이다. 획득일정 이론은 기존의 획득가치관리(EVM)(획득가치－계획가치)에 사용된 일정차이(SV) 측정치를 획득일정(ES) 및 실제시간(AT)으로 대체한다.

일정차이(ES－AT) 계산을 위한 대체 방정식을 이용하여 획득한 일정이 0보다 큰 경우 프로젝트는 일정보다 앞선 것으로 간주된다. 즉 특정 시점에서 프로젝트가 달성한 획득량이 계획량을 초과한 것이다. 획득일정 이론은 획득일정(ES), 실제시간(AT) 및 예상 기간을 사용하여 프로젝트 완료일을 예측하는 공식도 제시한다.

(3) 조정 고려사항

각 프로젝트가 고유하므로 프로젝트 관리자가 프로젝트 원가관리 프로세스를 적용할 방식을 조정해야 할 수도 있다. 다음은 조정관련 고려사항의 일부의 예이다.

- 지식관리: 조직에서 프로젝트 관리자가 사용해야 하며 접근하기 쉬운 공식적인 지시관리 및 재무 데이터베이스 저장소를 보유하고 있는가?
- 원가산정 및 예산책정: 조직에서 기존의 공식적 또는 비공식적 원가산정 및 예산 책정 관련

정책, 절차 및 지침을 수립해 놓고 있는가?

- 획득가치관리: 조직에서 프로젝트관리에 획득가치관리(EVM)를 활용하고 있는가?
- 애자일 방식의 사용: 조직에서 프로젝트 관리에 애자일 방법론을 활용하고 있는가? 애자일 원가산정에 어떠한 영향을 미치는가?
- 거버넌스: 조직에서 공식적 또는 비공식적 감사 및 거버넌스 정책, 절차 및 지침을 수립해 놓고 있는가?

(4) 애자일, 적응형 환경을 위한 고려사항

- 잦은 변경으로 인해 불확실성 수준이 높거나 범위가 아직 완전히 정의되지 않은 프로젝트 는 상세한 원가계산이 효과가 없을 수 있다. 그 대신, 개략적 산정법을 사용하여 프로젝트 인건비와 관련하여 상위수준의 예측치를 신속하게 추산하여, 변경이 수행될 때마다 쉽게 조정할 수 있다.
- 상세한 산정치는 Just−In−Time방식에 기반한 단기 계획 분야에 적합하다. 변동성이 큰 프로젝트에 예산이 엄격히 한정적인 경우에도 원가제약을 벗어나지 않기 위해 범위와 일정 을 자주 조정하게 된다.

7.1   원가관리 계획수립(Plan cost management)

원가관리 계획수립은 프로젝트 원가를 산정하고, 예산을 책정하고, 관리 및 감시하며 통제하는 방법을 정의하는 프로세스이다. 주요 이점은 프로젝트 전반에 걸쳐 프로젝트의 원가 관리하는 방법에 대한 지침과 방향을 제시한다는 점이다.

원가관리계획수립 프로세스의 결과물인 원가관리계획서는 프로젝트 관리 계획서의 부속 계획 서이며, 프로젝트의 원가를 관리하기 위한 프로세스들과 함께 원가관리를 위한 도구와 기법을 기술한다.

- The process of defining how the project costs will be estimated, budgeted, managed, monitored, and controlled−*PMBOK®* Guide−Sixth Edition, Glossary

(1) 프로세스(입력물/도구 및 기법/산출물)

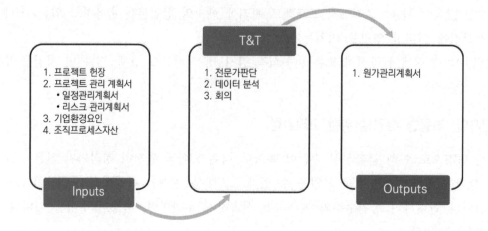

원가관리 계획 프로세스에서는 프로젝트 관리자와 팀원이 회의를 하면서 조직프로세스 자산에
있는 과거의 유사한 프로젝트의 원가관리계획서를 검토하거나, 이번 프로젝트의 특성을 포함
한 프로젝트 헌장의 문서를 검토하면서 이미 만들어진 일정관리계획서를 참조하여 원가관리계
획서를 만든다. 원가관리 계획의 구성 요소는 다음과 같다.

- Level of accuracy
- Units of measure
- Organizational procedures links
- Control thresholds
- Rule of performance measurement
- Reporting formats
- Process descriptions

(2) 프로세스 흐름도

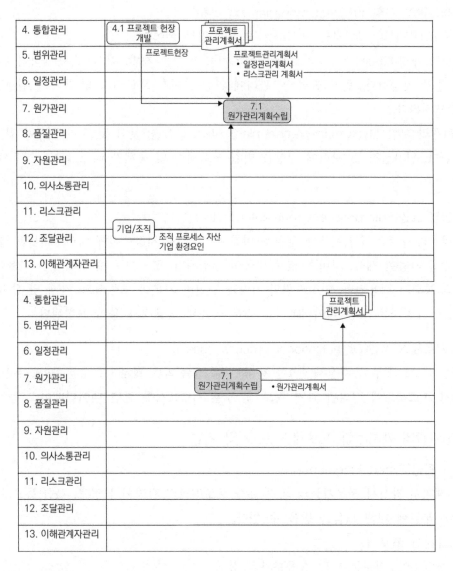

7.1.1 원가관리 계획수립 프로세스 투입물

1. 프로젝트 헌장(Project charter)

프로젝트 헌장에는 상세한 프로젝트 원가 산정을 위한 개략적인 예산에 대한 정보가 기술되어 있을 수 있으며 기타 프로젝트 원가 관리에 영향을 미칠 수 있는 다양한 요구사항들이 정의되어 있을 수 있기 때문에 프로젝트 헌장을 참고한다. 내용을 정리하면 다음과 같다.

■ 프로젝트 헌장은 프로젝트 원가개발의 기초가 되는 사전 승인된 재무자원을 제공한다.

■ 프로젝트 원가관리에 영향을 미치는 프로젝트 승인 요구사항도 프로젝트헌장에 정의한다.

■ 프로젝트에서 승인된 요구사항들은 원가에 영향을 미친다.

2. 프로젝트관리 계획서(Project management plan)

다음은 프로젝트관리 계획서를 구성하는 요소의 일부 예이다.

■ 일정관리 계획서(Schedule management plan): 일정을 개발, 감시 및 통제하기 위한 기준과 활동을 기술한다. 원가 산정 및 관리에 영향을 미칠 프로세스 및 통제가 일정관리계획서에 명시된다.

■ 리스크관리 계획서(Risk management plan): 리스크 식별, 분석 및 감시에 대한 접근방법을 기술한다. 원가산정 및 관리에 영향을 미칠 프로세스 및 통제가 리스크관리 계획서에 명시된다.

3. 기업환경 요인(Enterprise environmental factors)

조직의 문화와 구조는 원가관리에 영향을 미칠 수 있으며, 시장여건에 따라 지역 및 글로벌 시장에서 수급 가능한 제품, 서비스 및 결과물이 결정된다. 프로젝트 원가에 대한 환율에는 2개국 이상의 통화가 적용된다. 인적자원의 기량과 인건비 기록이 보존되고, 자재 및 장비에 대한 표준원가를 제공하는 상용 데이터베이스 같은 공개된 상용정보 등이 포함된다.

4. 조직 프로세스 자산(Organizational process assets)

조직 내부적으로 재무 통제절차(필요한 경비와 지출 내역 리뷰, 회계코드, 표준 계약), 유사 프로젝트나 이전 프로젝트에 정리된 과거 정보 및 교훈 사항, 재무 관련 데이터베이스 등이 있다.

7.1.2 원가관리 계획수립 프로세스 도구 및 기법

1. 전문가 판단(Expert judgment)

원가관리계획서 작성시 전문가들의 과거 유사 프로젝트의 환경이나 정보, 경험 등으로부터 아래와 같은 부분에 대해 도움을 받을 수 있다.

■ 과거 유사한 프로젝트
■ 해당 산업분야, 전문분야 및 응용분야의 정보
■ 원가산정 및 예산책정
■ 획득가치관리(EVM)

2. 데이터 분석(Data analysis)

대표적인 예가 대안분석기법이다. 대안분석을 통해 자체 자금조달, 지분방식 자금조달 또는 부채방식 자금조달 등의 전략적 자금조달 대안을 검토할 수 있다. 제작, 구매, 임대 또는 대여 등의 프로젝트 자원 확보 방법을 고려할 수 있다.

3. 회의(Meeting)

프로젝트 팀에서 원가관리계획서를 개발하기 위해 기획회의를 개최할 수 있다. 프로젝트 관리자, 프로젝트 스폰서, 팀원, 이해관계자, 프로젝트 원가에 책임이 있는 모든 사람이 참석할 수 있다.

7.1.3 원가관리 계획수립 프로세스 산출물

1. 원가관리 계획서(Cost management plan)

원가관리 계획서는 프로젝트관리 계획서의 일부이고, 프로젝트 원가를 계획하고, 구조화하고 통제하는 방법을 설명하는 계획서이다. 원가관리 계획서에는 원가관리 프로세스 및 이와 관련된 도구와 기법 등이 기술되어야 한다. 원가관리 계획서에는 측정 단위, 정밀도수준, 정확도 수준, 조직 절차 연계, 통제 한계선, 성과 측정 기준, 획득가치 측정 기법 등이 포함된다.

- Unit of measure(측정 단위): 시간, 거리, 면적 등의 단위 기준 등이 정의된다.
- Level of precision(정밀도 수준): 숫자 단위의 버림, 반올림 범위가 결정된다.
- Level of accuracy(정확도 수준): 허용 가능한 범위, 비상 계획 비용 포함이 가능하다.
- Organizational procedures links(조직 절차 연계): WBS는 원가산정, 예산, 원가 통제를 할 수 있는 원가 산정 틀을 제공하며, 프로젝트 원가를 회계에 연동하는 통제 단위(Control account)를 설정하여 관리한다. 통제 단위는 고유의 코드가 할당되어 조직의 회계시스템과 연결한다.
- Control thresholds(통제한계선): 프로젝트 원가 감시에서 사용되는 가변 임계치는 일부 작업이 주의할 필요가 있는 경우, 허용 가능한 금액의 변화를 알리기 위해 사용되고, 임계 치는 일반적으로 원가 기준선에서 비율 편차로 표현한다.
- Rule of performance measurement(성과 측정 기준): 성과측정을 위한 획득가치(기성고) 관리(Earned value management, EVM) 기준 설정
    - 수행될 관리 계정의 WBS상의 지점 정의 및 획득가치 평가 기법 수립(마일스톤, 완성도 등등)
    - 원가 측정 추적 방법론과 획득 가치 관리 계산 공식은 프로젝트 완료 시점 산정치(Estimate at completion)를 계산하고, 예측하는 것은 Bottom-up 프로젝트 완료시점 산정치를 검증하는 것을 제공한다.
- Reporting formats(보고 형식): 원가 보고서의 양식과 보고주기는 정의되어야 한다.
- Process descriptions(프로세스 설명): 원가 관리 프로세스 설명을 문서화한다.
- Additional details(추가 상세내용): 원가 관리 활동에 대한 추가 사항의 제약사항이 있다.
    - 프로젝트 자금 조성에 대한 전략적인 선택 대안들에 대한 설명
    - 환율 변동에 대한 보고 절차

    – 프로젝트 원가 기록절차

• Cost management plan

A component of a project or program Management plan that describes how costs will be planned, structured, and controlled – *PMBOK®* Guide – Sixth Edition, Glossary

7.2 원가산정(Estimate costs)

원가산정 프로세스는 프로젝트 활동을 완료하는 데 필요한 자원의 금전적인 근사치를 추정하는 프로세스이다. 즉, 프로젝트의 작업들을 완료하는 데 필요한 원가 규모를 결정하는 것이다. 원가산정 시에 프로젝트에 투입되는 모든 자원, 재료, 인력, 장비, 서비스 등의 비용과 함께 리스크 대응 전략에 따른 각 활동에 대한 비용 및 금융 비용 등이 모두 포함되어야 한다.

• The process of developing an approximation of the monetary resources needed to complete project Work – PMBOK® Guide – Sixth Edition, Glossary.

▬▬▬ 원가산정 유형

Type of Estimate	When Done	Why Done	How Accurate
Rough Order of Magnitude(ROM)	Very early in the project life cycle, often 3-5 years before project completion	Provides rough ballpark of cost for selection decisions	-25%, +75%
Budgetary	Early, 1-2 years out	Puts dollars in the budget plans	-10%, +25%
Definitive	Later in the project, < 1 year out	Provides details for purchases, estimate actual costs	-5%, +10%

역시 근시일에 있는 부분이 산정의 정확성이 높다. 대체적으로 1년 이내 있는 작업의 원가산정의 정확성은 −5%, +10%로 산정 폭을 가진다.

(1) 프로세스(입력물/도구 및 기법/산출물)

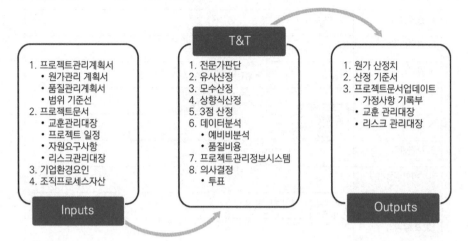

원가산정 프로세스에서 가장 중요한 입력물은 바로 범위기준선이다. 원가산정의 대상이 Work package 또는 Activity List인데 Work package는 Activity의 모음으로 완성되는 작은 인도물이다.

Work package는 WBS의 최저 단위이고, WBS는 범위기준선이 포함되어 있기 때문이다.

■ 활동기간산정에서 사용되는 도구 및 기법을 다시 한번 분석해보면 원가산정 프로세스의 도구 및 기법과 유사한 부분이 많다. 활동기간산정 프로세스에서 사용되는 유사산정, 모수산정, 삼점 추정 및 상향식 산정이 원가산정 프로세스에서도 그대로 사용되기 때문이다. 왜냐하면 기간이나 원가나 산정하는 방법은 유사하기 때문이다.

■ 원가산정 프로세스에서는 또한 품질비용도 포함을 하여야 한다. 식별된 리스크에 대한 예비비, 즉 Contingency Reserve가 포함이 되어야 한다. 이런 부분이 원가산정 프로세스에 모두 수행이 되어야 한다. 그래서 산출물로 원가 산정치를 만들어내야 한다.

(2) 프로세스 흐름도

7.2.1   원가산정 프로세스 투입물

1. 프로젝트관리 계획서(Project management plan)

프로젝트관리 계획서를 구성하는 요소의 일부 예는 다음과 같다.

(1) 원가관리 계획서(Cost management plan): 원가산정 방법과 원가 산정치에 요구되는 정확도 및 정밀도 수준을 기술한다.

(2) 품질관리 계획서(Quality management plan): 프로젝트에 설정된 품질목표를 달성하기 위해 프로젝트 관리 팀에 요구되는 다양한 활동과 자원을 기술한다.

(3) 범위기준선(Scope baseline): 승인받은 프로젝트 범위기술서, WBS, WBS사전을 포함한다.

- Project scope statement(프로젝트 범위기술서): 프로젝트의 제품 설명, 인수 기준, 주요 인도물, 다른 프로젝트와의 경계선, 가정 및 제약 사항 등의 정보를 제공 및 산정치에 직접비용, 간접비용의 포함 여부를 결정한다. 대다수 프로젝트에서 가장 공통적인 제약 중 하나가 제한적인 프로젝트 예산이 있다.

- WBS: 프로젝트의 모든 구성요소와 프로젝트 인도물의 관계를 제공한다.

- WBS Dictionary: WBS의 각 요소별로 인도물에 대한 상세한 정보와 함께 작업에 대한 설명을 제공한다.

2. 프로젝트 문서(Project documents)
프로젝트 문서의 일부 예는 다음과 같다.

(1) 교훈관리 대장(Lessons learned register): 프로젝트 초반의 원가 산정 과정에서 습득한 교훈을 이후 단계에 적용함으로써 원가 산정치의 정확도와 정밀도를 향상시킬 수 있다.

(2) 프로젝트일정(Project schedule): 프로젝트 작업을 완료하기 위한 자원의 투입 기간은 프로젝트 원가 결정의 중요한 요소이므로 프로젝트 일정을 참고한다.

(3) 자원요구사항(Resource requirements): 작업패키지 또는 활동별로 필요한 자원의 종류와 수량을 식별한다.

(4) 리스크 관리대장(Risk register): 위협 또는 기회가 될 수 있는 위기는 활동과 전체 프로젝트 원가에 영향을 미친다.

- 부정적 위기: 프로젝트 원가 상승 또는 프로젝트 일정을 지연시킨다.

- 잠재적 기회: 비즈니스에 이득이 되며 활동원가가 감소하거나 일정을 빠르게 한다.

3. 기업환경요인(Enterprise environmental factor)
다음은 기업 환경요인의 일부 예이다.

- 시장여건(Market conditions): 제품, 서비스, 결과물을 구입할 때 어떤 조건과 규정을 따르는지 알 수 있으며, 국제적인 공급과 수요의 상황이 자원의 원가에 상당히 큰 영향을 준다.

- 출간된 상용 정보(Published commercial information): 상용데이터베이스에서 자원원가 관련 정보를 구할 수 있다.

- 환율 및 인플레이션: 여러 해에 걸쳐 수행되며 여러 가지 통화가 적용되는 대규모 프로젝트의 경우 통화 변동과 인플레이션을 파악하여 원가산정 프로세스에 포함시켜야 한다.

4. 조직프로세스자산(Organizational process assets)
원가산정 프로세스에는 원가산정 정책 원가산정 템플릿 및 과거 유사 프로젝트의 정보 교훈사항 등이 영향을 준다.

7.2.2 원가산정 프로세스 도구 및 기법

1. 전문가 판단(Expert judgment)

과거 유사 프로젝트를 진행한 경험이 있거나 원가 산정의 전문가들이 프로젝트의 환경이나 정보를 기반으로 원가 산정에 대한 판단을 할 수 있다.

2. 유사산정(Analogous estimating)

유사산정은 하향식 산정(Top-down estimating)이라고도 하며, 과거 경험한 유사 프로젝트의 실제적인 범위, 원가, 예산 및 기간을 기반으로 현재 프로젝트의 규모, 가중치 및 복잡도를 고려하여 프로젝트의 원가를 산정하는 방법이다. 따라서, 과거 유사 프로젝트에 대한 정보나 전문가 판단을 사용하며, 프로젝트에 대한 상세한 정보가 불충분한 프로젝트 착수 시점에서 사용할 수 있는 산정 방법이다.

3. 모수 산정(Parametric estimating)

모수는 모집단의 특성을 나타내는 값으로서 다른 말로 매개변수라고도 한다. 따라서, 모수 산정은 간단한 계산 공식의 적용부터 복잡한 수학적 알고리즘을 통한 산정까지 다양하다.
예) 동일한 규모의 층이 100층이 있는데, 1층당 벽돌의 비용이 100만원이라면, 100층의 벽돌 비용은 100층×100만원=1억 원으로 추정한다.

4. 상향식 산정(Bottom-up estimating)

상향식 산정은 개별 Work package 또는 활동의 원가를 먼저 산정한 후 상위 수준으로 올라가면서 합산하는 방식이다. 유사산정과 반대 개념으로 볼 수 있으며 정확도가 높다. 상향식 산정의 원가와 정확성은 개개 활동이나 작업 패키지의 규모와 복잡성에 따라 달라진다.

5. 3점 산정(Three-point estimating)

불확실성을 고려하여 단일지점 활동원가 산정치의 정확도를 향상에 3가지 추정치를 사용

- 최빈치(Most likely, cM), 낙관치(Optimistic, cO), 비관치(Pessimistic, cP)
- 삼각분포(Triangular distribution)=cE=(cO+cM+cP)/3
- 베타분포(Beta distribution)=cE=(cO+4cM+cP)/6----PERT

PERT를 이용한 3점 산정은 불확실성과 리스크를 고려하여 최빈치, 낙관치, 비관치의 3개 추정치를 사용하여 산정치의 정확도를 향상시킬 수 있다.

6. 데이터 분석(Data analysis)

다음은 원가산정 프로세스에 사용할 수 있는 데이터분석기법의 일부 예이다.

- 대안분석(Alternatives analysis): 프로젝트 작업을 실행 및 수행하는 데 사용할 방법을 선별하기 위해, 식별된 여러 가지 대안을 평가하는 기법이다. 인도물의 구매 시 원가, 일정, 자

원 및 품질에 미치는 영향이 제작의 경우와 비교하여 평가하는 것이 한 가지 예이다.

- 예비비 분석(Reserve analysis): 원가 산정치에는 원가 불확실성에 대비하여 우발사태예비 (우발사태 충당금)를 포함시킬 수 있다. 우발사태예비는 원가기준선 내에서 식별된 리스크에 할당되는 예산이다. 예비비는 리스크를 고려한 것이기에 시간이 지날수록 감소하다가 프로 젝트 종료시점에서는 고려할 필요가 없다. 식별된 위기에 대한 예비를 전문 용어로 "Contingency Reserve"라 부른다. 예비비는 리스크 식별을 통해 리스크 대응 활동을 위해 할당되며, 예비비는 원가 기준선에 포함이 된다.

- 품질비용(Cost of quality): 품질비용에 대한 가정을 근거로 산정치를 추정할 수 있다. 적합 성을 위한 추가투자 대비 부적합 비용의 영향을 평가하는 일을 포함한다. 이것은 제품 생 애주기 후반에 더 자주 발생할 문제들로 인해 예측되는 결과대비 단기적 비용 감축에 대해 고려를 포함할 수 있다. 즉 품질 비용도 원가에 반영이 되어야 한다.

7. 프로젝트관리 정보시스템(PMIS: Project management information system)

- 원가산정에 도움이 되는 스프레드시트, 시뮬레이션, 소프트웨어 및 통계분석 도구가 프로젝 트 정보시스템에 포함될 수 있다.

- PMIS를 사용하면 수작업으로 하기 힘든 많은 부분에 소프트웨어는 큰 도움이 되고, 여러 선택적인 원가 산정을 빠르게 한다. 수작업으로 하기 힘든 원가 산정의 많은 부분에서 큰 도움을 받을 수 있다.

8. 의사결정(Decision-making)

의사결정기법의 일부 예이다. 투표는 향후 조치 방법으로 예상되는 여러 가지 대안을 평가하 는 프로세스이다. 의사결정기법은 산정치의 정확도 향상을 위해 팀원을 참여시켜 새로 도출되 는 산정치를 적용하도록 유도하는 데 유용하다. 팀원이 산정 프로세스에 참여하고 팀원의 참 여가 많아지면 산정의 결과도 증가한다.

7.2.3 원가산정 프로세스 산출물

1. 원가 산정치(Cost estimates)

- 원가 산정치는 프로젝트작업을 완료하기 위하여 필요한 추정원가와 식별된 리스크에 대비 한 우발사태총액, 계획되지 않은 작업을 처리하기 위한 관리예비를 정량적으로 산정한 평 가를 포함한다.

- 원가 산정치는 요약형태나 상세한 기술된 형태로 제시될 수 있다.

- 원가 산정치는 적용되는 모든 자원에 대해 원가를 산정한다.

- 미래에 대한 예측이므로 정확하게 표현하기보다는 불확실성을 포함해서 표현한다.

- 직접인건비, 자재, 장비, 서비스, 설비, 정보 기술, 물가 상승률, 원가 비상조치 예비, 간접비

등이 포함이 되는 예이다.

- Cost estimates

    A quantitative assessment of the likely amount or outcome of a variable, such as project costs, resources, effort, or durations. − −Adapted from: *PMBOK*® Guide−Sixth Edition, Glossary.

2. 산정 기준서(Basis of estimates)

원가 산정치를 뒷받침하는 추가적인 상세정보의 양과 유형은 적용분야마다 다르다. 보충문서는 상세하게 기술하는 것보다 명확하고 정확한 원가 산정치의 산정근거를 제시하는 것이 중요하다.

- 산정치 기준(산정 방법)을 기술한 문서
- 모든 가정사항을 기술한 문서
- 알려진 제약사항을 기술한 문서
- 원가산정 시점에서 식별되어 포함한 리스크를 기술한 문서
- 가능한 산정치 범위[예: US$10,000(+−10%)로 표시한 품목의 예상 원가범위]
- 최종 산정치의 신뢰도 수준

- Basis of estimates

    Supporting documentation outlining the details used in establishing project estimates such as assumptions, constraints, level of detail, ranges, and confidence levels.
    Adapted from: PMBOK® Guide−Sixth Edition, Glossary

3. 프로젝트 문서 업데이트(Project document updates)

원가산정 시 사용된 프로젝트 문서들이 수정될 수 있다.

- 가정사항 기록부(Assumption log)
- 교훈 관리대장(Lessons learned)
- 리스크 관리대장(Risk register)

▬ Contingency allowances & management reserves

사업 측면의 우발사태 예비비(Contingency allowances)

설정된 프로젝트 범위 내에서 발생할 수 있는 상황에 대응하기 위한 프로젝트 예산이다.

Known−unknowns risk로 식별하고 대비했지만, 언제 발생할지 모르는 것(예: 생산성 저하로 인건비 증가, rework, 물량차이, 가격 변동 등)이다. 우발사태 예비비는 원가 기준선에 포함된다.

경영 측면의 관리 예비비(Management reserves)

프로젝트 범위 내에서 예측하지 못한 작업이나 관리 통제를 위한 예비 예산이다.

Unknown−unknowns risk로 식별하지 못한 리스크이다. 무엇이 발생할지 언제 발생할지 모

르는 것으로 원가 기준선에 포함되지 않는다. 프로젝트 원가 기준선밖에 있는 경영층이 보유하고 있는 전체예산에 존재하는 경우가 일반적이다.

PM Template-원가산정 양식(유사, 모수 산정, 삼정 추정)

Project Title: _____   Date Prepared: _____

Parametric Estimates				
WBS ID	Cost Variable	Cost per Unit	Number of Units	Cost Estimate

Analogous Estimates					
WBS ID	Previous Activity	Previous Cost	Current Activity	Mu	Cost Estimate

Three Estimates					
WBS ID	Optimistic Cost	Most Likely Cost	Pessimistic Cost	Weighting Equation	Expected Cost Estimate

PM Template-원가산정 양식(상향식 산정)

BOTTOM-UP COST ESTIMATING WORKSHEET

Project Title: _____   Date Prepared: _____

WBS ID	Labor Hours	Labor Rates	Total Labor	Material	Supplies	Equipment	Travel	Other Direct Costs	Indirect Cost	Reserve	Estimate

7.3 예산결정(Determine budget)

예산책정은 개별 활동 또는 작업패키지로 산정된 원가를 합산하여 승인된 원가 기준선을 수립하는 프로세스이다. 주요이점은 프로젝트 성과를 감시 및 통제할 수 있는 기준이 되는 원가기준선을 결정한다는 점이다. 프로젝트 실행을 위해 승인된 모든 자금이 프로젝트 예산에 포함된다.

• The process of aggregating the estimated costs of individual activities or work packages to establish an authorized cost baseline—PMBOK® Guide—Sixth Edition, Glossary

원가 기준선은 시간단계별 프로젝트 예산의 승인된 버전으로, 우발사태예비는 포함되지만 관리예비는 제외된다. 예산결정 프로세스는 원가기준선(Cost Baseline)을 수립하기 위해 개별 활동이나 작업 패키지의 산정된 원가를 집계하는 과정으로 원가 기준선을 승인 받아야 실행 시 비용에 대한 지불이 가능하고 일이 원활하게 진행된다.

(1) 프로세스(입력물/도구 및 기법/산출물)

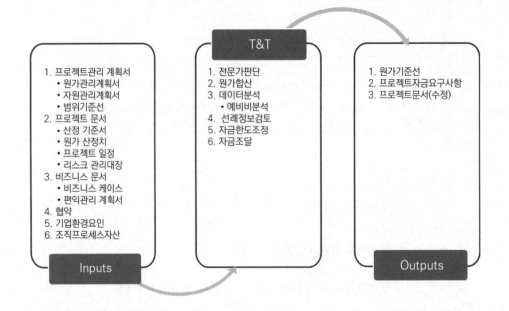

예산결정 프로세스에서 가장 중요한 입력물은 무엇인가? 역시 원가산정 프로세스의 산출물인 원가산정치이다.

■ 입력물 중 범위기준선의 WBS은 합산의 구조를 제공하고, 프로젝트 범위기술서는 원가에 대한 제약사항을 포함하고 있다.

- 도구 및 기법에 있는 자금한도 조정은 이러한 원가제약 사항을 고려하여 자금요구사항을 만들어 낸다. 입력물의 프로젝트 일정은 예산의 집행과 관련하여 검토를 해야 하기 때문에 필요하다.
- 예산 결정 프로세스가 완료되면 원가기준선이 나오게 된다. 예산결정 단계에서는 초기에 비즈니스 초기 분석 시 검토했던 비즈니스 케이스 및 편익관리계획서와 예산결정에서 예산이 어느 정도 차이가 발생하는지 분석하고, 제대로 비즈니스 Needs가 유지되는지를 다시 검토하여야 한다. 이런 과정을 거쳐 예산은 원가들의 합산을 통해 결정이 된다.
- 예산결정 프로세스 도구 및 기법에서 원가합산은 당연한 것이다. 예산결정 프로세스에서는 예비비 부분에서 식별된 예비비만 원가기준선에 넣기 때문에 고려하는 것이 아니라 전체예산 관점에서 식별할 수 없는 예비비도 어느 정도 책정을 하여 전체예산에 반영하여야 한다. 이런 부분은 과거의 선례정보에 따른다.

(2) 프로세스 흐름도

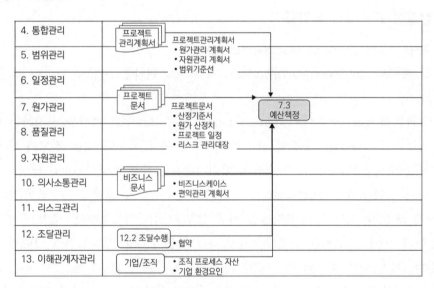

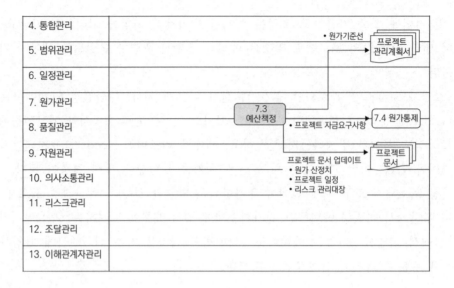

4. 통합관리	
5. 범위관리	
6. 일정관리	
7. 원가관리	
8. 품질관리	
9. 자원관리	
10. 의사소통관리	
11. 리스크관리	
12. 조달관리	
13. 이해관계자관리	

7.3.1 예산결정 프로세스 투입물

1. 프로젝트관리 계획서(Project management plan)

■ 원가관리 계획서(cost management plan): 프로젝트 원가를 어떻게 관리하고 통제하는지 정의한다.

■ 자원관리 계획서(Resource management plan): 전체 프로젝트 예산을 산정하는 데 필요한 요율(인적자원 및 기타자원). 출장비 산정치 및 기타 예상 비용에 대한 정보를 제공한다.

■ 범위 기준선(Scope baseline): 프로젝트 범위기술서는 승인 받은 project scope statement (범위 기술서), WBS, WBS dictionary를 포함하고 있는데, 이 중에서 프로젝트 범위 기술서에는 제약 조건 중 하나로 '공식기간별 자금 한도'가 주어지므로 자금 한도에 맞춰서 예산을 결정한다. 만약, 프로젝트 범위기술서에 자금 사용에 대한 제약조건이 있다면 이를 참고해야 한다. 예를 들면 총 예산이 100억 원이라면 1사 분기 150억 원, 2사 분기 250억 원, 3사 분기 200억 원, 4사분기 400억 원의 기간제약이 있을 수 있다. 이런 제약조건을 감안하여 자금요구사항을 결정하여야 한다.

■ WBS는 각 인도물에 산정된 원가를 합칠 때 WBS의 구조를 참조한다.

2. 프로젝트 문서(Project documents)

■ 산정기준서: 원가 산정치에 대한 상세 설명이다. 예산 결정시에 원가 산정 시 가정 사항이나 제약 조건 등이 기술된 산정 기준을 다시 참고한다.

■ 원가 산정치(Cost estimates): 부분 산정치들로서 합산의 대상이다. 작업 패키지에서 각 활동을 위한 원가 산정은 각 작업 패키지를 위해 원가 산정을 획득하기 위해 집계한다.

■ 프로젝트 일정(Project schedule): 프로젝트 관리 계획의 일부인 프로젝트 일정은 프로젝트

활동들의 계획된 시작일자와 완료일자, 이정표, 작업 패키지, 계획 패키지, 통제 단위를 포함한다. 원가 계획과 투입에 대한 달력 주기 동안 원가 집계를 위해 사용한다 … 예산 집행과 연관이 있다.

- 리스크 관리대장(Risk register): 리스크 대응비용을 어떻게 집계, 검토하는지 고려해야 한다. 또한 리스크 관리대장에는 리스크 발생시에 대응하는 Contingency reserve 내용이 있다.

3. 비즈니스 문서(Business documents)
- 비즈니스케이스: 재무적 성공요인을 포함한 프로젝트의 중요한 성공요인을 명시한다.
- 편익관리 계획서: 순 현재가치 산출치, 편익 실현기간, 편익 관련지표 등의 목표 편익 정보가 포함된다.

4. 협약(Agreements)
이미 구매했거나 구매 예정인 제품, 서비스 또는 결과물과 관련하여 적용되는 협약 정보와 원가가 예산책정 과정에 포함된다. 계약서 정보 및 계약 원가는 예산을 결정할 때 포함되어 계약의 비용지급 이행시 반영하여야 한다.

5. 기업 환경요인(Enterprise environmental factors)
기업환경의 요인의 예로서 환율이 있다. 몇 해에 걸쳐 수행되며 여러 가지 통화가 적용되는 대규모 프로젝트의 경우, 통화 변동을 파악하여 예산책정 프로세스에 포함시켜야 한다.

6. 조직 프로세스 자산(Organization process assets)
예산책정에 영향이 있는 조직프로세스 자산은 다음을 포함한다. 기존의 공식적, 비공식적 원가 예산책정 관련 정책, 절차 및 지침 및 선례정보 및 교훈 저장소, 원가 예산책정 도구, 보고 방법 등이 존재한다.

7.3.2 예산결정 프로세스 도구 및 기법

1. 전문가 판단(Expert judgment)
수행 조직 또는 다른 부문, 컨설턴트, 고객을 포함한 이해 관계자 혹은 전문가와 기술인 협회, 산업 전문가 그룹 등의 전문가들이 예산 결정에 도움을 줄 수 있다.

2. 원가 합산(Cost aggregation)
각 Work package의 원가들이 합산하면 상위 WBS 요소의 원가가 된다. 이러한 방식으로 계속 원가를 합산하면 최종적으로는 프로젝트 전체에 대한 원가를 알 수 있다.

3. 데이터 분석(Data analysis)
기법의 한 가지로 예비분석기법이 있다. 프로젝트를 위해 관리예비비를 설정한다.

4. 선례정보 검토(Historical information review)

선례정보 검토는 유사산정 모형과 모수산정 개발에 도움이 될 수 있다. 모형의 정확도는 다음과 같은 경우에 신뢰도가 높다.

■ 모형을 개발할 때 사용한 선례정보가 정확한 경우
■ 모형에 사용된 모수를 수치로 나타내기 쉬운 경우
■ 대형 프로젝트, 소형 프로젝트 및 한 프로젝트의 단계들로 모델규모를 조정할 수 있는 경우

5. 자금한도 조정(Funding limit reconciliation)

프로젝트 자금을 집행할 때 자금 한도에 맞춰 지출을 조정한다. 자금 한도와 예정 지출 차이로 작업 일정 조정 필요성이 발생한다. 회사의 자금에는 운용의 한도가 있다. 이런 부분을 감안하여 자금한도를 조정하여야 한다. 프로젝트 범위기술서는 자금한도에 대한 기간 조정, 제약 사항이 있었다. 이런 부분을 자금조달 시 감안하여야 한다.

6. 재정(Financing)

프로젝트를 위한 재정 조달을 포함한다.

7.3.3 예산결정 프로세스 산출물

1. 원가 기준선(Cost baseline)

■ 원가기준선은 공식적인 절차를 통해 변경될 수 있으며, 실제결과와 비교를 위한 기준으로 사용되는 승인된 예산이다.
■ 비용을 구성하는 예상비용은 일정활동과 연계되어 있어 S-Curve로 표현되고 S-Curve 누적예산으로 연도별, 분기별, 월별로 구분된다.
■ 관리예비비(Management reserve)는 원가기준선에는 포함되지 되지 않으나 전체 예산에는 포함이 된다. 원가기준선은 시간 흐름에 맞추어진 프로젝트 예산을 고객이 공식적으로 승인한 것이다. 원가 기준선에는 관리 예비비는 포함되지 않는다.
■ 프로젝트 활동을 위한 원가는 원가기준선(승인된 예산)으로 구성되고, 원가기준선은 통제계정은 비상예비비와 작업패키지 원가산정의 합으로 구성된다.
■ 작업패키지원가 산정은 활동연속예비비와 활동원가 산정으로 합으로 구성된다.
■ 전체적인 예산 구성상황은 아래 그림을 참조한다.

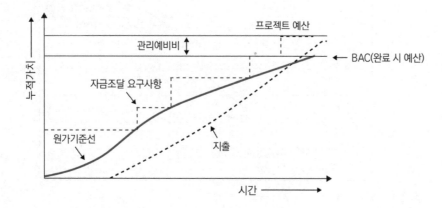

2. 프로젝트 자금 요구사항(Project funding requirements)

원가기준선이 정해지고 나면 '자금 요구사항(Funding requirements)'을 결정한다. 보통 계획된 시점에서 예산을 승인 받을 때, 정확하게 계획된 원가만 승인을 받는 것이 아니라, 예비비부분을 감안하여 예산을 승인한다. 그 이유는 예측 못한 사항으로 원가가 초과될 경우를 대비하기 위한 것이다. 자금요구사항은 다음과 같은 내용을 가진다.

- 전체 기간대별 자금 소요량은 원가 기준선에서 구성된다.
- 원가 기준선은 프로젝트 지출과 예상되는 의무(책임)를 포함한다.
- 전체 자금 요청은 원가기준선과 경영측면의 관리예비비를 포함한다.

자금 조달(자금한도 조정)의 예

3. 프로젝트 문서 업데이트(Project documents updates)

- 원가 산정치(Cost estimates): 추가정보를 기록하기 위해 원가 산정치를 업데이트한다.
- 프로젝트 일정(Project schedule): 각 활동에 대해 산정된 원가는 프로젝트 일정 형태의 일부로 기록된다.
- 리스크 관리대장(Risk register): 새로운 리스크는 리스크 관리대장에 기록 관리된다.

- Contingency Reserve

Time or money allocated in Schedule or cost baselines for known risks with active response strategies. 식별된 리스크에 대한 대응전략수행을 위한 예비비이다. 원가기준선에 대응예산이 포함된다.

- Management Reserve

An amount of the project budget or project Schedule held outside of the performance measurement baseline(PMB) for management control purposes that is reserved for unforeseen Work that is within scope of the project－*PMBOK*® Guide－Sixth Edition, Glossary. 식별되지 못한 리스크에 대한 대응 예비비로 미 식별 리스크 발생시 사용한다. 관리 예비비는 프로젝트 원가 기준선에 포함이 안 되며, 프로젝트 전체 예산에는 포함된다.

▨ 원가기준선의 예

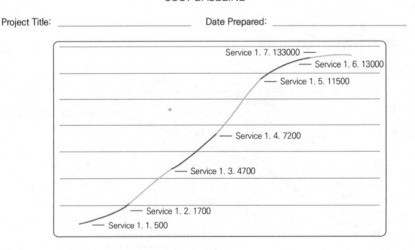

COST BASELINE

Project Title: _____   Date Prepared: _____

___ 원가기준선 Flow

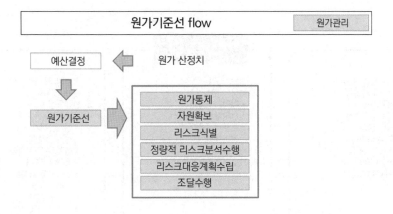

7.4 원가 통제(Control costs)

원가 통제 프로세스는 프로젝트 원가에 수정 사항이 발생하는지 파악하기 위해 프로젝트의 상
태를 감시하고, 수정 사항이 발생할 경우 원가기준선에 대한 변경을 관리하는 프로세스이다.
원가 통제 프로세스에서는 공식적으로 승인 받은 원가기준선을 기반으로 하여 원가 통제시점
별로 시작된 작업, 진행중인 작업, 혹은 종료된 작업들을 확인하여 해당 시점까지 완료가 되어
야 할 작업들의 총 원가(계획 원가)와 실제 완료된 작업들의 총 원가(실제 원가)를 비교하여 프
로젝트의 진행이 계획대로 진행되고 있는지를 확인하게 된다.

• The process of monitoring the status of the project to update the project costs and
  managing changes to the cost baseline−*PMBOK®* Guide−Sixth Edition, Glossary

원가 통제 프로세스는 다음의 활동들을 포함한다.
- 원가통제는 프로젝트의 상태를 감시하면서 프로젝트 원가를 업데이트하고 원가기준선에 대
  한 변경사항을 관리한다.
- 주요이점은 프로젝트 전반에 걸쳐 원가기준선이 유지되도록 한다.
- 예산을 업데이트하려면 현재까지 지출된 실제원가를 알아야 한다. 승인된 예산의 증액은
  통합변경통제수행 프로세스를 통해서만 승인받을 수 있다.
- 효과적인 원가 통제의 핵심은 승인된 원가 성과 기준선을 관리하는 데 있다.

(1) 프로세스(입력물/도구 및 기법/산출물)

원가통제 프로세스의 가장 핵심적인 입력물은 기준의 원가기준선과 실적의 작업성과데이터이다. 그러나 원가통제 프로세스를 흔히 성과의 꽃이라고 부른다. 그 이유는 도구 및 기법에 있는 핵심도구 및 기법은 획득가치기법이다.

■ 획득가치기법은 프로젝트관리 성과에서 현재성과와 미래예측을 제공하기 때문에 아주 중요한 도구 및 기법으로 인정된다. 앞으로 획득가치 기법은 시간이 갈수록 보편화될 것이다. 왜냐하면 경영진이 가장 관심이 있어 하는 부분을 획득가치 기법이 제공할 수 있기 때문이다. 바로 일의 기준대비 성과를 정량화 수치로 제공하는 프로젝트 일정 및 비용의 성과이기 때문이다.

(2) 프로세스 흐름도

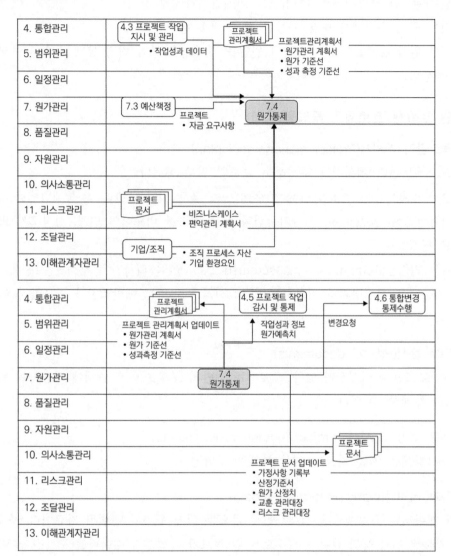

원가 통제 활동의 예는 다음과 같다.

- 승인된 원가 기준선을 변경시키는 요인 통제
- 모든 변경요청이 적시에 처리되도록 보장
- 실제로 발생하는 시점과 과정에 변경관리
- 프로젝트의 기간대별과 전체 승인된 자금을 초과하지 않게 원가 지출 보증
- 원가성과를 감시하여 승인된 원가 기준선에서 차이를 확인하고 파악
- 지출된 자금을 기준으로 작업성과 감시

- 보고된 원가나 자원 사용량을 포함에서 승인되지 않은 변경정보가 포함되는 않도록 조치
- 승인된 모든 변경 및 관련 비용정보를 이해관계자에게 통지
- 예상되는 원가 초과액을 허용 가능한 한도 내로 유지
- 프로젝트 원가 통제는 +/- 차이의 원인을 찾아내고 통합 변경 통제 수행 프로세스를 통해 조치한다.

7.4.1 원가 통제 프로세스 투입물

1. 프로젝트관리 계획서(Project management plan)
다음은 프로젝트관리 계획서를 구성하는 요소의 일부 예이다.
- 원가관리 계획서(Cost management plan): 프로젝트 원가의 관리 및 통제방법을 설명한다.
- 원가기준선(Cost baseline): 원가기준선과 실제 결과를 비교하여 변경, 시정조치 또는 예방조치를 결정한다.
- 성과측정 기준선(Performance measurement baseline): 획득가치 분석을 사용할 때, 성과측정 기준선을 실제결과와 비교하여 변경, 시정조치 또는 예방조치가 필요한지 여부를 판단한다.

2. 프로젝트 문서(Project documents)
한 가지 예로 교훈 관리대장이 있다. 프로젝트 초반의 교훈을 이후 단계에 적용하여 원가를 더 효과적으로 통제할 수 있다.

3. 프로젝트 자금 요구사항(Project funding requirements)
자금 요구사항에는 예측 지출과 예상 부채가 포함된다.

4. 작업성과 데이터(Work performance data)
작업성과 데이터는 프로젝트를 진행하면서 나오는 실제 원가와 관련된 자료이다. 승인, 발생, 청구 및 지불된 원가 등과 같은 프로젝트 현황 정보가 작업성과 데이터를 포함된다. 어떤 인도물이 시작되었고, 진도는 어떤 인도물이 완료되었는지의 프로젝트 진도에 대한 정보에 대한 정보를 포함, 정보 또한 프로젝트작업 완료를 위해 승인되고 투입되고 산정하는 원가를 포함한다.

5. 조직 프로세스 자산(Organizational process assets)
다음은 원가통제 프로세스에 영향을 미칠 수 있는 조직 프로세스 자산의 일부의 예이다.
- 기존 공식/비공식 원가 통제-관련 정책, 절차, 지침
- 원가 통제 도구

7.4.2 원가통제 프로세스 도구 및 기법

1. 전문가 판단(Expert judgment)

다음은 원가통제 프로세스에 영향을 미칠 수 있는 전문가 판단의 일부의 예이다.

예: 차이분석, 획득가치분석, 원가예측, 재무분석

2. 데이터 분석(Data analysis)

다음은 원가통제 프로세스에 사용할 수 있는 데이터분석기법의 일부 예이다.

(1) 획득가치분석(Earned value analysis): 기성고 분석

획득가치분석에서는 성과측정 기준선을 실제 일정과 원가 성과와 비교한다.

- EVM은 프로젝트 관리 팀이 프로젝트 성과와 진도를 평가하고 측정하는 것을 도와주기 위해 프로젝트 범위, 원가, 일정 측정을 통합한다. 어떤 성과를 프로젝트 기간 동안 측정할 수 있는지에 대해 통합된 기준선 정보를 요청하는 프로젝트 관리 기법이다. EVM의 원천은 모든 프로젝트에서 적용할 수 있다.
- EVM은 각 작업 패키지와 통제 단위를 EVM의 3가지의 주요 요소로 분석한다.
- 획득가치 기법(EVM): PV, EV, AC의 비교를 통해 성과를 분석한다.

EVM의 기본원리는 프로젝트의 범위, 일정, 자원을 금전적인 수치로 환산하여 관리한다. 획득가치 관리에서는 계획 가치(Plan Value), 실제 가치(Actual Cost), 획득가치(Earned Value)의 3가지 값을 중요 값으로 다루게 된다. 이 3가지 값을 기반으로 현재 프로젝트의 원가 사용률이나 일정 진행률을 포함하여 향후 프로젝트의 원가 사용 및 일정 진행에 대한 예측까지 다양한 항목들을 수치적으로 계산하여 프로젝트의 전반적인 진행을 지속적으로 추적할 수 있다. EVM에서 사용하는 기본용어는 다음과 같다. EVM에서는 PV, AC, EV가 가장 핵심적인 요소이다.

- PV(Planned Value: Budgeted cost of work scheduled)
  - 계획가치(PV)는 승인되어 예정된 작업에 할당된 예산이다.
  - Planned Value=PV, 계획가치, 계획, 전체 PV는 P.M.B(Project management baseline)이며 BAC(Budget at completion)이다.
- EV(Earned Value: Budgeted cost of work performed)
  - 획득가치(EV)는 수행된 작업의 가치로 작업에 승인된 예산으로 환산하여 나타낸다.
  - 이는 승인되어 완료된 작업과 관련된 예산을 말한다.
  - Earned Value=EV, 획득가치, 실적, 수행한 일에 대한 정량적 예산이다.
- AC(Actual cost of work Performed)
  - 실제원가(AC)는 특정기간 동안 수행한 작업에서 실제로 발생한 원가이다.
  - 수행한 일에 대하여 집행(투입)실적이다.
  - Actual Cost=AC, 실제 원가, 투입비용이다.

■ BAC(Budget at completion)

– 프로젝트 완료 시점 예산(총 예산)이다.

(2) 차이분석(Variance analysis: 성과 측정 계산식 및 분석)

획득가치(EVM)에 사용되는 차이분석을 통해 원가차이($CV = EV - AC$), 일정차이($SV = EV - PV$) 및 완료시점차이($VAC = BAC - EAC$)에 대한 설명(원인, 영향 및 시정조치)이다. 원가차이 및 일정차이는 가장 흔히 분석되는 측정치이다. 일정차이(SV)는 획득가치(EV)와 계획가치(PV) 간 차이로 표시되는 일정성과의 척도이다.

■ SV(Schedule Variance: 일정 차이)$= EV - PV$

원가차이(CV)는 주어진 시점의 예산 적자 또는 흑자 금액으로, 획득가치(EV)와 실제원가(AC)간의 차이로 표시된다.

■ CV(Cost Variance: 원가 차이)$= EV - AC$

일정성과지수(SPI: Schedule Performance Index)는 획득가치(EV)대비 계획가치(PV)의 비율로 표시되는 일정 효율의 척도이다.

■ 일정성과지수(SPI: Schedule Performance Index)$= EV/PV$

원가성과지수(CPI: Cost Performance Index)는 예산자원의 원가효율을 측정하는 지수로, 획득가치(PV)대비 실제원가(AC)의 비율로 표시한다.

■ 원가성과지수(CPI: Cost Performance Index)$= EV/AC$

획득가치방법(EVM): Summary-용어정의

■ PV: Planned Value(계획예산)

■ EV: Earned Value(집행예산 – 한일을 화폐가치로 변환)

■ AC: Actual Cost(실제 발생원가)

■ CV: Cost Variance

■ SV: Schedule Variance

■ BAC: Budget at completion 해당 프로젝트를 완성하는 데 예상되는 총 예산

■ $CV = EV - AC$: 실제 발생비용이 집행된 예산을 얼마나 초과 또는 미달했는가?

■ $SV = EV - PV$: 집행된 예산이 얼마나 계획된 예산을 초과 또는 미달했는가?

■ Cost performance Index(CPI) → 특정 시점

■ $CPI = EV/AC$ < 1: 실제 한일의 가치가 실제비용보다 적게 나온 경우

    > 1: 실제 한일의 가치가 실제비용보다 많은 경우

■ Schedule Performance Index(SPI)

- SPI＝EV/PV ＜1: 실제 한일의 가치가 예산보다 적게 나온 경우
  ＞1: 실제 한일의 가치가 예산보다 많은 경우

EVM 측정결과의 해석

Performance Measures		Schedule		
		SV > 0 SPI > 1.0	SV = 0 SPI = 1.0	SV < 0 SPI < 1
Cost	CV > 0 CPI > 1.0	Ahead of schedule Under budget	On schedule Under budget	Behind schedule Under budget
	CV = 0 CPI = 1.0	Ahead of schedule On budget	On schedule On budget	Behind schedule On budget
	CV < 0 CPI < 1.0	Ahead of schedule Over budget	On schedule Over budget	Behind schedule Over budget

EVM이해하기

EVM(획득가치기법)

조건 의자: 한 개당 천원, 총 1,000 개 생산(10 일 동안), 총예산 100 만원

의자 1 개: 1,000 원

Day	용어	약자	1	2	3	4	5	6	7	8	9	10	sum	단위
계획 수량	Planned Quantity		100	100	100	100	100	100	100	100	100	100	1,000	EA
계획 원가	Planned Value	PV	100,000	100,000	100,000	100,000	100,000	100,000	100,000	100,000	100,000	100,000	1,000,000	원
실제 원가	Actual Cost	AC	70,000	120,000	110,000	90,000	140,000	120,000	140,000	130,000	139,000	140,000	1,199,000	
만든 수량	Quantity(mode)		60	130	90	10	90	80	90	90	100	70	900	
			60.0%	130.0%	90%	100.0%	90.0%	80.0%	90.0%	90.0%	100.0%	70.0%	90.0%	
획득 가치	Earned Value	EV	1000× 60	1000× 130										
	EV=비용×진척률	EV	60,000	130,000	90,000	100,000	90,000	80,000	90,000	90,000	100,000	70,000	900,000	
	SV=EV-PV	SV	-40,000	30,000	-10,000	0	-10,000	-20,000	-10,000	-10,000	0	-30,000	-100,000	
	CV=EV-AC	CV	-10,000	10,000	-20,000	10,00	-50,000	-40,000	-50,000	-40,000	-39,000	-70,000	-299,000	
	SPI=EV/PV	SPI	0.60	1.30	0.90	1.00	0.90	0.80	0.90	0.90	1.00	0.70	0.90	
	CPI=EV/AC	CPI	0.86	1.08	0.82	1.11	0.64	0.67	0.64	0.69	0.72	0.50	0.78	

- 상기 표에서 BAC=100만원, 예산이 100만원이다. 의자 1개당 1,000원이므로 1,000개를 생산하려면 10일 동안을 기준으로, 하루 기준 100개를 생산하면 된다. 하루당 예산은 100만원/10일=10만원이 된다.

- 1일째 성과를 살펴보자. 1일 예산 10만원 기준, 실제비용은 7만원을 소요하였다. 성과가 좋은 것인가? 아직 판단하기 어렵다. 얼마 생산을 했는지의 획득가치정보가 필요하다. 계획수량 100개 대비 60개만 생산을 하였다. 즉 60% 성과수준이다.

- EV는 기존적으로 계획대비 진척률로 계산이 된다. 그렇다면 계획이 1,000개 대비 60% 생산만 했다. 화폐단위로 바꾸면 100,000원 가치로 계획예산대비 60% 수준으로 성과를 완료했다. 즉 100,000원×60%=60,000원 가치의 일을 한 것이다.

- 그렇다면 첫째 날 PV=100,000, AC=70,000, EV=60,000이 된다. 같은 원리로 2~10일 부분으로 일의 성과를 구하면 된다.

- 첫째 날, SV=EV-PV=60,000-100,000=-40,000원이 되고, CV=EV-AC=60,000-70,000=-10,000원이 된다. SPI=EV/PV=60,000/100,000=0.6, CPI=EV/AC=60,000/70,000=0.86이 된다.

- 해석을 하면, SPI=0.6이면 1을 기준으로 분석하고 해석하면 된다. 0.4의 차이가 발생하므로 40% 일정지연, CPI=0.86이면 0.14의 차이가 발생하므로 14% 원가초과로 해석하면 된다.

- SPI, CPI는 1보다 적으면 부정적으로 해석하면 된다(원가초과, 일정지연).

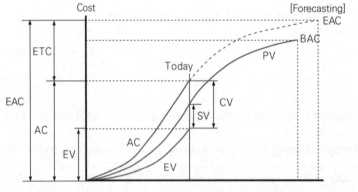

- PV(Planned Value)
- AC(Actual Cost)
- EV(Earned Value)
- CV(Cost Variance)
- SV(Schedule Variance)
- ETC(Estimate To Complete)
- EAC(Estimate At Completion)
- BAC(Budget At Completion)
- VAC(Variance At Completion)

- SPI(Schedule Performance Index)
- CPI(Cost Performance Index)
- TCPI(To-Complete Performance Index)
- PC(Percent Complete)
- PS(Percent Spent)

ETC
① New
② BAC-EV (25% ↓)
③ (BAC-EV)/CPI

EAC
① AC + New ETC
② AC + (BAC-EV)
③ AC + (BAC-EV)/CPI
= □ / □
= AC + (BAC-EV) *

AC/EV
= AC + BAC * AC/EV-AC
= BAC * AC/EV
= BAC/CPI

(3) 추세분석(Trend analysis)

추세 분석을 통해 시간경과에 따른 프로젝트 성과를 분석하여 성과의 개선 또는 미진 여부를 판별한다. 그래프분석 기법은 현재까지 성과를 파악하고 완료시점 산정치(EAC) 및 완료일 대비완료시점예산(BAC) 형태로 향후 성과목표를 비교하는 데 유용하다.

예측 시간이 가능한 정보와 지식을 기초로 프로젝트 미래에 산정과 예측의 조건을 생성

- 차트: 획득가치분석에서 계획가치(PV), 획득가치(EV) 및 실제원가(AC)의 세 가지 모수는 기간별 기준(일반적으로 주간 또는 월간) 및 누적 기준으로 감시하고 보고할 수 있다.

(4) 예측

프로젝트가 진행됨에 따라 프로젝트 팀은 프로젝트 성과를 기준으로 완료시점예산(BAC)과 다를 수 있는 완료시점 산정치(EAC)를 예측할 수 있다. 완료시점예산(BAC)에 더 이상 의미가 없다는 것이 분명해지면 프로젝트관리자는 예측된 완료시점 산정치(EAC)를 고려해야 한다.

- EAC(Estimate at completion): 완료 시점 산정치(예상 투입 누계)
- ETC(Estimate to completion): 잔여분 산정치(남은 예상 금액)
- VAC(Variance at completion) = BAC-EAC

EVM 데이터로부터 많은 완료시점 산정치(EAC) 통계치가 즉각적으로 제공되기는 하지만 가장 일반적인 세 가지 방법만 설명하면 다음과 같다. 예상원가 산정과 관련하여 EAC는 일정 활동이 프로젝트화되거나 예상되는 전체 최종 값이다.

- EAC = AC + (BAC-EV)-누계 집행(투입) 실적+잔여 예산

이 방법은 실제원가로 표시된 대로 현재까지 실제 프로젝트 성과(긍정적 또는 부정적)를 수용하고, 향후의 모든 잔여분산정치(ETC)작업이 예산책정 비율로 완수될 것으로 예측한다.

- EAC = BAC/CPI-미래의 원가 실적 추세가 지금과 같을 때

이 방법은 현재까지 프로젝트에 발생된 상황이 향후에도 계속될 것으로 가정한다. 현재까지 프로젝트에 발생한 것과 동일한 누적 원가성과지수(CPI)로 잔여분산정치(ETC)작업이 수행된다고 가정한다.

- EAC = AC + [(BAC-EV)/(CPI×SPI)]-누계 집행(투입)실적 + 원가 생산성을 고려한 잔여 원가

이 예측 방식은 원가 및 일정 성과지수(SPI)가 고려된 효율로 잔여분산정치(ETC) 작업을 수행한다. 이 방법은 프로젝트 일정이 잔여분산정치(ETC) 활동에 영향을 미치는 요인일 때 가장 효과적이다. 프로젝트 관리자의 판단에 따라 원가성과지수(CPI)와 일정성과지수(SPI)에 서로 다른 값(예: 80/20, 50/50 또는 다른 비율)으로 가중치를 부여하여 이 방식을 변형할 수 있다.

(5) 예비비 분석

원가통제 과정에서 예비비 분석을 통해 우발사태 예비비 및 관리예비비 상황을 감시하여 프로젝트에 이러한 예비비가 여전히 필요한지, 혹은 추가 예비비를 요청해야 하는지 판단한다.

- 기존의 Contingency reserve와 management reserve가 여전히 필요한지 확인한다.
- 새로운 예비비는 필요가 없는지 선택한다.
- 사용되지 않은 Contingency reserve는 프로젝트예산에서 제거한다.

3. 완료 성과지수(To-Complete Performance Index: TCPI)

BAC나 EAC 같은 설정한 관리 목적을 달성하기 위해 잔여 작업을 성취해야만 하는 원가 성과의 계산된 계획(투시법), 즉 잔여 작업/잔여 자금

- TCPI=(BAC-EV)/(BAC-AC)-BAC 기준이며, CPI가 1이상이면 BAC 사용
- TCPI=(BAC-EV)/(EAC-AC)-EAC 기준이며, CPI가 1이하이면 EAC 사용

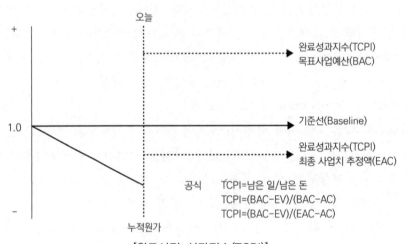

[완료시점 성과지수(TCPI)]

EVM용어정의(계산공식포함)

약어	명칭	정의	사용법	공식	결과분석
PV	Planned Value	계획가치	정해진 시점에 계획된 작업의 결과값		
EV	Earned Value	획득가치	지정된 시점의 계획된 값	EV=완료된 작업의 계획 값 합계	
AC	Actual Cost	실제원가	지정된 시점의 완료된 실제 원가		
BAC	Budget At Completion	프로젝트 전체 예산	원가기준선의 계획된 전체 원가 값		
CV	Cost Variance	원가차이	한일에 비해 원가가 적으면 원가절감	EV-AC	+ ;; 원가절감, 0=계획원가 - = 원가초과
SV	Schedule Variance	일정차이	한일에 비해 일정이 빠르면 일정초과	EV-PV	+ ;; 일정단축, 0=정상일정 - = 일정지연

약어	명칭	정의	사용법	공식	결과분석
VAC	Variance At Completion	완료시점 예산차이	완료시점에서 전체예산과 완료시점의 원가산정치의 차이	BAC-EAC	+ ;; 원가절감, 0=계획원가 - = 원가초과
CPI	Cost Performance Index	원가성과지수	1.0 이면 원가가 계획대로 투입	EV/AC	>1.0 원가절감, =1 계획원가 <1.0 원가초과
SPI	Schedule Performance Index	일정성과지수	1.0 이면 일정이 정상	EV/PV	>1.0 일정단축, =1 계획일정 <1.0 일정지연
EAC	Estimate At Completion	완료시점 원가 산정치	지금까지 발생한 실제원가에 완료까지의 예측치의 합	BAC/CPI, AC+BAC-EV AC+Bottom-up ETC AC+[(BAC-EV)/(CPI×SPI)]	
ETC	Estimate To Complete	현재부터 완료까지 예측치	완료하는 데 필요한 산정치	EAC-AC ETC-re-estimate	
TCPI	To Complete Performance Index	완료성과지수	특정시점부터 완료시까지의 성과지수	(BAC-EV)/(BAC-AC) (BAC-EV)(EAC-AC)	>1.0 노력요구, =1.0 정상진행 <1.0 >1.0 노력요구, =1.0 정상진행 <1.0

4. 프로젝트 관리 소프트웨어(Project management software)

보통 3가지 획득가치관리(EVM) 지표(PV, EV 및 AC)를 감시하고 그래픽 추세를 표시하고 가능한 최종 프로젝트 결과의 범위를 예측하는 데 사용된다. 그래픽 추세, 예측을 보여주기 위해 SW 등을 사용한다.

7.4.3 원가 통제 프로세스 산출물

1. 작업성과정보(Work performance information)

작업성과 정보에는 원가기준선과 비교하여 프로젝트 작업의 진행 정도에 대한 정보가 포함된다. 작업패키지 수준과 통제단위 수준에서 수행된 작업과 작업원가의 차이를 평가한다.

획득가치분석을 사용하는 프로젝트 경우 원가가치(CV), 원가성과지수(CPI), 완료시점 산정치(EAC), 완료시점차이(VAC) 및 완료성과지수(TCPI)를 작업성과 보고서에 포함시키도록 문서화한다. 원가에 대한 작업성과정보를 EVM을 통해 작성하여 전체 감시 및 통제 프로세스에 보낸다.

2. 원가 예측치(Cost forecasts)

계산된 완료시점 산정치(EAC) 또는 상향식 완료시점 산정치(EAC)값을 문서화하고 이해관계자에게 통보한다 EAC가 cost forecasts가 된다.

3. 변경 요청(Change requests)

원가성과와 관련하여 예방/시정 조치를 포함하여 시정조치 필요 시 변경요청한다.

4. 프로젝트관리계획서 업데이트(Project management plan updates)
원가관리계획서, 원가기준선, 성과측정 기준선 등이 업데이트될 수 있다.

5. 프로젝트문서 업데이트(Project documents updates)
가정사항 기록부, 산정기준서, 원가 산정치, 교훈 관리대장, 리스크 관리대장 등이 업데이트
된다.

원가관리 지식영역 흐름정리

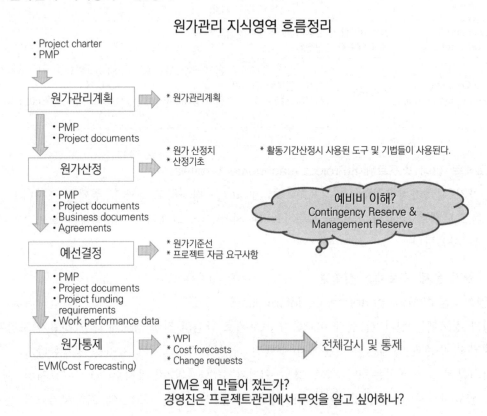

원가관리 지식영역 흐름정리

프로젝트 원가관리 지식영역 종합정리(주관식 문제)

1. 프로젝트에서 원가(Cost)를 관리하는 이유는 무엇이며, 어떻게 Cost를 관리해야 하나?

2. 프로젝트 원가 관리 프로세스 4개를 적어보시오.

3. 획득가치(Earned Value)란 무엇인가?

4. 부분적인 비용을 산정하는 기본 흐름(투입물, 도구 및 기법, 산출물)을 적어보시오.

5. 두 종류의 Reserve에 대해 비교해서 적어보시오.

6. 일정차이(SV)와 원가차이(CV)는 획득가치 기법을 사용해서 어떻게 알 수 있나?

7. EAC(Estimate at completion)을 구하는 3가지 방법은?

PMBOK정복하기-7장 용어 및 프로세스 정의 요약

기획 프로세스 그룹에서 어떤 프로젝트 원가 관리 프로세스가 발생하나?

원가관리계획, 원가산정, 예산 결정(Plan cost management, Estimate costs, Determine budget)

원가통제프로세스의 산출물은 무엇인가?

작업성과정보(Work performance information)

원가예측(Cost forecasts)

변경 요청(Change requests)

프로젝트 관리 계획 업데이트(Project management plan updates)

프로젝트 문서 업데이트(Project documents updates)

원가통제에서 획득가치기법과 관련된 부분에서 사용되는 SV(Schedule variance)와 CV(Cost variance)에 대한 공식은 무엇인가?

$SV = EV - PV$.

$CV = EV - AC$.

EAC라는 용어는 무엇을 의미하나?

완료 시 예산(Estimate at completion)

원가산정프로세스는 어떤 프로세스인가?

프로젝트 활동을 완료하는 데 필요한 금전적인 자원의 근사치를 개발하는 프로세스(The process of developing an approximation of the monetary resources needed to complete project Activities)

4가지 획득가치관리(EVM)의 프로젝트 현황 측정치는 무엇인가?

SV(일정차이)

CV(비용차이)

SPI(일정성과지수)

CPI(원가성과지수)

현재 CPI 비율로 ETC 작업을 수행 할 것으로 예상되는 프로젝트에 대한 EAC 예측은 무엇인가?

$EAC = \{BAC/누적\ CPI\}$

$EAC = \{BAC/Cumulative\ CPI\}$

SPI와 CPI 요인 모두를 고려한 ETC 작업에 대한 EAC 예측은 무엇인가?

$EAC = AC + \{BAC - EV\}/누적\ CPI \times 누적\ SPI$

원가산정 프로세스의 도구와 기법은 무엇인가?

전문가 판단(Expert judgment)

유사산정(Analogous estimating)

모수산정(Parametric estimating)

상향식 산정(Bottom-up estimating)

3점 추정(Three-point estimating)

데이터 분석(Data analysis)

프로젝트관리 정보시스템(Project Management Information System)

의사결정(Decision making)

예산결정 프로세스의 대표적인 3가지 산출물은 무엇인가?

Cost baseline, Project funding Requirements, Project documents updates

원가통제 프로세스에 대한 중요한 입력물은 무엇인가?

프로젝트관리계획(Project management plan), 프로젝트자금요구사항(Project funding Requirements), 작업성과데이터(Work Performance Data), 조직프로세스 자산(Organizational process assets)

원가관리에서 SPI(일정성과지수)와 CPI(원가성과지수)의 공식은 무엇인가?

SPI = EV/PV

CPI = EV/AC

예산 결정 프로세스란 무엇인가?

승인된 원가기준선을 설정하기 위해 개별활동 또는 작업패키지의 예상원가를 집계하는 프로세스

상향식산정(Bottom-up estimating)이란 무엇인가?

WBS(Work Breakdown Structure)의 하위수준구성요소에 대한 산정치를 합산하여 프로젝트 기간 또는 비용을 산정하는 방법. A method of estimating project duration or cost by aggregating the estimates of the lower−level components of the Work breakdown structure(WBS)

유사산정(Analogous estimating)은 무엇인가?

유사한 활동이나 프로젝트의 과거데이터를 사용하여 활동이나 프로젝트의 기간 또는 비용을 산정하는 기법. A technique for estimating the duration or cost of an activity or a project using historical data from a similar activity or project

재미있는 프로젝트 이야기

좋은 시스템이란? 병원 시스템의 예

일반 제조기업이건 서비스기업이건, 요즘은 시스템의 경쟁력이 기업의 경쟁력이다. 한국에서는 특히 시스템이 안전성을 유지하면서 소비자 입장에서 빠르고 효율적으로 움직여야 한다. 현대의 병원의 정기적 건강진단 시 진찰 시스템은 고객의 이동 동선을 최소화하고 대기시간을 줄이고 친절이라는 서비스가 있어야 한다. 예전보다 병원은 이점을 신경을 쓰고 있다. 강남의 모 병원의 경우 고객의 방문부터 모니터를 통한 대기관리 시스템과 진찰 시 각 진찰 방에서 대기시간을 줄이려는 노력을 하고 있다. 시간이 오래 걸리는 위장검사나 초음파 진단은 진찰 방의 수를 증가시켜 병목현상을 줄이고 초음파 검사 같은 경우도 남자고객은 남자가 검사하는 등의 서비스 개선을 하고 있었다. 이런 부분은 전체적으로 흐름을 분석하고 고객의 설문조사를 통해 불만 사항을 시정하려는 노력으로부터 시작이 된다. 요즘 기업들은 프로세스 개선이 원가 및 일정의 효율성을 증대시키고 기업의 경쟁력을 올린다는 것을 알고 있지만 쉽게 시스템을 업그레이드를 못하고 있다. 잘 돌아가게 하고 문제가 없으면 그만이라는 인식보다는 더 효율적으로 개선을 해서 더 만족스러운 결과를 만들어 내는 것이 프로세스 성숙도의 5단계인 지속적 개선이다. 끊임없는 개선 노력이 필요한 요즘 기업은 교육을 줄이고 투자를 줄이고 리스크 관리에 집중을 한다. 아쉬운 부분만 개선하는 처방적인 교육이나 컨설팅보다는 기업 내부 스스로 문제점을 개선하고 시스템을 지속적으로 개선시키는 노력을 하여야 한다. 그런 결정은 주로 경영진이 하게 된다

생활 속의 지혜--피드백을 거치자

곰과 토끼 인형 중에 어떤 것을 선택하여야 하나? 저자의 경우 처음에 일방적으로 곰을 선택해서 계산을 했다. 그런데 왠지 불안하다. "토끼는 색깔이 하얀색이어서 시간이 지나면 더러워질 것이고 그렇게 되면 아이가 싫어할 것이다. 그리고 아들은 아마도 순한 토끼보다 곰을 좋아할 것이다"라고 생각을 했었다. 매우 합리적인 것 같다. 혹시 몰라서 사진을 찍어 SNS로 아내에게 보내고, 아이보고 선택하라고 했다. 그랬더니 아이의 선택은 토끼였다. 이유는 비슷한 곰 인형이 집에 있었기 때문이었다. 이렇게 이해관계자의 요구사항을 파악하기는 어렵다. 합리적인 나의 선택이 항상 맞는다는 생각은 버리는 게 좋을 듯 한다. 선택권이 상대방에 있으면 보여주고 설명하고 선택하게 하는 것이 올바른 방법인 듯 하다.

CHAPTER 07

Example

01 프로젝트의 원가를 산정할 때에는 사용될 비용만 생각하기보다는 프로젝트 종료 후에 제품을 유지하고 사용하고 관리하는 데 필요한 돈까지 폭넓게 생각할 필요가 있다. 이런 식으로 프로젝트의 원가뿐만 아니라 제품 전체에 들어가는 원가까지 폭넓게 보는 것은?

① 수확체감의 법칙

② 한계효용의 법칙

③ Life cycle costing

④ Learning Curve

02 프로젝트의 작업성과 보고서에 나타난 현재의 프로젝트 성과는 다음과 같다. 비용성과지수(CPI)=0.85, 일정성과지수(SPI)=1.15일 때, 당신은 프로젝트 관리자로서 이에 적절한 대응은 무엇인가?

① 프로젝트 일정에 어떤 문제점이 있는지 조사한다.

② 프로젝트 비용에 어떤 문제점이 있는지 조사하고 조치를 취한다.

③ 일정단축과 관련된 Fast tracking을 실시한다.

④ 일정단축과 관련된 Crashing을 실시한다.

03 당신은 프로젝트 관리자로서 CM프로젝트를 관리하고 있다. 현재 CM 프로젝트 개발에 있어서 현재 상태는 SPI 1.1와 CPI 0.8을 나타내고 있다. 현재 프로젝트는 어떠한 상태에서 비롯된 현상을 나타나고 있는가?

① 일정이 지연되어 있어 자원을 투입하고 있다.

② 팀원 중 일부가 휴가를 갔다.

③ 원가절감이 되어 어느 정도 예비비가 넉넉하다.

④ 전문가를 투입하여 일정을 단축을 하였으나 비용이 과다소요되었다.

04 당신은 프로젝트 관리자로서 당신의 프로젝트 예산 150억 원이다. 현재까지 약 1/3분의 일정이 지나고 있다. 현재까지 진행된 일의 가치(EV)는 45억 원이다. 현재 기준시점의 원가기준선 예산은 50억 원(PV)을 예상했었다. 실제로 사용된 돈을 따져보니 47억 원만큼 사용한 것으로 나타났다. 그렇다면 여기서 SV, CV, SPI, CPI 값이 틀린 것은 다음 중 무엇인가?

① SV = −5억 원
② CV = −2억 원
③ SPI = 0.95
④ CPI = 0.96

05 총 프로젝트의 예산 150억 원이다. 현재까지 약 1/3분의 일정이 지나고 있다. 현재까지 진행된 일의 가치(EV)는 45억 원이다. 현재 기준시점의 원가기준선 예산은 50억 원(PV)을 예상했었다. 실제로 사용된 돈을 따져보니 47억 원만큼 사용한 것으로 나타났다. 현재와 같이 성과(일정/비용)의 상황이 지속된 다면 예측되는 프로젝트 예산은 얼마인가?

① 150 억 원(변동 없음)
② 152.25억 원
③ 156.25억 원
④ 159.75억 원

06 당신은 프로젝트 관리자로 월별로 작업성과보고를 경영진에게 하였다. 팀원들이 분석한 현재의 프로젝트 성과와 관련하여 일정과 비용의 성과가 다음과 같이 도출되었다. 이 자료를 바탕으로 일정편차(Schedule Variance)와 비용편차(Cost Variance)가 같은 수치가 나왔고 두 수치가 모두 0보다 크다면 현재 프로젝트 상태는 어떤 상태로 보는 것이 맞는가?

① 현재로는 프로젝트의 현황을 파악하기 힘들다. 다만 일정편차 상태는 좋은 편이 아니다.
② 두 수치가 0보다 크다면 두 프로젝트는 추가자원 투입으로 인해 일의 성과가 좋아졌다는 것을 의미한다.
③ 현재의 일정과 비용에 편차는 좋은 편이라 예상이 된다.
④ 일정편차가 비용편차보다 훨씬 중요하다.

07 Contingency reserves의 설명 중 잘못된 것은 무엇인가?

① 식별하지 못한 리스크에 대한 예비비이다.
② 프로젝트 관리자가 판단하여 사용한다.
③ 원가 기준선에 포함되어 있다.
④ 예비비의 규모는 전문가 판단을 참조하고 경험에 의해 수립된다.

08 당신은 프로젝트현황의 분석결과를 통해 비용차이(Cost variance)에 대한 부적절한 대응으로 인해 품질 또는 일정 문제에 있어 수용 불가능한 프로젝트 리스크가 발생할 수 있다는 사실을 알게 되었다. 당신은 원가 통제의 중요성을 논의하기 위한 팀 회의를 이끌고 있다. 회의가 진행되는 동안 당신은 원가 통제가 다음 중 무엇과 관련되어 있다는 사실을 알게 되는가?

① 전체 부분산정을 통해 전체예산을 만든다.

② 프로젝트를 완료하는 데 필요한 자원에 대한 비용을 산정한다.

③ 프로젝트 상태와 예산과를 비교하여 적절한 예비비를 확충하기 위한 변경조치를 시행하고 적절한 예비비가 잔여량을 감시 및 통제하여 문제를 예방한다.

④ 원가기준선을 승인하고 전체 프로젝트 작업현황 보고를 위한 작업성과정보를 만든다.

09 EV=$3,300 PV = $3,000, AC = $2,100일 경우 SV 및 SPI는 얼마인가?

① $SV = \$300$, $SPI = 1.1$

② $SV = -\$300$, $SPI = 0.91$

③ $SV = \$1200$, $SPI = 1.57$

④ $SV = \$300$, $SPI = 0.9$

10 Bottom-up Cost Estimating(상향식 원가산정)에서, 어떤 경우에 가장 정확한 원가산정이 가능한가?

① 유사한 과거 프로젝트의 정보를 이용할 때

② 작은 작업구성 요소를 산정하고 위로 합산해 나갈 때

③ 프로젝트의 범위가 반복되는 형대로 매개변수 산정을 이용할 때

④ 프로젝트 범위가 불확실하여 3점 추정을 통한 분석을 할 때

CHAPTER 07

Explanation

01 정답 ③

해설 Project life cycle뿐만 아니라, Product life cycle까지 고려해야 한다는 의미로 이해하면 된다.

02 정답 ②

해설 CPI와 SPI가 1 이하일 때는 문제가 있는 것이고 1 이상일 때는 양호한 상태이다. CPI = 0.85는 비용이 15% 초과되고 있으므로 분석을 하고 조치를 취하여야 한다.

03 정답 ②

해설 프로젝트가 SPI 1.1 과 CPI 0.8을 가지고 있다면, 이걸로 보아서는 일정은 단축이나 비용 성과는 좋지 못하다. ②번이 유사한 발생원인으로 볼 수 있다.

04 정답 ③

해설 계획가치(Plan Value) = 50억 원 실제원가(Actual Cost) = 47억 원 획득가치(Earned Value) = 45억 원

SV(일정차이) = 현재 한 일의 가치비용(EV) − 실제로 예상했던 예산(PV) = 45 − 50 = −5억 원

CV(원가차이) = 현재 한 일의 가치비용(EV) − 실제로 사용한 비용(AC) = 45 − 47 = −2억 원

SPI = 45/50 = 약 0.9(<1이므로) − 일정 지연 10%

CPI = 45/47 = 약 0.96(<1이므로) − 비용 초과 4%

05 정답 ③

해설 EAC = BAC/CPI(현재 상황이 프로젝트 마지막까지 이어질 것으로 예상되는 경우)

예산을 원가성과지수로 나눈다. 원가성과지수가 0.96라면 150억 원/0.96＝약 156.25억 원이 된다. 프로젝트가 이런 상황으로 지속되면 추가비용 6.25억 원 발생하여 예측예산은 총 156.25 억 원이 된다.

06 정답 ③

해설 비용 변이나 일정 변이가 동일하게 0보다 큰 수치라면 비용은 계획보다 적게, 일정도 계획보다 빠르게 진행되는 것이므로 현재의 프로젝트는 양호한 상태이다. 그러나 더 정확한 정보는 CPI, SPI가 나와야 종합적으로 알 수 있다. 단순히 편차만 가지고는 프로젝트 규모에 따라 좋다 나쁘다 섣불리 판단하기 어렵다. 만일 CV가 천만 원이라면, 1억 원짜리 프로젝트에서는 엄청 큰 성과이지만, 100억 원짜리의 규모 프로젝트에서는 미세한 부분이 될 수 있기 때문이다.

07 정답 ①

해설 식별되지 못한 리스크에 대한 예비비는 Management reserve로 원가기준선에 포함이 안되어 있어서 프로젝트 관리자는 별도 정식승인을 받아야 전체예산에서 사용할 수 있다.

08 정답 ③

해설 원가통제는 요청된 변경사항이 실행되었는지를 확인하고, 만약 실제적인 변경이 발생할 때 관리하는 것과 관련되어 있다. ①번과 ②번은 원가산정프로세스와 관련이 있고, ③번은 예산결정 프로세스와 관련이 있다.

09 정답 ①

해설 SV＝EV－PV이므로, $\$3,300 - \$3,000 = \$300$이 되며, SPI＝EV/PV＝$\$3300/\$3,000 = 1.1$이 된다.

10 정답 ②

해설 상향식 산정 방법은 보다 작은 작업구성 요소를 다룰 때 가장 정확한 원가산정이 가능하다. 상향식(Bottom－up) 산정 방법은 개별 작업 패키지의 원가를 산정하고 나서, 프로젝트 총원가를 얻기 위하여 각 개별 산정치를 계속 더해 나가거나 혹은 한꺼번에 합계를 내는 방법이다. 그러므로 실제 원가를 정확히 반영하는 것은 상향식 산정 방법이다. 그러나 시간과 노력이 많이 걸리고 프로젝트의 특징은 유일성 때문에 정확하게 산정이 쉽지는 않다.

프로젝트 품질관리

품질관리는 왜 필요한가? 프로젝트에서 생성하는 인도물에 대한 검사가 중요하기 때문이다. 품질의 역사는 깊다. 다양한 기법들이 존재한다. 이런 부분을 충분히 활용하여 프로젝트 관리는 하는 것이 효율적이다. PMBOK에서는 품질관리와 관련하여 3가지 프로세스를 소개하고 있다.

- 품질관리 지식영역의 첫 번째 프로세스인 품질계획수립 프로세스는 기획 프로세스 그룹에 속하여 있으면서 프로젝트에 소요되는 품질관리의 준비를 하는 프로세스이다.
- 품질관리 프로세스는 품질계획에 의거 품질보증을 포함하여 폭넓게 전체적인 품질을 진행하는 프로세스이다.
- 품질통제 프로세스는 감시 및 통제 프로세스그룹에 속해 있으면서 인도물을 검사하고 품질 표준과 인도물을 검사하여 차이를 식별하여 변경조치를 하는 프로세스이다.

품질추구시 프로젝트 팀원은 Quality와 Grade를 구분해야 한다. 저품질은 항상 문제이지만 저 Grade는 아닐 수 있다. Quality나 Grade의 필요 수준을 결정하는 것은 PM이나 프로젝트 팀원의 책임이다. 아래와 같이 품질과 등급을 다시 정의하여 본다. 품질(Quality)은 기본 특성이 요구사항을 충족하는 정도이고 등급(Grade)은 기능상 용도는 같지만 기술적 특성은 다른 제품 또는 서비스에 지정된 범주(Category)이다. 품질관리에서 중요한 또 다른 용어 정밀과 정확도는 아래와 같이 구분해야 한다. 정밀도(Precision)는 반복 측정치가 분산되지 않고, 집중된 것을 의미하고 정확도(Accuracy)는 측정치가 참값에 매우 근접함을 의미한다. 품질관리에 대한 품질관리영역의 프로세스들은 아래와 같다.

• Project quality management addresses the management of the project as well as the deliverables of the project. Failure to meet quality Requirements may have serious negative consequences. Adapted from: *PMBOK® Guide−Sixth Edition, pp. 273−275*

프로세스	설명
8.1 품질 관리 계획수립 (Plan quality management)	- 프로젝트와 인도물에 대한 품질 요구사항과 표준을 식별하고, 프로젝트가 품질 요구사항 및 표준을 준수함을 입증할 방법을 문서로 명시하는 프로세스이다.
8.2 품질관리 (Manage quality)	- 조직의 품질 정책을 프로젝트에 반영하여 품질관리 계획서를 실행 가능한 품질 관련 활 동으로 변환하는 프로세스이다.
8.3 품질 통제 (Control quality)	- 품질관리 활동의 실행결과를 감시하고 기록하면서 성과를 평가하고 프로젝트 산출물이 완전하고 정확하며 고객의 기대사항을 충족하는지 확인하는 프로세스이다.

8.0 품질관리 개요

(1) 품질관리의 핵심개념

프로젝트 품질관리는 프로젝트와 프로젝트 인도물 관리를 의미한다. 품질 척도와 관리 기법은 프로젝트가 산출하는 인도물 유형별로 고유하다. 따라서 프로젝트 관리자는 다른 모든 지식 영역의 결과를 통합하고 전체적인 관점을 가져야 한다.

어느 경우라도 품질 요구사항을 충족하지 못하면 일부 또는 전체 프로젝트 이해관계자에게 심각하고 부정적인 결과를 초래할 수 있다. 기타 핵심개념은 다음과 같다.

■ 고객의 요구사항을 충족하기 위해 프로젝트팀이 초과 근무하는 경우, 수익 감소, 전체 프로젝트 리스크 증가, 직원 간 마찰, 오류 또는 재작업 증가 등의 문제가 발생할 수 있다. 따라서 일정관리에서 활동수행을 위한 작업수행과 관련하여 일정개발 부분에서 자원 평준화 등이 도구 및 기법으로 등장하였다.

■ 프로젝트 일정 목표를 충족하기 위해 예정된 품질검사를 급하게 서두르는 경우, 오류 탐지 누락, 수익 감소, 구현 후 리스크 발생률 증가 등의 문제가 초래될 수 있다.

■ 예방(프로세스 자체 오류 방지)과 검사(고객에게 오류 인도 방지)가 품질관리영역에 중요하다.

■ 품질통제 프로세스에서 사용되는 부분으로 속성 표본추출(결과의 적합성 여부)과 변수 표본추출(적합성 정도를 측정하는 연속적인 등급으로 결과 순위 지정)의 샘플링 방법이 있다.

■ 인도물의 검사와 관련하여 허용한도(수용 가능한 것으로 지정된 결과 범위)와 통제한계(통계적으로 안정적인 프로세스 또는 프로세스 성과에서 일반적인 차이 정도 경계 식별)의 이해가 필요하다.

■ 프로젝트는 일시적인 것이므로 제품 생애주기 전반에 걸친 품질비용(COQ)에 대한 의사결정은 일반적으로 프로그램관리, 포트폴리오관리, PMO 또는 운영상의 문제이다.

효과적인 품질 관리의 단계적 수준

일반적으로 순차적으로 품질에 대한 접근 방식이 있다.

먼저 첫 번째로 가장 비용이 많이 드는 방식은 고객이 결함을 찾도록 하는 것이다. 이 방식은 보증 이슈, 리콜, 평판 훼손, 재작업 비용 문제를 야기할 수 있다. 이것은 외부실패비용이라고 부분이다.

두 번째로 품질통제 프로세스의 일환으로 고객에게 인도물이 전달되기 전에 결함을 확인하고 수정한다. 품질통제 프로세스에는 관련 비용이 존재하며 그 비용은 주로 평가 비용과 내부 실패 비용이다.

세 번째로 품질 보증을 사용하여 특수한 결함뿐 아니라 프로세스 자체를 검토하고 수정한다. 프로젝트와 제품의 기획 및 설계 과정에 품질을 통합한다. 이 부분은 예방 및 평가비용에 관련된 부분이다. 가장 적합한 비용이다.

조직 전반에 걸쳐 프로세스와 제품의 품질을 인식하고 이를 위해 노력하는 문화를 조성한다.

(2) 프로젝트 품질일정관리의 추세와 새로운 실무사례

- 고객만족: 고객만족을 위해서는 요구사항에 대한 부합성(Conformance)과 용도에 대한 적합성(fitness to use)이 모두 실현되어야 한다. 애자일 환경에서는 팀 활동에 대한 이해관계자 참여를 통해 프로젝트 전반에 걸쳐 고객 만족을 유지해야 한다.
- 지속적 개선: PDCA(Plan − Do − Check − Act, 계획 − 시행 − 점검 − 조치) 주기가 품질개선의 기본이다.

  TQM(Total Quality Management), 6 − 시그마, LSS(Lean Six Sigma)와 같은 품질개선 전략으로 프로젝트관리의 품질과 최종 제품, 서비스 또는 결과의 품질을 모두 향상시킬 수 있다.
- 관리책임: 프로젝트의 품질관리의 성공을 위해서는 프로젝트 팀원이 모두 참여해야 한다. 품질에 관한 책임 중 적격 역량에서 적합한 자원을 공급할 책임은 경영진에게 있다.

(3) 조정 고려사항

- 공급업체와의 상호 유익한 파트너십: 공급업체와의 협업 및 파트너십에 기반한 관계는 전통적인 공급업체 관리에 비해 조직과 공급업체에게 보다 유익하다. 상호 유익한 관계는 조직과 공급업체 모두가 상대방을 위한 가치 창출 역량을 향상시키고 고객의 요구 및 기대사항에 대한 공동 대응을 강화하며 비용과 자원을 최적화하는 것이다.
- 정책 준수 및 감사: 조직에 어떤 품질 정책과 절차가 존재하는가? 조직에서 어떤 품질 도구, 기법 및 템플릿을 사용하는가?
- 표준 및 규제준수: 업계에서 적용해야 하는 특정 품질 표준이 있는가? 고려해야 할 특정 정

부, 법적 또는 규제 제약사항이 있는가?

■ 지속적 개선: 프로젝트에서 품질 개선을 어떻게 관리하는가? 조직 수준 또는 프로젝트별 수준에서 관리되는가?

■ 이해관계자 참여: 이해관계자와 공급업체를 위한 협업적인 환경이 조성되어 있는가?

(4) 애자일, 적응형 환경을 위한 고려사항

■ 애자일 방식에서는 변경사항을 처리하기 위해 프로젝트 종료 시점이 아닌 프로젝트 전반에 걸쳐 빈번한 품질 및 검토 단계가 구축되어야 한다.

■ 반복적 회고는 품질 프로세스의 효과를 주기적으로 검사한다.
  – 이슈의 근본 원인을 찾아 품질 개선을 위한 새로운 접근 방식 시도를 제안한다.
  – 후속 회고는 시험 프로세스를 평가하여 해당 프로세스가 효과적이고 계속되어야 하는지, 새로운 조정이 필요한지 또는 사용을 중단해야 하는지 여부를 판별한다.

■ 애자일 방식은 반복적, 점증적 인도를 용이하게 하기 위해, 최대한 많은 프로젝트 인도물 요소를 통합하는 소규모 작업 배치(batch)에 중점을 둔다. 소규모 배치(batch) 시스템의 목표는 전체 변경 비용이 낮은 프로젝트 생애주기 초기에 불일치성과 품질 이슈를 발견하는 것이다.

8.1 품질관리계획수립(Plan quality management)

품질관리계획수립은 프로젝트 및 제품에 대한 품질 요구사항 및 표준을 식별하고, 어떻게 프로젝트가 준수할지 입증하는 방법을 문서화하는 프로세스이다.

(1) 프로세스(입력물/도구 및 기법/산출물)

Inputs
1. 프로젝트 헌장
2. 프로젝트 관리 계획서
   • 요구사항관리 계획서
   • 리스크관리 계획서
   • 이해관계자 참여 계획서
   • 범위 기준선
3. 프로젝트 문서
   • 가정사항 기록부
   • 요구사항 문서
   • 요구사항 추적 매트릭스
   • 리스크 관리대장
   • 이해관계자 관리대장
3. 기업환경요인(EEF)
4. 조직 프로세스 자산(OPA)

T&T
1. 전문가 판단
2. 데이터 수집
   • 벤치마킹
   • 브레인스토밍
   • 인터뷰
3. 데이터 분석
   • 비용-편익 분석
   • 품질 비용
4. 의사결정
   • 다기준 의사결정 분석
5. 데이터 표현
   • 순서도
   • 논리 데이터 모델
   • 매트릭스도
   • 마인드 매핑
6. 테스트 및 검사 계획 수립
7. 회의

Outputs
1. 품질관리 계획서
2. 품질 매트릭스
3. 프로젝트관리계획서 갱신
   • 리스크관리 계획서
   • 범위 기준선
4. 프로젝트 문서 갱신
   • 교훈 관리대장
   • 요구사항 추적 매트릭스
   • 리스크 관리대장
   • 이해관계자 관리대장

품질관리계획 프로세스의 가장 중요한 핵심물은 무엇인가? 역시 범위기준선과 요구사항문서 두 가지이다. 범위기준선은 바로 우리가 만들어야 하는 인도물, 즉 Work package가 있다.

■ 품질관리에서는 우리가 인도해야 할 인도물이 품질기준 또는 표준이 적합한 것인지를 검사하는 것이다. 그럼 품질기준 또는 표준은 어디에 있는가? 바로 요구사항문서에 있다. 품질에 대한 요구사항을 담고 있는 문서가 요구사항문서이다. 이해관계자 관리대장은 품질과 관련된 이해관계자들의 기대사항과 요구사항관리에 있다.

■ 품질은 독특한 영역이다. 품질은 또한 예민한 부분이다. 따라서 품질에 관련된 부분은 이해관계자들과 많은 협의를 해야 되고, 품질관련 이해부분이 다루어져야 한다.

■ 품질관리계획수립 프로세스의 도구 및 기법에서는 데이터 수집 및 데이터 분석이 있다. 품질도 데이터 수집을 하여야 한다. 요구사항수집 기법에서 사용되었던 일부 기법들이 소개되고 있다. 데이터분석에는 품질비용관련 언급이 된다.

■ 품질비용은 상당히 중요한 내용이다. 예방비용, 평가비용 및 실패비용에 대해서 추후 설명이 된다. 반드시 숙지하여야 한다. 비용 및 편익분석은 품질비용의 적절성을 다루고 있다. 과소 또는 과도한 품질비용 사용은 적절하지 않다. 이에 프로젝트 전체 편익을 고려하여 품질비용이 책정이 되어야 한다. 품질비용은 원가기준선의 한 부분이다. 따라서 개발 제품의 특성을 감안하여 전수검사 또는 샘플링 검사들을 적절히 고려해야 한다.

■ 품질관리계획수립 프로세스의 산출물은 품질관리계획서와 품질 매트릭스이다. 품질관리계획서는 전체 품질관리 및 품질통제 프로세스의 가이드 절차를 제공한다. 품질매트릭스는 품질의 기준을 제공한다. 따라서 품질통제 시 인도물에 대한 검사는 품질 매트릭스를 기준으로 정확성을 검사하여 검증을 실시한다. 품질통제 프로세스는 결과의 품질이라고 부르기도 하는데 이는 제품의 결과를 측정하기 때문에 그렇게 말하기도 한다.

(2) 프로세스 흐름도

8.1.1   품질관리계획수립 프로세스 투입물

1. 프로젝트 헌장(Project charter)

상위 수준 프로젝트 설명과 제품 특성 정보를 제공한다. 프로젝트 승인 요구사항, 측정 가능한 프로젝트 목표 및 프로젝트의 품질 관리에 영향을 미치는 관련 성공 기준이 기술된다.

2. 프로젝트관리계획서(Project management plan)

(1) 요구사항관리 계획서(Requirement management plan): 품질관리 계획서와 품질 매트릭스가 참조할 요구사항을 식별, 분석 및 관리하기 위한 접근 방식을 요구사항관리 계획서가 제공한다.

(2) 리스크관리 계획서(Risk management plan): 리스크 식별, 분석 및 감시를 위한 접근 방식을 제공한다. 리스크관리 계획서와 품질관리 계획서의 정보를 함께 활용하여 제품과 프로젝트를 성공시킬 수 있다.

(3) 이해관계자 참여 계획서(Stakeholder engagement plan): 품질 관리의 기초를 제공하는 이해관계자의 요구 및 기대사항을 문서화하는 방법을 이해관계자 참여계획서가 제공한다.

(4) 범위 기준선(Scope baseline): 프로젝트에 적합한 품질 표준과 목표, 또한 품질 심사를 받을 프로젝트 인도물과 프로세스를 판별할 때 작업분류체계(WBS)와 프로젝트 범위기술서에 문서화된 인도물을 함께 고려한다. 범위기술서에는 인도물에 대한 인수기준이 포함되어 있다. 프로젝트관리계획서에서 가장 핵심입력물은 WBS와 프로젝트 범위기술서가 포함된 범위기준선(Scope baseline)이다.

3. 프로젝트 문서(Project documents)

(1) 가정사항 기록부(Assumption log): 품질 요구사항 및 표준 준수에 대한 모든 가정 및 제약사항을 기술하고 있다.

(2) 요구사항 문서(Requirements documentation): 이해관계자 기대사항을 만족시키기 위해 프로젝트와 제품이 충족해야 하는 요구사항을 기술한다. 요구사항은 프로젝트팀이 프로젝트에서 품질통제를 구현하는 방법을 계획하는 데 활용할 수 있다. 품질요구사항이 포함되어 있어 핵심문서이다.

(3) 요구사항 추적 매트릭스(Requirement traceability matrix): 제품 요구사항과 인도물을 연결하며 요구사항 문서의 각 요구사항이 테스트될 수 있도록 하는 데 도움이 된다.

(4) 리스크 관리대장(Risk register): 품질 요구사항에 영향을 미칠 수 있는 위협과 기회에 대한 정보를 기술하고 있다.

(5) 이해관계자 관리대장(Stakeholder register): 품질에 특히 관심을 갖거나 영향을 미치는 이해관계자를 식별하는 데 도움을 준다. 고객과 프로젝트 스폰서의 요구 및 기대사항을 강조한다.

4. 기업환경요인(Enterprise environmental factors)

정부 당국 규정, 응용분야별 규칙, 표준 및 지침, 지리적 분포, 조직 구조, 시장 여건, 프로젝트 또는 인도물의 작업 조건 또는 운영 조건, 문화적 인식 등이 해당된다.

5. 조직프로세스 자산(Organizational process assets)

정책, 절차 및 지침을 포함하는 조직의 품질관리 시스템, 점검기록지, 추적 매트릭스 등과 같은 품질 템플릿, 선례 데이터베이스 및 습득한 교훈 저장소 등이 포함된다.

8.1.2 품질관리계획수립 프로세스 도구 및 기법

1. 전문가 판단(Expert judgment)

품질관리, 품질통제, 품질 측정치, 품질 개선, 그리고 품질 시스템 등에 대한 전문가들의 의견 등이 전문가 판단에 해당된다.

2. 데이터 수집(Data gathering)

(1) 벤치마킹(Benchmarking): 실제 또는 예정된 프로젝트 실무사례나 프로젝트의 품질 표준을 유사한 프로젝트의 실무사례나 품질 표준과 비교하여 모범 사례를 식별하고, 개선책을 구상하고, 성과측정의 기준을 제시하는 일련의 과정이다. 수행조직 내부 또는 외부에 존재하거나 동일한 응용분야 또는 기타 응용분야에 있는 프로젝트를 벤치마킹할 수 있다.

(2) 브레인스토밍(Brainstorming): 팀원 또는 관련 분야 전문가 그룹으로부터 창의적인 방식으로 데이터를 수집하여 차기 프로젝트에 가장 적합한 품질관리 계획서를 작성할 수 있다.

(3) 인터뷰(Interviews): 경험이 풍부한 프로젝트 참여자, 이해관계자 및 관련분야 전문가 인터뷰를 통해, 프로젝트 및 제품의 품질에 대한 내재적, 명시적, 공식적, 비공식적인 요구사항과 기대사항을 식별할 수 있다. 신뢰와 비밀이 보장된 환경에서 수행되어야 좋은 결과를 얻는다.

3. 데이터 분석(Data analysis)

(1) 비용편익 분석(Cost benefit analysis): 제공되는 편익 측면에서 가장 좋은 대안을 판별하기 위해 대안의 강점과 약점을 추정하는 데 사용되는 재무 분석 도구이다. 프로젝트 관리자가 계획된 품질 활동이 비용면에서 효과적인지 여부를 판별하는 데 도움을 준다. 품질 요구사항을 충족하면 기본적으로 재작업 감소, 생산성 향상, 원가 절감, 이해관계자 만족도 증가, 수익성 증대라는 편익이 발생한다. 품질 요구사항 달성의 초기 편익은 보다 적은 재작업을 만들고, 보다 높은 생산성을 만들고, 보다 적은 원가를 만들고 또한 이해관계자의 만족도를 향상시킬 수 있다.

(2) 품질비용(Cost of quality): 품질비용에는 크게 적합비용(예방비용과 평가비용)과 비적합비용(실패비용)이라는 두 가지로 구분이 되기도 하지만 다음과 같이 구분되기도 된다. 품질의 대가 데밍(Deming) 박사는 P. A. F로 품질비용을 구분하였다.

적합성비용		비 적합성 비용	
예방비용 (Preventive Cost):	평가비용 (Appraisal Cost):	내부실패비용 (Internal Failure Cost)	외부실패비용 (External Failure Cost)
(고품질 제품제조)	(품질평가)	(내부적으로 발견된 실패)	(고객에 의해 발견된 실패)
프로젝트 기간 중 지출된 비용(실패를 피하기 위해)		프로젝트 기간중과 그 이후에 지출된 비용(실패 때문에)	
• 교육 • 문서 프로세스 개선, 장비 • 올바르게 처리할 시기	• 품질평가 • 테스트, 파괴 테스트손실 • 검사	• 재작업 • 불량	• 보증작업 • 부채 • 비즈니스 손실

품질에도 돈이 들어가므로 품질에 필요한 비용을 산정할 필요가 있다. 품질 비용에는 예방비용, 평가비용, 실패비용(내부, 외부실패) 등이 있다. 품질 원가의 가정은 활동 원가 산정을 준비하는 데 사용된다. 품질 원가(COQ: Cost of Quality)란 요구사항에 비적합을 방지, 요구사항에 적합을 위한 제품이나 서비스의 평가, 요구사항을 달성하기 위해 실패에서 투자 제품의 프로젝트 동안 초과 투입되는 모든 원가를 포함한다.

■ 장점은 미리 원가산정 시 품질에 들어가는 비용을 반영함으로서 품질관리를 제대로 할 수 있다. 또한 과도한 품질관리 비용이 들어가지 않도록 전체 원가대비 비교할 수 있다.

■ 단점은 품질비용은 고유영역으로 품질관련 산출한 비용을 쉽게 수정하기 어렵다. 품질 비용 산출(예방/평가/실패비용)에 대한 비율과 적정성을 잘 검토하여야 한다. C.O.Q 구성은 Quality Management plan에서 준비하고 품질관리 및 품질통제에서 사용하게 된다.

① 예방비용(Preventive cost): 특정 프로젝트의 제품, 인도물 또는 서비스 품질 저하 예방과 관련된 비용으로, 예를 들면 교육 훈련, 사전 매뉴얼 작성, 프로세스 숙지훈련 등이 있다.

② 평가비용(Appraisal cost): 특정 프로젝트의 제품, 인도물 또는 서비스 평가, 측정, 감사 및 테스트와 관련된 비용으로 예를 들면 시험기를 통한 테스트, 비파괴시험, 검사기 구입을 통한 다양한 검사 등이 해당이 된다.

③ 실패비용(Internal failure/External failure cost): 제품, 인도물 또는 서비스의 이해관계자 요구 또는 기대사항 미충족과 관련된 비용으로 내부실패비용은 Scrap 및 재작업 등으로 고객에게 제품이 인도되기 전에 내부적으로 발생한 실패비용이다. 반면 외부 실패비용은 제품이 이미 고객에게 인도된 후에 발생한 부분으로 예를 들면 Claim, Recall 등 상당히 치명적인 결과를 가져다 줄 수 있는 비용이다. 특히 외부 실패비용이 많이 발생하면 고객은 차기 프로젝트에 프로젝트 참여를 제한시킬 가능성이 높다. 이에 기업에서는 실패비용이 발생하지 않도록 예방비용과 평가비용에 상당한 노력을 기울여야 한다.

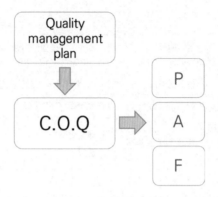

4. 의사결정(Decision making)

다기준 의사결정 분석 도구(예: 우선순위 결정 매트릭스)의 사용으로 적절한 대안과 주요 이슈를 식별하고 우선순위를 정하여 구현을 위한 결정안 목록을 만들 수 있다. 각 대안의 수치를 산출하기 위해 가능한 모든 대안에 기준을 적용하기에 앞서 기준의 우선순위와 가중치를 적용한 다음에 점수별로 대안의 순위를 정한다. 이 프로세스에 사용된 것처럼 품질 매트릭스의 우선순위를 정하는 데도 도움을 줄 수 있다.

5. 데이터 표현(Data representation)

■ 순서도(Flow charts): 순서도는 하나 이상의 투입물을 하나 이상의 산출물로 변환하는 프로세스를 위해 존재하는 일련의 단계와 분기 가능성을 보여주기 때문에 프로세스 맵이라고 한다. 다음 그림은 순서도(Flow chart)의 예이다.

■ 논리 데이터 모델(Logical data model): 조직의 데이터를 비즈니스 용어로 기술하여 시각적으로 표현한 것이며 특정 기술과 무관하다. 논리 데이터 모델은 데이터 무결성 또는 기타

품질이슈가 발생할 수 있는 지점을 식별하는 데 사용할 수 있다.

- 매트릭스도(Matrix diagrams): 매트릭스를 구성하는 행과 열 사이에 존재하는 다양한 요인, 원인 및 목표들 간 관계의 강도를 파악하는 데 도움을 준다.
- 마인드 매핑(Mind mapping): 요구사항수집 프로세스의 도구 및 기법이기도 했던 마인드 매핑은 정보를 시각적으로 구성하는 데 사용되는 도형법이다. 주로 단일 품질 개념을 고려해서 작성되고 이미지, 단어, 단어의 일부분과 같은 연관성 있는 아이디어의 요약이 추가되는 백지 중앙에 이미지로 그려진다. 일종의 연상기법이다.

6. 테스트 및 검사 계획 수립(Test and inspection planning)

프로젝트 관리자와 프로젝트팀은 계획수립 단계에서 이해관계자의 요구 및 기대사항을 충족시키기 위해 제품, 인도물 또는 서비스를 테스트하거나 검사하는 방법과 제품의 성능 및 신뢰성에 대한 목표를 충족시키는 방법을 결정한다. 예를 들어 소프트웨어 프로젝트의 알파 및 베타 검사, 건설 프로젝트의 강도 테스트, 제조 및 현장 검사, 엔지니어링 분야의 비파괴 검사가 포함된다.

7. 회의(Meetings)

프로젝트 관리자, 프로젝트 스폰서, 선정된 프로젝트 팀원과 이해관계자, 프로젝트 품질관리 활동을 담당할 모든 관련 실무자, 그 밖의 필요한 인원도 모두 참석대상이다.

7가지 기본 품질 도구(Seven basic quality tools)

7가지 기본 품질도구는 품질계획에서 준비하고 품질관리와 품질통제 프로세스에서 주로 사용을 한다. PMBOK 6판에서는 별도 7 tools을 강조하지 않았지만, PMBOK 5판까지 지속적으로 강조하여 왔던 부분이므로 참조로 정리한다.

① 원인-결과 다이어그램(Cause-and-effect diagrams): Ishikawa diagram, fishbone/ wishbone diagram이라고도 부른다. 얼마나 여러 종류의 원인이나 원인 하위 그룹이 잠재적인 문제나 영향에 관계되는지를 설명하고 원인과 결과의 관계를 분석하는 데 사용한다.

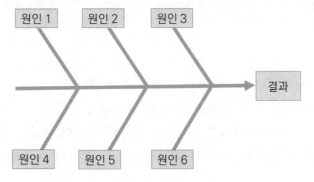

② 통제도(Control charts)는 프로젝트 추진 관련하여 발생되는 문제들의 특성 요인을 시계열 (시간 또는 일별)로 발생되는 데이터의 추이를 분석하는 도표이다. UCL은 Upper Control Limit, LCL은 Lower Control limit으로 일반적으로 3 sigma로 관리되며 조직 내부적으로 결정을 한다. 프로세스는 데이터가 통제한도를 초과하는 위치일 때나, 7개의 연속적인 위치가 평균의 상, 하에 있다면, "Out of Control"을 고려한다.

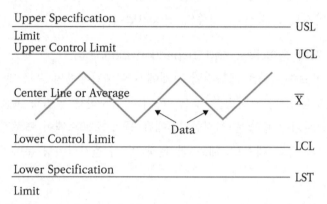

Project Management: A Systems Approach to Planning, Scheduling, and Controlling, 11th Edition, by Harold Kerzner, Ph.D., Figure 20-23, p. 1048

"Rule of seven"

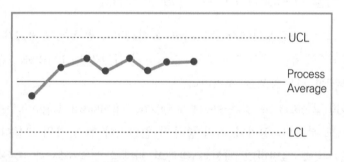

Project Management: A Systems Approach to Planning, Scheduling, and Controlling, 11th Edition, by Harold Kerzner, Ph.D., Figure 20-25, p. 1049

상기 그림에서 평균 이상 구분에 연속해서 7개의 점이 나타나서 Rule of seven이 해당된다. 뭔가 조치가 취해져야 하는 이상 신호이다. 분포가 중심에서 한쪽으로 치우치고 있다는 것은 아마도 한쪽으로 가공도구가 마모되고 있다거나 공구나 치구의 중심이 안 맞거나, 제품의 Jig & fixture가 한쪽으로 치우쳤다거나 하는 이상신호일 수 있기에 철저히 조사하여야 한다.

③ 흐름도(Flow charts)는 프로젝트 프로세스 또는 관련 의사결정의 주요 단계를 흐름 중심으로 아래 그림과 같이 가시화한 것이다.

④ 히스토그램(Histogram)은 변화의 분포도를 나타내는 수직 바 차트(막대그래프)이다. 이 도구는 분포도의 모양과 폭에 의한 문제의 원인을 식별하는 데 사용한다.

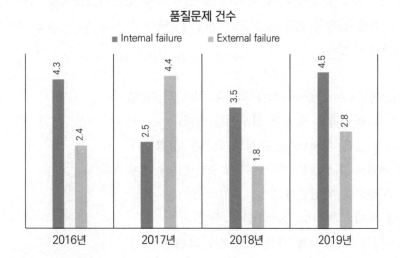

⑤ 파레토도(Pareto chart, 80:20 법칙)은 막대그래프(히스토그램)에서 변형된 것으로 발생 빈도의 우선순위에 정렬된 것이다. 하나의 원인이나 유형에 의해 얼마나 많은 결과가 생성되었는지를 식별하는 방법이다. 아래 그림에서는 Cause 1과 2가 가장 중요한 원인이므로 우선순위에 의거 Cause 1과 2의 문제를 해결하는 방법이 품질문제 해결에서 중요한 접근이다.

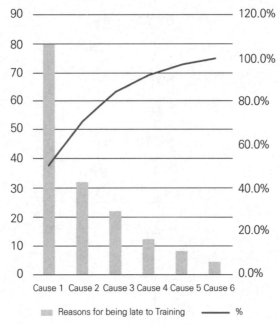

파레토의 기원

Vilfredo Pareto(1800년대에 이탈리아의 80% 부를 20%의 인구가 차지하고 있다는 유래에서 시작). 문제의 80%는 원인 중 20%에 의해 발생한다고 접근하였다. 발생 빈도에 따라 정렬된 히스토그램으로, 하나의 원인이나 유형에 의해 얼마나 많은 결과가 생성되었는지를 식별하는 방법이다. 소수의 원인이 전체 결과의 많은 부분을 차지한다. 따라서 제일 먼저 개선해야 할 요인(Vital Few)을 찾는 데 사용된다.

파레토 다이어그램(Pareto diagrams)-파레토 차트 작성방법

Step 1: 데이터를 원인별로 묶어서 빈도수를 센다.

Step 2: 빈도수가 높은 데서 낮은 순서로 원인을 정렬한다.

Step 3: 각 원인별로 퍼센트를 계산한다(각 원인 빈도수/전체 빈도수).

Step 4: 누적 퍼센트를 계산한다.

Step 5: 원인별 막대그래프(Bar graph)를 그린다.

Step 6: 막대그래프 위에 누적 퍼센트 곡선을 그린다.

⑥ 산점도(Scatter diagram)는 프로젝트 추진 중 발생되는 문제의 요인이 되는 변수 또는 파라미터(Parameter)에 대한 관계를 도식화하는 기법으로 두 변수간의 영향 분석에 주로 사용된다. 연관관계에 따라 강한 양의 관계, 음의 관계 등 다양한 관계가 나올 수 있다.

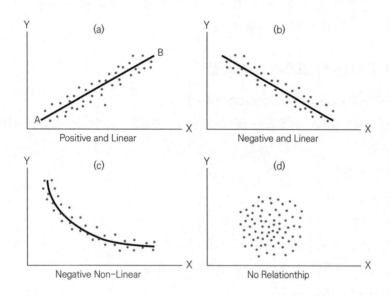

⑦ 체크시트(Check sheets): 잠재적인 품질문제를 효과적인 방법으로 조직화하여 관리한다. 아래 표는 체크 시트의 예이다.

PRODUCT ASSESSMENT CHECK SHEET

Model:　　　　　　Date:　　　　　　Evaluated by:

Item		Evaluation method	Score	Remarks
Materials with high environmental impact	Observes relevant national regulations: Observes higher industry standards: Observes higher Sony standards: High impact materials eliminated:	5 pts ☐ 7 pts ☐ 8 pts ☐ 10 pts ☐		Refer to Sony Specified Environmental Substances
Disassembly time	Reduction in time to dismantle product new model (__min) baseline model (__min)	(1 − new model/baseline model) x 100% = ___%		60% reduction is 10 pts
Labeling of materials types	No labeling: Observes product assessment standards: All materials labeled:	0 pts ☐ 5 pts ☐ 10 pts ☐		
Recyclability	Recyclability improvement ratio where recyclability is the percentage of materials, by weight, for which recycling is feasible new model recyclability (__%) baseline (__%)	(new model − baseline model)(100% − baseline model) x 100% = ___%		60% improvement is 10 pts
Recycled resource usage ratio	Recycled glass usage as % of total glass weight	Recycled/total = ___ %		50% is 10 pts 0% is 0 pts
	Recycled plastics usage as % of total plastics weight	Recycled/total = ___ %		
	Recycled paper usage as % of total paper weight	Recycled/total = ___ %		100% is 10 pts
Material resource conservation	Product weight reduction ratio new model (__g) baseline model (__g)	(1 − new model/baseline model) x 100% = ___%		50% is 10 pts 0% is 0 pts
	Product volume reduction ratio new model (__cm)³ baseline model (__cm)³	(1 − new model/baseline model) x 100% = ___%		
	Parts count reduction ratio new model parts count (__) baseline model (__)	(1 − new model/baseline model) x 100% = ___%		20% reduction is 10 pts
Product life	Initial failure rate	___%		<x% is 10 pts x + % is 0 pts
	Annual failure rate	___%		<x% is 10 pts x + % is 0 pts
Energy conservation	Energy consumption in standby mode	___Watts		0 W is 10 pts 2 + W is 0 pts
	Energy consumption during use new model (__W) baseline model (__W)	(1 − new model/baseline model) x 100% = ___%		60% reduction is 10 pts
Packaging	Polystyrene foam usage reduction new model (__g) baseline model (__g)	(1 − new model/baseline model) x 100% = ___%		60% reduction is 10 pts
	Packaging weight reduction ratio new model (__g) baseline model (__g)	(1 − new model/baseline model) x 100% = ___%		
	Recycled resource usage as % of weight	Recycled/total = ___ %		100% is 10 pts

Source: Adapted from Yanagida (1995)

실험계획법(D.O.E: Design of experiments)

제품이나 개발 프로세스나 제품에 설정한 변수가 영향을 미치는 어떤 요인을 식별하기 위한 통계적인 방법이다. 설계 특성의 최적화(제품이나 프로세스의 최적화 역할)와 적절한 성과를 제공하는 원자재, 설계 방법 규명 및 최적 설계를 통한 과잉 설계 회피가 사용이 된다. 다만 이해 관계자의 의견 반영이 적게 되는 단점이 있다.

8.1.3   품질관리계획수립 프로세스 산출물

1. 품질관리 계획서(Quality management plan)

품질 목표를 달성하기 위해 적용되는 정책과 절차, 지침을 구현하는 방법을 기술한 계획서이며 다음을 포함한다.

- 프로젝트에서 사용할 품질 표준
- 프로젝트의 품질 목표
- 품질 역할과 책임
- 품질 심사를 받는 프로젝트 인도물과 프로세스
- 프로젝트에 대한 계획된 품질통제 및 품질관리 활동
- 프로젝트에 사용할 품질 도구
- 프로젝트와 관련이 있는 주요 절차

  (예를 들어 부적합 대응책, 시정 조치 절차, 지속적 개선 절차)

- Quality management plan

  A component of the project or program Management plan that describes how applicable policies, procedures, and guidelines will be implemented to achieve the quality objectives — *PMBOK®* Guide — Sixth Edition, Glossary

2. 품질척도(Quality metrics)

프로젝트 또는 제품 속성에 대해 설명하고, 품질통제 프로세스를 통한 속성 준수 여부를 확인하는 방법을 설명하고 다음과 같은 예를 포함한다.

- 일정대로 완료된 작업의 백분율
- 원가성과지수(CPI)로 측정되는 비용 대비 성과
- 실패율, 일간 식별 결함 수 및 월간 다운타임 총계
- 코드 행당 오류 수, 고객 만족 지수
- 테스트 범위 측정 수단으로서의 테스트 계획에 의해 보장되는 요구사항의 백분율 등 보증 및 통제 프로세스를 통해 무엇을 어떻게 측정할 것인가를 기술한다.

3. 프로젝트 관리 계획서 업데이트(Project management plan updates)

(1) 리스크관리 계획서(Risk management plan): 품질관리 방안을 결정하는 것은 프로젝트 리스크 관리에 대한 합의된 접근 방식의 변경을 필요로 할 수 있으며 이 내용은 리스크관리 계획서에 기록된다.

(2) 범위 기준선(Scope baseline): 특정 품질관리 활동을 추가해야 하는 경우 이 프로세스의 결과로 범위 기준선이 변경될 수 있다. 작업분류체계(WBS) 사전에도 품질 요구사항이 기록되므로 업데이트가 필요할 수 있다.

4. 프로젝트 문서 업데이트(Project document updates)

(1) 교훈관리대장(Lessons learned register): 품질 계획수립 프로세스에서 발생한 과제에 대한 정보로 업데이트

(2) 요구사항 추적매트릭스(Requirement traceability matrix): 품질 요구사항이 지정되는 경우 요구사항 추적 매트릭스에 기록한다.

(3) 리스크 관리대장(Risk register): 식별된 새로운 리스크는 리스크 관리대장에 기록되며 리스크 관리 프로세스를 사용하여 관리된다.

(4) 이해관계자 관리대장(Stakeholder register): 기존 또는 신규 이해관계자에 대한 추가 정보가 수집되면 이해관계자 관리대장에 기록된다.

PM Template-Quality management plan

PM Template-Quality metrics

품질매트릭스 Flow

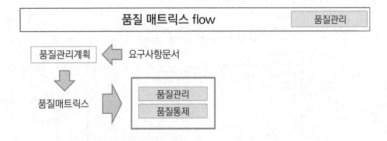

8.2 품질관리(Manage quality)

조직의 품질정책을 프로젝트에 반영하여 품질관리 계획을 실행 가능한 품질 관련 활동으로 변환하는 프로세스로 다음과 같은 내용을 포함한다.

- 품질목표의 달성 확률을 높이고 비효율적인 프로세스와 품질 저하 원인을 파악할 수 있다.
- 품질통제 프로세스의 데이터와 결과를 사용하여 프로젝트의 전반적인 품질 상태를 이해관

계자에게 알려준다.

■ 품질관리를 품질보증이라고도 하지만 품질관리는 프로젝트와 무관한 작업에서도 사용되므로 품질 보증보다 넓은 의미를 갖는다.

■ 품질관리는 이해관계자들에게 최종 제품이 그들의 요구, 기대사항 및 요구사항을 충족할 것이라는 확신을 주기 위한 표준 이행 및 준수를 수반한다.

■ 품질관리 작업은 품질비용 구조에서 적합성 작업 범주에 속한다. 전통적인 프로젝트에서 품질관리는 일반적으로 특정 팀원의 책임이다.

• Manage quality-definition

The process of translating the quality Management plan into executable quality Activities that incorporate the organization's quality policies into the project-*PMBOK® Guide-*Sixth Edition, Glossary

(1) 프로세스(입력물/도구 및 기법/산출물)

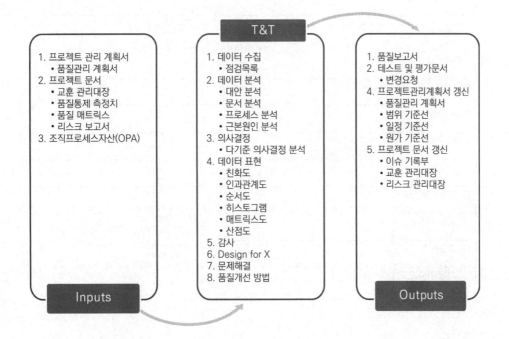

품질관리 프로세스에서 가장 중요한 입력물은 무엇일까? 품질관리는 전반적인 품질관리이기 때문에 조직프로세스 자산에 있는 품질정책 및 품질관리 시스템, 품질관련 프로세스 등 내부 거버넌스가 중요하다. 품질관리 프로세스의 도구 및 기법을 보면 다양한 부분이 들어있다. 품질관련 전반적인 개선을 하려면 데이터 수집과 분석이 필수이다. 또한 품질활동에서는 그림을 그려서 표현하는 것이 좋다. 전반적인 프로세스 개선은 감사를 통해 이루어진다. 품질관리 프로세스의 산출물은 변경요청이 핵심이고, 이에 품질보고서와 테스트 및 평가문서를 만들어낸다.

(2) 프로세스 흐름도

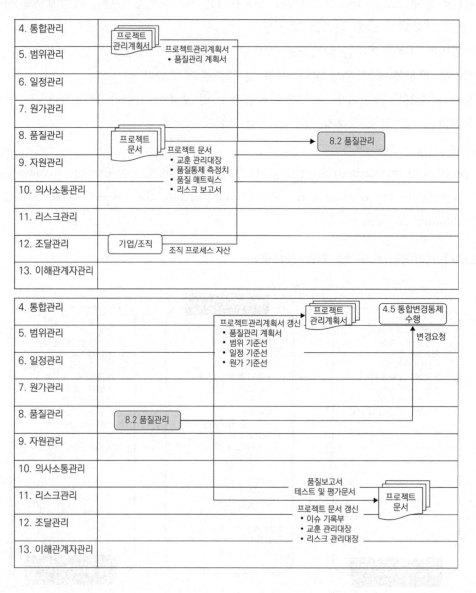

8.2.1 품질관리 프로세스 투입물

1. 프로젝트관리계획(Project management plan)

품질관리 계획서가 투입물이다. 수용 가능한 프로젝트 및 제품 품질 수준이 정의되고 인도물과 프로세스에서 그러한 품질 수준을 유지하는 방법이 기술된다. 품질관리 계획서에는 부적합 제품을 처리하는 방법과 이행할 시정 조치가 기술된다. 품질관리계획은 품질관리에 대한 지침이다.

2. 프로젝트 문서(Project documents)

(1) 교훈관리대장(Lessons learned register): 프로젝트 초반에 얻은 품질관리에 대한 교훈을 이후 단계에 적용하여 품질관리의 효율성과 효과를 향상시킬 수 있다.

(2) 품질통제 측정치(Quality control measurements): 품질통제 측정치는 수행조직의 표준 또는 지정된 요구사항 대비 프로젝트 프로세스 및 인도물의 품질을 분석하고 평가하는 데 사용된다. 품질통제 측정치를 통해 측정치를 생성하는 데 사용된 프로세스들을 비교하여 실측치를 확인함으로써 정확도를 판별할 수도 있다.

(3) 품질 매트릭스(Quality matrix): 품질 매트릭스는 품질통제 프로세스의 일부로 검증된다. 품질관리 프로세스에서는 이러한 품질 매트릭스를 프로젝트 및 그 인도물의 테스트 시나리오 개발을 위한 개선 전략의 기초로 활용한다.

(4) 리스크 보고서(Risk report): 품질관리 프로세스에서 프로젝트 포괄적 리스크의 원인과 프로젝트의 품질 목표에 영향을 줄 수 있는 전체 리스크 노출도의 가장 중요한 요인을 식별하는 데 사용된다.

3. 조직프로세스자산(Organizational process assets)

■ 정책, 절차 및 지침을 포함하는 조직의 품질관리 시스템
■ 점검기록지, 추적 매트릭스, 테스트 계획, 테스트 문서 등과 같은 품질 템플릿
■ 이전 감사 결과
■ 유사 프로젝트의 정보를 제공하는 교훈 저장소

8.2.1 품질관리 프로세스 도구 및 기법

1. 데이터 수집(Data gathering)

(1) 점검목록(Checklists): 필요한 조치를 수행했는지 확인하기 위해 또는 일련의 요구사항이 충족되었는지 여부를 확인하기 위해 사용되는 체계적인 도구이다. 프로젝트 요구사항과 실무사례에 따라 점검목록이 단순하기도 하고 복잡해지기도 한다. 일부 응용분야에서는 전문가협회 또는 상용 서비스 제공업체가 제공하는 점검목록을 활용하기도 한다. 범위 기준선에 포함된 인수기준을 품질 점검목록에 포함시켜야 한다.

2. 데이터 분석(Data analysis)

(1) 대안분석(Alternatives analysis): 사용하기에 가장 적절한 다른 품질 옵션 또는 접근 방식을 선택하기 위해 식별된 옵션을 평가하는 데 사용된다.

(2) 문서분석(Document analysis): 프로젝트 통제 프로세스 산출물의 일부로 생성되는 다양한 문서(예를 들어 품질 보고서, 테스트 보고서, 성과 보고서, 차이분석)에 대한 분석은 통제 범위를 벗어나 지정된 요구사항 또는 이해관계자 기대사항을 충족시키지 못할 수 있는 프로세스

를 대상으로 하거나 그러한 프로세스에 중점을 둔다.

(3) 프로세스 분석(Process analysis): 프로세스 개선 기회를 파악한다. 프로세스에서 발생하는 문제와 제약사항, 부가가치가 없는 것으로 확인된 활동도 조사한다.

(4) 원인분석(RCA: Root cause analysis): 차이, 결함 또는 리스크를 유발하는 근본적인 이유를 판별하는 데 사용되는 분석기법으로 한 가지 근본 원인이 하나 이상의 차이, 결함, 리스크를 초래할 수 있다. 문제의 모든 근본 원인이 제거되면 문제가 다시 발생하지 않는다.

• Root cause analysis.

An analytical technique used to determine the basic underlying reason that causes a variance or a defect or a risk. A root cause may underlie more than one variance or defect or risk.

Fishbone diagram or Cause and Effect Diagram. A decomposition technique that helps trace an undesirable effect back to its root cause.

3. 의사결정(Decision making)

다기준 의사결정 분석이 있다.

- 프로젝트 또는 제품 품질에 영향을 미치는 대안을 논의할 때 여러 기준을 평가하는 데 사용된다.
- 의사결정에는 다양한 구현 시나리오 중 또는 공급업체 중에서 선택하는 것이 포함될 수 있다.
- 제품 의사결정에는 생애주기 비용, 일정, 이해관계자 만족 및 제품 결함 문제 해결과 연관된 리스크 평가가 포함될 수 있다.

4. 데이터 표현(Data representation)

(1) 친화도(Affinity diagram): 잠재적인 결함 원인을 그룹으로 분류하여 가장 집중해야 할 영역을 보여준다. 요구사항 수집에서 사용되었던 기법인데 품질도 아래 그림과 같이 같은 유형끼리 군집화하면 품질관리에 있어 유용하게 사용할 수 있다.

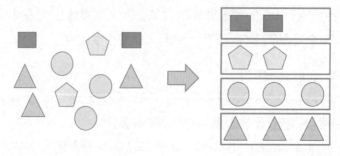

(2) 인과관계도(Cause and effect diagrams): 피시본 다이어그램 또는 이유분석(why-why) 다이어그램 또는 이시카와(Ishikawa) 다이어그램이라고도 한다. 문제 해결과 관련하여 원인-결과 다이어그램으로 보편적으로 사용한다. 식별된 문제기술서의 원인을 개별 분기로 분할하여 문제의 주원인 또는 근본 원인을 식별하는 데 도움을 준다. 인과 관계도의 예는 다음 그림과 같다. 몇 가지 원인들이 모여 한 가지 문제 결과를 발생시키기 때문에 인과관계도를 사용하면 문제해결을 구조적으로 할 수 있다.

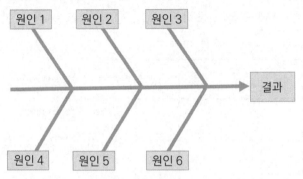

(3) 순서도(Flowcharts): 순서도는 품질의 결함을 초래하는 일련의 단계를 보여준다. 역시 그림으로 보여주면 이해가 쉽다. 품질 계획 동안, 흐름도는 프로젝트 팀이 발생할지 모르는 예상되는 품질 문제를 도와줄 수 있다. 순서도의 예는 다음과 같다.

(4) 히스토그램(Histograms): 수치 데이터를 규칙적인 시간의 흐름으로 시각적으로 표현한 것으로 인도물당 결함 수, 결함 원인의 순위, 각 프로세스의 부적합 횟수, 프로젝트 또는 제품 결함에 대한 기타 정보를 보여줄 수 있다.

(5) 매트릭스도(Matrix diagrams): 매트릭스를 형성하는 행과 열 사이에 존재하는 다양한 요인, 원인 및 목표들 간 관계의 강도를 보여주는 데 사용된다. 아래 그림과 같이 매트릭스 도는 두 개 또는 그 이상의 특성, 기능, 아이디어 등의 집합에 대한 관련 정도를 Matrix 형태로 표현하는 기법이다. 행과 열을 사용하여 요인, 원인, 목표들 간에 관계를 표현할 때 사용한다.

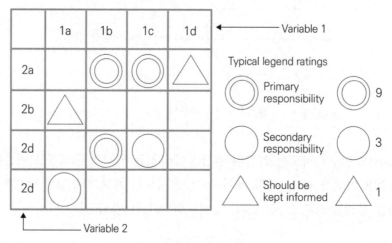

(6) 산점도(Scatter diagrams): 두 변수 간의 관계를 보여주는 그래프로 한 축에는 프로세스, 환경 또는 활동의 요소, 다른 한 축에는 품질 결함을 표시하여 두 가지 관계의 상관관계를 그림, 표로 보여줄 수 있다. 아래 그림(a)는 X와 Y간 강한 양의 상관관계를 나타낸다.(b)는 X와 Y간 음의 상관관계를 나타낸다. (c)는 비선형 적인 관계를 보여주고 (d) 경우는 X와 Y간 상관 관계가 없음을 나타낸다. 품질관리에 있어서는 두 가지 요소간 이런 상관관계 분석을 통해 개선조치를 실시하는 경우가 많다.

5. 품질감사(Quality audits)

프로젝트 활동이 조직 및 프로젝트의 정책, 프로세스 및 절차를 따르는지 판별하기 위해 수행하는 체계적이며 독립적인 프로세스로 품질감사는 일반적으로 조직 내부의 감사 부서, PMO 또는 조직프로젝트 외부의 팀이나 조직의 외부 감사자가 수행한다. 결함을 시정하기 위한 후속 작업의 결과로 품질비용(COQ)이 절감되고 스폰서나 고객의 프로젝트 제품 인수율이 증가한다.

품질감사를 통해 업데이트, 시정조치, 결함수정, 예방조치를 포함하여 승인된 변경요청의 구현을 확인할 수 있다. 품질 감사의 목표는 다음과 같다.

- 구현 중인 모든 우수 및 모범 사례를 식별한다.
- 모든 부적합성, 격차, 결점을 식별한다.
- 조직 및 또는 산업 내 유사 프로젝트에 도입 또는 구현된 우수 사례를 공유한다.
- 팀의 생산성 향상에 도움이 되도록 프로세스 구현을 개선하는 긍정적인 방식의 선제적 지원을 제공한다.
- 조직의 교훈 저장소에 각 감사의 기여도를 명시한다.

다시 정리하면 감사는 프로젝트 정책, 프로세스와 절차를 사용하는 프로젝트 활동들을 결정하기 위해 체계적이고 독자적인 점검을 한 활동이다. 품질 감사의 목적은 프로젝트에서 사용하는 비능률과 효과 없는 정책을 파악하고 프로세스, 절차를 식별하기 목적이어서 시정조치, 결함수정, 예방조치를 포함하는 승인된 변경 요청을 한다.

Quality audit:

- Structured independent review of project Activities
- Identify lessons learned
- Scheduled or random
- In-house or independent

6. DfX(Design for X)
설계의 특정 측면을 최적화하기 위해 제품 설계 과정에서 적용될 수 있는 기술지침 모음으로 DfX는 제품의 최종 특징을 통제할 수 있을 뿐만 아니라 개선도 가능하다. DfX를 사용하면 비용 감소, 품질 개선, 성능 향상 및 고객 만족과 같은 결과를 얻을 수 있다.

Design for X(DfX)

Product development/improvement approach:
- Focused attention on a design feature or attribute
- Cost reduction/efficiency and manufacturability are common Attributes that DfX is applied against

7. 문제해결(Problem solving)
문제해결은 이슈 또는 문제에 대한 해결책 발견을 수반한다. 추가정보, 비판적 사고, 창의적, 정량적 또는 논리적 접근법의 수집을 포함할 수 있다.
문제해결 방법은 다음과 같다.
① 문제 정의
② 근본 원인 식별

③ 가능한 해결책 마련

④ 가장 적합한 해결책 선택

⑤ 해결책 구현 및

⑥ 솔루션 효과 검증

8. 품질개선 방법(Quality improvement methods)

품질통제 프로세스의 결과 및 권고사항, 품질감사 결과 또는 품질관리 프로세스에서의 문제 해결을 기반으로 이루어질 수 있다. PDCA(Plan−Do−Check−Act, 계획−시행−점검−조치)와 6−시그마는 개선 기회를 분석 및 평가하는 데 사용되는 가장 일반적인 품질 개선 도구이다.

8.2.1 품질관리 프로세스 산출물

1. 품질 보고서(Quality report)

시각적, 수치적 또는 정성적으로 작성할 수 있다. 품질 보고서의 내용은 다음과 같다.

■ 팀에서 보고한 모든 품질 관리 이슈

■ 프로세스, 프로젝트 및 제품 개선을 위한 권고사항

■ 시정 조치 권고사항(재작업, 결함/버그 수정, 전수 검사 등)

■ 품질통제 프로세스의 결과 요약 등

• Quality reports

A project document that includes quality management issues, recommendations for corrective actions, and a summary of findings from quality control Activities and may include recommendations for process, project, and product improvements−*PMBOK® Guide*−Sixth Edition, Glossary

2. 테스트 및 평가문서(Test and evaluation documents)

산업의 수요와 조직 템플릿을 기반으로 작성될 수 있다. 전용 점검목록과 세부 요구사항 추적 매트릭스가 문서의 일부로 포함될 수 있다.

3. 변경요청(Change requests)

품질과 관련된 다양한 구성요소에 영향을 주는 변경이 발생한 경우, 변경요청을 제출하고, 통합변경통제 수행 프로세스를 준수한다. 수행 조직의 정책, 프로세스, 절차의 효과와 효율을 증진하기 위해 취하는 활동이며 변경 요청은 시정 조치, 예방 조치, 결함 수정 등을 포함한다.

4. 프로젝트관리 계획서 업데이트(Project management plan updates)

(1) 품질관리 계획서(Quality management plan): 품질 관리에 대한 합의된 접근 방식은 실제 결과로 인해 수정되어야 할 수도 있다.

(2) 범위기준선(Scope baseline): 범위 기준선은 특정 품질관리 활동의 결과로 변경될 수 있다.

(3) 일정기준선(Schedule baseline): 일정기준선은 특정 품질관리 활동의 결과로 변경될 수 있다.

(4) 원가기준선(Cost baseline): 원가기준선은 특정 품질관리 활동의 결과로 변경될 수 있다.

5. 프로젝트 문서 업데이트(Project documents updates)

(1) 이슈기록부(Issue log): 제기된 새로운 이슈가 이슈 기록부에 기록된다.

(2) 교훈관리대장(Lessons learned register): 발생한 문제와 해결 가능했던 방안 및 품질관리에 효과적이었던 방식에 대한 정보로 업데이트된다.

(3) 리스크관리대장(Risk register): 식별된 새로운 리스크는 리스크 관리대장에 기록되며 리스크 관리 프로세스를 사용하여 관리된다.

품질관리 프로세스 Flow

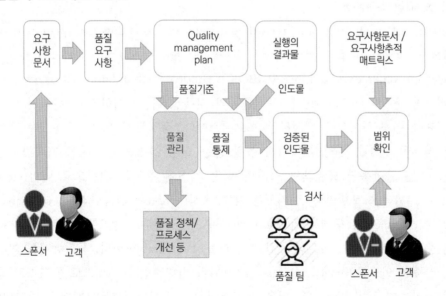

8.3 품질통제(Control quality)

품질관리 활동의 실행결과를 감시하고 기록하면서 성과를 평가하고 프로젝트 산출물이 완전하고 정확하며 고객의 기대사항을 충족하는지 확인하는 프로세스이며 다음과 같은 활동을 수행한다.

- 프로젝트 인도물과 작업이 핵심 이해관계자가 최종 인수 조건으로 명시한 요구사항을 충족하는지 검증할 수 있다.
- 품질통제 프로세스에서는 프로젝트 산출물이 원래 의도와 같은 기능을 하는지 여부를 판별한다. 해당 산출물은 모든 관련 표준, 요구사항, 규정 및 사양서를 준수해야 한다.
- 품질통제 프로세스는 사용자 인수 및 최종 인도 이전에 제품 또는 서비스 사용의 완전성, 준수 및 적합성을 측정하기 위해 수행된다.
- 계획수립 단계에서 명시된 사양서에 대한 적합성 또는 준수 여부를 확인하는 데 사용되는 모든 단계, 속성 및 변수를 측정한다.
- 품질통제는 프로젝트 전반에 걸쳐 신뢰할 수 있는 데이터를 바탕으로 수행됨으로써 스폰서 및 또는 고객의 인수기준이 충족되었음을 공식적으로 입증해야 한다.

• Control quality-definition

The process of monitoring and recording results of executing the quality management Activities to assess performance and ensure the project outputs are complete, correct, and meet customer expectations-PMBOK® Guide-Sixth Edition, Glossary

다시 정리하면 품질통제 프로세스는 품질활동의 실행결과를 감시하고, 기록하면서 성과를 평가하고 필요한 변경 권고안을 제시하는 프로세스이다. 품질통제 프로세스는 프로젝트 성과를 평가하고 필요한 변경을 권장하기 위해 품질 활동 실행 결과를 감시하고 기록한다.

품질통제(QC)는 불만족한 프로젝트 성과의 원인 제거에 취하는 활동으로 예방(Prevention)과 검사(Inspection)활동을 포함한다. 여기에는 계수/속성(Attribute) 샘플링과 계량(Variable) 샘플링 및 허용오차(Tolerance)와 통제한도(Control limit)에 대한 부분도 주요활동이 포함된다.

입력물에 중요한 두 가지가 있는데 실행의 결과물, Deliverables이다. 품질통제를 거친 검사된 인도물이 검증된 인도물(Verified deliverables)이 되어 범위확인 프로세스로 들어가고 승인된 변경요청이 투입물에 들어오는데 그 이유는 이전에 시정조치된 사항이 제대로 반영되었는지를 확인하기 위해 품질통제에서 주의 깊게 확인하는 데 목적이 있다. 또한 품질통제 측정치가 품질관리 프로세스에 들어가는데 이는 품질관리 프로세스는 모든 과정의 품질이므로 지속적인 개선을 위해 품질통제의 결과물을 받는다.

(1) 프로세스(입력물/도구 및 기법/산출물)

Inputs	T&T	Outputs
1. 프로젝트관리 계획서 　• 품질관리 계획서 2. 프로젝트 문서 　• 교훈 관리대장 　• 품질 매트릭스 　• 테스트 및 평가문서 3. 승인된 변경요청 4. 인도물 5. 작업성과 데이터 6. 기업환경요인(EEF) 7. 조직프로세스자산(OPA)	1. 데이터 수집 　• 점검목록 　• 점검기록지 　• 통계적 표본추출 　• 설문지 및 설문조사 2. 데이터 분석 　• 성과검토 　• 근본원인분석 3. 검사 4. 테스트/제품평가 5. 데이터 표현 　• 인과관계도 　• 관리도 　• 히스토그램 　• 산점도 6. 회의	1. 품질통제 측정치 2. 검증된 인도물 3. 작업성과 정보 4. 변경요청 5. 프로젝트관리계획서 갱신 　• 품질관리 계획서 6. 프로젝트 문서 갱신 　• 이슈 기록부 　• 교훈 관리대장 　• 리스크 관리대장 　• 테스트 및 평가문서

- 품질통제 프로세스의 가장 중요한 입력물은 무엇인가? 전체실행 프로세스(Direct and manage project work)에서 생성되는 인도물을 품질관점에서 검사하는 것이 가장 중요하다. 인도물은 품질기준과 비교하여 정확성여부를 확인해야 한다.

- 품질관리자는 팀원은 전수검사 또는 샘플링 검사를 통해 실행의 인도물을 검사(Inspection) 의 도구 및 기법을 통해 품질검증을 실시한다. 인도물이 검증을 통과하면 검증된 인도물 (Verified deliverables)이 되어 그 다음 프로세스인 범위확인(Validate scope) 프로세스로 보낸다.

- 인도물에는 두 가지 종류가 있다. 하나는 정상적인 계획을 통해 생성되는 인도물과 승인된 변경요청을 통해 수정이 되어 다시 업데이트된 인도물이 있다. 승인된 변경요청에 의해 다시 만들어진 인도물은 품질통제 프로세스에서 승인된 변경요청 정보를 입력물로 받고, 잘 준비하다가 인도물이 들어오면 제대로 수정이 되었는지 확인하여야 한다.

- 품질통제 프로세스는 대단히 많은 검사활동이 이루어진다. 품질의 검사결과가 축적이 된다. 이런 데이터인 품질통제 측정치는 품질관리 프로세스로 보내 프로세스 개선 등 활동에 유용하게 사용된다. 즉 결과 데이터가 있어야 공정 및 프로세스가 개선되는 원리가 PMBOK 프로세스에도 표현이 되어 있다.

- 품질통제 프로세스 역시 통제프로세스의 기본 패턴을 따른다. 기준(품질 매트릭스)과 실적(인도물 및 작업성과 데이터)이 들어가고 작업성과정보와 변경요청이 산출물로 나온다.

(2) 프로세스 흐름도

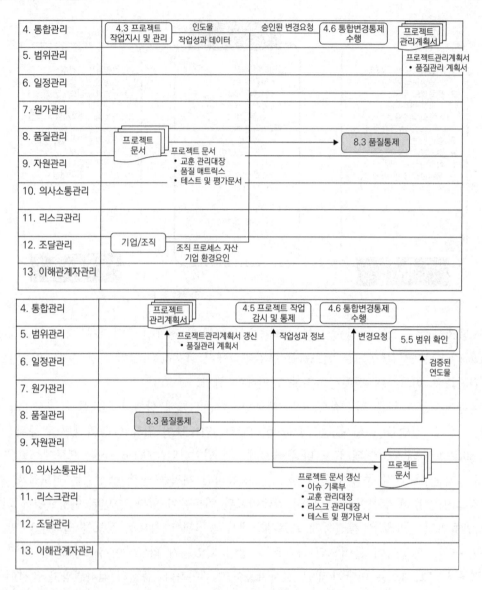

8.3.1 품질통제 프로세스 투입물

1. 프로젝트관리계획(Project management plan)

품질관리 계획을 포함하며, 이것은 어떻게 품질 통제를 프로젝트에서 수행하는지에 대한 지침이다.

2. 프로젝트 문서(Project documents)

(1) 교훈관리대장(Lessons learned register): 프로젝트 초반에 얻은 교훈을 이후 단계에 적용하여 품질통제를 향상시킨다.

(2) 품질 매트릭스(Quality matrix): 품질 매트릭스는 특히 프로젝트 또는 제품 속성에 대해 설명하고, 품질통제 프로세스를 통한 속성 준수 여부를 확인하는 방법을 설명한다. 품질통제 프로세스를 통해 무엇을 어떻게 측정할 것인가를 기술한 정의이다.

(3) 테스트 및 평가문서(Test and evaluation documents): 테스트 및 평가 문서는 품질 목표 달성을 평가하는 데 사용한다.

3. 승인된 변경 요청(Approved change requests)

승인된 변경구현은 완전성에 대한 검증, 확인을 받아야 하며 재시험을 거쳐 올바른 변경으로 인증을 받아야 한다. 결함수정, 업데이트된 작업 방법, 업데이트된 일정 등의 내용이 포함되어 있는데 이는 품질통제 프로세스를 통해 승인된 변경요청사항이 반영되었는지를 꼼꼼히 확인하기 위해서다.

4. 인도물(Deliverables)

인도물은 프로젝트작업 지시 및 관리 프로세스의 산출물로, 품질의 검증이 마치면 그 다음에 프로젝트 범위기술서에 정의된 인수기준 및 요구사항 문서, 요구사항 추적 매트릭스와 비교하여 인수자로부터 검사를 받아야 한다. 품질검사의 대상으로 아주 중요한 입력물이다.

5. 작업 성과 데이터(Work performance data)

전체작업실행의 결과물로 현재의 실적 기술 성과/일정 성과/원가 성과 등이 포함되어 있다. 작업성과 데이터에는 제품 상태에 대한 데이터와 일정 성과 및 비용 성과에 대한 프로젝트 품질 정보가 포함된다. 예를 들면 관찰, 품질 매트릭스, 기술성과 측정치 등이다.

6. 기업환경요인(Enterprise environmental factors)

프로젝트관리정보시스템, 품질 관리 소프트웨어를 사용하여 프로세스 또는 인도물의 오류와 차이를 추적, 정부 당국 규정, 응용분야별 규칙, 표준 및 지침 등이 해당된다.

7. 조직 프로세스 자산(Organizational process assets)

품질 표준 및 정책 및 표준 작업 지침 및 이슈와 결함 보고 절차와 의사소통 정책 등을 포함한다. 고객의 품질요구사항 및 목표도 있으나 회사가 지향하는 내부적인 품질 정책 및 목표가 별도 있을 수 있으므로 이 부분도 품질활동에 반영하여야 한다.

8.3.2 품질통제 프로세스 도구 및 기법(Tools and technique)

1. 데이터 수집(Data gathering)

(1) 점검목록(Checklists): 점검목록은 품질통제 활동을 체계적으로 관리하는 데 도움을 준다.

(2) 점검기록지(Check sheets): 점검기록지는 집계기록지라고도 하며 잠재된 품질 관련 문제에 유용한 데이터의 효과적인 수집을 촉진하는 방식으로 사실을 구성하는 데 사용된다.

(3) 통계적 표본추출(Statistical sampling): 모집단에서 검사 대상 표본을 선별하는 일이 수반되는데 표본추출은 통제를 측정하고 품질을 검증하기 위해 수행된다. 표본추출의 빈도와 크기는 품질관리 계획수립 프로세스에서 결정해야 한다.

(4) 설문지 및 설문조사(Questionnaires and surveys): 설문조사는 제품 또는 서비스를 배포한 후 고객 만족에 대한 데이터를 수집하는 데 사용할 수 있다. 설문조사에서 식별된 결함에 대한 비용은 품질비용(COQ) 모델에서 외부 실패 비용으로 간주될 수 있다. 설문조사는 조직에게 광범위한 비용 부담 결과를 초래할 수 있다.

2. 데이터 분석(Data analysis)

(1) 성과검토(Performance reviews): 품질관리 계획수립 프로세스에서 정의된 품질 매트릭스를 측정하여 실제 결과와 비교, 분석한다.

(2) 원인분석(RCA: Root cause analysis): 원인분석은 결함의 원인을 식별하는 데 사용한다.

3. 검사(Inspection)

제품이 문서화된 표준을 따르는지 판별하기 위해 제품을 조사하는 활동이다. 품질표준에 부합하는지 결정하기 위해 작업 제품을 시험하고 일반적으로, 검사의 결과는 측정한다. 검사는 다양하게 점검(reviews), peer review, 감사(audit), 시운전(walkthroughs)이라고도 불려진다. 품질통제 프로세스에서 검사는 실행의 결과물인 Deliverables을 품질표준에 의거 정확성(Correctness)에 초점을 맞추어 검증을 하는 과정이며, 검증이 끝나면 검증된 인도물(Verified Deliverables)이 나온다. 검사 중 문제가 되는 인도물은 시정조치를 통해 개선하게 된다.

4. 테스트/제품 평가(Test/product evaluation)

- 프로젝트 요구사항에 따라 테스트를 통해 제품 또는 서비스 품질에 대한 객관적인 정보를 제공하기 위해 수행되는 체계적인 조사 방법이다.
- 시험의 목적은 제품 또는 서비스에서 오류, 결함, 버그 또는 기타 부적합한 문제를 찾는 데 다음과 같은 목적이 있다.
  - 요구사항을 평가하는 데 필요한 테스트의 유형, 횟수 및 범위는 프로젝트 품질 계획에 포함
  - 프로젝트의 특성, 시간, 예산 및 기타 제약조건에 따라 다름

- 예: 단위시험, 통합시험, 블랙박스, 화이트박스, 인터페이스 시험, 회귀시험, 알파시험 등

5. 데이터 표현(Data representation)

(1) 인과관계도(Cause-and-effect diagrams): 인과관계도는 품질결함과 오류로 인한 영향을 식별하는 데 사용한다.

(2) 관리도(Control charts): 관리도는 프로젝트관리의 프로세스가 안정적인지 또는 성과예측이 가능한지 여부를 판별하는 데 사용한다.

(3) 히스토그램(Histograms): 히스토그램은 일정 시간의 흐름으로 결함 수를 원인 또는 구성요소별로 보여준다.

(4) 산점도(Scatter diagrams): 산점도는 2개의 변수를 기반으로 한 축에는 계획된 성과를 다른 한 축에는 실제 성과를 보여준다.

6. 회의(Meeting)

(1) 승인된 변경요청 검토를 한다.

(2) 회고/교훈: 프로젝트/단계의 성공요소, 개선가능요소, 현재 프로젝트 및 향후 프로젝트에 통합할 요소, 조직프로세스 자산 추가대상 등이 있다.

7가지 기본 품질 도구(Seven basic quality tools)

아래 7가지 기본 품질도구는 품질계획에서 준비하고 품질관리와 품질통제 프로세스에서 사용을 한다. 7가지 품질도구는 8.1 품질관리계획 프로세스 부분에서 자세히 소개가 되었다.

- 원인-결과 다이어그램(Cause-and-effect diagrams)
- 통제도(Control charts)
- 흐름도(Flow charts)
- 히스토그램(Histogram)
- 파레토도(Pareto chart, 80:20법칙)
- 산점도(Scatter diagram)
- 체크시트(Check sheets)

기타 중요 품질도구

(1) 벤치마킹(Benchmarking): 최상의 실무를 식별하고, 개선에 대한 아이디어를 만들고, 성과 측정을 위한 기준을 제공하기 위해 비교할 수 있는 프로젝트의 실적이나 계획된 프로젝트 실무를 비교한다. 일반적으로 벤치마킹 단계는 다음과 같다.

계획단계	분석단계	통합 및 조정단계	실행 단계
분야 결정 대상 결정 자료 수집	등급 최상 결정 최상과 비교	목표 설정 경영 계획 반영	계획 실행 목표 재설정 지속적 개선

(2) 실험계획법(Design of experiments): 제품이나 개발 프로세스나 제품에 설정한 변수가 영향을 미치는 어떤 요인을 식별하기 위한 통계적인 방법이다. 원가와 일정의 상호 교환 관계와 같은 프로젝트 관리 이슈에 적용이 가능하다. 기원은 1850년 영국의 농업 품종개량(실험)에서 유래되었는데, 1932년 R.A.Fisher에 의해 학문으로 발전하였으며, 최근에 Taguchi method으로 확산(Taguchi design＝Robust design이라 일컬음)되었다. 적용분야로는 설계 특성의 최적화(제품이나 프로세스의 최적화 역할), 적절한 성과를 제공하는 원자재, 설계 방법 규명, 최적설계를 통한 과잉 설계 회피 등에 유효하게 사용된다. 실험을 통해서 하기 때문에 이해관계자의 의견 반영이 적은 단점도 있다.

(3) 통계적 샘플링(Statistical sampling): 제품에 대한 검사는 전수검사가 어려울 수도 있다. 이런 경우 통계적 추출 방법을 사용한다.

전수검사와 표본검사의 차이점

항목	전수 검사	표본 검사
검사의 특성	검사 항목이 적고, 간단히 검사되는 것	검사 항목이 많거나, 검사가 번잡한 것
LOT 의 크기	작을 때	클 때
치명적인 결점이 있는 제품	적합	부적합
불량품이 절대로 허용 안 되는 제품	적합	부적합
검사 원가	많다	적다
부적격품의 혼입비율	표본 검사보다 클 가능성이 있음	작다
생산자에 대한 품질 향상 자극의 정도	작다	크다

8.3.2 품질통제 프로세스 산출물

1. 품질통제 측정치(Quality control measurements)

품질통제 활동의 문서화된 결과이다. 품질통제측정치는 품질관리 계획서에 명시된 형식으로 표기된다. 품질계획 동안 설정한 형식으로 품질통제 활동의 결과를 문서화한 것으로 품질관리 프로세스에 투입하여 지속적인 개선을 하는 바탕이 된다.

2. 검증된 인도물(Verified deliverables)

품질통제 프로세스의 목표는 인도물의 정확도를 판별하는 것이다. 인도물과 관련된 변경요청 또는 개선사항이 있는 경우 변경, 조사 및 재검증 대상이 될 수 있다. 실행의 결과물인 Deliverables를 품질표준에 의거 정확성(Correctness)에 초점을 맞추어 검증을 하는 과정이며, 검증이 끝나면 검증된 인도물(Validated deliverables)이 나온다. 검사 중 문제가 되는 인도물은 시정조치를 통해 개선하게 된다.

품질 통제의 목적은 인도물의 옳고 그름을 결정하기 위한 것이다. 즉 품질 통제 프로세스 실행의 결과는 검증된 인도물이다. 검증된 인도물은 공식적인 승인을 위한 범위확인 프로세스의 투입물이 된다. 아래 표(그림)을 보면 품질통제 프로세스와 범위확인 프로세스와의 인도물의 흐름에 대해 자세히 표현이 되어 있다. 품질통제 프로세스는 인도물이 품질기준에 맞는지에 대한 정확성에 초점을 두고 범위확인 프로세스는 요구사항에 대해 수행부분을 검사하여 인수 여부에 초점을 맞추고 있다.

품질통제와 범위확인 프로세스의 차이점

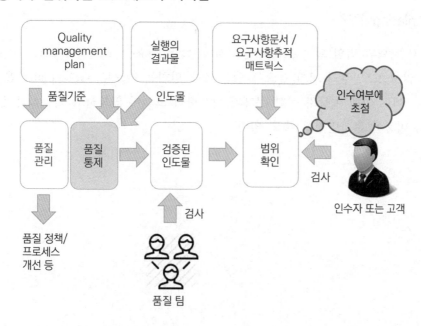

3. 작업성과 정보(Work performance information)

작업성과 정보에는 프로젝트 요구사항 이행, 거부 원인, 필요한 재작업, 시정 조치 권고사항, 검증된 인도물 목록, 품질 매트릭스 상태, 프로세스 조정 요구에 대한 정보가 포함된다.

4. 변경요청(Change requests)

다양한 구성요소에 영향을 주는 변경이 발생한 경우, 변경요청을 제출하고, 통합변경통제 수행 프로세스를 준수한다.

5. 프로젝트 관리 계획서 업데이트(Project management plan updates)

품질관리 계획서의 업데이트 및 그 외의 계획서들이 업데이트 대상이 될 수 있다.

6. 프로젝트 문서 업데이트(Project document updates)

(1) 이슈기록부(Issue log): 품질요구사항을 충족하지 않는 인도물은 일반적으로 이슈로 문서화 된다.

(2) 교훈관리대장(Lessons learned): 교훈 관리대장은 품질 결함의 원인과 해결 가능했던 방안 및 효과적이었던 방식에 대한 정보로 업데이트된다.

(3) 리스크 관리대장(Risk register): 식별된 새로운 리스크는 리스크 관리대장에 기록되며 리스크 관리 프로세스를 사용하여 관리된다.

(4) 테스트 및 평가문서(Test and evaluation documents): 향후 테스트의 효과를 향상시키기 위해 이 프로세스의 결과로 수정될 수 있다.

▬ Gold plating이란?

프로젝트에서 합의된 범위 외의 고객의 추가사항(추가 기능요구, 고 품질의 부품, 추가작업 업무)을 받아들이지 않고 또 일부러 더할 필요는 없는 것을 말하는 것으로, Gold plating은 절대 좋은 것이 아니다. 이로 인해 예상치 못한 문제가 발생하여 고객이 인도물의 거부하는 상황이 발생할 수 있고, 비용이 추가발생할 수도 있다.

Deliverables flow

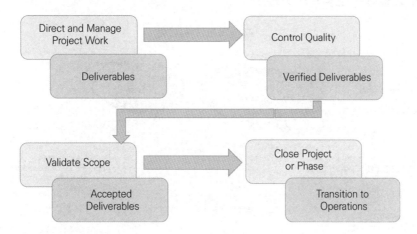

Six Sigma

- Six Sigma is Quality management Model
- Strategy using statistical tools within a structured methodology to improve processes
- Target of 3.4 defects per million opportunities(DPMO)
- Define – Measure – Analyze – Improve – Control – (DMAIC) methodology를 사용한다.

품질관리 지식영역 프로세스 Flow-인도물과 연계

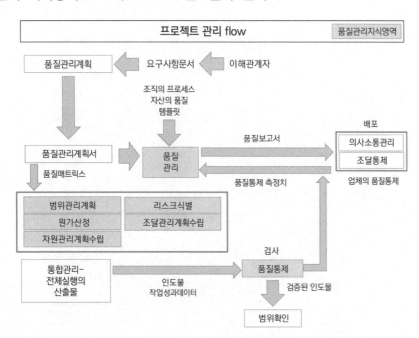

품질관리 지식영역 프로세스 Flow

품질관리 지식영역

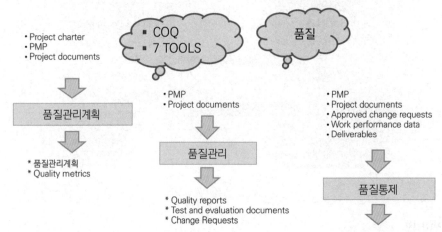

• Project charter
• PMP
• Project documents

```
품질관리계획
```

* 품질관리계획
* Quality metrics

• PMP
• Project documents

```
품질관리
```

* Quality reports
* Test and evaluation documents
* Change Requests

• PMP
• Project documents
• Approved change requests
• Work performance data
• Deliverables

```
품질통제
```

* Quality control measurements
* Verified Deliverables
* Work performance information
* Change requests

프로젝트 품질관리 지식영역 종합정리(주관식 문제)

1. 프로젝트에서 품질관리(Quality management)가 필요한 이유는 무엇이며, 어떻게 품질을 관리해야 하나?

2. 프로젝트에서 품질을 관리하기 위해 필요한 3개의 프로세스와 각 프로세스의 역할은 무엇인가?

3. C.O.Q(Cost of quality)의 종류를 기술하고 각 종류별 설명 및 예시를 들어보시오.

4. 관리도(Control chart)는 무엇이며, 어떻게 만들고, 어디에 사용하려고 만드는가?

5. 품질관리(Manage quality) 프로세스의 기본 흐름(투입물, 도구 및 기법, 산출물)을 적어보시오.

6. 품질 통제에 사용되는 7가지 품질 기본 도구는 어떤 것들이 있나?

7. 파레토 차트(Pareto chart)가 무엇이며, 어떤 목적으로 사용하는지 적어보시오

PMBOK정복하기-8장 용어 및 프로세스 정의 요약

품질관리에서 품질비용의 종류는 어느 것인가?
예방비용
평가비용
내부실패비용
외부실패비용

품질관리에서 Deming에 따르면, 누가 품질 비용에 대한 책임이 있는가?
Deming은 품질 비용의 85%가 경영진의 책임이며 경영진의 통제하에 있음을 나타낸다.

감시 및 통제 프로세스 그룹에서 어떤 프로젝트 품질 관리 프로세스가 발생하는가?
품질통제(Control quality)

품질관리에서 데밍(Deming) 사이클이란 무엇인가?
PDCA(Plan－Do－Check－Act) 주기로, 지속적인 개선의 반복성에 초점을 맞추고 있다.

품질관리에서 속성샘플링(Attribute sampling)이란 무엇인가?
검토중인 각 단위의 특성(속성)의 존재(또는 부재)를 나타내는 품질을 측정하는 방법으로, 각 단위는 검사된 후, 로트단위를 받아들이거나 거부하거나 다른 단위를 검사하기로 결정한다.

품질관리에서 변수샘플링(Variable sampling)이란 무엇인가?
일반적인 특성에 대한 적합의 정도(연속 척도에 따라)의 결정
The determination of the degree of conformity(along a continuous scale) to a general characteristic.

품질 비용의 2 가지 주요 범주는 무엇인가?

적합 및 부적합(Conformance and nonconformance)

===== 재미있는 프로젝트 이야기

나이키의 운동화 개발 사례이야기

예전의 육상선수의 약점은 달리면서 발생하는 무릎부상이 중요한 문제였다. 이에 나이키는 이런 문제에 대해 고민을 하게 되었고 대안 찾기에 연구를 하였다. 육상선수 등의 무릎충격을 막기 위해 특별한 소재를 찾기 시작했다. 그게 바로 라텍스이다. 라텍스를 운동화 모양에 맞게 찍어서 깔창을 만들어 충격을 보호하는 운동화를 개발하게 되었다.

고객의 Needs를 찾아서 문제를 해결하는 능력이 기업의 성공적인 제품을 만든 것이다. 이러한 노력은 단순히 제품판매의 성공뿐만 아니라 많은 사람들이 즐겁게 뛸 수 있는 환경을 제공한 것이다. 만일 딱딱한 운동화로 마라톤을 한다면 많은 사람들이 무릎부상을 당했을 것이다. 지금은 많은 브랜드들이 경쟁적으로 가볍고 쿠션이 좋은 운동화라고 광고를 한다. 그러나 시발점은 나이키가 처음이었다. 한번 고민하고 분석하는 능력이 새로운 Platform product를 만든다는 것에 우리는 공감하고 혁신적 마인드를 키우는 것이 중요하다.

내부역량을 통한 성장 발전의 일본 업체 Honda는 자동차 제조업체이지만 뛰어난 엔진을 가진 업체로도 유명하다. 이는 기업의 탄생과정에서 혼다의 오래전 사업부문으로부터의 기원을 알아볼 필요가 있다. 혼다는 초기에 잔디깎기 기계로 유명했다. 잔디깎는 기계 역시 안에 작은 엔진이 장착되어 있다. 즉 엔진이 핵심기술이다. 혼다는 축적된 엔진기술을 바탕으로 자동차 엔진부분까지 영역을 확장하였다. 만일 잔디깎는 기술이 없었더라면 쉽지 않을 수도 있다. 이렇게 기업의 초기의 작은 역량부터 시간을 거쳐 핵심역량으로 만들고 이를 토대로 큰 사업을 전개해야 리스크를 줄일 수 있다. 우리는 쉽게 시장 환경에 따라 사업을 접고, 또한 쉽게 진출하기도 한다. 그러나 중요한 것은 기업의 내부적 핵심역량이 뒷받침이 안 되면 성공을 장담할 수 없다는 점이다. 내부 핵심역량에는 늘 강조되고 있는 조직프로세스 자산의 중요한 부분은 지식데이터 베이스가 가장 중요하다. Design FMEA, Process FMEA, Lessons learned 등은 차기 프로젝트에서 실패를 줄이고 효율적으로 제품을 개발하는 원천이다. 이런한 부분이 글로벌 업체에 대해 우리나라 업체가 상대적으로 약한 부분이기에 우리가 보완에 힘을 써야 한다. 그러기 위해서는 사용자 환경의 시스템을 잘 구축하고 보안부분을 강화하고 우선순위로 경영자가 관심을 기울여야 한다.

일본 업체 Honda는 자동차 제조업체이지만 뛰어난 엔진을 가진 업체로도 유명하다. 이는 기업의 탄생과정에서 혼다의 오래전 사업부문으로부터의 기원을 알아볼 필요가 있다. 혼다는 초기에 잔디깎기 기계로 유명했다. 잔디깎는 기계 역시 안에 작은 엔진이 장착되어 있다. 즉 엔진이 핵심기술이다. 혼다는 축적된 엔진기술을 바탕으로 자동차 엔진부분까지 영역을 확장하였다. 만일 잔디깎는 기술이 없었더라면 쉽지 않은 것일 수도 있다. 이렇게 기업의 초기의 작은 역량부터 시간을 거쳐 핵심역량으로 만들고 이를 토대로 큰 사업을 전개해야 리스크를 줄일 수 있다.

우리는 쉽게 시장 환경에 따라 사업을 접고, 또한 쉽게 진출하기도 한다. 그러나 중요한 것은 기업의 내부적 핵심역량이 뒷받침이 안 되면 성공을 장담할 수 없다는 점이다. 내부 핵심역량에는 늘 강조되고 있는 조직프로세스 자산의 중요한 부분은 지식데이터 베이스가 가장 중요하다. Design FMEA, Process FMEA, Lessons learned 등은 차기 프로젝트에서 실패를 줄이고 효율적으로 제품을 개발하는 원천이다. 이러한 부분이 글로벌 업체에 대해 우리가 상대적으로 약한 부분이기에 우리가 보완에 힘을 써야 한다. 그러기 위해서는 사용자 환경의 시스템을 잘 구축하고 보안부분을 강화하고 우선순위로 경영자가 관심을 기울여야 한다.

CHAPTER 08

Example

01 프로젝트에서 합의된 범위 외의 고객의 추가사항(추가 기능요구, 고품질의 부품, 추가작업 업무)을 받아들이지 않고, 또 일부러 더할 필요는 없는 것을 말하는 것으로, 이로 인해 예상치 못한 문제가 발생하여 고객이 인도물을 거부하는 상황이 발생할 수 있고, 비용이 추가발생할 수도 있다. 이런 행위를 무엇이라고 하나?

① Gold plating

② Approved change requests

③ Scope creep

④ Risk threshold

02 품질관리에서 품질통제에서 주로 사용하는 도구인 파레토 다이어그램(Pareto diagram)의 용도는 다음 중 무엇인가?

① 2가지 원인에 대한 상관관계를 자세히 보여준다.

② 과거 추이분석을 통한 향후 품질방향에 대한 준비를 하게 해준다.

③ 품질문제에 대한 중요 원인의 유형별로 나타내어 문제의 우선순위를 나타나게 해준다.

④ 요소간 상호 작용의 민감성을 나타내어 원인과 결과의 분석의 자료를 나타낸다.

03 품질통제에서 통합변경통제수행 프로세스의 산출물인 승인된 변경요청이 입력물로 투입되는 이유가 가장 합당한 것은 다음 중 무엇인가?

① 승인된 변경요청으로 인한 시정조치된 내용이 잘 반영되었는지를 확인하기 위해 변경요청 내용을 보고 잘 검사하기 위함이다.

② 변경요청은 언제든지 일어날 수 있다. 따라서 품질과 관련 변경사항을 잘 이해하고 관리함으로써 품질문제 예방에 초점을 맞출 수가 있다.

③ 승인된 변경요청 내용을 기준으로 인도물 검사 후 작업성과 정보를 만드는 데 주요 목적이 있다.

④ 변경이력을 잘 관리함으로써 향후 품질의 리스크 관리에 도움이 되기 때문이다.

04 품질비용에서 예방비용에 해당되는 것은 다음 중 어느 것인가?

① 공정검사의 테스트 설비 보수

② 작업자에 대한 교육

③ 문제에 대한 회의

④ 장비에 대한 원가자료 조사

05 품질 관리에서 품질통제 프로세스의 산출물인 품질통제측정치(Quality control measurements)는 어디로 입력이 되는가?

① 품질관리 프로세스를 위한 입력물로 사용된다.

② 관리도(Control chart)를 개발하기 위해 사용된다.

③ 품질관리계획을 위한 입력물로 사용된다.

④ 조직의 변경관리시스템 개선을 준비하기 위해 사용된다.

06 품질관리 활동에서 사용되는 파레토 다이어그램(Pareto diagram)은 무엇을 위해 사용되는가?

① 품질의 미래수준을 정확히 예측하기 위해

② 과거로부터의 품질의 수준의 흐름과 향후 추세를 확인하기 위해

③ 품질과 연관된 요인들의 상관관계를 비교하기 위해

④ 가장 핵심 품질의 원인 및 이슈(Issue)에 초점을 맞추기 위해

07 Project team은 프로젝트 계획 후 감시 및 통제단계에서 품질의 인도물과 관련하여 Control chart를 사용하고 있다. Control chart의 중요한 용도는 무엇인가?

① 오랜 추이곡선을 바탕으로 품질 개선 활동을 위한 바탕이 된다.

② 인도물의 품질문제에 우선순위를 결정하게 한다.

③ 프로젝트의 현 인도물의 상태가 일정 통제범위를 벗어났는지를 판단할 수 있게 한다.

④ 바람직한 향후 산출물들에 대하여 탐구할 수 있도록 한다.

08 품질에 대한 정의는 다양하다. 현대적인 품질(Quality)에 대한 정의에 가까운 것은 다음 중 어느 것인가?

① 전수검사를 통한 요구사항을 준수하는 것
② 분임조 활동을 통한 현장관리
③ 고객만족을 위한 Gold plating 작업을 하는 것.
④ 검사보단 예방, 품질의 경영진의 책임, 품질비용의 관리, 고객만족

09 Scatter Diagram(산점도)는 몇 가지 요소를 가지고 품질에 대한 영향성 및 연관관계를 분석하는가?

① 2개
② 3개
③ 4개
④ 5개

10 다음 중 품질에 있어 품질비용과 관련한 재작업(rework)이란 무엇인가?

① 결함이 있거나 적합하지 않는 구성요소를 적합하도록 수정하는 조치들로 시정조치를 포함하며 내부 실패비용을 수반한다.
② 불량이 조기에 감지된 경우에는 해당사항 없다.
③ 품질관리 측정치에 근거하여 시행한 조정 활동이다.
④ 특정한 상황에서만 수용 가능하며 비용은 수반하지 않는다.

CHAPTER 08

Explanation

01 정답 ①

해설 금도금(Gold plating)이면 더 잘해주는 것이기 때문에 좋다고 생각할 수도 있다. 일부는 그런 경우도 있을 수 있겠지만, 더 큰 문제가 발생할 수도 있다. 정해진 범위만 철저히 지키는 것이 프로젝트 관리의 핵심이다. 범위에서 All the work, but the only the work을 명심하여야 한다.

02 정답 ③

해설 품질관리에서 사용되는 파레토도는 히스토그램과는 달리 빈도에 따른 품질문제의 유형과 범주에 의하여 얼마나 많은 결과가 발생되었는지를 보여준다. 중요한 품질문제의 20%를 우선적으로 해결하면 나머지 품질문제도 어느 정도 연관성이 있어 품질문제 대부분이 해결될 수 있다는 논리에서 파레토 법칙은 출발하였다.

03 정답 ①

해설 품질통제에서 승인된 변경요청의 실행으로 만들어진 인도물이 품질통제로 들어오게 되는데 이때 시정조치된 내용이 잘 반영되었는지를 확인하기 위해 변경요청내용을 보고 잘 검사하기 위함이다.

04 정답 ②

해설 예방비용은 사전에 교육들을 통해 작업내용을 숙지시켜 문제를 예방함에 있다. 기타 ②~④는 평가비용에 관한 내용들이다.

05   정답 ①

해설   품질통제 프로세스의 산출물인 품질통제 측정치(Quality control measurements)는 문서화되어서 품질관리 프로세스의 입력물로 사용된다. 품질관리 프로세스에서 품질통제 측정치들은 품질 표준 및 조직의 프로세스를 평가하고 분석하는 데 사용된다.

06   정답 ④

해설   파레도 다이어그램(Pareto diagram)은 히스토 다이어그램(Histo – diagram)의 변형으로 중요품질 원인을 별도 순서대로 나타낸 것이다.

07   정답 ③

해설   관리도(Control chart)는 프로세스가 통제범위를 벗어났는지를 판단할 수 있게 하며 특히 인도물 관리의 상한선 및 하한선 사이에서 관리토록 한다. 관리도는 일정 시간 경과에 따른 프로세스의 결과를 표시하는 것이기 때문에 해당 프로세스 또는 인도물이 통제선의 범위 내에 있는지를 결정하기 위하여 사용된다.

08   정답 ④

해설   현대적인 품질(Quality)에 대한 접근사고가 변하고 있다. 예전에는 요구사항 만족 및 제품의 사용편의성에 있었다. 그러나 현대적인 품질에 대한 접근은 검사보단 예방, 품질에 대한 경영진의 책임, 품질비용의 관리, 지속적인 개선, 고객만족 등을 요구하고 있다.

09   정답 ①

해설   산점도는 두 변수와의 관계를 나타낸 것이다. 상관관계 분석으로 양의 상관관계, 음의 상관관계 및 서로 상관관계 없음 등 다양한 방식으로 2가지 변수와의 상관관계를 표현한다.

10   정답 ①

해설   재작업(rework)은 프로젝트 기간이 초과되는 중요한 원인 중의 하나이다. 따라서 프로젝트 팀은 재작업(rework)이 최소화될 수 있도록 모든 노력을 기울여야 한다. 일반적으로 재작업(rework)이란 식별된 결함이나 부적합 요소를 요구사항 또는 명세서에 부합하도록 수정하는 작업을 의미한다. 그렇기 때문에 내부 실패비용으로 품질비용이 소요된다.

프로젝트 자원관리

프로젝트 자원관리 영역에는 프로젝트를 성공적으로 완료하는 데 필요한 자원을 식별하고, 확보하여 관리하는 프로세스가 포함된다. 자원관리 프로세스들을 이용하여 프로젝트 관리자와 팀이 적시에 필요한 곳에서 올바른 자원을 확보하는 데 도움이 된다.

■ 물적 자원 대비 팀 자원을 관리하는 데 필요한 프로젝트 관리자의 기량과 역량 간에는 명확한 차이가 있다. 물적 자원에는 장비, 자재, 설비 및 기반시설이 포함된다. 팀 자원 또는 직원은 인적자원을 의미한다. 다양한 기량을 갖춘 직원들이 전임 제 또는 시간제 팀원으로 프로젝트에 배정될 수도 있고, 프로젝트가 진행됨에 따라 프로젝트 팀원으로 보충되거나 복귀되기도 한다.

■ 자원관리는 프로젝트 팀을 구성하는 이해관계자 집단에 초점을 맞춘다.

1) 프로젝트 자원 관리는 기획프로세스 그룹으로 2개의 프로세스가 있다. 프로젝트에 필요로 하는 물적, 인적 자원들을 식별하고 이들에 대한 역할과 책임을 명확히 하고 문서화하는 자원관리 계획수립(Plan resource management) 프로세스, 자원을 산정하는 활동자원산정 프로세스(Estimate activity resources)

2) 실행프로세스 그룹으로 3개의 프로세스가 있다. 자원의 가용성을 확인하고 물적 및 인적자원을 확보 및 배정을 하는 자원확보(Acquire resources) 프로세스, 프로젝트 성과 향상을 위해 팀의 성과를 관리하고 팀의 결속을 향상시키는 팀 개발(Develop team) 프로세스, 프로젝트 성과 향상을 위해 팀원의 성과를 지속적으로 추적하고 그에 대한 피드백을 제공하며 이슈들을 해결하는 프로젝트 팀 관리(Manage team) 프로세스

3) 마지막으로 감시 및 통제 프로세스로 1개의 프로세스가 있다. 자원에 대한 통제 프로세스 (Control resources)로 구성되어 있다.

프로세스	설명
9.1 자원관리 계획수립 (Plan resource management)	물적 자원과 팀 자원을 산정, 확보 및 관리하고 활용하는 방법을 정의하는 프로세스이다.
9.2 활동자원산정 (Estimate activity resources)	프로젝트 작업을 수행하는 데 필요한 자재, 장비 또는 보급품의 종류 및 수량과 팀 자원을 산정하는 프로세스이다.
9.3 자원확보 (Acquire resources)	프로젝트 작업을 완료하는 데 필요한 팀원, 설비, 장비, 보급품 및 기타 자원을 확보하는 프로세스이다.
9.4 팀 개발 (Develop team)	프로젝트 성과를 향상하기 위해 팀원의 역량과 팀원간 협력, 전반적인 팀 분위기를 개선하는 프로세스이다.
9.5 팀 관리 (Manage team)	프로젝트 성과를 최적화하기 위해 팀원의 성과를 추적하고, 피드백을 제공하고, 이슈를 해결하고, 팀 변경사항을 관리하는 프로세스이다.
9.6 자원통제 (Control resources)	프로젝트에 할당되고 배정된 물적 자원을 예정대로 사용할 수 있는지를 확인하고 계획대비 실제 자원 사용을 감시하며 필요에 따라 시정조치를 수행하는 프로세스이다.

9.0 자원관리 개요

(1) 자원관리의 핵심개념

프로젝트 팀은 배정된 역할과 담당업무를 통해 공통의 프로젝트 목표 달성을 위해 협력하는 개인들로 구성된다. 프로젝트 관리자는 프로젝트 팀의 팀원 확보, 관리, 동기부여 및 권한 부여에 적합한 노력을 기울여야 한다. 팀원들이 프로젝트 기획 및 의사결정에 참여하면 프로세스에 대한 팀원들의 전문지식이 형상되고, 프로젝트에 대한 팀원들의 소속감을 높일 수 있다.

- 프로젝트 관리자는 프로젝트 팀의 리더이자 관리자이다.
- 프로젝트 관리자는 다양한 프로젝트 단계의 착수, 계획수립, 실행, 감시 및 통제와 종료뿐만 아니라 유능한 집단으로서의 팀 구축을 책임진다.

프로젝트 관리자는 팀에 영향을 미치는 다음과 같은 다양한 측면을 인지하여야 한다.

- 팀 환경
- 팀원의 지리적 위치
- 이해관계자 간의 의사소통
- 조직 변경관리
- 내외부의 정치적 상황
- 문화의 이슈 및 조직의 특성
- 프로젝트 성과를 바꿀 수 있는 기타 요인

프로젝트 관리자는 리더로서 팀의 만족도와 동기부여를 유지, 개선함과 동시에 팀의 기량과 역량을 적극적으로 개발하여야 한다.

프로젝트 관리자는 전문가적, 윤리적 행동을 인지하고 동의해야 하며 모든 팀원이 그러한 행동을 준수할 수 있도록 해야 한다. 아래 그림처럼 프로젝트 관리자는 기업환경요인 및 조직프로세스 자산을 잘 분석하고 활용하여야 한다. 전문적 지식을 가지고 대인관계자 기술을 잘 활용하여야 한다. 팀원에 대한 동기부여는 매우 중요하다. 늘 이해관계자와의 대인관계 및 프로젝트 관리에 있어서 존중, 정직, 책임, 공평의 가치를 가지고 실천 및 행동하여야 한다.

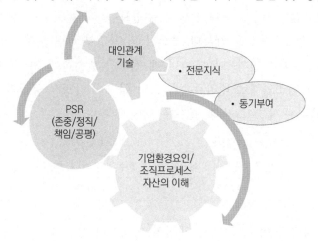

프로젝트 자원관리의 핵심 개념(물적 자원관리)

- 물적 자원 관리는 프로젝트를 효율적이고 효과적인 방식으로 완료하는 데 필요한 물적 자원(자재, 장비, 보급품 등)을 할당하여 활용하는 데 집중한다.
- 이를 위해 조직에는 자원요구(현재 및 가까운 미래), 그 요구를 충족하는 데 필요한 자원구성 및 자원공급에 대한 데이터가 필요하다.
- 자원을 효율적으로 관리 및 통제하지 못하면 성공적인 프로젝트 완료에 리스크를 초래할 수 있다. 예를 들면 다음과 같다.
  - 중요한 장비 또는 기반시설을 적시에 확보하지 못하면 최종 제품 제조가 지연된다.
  - 저품질의 자재를 주문하면 제품의 품질이 저하되어 리콜 또는 재작업 비율이 높아질 수 있다. 재고를 너무 많이 보유하면 운영비용이 증가하여 조직의 수익이 감소할 수 있다. 반대로 재고가 너무 작아도 고객요구를 충족시키지 못해 역시 조직의 수익을 감소 할 수 있다.

자재부문의 K.P.I

자재재고 회전율은 재고관리에 있어 중요하다. 고객의 주문의 정확성이 부족하면 부품의 과잉재고가 쌓일 때도 있고 대로는 불용재고가 되어 실패비용을 야기할 수도 있다. 왜 재고 관리가 어려울까? 이유는 시장의 불확실성에 따른 예측의 어려움이고, 내부적으로 재고 관련시스템의 비효율성 때문이다. 재고는 왜 커져야 하나? 영기에는 자제재고의 법칙과 관련하여 채찍의 법칙이 있다.

자재 재고의 법칙: 채찍의 법칙

채찍의 법칙은 다음과 같다. 예를 들어 고객이 A회사에게 100개 부품발주를 하면, A회사는 조달부문에 있어 일부 제품을 B회사에 외주를 주게 된다. 그런데 제품의 불량을 감안하고 고객의 추가 변동 발주를 감안하여 고객에서 받은 수량보다 더 많은 수량을 B회사에게 발주하게 된다. 아마도 120개 정도로 예상을 해본다. B회사 역시 일부 부품을 협력업체 C회사에게 발주를 준다면 몇 개를 발주하게 될까? 아마도 140개 정도를 발주하게 될 것이다. 이렇게 초기 고객이 발주한 수량보다 협력업체로 내려갈수록 오더 물량의 안정적 공급과 불량의 감안과 안전재고 확보 심리로 재고는 밑으로 내려 갈수록 커지게 된다.

고객	A 회사	B 회사	C 회사
발주 수량 to A 회사	발주 수량 to B 회사	발주 수량 to C 회사	
100 개	120 개	140 개	140 개 생산예정

마치 채찍의 흔들림처럼 말이다. 그래서 채찍의 법칙이라 부른다－－－－Whip's law.

공급실패에 따른 전쟁의 실패의 예: 나폴레옹과 독일의 히틀러의 러시아(소련) 침공

나폴레옹과 독일의 히틀러의 공통점은 무엇인가? 똑같이 러시아(소련)를 침공하여 실패를 하였는데 침공실패의 주요원인을 이야기 할 때 등장하는 것이 바로 자원공급의 실패를 뽑는다. 보급자원(예: 식량 및 옷 등)이 원활하지 못하여 전력에 큰 타격을 입었다. 나폴레옹의 경우 결국 러시아의 침공 실패에 따라 정권에서 내몰리는 결과를 가져왔다. 이처럼 지원관리는 매우 중요한 요소이다.

(2) 프로젝트 자원관리의 추세와 새로운 실무사례

프로젝트관리 스타일은 프로젝트 관리를 위한 명령과 통제구조에서 의사결정 권한을 팀원에게 위임함으로써 팀에게 권한을 부여하는 보다 협력적이고 지원적인 관리방식으로 변화하고 있다. 현대적인 프로젝트 자원관리 방식은 자원활용의 최적화를 추구한다. 다음은 프로젝트 자원관리에 대한 추세와 새로운 실무사례의 예이다.

- 자원관리방법: 중요자원의 희소성으로 인해 몇몇 산업분야에서 몇 년간 여러 가지 추세가 나타났다. Lean관리, J.I.T제조, 카이젠, 전사적 생산설비보전(T.P.M), 제약이론(T.O.C) 및 기타 방식에 대한 광범위한 문헌이 존재한다. 프로젝트 관리자는 수해조직이 하나 이상의 자원관리 도구를 채택했는지 여부를 판별하고 그에 따라 프로젝트를 수정하여야 한다.

- 감성지능(EI): 프로젝트 관리자는 내적(예: 자기관리, 자기인식) 및 외적(예: 관계관리) 역량을 향상시킴으로써 개인의 감성지능에 투자하여야 한다. 팀 감성지능 개발에 성공하거나 감성적인 역량을 확보하는 프로젝트 팀이 보다 효과적인 조직이라는 연구결과가 있다. 또한 구성원의 이직률이 낮아지는 효과도 있다.

- 자율구성 팀: 주로 IT 프로젝트 실행을 위한 애자일 방식의 사용증가로 인해 중앙의 통제 없이 자율적으로 운영되는 자율구성 팀이 생겨났다. 성공적인 자율구성 팀은 일반적으로 관련분야 전문가 대신 변화하는 환경에 지속적으로 적응하고 건설적인 피드백을 수용하는 일반 전문가로 구성된다. PM 명칭은 다를 수 있다.

- 가상팀/분산 팀: 프로젝트의 세계화는 같은 프로젝트에 참여하지만, 동일한 위치에서 활동하지 않는 가상팀의 필요성을 촉진시켰다. 의사소통기술의 발전이 가상팀을 더 촉진시켰다 (예: 이메일, 오디오 회의, 소셜미디어, 웹 기반 회의, 화상회의).
  - 장점: 각 지역의 전문지식을 활용가능, 모든 전문가의 참여 가능하다.
  - 도전과제: 의사소통 및 기타 제약사항극복(고립감, 팀원간 지식과 경험의 공유 차이, 시간대 차이, 문화적 차이, 생산성추적의 어려움) 등 문제가 있다.

(3) 조정 고려사항

프로젝트는 각각 고유하므로 프로젝트 관리자는 프로젝트 자원관리 프로세스의 적용방식 등을 조정한다. 다음은 조정을 위한 고려사항의 일부 예이다.

- 다양성(Diversity): 팀의 다양성의 배경은 무엇인가?
- 물리적 위치(Physical location): 팀원과 물적 자원의 물리적 위치는 어디인가?
- 산업 특화 자원(Industry-specific resources): 해당 산업에서 필요한 특수 자원은 무엇인가?
- 팀원의 확보(Acquisition of team members): 프로젝트 팀원은 어떻게 확보할 것인가? 팀 자원의 프로젝트 참여는 전임제인가, 시간제인가?
- 팀 관리(Management of team): 프로젝트에 있어 팀 관리는 어떻게 관리되는가? 팀 개발을 관리하는 조직도구가 있는가, 아니면 새로운 도구를 마련하여야 하나? 특별한 도움이 필요한 팀원이 있는가? 다양성 관리를 위한 특별한 교육이 팀에 필요한가?
- 생애주기 접근방식(Life cycle approaches): 프로젝트에 어떤 생애주기 접근 방식을 사용할 것인가?

(4) 애자일, 적응형 환경을 위한 고려사항

가변성이 큰 프로젝트에는 일반 전문가로 구성된 자율구성 팀과 같이 집중과 협업을 극대화하는 팀 구조가 효과적이다. 협업은 생산성을 향상시키고 혁신적인 문제해결을 용이하게 하는 데 목적이 있다.

▬▬ 협업의 이점

- 협력적인 팀은 명확히 구분되어 있는 작업활동의 빠른 통합을 용이하게 하고 의사소통을 개선하며, 지식공유를 향상시키고 유연한 작업할당을 가능하게 한다.
- 협력적인 팀은 특히 가변성이 크고 변화속도가 빠른 프로젝트의 성공에 중요한 역할을 한다. 중앙집중식 업무 처리 및 의사결정에 시간이 많이 소요되지 않기 때문이다.
- 변동성이 큰 프로젝트의 경우에 물적 자원과 인적자원에 대한 계획수립을 예측하기가 훨씬 어렵다. 이러한 환경에서는 비용통제 및 일정준수를 위해 빠른 공급 및 린 방법에 대한 협약이 중요하다.

프로젝트 자원관리(Project Resource Management)는 프로젝트의 성공적인 완수를 위해 필요한 자원을 식별하고, 획득하고 관리하는 프로세스를 포함한다.

9.1   자원관리 계획수립(Plan resource management)

자원관리 계획수립은 팀 자원과 물적 자원을 산정, 확보 및 관리하고 활용하는 방법을 정의하는 프로세스이다. 주요이점은 프로젝트의 유형과 복잡성에 따라 프로젝트 자원을 관리하는 데 필요한 관리작업과 수준을 정립한다는 점이다.

- 자원관리 계획수립은 성공적인 프로젝트 완료를 위해 충분한 자원을 확보하기 위한 접근 방식을 결정하고 식별하는 데 사용된다.
- 프로젝트 자원에는 팀원, 공급업체, 자재, 장비, 서비스, 설비가 포함될 수 있다.
- 효과적인 자원을 기획하려면 부족한 자원의 가용성 및 경합을 고려하여 합당한 계획을 수립하여야 한다.
- 자원은 조직의 내부 자산 또는 조달프로세스를 통해 조직 외부에서 확보할 수 있다.
- 프로젝트에 필요한 동일한 자원을 두고 같은 위치에서 동시에 다른 프로젝트와 경쟁할 수가 있다. 이런 경우 비용, 일정, 리스크, 품질 및 기타 프로젝트영역에 큰 영향을 줄 수가 있다.

Plan resource management-definition

The process of defining how to estimate, acquire, manage, and utilize physical and team resources. — — — *PMBOK® Guide*—Sixth Edition, Glossary

(1) 프로세스(입력물/도구 및 기법/산출물)

자원관리 계획수립 프로세스의 가장 핵심적인 입력물은 무엇인가? 무엇을 만들 것인지를 제공하는 범위기준선과 어떤 요구사항을 근거로 자원을 사용할 것인가를 제공해주는 요구사항문서가 핵심이다. 자원관리 계획은 물적 및 인적자원에 대한 준비이다. 특히 인적자원 부문에 있어서는 조직도, 역할과 책임 등이 잘 준비되어야 한다. 팀 헌장은 기본 규칙을 포함하여 준비되는 것으로 자원관리 계획수립 프로세스의 산출물로 자원관리 계획서와 아울러 중요한 요소이다.

(2) 프로세스 흐름도

9.1.1 자원관리 계획수립 프로세스 투입물

1. 프로젝트 헌장(Project charter)

상위수준의 프로젝트 설명과 요구사항 정보를 제공한다. 이해관계자 목록, 요약 마일스톤 및 프로젝트의 자원관리에 영향을 미칠 수 있는 사전 승인된 재무자원이 포함된다.

2. 프로젝트관리계획서(Project management plan)

(1) 품질관리계획서(Quality management plan): 정의된 품질수준을 달성 및 유지하고 프로젝

트 매트릭스를 충족하는 데 필요한 자원수준을 정의하는 데 도움이 된다.

(2) 범위 기준선(Scope baseline): 관리해야 하는 자원의 종류와 수량에 영향을 주는 인도물을 식별한다.

3. 프로젝트 문서(Project documents)

(1) 프로젝트 일정(Project schedule): 필요한 자원에 대한 일정을 보여준다.

(2) 요구사항 문서(Requirements documentation): 프로젝트에 필요한 자원의 종류와 양을 나타내며 자원관리 방법에 영향을 줄 수 있다.

(3) 리스크 관리대장(Risk register): 자원계획수립에 영향을 미칠 수 있는 위협과 기회에 대한 정보를 기술한다.

(4) 이해관계자 관리대장(Stakeholder register): 프로젝트에 필요한 자원에 대한 특별한 이해관계가 있거나, 영향력을 행사할 이해관계자를 식별하는 데 유용하다. 또한 다른 자원대비 특정 유형의 자원사용에 영향을 줄 수 있는 이해관계자 식별에 도움을 준다.

4. 기업 환경 요인(Enterprise environmental factors)

다음은 자원관리계획수립 프로세스에 영향을 미칠 수 있는 일부 예이다.

- 조직의 문화와 구조
- 설비 및 자원의 지리적 분포
- 시장 여건
- 기존 자원역량 및 가용성
- 기존 인적 자원
- 인사 관리 정책
- 인력 시장 상황

5. 조직 프로세스 자산(Organizational process assets)

다음은 자원관리계획수립에 영향을 줄 수 있는 조직 프로세스 자산의 일부 예이다.

- 인적자원 정책 및 절차
- 물적 자원 관리 정책 및 절차
- 안전 정책
- 보안정책
- 자원관리계획서 템플릿
- 유사 프로젝트에 관한 선례정보

인적자원을 계획하는 데 영향을 줄 수 있는 제약조건

- 조직의 구조(Organization structure): 조직의 구조에 따라 프로젝트 관리자의 권한이 다르다.
- 단체 교섭 협정(Collective bargaining agreements): 조직에 노조와 같은 근로자 단체가 있다면 사전 협의가 필요할 수도 있다.
- 경제적 여건(Economic conditions): 조직의 경제적 여건이 좋지 않아서 고용 동결, 교육 자금 삭감 등으로 여러 선택요소를 제한할 수 있다.

9.1.2 자원관리 계획수립 프로세스 도구 및 기법

1. 전문가 판단(Experts judgment)

- 조직 내 최고의 자원에 대한 협상
- 인재관리 및 직원개발 및 프로젝트 목표를 충족하기 위해 필요한 예비 업무량 수준 결정
- 조직 문화에 기반한 보고 요구사항 결정
- 과거 교훈과 시장 여건에 따라 자원확보에 필요한 선도시간 산정
- 지원확보, 보유 및 복귀 계획에 수반하는 리스크 식별
- 관련 정부 및 노사 규정준수 및 자재 및 보급품의 적시 확보를 위한 판매자 및 물류 업무관리

2. 데이터 표현(Data representation)

팀원의 역할과 담당업무를 다양한 형식으로 문서화하고 공유할 수 있다. 대부분 계층구조, 매트릭스, 텍스트 형식으로 분류된다. 팀원의 역할 및 책임사항을 문서화한다.

(1) 계층 구조형 도표(Hierarchical charts)

- 작업분류체계(WBS: Work breakdown structure): 프로젝트 인도물을 작업패키지로 분할하는 방법을 보여주기 위해 고안되었으며 담당업무를 개괄적으로 보여준다. 상위 수준의 책임사항을 보여주는 방법을 제공하고 프로젝트 인도물을 분할한 것이다.
- 조직분류체계(OBS: Organizational breakdown structure): 조직의 현재 부서, 단위 또는 팀에 따라 정렬하고 프로젝트 활동 또는 작업 패키지를 각 부서 아래 열거한 것이다. 즉 프로젝트의 모든 담당 업무를 확인할 수 있다.
- 자원분류체계(RBS: Resource breakdown structure): 관련 팀 및 물적 자원을 범주 및 자원 유형별로 분류한 계층구조 목록을 나타내며, 프로젝트 작업의 계획수립, 관리 및 통제목적으로 사용된다.

(2) 책임배정매트릭스(Assignment matrix)

각 작업패키지에 배정된 프로젝트 자원을 보여주는 RAM(Role assignment matrix). 매트릭스 기반 도표의 한 예로 작업패키지에 배정된 프로젝트 자원을 보여주는 책임배정매트릭스(RAM)가 있다. 아래 표는 RACI 차트의 예이다.

RACI 차트	사람				
활동	Anna	Benny	Carlo	Bina	Edward
헌장 만들기	A	R	I	I	C
요구사항수집하기	I	A	R	C	I
변경요청사항제출	I	A	R	R	C
시험계획개발	A	C	I	C	R
	R(Responsible), A(Accountable), C(Consult), I(Inform)				

(3) 텍스트 기반 도표(Text-oriented formats)

자세한 설명이 필요한 팀원 담당업무를 텍스트 기반 도표에 명시할 수 있다. 일반적으로 담당업무, 권한, 역량, 자격과 같은 정보를 요약된 형태로 제공한다. 이 문서는 직무 기술서, 역할, 담당업무, 권한 양식 등의 다양한 명칭들로 불린다. 향후 프로젝트에 template로 사용할 수 있으며, 특히 교훈을 적용하여 현재 프로젝트의 정보를 전체적으로 업데이트할 때 유용하다. 다음은 텍스트형 문서양식의 예이다.

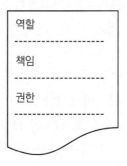

3. 조직 이론(Organizational theory)

개개인, 팀, 조직 단위의 행동 방식에 대한 정보를 제공한다. 조직론에 명시된 공통적인 기법을 효과적으로 활용하면 자원관리계획수립 프로세스 산출물을 생성하고 기획의 효율성을 개선하는 데 필요한 시간, 비용 및 노력을 줄일 수 있다. 조직론에서는 프로젝트 생애주기 전반에 걸쳐 프로젝트 팀의 성숙도 변화에 따라 적절한 리더십을 활용하도록 권장한다. 조직의 구조와 문화가 프로젝트 조직 구조에 영향을 미친다는 사실을 인지하여야 한다.

이러한 조직 이론에는 매슬로우의 욕구 5단계, 맥그리거의 X이론, Y이론이 있고, 윌리엄 오우치의 Z이론, 브롬의 기대이론, 맥클랜드의 성취 동기 이론, 허즈버그의 2요인 이론 등이 있다.

4. 회의(Meetings)

프로젝트 팀은 프로젝트 자원관리계획을 수립하기 위해 회의를 개최할 수 있다. 이 회의를 통해서 자원관리 계획서에 대해서 모든 프로젝트 팀원들이 동의하도록 유도한다.

9.1.3 자원관리 계획수립 프로세스 산출물

1. 자원관리 계획서(Resource management plan)

프로젝트관리 계획서의 구성요소로 프로젝트 자원을 분류, 할당, 관리, 복귀시키는 방법에 관한 지침을 제공한다. 자원관리계획서는 프로젝트의 세부내용에 따라 팀 관리 계획서와 물적 자원관리계획서로 나눌 수 있다. 다음은 자원관리계획서의 일부의 예이다.

- 자원식별: 필요한 팀 자원과 물적 자원을 식별하고 정량화하는 방법이다.
- 자원 확보: 프로젝트의 팀 자원과 물적 자원을 확보하는 방법에 대한 지침이다.
- 역할 및 담당업무
    - 역할: 팀원에게 배정되는 직위(예: 비즈니스 분석가, 시험관리자 등)
    - 권한: 예: 활동완료 및 품질 승인기준 등
    - 담당(업무): 기대되는 의무와 작업
    - 역량: 필요한 기량과 능력
    - 프로젝트 조직도: 보고체계를 보여주는 도표이다.
    - 프로젝트 팀 자원관리: 자원을 정의, 충원, 관리 및 최종적으로 복귀시키는 방법에 대한 지침이다.
    - 교육: 팀원에 대한 교육 전략이다.
    - 팀 개발: 프로젝트 팀을 개발하는 방법이다.
    - 자원통제: 필요한 적정 물적 자원을 확보하고, 확보된 물적 자원이 프로젝트 요구에 맞게 최적화되도록 하는 방법이다. 프로젝트 생애주기 전반에 걸친 재고, 장비 및 보급품 관리에 대한 정보가 포함된다.
    - 인정계획: 팀원에게 제공되는 인정과 보상, 제공시점이 기술된다.
    - 인적자원관리 계획서: 프로젝트 인적 자원을 정의하고, 배정하며, 관리 및 통제하고, 마지막으로 프로젝트 팀에서 해제(철수)하는 방법에 대한 지침을 제공한다.

• Role

A defined function to be performed by project team members, such as testing, filing, inspecting, or coding — *PMBOK®* Guide — Sixth Edition, Glossary

2. 팀 헌장(Team charter)

팀 헌장은 팀 가치, 협약 및 팀의 운영지침을 규정하는 문서이다. 다음은 일부 예이다.

- 팀 가치, 의사소통 지침, 의사결정기준 및 프로세스
- 갈등 해결 프로세스, 회의 지침, 팀 협약

팀 헌장은 프로젝트 팀원에게 허용되는 행동에 대한 명확한 기대사항을 규정한다. 초기부터 명확한 지침을 정하면 오해를 줄이고 생산성을 높일 수 있다. 행동강령, 의사소통, 의사결정

또는 회의예절 등의 주제를 논의함으로써 팀원들이 서로에게 중요한 가치를 발견할 수 있다. 팀원들이 직접 개발하거나 최소한 개발에 기여하는 경우 가장 효과적이다. 팀원은 모두 팀 헌장을 준수해야 하며, 주기적으로 업데이트하면서 기본규칙을 이해하고 방향을 제시하고 팀을 합류시킬 수 있다.

3. 프로젝트 문서 업데이트(Project documents updates)

(1) 가정사항 기록부(Assumption log): 가용성, 물류 요구사항 및 물적 자원의 위치와 팀 자원의 기량과 가용성에 대한 가정사항으로 업데이트된다.

(2) 리스크 관리대장(Risk register): 팀 자원 및 물적 자원의 가용성과 연관된 리스크 또는 기타 알려진 자원관련 리스크로 업데이트된다.

9.2 활동자원 산정(Estimate activities resources)

프로젝트 작업을 수행하는 데 필요한 팀원 및 자재, 장비 또는 보급품의 종류와 수량을 산정하는 프로세스이다. 주요이점은 프로젝트를 완료하기 위해 필요한 자원의 종류와 수량, 특성을 식별한다는 점이다. 활동자원산정 프로세스는 원가산정 프로세스와 같은 연관 관계가 있다.

- 건설 프로젝트 팀은 현지 건축 법령을 숙지하여야 한다. 일반적으로 현지 판매자로부터 구할 수 있다. 경험이 부족하면 추가적으로 컨설턴트를 활용하여 현지 건축 법령을 파악하는 것이 가장 효과적이다.
- 자동차 설계 팀은 최신 자동조립기법을 잘 알고 있어야 한다. 필요한 지식은 컨설턴트 고용, 로봇공학 세미나에 설계사 파견 또는 제조공정의 인력을 프로젝트 팀원으로 투입하는 등의 방법을 통해 얻을 수 있다.

활동을 수행하기 위해서는 반드시 자원(Resource)이 필요하다. 일반적으로 자원은 사람(People), 장비(Equipment), 재료(Material)를 말하며, 활동을 수행하기 위해 어떤 자원이 얼마만큼 필요한지 결정할 수 있다. 조직의 상황에 따라 자원이 가용할 수도 있고, 그렇지 않을 수도 있으므로 자원의 유형 결정시 자원의 가용성을 참고해야 한다.

• Estimate activity resources-definition

The process of estimating team resources and the type and quantities of material, equipment, and supplies necessary to perform project Work — *PMBOK®* Guide — Sixth Edition, Glossary

(1) 프로세스(입력물/도구 및 기법/산출물)

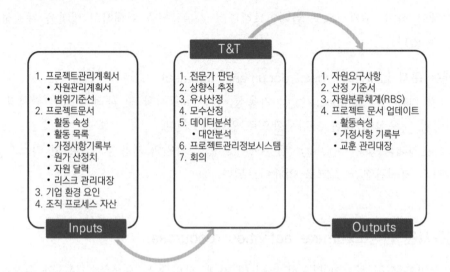

활동자원 산정 프로세스의 가장 중요한 핵심 입력물은 무엇인가? 활동과 관련된 기준이 되는 문서로 바로 활동 목록과 활동속성이다. 그 이유는 활동을 자원으로 수행하여 활동을 완수해야 하기 때문이다. 물론 자원의 가용성이라든지, 가정사항, 리스크도 고려를 하여야 한다. 도구 및 기법에서는 유사산정, 모수 산정, 상향식 산정 등 이미 활동기간 산정과 원가산정 시 사용되었던 도구 및 기법이 다시 사용되고 있다. 자원산정은 그래도 상향식 산정이 유리하다. 그 이유는 자원은 아래서부터 산정을 하여 모으는 특징이 있기 때문이다. 활동자원 산정 프로세스가 완료되면 산출물은 자원요구사항(Resource requirements)과 산정의 기준이 되었던 산정기준서와 자원을 목록별로 분류화한 자원분류 체계가 나온다. 이 산출물 들은 6장에 있는 활동기간 산정 및 일정개발 프로세스에 입력물로 들어간다. 일정을 만들기 위해서는 자원이 있어야 기간 산정 및 일정개발이 가능하기 때문이다.

(2) 프로세스 흐름도

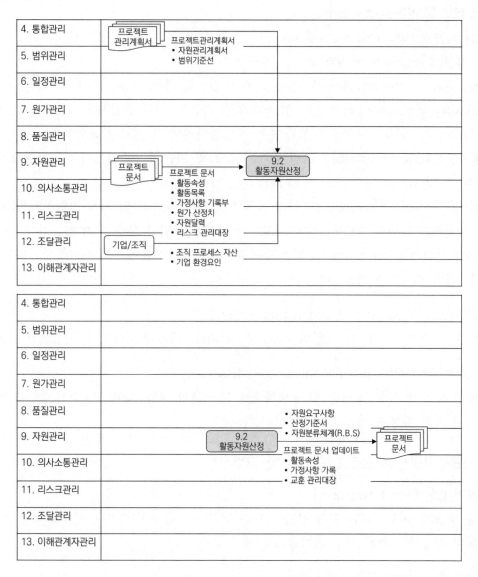

9.2.1 활동자원산정 프로세스 투입물

1. 프로젝트 관리계획서(Project management plan)

(1) 자원관리계획서(Resource management plan): 프로젝트에 필요한 다양한 자원을 식별하기 위한 접근방식이 정의된다. 각 활동에 필요한 자원을 정량화하는 방법이 정의되며 관련 정보를 집계한다.

(2) 범위기준선(Scope baseline): 프로젝트 목표를 달성하는 데 필요한 프로젝트 및 제품 범위

를 식별한다. 이 범위는 팀 자원과 물적 자원에 대한 요구에 영향을 미친다.

2. 프로젝트 문서(Project documents)

(1) 활동 속성(Activity attributes): 활동목록의 각 활동에 필요한 팀 자원과 물적 자원을 산정하는 데 사용하는 주요 데이터 소스를 제공한다.

(2) 활동 목록(Activity list): 활동목록에는 자원을 필요로 하는 활동들이 열거된다.

(3) 가정사항기록부(Assumption log): 생산성 요인, 가용성, 원가 산정치를 비롯하여 팀 자원과 물적 자원의 특징과 수량에 영향을 주는 작업방식에 대한 정보가 포함된다.

(4) 원가 산정치(Cost estimates): 자원 원가는 수량 및 기술 수준관점에서 자원선택에 영향을 미칠 수 있다.

(5) 자원달력(Resource calendars): 특정 자원(인력, 장비, 재료 등)의 가용 작업일과 변동 내역을 식별하고 인력의 숙련도, 경험도 그리고 지역적인 위치 등을 고려해야 한다.

(6) 리스크 관리대장(Risk register): 리스크 관리대장에는 자원선택과 가용성에 영향을 미칠 수 있는 개별 리스크가 기술된다.

3. 기업환경요인(Enterprise environmental factors)

자원의 위치, 자원가용성, 팀 자원의 기량, 조직문화, 공개된 산정데이터, 시장여건 등이다.

4. 조직프로세스자산(Organizational process assets)

직원 배정 정책 및 절차, 보급품 및 장비와 관련된 정책과 절차, 과거 프로젝트에서 유사 작업에 사용된 자원 유형에 대한 선례정보 등이다.

9.2.2 활동자원산정 프로세스 도구 및 기법

1. 전문가 판단(Expert judgment)

팀 자원 및 물적 자원 계획수립과 산정에 대한 전문 교육을 이수했거나 지식을 갖춘 집단 또는 개인이 제공하는 전문 기술 분야를 고려해야 한다.

2. 상향식 추정(Bottom-up estimating)

팀 자원과 물적 자원은 활동수준에서 산정된 다음에 집계과정을 거쳐 작업패키지, 통제단위 및 요약 프로젝트 수준에 대한 산정치가 개발된다. 즉 WBS의 최하위 단계의 산정치들을 합산하면서 상위 단계의 일정과 원가를 추정하는 기법이다.

3. 유사산정(Analogous estimating)

이전 유사 프로젝트의 자원에 대한 정보를 향후 프로젝트 산정을 기반으로 사용한다. 이 기법은 신속산정방법이며 프로젝트 관리자가 작업분류체계(WBS)의 몇몇 상위수준만 식별할 수 있는 경우 사용할 수 있다.

4. 모수산정(Parametric estimating)

선례 데이터와 기타 변수의 통계적 관계 또는 알고리즘을 사용하여 선례정보와 프로젝트 모수를 기반으로 활동에 필요한 자원수량을 계산한다. 예) 활동 3,000시간의 코딩이 필요하고 1년 안에 코딩을 완료하는 경우, 2명의 코딩 담당자가 필요하다(1인이 1년에 1,500시간 코딩수행). 이 기법은 모델을 만드는 데 기반이 되는 데이터와 정교함에 따라 더 높은 정확도를 산출할 수 있다.

5. 데이터 분석(Data analysis)

(1) 대안 분석(Alternative analysis): 활동을 완료하기 위한 다양한 방법들이 존재한다. 자원의 능력이나 기술, 다양한 규모 및 형태의 장비, 다양한 도구(수작업 혹은 자동화), 생산, 외주결정 등이 있다. 대안분석은 정의된 제약 내에서 프로젝트 활동을 수행하기 위한 최고의 솔루션 제공에 도움을 준다.

6. 프로젝트관리 정보시스템(PMIS: Project management information system)

프로젝트관리 정보시스템에는 자원 풀 계획을 수립하고 구성 및 관리할 수 있으며 자원 산정치를 개발할 수 있는 자원관리 소프트웨어가 포함될 수 있다(예: MS-Project, 프리마벨라).
소프트웨어의 성능에 따라 자원활용도를 최적화하는 데 유용하도록 자원분류체계(RBS), 자원 가용성, 자원단가 및 다양한 자원달력을 정의할 수 있다.

7. 회의(Meetings)

프로젝트 관리자는 기능조직 관리자들과 함께 활동당 필요한 자원, 팀 자원의 노력수준(LOE) 및 기량수준, 필요한 자재 수량을 산정하기 위한 계획수립 회의를 개최할 수 있다. 프로젝트 관리자, 프로젝트 스폰서, 선별된 프로젝트 팀원과 이해관계자, 그 밖의 필요한 인원이 이 회의에 참석할 수 있다.

9.2.3 활동자원산정 프로세스 산출물

1. 자원 요구사항(Resource requirements)

각 작업패키지(Work package) 또는 작업패키지의 활동에 필요한 자원의 종류와 수량을 식별하며 이 요구사항을 집계하여 각 작업패키지, 각 작업분류체계(WBS) 분기 및 프로젝트 전체의 산정 자원을 판별할 수 있다. 자원 요구사항에 대한 설명의 상세도와 전문성 수준은 응용분야에 따라 달라진다. 자원 요구사항문서에는 적용되는 자원종류, 자원 가용성 및 필요한 수량을 판별하기 위하여 작성된 가정사항이 포함될 수 있다.

• Resources requirements.

  The types and quantity of resources required for each activity in a Work package-

PMBOK® Guide-Sixth Edition, Glossary

2. 산정 기준서(Basis of estimates)

산정된 근거는 반드시 명확하고 정확하게 제시해야 한다.

- 산정치 개발에 산정되는 방법 및 사용되는 자원(예: 유사 프로젝트 정보)
- 산정치와 연관된 가정사항 및 알려진 제약사항, 산정치 범위
- 산정치의 신뢰도 수준, 산정치에 영향을 주는 식별된 리스크 문서

3. 자원 분류 체계(Resource breakdown structure)

자원을 유형별로 분류하여 산정된 자원을 범주별로 구조화한 것이다(예를 들면 사람, 장비, 재료로 분류하고 사람은 다시 초급, 중급, 고급 등으로 나누는 것이다). 자원을 분류해 놓으면 효과적인 산정과 관리에 유리하다. 아래 그림은 자원분류체계의 예이다.

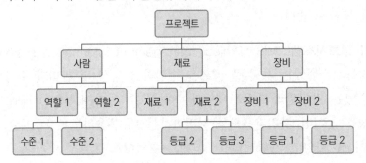

4. 프로젝트 문서 업데이트(Project documents updates)

(1) 활동 속성(Activity attributes): 자원 요구사항으로 업데이트된다.

(2) 가정사항기록부(Assumption log): 필요한 자원의 종류와 수량에 대한 가정사항으로 업데이트된다. 또한 단체교섭협약, 연속 운영시간, 휴가계획 등과 같은 자원 제약사항이 입력된다.

(3) 교훈관리대장(Lessons learned register): 자원 산정치 개발에 있어 효율적이고 효과적이었던 기법, 효율적이거나 효과적이지 않았던 기법에 대한 정보가 업데이트될 수 있다.

자원(Resource) flow

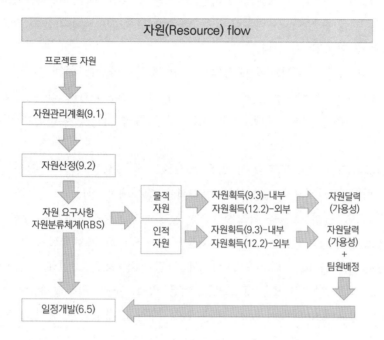

9.3 자원확보(Acquire resources)

자원확보는 프로젝트 작업을 완료하는 데 필요한 팀원, 설비, 자재, 보급품 및 기타 지원을 확보하는 프로세스이다. 주요이점은 자원선정에 관한 기존 지침과 방향을 제시하고 각각의 활동에 대해 자원을 할당한다는 점이다.

- 프로젝트에 필요한 자원은 프로젝트 수행조직의 내부 또는 외부 자원일 수도 있다.
- 내부자원은 기능조직 또는 자원관리자로부터 획득을 한다.
- 외부 자원은 조달 프로세스를 통해 획득한다.
- 프로젝트관리팀은 단체교섭 협약, 하도급업체 직원 활용, 매트릭스 프로젝트 환경, 대내외 보고체계, 또는 그 밖의 이유로 인해 자원선택에 대한 직접적인 통제권을 행사할 수도 있고, 없을 수도 있다.

• Acquire resources–definition

The process of obtaining team members, facilities, equipment, materials, supplies, and other resources necessary to complete project Work–*PMBOK*® Guide–Sixth Edition, Glossary

자원확보(Acquire resources): 자원을 확보하는 프로세스는 다음과 같은 요인을 고려해야 한다.

- 프로젝트 관리자 또는 프로젝트팀은 프로젝트에 필요한 팀 자원 및 물적 자원 공급 업무 담

당자와 효과적으로 협상하고 영향력을 행사해야 한다.

■ 프로젝트에 필요한 자원을 확보하지 못하면 프로젝트 일정, 예산, 고객만족도, 품질 및 리스크에 영향을 미칠 수 있다. 자원수량 또는 역량이 부족하면 성공확률이 감소하며, 최악의 경우 프로젝트가 취소될 수 있다.

■ 경제적 요인이나 다른 프로젝트에 배정되는 등의 제약사항으로 인해 팀 자원을 사용할 수 없는 경우, 프로젝트 관리자 또는 프로젝트 팀이 역량이나 원가가 다른 대체 자원을 배정해야 한다. 대체자원은 법률, 규제, 의무 또는 기타 특정 기준을 위반하지 않은 경우에 허용된다.

■ 프로젝트 관리자 또는 프로젝트 관리 팀은 프로젝트에 필요한 인적 자원을 공급할 위치에 있는 다른 사람과 효과적으로 협상하고 영향력을 행사해야 한다.

■ 프로젝트에 필요한 인적 자원을 확보하는 데 실패하면 프로젝트 일정, 예산, 고객 만족도, 품질, 리스크로 영향이 파급, 프로젝트 성공률을 떨어뜨리고 프로젝트가 취소될 수도 있다.

■ 제약사항, 경제적 요인 또는 다른 프로젝트에 사전 배정 등으로 인해 적임자를 투입할 수 없는 경우, 프로젝트 관리자 또는 프로젝트 팀은 법률, 규제, 의무 또는 기타 특정 기준을 위반하지 않는 한도에서 역량이 낮은 대체 인적 자원을 배정하는 것이 필요하다.

(1) 프로세스(입력물/도구 및 기법/산출물)

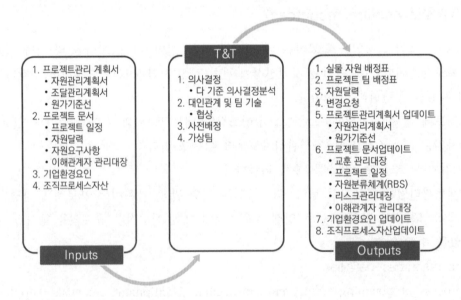

자원확보 프로세스에서 가장 중요한 입력물은 무엇인가? 바로 자원요구사항(Resource requirements)이다. 활동에 필요한 자원요구사항(Resource requirements)에 따라 자원을 획득하는 부분이 자원확보 프로세스의 존재이유이다. 자원 확보를 하는 방법은 다양하다. 기업 내부적으로 획득하는 방법이 있을 것이고 외부조달을 통해 자원을 확보할 수도 있다. 필요한 자원이 같은 공간에서 일을 할 수도 있지만 상황에 따라 가상팀처럼 멀리 떨어져 프로젝트를 수행할 수 있다.

일부 핵심인원은 미리 프로젝트에 사전 배정되는 경우도 있는 이런 부분이 자원확보 프로세스 도구 및 기법에 표현이 되어 있다. 프로젝트에서 필요한 역량을 가진 자원을 확보하는 것은 쉽지 않다. 중요자원은 다른 프로젝트에서도 필요하기 때문에 경쟁이 발생할 수도 있다. 이런 경우 기업은 포트폴리오 관리에 따라 자원의 우선화 관리를 하기도 한다. 인적 자원의 경우 기능부서장들과 협상을 하여야 한다.

자원은 역량기준에 따라 의사결정을 통해 자원을 확보하는 것이 리스크를 줄일 수 있다. 이렇게 자원요구사항(Resource requirements)에 대해 의사결정, 협상, 사전배정, 가상팀 등 다양한 도구 및 기법을 통해 자원이 배정되면 산출물도 두 가지 형태의 배정표가 만들어진다. 하나는 물적 자원과 관련된 실물자원 배정표이고, 다른 하나는 인적자원과 관련된 프로젝트 팀 배정표이다. 이 모두 자원가용성은 프로젝트 일정에 맞게 대응이 되도록 안정하게 확보되어야 하므로 자원달력이 나오게 된다.

자원은 유형과 필요조건이 수시로 변하므로 변경요청을 통해 필요한 자원을 지속적으로 확보하여야 한다.

유능한 자원확보를 하기 위해서는?

기능부서장은 유능한 팀원을 프로젝트 팀으로 차출되는 것을 원하지 않을 것이다. 아마도 역량이 좀 떨어지는 팀원을 보내고 싶어 할 것이다. 만일 역량이 떨어지는 팀원들만으로 프로젝트가 수행된다면 결과는 뻔할 것이다. 프로젝트의 실패 가능성이 높다. 이런 경우 프로젝트 관리자는 경영진과 협의하여 좋은 자원들이 프로젝트 팀에 포함이 될 수 있도록 하여야 한다. 프로젝트 관리의 결과가 해당 기능부서장의 성과가 연계가 되도록 K.P.I(Key Performance Index)을 고려할 수도 있다. 만일 해당 팀원이 간 프로젝트의 성과가 나쁘면, 해당 기능부서장의 성과도 연계가 되기 때문에 기능부서장은 유능한 팀원을 프로젝트팀의 차출에 지원할 수 있을 것이다.

(2) 프로세스 흐름도

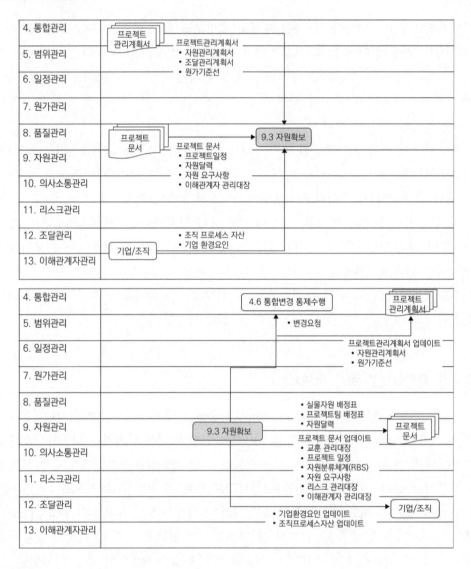

9.3.1   자원확보 프로세스 투입물

1. 프로젝트 관리계획서(Project management plan)

(1) 자원관리계획서(Resource management plan): 프로젝트에 필요한 자원확보 방법에 대한 지침을 제공한다.

(2) 조달관리계획서(Procurement management plan): 프로젝트 외부에서 확보될 자원에 대한 정보를 포함한다. 이 정보에는 조달업무가 다른 프로젝트 작업에 통합되는 방식과 이해관계자의 자원 조달 관여 방식에 대한 정보가 포함된다.

(3) 원가기준선(Cost baseline): 원가기준선은 프로젝트 활동에 대한 전체 예산을 제공한다.

2. 프로젝트 문서(Project documents)

■ 프로젝트 일정(Project schedule): 활동과 함께 자원을 확보 및 획득해야 하는 시점을 판별하는 데 도움이 되는 예정된 활동 시작 및 종료 날짜를 보여준다.
■ 자원달력(Resource calendars): 프로젝트에 필요한 각 자원을 프로젝트에 투입할 수 있는 기간이 표시된다.
■ 자원요구사항(Resource requirements): 자원요구사항은 확보해야 하는 자원을 식별한다.
■ 이해관계자 관리대장(Stakeholder register): 프로젝트에서 사용되고 자원 확보 프로세스에서 고려되어야 하는 특정 자원에 대한 이해관계자의 요구 또는 기대사항이 나타날 수 있다.

3. 기업 환경 요인(Enterprise environmental factors)

다음은 자원 확보 프로세스에 영향을 미칠 수 있는 기업환경요인의 일부 예이다.

■ 가용성, 역량 수준, 팀 자원에 대한 이전 경험, 자원 비용을 포함하는 조직 자원에 대한 기존 정보
■ 시장여건, 조직구조, 지리적 위치

4. 조직 프로세스 자산(Organizational process assets)

다음은 자원 확보 프로세스에 영향을 미칠 수 있는 조직 프로세스 자산의 일부 예이다.

■ 프로젝트 자원 확보, 할당 및 배정을 위한 정책과 절차
■ 선례정보 및 교훈 저장소

9.3.2 자원확보 프로세스 도구 및 기법

1. 의사결정(Decision making)

자원확보 프로세스에서 사용할 수 있는 의사결정기법의 예로 다기준의사결정 분석이 있다.
다음은 사용 가능한 선정기준의 일부 예이다.

■ 가용성: 필요한 기간 내에 프로젝트 작업에 자원을 투입할 수 있는지 확인한다.
■ 원가: 자원 추가비용이 미리 정해진 예산 범위를 벗어나지 않도록 확인한다.
■ 능력: 팀원이 프로젝트에 필요한 역량을 제공하는지 확인한다.

다음은 팀 자원에 고유한 선정기준의 일부 예이다.

■ 경험: 팀원이 프로젝트의 성공에 기여할 관련 경험 보유자인지 확인한다.
■ 지식: 팀원이 고객, 과거의 유사 프로젝트, 프로젝트 환경의 미묘한 차이에 대한 관련 지식 보유자인지 확인한다.
■ 기량: 팀원이 프로젝트 도구를 사용할 수 있는 관련 기량을 보유하고 있는지 판별한다.
■ 태도: 팀원에게 다른 팀원들과의 팀워크 수행능력이 있는지 판별한다.

- 국제적 요인: 팀원의 근무지역, 시간대, 의사소통 역량을 고려한다.

다 기준 의사결정분석(Multi-criteria decision analysis)

선택조건은 프로젝트 팀을 확보하는 데 사용된다. 선별할 팀원의 역량을 가중치를 두어 점수화하는 데 사용한다.

- Availability(프로젝트 기간에 일을 할 수 있는지 여부)
- Cost(예산검증－인원추가 시)
- Experience(프로젝트 공헌 할 수 있는 경험)
- Ability(역량)
- Knowledge(유사 프로젝트, 고객에 대한 지식 등)
- Skills(프로젝트에서 사용할 도구, 교육의 필요성 등)
- Attitude(team Work을 잘 이루어낼 수 있는가?)
- International Factors(근무 지역, 시간대, 의사소통 능력)

2. 대인관계 및 팀 기술(Interpersonal and team skills)

프로젝트관리팀에서 협상해야 할 사항에 다음과 같은 것들이 포함될 수 있다.

- 기능조직 관리자: 프로젝트에 필요한 기간 동안 및 담당업무를 마칠 때까지 최고의 자원을 확보한다.
- 수행조직 내 다른 프로젝트관리팀: 희소성이 있거나 특별한 자원을 적절하게 배정 또는 공유한다.
- 외부조직 및 공급업체: 적절하거나 희소성이 있거나 특별하거나 적격하거나 인증을 받은 기타 특정 팀 자원 또는 물적 자원을 제공한다.

3. 사전 배정(Pre-assignment)

프로젝트의 물적 자원 또는 팀 자원이 미리 결정되는 경우 사전 배정된 것으로 간주된다. 프로젝트가 경쟁 입찰의 일환으로 식별되는 특정자원의 결과이거나, 프로젝트가 특정인의 전문성에 의존하는 경우가 발생할 수 있다. 프로젝트 수주를 위한 제안에서 미리 특정 인력을 명시한 경우나 프로젝트 헌장에 명시된 경우, 프로젝트가 특정 개인의 전문성에 달려있는 경우 등을 사전 배정이라 한다.

4. 가상 팀(Virtual teams)

- 서로 같은 장소에서 일하지 않고 서로 떨어져서도 한 팀으로서 프로젝트를 수행할 수 있으므로 가상 팀을 구성하여 프로젝트를 진행한다. 팀원들이 지역적으로 서로 떨어져 있으므로 의사소통이 매우 중요하다. 따라서 의사소통관리계획이 가상팀 운영에서는 매우 중요하다.

- 가상팀은 직접 대면하는 일은 극히 적거나 전혀 없이 공통의 목표 아래 주어진 역할을 완수하는 사람들로 구성된 작업 팀으로 정의된다. 명확한 기대치 설정, 의사소통을 촉진, 갈등 해결을 위한 규약을 개발, 의사 결정에 사람들을 참여시키고, 성공의 업적을 분배하기 위해 준비가 필요하다.
- 지리적으로 넓게 분포된 지역에 거주하는 같은 회사 직원들로 팀이 구성되고 특수 분야 전문가의 거주 지역에 제한을 받지 않고 프로젝트 팀에 영입된다.
- 재택근무자가 가상 팀에 편입되거나, 다른 교대 근무 조 또는 시간대에 일하는 사람들로 팀을 구성할 수 있다. 이동에 제약이 있거나 장애를 가진 사람을 팀에 편입된다. 출장 경비 때문에 외면했던 프로젝트를 추진할 수 있다.
- 가상 팀이 전문가들의 구성 등의 좋은 점도 있지만, 의사소통이 아무래도 co-location보다는 좋지 않고 문화적인 차이도 있기 때문에 중요 안건에 대해 서로 이해의 차이가 생길 수 있고, 팀원들간의 지식이나 경험을 공유하지 못하고, 가상 팀간의 의사소통수단 제공의 비용이 증가하는 등의 단점도 있다.

9.3.3 자원 확보 프로세스 산출물

1. 실물 자원 배정표(Physical resource assignments)
자재, 장비, 보급품, 위치 및 프로젝트 과정에서 사용될 기타 실물 자원이 기록된다.

2. 프로젝트팀 배정표(Project team assignments)
팀 배정 문서에는 팀원과 프로젝트에 있어 그들의 역할과 담당업무가 기록된다. 문서에는 프로젝트 조직도, 일정 등 프로젝트관리 계획서에 삽입되는 프로젝트 팀 명부와 이름이 포함될 수 있다.

• Assignments:

In the planning process, required human and physical resources were identified. Now in execution, once these resources have been actually obtained, it should be noted and recorded. And now that the resources are assigned to the project, their respective calendars must be updated.

3. 자원달력(Resource calendars)
자원달력에는 각각의 특정 인적자원을 투입할 수 있는 근무일, 근무교대시간, 정상근무 시작 및 종료시간, 주말과 공휴일이 표기된다. 예정된 활동기간에 잠재적인 가용자원(팀 자원, 장비, 자재)에 대한 정보는 자원 가용량 산정에 활용된다. 프로젝트 기간에 식별된 팀 자원과 물적 자원을 사용할 수 있는 시기와 기간이 명시된다. 활동수준 또는 프로젝트 수준으로 제공되며, 자원 경험 및 기술 수준, 다양한 지리적 위치와 같은 속성도 함께 고려한다.

4. 변경요청(Change requests)

자원 확보 프로세스를 수행한 결과로 변경이 발생하는 경우(예: 일정에 미치는 영향), 시정조치, 또는 예방조치가 프로젝트관리 계획서나 프로젝트 문서의 구성요소에 영향을 미치는 경우, 프로젝트 관리자는 변경요청을 제출해야 한다.

5. 프로젝트관리 계획서 업데이트(Project management plan updates)

(1) 자원관리 계획서(Resource management plan): 프로젝트 초반 자원확보에서 얻은 교훈 등 프로젝트에 필요한 자원확보에 대한 실제 경험을 반영하여 업데이트될 수 있다.

(2) 원가 기준선(Cost baseline): 원가기준선은 프로젝트 자원을 확보한 결과로 변경될 수 있다.

6. 프로젝트 문서 업데이트(Project documents updates)

교훈 관리대장, 프로젝트 일정, 자원분류체계(RBS) 및 자원요구사항(Resource requirements), 리스크 관리대장, 이해관계자 관리대장 등이 업데이트된다.

7. 기업환경요인 업데이트(Enterprise environmental factors updates)

다음은 업데이트되는 기업환경요인의 일부 예이다. 예: 조직 내 자원 가용성, 조직에서 사용된 소모성 자원의 총량

8. 조직 프로세스 자산 업데이트(Organizational process assets updates)

자원확보, 배정 및 할당과 관련된 문서 등이다.

9.4 팀 개발(Develop Team)

팀 개발은 프로젝트 성과를 향상시키기 위해 팀원들의 역량과 팀원간 협력, 전반적인 팀 분위기를 개선하는 프로세스이다. 주요 이점은 팀 워크 개선, 대인관계 기술 및 역량 향상, 팀원에게 동기부여, 팀원 이탈 감소. 전반적 프로젝트 성과 향상을 실현한다는 점이다.

- 프로젝트 전반에 걸쳐 이 프로세스가 수행된다.
- 프로젝트 관리자는 우수한 팀 성과를 달성하고 프로젝트 목표를 충족하기 위해 프로젝트팀을 식별, 구축, 유지, 동기부여, 통솔 및 격려하는 능력이 필요하다.
- 팀워크는 프로젝트 성공에 결정적인 요인이며 과제와 기회를 제공하고 필요에 따라 시기적절한 피드백과 지원을 제공하며 뛰어난 성과를 인정 및 보상하여 팀워크를 촉진하고 팀에 지속적으로 동기를 부여하는 환경을 조성해야 한다.

• Develop team–Definition

The process of improving competencies, team member interaction, and overall team environment to enhance project performance – PMBOK® Guide – Sixth Edition, Glossary

뛰어난 팀 성과를 얻기 위한 행동 요건은 다음과 같다

- 개방적이고 효과적인 의사소통 구현
- 팀 구성 기회확보
- 팀원간 신뢰구축
- 건설적인 방식의 갈등관리
- 협력적인 문제해결 장려
- 협력적인 의사결정 장려

팀 개발 프로세스는 항상 프로젝트 팀의 성과가 높지 않으므로 팀의 성과를 향상시키기 위해 개인의 역량 향상, 팀의 결속 향상을 하는 프로세스이다. 프로젝트의 성과를 높이기 위해서는 두 가지가 향상되어야 한다. 개인의 역량도 향상되어야 하고 팀원간의 단합도 잘 되어야 한다. 팀워크는 프로젝트의 성공에 결정적인 요인이며, 효율적인 프로젝트 팀 개발은 프로젝트 관리자의 주요한 책임사항 중 하나이다.

프로젝트 관리자는 팀워크를 조장하는 환경을 조성해야 하고, 또한 도전적 과제와 기회를 제공하고, 필요에 따라 적절한 피드백과 지원을 제공하며, 뛰어난 성과를 인정 및 보상하여 팀에 지속적으로 동기를 부여해야 한다.

팀 개발의 목적

- 원가 절감, 일정 단축, 품질 개선을 하면서 프로젝트 인도물을 완료하여 고객에게 전달할 수 있도록 팀원의 지식과 기량을 향상시킨다.
- 사기 진작, 갈등조정, 팀워크 향상을 위해서 팀원 사이에 신뢰감과 일치감 향상시키며 개인 및 팀의 생산성, 팀 정신과 협력을 향상시킨다.
- 지식과 전문성을 공유하기 위해 팀원 간 상호 교육 및 지도를 가능하게 하는 팀 문화 조성하는 데 있다.
- 의사결정에 참여하고 제공된 솔루션을 소유할 수 있는 권한을 팀에 부여하여 팀 생산성을 향상시키고 보다 효과적이고 효율적인 결과를 달성한다.

(1) 프로세스(입력물/도구 및 기법/산출물)

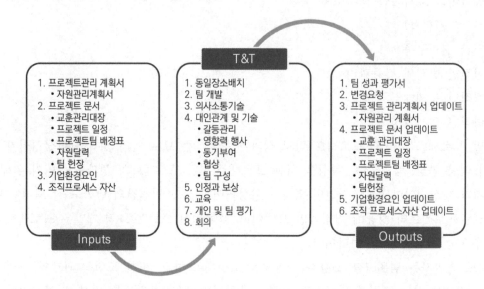

팀 개발 프로세스의 가장 핵심적인 입력물은 무엇인가? 팀 개발은 기본적으로 물적 자원 대상이 아닌 인적자원을 대상으로 하고 있다. 프로젝트 팀은 개인들이 모인 조직이다. 따라서 개발의 초점도 개인과 팀으로 구분된다.

- 따라서 중요한 대상 입력물은 프로젝트 팀 배정표이다. 또한 자원가용성을 나타내는 자원달력이다. 자원의 가용성이 있을 때 팀 개발을 할 수 있기 때문이다.
- 프로젝트 일정을 잘 분석하면서 시점에 맞게 적절한 시기에 개인에게는 교육, 팀에게는 팀빌딩 활동이 이루어져야 한다.
- 도구 및 기법을 보면 교육과 팀 개발이 들어가 있는 이유이다. 가능하면 동일 장소에서 근무를 하며 대인관계 기술을 통해 적절한 소프트 스킬을 구사하면서 팀원들을 개발하여야 한다. 이에 갈등관리, 영향력 행사, 동기부여, 협상 등이 중요한 대인관계 기술로 들어가 있다. 또한 개인 팀에 대한 인정과 보상과 평가가 이루어져야 한다.
- 산출물을 보면 팀 성과 평가서가 중요한 요소로 나오게 된다. 개발은 다양하게 이루어지기 때문에 변경요청이 발생된다. 팀 개발 프로세스가 완료되면 다음 프로세스가 팀 관리이다. 팀 성과 평가서는 팀 관리 프로세스의 중요한 입력물이 된다.

(2) 프로세스 흐름도

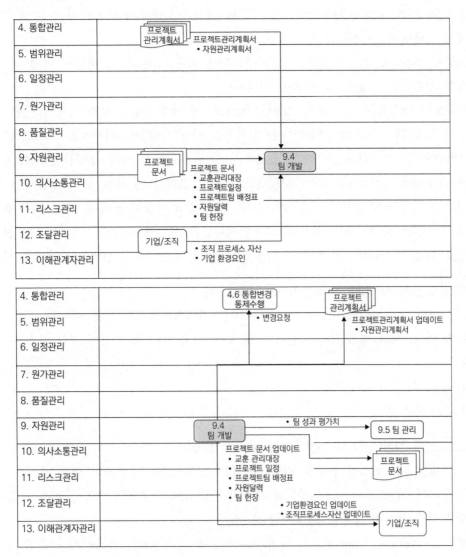

9.4.1 팀 개발 프로세스 투입물

1. 프로젝트 관리계획서(Project management plan)

(1) 자원관리 계획서(Resource management plan): 프로젝트 팀원 보상, 피드백, 추가 교육제
공, 팀 성과평가결과에 따른 훈육 조치이행 및 기타 형태의 프로젝트팀 관리에 대한 지침
을 제공하고, 팀 성과 평가기준이 포함될 수 있다.

2. 프로젝트 문서(Project documents)

(1) 교훈 관리대장(Lessons learned): 팀 개발과 관련하여 프로젝트 초반에 얻은 교훈을 이후 단계에 적용하여 팀 성과를 향상시킬 수 있다.

(2) 프로젝트 일정(Project schedule): 프로젝트팀에 교육을 제공하고 다양한 단계에서 필요한 역량을 개발하는 방법과 그 시점이 정의된다.

(3) 프로젝트팀 배정표(Project team assignments): 팀 배정표에는 팀과 팀원의 역할 및 담당 업무가 식별된다. 프로젝트 팀에 대한 팀워크나 역량의 향상을 위해서는 그 대상인 팀원들이 있어야 하는데, 팀원들에 대한 정보들이 있는 프로젝트 지원 배정을 참고한다.

(4) 자원달력(Resource calendars): 팀원들의 투입 기간이나 팀 개발 활동에 참여할 수 있는 시기가 정의된 자원 달력을 참고해야 한다. 팀 개발을 아무때나 할 수 없기 때문에 팀원들의 투입 기간이나 팀 개발 활동에 참여할 수 있는 시기가 정의된 자원 달력을 참고한다.

(5) 팀 헌장(Team charter): 팀 가치와 운영지침은 팀의 운영방식을 설명하는 체계를 제공한다.

3. 기업환경요인(Enterprise environmental factors)

다음은 팀 개발 프로세스에 영향을 미칠 수 있는 기업환경요인의 일부 예이다.

- 채용 및 해고, 직원 성과검토, 직원개발 및 교육 기록, 인정과 보상에 대한 인적 자원 관리 정책
- 팀원 기량, 역량 및 전문지식
- 팀원의 지리적 분포

4. 조직프로세스 자산(Organizational process assets)

다음은 팀 개발 프로세스에 영향을 미칠 수 있는 조직프로세스 자산의 일부 예이다.

(1) 교훈 관리대장(Lessons learned): 팀 개발과 관련하여 프로젝트 초반에 얻은 교훈을 이후 단계에 적용하여 팀 성과를 향상시킬 수 있다.

(2) 선례정보(Historical information): 과거 프로젝트의 과거정보를 유용하게 사용할 수 있다.

9.4.2 팀 개발 프로세스 도구 및 기법

1. 동일장소배치(Co-location)

팀원들의 대부분 또는 전원을 한 공간에 배치함으로써 한 팀으로서 수행 능력을 높이는 방식이다. 프로젝트 팀원은 같은 공간에 있어야 팀 개발에 용이하고 의사소통 및 팀 활동에 유리하다. 작전 실(War room)이라 불리는 한 공간에 배치함으로써 한 팀으로서 수행 능력을 높이는 방식을 말하기도 한다.

• Co-located Team

  Team co-location can be a key factor for success in adaptive environments. With less reliance on documentation, more emphasis is placed on face−to−face, real−time communication

2. 가상팀(Virtual teams)

가상팀 활용을 통해 기량이 더 뛰어난 자원활용, 원가절감, 출장 및 재배치 비용감축, 공급처와 고객과 기타 주요 이해관계자와 팀원간 근접성 확보 등의 혜택을 누릴 수 있다. 가상팀은 기술을 활용하여 팀이 파일을 저장하거나, 대화기록을 사용하여 이슈를 논의하거나, 팀 달력을 유지할 온라인 팀 환경을 조성할 수 있다.

3. 의사소통 기술(Communication technology)

의사소통 기술은 동일장소 배치 및 가상팀의 팀 개발 이슈를 해결하는 데 중요한 역할을 한다. 다음은 사용 가능한 의사소통 기술의 일부 예이다. 예: 공유포털, 화상회의, 오디오 회의, 이메일/채팅

4. 대인관계기술(Interpersonal skills)

흔히 소프트스킬(Soft Skill)로 불리는 효과적 의사소통, 문제해결 기법 등이 프로젝트 팀을 개발하는 데 사용된다. 대인관계 및 팀 기술의 일부 예이다.

- 갈등관리(Conflict management): 적시에 건설적인 방법으로 갈등을 해결하여야 한다.
- 영향력 행사(Influencing): 상호 신뢰를 유지하면서 중요한 이슈를 해결하고 합의에 도달하기 위해 관련성이 있는 중요한 정보를 수집하는 것이다.
- 동기부여(Motivation): 의사결정 과정에 팀을 참여시키고 독립적인 업무처리를 장려함으로써 팀에 동기를 부여할 수 있다.
- 협상(Negotiation): 팀원간 협상은 프로젝트 요구에 대한 합의를 도출하는 데 사용된다. 협상을 통해 팀원간 신뢰와 화합을 도모할 수 있다.
- 팀 구성(Team building): 팀의 사교관계를 개선하고 협력적인 작업환경을 구성하는 활동이다. 프로젝트 관리 팀에서 프로젝트 팀원의 정서를 이해하고, 팀원의 행동을 예견하고, 관심사를 살피고, 문제에 대한 후속 처리를 지원함으로써 문제를 상당히 줄이고 협력 증대가 가능하다.

5. 인정과 보상(Recognition and rewards)

팀 개발 프로세스의 일환으로 바람직한 행위에 대해 인정하고 보상하는 제도를 마련한다. 자원관리 계획서 작성시 모범적 행동을 인정하고 보상하는 체제를 마련하여 공식적 또는 비공식적으로 내려진다. 인정과 보상 대상자를 결정할 때 문화적 차이를 고려해야 한다. 금전적인 성과 보상보다도 성과에 대한 인정만으로도 팀원들에게 큰 동기 부여가 될 수 있다.

6. 교육(Training)

프로젝트 참여 팀원들이 모두 적절한 능력을 갖고 있지 않을 수 있으므로 필요한 훈련이 수반되어야 한다. 교육은 공식적 또는 비공식적 형태로 제공한다. 계획되어 있는 교육은 자원관리 계획서에 따라 실시를 하고, 계획되지 않은 교육은 팀원들에 대한 관찰이나 대화 및 프로젝트 성과 평가의 결과를 참고하고 프로젝트 예산 내에서 실시한다.

7. 개인 및 팀 평가(Individual and team assessments)

팀원들 각자의 강점과 약점에 대한 통찰력을 제공한다. 프로젝트 관리자가 팀의 선호도, 열망, 팀원들이 정보를 구성하고 처리하는 방법 그리고 선호하는 대인관계 기술 등에 대해서 평가할 수 있도록 도움을 준다. 이런 도구를 사용하여 팀원간 이해, 신뢰, 소속감, 의사소통을 향상시키고 프로젝트 전반에 걸쳐 생산성을 높일 수 있다. 성과부분에 대해 팀원 별도 평가를 하기 위해서는 평가도구가 필요하다. 개인 평가 도구는 팀원들 각자의 강점과 약점에 대한 통찰력을 제공한다.

8. 회의(Meetings)

팀 개발과 관련된 주제를 논의하고 처리하는 데 사용된다. PM과 프로젝트 팀이 회의에 참석하며, 회의 유형으로는 프로젝트 오리엔테이션 회의, 팀 구성 회의, 팀 개발 회의가 있다.

팀 구축 5단계-미국 심리학자-터그만(Bruce Wayne Tuckman) 이론

미국 심리학자인 Bruce Wayne Tuckman(1938년~현재)은 1965년에 "Developmental sequence in small groups"라는 짧은 논문을 발표했다. 그때 제시한 팀 개발 모델은 그룹 개발 이론에 많은 영향을 미쳤다. 이후 1977년에 5번째 단계인 Adjourning을 추가하여 현재 다섯 단계로 구성된 팀 개발이론으로 알려지고 있다.

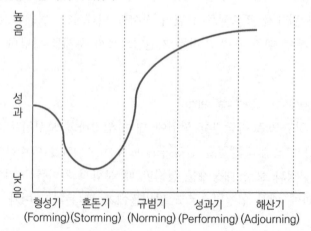

① 형성기(Forming)

팀이 구성되어 프로젝트 자체, 각자의 공식적인 역할, 책임사항에 대해 파악하는 단계이다. 팀원들이 독자적으로 행동하고, 개방적이지 않는 경향을 보인다.

② 혼돈기(Storming)

팀이 프로젝트 작업이나 기술적 의사 결정 및 프로젝트 관리 방식을 다루기 시작한다. 팀원들이 다른 사고와 관점에 협조적, 개방적이지 않으면 팀 구축 활동들이 역효과를 가져올 수 있다.

③ 규범기(Norming)

팀원들이 협력하고, 팀을 지원하는 행동을 하며 각자의 작업 습관을 조율하기 시작하면서 팀원들이 상호 신뢰를 하기 시작한다.

④ 성과기(Performing)

팀이 잘 구성된 한 몸처럼 운영되며, 팀원들이 상호 의존하면서 원활하고 효과적으로 팀 내부 혹은 프로젝트의 문제를 해결한다.

⑤ 해산기(Adjourning)

팀이 작업을 완료하고 프로젝트에서 이동하는 단계이다.

The Tuckman Ladder

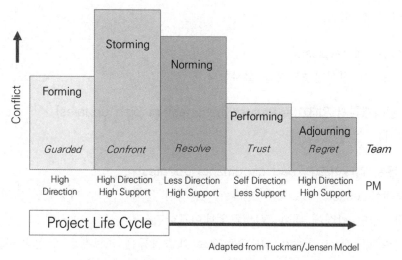

[Adapted from Tuckman/Jensen Model]

상기 Tuckman Ladder를 살펴보면

① 형성기는 PM은 지시적 리더십을 발휘한다.

② 혼동기에는 지시와 지원을 같이 하는 코칭형 리더십을 발휘한다.

③ 규범기에는 지시는 줄이고 지원을 많이 하는 지원형 리더십을 발휘한다.

④ 성과기에는 간섭을 최소화하는 자유방임형 리더십을 권장한다.

⑤ 해산기에는 다시 지시적 리더십을 발휘하여 종료를 잘 마무리하게 한다.

9.4.3 팀 개발 프로세스 산출물

1. 팀 성과 평가(Team performance assessments)

프로젝트 관리 팀은 주기적으로 팀의 성과를 공식 혹은 비공식적으로 측정한다. 측정에 대한 기준은 인적자원관리 계획서에 포함이 되어 있어야 한다. 프로젝트 팀의 성과는 기술적인 달성이나 일정 및 원가 달성률 등으로 측정할 수 있다. 일반적으로 높은 성과를 내는 팀들은 과업 지향 및 결과 지향인 경우가 많다.

팀 효율성 평가에는 다음과 같은 척도가 포함될 수 있다.

- 개인에게 배정된 업무를 더욱 효율적으로 수행할 수 있는 기량의 향상
- 팀의 성과 향상에 도움이 되는 역량의 향상
- 직원들의 이직률 감소
- 팀원들이 정보와 경험을 공유하는 데 개방적이며 전체 프로젝트 성과가 향상되도록 서로 협력하는지 등의 팀 응집력의 향상

이런 팀 성과 평가를 통해서 프로젝트 관리 팀은 프로젝트 성과 향상을 위해서 프로젝트 팀에게 교육이 필요한지 혹은 코칭이나 멘토링이 필요한지 아니면 지원이나 절차의 변경 등이 필요한지를 파악할 수 있다.

2. 변경요청(Change requests)

변경요청이 필요 시 정식변경요청을 실시한다.

3. 프로젝트 관리계획서 업데이트(Project management plan updates)

자원관리계획서를 업데이트한다.

4. 프로젝트 문서 업데이트(Project documents updates)

(1) 교훈 관리대장(Lessons learned register): 발생한 문제와 해결 가능했던 방안 및 팀 개발에 효과적이었던 방식에 대한 정보를 업데이트한다.

(2) 프로젝트 일정(Project schedule): 프로젝트 개발활동은 프로젝트 일정변경을 초래할 수 있다.

(3) 프로젝트팀 배정표(Project team assignments): 팀 개발 활동으로 인해 합의된 배정 내용이 변경되는 경우 프로젝트 팀 배정표에 해당 변경내용이 기록된다.

(4) 자원달력(Resource calendars): 자원 달력은 프로젝트에 대한 자원 가용성을 반영하여 업데이트된다.

(5) 팀 헌장(Team charter): 팀 개발에 따른 합의된 팀 운영 지침 변경내용을 반영하여 업데이

트될 수 있다.

5. 기업환경요인 업데이트(Enterprise environmental factors updates)

직원개발계획 기록 또는 기량평가, 인사 기록이나 직원교육기록 등이 수정될 수 있다.

6. 조직프로세스 자산 업데이트(Organizational process asset updates)

교육 요구사항 및 인사평가 등이 업데이트 된다.

9.5 팀 관리(Manage team)

팀 관리는 팀원의 성과를 최적화하기 위하여 팀원의 성과를 추적하고, 피드백을 제공하며, 이슈를 해결하며, 팀의 변경사항을 관리하는 프로세스이다. 주요 이점은 프로젝트팀의 행동에 영향을 미치고 갈등을 관리하며 이슈를 해결한다는 점이다.

- 팀 관리에는 팀워크를 촉진하고 팀원의 업무를 통합하여 팀 성과를 향상시킬 수 있는 다양한 관리 및 리더십 기량이 필요하다.
- 의사소통, 갈등관리, 협상, 리더십에 중점을 두고 다양한 기량을 통합하는 일이 팀 관리에 포함된다.
- 프로젝트 관리자는 팀원이 업무를 수행하려는 자발적인 자세와 능력에 모두 민감하여야 하며 그에 따라 자신의 리더십 스타일을 수정해야 한다.

팀 관리의 결과로 변경 요청이 발생되어 자원관리 계획서가 수정되거나 이슈가 해결되며, 성과 평가에 대한 투입물이 제공되고 교훈들이 조직의 데이터베이스에 추가되기도 한다.

• Manage team-definition

The process of tracking team member performance, providing feedback resolving issues, and managing team changes to optimize project performance – *PMBOK*® Guide – Sixth Edition, Glossary

(1) 프로세스(입력물/도구 및 기법/산출물)

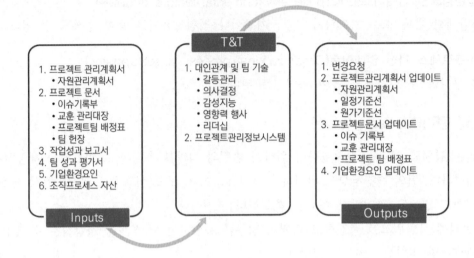

팀 관리 프로세스의 가장 중요한 입력물은 무엇인가? 팀 관리의 대상은 바로 프로젝트팀 배정표이다. 기준이 팀원이고 비교대상이 작업성과보고서와 팀 성과보고서를 분석하여 필요한 조치를 취한다. 팀 관리 도구 및 기법은 주로 대인관계 기술이 사용된다. 특히 팀 관리에 있어 리더십과 갈등관리 부분이 중요하다. 만일 프로젝트 작업성과 보고서의 결과도 좋지 않고 팀 성과보고서의 결과도 좋지 않다면 프로젝트 관리자는 팀원들에 대해 변경요청을 하여 일부 팀원을 교체하거나 추가할 수 있다. 따라서 변경요청이 산출물로 나온다.

(2) 프로세스 흐름도

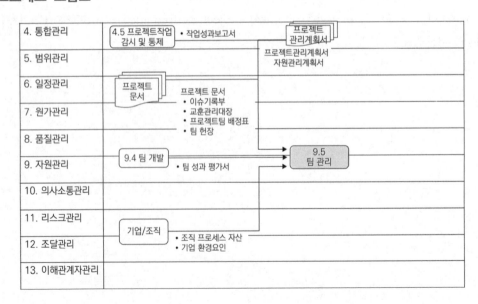

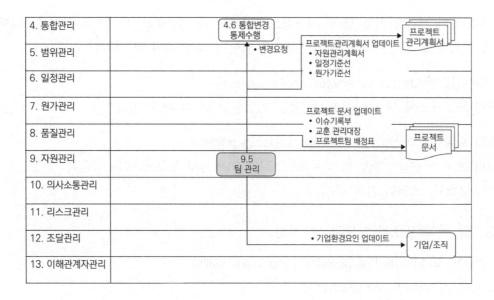

9.5.1 팀 관리 프로세스 투입물

1. 프로젝트 관리계획서(Project management plan)

(1) 자원관리 계획서(Resource management plan): 팀 관리에 대한 가이드 및 지침이다.

2. 프로젝트 문서(Project documents)

다음은 프로젝트 문서의 일부 예이다.

(1) 이슈 기록부(Issue log): 특정 이슈를 해결할 책임자를 명시하고 감시하는 데 유용하게 사용된다.

(2) 교훈관리대장(Lessons learned): 초반에 얻은 교훈을 이후 단계에 적용하여 팀 관리의 효율성과 효과를 향상시킬 수 있다.

(3) 프로젝트팀 배정표(Project team assignments): 팀원의 역할과 담당업무가 식별된다.

(4) 팀 헌장(Team charter): 팀의 의사결정, 회의진행 및 갈등 해결방법에 대한 지침을 제공한다.

3. 작업성과 보고서(Work performance reports)

작업성과 보고서는 의사결정, 조치사항, 현황파악 목적을 가진 유형의 또는 전자형식의 작업성과보고서이며, 예측 자료는 향후 자원 요구사항, 인정 및 보상, 팀원관리 계획 업데이트를 결정하는 데 도움을 준다. 성과 보고서에는 프로젝트의 성과가 좋은지 나쁜지를 분석한 내용과 일정통제, 원가통제, 품질통제, 범위확인의 결과가 포함된다.

4. 팀 성과 평가(Team performance assessments)

프로젝트 관리 팀은 프로젝트팀 성과에 대한 공식적 또는 비공식적 평가를 지속적으로 수행한다.

프로젝트 팀의 성과를 지속적으로 평가함으로써 이슈를 해결하고, 의사소통 문제를 보완하고, 갈등을 처리하고, 팀 상호작용을 향상시키기 위한 조치 수행이 가능하다.

5. 기업환경요인(Enterprise environmental factors)

팀 관리 프로세스에 영향을 미칠 수 있는 기업환경요인의 예로 인적자원 관리정책이 있다.

6. 조직 프로세스 자산(Organizational process assets)

팀 관리 프로세스에 영향을 미치는 조직프로세스 자산의 일부의 예는 다음과 같다.

감사장, 단체복, 조직의 기타 특전

9.5.2 팀 관리 프로세스 도구 및 기법

1. 대인관계 및 팀 기술(Interpersonal and team skills)

(1) 갈등관리(Conflict management)

다양한 배경을 가진 팀원들이 함께 일을 하다 보면 갈등이 생길 수 있으며, 갈등을 잘 관리하는 것이 프로젝트 성공에 도움이 된다. 갈등의 당사자들은 갈등 해결에 일차적 책임이 있다. 필요 시 중재자가 갈등해결에 도움을 준다.

갈등해결방식에 영향을 미치는 요인들

- 갈등의 중요성과 강도
- 갈등해결에 대한 시간적 압박
- 갈등에 연루된 사람의 상대적인 권한
- 좋은 관계 유지의 중요성
- 장기적 또는 단기적으로 갈등해결에 대한 동기부여

갈등해결 기법 5가지

- 철회/회피(Withdraw/Avoid)
- 완화/수용(Smooth/Accommodate)
- 타협/화해(Compromise/Reconcile)
- 강요/지시(Force/Direct)
- 협업/문제해결(Collaborate/Problem Solve)

▨▨▨ 갈등해결 기법

- 철회/회피(Withdraw/Avoid): 실제 혹은 잠재적인 갈등 상황으로부터 후퇴하는 것을 말한다. 이 방법은 갈등 해결을 위한 보다 나은 상황이 만들어질 때까지 갈등 해결을 연기하는 것

이며 일시적으로 상황을 진정시키는 효과가 있다.

- 완화/수용(Smooth/Accommodate): 상대의 틀린 부분을 덜 강조하고 문제의 이슈 전반에 대해 합의를 강조하는 것을 말한다. 조화와 관계 유지를 위해 다른 사람의 입장을 인정한다. 따라서 완화/수용 기법은 갈등의 근본 원인 해결은 피하게 된다.
- 타협/화해(Compromise/Reconcile): 타협은 갈등 당사자들이 어느 정도 만족을 가져올 수 있는 교섭과 해법이다. 전체가 아닌 갈등의 부분에 대해서 서로 조금씩 양보해서 원하는 결과를 얻기 때문에 만족의 정도는 적다
- 강요/지시(Force/Direct): 갈등의 당사자 중 권한이 큰 한 사람의 관점에서 다른 당사자에게 압력을 가하는 것이다. 그러므로 항상 win-lose 상황이 발생하게 되고 갈등 해결 방법으로서는 가장 안 좋은 방법이며, 위급한 상황에서 사용한다.
- 협업/문제해결(Collaborate/Problem Solve): 직접적으로 문제해결을 위해 문제를 당사자들과 함께 정의하고 정보를 모으며 대안을 분석하고 개발하며, 가장 적절한 대안을 선택하여 직접적으로 갈등의 문제 해결에 목적을 두는 것이다. 시간이 오래 걸리는 단점이 있지만 갈등해결 방법 중 가장 좋은 방법이다. 아래 그림은 의견수용과 의견 관철의 입장관계를 도식화한 것이다. 의견관철은 리더의 의견관철 부분이지만, 의견 수용은 팀원의 입장으로 보면 이해가 쉬울 것이다. 가장 좋은 것은 문제 해결이고, 가장 안 좋은 것은 일방적인 의견 관철이 강력한 강요이다. 중간 수준이 타협이고 회피는 거의 진행사항이 없다. 완화는 일단 의견 수용을 하면서 작은 것보다 전체 협의의 관점에서 큰 것을 내세우면서 작은 불만을 완화시키는 데 목적이 있다.

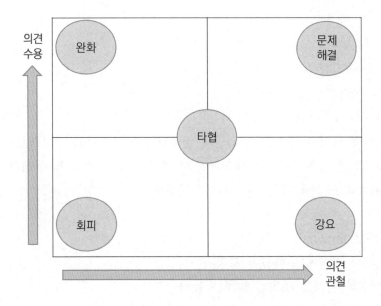

Conflict Management

Style	Description	Effect
Avoiding (Withdrawing)	Retreats from actual or potential conflict situation	Does not solve the problem
Accommodating (Smoothing)	Emphasizes areas of agreement rather than areas of difference	Provides only short-term solutions
Compromising (Bargaining)	Searches and bargains for solutions that bring a degree of satisfaction to all parties	Provides definitive resolution
Forcing (Dictating)	Pushes one viewpoint at the expense of others; offers only win/lose solutions	Hard feelings may come back in other ways
Collaborating (Consensus)	Incorporates multiple viewpoints and insights; leads to consensus and commitment	Provides long-term resolution
Confronting/ Problem Solving	Treats conflict as a problem to be solved by examining alternatives; requires give-and-take and open dialogue	Provides ultimate resolution

Project Management Institute: Human Resource Skills for Project Managers, by Sylva, NC; Verma, Vijay K., p. 120

(2) 의사결정(Decision making)

조직 및 프로젝트관리팀과 타협하고 영향을 미칠 수 있는 능력과 관련된 것으로 몇 가지 지침이 있다.

- 도달할 목표에 초점을 맞춘다.
- 의사결정 프로세스를 따른다.
- 환경요인을 연구한다.
- 가용정보를 분석한다.
- 팀의 창의력을 촉진한다.
- 리스크를 고려한다.

(3) 감성지능(Emotional intelligence)

감성지능은 본인 및 타인의 개인감성, 집단의 군중감성을 식별하고 평가 및 관리하는 능력이다. 팀에서 감성지능을 이용하여 프로젝트 팀원의 정서를 파악, 평가 및 통제하고 행동을 예견하고, 문제를 살피고 이슈에 대한 후속처리를 지원함으로써 긴장을 해소하고 협력을 증대할 수 있다.

(4) 영향력 행사(Influencing)

중요한 영향력 행사 기량에는 다음이 포함된다.

- 설득력 및 핵심과 입장을 명확히 밝히는 능력
- 최고수준의 능동적이며 효과적인 경청태도

- 모든 상황에서 다양한 관점 인식 및 고려
- 상호 신뢰를 유지하면서 이슈를 처리하고 합의에 도달하기 위해 관련 정보 수집

(5) 리더십(Leadership)

프로젝트가 성공하려면 강력한 리더십 역량을 갖춘 리더가 필요하다. 리더십은 팀을 이끌고 팀원들이 자신의 역할을 잘 수행하도록 장려하는 능력으로 광범위한 기술, 능력 및 행위를 포함한다. 높은 성과를 달성하기 위해 비전을 공유하고 프로젝트 팀을 격려할 때 리더십이 특히 중요하다.

Principles of Leadership

- Encourage teamwork and participation
- Make sound and timely decisions
- Empower team members
- Match skills with resources
- Listen effectively
- Give positive feedback
- Seek responsibility and accept accountability

Type of Power	Power Base
1. Legitimate	Officially authorized
2. Reward	Perceived as capable of granting valued incentives
3. Penalty	Perceived as capable of imposing dreaded consequences
4. Expert	Perceived as possessing special knowledge or expertise
5. Charismatic	Respected based on personal attraction
6. Referent	Perceived as having powerful association

Adapted from: Project Management - A Systems Approach to Planning, Scheduling, and Controlling - 12th Edition, pp. 152-153, by Harold Kerzner, Ph.D., and Managing Projects in Organizations, pp. 33-38, by J. Davidson Frame

2. 프로젝트 관리정보시스템(PMIS)

프로젝트관리 정보 시스템에는 프로젝트 활동에 있어 팀원을 관리 및 조정하는 데 사용할 수 있는 자원관리 또는 일정계획 소프트웨어가 포함될 수 있다.

9.5.3 팀 관리 프로세스 산출물

1. 변경 요청(Change requests)

- 팀원이 다른 업무를 맡거나 업무를 아웃소싱(Out-sourcing)하거나 인력의 교체 투입 등의 팀원들에 대한 변경은 선택을 했던 혹은 통제 불가능한 사건으로 인해 발생을 하며, 이는

일정 지연이나 원가 초과 등의 영향을 프로젝트에 준다.

■ 이러한 영향을 사전에 최소화하기 위한 예방 조치로써 팀원 상호간에 업무에 대한 교육을 하거나 역할에 대한 설명을 통해 모든 업무가 수행될 수 있도록 할 수 있다.

■ 팀원이 자체 능력 부족 및 상황에 따라 다른 업무를 맡거나 업무를 아웃소싱하건 간에 전체 적으로 인력의 교체투입 등의 팀원들에 대한 변경은 정식변경요청을 통해 해결해야 한다.

2. 프로젝트 관리 계획서 업데이트(Project management plan updates)

(1) 자원관리계획서(Resource management plan)

(2) 일정기준선(Schedule baseline)

(3) 원가기준선(Cost baseline)

3. 프로젝트 문서 업데이트(Project documents updates)

(1) 이슈 로그(Issue log)

(2) 교훈관리대장(Lessons learned register)

(3) 프로젝트팀 배정표(Project team assignments): 프로젝트 팀 및 팀원에 대한 다양한 변경 사항들이 발생할 수 있으며, 이는 이슈 로그나 역할 정의서 및 프로젝트 직원 배정 등의 프로젝트 문서들에 대한 수정을 유발할 수 있다.

4. 기업환경요인 업데이트(Enterprise environmental factors updates)

■ 조직 성과 평가에 사용될 투입물 및 직원기량

■ 프로젝트 팀 관리 프로세스의 결과로 인해 조직 성과 평가에 사용될 투입물, 직원들의 기술 목록 수정 등과 같은 기업 환경 요인들이 수정될 수 있다.

프로젝트 관리자의 필요한 Soft skill은?

프로젝트 관리자는 기술적, 개인적, 및 개념적 기술을 조합하여 상황을 분석하고 팀원과 적절히 교류하기 위해서 대인관계 기술이 필요하다. 여기에는 리더십, 영향력 행사, 그리고 효과적인 의사결정이 핵심적인 대인관계 기술능력이다.

프로젝트 리더십 전개 단계?

리더십은 비전을 전달하고 프로젝트 팀을 격려할 때 중요하다. 프로젝트 진행에 따라 항상 똑같은 리더십으로 일관하기보다는 시기적으로 맞는 리더십을 발휘하는 것이 바람직하다. Tuckman의 팀 발전 5단계에 따른 리더십의 발휘는 다음을 따른다.

(1) 프로젝트 초기 탐색기에는 우왕좌왕하는 시기이므로 직접 지시하는 Directing leader

(2) 혼돈기에는 Coaching leader

(3) 규범기에는 Supporting leader

(4) 성과기에는 Laissez-faire leader

(5) 휴지기에는 Directing leader 형태가 바람직하다.

이외에도 서번트 리더십, 카리스마 리더십 등의 다양한 리더십의 종류가 있다.

카리스마 리더(Charisma leader)십이란?

구성원들이 어떤 개인의 비범하고 초인간적인 힘이나 영웅적인 힘에 대한 애착을 기초로 한 권한을 말한다. 이러한 카리스마를 가지고 있는 리더를 카리스마 리더라고 한다. 카리스마 리더는 혁신이나 도전 혹은 모험이라는 단어로 표현할 수 있으며, 현 상태에 반대하며 변화를 시키려고 노력하면서 구성원들에게 비전을 제시한다. 그러나, 자아도취가 되어 대인관계가 부족하거나 큰 그림만 제시할 뿐 세부적인 계획을 세우지 못하거나 충동적이고 비관습적인 행동으로 인해 부정적인 결과를 초래하는 등의 문제점도 갖고 있다.

Influencing이란?

영향력행사와 관련하여 프로젝트 관리자는 주기적으로 이해관계자에게 영향력을 행사하여 프로젝트 성공으로 유도해야 한다. 효과적인 의사결정이란 조직 및 프로젝트 관리 팀과 협상하고 영향력을 행사하는 능력을 말한다.

9.6 자원통제(Control resources)

자원통제는 프로젝트에 할당되고 배정된 실제자원을 예정대로 사용할 수 있는지 확인하고 계획대비 실제 자원 활용률을 비교하며 필요에 따라 시정조치를 수행하는 프로세스이다. 주요이점은 배정된 자원이 적시에 프로젝트에 투입되고 더 이상 필요 없는 자원을 해산할 수 있도록 한다는 점이다. 자원통제는 다음 활동과 관련이 있다.

- 자원 지출감시
- 부족/여유 자원을 적시에 식별 및 처리
- 계획 및 프로젝트 요구에 따른 자원 사용과 해산
- 관련 자원에 대한 이슈가 발생하는 경우 이해관계자에게 통지
- 자원 활용 변경을 야기할 수 있는 요인에 대한 영향력 행사
- 실제로 발생하는 변경관리

• Control resources-definition

The process of ensuring that the physical resources assigned and allocated to the project are available as planned, as well as monitoring the planned versus actual utilization of resources and performing corrective action as necessary-*PMBOK®* Guide-Sixth Edition, Glossary

(1) 프로세스(입력물/도구 및 기법/산출물)

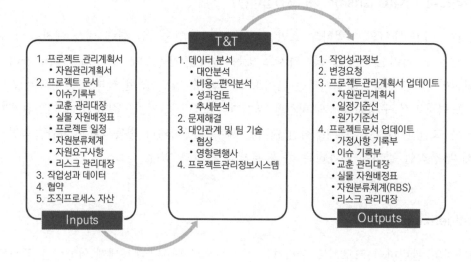

자원통제 프로세스의 가장 중요한 입력물은 무엇인가? 통제 프로세스이기 때문에 기준과 실적이 있어야 한다. 기준은 자원요구사항(Resource requirements), 협약과 실물 자원 배정표이다. 실적은 작업성과데이터이다. 통제 프로세스는 기준과 실적을 비교하여 작업성과정보와 변경요청을 만드는 전형적인 패턴을 가지고 있다. 통제 프로세스에서는 데이터 분석을 통해 대안분석 및 성과분석, 추세분석을 수행한다. 자원관리에 있어 문제해결을 하여야 하고 잘 안 되는 부분에 대해 협상 및 영향력을 행사하여 문제를 풀어야 한다.

(2) 프로세스 흐름도

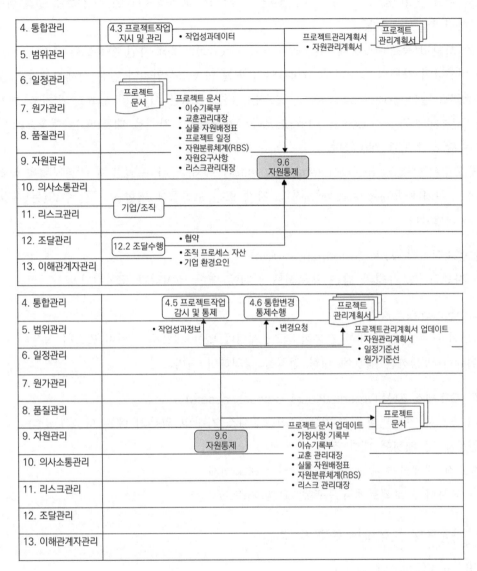

9.6.1 자원통제 프로세스 투입물

1. 프로젝트 관리계획서(Project management plan)

(1) 자원관리 계획서(Resource management plan): 자원통제에 대한 가이드 및 지침이다.

2. 프로젝트 문서(Project documents)

다음은 프로젝트 문서의 일부 예이다.

(1) 이슈 기록부(Issue log): 자원부족, 원자재 보급 지연 또는 낮은 등급의 원자재와 같은 이슈

를 식별하는 데 사용된다.

(2) 교훈 관리대장(Lessons learned register): 초반의 교훈을 이후에 적용하여 물적 자원통제를 향상시킬 수 있다.

(3) 실물 자원 배정표(Physical resource assignments): 예상 자원 활용도와 유형, 수행, 위치를 비롯하여 자원의 출처가 조직내부인지 또는 아웃소싱인지와 같은 상세정보가 기술된다.

(4) 프로젝트 일정(Project schedule): 필요한 자원, 필요한 시기 및 필요한 위치를 보여준다.

(5) 자원분류체계(RBS: Resource breakdown structure): 자원을 대체 또는 재확보해야 하는 경우 참조 정보를 제공한다.

(6) 자원요구사항(Resource requirements): 필요한 자재, 장비, 보급품 및 기타자원을 식별한다.

(7) 리스크 관리대장(Risk register): 장비, 자재 또는 보급품에 영향을 미칠 수 있는 개별 리스크를 식별한다.

3. 작업성과데이터(Work performance data)

사용된 자원의 수, 유형과 같은 프로젝트 상태에 대한 데이터가 포함된다.

4. 협약(Agreements)

조직외부의 모든 자원에 대한 기본이 되고, 계획에 없는 새로운 자원이 필요한 경우나 기존 자원에 이슈가 발생하는 경우에 대한 절차를 정의해야 한다.

5. 조직 프로세스 자산(Organizational process assets)

팀 관리 프로세스에 영향을 미치는 조직프로세스 자산의 일부의 예는 다음과 같다.

- 자원통제 및 배정에 대한 정책
- 수행조직 내에서 이슈를 처리하기 위한 보고체계
- 과거 유사한 프로젝트에서 습득한 교훈 저장소

9.6.2 자원통제 프로세스 도구 및 기법

1. 데이터 분석(Data analysis)

(1) 대안분석(Alternatives analysis): 자원활용의 차이를 바로 잡기 위한 최적의 방안을 선택할 수 있다. 초과 근무에 대한 추가지출 또는 팀 자원 추가와 같은 대안은 납기 지연 또는 단계별 인도물과 비교·검토될 수 있다.

(2) 비용－편익분석(Cost－benefit analysis): 이 분석은 프로젝트 편차에 따른 비용관점에서 가장 효과적인 시정조치를 판별하는 데 도움을 준다.

(3) 성과검토(Performance reviews): 성과검토는 예정된 자원 활용을 측정하여 실제 자원활용과 비교·분석을 한다. 원가 및 일정 작업성과 정보를 분석하여 자원활용에 영향을 미칠 수 있는 이슈를 찾아낼 수도 있다.

(4) 추세분석(Trend analysis): 프로젝트가 진행됨에 따라 현재 성과정보를 기반으로 한 추세 분석을 통해 예정된 프로젝트 단계에서 필요한 자원을 판별할 수 있다. 추세 분석에서는 시간 경과에 따른 프로젝트 성과를 분석하여 성과향상 또는 저하여부를 판별하는 데 사용할 수 있다.

2. 문제해결(Problem solving)

다음과 같은 단계에 따라 문제해결을 처리해야 한다.

① 문제식별
② 문제정의
③ 조사
④ 분석
⑤ 해결
⑥ 솔루션 점검

3. 대인관계 및 팀 기술(Interpersonal and team skills)

연성기량(Soft skill)이라고도 하는 대인관계 및 팀 기술은 개인의 역량이다.

(1) 협상(Negotiation): 프로젝트 관리자는 추가 물적 자원, 물적자원 변경 또는 자원관련 비용을 협상할 필요가 있을 수 있다.

(2) 영향력 행사(Influencing): 프로젝트관리자가 문제를 해결하고 필요한 자원을 적시에 확보하는 데 도움을 줄 수 있다.

영향력 행사 기량에는 다음이 포함된다.

- 설득력 및 핵심과 입장을 명확히 밝히는 능력
- 최고수준의 능동적이며 효과적인 경청태도
- 모든 상황에서 다양한 관점 인식 및 고려
- 상호 신뢰를 유지하면서 이슈를 처리하고 합의에 도달하기 위해 관련 정보 수집

4. 프로젝트 관리정보시스템(PMIS: Project management information system)

프로젝트관리 정보 시스템에는 자원 활용을 감시하는 데 사용하여 올바른 자원이 올바른 시점과 올바른 장소에서 올바른 활동에 사용되는 데 도움을 줄 수 있는 자원관리 또는 일정계획 소프트웨어가 포함될 수 있다.

9.6.3 자원통제 프로세스 산출물

1. 작업성과정보(Work performance information)

프로젝트 활동전반에 걸쳐 자원을 활용하기 위한 자원 요구사항과 자원할당을 비교하여 프로젝트 작업이 어떻게 진행되는지에 관한 정보를 포함한다. 이 비교 결과로 처리해야 하는 자원

가용성의 차이를 알 수 있다.

2. 변경 요청(Change requests)

자원통제 프로세스를 수행한 결과로 변경요청이 발생하는 경우, 시정조치 또는 예방조치가 프로젝트 관리계획서나 프로젝트 문서의 구성요서에 영향을 미치는 경우, 프로젝트 관리자는 변경요청을 제출해야 한다.

3. 프로젝트 관리 계획서 업데이트(Project management plan updates)

- 자원관리계획서(Resource management plan)
- 일정기준선(Schedule baseline)
- 원가기준선(Cost baseline)

4. 프로젝트 문서 업데이트(Project documents updates)

- 가정사항 기록부(Assumption log)
- 이슈 로그(Issue log)
- 교훈관리대장(Lessons learned register)
- 실물 자원 배정표(Physical resource assignments)
- 자원분류체계(RBS: Resource breakdown structure)
- 리스크 관리대장(Risk register)

▨▨▨ 중요 인적자원이론 정리(9가지)

1. 매슬로우 욕구 5단계

아브라함 H 매슬로우(Abraham Harold Maslow, 1908－1970)는 사람들의 다양한 욕구를 5가지 차원으로 정리하였다. 하나의 욕구가 만족되면 다음 단계의 욕구가 나타나서 충족을 요구한다는 욕구 5단계를 제시하였다.

1단계: 생리적 욕구(Physiological Needs)
2단계: 안전 욕구(Safety Needs)
3단계: 소속감과 애정 욕구(Belongingness and Love Needs)
4단계: 존경 욕구(Esteem Needs)
5단계: 자아실현 욕구(Self－Actualization Needs)

2. 허즈버그의 2요인 이론(Two factor theory)

허즈버그는 "개인의 동기에 영향을 주는 요인들은 서로 다른 두 가지, 즉 동기요인－Motivating agent(만족의 요인)와 위생요인－Hygiene factor(불만족의 요인)으로 구분하였다.

동기요인(Motivating agent)은 개인으로 하여금 직무에 대해 만족하고 긍정적인 태도를 갖게 하며, 열심히 일하게 하는 요인을 말한다. 성취감, 안정감, 책임감, 도전감, 성장, 발전 및 보람 있는 직무내용 등과 같이 개인으로 하여금 보다 열심히 일하게 성과를 높여주는 것들이다.

위생요인(Hygiene factor)은 직무에 불만은 없지만 일단 충족하게 되면 만족이 되는 것은 아니고 불만족의 제거인 상태인 것으로 보수, 작업조건, 승진, 감독, 대인 관계, 관리 등과 같이 주로 개인의 불만족을 방지해주는 효과를 가져오는 요인들이다.

3. 맥그리거의 X이론과 Y이론

미국의 경영학자 맥그리거(Douglas McGregor')는 1960년대에 관리나 조직에 있어서의 인간관 내지 인간에 관한 가설을 주장하였다. 기본적으로 인간 본성에 대한 부정적인 관점을 X이론(X theory)이라 하고 긍정적인 관점을 Y이론(Y theory)이라 하였다.

[X 이론]

종업원은 선천적으로 일을 싫어하고 가능하면 피하려고 하기 때문에 바람직한 목표를 달성하기 위해서는 그들은 반드시 강제되고 통제되고 처벌로 위협해야 한다. 그리고 종업원은 책임을 회피하고 가능하면 공식적인 지시에만 따르려 한다.

[Y 이론]

종업원은 일하는 것을 휴식이나 놀이처럼 자연스러운 것으로 보면서 자신에게 주어진 목표 달성을 위해서 스스로 지시하고 통제하며 관리해 나간다. 그리고 보통의 인간은 책임을 받아들이고 스스로 책임을 찾아 나서기까지 한다.

4. 오우치의 Z이론

미국 윌리엄 오우치(William Ouchi) 교수가 제창한 경영이론으로서 X이론, Y이론의 절충형 이론이다. 일본기업의 경영 특징인 장기고용, 순환근무제, 상호신뢰를 바탕으로 집단적 의사결정을 통한 생산성 향상 등의 장점을 미국기업의 특징인 명시적인 관리시스템과 데이터와 전문화에 의한 경영, 개인책임 등의 장점에 결합시켜 만든 이론이다.

5. 브롬의 기대이론(Vroom's Expectancy Theory)

브롬에 의하면 동기는 유의성(Valence), 수단(Instrumentality), 기대(Expectancy)의 3요소에 의해 영향을 받는다고 했다. 유의성(Valence)은 특정 보상에 대해 갖는 선호의 강도이고, 수단(Instrumentality)은 어떤 특정한 수준의 성과를 달성하면 바람직한 보상이 주어지리라고 믿는 정도이며, 기대(Expectancy)는 어떤 활동이 특정 결과를 가져오리라고 믿는 가능성을 말하는 것으로서, 동기의 강도＝유의성×기대로 나타낼 수 있다.

즉, 브롬의 이론은 어떤 일을 하게 되는 사람의 동기는 적극적이든 소극적이든 간에 자신의 노력의 결과에 대해 스스로 부여하는 가치에 의해 결정될 것이며, 또한 자신의 노력이 목표를 성취하는 데 실질적으로 도움을 줄 것이란 확신을 갖게 될 때 더욱 크게 동기부여를 받는다는 뜻입니다.

6. 맥클랜드의 성취동기 이론(McClelland's Achievement Motivation Theory)

맥클랜드(David C. McClelland) 교수는 조직 내 개인의 동기 부여시키는 욕구를 성취욕구(Need for achievement), 권력욕구(Need for power), 친화욕구(Need for affiliation)의 세 가지 형태로 파악함으로써 동기부여를 이해하는 데 공헌하였다.

① 성취욕구(Need for achievement)

성취욕구가 강한 사람은 성공에 대한 강한 욕구를 가지고 있으며, 이런 사람은 책임을 적극적으로 수용하며, 행동에 대한 즉각적인 피드백을 선호한다. 따라서 이런 사람은 도전할 가치가 없거나 우연에 의해서 목표를 달성할 수 있는 직무보다는 개인에게 많은 책임과 권한이 주어지는 도전적인 직무에 배치하는 것이 동기부여가 된다.

② 권력욕구(Need for power)

권력욕구가 있는 사람은 리더가 되어 남을 통제하는 위치에 서는 것을 선호하며 타인들로 하여금 자기가 바라는 대로 행동하도록 강요하는 경향이 크기 때문에 타인의 권력이 미치는 직무에 배치하는 것보다는 자기가 타인에 행동을 통제하는 직무에 배치하는 것이 동기부여가 된다.

③ 친화욕구(Need for affiliation)

친화욕구가 높은 사람은 다른 사람들과 좋은 관계를 유지하려고 노력하며 타인들에게 친절하고 동정심이 많고 타인을 도우며 즐겁게 살려고 하는 경향이 크기 때문에 독립적으로 직무를 수행하는 곳에 배치하는 것보다는 다른 사람과 밀접한 관계를 유지할 수 있는 직무에 배치하는 것이 동기부여의 효과가 있다

7. 용어 이해-Perquisites과 Fringe benefit

- Perquisites은 특전이라는 의미로 지위에 따르는 특권을 말한다. 그 예로는 한 회사의 이사가 되면 빌딩에 개인 주차공간을 제공하는 것 등이 있다.
- Fringe는 전체 모두에게 혜택이 있는 것을 말한다. 그 예로는 종합검진이나 식당 제공 등이 있다.

8. 후광 효과(Halo Effect)

미국의 심리학자 손 다이크(Edward Lee Thorndike)가 연구한 후광 효과는 사람이나 사물을 평가할 때 나타나는 오류를 뜻하는 심리학 용어이다. 인물이나 사물 등 일정한 대상을 평가하면서 그 대상의 특질이 다른 면의 특질에까지 영향을 미치는 일을 하며 광배효과(光背效果)라고

도 한다. 예를 들면 포장이 세련된 상품을 고급품으로 인식하거나, 근무평정(勤務評定)을 산정할 때 성격이 차분한 직원에게 업무수행 능력의 정확성 면에서 높은 평점을 주는 경우, 엔지니어가 기술에 대해 뛰어난 능력을 보이면 관리자로서도 역할 수행을 잘 할거라는 생각에 관리자로 승격시키는 경우 등이 있다. 이와 같은 효과를 방지하기 위해서는 선입관이나 고정관념 및 편견 등을 없애고, 평점 요소마다 분석 평가함으로써 한꺼번에 전체적인 평정을 하지 않아야 한다.

9. 리더십 스타일
관리자의 관리스타일은 여러 가지가 있을 수 있다.

- 민주적(Democratic): 프로젝트 팀원의 참여를 권장한다.
- 독재적(Autocratic): 프로젝트 관리자가 독단적으로 처리한다.
- 자유방임적(Laissez-faire): 프로젝트 팀원에 대해 간섭하지 않는다.

자원관리 지식영역 흐름정리

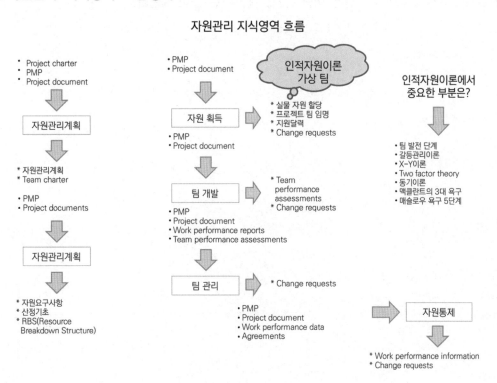

자원관리 지식영역 흐름

프로젝트 자원관리 지식영역 종합정리(주관식 문제)

1. 프로젝트에서 해야 하는 자원관리 프로세스와 그 역할을 적어보시오.

2. 기획에서 자원(프로젝트 팀)에 대해 준비해야 할 사항들은 어떤 것들이 있나?

3. 프로젝트에서 팀이 발전하는 5단계는 어떤 순서로 진행되나?

4. 프로젝트 관리자가 갖고 있는 Power는 어떤 종류들이 있나?

5. 갈등을 해결하는 기법들은 어떤 것이 있나?

6. 우리가 배운 동기부여 이론들은 어떤 것들이 있나?

7. 프로젝트 진행에 따라 리더십은 어떤 순서로 진행되는 것이 좋은가?

PMBOK정복하기-9장 용어 및 프로세스 정의 요약

자원 달력의 목적은 무엇인가?

언제, 어디서, 얼마 동안 자원(예: 장비, 인력 및 자재)을 사용할 수 있는지 보여준다.

자원관리에서 Herzberg의 Hygiene Theory에 따르면, 동기 부여에 기여하는 2가지 요인은 무엇인가?

위생 요인 및 동기 요인

프로젝트의 역할과 책임을 설명하기 위해 자주 사용되는 차트 유형은 무엇인가?

RAM(책임할당 매트릭스)

자원관리에서 McGregor의 이론 X는 무엇인가?

X이론은 "사람들이 일반적으로 게으르다"라는 가정하에 위협을 받지 않는 한 일하지 않을 것이다. 그들은 끊임없는 감독이 필요하고 야망이 없기 때문에 효과적으로 일을 시키려면 직접 통제가 필요하다. X이론에 입각한 관리자는 사람들이 처벌이나 돈으로 동기 부여를 받았다고 믿는다.

Theory X assumes people are generally lazy and will avoid Work unless threatened. They require constant supervision, have no ambition, and require direct control to Work effectively. Theory X managers believe people are motivated by punishment or money.

McGregor의 이론 Y는 무엇인가?

이론 Y는 사람들이 성취하기를 원하고, 창조적이며, 독자적으로 일할 것이며, 올바른 동기 부여가 주어지면 좋은 일을 할 것이라고 가정한다. Y이론에 의거한 관리자는 참여 관리, 지원 제공, 팀에 대한 관심을 나타난다.

(396)

프로젝트 역할과 책임을 결정할 때 무엇을 정의하여야 하나?

역할(Role)

권한(Authority)

책임(Responsibility)

역량 또는 자격(Competency or qualification)

개별 자원, 팀 및 전체 조직 단위가 행동하는 방식을 설명하기 위해 어떤 유형의 이론이 사용되는가?

조직 이론(Organizational theory)

재미있는 프로젝트 이야기

자원 관리에서 M.B.T.I의 유용성

사람을 이해하는 심리유형인 MBTI 적용은 인간을 4가지 차원을 기준으로 16가지로 분류한다. 측정 도구가 있다. 그런데 그냥 측정만 하는 것보다 이를 이용하면 더 좋다. 업무배정이나 남녀 간의 만남도 유용하게 사용될 수 있다.

1. 외향적(Extravert) – 내성적(Introvert)
2. 감각적(Sensing) – 직관적(Intuitive)
3. 사고적(Thinking) – 감정적(Feeling)
4. 판단적(Judging) – 인지적(Perceiving)

심리유형의 적용으로 MBTI을 프로젝트 관리에 어떻게 적용할 수 있는가? 사람은 각자 타고난 특질이 있으므로 특질에 맞게 업무를 선택하는 것도 고려해볼 만하다.

- 팀 구성원 선택할 때, 갈등원인 분석할 때
- 동료와의 관계 개선할 때, 자기 자신의 이해하고 싶을 때

사례1) 예전 직장에서 한 친구가 있었는데 그분은 혼자 일하기를 좋아하고 고객과의 만남 속에 논쟁 같은 것을 기피하는 경향이 강했다. 그러나 업무상 고객과의 치열한 회의를 하는 경우가 많았는데 결국 이런 부분을 극복하지 목하고 조용히 일할 수 있는 타 회사 연구소 선행개발 업무로 이직을 해 버렸다.

사례2) 다른 부서 여자분은 핸드폰 칩에 들어가는 부품을 모 전자회사와 영업활동을 하였는데 품질문제로 고객과 언쟁을 하고 나서 스트레스를 못 견디고 스스로 퇴사를 해 버렸다. 이렇게 사람은 자기적성과 맞는 업무와의 연계성이 안 좋으면 갈등을 하고 극단적 선택을 할 수도 있다. 리더는 이런 팀원들의 적성을 때로는 MBTI 같은 Tool을 사용하여 모니터링할 필요도 있을 것이다.

조직 내 갈등의 요인-업무분장의 갈등

기업에서 늘 부서 내 부서간 그리고 회사 경영진에 대한 불만 및 갈등은 수준이 좀 다를 뿐이지 존재하는 것이 사실이다. 업무 분장에 관한 문제가 아주 중요하다. 신규 조직인 경우 업무 관련 프로세스가 잘 정립이 안 되었기 때문에 부서간 팀간 프로세스가 걸쳐 있는 경우가 많게 된다. 이런 경우 우리 업무를 타 부서에게 전가하는 부분도 발생하고 타 부서 업무인 것 같은데 우리 부서에서 수행하는 경우가 발생한다. 조직은 원활한 업무협조의 문화보다는 그런 것을 방치하는 부서장 등 상위 층으로 불만의 화살이 향하게 되고 이로 인한 부서 내 갈등 또한 증폭된다. 때론 리더십 부재로 인한 갈등으로 부서전환 또는 퇴사의 사태까지 벌어진다. 그럼 이런 경우 업무분장 문제와 관련하여 부서장이 해야 하는 합리적 해결책은 무엇일까? 리더십

을 통한 부서장간 업무의 정확한 정의과정이 필요하다. 그렇게 하여 부서간 가장 합리적인 업무분장을 정의하여야 한다.

CHAPTER 09

Example

01 당신은 프로젝트 관리자로 중요한 고객과 Conference를 진행 중이다. 의제가 나올 때마다 한 직원이 이의를 제기하고 심하게 따져 회의가 길어지고 고객이 짜증을 내는 것이 역력하다. 계속 회의를 방해하는 직원을 어떻게 해야 하나?

① 잠깐 회의를 중단시키고 그만 자제하도록 공개적으로 경고 조치를 한다.

② 회의의 휴식시간이 있을 때 조용히 따로 불러서 문제점을 이야기하고 개선토록 조치한다.

③ 회의 시 의견을 말하는 것은 건전한 비판이므로 그냥 놔두어도 무방하다고 생각되어 별도 조치를 취하지 않는다.

④ 해당직원의 상사를 불러 문제를 이야기하고 상사로 하여금 직원에게 이야기하도록 한다.

02 당신은 프로젝트 관리자이다. 의사소통관리계획에 따르면 공식적인 중요내용은 Written Document로 처리하도록 되어있다. 그러나 팀원들은 문서작성에 어려움이 있어 쉽게 이 메일이나 간단한 메모로 대처하려고 한다. 이에 당신은 팀원들과 어떤 방법으로 이 문제를 해결하면 좋겠는가?

① 회피(Avoiding)

② 대결(Confrontation)

③ 완화(Smoothing)

④ 문제해결(Problem Solving)

03 당신은 프로젝트 관리자로 팀원들의 출퇴근 현황을 늘 확인하고 있다. 이런 부분은 팀원들을 관리할 때 어떤 이론에 입각하여 관리하고 있는 것인가?

① X-이론

② Y-이론

③ Z-이론

④ 동기부여 이론

04 당신은 회사에서 새로 구성한 ABS 프로젝트의 관리자로 임명되었다. 다양한 부서에서 파견된 직원들은 서로 잘 모르는 관계로 초기에 서먹서먹하다. 이런 경우 당신은 프로젝트 관리자로서 어떤 리더십을 발휘해야 좋겠는가?

① 지시적

② 자유 방임적

③ 민주적

④ 지원형

05 허쯔버그(Herzberg)의 동기-위생이론에 의하면 목표 달성에 따른, 표창, 승격 또는 승진이 제공되지 않을 경우 직원들은 어떻게 반응하나?

① 급여가 오르지 않았을 때만 불만족하게 된다.

② 조직과 괴리되어 이직한다.

③ 동기부여가 결여되어 있지만 자신의 일에 불만족하지는 않는다.

④ 동기부여가 결여되어 자신들의 일에 불만족하게 된다.

06 당신은 프로젝트 관리자로서 미국, 인도, 독일, 프랑스인 국적인 등을 포함하여 다국적 인원으로 프로젝트를 수행하고 있다. 가상 팀(Virtual Team)을 운영하면서 수시로 확인하면서 프로젝트를 진행하고 있다. 프로젝트는 현재 일정 및 비용 등 목표를 맞추기가 매우 힘겨워 보인다. 당신은 프로젝트 관리자로서 이런 프로젝트 상황에서 프로젝트 성과를 높이기 위해서 해야 할 일 중 가장 우선시해야 하는 것은 무엇인가?

① 프로젝트 목표를 팀원들에게 정확히 인식시키고 기준선과 현재 성과와 차이 식별에 노력한다.

② 의사소통계획을 다시 확인하고 프로젝트와 관련된 갈등사항과 팀원들 간의 갈등관리 해결에 노력한다.

③ 리스크관리계획서를 다시 확인하고 리스크관리 주기를 강화한다.

④ 이해관계자의 강점 및 약점을 확인하고 핵심 이해관계자들에 대한 대응계획을 실행한다.

07 효과적인 팀 개발(Team building)의 가장 중요한 결과는 무엇인가?

① 개인의 능력을 높이고 및 team-work을 강화시켜 전체 프로젝트의 성과를 높이는 것이다.

② 운영조직을 위한 효율적이고 원만하게 운영되는 팀을 만든다.

③ 부분적인 프로젝트 성과를 개선시킨다.

④ 개인 및 팀원으로서 사회에 공헌할 수 있는 역량을 향상시킨다.

08 다음 중 인적자원관리 이론의 매슬로우(Maslow) 이론에서 인간의 욕구 중 가장 높은 단계는?

① 생리적 만족 욕구

② 자아실현 욕구

③ 사회참여 욕구

④ 안전욕구

09 프로젝트 팀에서 서로 같은 장소에서 일하지 않고, 서로 떨어져서도 한 팀으로서 프로젝트를 수행
할 수 있게 하는 것을 의미하는 것은?

① Co-room

② Virtual Teams

③ Matrix organization

④ Teaming agreement

10 당신은 프로젝트 관리자로서 팀원들과 어려운 상황에서 일을 하고 있다. 그렇다 보니 많은 갈증이
발생하곤 한다. 다음 중에서 갈등의 해결방법(Conflict resolution) 중 시간이 가장 많이 걸리지
만 가장 효과적으로 추천되는 것은 무엇인가?

① 완화(Smooth)

② 타협(Compromise)

③ 강요(Forcing)

④ 문제해결(Problem Solve)

CHAPTER 09

Explanation

01   정답 ②

해설   공개 경고는 효과는 있으나 해당직원에게는 상처를 줄 수 있다. 따라서(2)번이 가장 바람직하다. 상사를 통해 주의를 주는 것도 좋지는 않다. 당신은 프로젝트 관리자로 다음 회의 때도 그 직원을 만날 수도 있다. 회의를 주관하는 당신이 해결해야 한다.

02   정답 ④

해설   갈등해결 기법에는 크게 5가지가 있다. 회피(Avoiding/Withdrawing), 타협(Compromise), 강요(Forcing), 완화(Smoothing), 문제해결(Problem Solving) 및 대결(Confrontation)이다. 이 중에서 가장 안 좋은 방법은 강요(Forcing)이며, 타협은 서로 양보하기 때문에 Lose-lose전략 이라고 하며, 문제해결(Problem Solving)방법은 갈등해결의 방법 중에서 시간이 많이 소요되지만 가장 좋은 방법으로 서로 이기는 Win-Win 전략이라 한다.

03   정답 ①

해설   X이론을 가진 관리자는 팀원이 피동적이어서 늘 관리해야 하는 대상으로 간주하는 사고 방식을 지니고 있는 것이다.

04   정답 ①

해설   팀이 새롭게 모일 경우에는 서로가 서먹서먹하므로 리더는 잘 지시하여 조정하는 게 좋다. 이유는 팀이 형성된 초기 단계에서는 팀원들이 무엇을 어떻게 해야 할지를 잘 모르는 단계 이기 때문이다.

05 정답 ④

해설 허쯔버그의 이론은 동기를 유발하는 요인과 없을 경우 불만족을 유발하는 위생 요인은 다르므로 각각의 특성에 맞는 적절한 관리를 강조하고 있다. 표창, 승진 등과 같은 동기요인이 결여되면 불만족이 야기되며, 반대로 이러한 동기요인이 제시가 된다면 동기 부여되어 작업성과가 개선된다.

06 정답 ②

해설 국제환경 프로젝트의 우선순위는 의사소통부분이다. Virtual team에서 의사소통이 제일 중요한 부분이다. 의사소통계획이 잘 세워지지 않으면 많은 문제가 발생하기 때문에 의사소통의 환경(예: 언어, 회의 시간, 소통주기, Report format 등)에 철저한 대비를 하여야 한다.

07 정답 ①

해설 프로젝트 팀을 개발시키는 방법은 교육은 Team-work겠으나, 궁극적 목표 및 결과는 개인 및 팀의 성과를 높이는 것이다. 성과 개선은 프로젝트 목표를 충족할 가능성을 높일 뿐만 아니라 프로젝트 팀의 역량을 높이는 데도 도움이 된다.

08 정답 ②

해설 아래 단계가 충족되어야 다음 단계가 충족된다는 이론이다.
1단계: 생리적 욕구(Physiological needs) - 의식주의 욕구
2단계: 안전욕구(Safety needs)
3단계: 소속감과 애정욕구(Belongingness and love needs)
4단계: 존경욕구(Esteem needs)
5단계: 자아실현욕구(Self-actualization needs)

09 정답 ②

해설 가상 팀(Virtual Teams)은 서로 같은 장소에서 일하지 않고 서로 떨어져서도 한 팀으로서 프로젝트를 수행할 수 있게 하는 것을 의미한다. 가상 팀을 구성하여 프로젝트를 진행한다. 서로 떨어져 있기 때문에 프로젝트관리자는 의사소통이 매우 중요하게 계획하여야 한다.

10 정답 ④

해설 갈등 해결 방법에는 다음과 같이 여러 가지가 있는데
완화(Smooth)

타협(Compromise)

철수/회피(Withdrawing)

강요(Forcing)

문제해결(Problem Solve)

위 방법 중에서 서로 Win-Win하는 방법은 다소 시간이 걸리지만 효과적인 것은 문제해결 방법이다. 가장 안 좋은 방법은 강요하는 방법으로 갈등을 더 촉진할 수 있다.

프로젝트 의사소통관리

프로젝트 의사소통관리 지식영역에는 효과적인 정보교환을 위해 설계된 도구 개발과 활동 수행을 통해 프로젝트와 이해관계자들의 정보 요구사항을 확실히 충족시키는 데 필요한 프로세스들이 포함되어 있다. 의사소통관리 지식영역에는 3가지의 프로세스가 있다. 의사소통관리는 주로 프로젝트 정보를 안전하게 전달하고 보관하고 조회하는 활동을 성공적으로 수행하는 프로세스들을 포함하고 있다.

(1) Plan Communications Management(의사소통관리계획 수립): 프로세스는 기획 프로세스그룹에 속해 있다. 이해관계자의 정보 요구 사항을 식별하고 의사소통 방식을 정의하는 프로세스이다.

(2) Manage Communications(의사소통관리): 프로세스는 실행 프로세스 그룹에 속해있다. 의사소통관리 계획에 부합되게 프로젝트의 정보를 생성, 수집, 배포, 저장, 조회 및 최종적인 처리를 하는 프로세스이다. 제일 중요한 프로젝트 작업성과보고서 및 기타정보 등을 이해관계자에 안전하게 배포하는 프로세스이다.

(3) Monitor Communications(의사소통 감시): 프로세스는 감시 및 통제 프로세스그룹에 속해 있다. 이해관계자들과 의사소통 및 협력을 통해 이해관계자의 요구사항을 충족시키고 발생하는 이슈를 처리하는 프로세스이다. 의사소통관리 지식영역의 프로세스는 다음과 같다.

프로세스	설명
10.1 의사소통관리 계획수립 (Plan communications management)	이해관계자 개개인 또는 그룹의 정보 요구사항과 가용한 조직 자산, 프로젝트 요구사항을 바탕으로 프로젝트에 적합한 의사소통 방식과 계획을 수립하는 프로세스이다.
10.2 의사소통 관리 (Manage communications)	프로젝트 정보를 적시에 적절한 방식으로 수집, 생성, 배포, 저장, 검색, 관리 및 감시하고, 최종 처리하는 프로세스이다.
10.3 의사소통 감시 (Monitor communications)	프로젝트와 이해관계자들의 정보 요구사항이 충족되는지 확인하는 프로세스이다.

의사소통이란 의도된 혹은 의도하지 않은 정보 교환을 의미한다. 정보는 아이디어, 지시사항 또는 감정표현 등 다양하다.

10.0 의사소통관리 개요

(1) 의사소통관리의 핵심개념

▬▬▬ 정보교환 방식

정보 교환 방식	설명
서면 양식	물리적 또는 전자 양식
구두 양식	대면 또는 원격 대화
공식 또는 비공식	서류 또는 소셜 미디어 활용
몸짓 활용	대화 중 억양과 얼굴 표정 활용
매체 활용	사진, 행동 또는 단순히 어휘 선택 등을 활용
어휘 선택	사용하는 단어가 상황이나 앞뒤 정황상 의미의 미묘한 차이가 있음

▬▬▬ 의사소통의 구분

의사소통의 구분	
내부(Internal, 프로젝트 내부)	외부(External, 고객, 공급 사, 다른 프로젝트, 정부)
형식적(Formal, 보고서, 회의록, 브리핑)	비형식적(Informal, 이메일, 메모, 소셜 미디어, ad-hoc 회의)
수직(Vertical, 조직의 상하)	수평(Horizontal, 동료들)
공식(Official, 뉴스레터, 연간 보고서)	비공식(Unofficial, 비밀회의)
서면(Written)	구어(oral)
언어(Verbal)	비언어(Non-verbal, 보디랭귀지)

서명 형태 의사소통의 5Cs

5Cs	설명
정확한 문법과 철자 (Correct grammar and spelling)	잘못된 문법이나 틀린 철자를 사용하면 메시지에 집중하기 어렵고 메시지가 왜곡될 우려가 있어 신뢰성도 떨어질 수 있음.
간결한 표현과 과도한 문구 제거 (Concise expression and elimination of excess words)	메시지가 간결하고 잘 다듬어지면 메시지의 의도를 오해할 가능성이 줄어들게 됨.
독자의 요구에 맞춘 명확한 의도와 표현 (Clear purpose and expression directed to the needs of the reader)	청중의 요구와 이해사항을 메시지에 분명히 포함시킴.
논리 정연한 아이디어의 흐름 (Coherent logical flow of ideas)	메시지 작성 과정에서 논리 정연한 아이디어의 흐름과 아이디어 소개 및 요약과 같은 "표식"을 활용.
문구와 아이디어의 흐름 제어 (Controlling flow of words and ideas)	문구와 아이디어의 흐름을 제어하는 것에 시각적 또는 단순한 요약이 포함될 수 있음.

(2) 프로젝트 의사소통관리의 추세와 새로운 실무사례

이해관계자 중심의 사고와 이해관계자의 적극적 참여가 필수적이라는 인식이 생겼다.
이해관계자들의 적극적인 프로젝트 참여가 적절한 의사소통 전략을 구현하고 효과적인 관계유지에 필수적이다.

- 프로젝트 검토에 이해관계자 참여: 프로젝트의 목표와 조직이 성과를 성공적으로 전달하기 위해 이해관계자 공동체에 대한 정기적, 시기적절한 검토가 필요하고 이들의 구성원과 태도 변화를 관리한다.
- 프로젝트 회의에 이해관계자 참여: 필요하다면 프로젝트 외부 이해관계자도 포함하여 참여시킨다. 예: 애자일 방법의 데일리 스텐딩 미팅(Daily stand up meeting).
- 소셜 컴퓨팅 활용도 증가: 소셜 미디어 및 스마트 폰 등의 개인용 기기가 의사소통과 업무 수행 방식을 변화시킨다.
- 다방면의 의사소통 접근방식: 사용되는 언어, 매체, 내용 및 전달과 관련하여 문화적, 실용적, 개인적 선호도 등 다방면의 접근 방식이 의사소통에 효과적이다.

(3) 의사소통 관리의 조정 고려사항

프로젝트는 각각 고유하므로 프로젝트 관리자는 프로젝트 의사소통관리 프로세스의 적용 방식을 다음 사항들을 고려하여 조정해야 함.

- 이해관계자
- 물리적 위치

- 의사소통 기술
- 언어
- 지식관리

(4) 애자일, 적응형 환경을 위한 고려사항

- 빠르고 잦은 의사소통: 빠르고 잦은 의사소통을 통해 팀원의 정보 접근 능률 향상(예: 데일리 스크럼 등), 팀원들의 동일지역 배치(예: 화이트보드를 통한 Ad-hoc 회의 유리, 정보 배포 용이)
- 투명한 의사소통: 번다운, 번업 차트 등을 통한 프로젝트 작업물/진척 사항 게시가 가능하고 경영진 및 이해관계자들과의 의사소통 촉진이 가능하다.

10.1 의사소통관리 계획수립(Plan communications management)

이해관계자 개개인 또는 집단의 정보 요구사항과 가용한 조직 자산, 프로젝트 요구사항을 바탕으로 프로젝트에 적합한 의사소통 방식과 계획을 수립하는 프로세스이다.

- 적시에 프로젝트 관련 정보를 제공한다.
- 이해관계자의 효과적이고 효율적인 프로젝트 참여 방식 문서화한다.
- 프로젝트 전반에 걸쳐 주기적으로 수행해야 한다. 대부분의 프로젝트에서 의사소통 계획수립은 이해관계자 식별 과정과 프로젝트관리 계획서 개발 과정의 초기에 수행한다.

• Plan communications management – definition

The process of developing an appropriate approach and plan for project communications Activities based on the information needs of each stakeholder or group, available organizational assets, and the needs of the project–*PMBOK®* Guide–Sixth Edition, Glossary

의사소통관리계획수립은 프로젝트 이해관계자의 정보 요구 사항을 식별하고 의사소통 방식을 정의하고 이해관계자들과 가장 효과적으로 그리고 효율적으로 의사소통 할 방법들을 식별하고 문서화한다. 효과적인(Effective) 의사소통은 정보가 적합한 양식, 적절한 시점, 적절한 이해관계자에게 전달되는 것으로 효율적인(Efficient) 의사소통은 필요로 하는 정보만을 제공하는 것이다. 의사소통관리계획의 결과물은 프로젝트 전 생애주기 동안 검토 및 업데이트되어야 한다. 의사소통관리 계획 시 다음과 같은 부분이 고려사항 되어야 한다.

- 어떤 정보를 누가 필요로 하며, 누가 정보에 접근할 권한을 갖고 있는가?
- 정보를 언제 필요로 하는가? 정보가 어디에 저장되어야 하며, 어떤 형태로 저장되어야 하는가?
- 정보가 어떻게 조회되어야 하는가?

■ 시간대(Time zone), 언어 장벽, 다문화 등을 고려해야 한다.

(1) 프로세스(입력물/도구 및 기법/산출물)

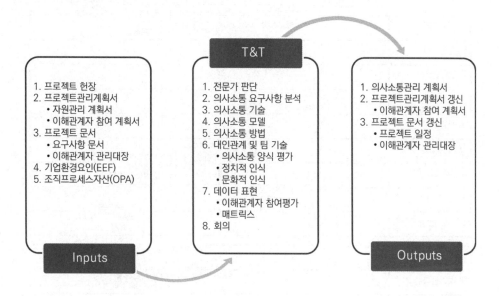

의사소통관리계획수립 프로세스의 가장 중요한 입력물은 무엇인가? 의사소통의 대상인 이해관계자 관리대장과 이해관계자들이 의사소통과 관련하여 요구하는 요구사항 문서가 될 것이다. 이해관계자는 프로젝트에 긍정적 또는 부정적 이해관계자들이 있을 수 있다. 만일 프로젝트에 부정적 이해관계자들이 많다면 프로젝트에 어려움을 겪을 것이다. 이해관계자 참여계획서를 이런 부분을 감안하여 이해관계자에 대한 관리의 전력적 차원에서 분석하기 위한 입력물이다. 의사소통관리에서는 가장 중요한 도구 및 기법이 바로 의사소통 기술, 방법 및 모델이다. 이 3가지 도구 및 기법에 대한 이해가 반드시 필요하다. 특히 의사소통 방법(Push, Pull, Interactive communications)에 대한 부분은 더 중요하다. 의사소통관리 계획서는 당연히 프로젝트 관리자 및 팀원이 회의를 통해 만들어진다. 회의를 하면서 이해관계자들의 의사소통 요구사항을 분석하고, 이해관계자 참여 매트릭스 사용을 통해 이해관계자들의 프로젝트 참여도를 진단하게 될 것이다.

(2) 프로세스 흐름도

4. 통합관리	4.1 프로젝트 헌장 개발	프로젝트헌장	• 프로젝트관리계획서	4.2 프로젝트관리 계획 개발
5. 범위관리			• 자원관리계획서	
			• 이해관계자 참여 계획서	
6. 일정관리				
7. 원가관리				
8. 품질관리				
9. 자원관리				
10. 의사소통관리		10.1 의사소통관리 계획수립	• 프로젝트관리문서	
11. 리스크관리			• 요구사항 문서	
			• 이해관계자 관리대장	
12. 조달관리	조직 프로세스 자산 기업 환경요인			
13. 이해관계자관리	기업/조직		프로젝트 문서	

4. 통합관리		4.2 프로젝트관리 계획 개발	
5. 범위관리	의사소통관리 계획서	프로젝트관리계획서 갱신	
		• 이해관계자 참여 계획서	
6. 일정관리			
7. 원가관리			
8. 품질관리			
9. 자원관리			
10. 의사소통관리	10.1 의사소통관리 계획수립		
11. 리스크관리		프로젝트문서 갱신	
		• 프로젝트 일정	
12. 조달관리		• 이해관계자 관리대장	
13. 이해관계자관리		프로젝트 문서	

10.1.1. 의사소통관리계획수립 프로세스 투입물

1. 프로젝트 헌장(Project charter)

주요 이해관계자 목록이 명시되고 주요 이해관계자들의 책임과 역할도 기술되어 있을 수 있다.

2. 프로젝트 관리 계획서(Project management plan)

(1) 자원관리 계획서(Resource management plan): 팀 자원을 분류, 할당, 관리 및 해제하는 방법에 대한 지침을 제공하고 팀 자원을 고려하여 의사소통 요구사항을 팀원과 그룹이 가질 수 있다.

(2) 이해관계자 참여계획서(Stakeholder engagement plan): 이해관계자들을 효과적으로 프로젝트에 참여시키기 위한 관리 전략을 참고한다.

3. 프로젝트 문서(Project documents)

(1) 요구사항 문서(Requirements documentation): 이해관계자와의 의사소통에 대한 요구사항이 요구사항 문서에 포함된다.

(2) 이해관계자 관리대장(Stakeholder register): 이해관계자 관리대장에도 각각의 이해관계자별 의사소통 요구사항을 포함한다.

4. 기업 환경 요인(Enterprise environmental factors)

대내외 프로젝트 환경을 둘러싼 모든 기업 환경 요인이다. 예를 들면 조직의 문화, 정치적 환경 및 거버넌스 프레임워크, 인사행정 정책, 이해관계자 리스크 한계선, 구축된 의사소통 채널, 도구 및 시스템, 설비 및 자원의 지리적 분포와 세계적, 지역적 또는 현지 동향, 실무사례 또는 관례 등이 있다.

5. 조직 프로세스 자산(Organizational process assets)

과거 유사 프로젝트에서 결정한 의사결정과 그 결과 및 그에 따른 교훈 등이 포함된다.
- 소셜 미디어, 윤리 및 보안에 관한 조직의 정책 및 절차
- 이슈, 리스크, 변경 및 데이터 관리에 관한 조직의 정책 및 절차
- 조직의 의사소통 요구사항
- 정보의 개발, 교환, 저장 및 검색에 관한 표준화된 지침
- 선례정보 및 교훈 저장소 & 과거 프로젝트의 이해관계자 및 의사소통 데이터와 정보

10.1.2 의사소통관리계획수립 프로세스 도구 및 기법

1. 전문가 판단(Expert judgment)

조직의 정치 및 권력구조, 조직의 환경과 문화, 조직의 의사소통, 조직의 법적 요구사항에 대한 정책/절차, 보안 등에 전문 교육을 이수했거나 지식을 갖춘 집단 또는 개인이 대상이다.

2. 의사소통 요구사항 분석(Communication requirements analysis)

의사소통 요구사항 분석을 통해 이해관계자들이 어떤 정보를 요구하는지를 결정한다. 프로젝트와 관련된 이해관계자의 정보 요구사항을 분석 및 이해관계자에게 제공할 정보의 종류와 형식 및 빈도 등을 파악한다. 프로젝트 의사소통 요구사항을 결정하는 데 일반적으로 다음과 같은 것들이 포함된다.
- 이해관계자 관리대장과 참여 계획서에 기술된 이해관계자 정보 및 의사소통 요구사항
- 일 대 일, 일 대 다 및 다 대 다 의사소통을 포함한 여러 잠재적 의사소통 채널 및 경로

- 프로젝트 조직 및 이해관계자 책임 관계
- 프로젝트 관련 전문 분야(Discipline), 부서 및 특수 분야
- 프로젝트 관련 인원 수 및 장소에 대한 세부 계획
- 내부 정보 요구사항(예: 조직간 상호 의사소통)
- 외부 정보 요구사항(예: 매체, 대중 또는 계약자와의 의사소통)
- 이해관계자 관리대장의 이해관계자 정보 및 이해관계자 관리 전략 & 법적 요구사항

• Communication Requirements Analysis

An analytical technique to determine the information needs of the project stakeholders through interviews, Workshops, study of lessons learned from previous projects, etc. −−*PMBOK® Guide−Sixth Edition, Glossary*

의사소통 채널의 총수 공식

의사소통 채널의 총수(Total number of interactions) $= \dfrac{n(n-1)}{2}$, n: 전체 이해관계자 수

만일 n(number of people communicating)이 5명이라면 $= 5(5-1)/2 = 20/2 = 10$

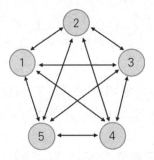

3. 의사소통 기술(Communication technology)

다음과 같은 요인이 의사소통 기술을 선정하는 데 영향을 줄 수 있다.

- 정보 필요의 긴급성, 기술 가용성 및 신뢰성
- 사용 간편성, 프로젝트 환경, 정보의 민감성과 기밀성

Communication Technology
- Urgency
- Availability
- Ease of use
- Environment
- Confidentiality

4. 의사소통 모델(Communication models)

가장 기본적인 직선형(발신자/수신자), 피드백 요소를 추가한 대화식(발신자/수신자/피드백) 등으로 다양하다. 상호간에 의사소통 시 기본적인 의사소통 flow를 모델화해 놓은 것이다.

- 암호화: 다른 사람들이 이해할 수 있는 언어로 변환하는 것
- 메시지: 암호화 결과물
- 전달매체: 메시지 전달에 사용되는 방법 및 도구
- 잡음: 메시지 전송 및 이해를 방해하는 모든 것(예: 거리, 생소한 기술, 불충분한 배경 정보)
- 해독: 메시지를 의미 있는 견해나 아이디어로 변환하는 것

다 문화 의사소통을 위한 의사소통 모델

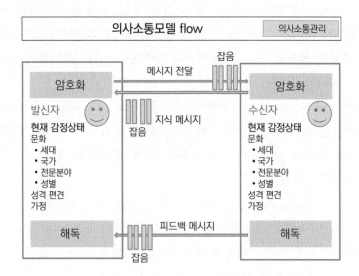

5. 의사소통 방법(Communication methods)

의사소통 방법(Communication methods)은 다음과 같은 것들이 있다.

방법	내용
대화식 의사소통 (Interactive communication)	둘 이상의 대화 당사자가 여러 방향으로 정보 교환을 수행하는 방식으로 서로간 이해를 이끌어내는 가장 효율적인 방법이다, 예) 미팅, 전화 통화, 화상 회의 등
전달식 의사소통 (Push communication)	일방적으로 정보를 보내는 방식으로 수신자에게 실제 도달했는지 또는 수신자들이 이해했는지는 분명하지 않은 방법이다. 예) 편지, 메모, 보고서, email, fax, 음성 메일, 보도 자료 등
유인식 의사소통 (Pull communication)	대용량 정보 또는 대규모 수신자 그룹에 사용하는 방식으로 수신자들이 정보에 대해 자기 자신의 재량으로 접근해야 한다. 예) Intranet, 온라인 학습 및 Knowledge management system 등

그 외에 게시판, 뉴스레터/사보/전자잡지, 연례 보고서, 이메일과 인트라넷, 웹 포털, 전화 대화, 프리젠테이션, 팀 설명회/그룹회의, 핵심전문가 그룹, 다양한 이해관계자들 간 공식 또는 비공식 대면회의, 자문단 또는 직원포럼, 소셜 컴퓨팅 기술 및 미디어 등이 있다.

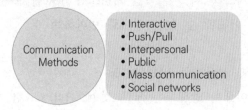

6. 대인관계 및 팀 기술(Interpersonal and team skills)

(1) 의사소통 양식 평가(Communication styles assessment): 의사소통 양식을 평가하고 계획된 의사소통 활동에서 선호하는 의사소통 방법과 형식, 내용을 식별하기 위해 사용하는 기법으로 비협조적인 이해관계자에게 자주 이용되는 평가 기법이다. 추가적인 맞춤식 의사소통 활동과 조치를 필요로 하는 이해관계자 참여도 차이를 식별하기 위하여 이해관계자 참여도 평가에 뒤이어 진행할 수 있다.

(2) 정치적 인식(Political awareness): 조직의 전략을 이해하고, 해당 영역에서 권력과 영향력을 발휘하는 인물을 파악하고, 대상 이해관계자들과 의사소통 역량을 키우는 것이 정치적 인식이다. 정치적 인식은 공식 및 비공식 권력 관계 인식뿐만 아니라 이러한 구조 안에서 작용하는 의지와도 관련된다.

(3) 문화적 인식(Cultural awareness): 문화적 인식은 개인, 그룹 및 조직 간 차이점을 파악하고, 확인된 차이를 바탕으로 프로젝트의 의사소통 전략을 조율하는 것이다. 문화적 인식과 문화적 민감성은 프로젝트 관리자가 이해관계자들과 팀원들 사이 문화적 차이와 요구사항을 바탕으로 의사소통을 계획하는 데 도움이 된다.

7. 데이터 표현(Data representation)

이해관계자 참여 평가 매트릭스를 통해 참여도간 격차를 좁힐 수 있는 의사소통 요구사항을 식별할 수 있다.

8. 회의(Meetings)

프로젝트 참여자 혹은 팀과 회의를 통해 다양한 이해관계자들의 정보요청에 적합한 방법을 결정할 수 있다.

10.1.3 의사소통관리계획수립 프로세스 산출물

1. 의사소통 관리 계획서(Communications management plan)

프로젝트 의사소통 계획수립, 구성, 구현 및 감시를 효과적으로 수행하는 방법을 기술한 문서로, 프로젝트관리 계획서를 구성하는 요소로 다음과 같은 것들이 포함되어 있다.

- 이해관계자 의사소통 요구사항
- 언어와 형식, 내용, 상세도를 포함하여 전달할 정보
- 상부보고 프로세스
- 정보를 배포하는 이유
- 필요한 정보의 배포 기간과 주기, 가능한 경우에 수신확인 알림 또는 회답
- 정보 전달을 담당하는 책임자
- 기밀정보 공개의 승인을 담당하는 책임자
- 정보를 전달받을 개인 또는 그룹과 그들의 의사소통 요건, 요구사항 및 기대사항에 관한 정보
- 메모, 이메일, 언론 보도자료 등의 정보 전달에 사용할 방법 또는 기술
- 시간과 예산을 포함하여 의사소통 활동에 할당된 자원
- 프로젝트가 진행되고 전개됨에 따라 의사소통관리 계획서를 업데이트 및 구체화할 방법(예: 프로젝트가 다른 단계로 진행됨에 따라 이해관계자 공동체에 변동이 있는 경우)
- 일반적인 용어 정리
- 프로젝트에서 정보의 흐름을 보여주는 정보 흐름도, 가능한 승인 순서를 명시한 작업흐름도, 보고서 목록, 회의 계획서 등
- 특정 법규 또는 규정, 기술 및 조직의 정책 등에서 비롯되는 제약
- 지침과 템플릿(프로젝트 현황회의, 프로젝트 팀 회의, 온라인 회의, 이 메일 메시지 등에 적용)
- 프로젝트 웹 사이트
- 프로젝트 관리 정보 시스템 등

• Communications management plan

A component of the project, program, or portfolio Management plan that describes how, when, and by whom information about the project will be administered and disseminated—*PMBOK*® Guide—Sixth Edition, Glossary

2. 프로젝트 관리 계획서 업데이트(Project management plan updates)

공식적인 변경요청을 통해 이해관계자 참여 계획서 등의 다양한 프로젝트 관리 계획서를 업데이트한다.

3. 프로젝트 문서 업데이트(Project documents updates)

(1) 프로젝트 일정(Project schedule): 계획된 의사소통 계획(의사소통 일정 등)을 반영하여 업데이트할 수 있다.

(2) 이해관계자 관리대장(Stakeholder register): 계획된 의사소통 계획(의사소통 요구사항, 기술, 방법 등)을 반영하여 업데이트할 수 있다.

의사소통의 구분

의사소통의 구분 이해	
내부(Internal, 프로젝트 내부)	외부(고객, 공급사, 다른 프로젝트, 정부)
형식적(Formal, 보고서, 회의록, 브리핑)	비형식적(Informal, 이메일, 메모, ad-hoc 회의)
수직(Vertical, 조직의 상하)	수평(Horizontal, 동료들)
공식(Official, 뉴스레터, 연간 보고서)	비공식(Unofficial, 비밀회의)
서면(Written)	구어(oral)
언어(Verbal)	비언어(Non-verbal, 보디랭귀지)

PM Template-의사소통관리계획서

10.2 의사소통 관리(Manage communications)

프로젝트 정보를 적시에 적절한 방식으로 수집, 생성, 배포, 저장, 검색, 관리 및 감시하고, 최종 처리하는 프로세스이다. 프로젝트 팀과 이해관계자 간에 효율적이고 효과적인 정보흐름을 가능하게 하고 프로젝트 전반에 걸쳐 수행된다. 의사소통 활동에 유연성을 허용하여 이해관계자와 프로젝트의 요구사항 변동을 수용하기 위해 의사소통 방법과 기법을 조율할 수 있어야 한다.

• Manage communications—definition

  Manage Communications is the process of ensuring timely and appropriate collection, creation, distribution, storage, retrieval, management, monitoring, and the ultimate disposition of project information—*PMBOK® Guide*—Sixth Edition, Glossary

효과적인 의사소통을 위한 기법 및 고려사항

- 발신자−수신자 모델
- 매체의 선택
- 쓰는 유형
- 회의관리기법
- 발표기법
- 촉진기법
- 청취기법

(1) 프로세스(입력물/도구 및 기법/산출물)

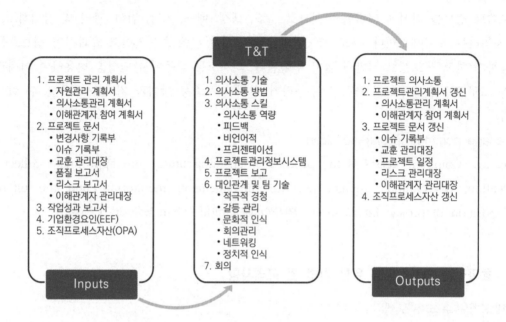

Inputs

1. 프로젝트 관리 계획서
   • 자원관리 계획서
   • 의사소통관리 계획서
   • 이해관계자 참여 계획서
2. 프로젝트 문서
   • 변경사항 기록부
   • 이슈 기록부
   • 교훈 관리대장
   • 품질 보고서
   • 리스크 보고서
   • 이해관계자 관리대장
3. 작업성과 보고서
4. 기업환경요인(EEF)
5. 조직프로세스자산(OPA)

T&T

1. 의사소통 기술
2. 의사소통 방법
3. 의사소통 스킬
   • 의사소통 역량
   • 피드백
   • 비언어적
   • 프리젠테이션
4. 프로젝트관리정보시스템
5. 프로젝트 보고
6. 대인관계 및 팀 기술
   • 적극적 경청
   • 갈등 관리
   • 문화적 인식
   • 회의관리
   • 네트워킹
   • 정치적 인식
7. 회의

Outputs

1. 프로젝트 의사소통
2. 프로젝트관리계획서 갱신
   • 의사소통관리 계획서
   • 이해관계자 참여 계획서
3. 프로젝트 문서 갱신
   • 이슈 기록부
   • 교훈 관리대장
   • 프로젝트 일정
   • 리스크 관리대장
   • 이해관계자 관리대장
4. 조직프로세스자산 갱신

의사소통 관리 프로세스의 가장 중요한 입력물은 무엇인가? 프로젝트 관리 핵심 정보, 즉 작업성과 보고서이다. 이해관계자 관리대장은 배포의 대상이다. 물론 기타 정보(품질보고서, 리스크 보고서 등)도 배포가 된다. 그러나 역시 핵심은 작업성과 보고서이다. 배포 방법은 의사소통 기술, 방법이다. 의사소통관리 프로세스는 정보를 배포하고 저장하고 조회가 가능토록 하고 추후 처분까지 포함을 하고 있으므로 기록관리 시스템이 존재하여야 안전하게 관리될 수 있는 프로세스이다. 프로젝트관리 정보시스템은 이런 부분을 지원하여 준다.

의사소통 관리는 정보를 배포하는 프로세스이기에 이해관계자들이 의사소통과 관련된 이슈 등을 적극적으로 경청하고, 갈등관리 등 대인관계 및 팀 기술이 필요하다.

의사소통 관리 프로세스의 산출물은 프로젝트 의사소통인데 프로젝트 관리정보 시스템 안에 존재하는 일종의 기록관리 시스템을 의미한다. PMBOK에서는 프로젝트 의사소통을 문서로 표기하였는데 프로젝트 정보가 문서화(예: 프로젝트 작업성과보고서)되어 기록관리 시스템으로 저장되기 때문에 그렇게 표현된 것으로 본다.

(2) 프로세스 흐름도

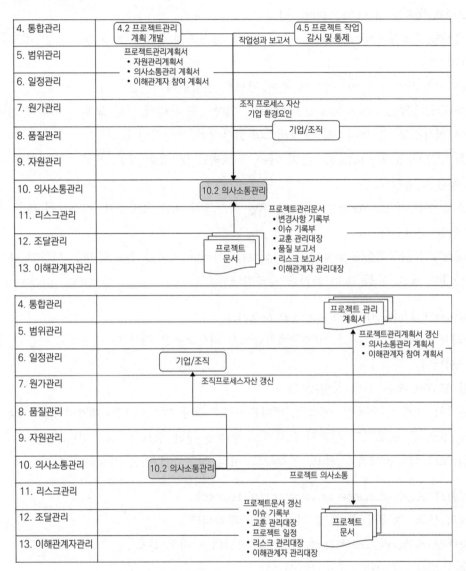

10.2.1 의사소통관리 프로세스 투입물

1. 프로젝트관리 계획서(Project management plan)

(1) 자원관리 계획서(Resource management plan): 팀 또는 물리적 자원을 관리하는 데 필요한 의사소통내용을 참조한다.

(2) 의사소통관리 계획서(Communications management plan): 프로젝트 의사소통 계획수립, 구성, 감시 및 통제 방법을 참조한다.

(3) 이해관계자참여 계획서(Stakeholder engagement plan): 적절한 의사소통 전략을 통해 이

해관계자들이 참여하는 방법을 참조한다.

2. 프로젝트 문서(Project documents)

(1) 변경사항 기록부(Change log): 변경사항과 변경요청(승인, 지연, 거부된 요청) 정보를 전달한다.

(2) 이슈 기록부(Issue log): 이슈에 관한 정보를 전달한다.

(3) 교훈 관리대장(Lessons learned): 습득한 의사소통 관리에 대한 교훈을 이후 단계에 적용하여 의사소통 및 의사소통 프로세스의 효율성을 향상시킨다.

(4) 품질 보고서(Quality report): 품질 이슈, 프로젝트 및 제품 개선, 프로세스 개선에 대한 정보 등을 전달한다.

(5) 리스크 보고서(Risk report): 식별된 개별 리스크에 대한 요약정보, 리스크에 대한 원가 정보 등을 전달한다.

(6) 이해관계자 관리대장(Stakeholder register): 이러한 정보를 필요로 하는 다양한 유형의 이해관계자 개인, 그룹 또는 조직을 참조한다.

3. 작업성과보고서(Work performance reports)

작업성과보고서는 실질적으로 이해관계자들에게 의사소통을 해야 할 대상으로 다음과 같은 내용을 포함한다.

- 현황 보고서 혹은 진행 상황 보고서
- 획득가치 그래프, 추세선, 예측치, 번다운 차트, 결함 히스토그램, 계약이행정보 및 리스크 요약 정보 등 프로젝트 성과와 프로젝트 상태에 대한 정보를 담고 있다.

작업성과보고서는 이해하기 쉽고, 정확하고, 시의 적절하게 접근 가능해야 한다.

4. 기업환경 요인(Enterprise environmental factors)

- 조직의 문화, 정치적 환경 및 거버넌스 프레임워크
- 인사행정 정책, 리스크 한계선, 설비 및 자원의 지리적 분포
- 구축된 의사소통 채널, 도구 및 시스템
- 산업 표준과 규제, 프로젝트 관리 시스템 등이 있다.

5. 조직 프로세스 자산(Organizational process assets)

- 소셜 미디어, 윤리 및 보안에 관한 기업 정책 및 절차
- 이슈, 리스크, 변경 및 데이터 관리에 대한 기업 정책 및 절차
- 조직의 의사소통 요구사항 및 정보의 개발, 교환, 저장 및 검색에 관한 표준화된 지침
- 교훈 저장소를 포함한 과거 프로젝트의 선례정보 등이다.

10.2.2 의사소통관리 프로세스 도구 및 기법

1. 의사소통 기술(Communication Technology)

다음의 사항을 고려하여 의사소통 기술을 선정한다.

- 팀의 동일장소 배치여부
- 공유해야 할 정보의 기밀성
- 팀원이 사용할 수 있는 자원
- 회의와 토론의 진행 방식에 자원과 조직 문화가 미치는 영향 등

의사소통에 영향을 줄 수 있는 요소들은 다음과 같다.

- 요구의 긴급성
- 주기 및 빈도
- 기술의 가용성
- 활용 가능성
- 정보의 접근 용이성
- 난이도
- 프로젝트 기간
- 종료 전 변경 가능성 여부
- 프로젝트 환경
- 대면 및 비대면 등의 요소들도 기술적인 요소들이다.

2. 의사소통 방법(Communication methods)

의사소통 방법(예: 개인 및 그룹 미팅, 화상 및 음성 회의, 컴퓨터 채팅 및 기타 원격 의사소통 방법 및 전달 방법에서 Push, pull, interactive communication)은 이해관계자 공동체 구성원의 변동이나 그들의 요구 및 기대사항 변경에 따라 대응하여야 한다.

3. 의사소통 스킬(Communication skills)

의사소통 역량, 피드백, 비언어적, 프리젠테이션 등을 사용할 수 있다.

4. 프로젝트 관리 정보시스템(Project management information system)

- 전자방식 프로젝트관리 도구: 프로젝트관리 소프트웨어, 회의 및 가상 오피스 지원 소프트웨어, 웹 인터페이스, 전문 프로젝트 포털 및 현황 판, 협업관리 도구 등이 있다.
- 전자방식 의사소통관리: 이메일, 팩스 및 음성 메일, 오디오, 비디오 및 웹 회의, 웹사이트 및 웹 게시 등이 있다.
- 소셜 미디어 관리: 웹사이트 및 웹 게시, 이해관계자 참여 및 온라인 커뮤니티 형성 기회를 제공하는 블로그 및 애플리케이션을 포함한다.

5. 프로젝트 보고(Project reporting)

프로젝트 정보를 수집하여 배포하는 활동으로 다음과 같은 부분을 포함한다.

■ 이해관계자 유형별로 적절한 수준, 형식 및 세부 사항을 고려해야 한다.

■ 정기적 혹은 그때그때 상황에 따라 준비한다.

■ 프로젝트에 대한 임시 보고서, 프로젝트 프리젠테이션, 블로그 및 기타 유형의 의사소통 수
  단 등이 있다.

6. 대인관계 및 팀 기술(Interpersonal and team skills)

■ 적극적 경청(Active listening)

■ 갈등 관리(Conflict management)

■ 회의 관리(Meeting management)

■ 네트워킹(Networking)

■ 정치적 인식(Political awareness)

회의 관리-회의를 관리한다는 의미는?

 - 회의 목표로 명시하는 의제를 준비하여 배포한다.
 - 고시된 시간에 정확히 회의가 시작되고 종료되는지 확인한다.
 - 관련 대상자가 초대되고 참가하는지 확인한다.
 - 주제에서 벗어나지 않게 한다.
 - 회의에서 기대사항, 이슈와 갈등을 다룬다.
 - 모든 조치와 조치 별 담당 책임자를 기록한다.

7. 회의(Meetings)

의사소통 전략과 의사소통 계획서에 정의된 조치를 회의를 통해 지원한다.

10.2.3 의사소통관리 프로세스 산출물

1. 프로젝트 의사소통(Project communications)

의사소통의 대상이 되는 모든 것을 말하는 것으로 성과 보고서, 인도물 상태, 일정 진행 상황,
발생한 비용, 프레젠테이션, 이해관계자가 요구하는 기타 정보 등이 대상이다. 프로젝트 의사
소통은 긴급도 및 내용의 영향도 등 전달 방법과 내용의 보안 정도에 따라 매우 다양하다.

성과 보고(Performance reporting)

성과보고는 프로젝트에 대한 상태보고, 진척 상태 측정, 미래 예측 등을 포함한 성과 정보를
수집하고 배포하는 활동이다.

- 계획 대비 실적 비교(Baseline vs. actual data)
- 성과 보고를 받는 사람의 수준에 맞게 정보를 제공할 필요가 있다.
- 일일 보고, 주간 보고, 월간 보고, 분기 보고 등

보고 내용은 다음을 포함한다.

- 과거 성과에 대한 분석
- 프로젝트 미래 예측(일정, 원가 등)에 대한 분석
- 리스크와 이슈들에 대한 현재 상황
- 보고 주기 동안 완료한 작업
- 다음 보고 주기에 해야 할 업무
- 보고 주기 동안 승인된 변경 요청들
- 기타 검토 및 논의되어야 할 관련 정보들

2. 프로젝트관리 계획서 업데이트(Project management plan updates)

(1) 의사소통관리 계획서(Communications management plan): 프로젝트 의사소통 방식에서
변경사항이 발생한다.

(2) 이해관계자 참여계획서(Stakeholder engagement plan): 이해관계자 의사소통 요구사항 및
합의된 의사소통 전략의 변경사항이 발생한다.

3. 프로젝트 문서 업데이트(Project documents updates)

이슈 로그, 교훈관리대장, 프로젝트 일정, 리스크 관리대장, 이해관계자 관리대장 등이 업데이
트된다.

4. 조직 프로세스 자산 업데이트(Organizational process assets updates)

- 통신문, 메모, 회의록 및 그 밖에 프로젝트를 설명하는 문서 등의 프로젝트 기록
- 계획된 및 임시 프로젝트 보고서와 프레젠테이션
- 이해관계자로부터의 피드백, Lessons learned 문서 등이 업데이트된다.

10.3 의사소통 감시(Monitor communications)

프로젝트와 이해관계자의 정보 요구사항이 충족되는지 확인하는 프로세스이다.

- 의사소통관리 계획서와 이해관계자 참여계획서에 의거하여 최적의 정보 소통을 유지한다.

■ 프로젝트 전반에 걸쳐 수행을 하며 의사소통 감시를 통해 계획된 의사소통 수단과 활동이 프로젝트의 인도물과 예상 결과물에 대한 이해관계자의 지지를 증가시키거나 유지하는 데 필요한 효과가 있는지 여부를 결정한다.

■ 의사소통 감시에는 다양한 방법이 동원될 수 있는데, 예로는 고객 만족도 조사, 교훈 수집, 팀 관찰, 이슈 기록부의 자료 검토 또는 이해관계자 참여평가 매트릭스의 변경사항 평가 등이 있다.

다시 정리하면, 의사소통 감시프로세스는 프로젝트 이해관계자들의 정보 욕구가 만족되도록 프로젝트 전 기간을 통해서 의사소통을 감시하고 통제하는 프로세스로 의사소통에 참여하는 사람들간의 최적의 정보 흐름을 보증하는 프로세스이다.

• Monitor communications – definition

The process of ensuring that the information needs of the project and its stakeholders are met ‑ ‑*PMBOK*® Guide‑Sixth Edition, Glossary

(1) 프로세스(입력물/도구 및 기법/산출물)

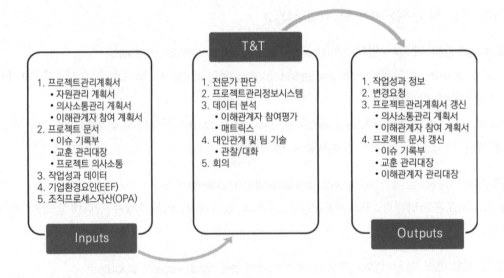

의사소통 감시프로세스의 가장 중요한 입력물은 무엇인가? 의사소통 감시프로세스는 감시 및 통제 프로세스 그룹에 속해 있다. 때문에 기준과 실적을 비교하여 작업성과 정보와 변경요청을 만들어 내는 전형적인 프로세스 형태를 가진다. 기준은 프로젝트 의사소통이고 실적은 작업성과 데이터이다. 이슈기록부도 기준이 될 수 있다. 이해관계자들에 대한 의사소통에 대한 이슈와 프로젝트 의사소통과 실제 발생된 작업성과 데이터(예: 실제로 배포된 의사소통의 유형과 수량에 대한 데이터)를 비교하여 작업성과 정보를 생성한다. 이해관계자들의 참여평가 매트릭스를 분석하고, 이해관계자에 대한 관찰과 대화를 통해 의사소통을 관리한다. 만일 개선될 부분이 있다면 변경요청을 진행한다.

의사소통 감시 프로세스에서 검토해야 할 사항은?

- Have stakeholders' support for the project kept level or increased due to the project communications?
- Could the project communications be more effective? Would additional or improved communication Activities help?

(2) 프로세스 흐름도

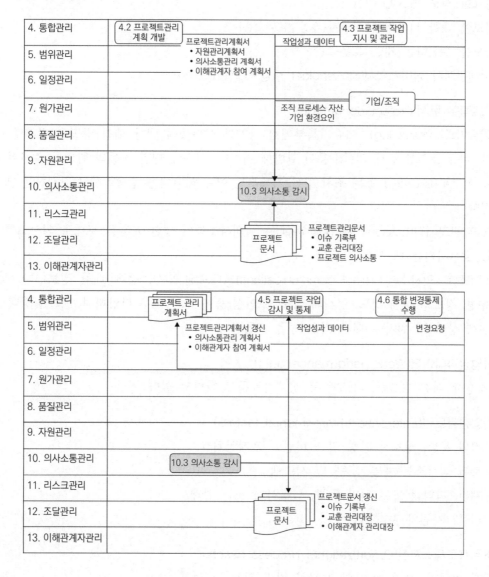

10.3.1 의사소통감시 프로세스 투입물

1. 프로젝트 관리 계획서(Project management plan)

(1) 자원관리 계획서(Resource management plan): 자원에 대한 가이드 및 절차를 제공한다.

(2) 의사소통관리 계획서(Communications management plan): 의사소통 통제에 대한 지침을 제공하면서 다음과 같은 부분을 포함한다.

- 이해관계자의 의사소통 요구사항
- 정보 배포에 대한 사유
- 필요한 정보 배포에 대한 주기
- 정보에 대한 의사소통 책임자(개인 혹은 그룹)
- 정보를 수신하는 개인 혹은 그룹

(3) 이해관계자 참여계획서(Stakeholder engagement plan)

2. 프로젝트 문서(Project documents)

(1) 이슈기록부(Issue log): 이슈기록부에서 다양한 이슈들에 대한 해결 방법을 발견할 수 있다. 이슈 로그를 통해 의사소통이 활발해 지거나, 이슈에 대한 공동의 합의가 촉진된다. 이슈 기록부(Issue log) 또는 조치 항목 기록부는 이슈 해결책을 문서화하고 감시하는 데 사용된다.

(2) 교훈 관리대장(Lessons learned register): 의사소통에 대한 교훈을 토대로 의사소통 효과를 향상시키는 데 도움이 된다.

(3) 프로젝트 의사소통(Project communications): 배포된 의사소통에 대한 정보이다. 정보의 유형, 정보의 상세 정도, 형식의 정도, 보안성 등에 따라 매우 다양하며 인도물 상태, 일정 진행 상태 및 원가에 대한 정보 등을 포함한다.

3. 작업성과데이터(Work performance data)

의사소통에 대한 효율성, 피드백 등 상세자료를 포함하고 있다.

4. 기업환경요인(Enterprise environmental factors)

- 조직의 문화, 정치적 환경 및 거버넌스 프레임워크
- 구축된 의사소통 채널, 도구 및 시스템
- 세계적, 지역적 또는 현지 동향, 실무사례 또는 관례
- 설비 및 자원의 지리적 분포

5. 조직프로세스자산(Organizational process assets)

- 소셜 미디어, 윤리 및 보안에 관한 기업 정책 및 절차

- 조직의 의사소통 요구사항
- 정보의 개발, 교환, 저장 및 검색에 관한 표준화된 지침
- 과거 프로젝트의 선례정보 및 교훈 저장소
- 과거 프로젝트의 이해관계자 및 의사소통 데이터와 정보
- 보고서 템플릿, 의사소통에 정책, 표준 및 절차들
- 의사소통 기술에 사용될 특정 기술 및 의사소통에 허용된 도구

10.3.2 의사소통감시 프로세스 도구 및 기법

1. 전문가 판단(Expert judgment)

대중, 지역사회 및 언론과 의사소통, 국제 환경, 가상그룹 간 의사소통, 의사소통 및 프로젝트 관리 시스템 등에 대한 전문가 등이 대상이다. 프로젝트 의사소통의 영향, 필요한 활동, 행위 및 의사소통에 대한 책임자, 활동이 필요한 시기 등에 대한 전문가적인 판단이다.

2. 프로젝트관리 정보시스템(Project management information system)

프로젝트 관리자가 정보를 수집 및 저장하고, 의사소통 계획에 따라 정보를 필요로 하는 내부 및 외부 이해관계자에게 정보를 배포하는 데 사용할 수 있는 표준 도구를 제공한다. 타당성과 유효성의 평가를 할 수 있다.

3. 데이터 분석(Data analysis)

의사소통 활동의 효과에 대한 정보를 제공할 수 있는 이해관계자 참여 평가 매트릭스를 사용하여 원하는 참여도와 현재 참여도 사이 변경사항을 검토하고 필요에 따라 의사소통을 조정한다.

4. 대인관계 및 팀 기술(Interpersonal and team skill)

- 관찰/대화: 팀 내부 문제, 팀원 간 갈등 또는 개개인 성과 이슈를 식별한다.

5. 회의(Meetings)

의사결정, 이해관계자 요청에 응답, 공급업체와 제공업체, 그 밖의 프로젝트 이해관계자들과 논의에 대면 또는 가상 회의가 이용된다. 프로젝트 성과를 업데이트하고 의사소통하기 위한 가장 적합한 방법을 결정하고, 정보에 대한 이해관계자의 요청에 대응하기 위해 논의와 대화가 필요하다.

10.3.3 의사소통감시 프로세스 산출물

1. 작업성과정보(Work performance information)

실현된 의사소통과 계획된 의사소통을 비교하여, 프로젝트 의사소통이 어떻게 수행되고 있는

지에 대한 정보가 포함된다. 의사소통 효과 설문조사 결과와 같은 의사소통에 대한 피드백도 고려한다.

프로젝트에 대한 상태와 진행에 대한 정보로 이해관계자에 따라 상세 정도를 달리 해야 한다.

2. 변경요청(Change requests)

이해관계자의 정보 배포, 내용 또는 형식, 배포 방법을 포함하여 이해관계자 의사소통 요구사항을 수정해야 한다. 병목현상을 제거하기 위한 새로운 절차 도입하면 변경을 하여야 한다. 의사소통 관련하여 조정사항이 발생하면 변경요청을 통해 개선한다.

3. 프로젝트관리 계획서 업데이트(Project management plan updates)

프로젝트 의사소통관리 계획서 및 이해관계자 참여계획이 업데이트된다.

4. 프로젝트 문서 업데이트(Project documents updates)

이슈기록부, 교훈관리대장, 이해관계자 관리대장 등이 업데이트된다.

자원관리 지식영역 흐름정리

의사소통관리 지식영역 전체흐름

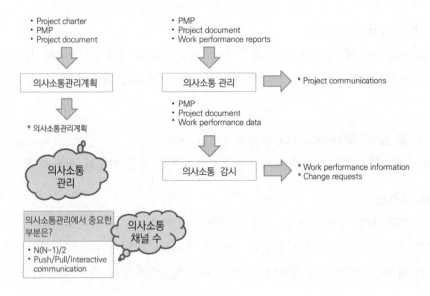

프로젝트 의사소통관리 지식영역 종합정리(주관식 문제)

1. 프로젝트에서 의사소통을 관리해야 하는 이유는 무엇인가?

2. 의사소통관리에 대한 프로세스와 각 프로세스의 역할은 무엇인가?

3. 의사소통관리 계획(Communications management plan)에는 어떤 내용들이 들어가나?

4. 작업성과 보고서(Work performance report)를 배포하는 프로세스는?

5. 의사소통 채널 수 공식은?

6. 의사소통관리에서 의사소통 방법의 3가지는?

PMBOK정복하기-10장 용어 및 프로세스 정의 요약

의사소통감시 프로세스의 산출물은 무엇인가?

작업성과정보(Work performance information).

변경 요청

프로젝트관리계획 업데이트(의사소통관리계획, 이해관계자참여계획)

프로젝트문서 업데이트(이슈로그, Lessons learned register, 이해관계자관리대장)

의사소통 활동의 여러 측면은 무엇인가?

내부와 외부

공식 및 비공식

수직 및 수평

공식 및 비공식

서면 및 구두

구두 및 비구두

의사소통관리 프로세스에 대한 입력물은 무엇인가?

프로젝트관리계획(자원관리계획, 의사소통관리계획, 이해관계자관리계획)

프로젝트 문서(변경로그, 이슈로그, Lessons learned register, 품질보고서들, 리스크보고서, 이해관계자관리대장)

작업성과보고서들

기업환경요인

조직프로세스자산

의사소통관리에서 의사소통 채널수의 수식은 무엇인가?

의사소통 채널 수 $= \dfrac{n(n-1)}{2}$

Plan Communications management의 3가지 산출물은 무엇인가?

의사소통관리계획

프로젝트 관리계획 업데이트

프로젝트 문서 업데이트

의사소통관리에서 Manage Communications 프로세스가 보장하는 것은 무엇인가?

프로젝트 정보의 시기적절하고 적절한 생성, 수집, 배포, 저장, 검색 및 처분

의사소통관리 프로세스에서 발신자는 어떤 책임이 있는가?

정보를 명확하게 한다(Making the information clear)

정보를 완성시키는 것(Making the information complete)

정보가 제대로 이해되고 있는지 확인(Confirming that the information is properly understood).

의사소통관리 프로세스에서 사용되는 도구와 기법은 무엇인가?

의사소통기술(Communication technology)

의사소통모델(Communication models)

의사소통스킬(Communication skills)

프로젝트 정보관리시스템(Project information management systems)

프로젝트 보고(Project reporting)

대인관계 및 팀 기술(Interpersonal and team skills)

회의들(Meetings)

의사소통 감시 프로세스에서 사용되는 도구와 기술은 무엇인가?

프로젝트관리 정보시스템(Project management information systems)

전문가의 판단(Expert judgment)

데이터 분석(이해관계자 참여관리 매트릭스) − Data analysis

대인관계 및 팀 기술(관찰 및 대화) − Interpersonal and team skills

회의(Meetings)

의사소통 모델의 핵심 5가지 구성 요소는 무엇인가?

인코드(Encode)

메시지 전송(Transmit message)

디코드(Decode)

인식(Acknowledge)
피드백/응답(Feedback/response)

비공식적이고 공식적인 네트워킹은 어디에서 이루어지는가?
조직, 산업 또는 전문가 집단 환경에서(Within an organization, industry, or professional environment)

재미있는 프로젝트 이야기

의사소통이 경쟁력 – 생존의 필수

현 인류의 조상은 호모사피언스 크로마뇽인이다. 비록 네안데르타인보다 늦게 나왔어도 그리고 두개골에서 보듯이 약했어도 그들은 유럽에서 주로 생활한 네안데르타인을 멸종시켰다. 네안데르타인은 도구를 쓰는 지능을 가진 동물이고 현 인류와 생김새도 비슷했지만 일대일 싸움에서는 충분히 이길 수 있는 크로마뇽인에게 쫓기다가 결국 전멸당했다. 그 이유는 무엇이었을까? 혹자는 그 이유를 성대의 차이라고 한다. 성대가 발달한 크로마뇽인은 상대적으로 덜 발달한 네안데르타인보다 종족간의 의사소통이 더 발달하였고 이로 인해 둘 종족 간의 싸움은 마치 스트리트 파이터와 잘 조직화된 군대와의 싸움이 되어 버렸다. 물론 군대가 이길 수밖에 없었다. 그게 크로마뇽인 현 인류의 조상이다. 이처럼 의사소통 능력이 종족 간의 싸움에서 한 쪽을 멸종시키는 결과를 불려왔다는 것은 놀라운 사실이다. 일부 이 의견에 반론을 제기하는 전문가도 있다고 하지만 이게 사실이라면 인간의 의사소통능력은 바로 생존능력이었고 차후에 번영의 지속성의 근원이었다. 우리가 커뮤니케이션이 중요하다고 부르짖는 것도 바로 역사의 근원에서 DNA를 찾을 수 있지 아니할까?

회의 문화 – meeting의 미학

프로젝트 또는 일반적으로 회의는 일상적이다. 왜 회의는 존재하나? 회의의 목적은 여러 가지가 있다.

① 문제 해결에 대한 의견교환이다.
② 진행에 대한 관리 및 통제의 성격이다.
③ 업무 파악을 목적으로 팀장이 주도하는 모임이다.

위에서 1번은 반드시 유효하며 원활한 의사소통이 요구된다. 2번은 프로젝트 관리상 감시 및 통제의 성격으로 역시 필요하다. 문제는 3번의 회의이다. 이런 부분은 자제가 필요하다. 팀원들의 소중한 시간을 잘 배려해야 한다. 업무 파악은 큰 틀에서 파악하고 세세한 것은 하부팀장이나 팀원에게 일임하여야 한다. 회의는 가능한 한 줄여야 한다.

CHAPTER **10**

Example

01 현재 PM을 포함하여 총 프로젝트 팀원이 4명인데 프로젝트 실행 중에 총 10명으로 늘어났다면 총 의사소통 채널수는 기존대비 얼마 증가한 것인가?

① 28

② 35

③ 39

④ 45

02 최근에 프로젝트 환경에서 회사 내부적으로 Intranet이 설치되어 있어서 당신은 프로젝트 관리자로서 최근 프로젝트 이슈를 공지하였다. 팀원들은 Intranet을 통하여 당신이 보낸 이슈에 대해 검토를 한 다음에 심도 있게 이슈를 논의하기 위해 회의를 잡았다. 그렇다면 회의는 의사소통의 방식에서 어떤 유형에 해당이 되는가?

① Push Communication

② Pull Communication

③ Interactive Communication

④ 위 전부 해당됨

03 당신은 프로젝트 관리자로 회의를 하고 있는데 중요한 프로젝트 정보가 사전에 스폰서에 의해 고객에게 흘러가서 아주 난처한 상황에 있다. 이런 상황은 프로젝트에서 무슨 문제 때문에 발생된 것인가?

① 의사소통관리 계획의 문제

② 이해관계자관리 계획의 문제

③ 자원관리 계획의 문제

④ 프로젝트 헌장의 부실문제

04 당신의 프로젝트는 범위 변경, 제약, 가정, 통합 및 인터페이스(Interface) 요구사항, 그리고 중첩되는 역할 및 책임 등으로 인해 의사소통 리스크에 봉착했다. 이처럼 의사소통 장애가 발생하면 어떤 현상이 발생하는가?

① 적대감이 증폭된다.

② 도덕적으로 해이해진다.

③ 생산성이 감소한다.

④ 갈등이 증가된다.

05 프로젝트 관리에서 의사소통문제 때문에 여러 가지 문제가 발생할 수 있다. 다음 중에서 의사소통이 제대로 안 되어서 나타날 수 있는 가장 일반적인 것은 무엇인가?

① 팀원 간 갈등 또는 고객과의 갈등 발생

② 프로젝트의 예산의 초과현상

③ 프로젝트 일정의 지연

④ 작업성과 보고서 배포의 지연문제

06 당신은 프로젝트 관리자이다. 회의 도중에 당신은 팀원 중 한 사람이 부적절한 행동을 하는 것으로 보고 받았다. 이로 인하여 팀원들 간의 의사소통과 불만을 야기하고 있다. 다음 원인 중에서 왜 이런 문제가 발생되었는지의 이유로 가장 타당한 것은 무엇인가?

① 의사소통관리 계획의 문제

② 의사소통관리 배포의 문제

③ 프로젝트 관리자의 리더십문제

④ 이해관계자관리 계획의 문제

07 프로젝트관리자가 4명의 IT System 개발자와 1명의 Software 개발자와 작업 수행 중에 2명이 전임제로 외부로 지원 나가고 1명이 파트타임으로 들어왔다. 그렇다면 현재 이 조직의 채널수는 몇 개인가?

① 6

② 8

③ 10

④ 15

08 다음 중 의사소통관리 계획과 관련하여 잘못된 표현은 무엇인가?

① 의사소통관리 계획은 이해관계자들과 가장 효과적으로 그리고 효율적으로 의사소통할 방법들을 식별하고 문서화한다.

② 의사소통관리 계획에 있어 효과적인(Effective) 의사소통은 정보가 적합한 양식, 적절한 시점, 적절한 이해관계자에게 전달되는 것이다.

③ 의사소통관리 계획에 있어 효율적인(Efficient) 의사소통은 모든 프로젝트에 발생된 문서 등 모든 정보를 빠짐없이 모든 이해관계자에게 공평하게 제공하는 것이다.

④ 의사소통관리 계획은 이해관계자들의 정보 필요성 및 요구사항과 사용 가능한 조직의 자산을 기반으로 프로젝트의 의사소통에 대한 적합한 전략과 계획을 수립하는 프로세스이다.

09 의사소통 기법에서 가장 효율적인 의사소통 방법은 무엇인가?

① Pull Communication

② Push Communication

③ Interactive Communication

④ 설문조사

10 당신은 프로젝트 관리자이다. 팀원들과의 의사소통이 중요하다는 것을 누구보다도 잘 알고 있다. 당신은 팀원들의 상호간 의사소통을 보다 향상시키는 방법이 무엇이라고 생각하는가?

① 면담을 통한 개인별 칭찬을 한다.

② 동일장소에 팀원들을 위치하게 만든다.

③ 프로젝트 성과달성에 대한 동기부여를 한다.

④ 프로젝트 정보시스템을 잘 운영시킨다.

CHAPTER **10**

Explanation

01 정답 ③

해설 의사소통 채널수는 4명일 때는 $\frac{n(n-1)}{2}$ 의거하여 $4 \times 3/2 = 6$개이다. 10명이면 $10 \times 9/2$이므로 45개이다. 차이는 $45-6$개이므로 39개가 증가한 것이다.

02 정답 ③

해설 사내 Intranet은 기본적으로 공지하는 입장에서 보면 Push communication이 되고, 받는 입장에서는 Pull communication된다. 이와는 달리 회의는 같이 모여서 의사를 교환하므로 Interactive communication 방식이 된다.

03 정답 ①

해설 보안문제는 의사소통관리계획서의 부실 때문에 발생된 것이다. 프로젝트 관리자는 고객과의 의사소통의 중요한 구심점이다. 그런데도 먼저 스폰서가 정보를 흘렸다면 스폰서가 의사소통관리 계획서를 지키지 아니 했거나 의사소통관리 계획서가 소홀하여 발생한 문제일 수 있다.

04 정답 ④

해설 의사소통의 장벽으로 인해 정보가 원활하게 전달되지 못하게 된다. 따라서, 수신자는 메시지를 오해하게 되고 이로 인해 메시지 내용을 서로 다르게 이해하고, 다른 준거 기준을 갖게 됨에 따라 갈등이 증가하게 된다.

05 정답 ①

해설 의사소통의 문제로 제일 먼저 문제가 발생할 수 있는 것은 팀원 간에 또는 이해관계자 간의 갈등 발생이다.

06 정답 ①

해설 프로젝트 팀원간의 의사소통문제가 발생한 것이니 의사소통관리계획에 무슨 문제가 있는지 조사해야 한다. 불투명한 의사소통관리계획 때문에 문제가 발생할 수 있다.

07 정답 ③

해설 기존의 의사소통 채널수는 PM포함하여 $6 \times (6-1)/2 = 15$였다. 그런데 2명이 나가고 1명이 들어 왔으므로 1명이 감소되었다. 파트타임도 채널수에 포함되어야 한다. 그러면 $5 \times (5-1)/2 = 10$

08 정답 ③

해설 모든 이해관계자에게 모든 프로젝트 문서들을 공평하게 배포할 수가 없다. 필요한 관련 자료를 해당 이해관계자에게 배포하는 것이 효율적이다. 예를 들어 이해관계자관리대장과 이해관계자 영향력 평가 자료 등은 프로젝트 관리 팀의 내부 보안자료로 이해관계자들에게 절대 배포되어서는 안 된다.

09 정답 ③

해설 의사소통방법에서 가장 효율적인 방법은 역시 피드백을 수반하는 Interactive communication 방법으로 예를 들면 회의, Tele-communication, 화상회의, 직접대화 등이 있다.

10 정답 ②

해설 프로젝트 팀원들의 의사소통을 효과적으로 향상시키는 방법은 같은 공간에서 업무를 하게 하는 Co-location이다. 동일장소 배치는 팀이 함께 모이고 회의하는 데 도움이 된다.

프로젝트 리스크관리
(Project risk management)

프로젝트 리스크 관리는 프로젝트에 대한 리스크 관리 계획 수립, 식별, 분석, 대응 계획, 감시 및 통제를 수행하는 프로세스들을 포함한다. 프로젝트 리스크 관리의 목표는 프로젝트에서 긍정적인 사건의 확률과 영향은 증가시키고, 부정적 사건의 확률과 영향은 감소시키는 것이다. 프로젝트에서 리스크는 프로젝트의 성공을 방해하는 이벤트가 될 수도 있고, 프로젝트의 성공을 도와줄 수도 있다. 따라서 프로젝트를 성공시키기 위해서는 부정적인 리스크와 긍정적인 리스크를 적절히 식별하고 리스크 발생시 사전에 정의한 대응 계획대로 처리하여야 한다.

프로젝트 리스크 관리는

- 리스크 관리 계획 수립(Plan risk management)
- 리스크 식별(Identify risks)
- 정성적 리스크 분석 수행(Perform qualitative risk analysis)
- 정량적 리스크 분석 수행(Perform quantitative risk analysis)
- 리스크 대응 계획수립(Plan risk response)
- 리스크 대응 실행(Implement risk responses)
- 리스크 감시(Monitor risks)의 프로세스를 포함하고 있다.

프로세스	설명
11.1 리스크 관리 계획수립 (Plan risk management)	프로젝트에 대한 리스크 관리 활동을 수행하는 방법, 절차, 전략을 정의하고 계획 및 문서화하는 프로세스이다.
11.2 리스크 식별 (Identify risk)	프로젝트에 영향을 미칠 수 있는 리스크를 식별하고, 리스크별 특성을 문서화하는 프로세스이다.
11.3 정성적 리스크분석 수행 (Perform qualitative risk Analysis)	리스크의 발생 확률과 영향을 리스크 점수(Risk score)로 계산하여, 추가적인 분석 또는 조치를 위하여 리스크의 우선순위를 선정하는 프로세스이다.
11.4 정량적 리스크분석 수행 (Perform quantitative risk analysis)	식별된 개별 리스크와 그 밖의 전체 프로젝트 목표에 영향을 미치는 불확실성의 원인을 수치로 분석하는 프로세스로 식별된 리스크가 전체 프로젝트 목표 특히, 일정과 원가에 미치는 영향을 수치로 분석하는 프로세스이다.
11.5 리스크 대응 계획수립 (Plan risk response)	개별 프로젝트 리스크를 다룰 뿐만 아니라, 포괄적 프로젝트 리스크 노출도를 낮추기 위해 옵션을 마련하고 전략을 선정하고, 대응조치에 대한 합의를 도출하는 프로세스로 프로젝트 목표에 대한 기회는 증대시키고 위협은 줄일 수 있는 대응 계획을 수립하는 프로세스이다.
11.6 리스크 대응 실행 (Implement risk responses)	합의된 리스크대응 계획을 실행하는 프로세스이다.
11.7 리스크 감시 (Monitor risks)	프로젝트 전반에 걸쳐, 합의된 리스크 대응계획이 실행되는지 감시하며, 식별된 리스크를 추적하고, 새로운 리스크를 식별 및 분석하고, 리스크 프로세스의 효율성을 평가하는 프로세스이다.

What Is Project Risk? Project risk has 3 major components:

① An event

② Probability of the occurrence of the event

③ Impact of that event(or the amount at stake)

Risk can be positive as well as negative!

11.0 리스크관리 개요

(1) 리스크관리의 핵심개념

- 개별 프로젝트 리스크: 리스크가 발생한 경우에 한 가지 이상의 프로젝트 목표에 긍정적 또는 부정적인 영향을 미치는 불확실한 사건이나 조건이다.
- 포괄적 프로젝트 리스크: 개별적인 리스크를 포함한 모든 불확실성의 원인으로부터 나오거나, 이해관계자가 프로젝트 결과물의 긍정적 또는 부정적 모든 변이에 노출되어 나타나는 프로젝트 전반의 불확실성의 영향이다.

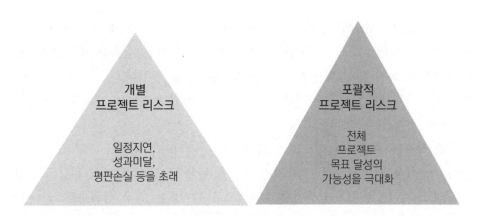

(2) 프로젝트 리스크관리의 추세와 새로운 실무사례

■ 비사건 리스크: 발생할 수도 있고, 발생하지 않을 수도 있는 불확실한 미래사건에 대한 리스크만 초점을 둔다. 예: 주요판매자가 폐업하는 경우, 설계가 완료된 후 고객이 요구사항을 변경하는 경우, 하도급업체가 표준 운영 프로세스 개선을 제안하는 경우 등이 있다. 비사건 리스크에는 2가지 유형이 있다.

① 가변성 리스크: 계획된 사건이나 활동 또는 의사결정의 일부 주요특성에 대한 특성에 대한 불확실성이 존재한다. 예: 생산성이 높거나 낮은 경우, 테스트과정에서 발견된 오류수가 예상보다 많거나 적은 경우, 건설단계에서 이상기후가 나타나는 경우 등이 있다.

② 모호성 리스크: 미래 어떤 일이 발생할지에 대한 불학실성이 존재한다. 불완전한 지식이 프로젝트 목표 달성 역량에 영향을 줄 수 있는 프로젝트 영역은 요구사항 또는 기술적 해결책, 향후 규제 프레임워크 개발 또는 프로젝트에 내제적인 전반적인 복잡성을 들 수 있다.

■ 프로젝트 회복 탄력성: 새로운 리스크 존재 사실이 명확해지고 소위 말하는 예측 불가능 리스크(Unknown-unknown)에 대한 인식이 증가한다. 이러한 리스크는 발생한 후에만 알 수 있다. 새로운 리스크는 프로젝트의 회복 탄력성 개발을 통해 처리할 수 있다.

- 알려진 리스크에 대한 특정 리스크 예산 이외에 새로운 리스크에 대한 예산 및 일정 대비의 적절한 수준을 확보한다.

- 강력한 변경관리 등 프로젝트 목표 달성을 위한 전반적인 방향성은 유지하면서 새로운 리스크에 대처할 수 있는 유연한 프로젝트 프로세스를 가진다. 명확한 목표를 갖고 합의된 한계 내에서 작업을 완료할 수 있다는 신뢰가 있는 권한을 부여 받은 프로젝트 팀을 가진다.

- 새로운 리스크를 최대한 빨리 식별하기 위한 조기 경고 신호에 대한 빈번한 검토가 이루어진다. 새로운 리스크에 대응하여 프로젝트 범위 또는 전략을 조정할 수 있는 영역을 명확하게 하기 위한 이해관계의 명백한 투입물을 찾는다.
- 통합적 리스크 관리를 수행: 프로젝트는 조직적 맥락에서 존재하며 프로그램 또는 포트폴리오의 일부를 구성할 수 있다.
  - 수준별 적절한 수준에서 리스크가 담당되고 관리되어야 한다.
  - 상위 수준에서 식별된 일부 리스크는 관리를 위해 프로젝트팀에게 위임되고 일부 프로젝트 리스크는 프로젝트 외부에서 효과적으로 관리되는 경우 상위수준으로 에스컬레이션될 수 있다.
  - 전사적 리스크 관리에 대한 조율된 접근 방식은 모든 수준에서 리스크를 관리하는 방식으로 일치성과 일관성을 확보한다. 이를 통해 프로그램 및 포트폴리오 구조에 리스크 효율성이 반영되므로 지정된 리스크 노출도에 가장 큰 전반적 가치를 제공할 수 있다.

(3) 조정 고려사항

프로젝트는 각각 고유하므로 프로젝트 리스크 관리 프로세스의 적용방식을 조정해야 한다. 다음은 조정을 위한 고려사항의 일부 예이다.

- 프로젝트 규모: 예산, 기간, 범위 관점에서 프로젝트 규모 또는 팀 규모가 리스크 관리에 대한 더 상세한 접근법을 요구하는가? 또는 단순 리스크 프로세스에 대한 소규모인가?
- 프로젝트 복잡성: 높은 수준의 혁신, 신기술, 상업 계약, 인터페이스 또는 프로젝트 복잡성을 증가시키는 외부적 의존관계에 따라 강력한 리스크 접근 방식이 필요한가? 또는 축소된 리스크 프로세스로 충분할 정도로 간단한 프로젝트인가?
- 프로젝트 중요성: 프로젝트가 전략적으로 어느 정도 중요한가? 프로젝트가 획기적인 기회 도출을 목표로 하거나 조직성과에 대한 중대 장애물을 다루거나 주요 제품 혁신과의 관련 문에 리스크 수준이 증가하는가?
- 개발방식: 리스크 프로세스가 연이어 반복적으로 이해될 수 있는 워터폴 방식 프로젝트인가? 또는 실행 과정뿐만 아니라 각 반복의 시작 시점에 리스크를 다루는 애자일 접근 방식을 따르는 프로젝트인가?

(4) 애자일, 적응형 환경을 위한 고려사항

- 가변성이 큰 환경은 그 정의처럼 보다 많은 불확실성과 리스크를 발생시킨다. 적응형 접근 방식을 상용하여 관리되는 프로젝트 점진적으로 증가하는 작업 결과물과 여러 조직의 구성원이 참여하는 프로젝트팀을 빈번하게 검토함으로써 지식 공유를 가속화하고 리스크에 대한 이해와 관리를 지원한다.

- 리스크는 각 반복의 내용을 선택할 때 고려되며 각 반복과정에서도 식별, 분석 및 관리된다.
- 요구사항은 정기적으로 업데이트되는 문서로 보존되며, 현재 리스크 노출도에 대한 개선된 이해를 바탕으로 프로젝트 진행에 따라 작업 우선순위가 변경될 수 있다.
- 프로젝트 문서 중에서 리스크 관리와 직접적인 연관이 있는 문서는 교훈관리대장과 이해관계자 관리대장이다. 리스크는 모든 이해관계자가 참여하여야 하고, 먼저 과거 유사 프로젝트의 리스크 관련 교훈대장을 분석하여야 한다. 이에 두 문서의 flow를 살펴보면 다음과 같다.

교훈관리대장 flow

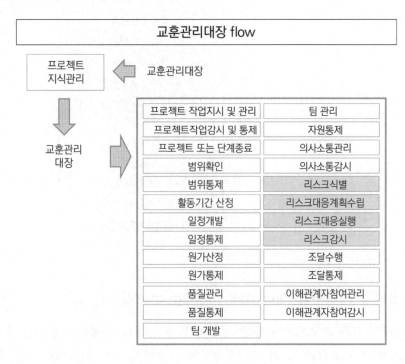

이해관계자 관리대장 flow

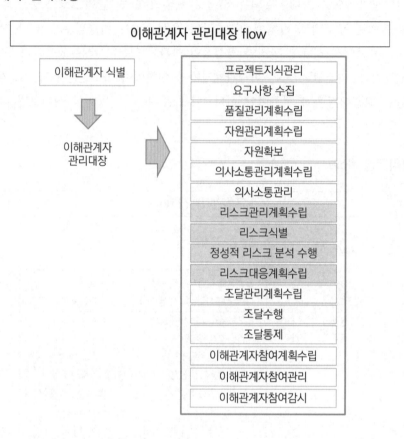

이해관계자 관리대장 flow

이해관계자 식별

이해관계자
관리대장

프로젝트지식관리
요구사항 수집
품질관리계획수립
자원관리계획수립
자원확보
의사소통관리계획수립
의사소통관리
리스크관리계획수립
리스크식별
정성적 리스크 분석 수행
리스크대응계획수립
조달관리계획수립
조달수행
조달통제
이해관계자참여계획수립
이해관계자참여관리
이해관계자참여감시

11.1 리스크관리 계획수립(Plan risk management)

리스크관리 계획 수립은 프로젝트에 대한 리스크 관리 활동을 수행하는 방법을 정의하는 프로세스이다. 주요 이점은 조직과 그 외 이해관계자의 관점에서 리스크관리의 수준, 유형 및 가시성이 프로젝트의 중요성과 리스크 모두에 비례한지 확인한다는 점이다.

리스크관리 계획수립(Plan risk management) 프로세스는 프로젝트에 대한 리스크관리 활동을 수행하기 위한 방법, 절차, 전략을 정의하고 문서화하는 프로세스이다. 따라서, 리스크관리 계획을 신중하고 명확하게 수립하여야 나머지 6가지 리스크관리 프로세스를 제대로 수행할 수 있다. 프로젝트의 리스크 관리는 프로젝트 계획 단계에서부터 미리 리스크를 식별하고 분석하고, 대응 방안을 세우는 등의 계획을 먼저 수립한 후, 프로젝트를 진행하면서 리스크 관리 계획서와 리스크 관리대장을 지속적으로 수정하는 반복적인 작업이다.

• Plan risk management-definition

The process of defining how to conduct risk management Activities for a project—
PMBOK® Guide—Sixth Edition, Glossary

(1) 프로세스(입력물/도구 및 기법/산출물)

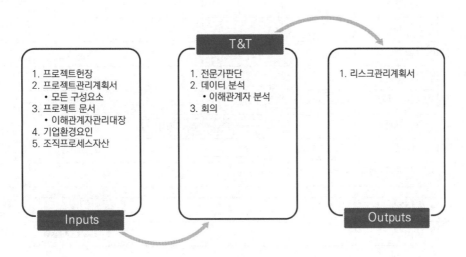

리스크관리 계획수립의 가장 중요한 입력물은 무엇인가? 조직프로세스 자산에 있는 유사 리스크 관리계획을 많이 분석하여야 할 것이다. 또한 리스크 관리는 모든 이해관계자들의 참여가 필요하여 관련 이해관계자를 식별하는 것도 중요하다. 리스크는 프로젝트가 착수되면 먼저 과거기록에서 관련 리스크를 식별하고, 기획단계에서는 현재의 프로젝트 문서에서 리스크를 식별하고 문서화하여야 한다. 또한 리스크는 미래 발생할 수 있는 부분을 예측하므로 그룹 창의력 기법 등을 사용하여 최대한 창의력을 가지고 리스크를 식별하여야 한다. 리스크 관리계획은 프로세스의 산출물이다. 다른 지식영역들의 계획들도 다 중요하지만, 특히 리스크관리 계획이 매우 중요하다. 왜냐하면 리스크 관련 프로세스의 준비를 리스크 관리계획에서 거의 준비하기 때문이다. 예를 들면 관련 양식들, 관련 척도 및 정량화 분석 시 관련 SW tools 등이 리스크 관리 계획에서 준비되기 때문이다.

(2) 프로세스 흐름도

11.1.1 리스크관리 계획수립 프로세스 투입물

1. 프로젝트 헌장(Project charter)

상위수준의 프로젝트 설명 및 경계, 상위수준의 요구사항, 리스크를 기술한다.

2. 프로젝트관리계획서(Project management plan)

리스크관리계획이 보조관리계획과 일치되도록 모든 보조관리계획들이 고려되어야 한다.

다른 프로젝트관리계획서 구성요소에서 설명하는 방법론이 리스크 관리 계획 수립 프로세스에 영향을 줄 수 있다. 프로젝트 관리 계획서 내에 포함되어 있는 다양한 관리 계획서와 기준선들 특히, 일정관리 계획서, 원가관리 계획서, 범위 기준선, 원가 기준선, 일정 기준선 등을 검토하여야 한다.

3. 프로젝트 문서(Project documents)

대표적으로 이해관계자 관리대장이 있는데 이해관계자의 프로젝트 역할과 해당 프로젝트의 리스크에 대한 이해관계자 태도의 전반적인 정보를 제공한다. 이는 리스크 관리를 위한 역할과 책임을 결정하고 프로젝트에 대한 리스크 한계선을 정하는 데 유용하다.

4. 기업환경 요인(Enterprise environmental factors)

리스크 관리 계획서 작성시 조직의 리스크에 대한 선호도, 리스크 한계, 리스크 허용한도 등을 고려한다. 예로 조직 또는 주요 이해관계자가 정한 전체 리스크 한계선이 있다.

5. 조직 프로세스 자산(Organizational process assets)

조직에서 보유하고 있는 리스크 목록, 리스크에 대한 개념 및 용어에 대한 정의, 리스크 서술에 대한 양식, 표준 템플릿, 리스크에 대한 역할과 책임, 의사결정에 대한 권한, 교훈 등을 참고한다. 예로 조직의 리스크 정책, 리스크 범주, 리스크 개념 및 용어의 정의, 리스크 양식들, 리스크에 대한 역할과 책임, 교훈 등을 사용할 수 있다.

11.1.2 리스크관리 계획수립 프로세스 도구 및 기법

1. 전문가판단(Expert judgment)

전문적인 지식을 가진 그룹 또는 개인 또는 전문적인 교육을 받은 개인 또는 조직이 제공하는 전문성을 고려해야 한다. 상위 경영진, 이해관계자, 해당 프로젝트와 유사한 프로젝트 관리 경험이 있는 프로젝트 관리자들, 특정 주제 영역의 전문가, 컨설턴트, 혹은 관련 협회 등이 있다. 다음과 같은 내용을 전문가들에게 문의할 수 있다.

- 수행한 전사적 리스크 관리를 포함한 리스크 관리에 대한 조직의 접근법에 대한 전문성
- 프로젝트의 특정 요구에 맞게 리스크 관리의 조정
- 같은 영역에서 프로젝트에 발생할 수 있는 리스크 유형

2. 데이터 분석(Data analysis)

대표적인 예로 이해관계의 리스크 선호도를 판별하기 위한 이해관계자 분석이 있다. 이해관계자 리스크 개요 분석(Stakeholder risk profile analysis)을 통해 이해관계자들의 리스크에 대한 선호도, 리스크 한계, 리스크 허용한도를 파악하거나 리스크 점수(Risk score) 분석을 통해 프로젝트가 가지고 있는 전반적인 리스크를 파악할 수 있다.

3. 회의(Meeting)

프로젝트 착수회의 일부로 리스크 관리계획서가 개발되거나 특정 계획 수립회의가 개최될 수 있다. 프로젝트 관리자, 프로젝트 스폰서, 팀원, 이해관계자, 프로젝트의 리스크계획 및 실행

활동을 관리할 수 있는 책임 있는 조직원이 참석할 수 있다. 리스크관리 활동을 수행하기 위한 계획이 이 회의에서 정의되며 리스크 관리계획서에 기록된다.

11.1.3   리스크관리계획수립 프로세스 산출물

1. 리스크관리 계획서(Risk management plan)

리스크관리 활동을 구성 및 수행하는 방법을 기술하는 문서로 계획서의 일부에 포함된다.

- 리스크 전략(Risk strategy): 리스크 관리를 위한 일반적인 접근 방식을 설명한다.
- 방법론(Methodology): 리스크 관리를 수행하는 데 사용할 특정 접근 방식, 도구 및 데이터의 출처를 정의한다.
- 역할과 담당업무(Roles and responsibilities): 리스크관리 계획서에서 설명하는 활동 유형별 리더, 지원자, 리스크 관리 담당 팀원 지점 및 담당업무의 명확하게 기술한다.
- 자금조달(Funding): 프로젝트 리스크 관리 관련 활동을 수행하는 데 필요한 자금 파악, 우발사태 및 관리 예비비의 사용규약을 제정한다.
- 시기선정(Timing): 프로젝트 생애주기에 걸쳐 프로젝트 리스크 관리 프로세스의 수행시기와 빈도를 정의하고, 프로젝트 일정에 포함시킬 리스크관리 활동을 설정한다.
- 리스크 범주(Risk Categories): 리스크의 잠재적 원인을 보여주는 계통조인 RBS를 사용하는 것이다. 다음 아래의 표는 RBS의 예이다.

Risk breakdown structure의 예 1-계층구조형

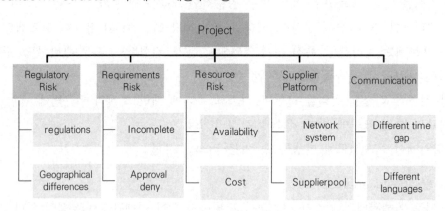

Risk Breakdown Structure의 예 2-Text형

RBS 수준 0	RBS 수준 1	RBS 수준 2
0. 프로젝트 리스크의 모든 출처	1. 기술적 리스크	1.1 범위정의
		1.2 요구사항 정의
		1.3 기술적 프로세스
		1.4 기술

RBS 수준 0	RBS 수준 1	RBS 수준 2
		1.5 기술적 인터페이스
		1.6 연구 리서치
	2. 관리 리스크	2.1 프로젝트 관리
		2.2 프로그램
		2.3 운영관리
	3. 상용 리스크	3.1 계약약관

■ 이해관계자 리스크 선호도

프로젝트에 대한 주요 이해관계자의 리스크 선호도는 리스크 관리 계획서에 기록되며 리스크 관리 계획수립 프로세스의 세부사항을 알려준다. 특히 이해관계자 리스크 선호도는 각 프로젝트 목표에 대한 측정 가능 리스크 한계선으로 표시되어야 한다. 이 한계선은 포괄적 프로젝트 리스크 노출도의 허용 수준을 결정하며, 또한 개별 프로젝트 리스크를 평가하고 우선순위를 정할 때 사용될 확률-영향 정의를 알려주는 데 사용된다.

■ 리스크 확률-영향 정의

리스크 확률-영향 수준 정의는 프로젝트 환경에 따라 다르며 조직과 주요 이해관계자의 리스크 선호도 및 한계선이 반영된다.

– 확률(Probability)에 관한 척도(Scale):

확률의 척도는 용어와 수치로 정할 수 있다.

예: 매우 적음, 적음, 보통, 확실, 거의 확실: 0.1, 0.3, 0.5, 0.7, 0.9

– 영향(Impact)에 관한 척도(Scale)

예: 매우 낮음, 낮음, 보통, 높음, 매우 높음 0.1, 0.3, 0.5, 0.7, 0.9

확률-영향 정의의 예는 다음 표와 같다.

척도	확률	+/- 프로젝트 목표에 미치는 영향		
		시간	원가	품질
매우 높음	>80%	6개월 초과	$6M 초과	전체 기능에 매우 큰 영향
높음	51-80%	3-6개월	$1M~$6M	전체 기능에 큰 영향
보통	31-50%	1-3개월	$501K~$1M	주요 기능 영역에 다소 영향
낮음	11-30%	1-4주	$100K~$500K	전체 기능에 작은 영향
매우 낮음	1-30%	1주	$100K 미만	보조 기능에 작은 영향
0	<1%	변화 없음	변화 없음	기능에 변화 없음

■ 확률-영향 매트릭스

우선순위 규칙은 조직이 프로젝트에 앞서 지정하여 조직 프로세스 자산에 포함시킬 수 있고 특정 프로젝트에 맞게 조정될 수도 있다.

확률		위협					기회					
매우 높음 0.90	0.05	0.09	0.18	0.36	0.72	0.72	0.36	0.18	0.09	0.05	매우 높음 0.90
높음 0.70	0.04	0.07	0.14	0.28	0.56	0.56	0.28	0.14	0.07	0.04	높음 0.70
보통 0.50	0.03	0.05	0.10	0.20	0.40	0.40	0.20	0.10	0.05	0.03	보통 0.50
낮음 0.30	0.02	0.03	0.06	0.12	0.24	0.24	0.12	0.06	0.03	0.02	낮음 0.30
매우 낮음 0.10	0.01	0.01	0.02	0.04	0.08	0.08	0.04	0.02	0.01	0.01	매우 낮음 0.10
	매우 낮음 0.05	낮음 0.10	보통 0.20	높음 0.40	매우 높음 0.80	매우 높음 0.80	높음 0.40	보통 0.20	낮음 0.10	매우 낮음 0.05	
			부정적 영향					긍정적 영향			

■ 보고 형식(Reporting format): 보고형식은 프로젝트 리스크관리 프로세스의 결과물을 문서화, 분석 및 의사소통 방법을 정의한다. 리스크 관리대장(Risk register)의 양식 및 리스크 관리에 필요한 문서 형식을 정의한다.

■ 추적(Tracking): 리스크 관련 활동의 모든 면이 어떻게 기록되는지 문서화하고 리스크관리 프로세스를 감시하는 방법을 문서화한다.

• Risk management plan

   A component of the project, program, or portfolio Management plan that describes how risk management Activities will be structured and performed−*PMBOK*® Guide−Sixth Edition, Glossary

리스크 선호도(Risk appetite or Risk attitude)

영어 단어 Appetite는 우리말로는 식욕, 욕구를 의미한다. 식욕, 욕구라는 의미가 Risk와 조합이 되면 리스크에 대한 식욕, 욕구 즉, 리스크를 받아들이는 성향을 말하며, 리스크 선호도, Risk appetite라고 한다. 리스크 선호도에 따라 의사 결정자의 성향을 리스크 선호자(Risk Taker), 리스크 중립자(Risk Neutral), 리스크 기피자(Risk Avoider)의 3가지 유형으로 나누어진다.

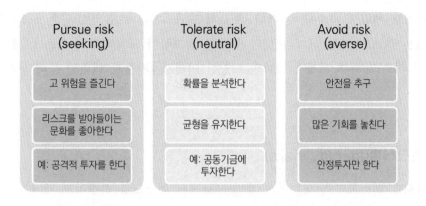

리스크 한계(Risk threshold)

리스크 한계는 조직이나 개인이 특별한 관심을 가지고 있는 리스크의 발생 확률 혹은 영향의 수준이라고 할 수 있다. 예를 들어, 여러분이 속한 조직에서는 리스크 점수가 0.7 이상은 관심 단계로 무조건 리스크 대응 계획을 세워야 한다 등의 정책이 있을 경우, 0.7이 리스크 한계라고 볼 수 있다.

리스크 허용한도(Risk tolerance)

리스크 허용한도는 개인(이해관계자) 혹은 조직이 견뎌낼 수 있는 리스크의 정도, 개수 혹은 크기이다.

리스크 책임자(Risk owner)

리스크 책임자는 리스크 식별, 리스크 분석 및 대응 계획을 세우면서 각 리스크에 대한 발생 여부, 발생시 처리 및 제거 여부에 대한 확인 등에 대해서 책임이 있는 개인 혹은 조직을 이야기 한다.

리스크 담당자(Risk actionee)

리스크 담당자는 리스크 책임자의 인솔하에 특정 리스크를 대응 방법에 따라 해결을 하는 담당자를 지칭한다. 리스크 담당자는 리스크의 발생 여부, 리스크 처리 여부, 리스크 추적에 대한 모든 사항들을 실질적으로 담당한다. 리스크 책임자와 리스크 담당자는 다른 사람일 수 있지만, 같은 사람일 수 있다.

리스크 분류 체계(RBS, Risk breakdown structure)

리스크 분류 체계는 프로젝트에 대한 리스크를 체계적으로 분류한 것으로 그 모양은 트리 모양이거나 텍스트 형태로 기술될 수 있다. 프로젝트 관리자나 프로젝트 팀은 조직 내에서 이미 보유하고 있는 리스크 분류 체계가 있다면 이를 참고하여 프로젝트의 리스크들을 식별할 수 있으며, 만약 리스크 분류 체계가 없다면 다양한 이해관계자들과 회의를 통해 새롭게 만들 수 있다.

11.2 리스크식별(Identify risks)

포괄적 프로젝트 리스크의 발생원인과 개별 프로젝트 리스크를 식별하고 각 리스크의 특성을 문서화하는 프로세스이다. 주요 이점은 개별 프로젝트 리스크와 포괄적 프로젝트 리스크의 발생원인을 문서화한다는 점이다.

- 리스크 식별 프로세스에는 프로젝트 관리자, 프로젝트 팀, 리스크 관리 팀, 고객을 포함한 모든 내·외부 이해관계자가 참여할 수 있다. 리스크에 관련된 정보를 수집하여 리스크 관리대장(Risk register)을 생성한다.
- 리스크 관리대장에 명시된 리스크들은 향후 정성적, 정량적 리스크 분석을 통해 리스크 속성을 파악하고 각 리스크별로 대응 전략을 수립하는 데 기초가 된다.
- 한 번에 모든 프로젝트 리스크를 식별하는 것은 어렵기 때문에 반복하면서 주기적으로 리스크들을 계속 식별한다.
- 리스크 식별은 프로젝트 생애주기가 진행됨에 따라 새로운 개별 프로젝트 리스크가 나타날 수 있고 포괄적 프로젝트 리스크 수준 또한 변경된다는 점에서 반복적인 프로세스이다.
- 각 리스크 식별 주기에서 반복(iteration) 및 참여 빈도는 상황에 따라 다르며 리스크관리 계획서에 정의된다.

- Identify risks—definition

  The process of identifying individual risks as well as sources of overall risk and documenting their characteristics—*PMBOK*® Guide—Sixth Edition, Glossary

(1) 프로세스(입력물/도구 및 기법/산출물)

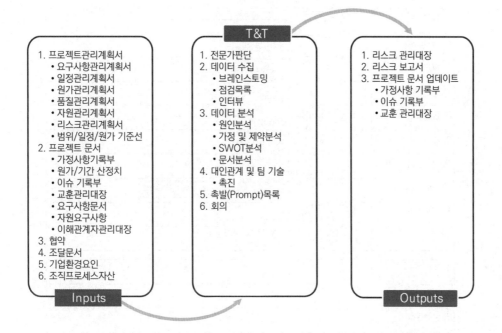

리스크식별 프로세스의 가장 핵심 입력물은 무엇인가? 너무나 많은 중요한 입력물이 많다. 리스크는 과거에서 찾고 현재에서 분석하고 미래를 예측한다. 즉 과거의 유사 프로젝트의 리스크 기록을 조직프로세스 자산에서 찾는다. Check list는 좋은 과거 기록이다. 현재에서는 리스크를 어디에서 찾을까? 역시 범위기준선의 WBS, Work package가 리스크의 식별 대상이다. 또한 가정사항 기록부의 가정 및 제약사항도 리스크 대상이다. 원가 및 기간 산정치의 폭이 큰 것도 리스크이고, 요구사항문서 및 자원 요구사항에서도 많은 리스크가 존재한다. 계약(협약)도 리스크 덩어리이다. 이런 많은 리스크 식별대상을 데이터를 잘 수집하고 분석하여 잘 범주(목록)를 만들어 회의 및 Workshop 등을 통해 식별하여 정리하여야 한다. 리스크를 식별한 문서가 리스크 관리대장이다. 리스크의 요약된 보고서가 리스크 보고서이다. 실제로 리스크 식별은 많은 분석과 노력이 지속적으로 요구되는 활동이다. 그래서 이해관계자들이 같이 협조하여 참여하고 모두 책임이라는 사명의식이 없으면 리스크 관리를 성공하기가 쉽지 않다.

(2) 프로세스 흐름도

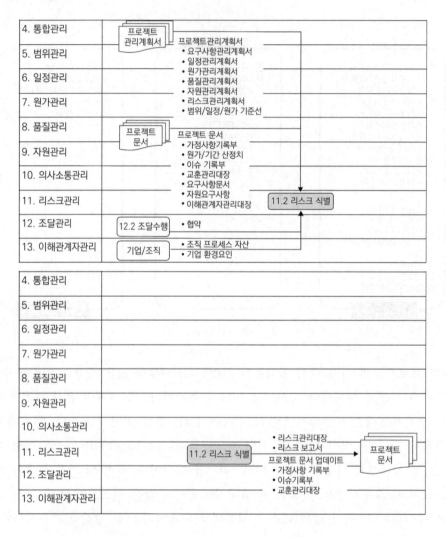

11.2.1 리스크 식별 프로세스 투입물

1. 프로젝트 관리계획서(Project management plan)

(1) 요구사항관리 계획서(Requirement management plan): 특히 위험한 프로젝트 목표를 보여 줄 수 있다.

(2) 일정관리 계획서(Schedule management plan): 불확실성 또는 모호성의 영향을 받는 영역을 식별할 수 있다.

(3) 원가관리 계획서(Cost management plan): 불확실성 또는 모호성의 영향을 받는 영역을 식별할 수 있다.

(4) 품질관리 계획서(Quality management plan): 불확실성 또는 모호성의 영향을 받거나 리스크를 유발할 수 있는 주요 가정이 도출된 영역을 식별할 수 있다. 품질 측정치 및 품질 기준에 대한 설명이 있는 품질관리 계획서를 참고한다. 품질 관련 관리프로세스가 허술하면 리스크가 크다.

(5) 자원관리 계획서(Resource management plan): 불확실성 또는 모호성의 영향을 받거나 리스크를 유발할 수 있는 주요 가정이 도출된 영역을 식별할 수 있다. 프로젝트에 투입되는 자원들을 정의하고, 조직하고, 관리하고, 해제하는 것뿐만 아니라, 인적자원에 대한 책임과 역할, 조직도, 직원 관리 계획 등의 중요한 내용들이 기술되어 있어 이것들을 참고한다. 인력관리부분은 리스크가 매우 크다. 직원관리 계획이 제대로 되어있지 않으면 직원이 회사를 떠나는 이유가 될 수도 있다.

(6) 리스크관리 계획서(Risk management plan): 리스크 관련 역할과 책임에 대한 정보를 제공하고 예산과 일정에 리스크관리 활동이 포함되는 방식을 나타내며 리스크분류체계로 표시될 수 있는 리스크 범주를 기술한다.

(7) 범위 기준선(Scope baseline): 인도물과 수용기준이 포함되며 그 중 일부는 리스크를 유발할 수 있다. 또한 리스크 식별 기법을 구조화하기 위한 프레임워크로 사용될 수 있는 작업분류체계(WBS)도 포함된다. 프로젝트 범위 기술서에 포함된 가정(Assumptions) 사항들의 불확실성은 프로젝트 리스크의 원인으로 고려되어야 하며, 범위 기준선에 포함된 WBS는 프로젝트의 범위와 관련된 리스크 사항이 무엇이 있을지 식별하는 데 도움을 주기 때문에 이를 참고한다.

(8) 일정 기준선(Schedule baseline): 리스크를 유발할 수 있는 주요 가정사항이 도출되거나, 혹은 불확실성 또는 모호성의 영향을 받는 마일스톤과 인도물의 완료 일을 식별하기 위해 일정 기준선이 검토될 수 있다.

(9) 원가 기준선(Cost baseline): 리스크를 유발할 수 있는 주요 가정사항이 도출되거나, 혹은 불확실성 또는 모호성의 영향을 받는 원가 또는 자금 요구사항을 식별하기 위해 일정 기준선이 검토될 수 있다.

2. 프로젝트 문서(Project documents)

(1) 가정사항 기록부(Assumption log): 기록된 가정 및 제약 사항은 포괄적 프로젝트 리스크 수준에 영향을 줄 수 있고 개별 프로젝트 리스크도 유발할 수 있다.

(2) 원가 산정치(Cost estimates): 원가 산정치는 리스크 정도를 나타내며 이상적으로는 범위로 표시되는 프로젝트 원가에 대한 정량적 평가를 제공한다. 원가산정치는 해당 활동을 완료하는 데 얼마만큼의 자금이 들어가는지에 대한 예측이므로 실제로 각 활동에 대한 산정치가 제대로 추정된 것인지 아닌지에 대한 것을 검토할 필요가 있다. 추정치의 산정치 폭이 클수록 불확실성이 많은 것이므로 이를 리스크 식별에 반영한다.

(3) 기간 산정치(Duration estimates): 기간 산정치는 리스크 정도를 나타내며 이상적으로는 범위로 표시되는 프로젝트 기간에 대한 정량적 평가를 제공한다. 체계적인 문서 검토를 통해 현재 산정치가 충분하지 않고 프로젝트에 리스크를 유발하는 것으로 나타날 수 있다. 기간 산정치 역시 원가 산정치와 마찬가지로 산정치의 폭이 크다는 것은 불확실성이 커서 산정에 어려움이 많다는 것이다.

(4) 이슈 기록부(Issue log): 기록된 이슈는 포괄적 프로젝트 리스크 수준에 영향을 줄 수 있고 개별 프로젝트 리스크도 유발할 수 있다.

(5) 교훈 관리대장(Lessons learned): 이전 프로젝트 단계에서 식별된 리스크에 대해 얻은 교훈을 검토하여 나머지 프로젝트 기간 동안 유사한 리스크가 재발할 수 있는지 여부를 판별할 수 있다.

(6) 요구사항 문서(Requirements documentation): 요구사항 문서에는 프로젝트 요구사항이 나열되며 팀은 이 문서를 통해 리스크가 될 수 있는 요구사항을 식별할 수 있다.

(7) 자원 요구사항(Resource requirements): 자원 요구사항은 리스크 정도를 나타내며 이상적으로는 범위로 표시되는 프로젝트 자원 요구사항에 대한 정량적 평가를 제공한다.

(8) 이해관계자 관리대장(Stakeholder register): 프로젝트 리스크를 식별하는 데 참여할 수 있는 개인 또는 그룹이 표시된다. 또한 리스크 담당자 역할을 수행할 수 있는 개인에 대한 정보를 제공한다. 여러 이해관계자들로부터 인터뷰나 회의를 통해 리스크 정보를 얻을 수 있고, 또한 적극적으로 프로젝트 리스크 식별 활동에 참여시키기 위하여 이해관계자 관리대장을 참고한다.

3. 협약(Agreements)

프로젝트에 외부 자원을 조달해야 하는 경우 마일스톤 날짜, 계약 유형, 승인 기준, 그리고 위협 또는 기회로 표현될 수 있는 보상 및 위약금과 같은 정보가 협약에 포함될 수도 있다.

4. 조달 문서(Procurement documentation)

프로젝트에 외부 자원을 조달해야 하는 경우 초기 조달 문서를 검토해야 한다. 조직 외부에서 재화와 서비스를 조달하는 경우 포괄적 프로젝트 리스크를 증가 또는 감소시킬 수 있고 추가적인 개별 프로젝트 리스크가 생길 수 있기 때문이다. 프로젝트 전 과정에서 조달 문서가 업데이트되므로 최신 문서에서 리스크를 검토할 수 있다. 이러한 문서의 예로는 판매자 성과 보고서, 변경요청 및 검사 정보를 들 수 있다.

5. 기업환경 요인(Enterprise environmental factors)

다음은 리스크 식별 프로세스에 영향을 미칠 수 있는 기업환경요인의 일부 예이다.

- 상용 리스크 데이터베이스 또는 점검목록을 포함하는 공개 자료
- 학술연구 데이터, 벤치마킹 결과, 그리고 유사 프로젝트에 대한 산업 연구

6. 조직 프로세스 자산(Organizational process assets)

다음은 리스크 식별 프로세스에 영향을 미칠 수 있는 조직 프로세스 자산의 일부 예이다.

- 실제 데이터를 포함한 프로젝트 파일
- 조직 및 프로젝트 프로세스 통제
- 리스크 설명 형식, 이전 유사 프로젝트의 점검목록
- 과거 유사한 프로젝트의 리스크 정보와 교훈 등을 이용한다.

11.2.2 리스크 식별 프로세스 도구 및 기법

1. 전문가 판단(Expert judgment)

유사 프로젝트 또는 비즈니스 영역에 대한 전문지식을 갖춘 개인 또는 그룹의 전문성이 고려되어야 한다. 프로젝트 관리자가 해당 전문가들을 선별하고 이전 경험과 전문 분야를 기반으로 개별 프로젝트 리스크의 모든 측면과 포괄적 프로젝트 리스크의 원인을 고려해야 한다. 이 과정에서 전문가의 편견도 고려해야 한다.

2. 데이터 수집(Data gathering)

(1) 브레인스토밍(Brainstorming): 브레인스토밍의 목표는 개별 프로젝트 리스크와 포괄적 프로젝트 리스크 원인의 종합적인 목록을 완성하는 것이다.

- 일반적으로 프로젝트팀은 팀원이 아닌 다양한 분야의 전문가들과 브레인스토밍을 수행한다. 자유로운 형식의 브레인스토밍 세션이나 체계적인 기법을 사용하여 촉진자의 통솔 아래 아이디어를 도출한다.
- 리스크분류체계(RBS)에 리스크 범주는 프레임워크로 활용할 수 있다. 기법에 따라 완전하지 않은 아이디어가 도출될 수 있으므로 브레인스토밍을 통해 식별된 리스크를 명확하게 설명하기 위해 특별한 주의를 기울여야 한다.

(2) 점검목록(Checklists): 점검목록은 고려해야 할 항목, 행위 또는 사항의 목록이다. 이는 종종 미리 알림으로 사용된다.

- 유사 프로젝트 및 다른 여러 정보 출처에서 축적된 선례정보와 지식을 바탕으로 리스크 점검목록을 개발한다. 점검목록은 완료된 유사 프로젝트에서 교훈을 습득할 수 있는 효과적인 방법으로, 이전에 발생했고 이 프로젝트와 관련이 있을 수 있는 특정 개별 프로젝트 리스크가 나열된다.
- 조직은 자체적으로 완료한 프로젝트에 기반한 리스크 점검목록을 유지하거나 업계의 일반 리스크 점검목록을 사용할 수 있다.
- 점검목록은 빠르고 간단하게 사용할 수 있는 반면, 철저한 분석이 될 수 없으므로 적절한 리스크 식별의 노력을 피하기 위한 목적으로 점검목록을 사용하지 않도록 주의해야 한다.

프로젝트팀은 점검목록에 없는 항목에 대한 조사도 빠뜨리지 않도록 한다. 점검목록을 때때로 검토하여 새로운 정보를 업데이트하고 오래된 정보는 제거 또는 보관해야 한다.

(3) 인터뷰(Interviews): 경험 많은 프로젝트 참가자, 이해관계자 및 주제 전문가를 인터뷰하여 개별 프로젝트 리스크와 포괄적 프로젝트 리스크의 원인을 식별할 수 있다. 정직하고 편견 없는 참여를 장려하기 위해 인터뷰는 신뢰가 바탕이 된 기밀 유지 환경에서 수행해야 한다.

3. 데이터 분석(Data analysis)

(1) 근본원인분석(Root cause analysis): 일반적으로 문제를 초래하는 근본적인 원인을 파악하고 예방 조치를 개발하는 데 사용된다.

- 이것은 문제 설명(예: 프로젝트가 지연되거나 예산이 초과될 수 있음)으로 시작하여 위협을 식별하고, 문제가 발생할 수 있는 위협을 탐색하는 데 사용할 수 있다.
- 동일한 기법을 활용하여 편익 기술(예: 조기 납품 도는 예산 절감)로 시작하고 그러한 편익이 실현될 수 있는 기회를 모색함으로써 기회를 찾을 수 있다.

(2) 가정 및 제약사항 분석(Assumption and constraint analysis): 모든 프로젝트와 프로젝트관리 계획서는 가정사항과 일련의 제약사항을 기반으로 구상 및 개발된다. 이들 가정 및 제약사항은 일반적으로 이미 범위 기준선과 프로젝트 산정 치에 포함되어 있다.

- 가정 및 제약사항 분석은 가정과 제약사항의 유효성을 검사하여 프로젝트에 영향을 미치는 리스크를 결정한다.
- 가정사항의 부정확성, 불안정성, 불일치성 또는 불완전성으로 인해 위협이 식별될 수 있다.
- 제약사항은 프로젝트 또는 프로세스 실행에 영향을 미치는 제한 요인을 제거 또는 완화시켜 기회를 만들어낼 수 있다.

(3) SWOT 분석(SWOT analysis): 이 기법은 각각의 강점, 약점, 기회 및 위협 관점에서 프로젝트를 검토한다. 리스크 식별을 위해서 SWOT 분석은 내부에서 발생한 리스크를 포함시켜 식별된 리스크의 범위를 확장하는 데 사용된다.

- 일반적으로 프로젝트, 조직 또는 사업 영역에 중점을 두고 조직의 강점과 약점을 식별하는 일로 SWOT 분석을 시작한다. 그런 다음, 강점에서 창출되는 프로젝트 기회를 식별하고, 약점에서 기인하는 위협을 식별한다.
- 이 분석은 또한 조직의 강점이 위협을 상쇄할 수 있는 정도를 검토하고 약점이 기회를 방해할 수 있는지의 여부를 판별한다.

(4) 문서 분석(Document analysis): 체계적인 검토를 통해 리스크를 식별할 수 있는 프로젝트 문서로는 계획, 가정, 제약, 이전 프로젝트 파일, 계약, 협약 및 기술 문서가 있으며 이에 제한되지 않는다. 프로젝트 문서의 불확실성 또는 모호성과 문서 내부 또는 다른 문서 간의 불확실성은 프로젝트 리스크의 지표가 될 수 있다.

4. 대인관계 및 팀 기술(Interpersonal and team skills)

대표적으로 촉진은 개별 프로젝트 리스크와 포괄적 프로젝트 리스크 원인을 식별하는 데 사용되는 많은 기법의 효과를 향상시킨다. 기량이 뛰어난 촉진자가 참석자들이 리스크 식별 작업에 집중하고 기법과 관련된 방법을 정확하게 따르며 리스크를 명확하게 설명하고 편견 원인을 식별 및 극복하고 발생 가능한 의견 충돌을 해결하는 데 도움을 줄 수 있다.

5. 촉발목록(Prompt lists)

- 촉발(prompt) 목록은 개별 프로젝트 리스크를 초래하고 포괄적 프로젝트 리스크의 유발원 역할도 할 수 있는 리스크 범주의 사전 결정된 목록이다.
- 촉발(prompt) 목록은 리스크 식별 기법을 사용할 때 프로젝트팀의 아이디어 생성에 도움을 주는 프레임워크로 사용할 수 있다. 리스크분류체계에서 가장 단계가 낮은 리스크 범주를 개별 프로젝트 리스크의 촉발(prompt) 목록으로 사용할 수 있다.
- 포괄적 프로젝트 리스크의 원인을 식별하는 데는 다음과 같은 범주를 생성하기도 한다.
  - PESTLE: Political, Economic, Social, Technological, Legal, Environmental
  - TECOP: 기술적(technical), 환경적(environmental), 상업적(commercial), 운영적(operational), 정치적(political)
  - VUCA: 휘발성(volatility), 불확실성(uncertainty), 복잡성(complexity), 모호성(ambiguity)와 같은 일반적인 전략적 프레임워크가 보다 적합하다.

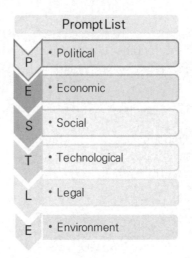

6. 회의(Meetings)

리스크 식별을 수행하기 위해 프로젝트팀이 특별한 회의(일반적으로 리스크 워크숍이라고 함)를 열 수 있다. 대부분의 리스크 워크숍에는 일정 형식의 브레인스토밍이 포함되지만 리스크관리 계획서에 정의된 리스크 프로세스에 따라 다른 리스크 식별 기법이 포함될 수도 있다.

• 기량이 뛰어난 촉진자를 참여시킴으로써 회의의 효과를 향상시킬 수 있다. 또한 리스크 워크숍에는 적절한 대상자가 참가해야 한다. 대규모 프로젝트의 경우 프로젝트 스폰서, 관련 분야 전문가, 판매자, 고객 대표 또는 기타 프로젝트 이해관계자가 참석하는 것이 적절하다. 소규모 프로젝트의 리스크 워크숍은 프로젝트팀 일부로 제한될 수 있다.

▦ Delphi technique

델파이 기법은 전문가들로부터 익명으로 리스크 식별과 관련하여 리스크를 식별하는 데 사용된다. 퍼실리테이터가 전문가들을 조율하여 의견을 수집하는 기법이다.

11.2.3 리스크 식별 프로세스 산출물

1. 리스크 관리대장(Risk register)

식별된 개별 프로젝트 리스크에 대한 상세 정보가 기록된다. 정성적 리스크분석 수행, 리스크 대응 계획수립, 리스크대응 실행 및 리스크 감시 프로세스는 프로젝트 전체에서 수행되므로 그 결과가 리스크 관리대장에 기록된다. 리스크 관리대장에는 규모, 복잡성과 같은 프로젝트 변수에 따라 제한적이거나 광범위한 리스크 정보가 포함될 수 있다. 리스크 식별 프로세스가 완료된 후 리스크 관리대장에 포함될 수 있는 내용의 일부 예는 다음과 같다.

(1) 식별된 리스크 목록: 개별 프로젝트 리스크는 리스크 관리대장에서 각각 고유한 식별자가 부여된다. 식별된 리스크는 명확한 이해를 위해 최대한 자세하게 설명된다. 구조화된 리스크 설명을 통해 리스크와 그 원인 및 영향을 구분할 수 있다.

(2) 잠재적 리스크 담당자: 리스크 식별 프로세스에서 잠재적 리스크 담당자가 식별되면 해당 리스크 담당자는 리스크 관리대장에 기록된다. 이 리스크 담당자는 정성적 리스크분석 수행 프로세스에서 확정된다.

(3) 잠재적 리스크대응 목록: 리스크 식별 프로세스에서 잠재적 리스크대응이 식별되면 해당 리스크대응은 리스크 관리대장에 기록된다. 이 리스크대응은 정성적 리스크분석 수행 프로세스에서 확정된다.

2. 리스크 보고서(Risk report)

리스크 보고서에는 식별된 개별 프로젝트 리스크에 대한 요약 정보와 함께 포괄적 프로젝트 리스크 원인에 대한 정보가 지정된다. 리스크 보고서는 프로젝트 리스크관리 프로세스 전반에 걸쳐 점진적으로 개발된다. 정성적 리스크분석 수행, 정량적 리스크분석 수행, 리스크대응 계획수립, 리스크대응 실행 및 리스크 감시 프로세스가 완료되면 그 결과 또한 리스크 보고서에 포함된다. 리스크 식별 프로세스가 완료된 후 리스크 보고서에 포함되는 정보의 일부 예는 다음과 같다.

- 포괄적 프로젝트 리스크 노출도의 가장 중요한 요인을 나타내는 포괄적 프로젝트 리스크 유발원
- 식별된 위협 및 기회, 리스크 범주에서의 리스크 분포, 지표 및 추세 등과 같은 식별된 개별 프로젝트 리스크에 대한 요약 정보

리스크관리 계획서에 지정된 보고 요구사항에 따라 리스크 보고서에 추가 정보가 포함될 수 있다.

• Risk report

A project document developed progressively throughout the Project Risk Management processes, which summarizes information on individual project risks and the level of overall project risk—*PMBOK*® Guide—Sixth Edition, Glossary

2. 프로젝트 문서 업데이트(Project documents updates)

다음은 이 프로세스의 결과로 업데이트될 수 있는 프로젝트 문서의 일부 예이다.

(1) 가정사항 기록부(Assumption log): 원가산정 프로세스 도중 새로운 가정사항이 도출되거나 새로운 제약이 식별될 수 있고, 기존 가정사항 또는 제약사항이 개정되고 변경될 수 있다. 가정사항 기록부는 새로운 정보를 반영하여 업데이트해야 한다.

(2) 이슈 기록부(Issue log): 현재 기록된 이슈의 변경사항이나 기록되지 않은 새로운 이슈를 기록하기 위해 이슈 기록부를 업데이트해야 한다.

(3) 교훈 관리대장(Lessons learned): 교훈 관리대장은 후속 단계 또는 다른 프로젝트의 성과를 향상시키기 위해 리스크를 식별하는 데 효과적인 기법에 대한 정보로 업데이트될 수 있다.

Risk trigger

리스크는 나타날 조짐을 나타내는 것으로 Risk trigger의 동의어로는 Risk symptoms, warning sign 등이 있다.

Risk register flow

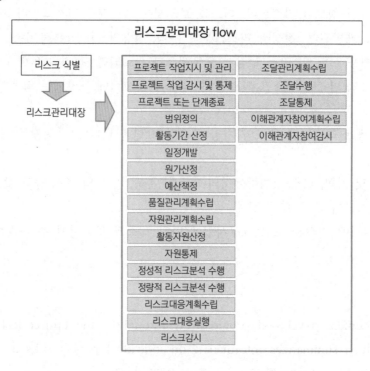

Risk report flow

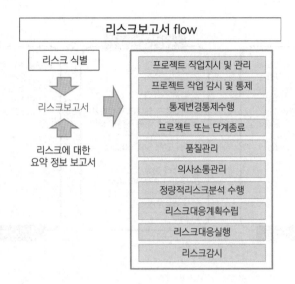

11.3 정성적 리스크 분석 수행(Perform qualitative risk analysis)

정성적 리스크분석 수행은 리스크의 발생 확률과 영향, 그 밖의 특성을 평가하여 추가 분석 또는 조치를 위한 개별 리스크들의 우선순위를 결정하는 프로세스이다. 이 프로세스의 주요 이점은 우선순위가 높은 리스크에 집중할 수 있다는 점이다. 프로젝트 전반에 걸쳐 이 프로세스가 수행된다.

- 정성적 리스크 분석 수행 프로세스는 리스크의 발생 확률과 리스크 발생시의 영향도를 각각 정성적인 방법을 사용하여 측정하고, 이를 결합하여 리스크 점수(Risk score)로 산정한 후, 점수가 높은 리스크에 대해서 추가적인 분석을 하거나 어떤 조치를 취하기 위해 점수가 높은 순서대로 정렬하는 프로세스이다.

- 정성적 리스크 분석 수행 프로세스는 빠르고, 적은 비용으로 리스크 대응 계획 수립을 하기 위한 좋은 방법이며, 필요에 따라 이후에 정량적 리스크 분석 수행 프로세스를 수행할 수도 있고, 정성적 리스크 분석 수행 후 바로 리스크 대응 계획 수립 프로세스로 넘어갈 수 있다.

• Perform qualitative risk analysis—definition

The process of prioritizing individual project risks for further Analysis or action by assessing their probability of occurrence and impact as well as other characteristics――PMBOK® Guide—Sixth Edition, Glossary

(1) 프로세스(입력물/도구 및 기법/산출물)

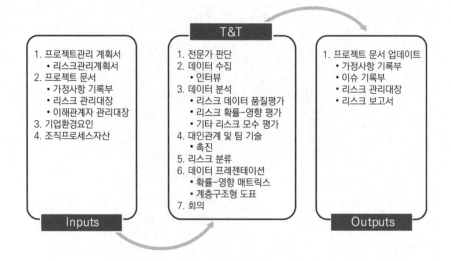

정성적 리스크분석수행 프로세스의 가장 중요한 입력물은 무엇인가? 역시 리스크 관리대장이다. 리스크 관리대장을 대상으로 확률과 영향 평가를 수행하여 정성적 리스크(예: High, Moderate, Low risk) 결과를 만들어 내어 리스크 관리대장에 업데이트한다. 리스크의 확률 영향 평가를 신뢰성 있게 하려면 리스크의 데이터 품질을 평가한다. 리스크 평가는 회의나 Workshop을 통해 이해관계자들이 같이 참여하여 실시하며 확률－영향 매트릭스 같은 비주얼 도표를 이용하면 효과적으로 리스크 분포를 표시할 수 있다.

(2) 프로세스 흐름도

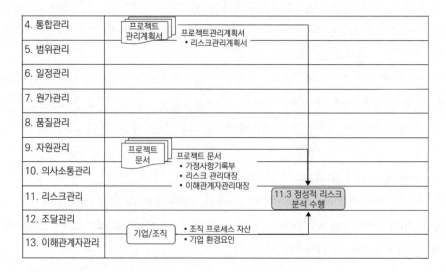

4. 통합관리	
5. 범위관리	
6. 일정관리	
7. 원가관리	
8. 품질관리	
9. 자원관리	
10. 의사소통관리	
11. 리스크관리	11.3 정성적 리스크 분석 수행 → 프로젝트 문서 업데이트 • 가정사항 기록부 • 이슈기록부 • 리스크관리대장 • 리스크 보고서 → 프로젝트 문서
12. 조달관리	
13. 이해관계자관리	

필요한 경우 리스크관리 계획서에 정의된 대로 프로젝트 생애주기 전반에서 정기적으로 정성적 리스크분석 수행 프로세스를 수행한다. 일반적으로 애자일 개발 환경에서는 정성적 리스크 분석 수행 프로세스가 각 반복(iteration)을 시작하기 전에 수행된다.

11.3.1 정성적 리스크분석 수행 프로세스 투입물

1. 프로젝트관리 계획서(Project management plan)

(1) 리스크관리 계획서(Risk management plan): 리스크관리 수행을 위한 역할 및 담당업무, 리스크관리 예산, 리스크관리 일정활동, 리스크 범주(일반적으로 리스크분류체계에 정의된다), 확률-영향의 정의, 확률-영향 매트릭스 그리고 이해관계자의 리스크 한계선이다. 사전 준비한 P-I Matrix를 주요 도구로 사용한다.

2. 프로젝트 문서(Project documents)

다음은 이 프로세스의 투입물로 고려될 수 있는 프로젝트 문서의 일부 예이다.

(1) 가정사항 기록부(Assumption log): 프로젝트에 영향을 줄 수 있는 주요 가정사항과 제약사항을 식별, 관리 및 감시하는 데 사용된다. 이것은 개별 프로젝트 리스크의 우선순위 평가 결과를 알려줄 수 있다.

(2) 리스크 관리대장(Risk register): 정성적 리스크분석 수행 프로세스에서 평가될 각각의 식별된 개별 프로젝트 리스크에 대한 상세 정보를 제공한다.

(3) 이해관계자 관리대장(Stakeholder register): 리스크 담당자로 지명될 수 있는 프로젝트 이해관계자에 대한 상세 정보를 제공한다.

3. 기업환경 요인(Enterprise environmental factors)

다음은 정성적 리스크분석 수행에 영향을 미칠 수 있는 기업환경요인의 일부 예이다.

- 유사 프로젝트에 대한 산업 연구
- 상용 리스크 데이터베이스 또는 점검목록을 포함하는 공개 자료
- 유사한 리스크관리 전문가의 연구결과, 산업체에서 사용되는 리스크 데이터베이스

4. 조직 프로세스 자산(Organizational process assets)

정성적 리스크분석 수행에 영향을 미칠 수 있는 조직 프로세스 자산의 예로 완료된 유사 프로젝트에서 얻은 정보가 있으며 이에 제한되지 않는다. 리스크분석과정 수행에 영향을 미칠 수 있는 조직자산, 이전 유사한 프로젝트정보 등이 있다.

11.3.2 정성적 리스크 분석 수행 프로세스 도구 및 기법

1. 전문가 판단(Expert judgment)

다음 주제에 대한 전문교육을 이수했거나 지식을 갖춘 집단 또는 개인이 제공하는 전문성을 고려해야 한다. 과거 유사한 프로젝트 및 정성적 리스크분석과 관련하여 전문가 판단을 한다. 전문가 판단은 일반적으로 리스크 워크숍 또는 인터뷰를 통해 얻는다. 이 프로세스에서는 전문가 의견에 편견이 개입될 가능성을 고려해야 한다. 리스크의 각성을 전문가가 판단할 수 있다.

2. 데이터 수집(Data gathering)

데이터수집기법의 예로 인터뷰가 있다. 구조적 또는 준구조적 인터뷰를 통해 개별 프로젝트 리스크의 확률 및 영향과 기타 요인을 평가할 수 있다. 인터뷰 언어는 정직하고 편견 없는 평가를 위해 신뢰를 바탕으로 기밀 유지가 보장되는 인터뷰 환경을 조성해야 한다.

3. 데이터 분석(Data analysis)

다음은 이 프로세스에서 사용할 수 있는 데이터분석기법의 일부 예이다.

(1) 리스크 데이터 품질평가(Risk data quality assessment): 리스크 데이터 품질평가는 정성적 리스크분석의 기초가 되는 개별 프로젝트 리스크에 대한 정보의 정확도와 신뢰도를 평가한다.

- 낮은 품질의 리스크 데이터를 사용하면 프로젝트에 거의 쓸모가 없는 정량적 리스크분석 결과가 산출될 수 있다. 데이터의 품질이 허용될 수 없는 수준이면 더 우수한 데이터를 수집할 필요가 있다.

- 리스크 데이터 품질은 완전성, 객관성, 관련성 및 적시성과 같은 다양한 특성에 대한 프로젝트 이해관계자의 인식을 측정하는 설문지를 통해 평가할 수 있다.

(2) 리스크 확률-영향 평가(Risk probability and impact assessment): 리스크 확률 평가는 특정 리스크의 발생 가능성을 고려한다.

- 리스크 영향 평가는 일정, 원가, 품질 또는 성과와 같은 하나 이상의 프로젝트 목표에 대한 잠재적인 영향을 고려한다.

- 식별된 개별 프로젝트 리스크마다 확률과 영향을 평가한다. 회의나 인터뷰를 통해 각 리스크의 발생 확률과 리스크가 각 목표에 미치는 영향을 평가한다.
- 이해관계자들이 인지하는 확률－영향 수준의 차이가 예상되므로 그 차이를 검토해야 한다. 리스크 확률－영향은 리스크관리 계획서에 명시된 정의를 사용하여 평가한다. 확률－영향이 적은 리스크는 리스크 관리대장의 향후 감시 목록에 추가한다.

(3) 기타 리스크 모수 평가(Assessment of other risk parameters): 프로젝트팀은 향후 분석 및 조치를 위한 개별 프로젝트 리스크의 우선순위를 지정할 때 확률－영향 이외의 기타 리스크 특성도 고려할 수 있다. 다음은 이러한 특성의 일부 예이다.

- 긴급성(Urgency): 리스크 대응조치를 효과적으로 구현할 수 있는 기간으로, 기간이 짧을수록 높은 긴급성을 나타낸다.
- 근접성(Proximity): 리스크가 하나 이상의 프로젝트 목표에 영향을 미칠 수 있을 때까지의 기간으로, 기간이 짧을수록 높은 근접성을 나타낸다.
- 휴면성(Dormancy): 리스크가 발생한 후 그 영향을 발견하기 전까지의 잠복 기간으로, 기간이 짧을수록 낮은 휴면성이다.
- 관리성(Manageability): 리스크 담당자(또는 담당 조직)가 리스크 발생 또는 영향을 쉽게 관리할 수 있는 정도로, 관리가 용이하면 관리성이 높은 것이다.
- 통제성(Controllability): 리스크 담당자(또는 담당 조직)가 리스크 결과를 통제할 수 있는 정도로, 결과를 쉽게 통제할 수 있으면 통제성이 높은 것이다.
- 확인가능성(Detectability): 리스크 발생 결과 또는 발생 가능성을 쉽게 확인하고 인식할 수 있는 정도로, 리스크 발생을 쉽게 확인할 수 있으면 확인가능성이 높은 것이다.
- 연결성(Connectivity): 리스크와 다른 개별 프로젝트 리스크와의 관련 정도로, 리스크가 다른 많은 리스크와 연결되어 있으면 연결성이 높은 것이다.
- 전략적 영향(Strategic impact): 리스크가 조직의 전략 목표에 긍정적 또는 부정적 영향을 미칠 수 있는 잠재적 가능성이다. 리스크가 전략 목표에 큰 영향을 미치면 전략적 영향이 큰 것이다.
- 관련성(Propinquity): 한 명 또는 그 이상의 이해관계자가 리스크를 중요하게 인식하는 정도로, 리스크가 매우 중요하게 인식되면 관련성이 높은 것이다.

이러한 특성을 고려함으로써 확률과 영향만 평가하는 것보다 강력한 리스크 우선순위를 제공할 수 있다.

4. 대인관계 및 팀 기술(Interpersonal and team skills)

- 이 프로세스에 사용할 수 있는 대인관계 및 팀 기술의 예로 촉진이 있으며 이에 제한되지 않는다. 촉진은 개별 프로젝트 리스크에 대한 정성적 분석의 효과를 향상시킨다.
- 기량이 뛰어난 촉진자는 참석자들이 리스크 분석 작업에 집중하고 기법과 관련된 방법을 정확하게 따르며 확률－영향 평가에 대한 합의를 도출하고 편견 원인을 식별 및 극복하고

발생 가능한 의견 충돌을 해결하는 데 도움을 줄 수 있다.

5. 리스크 분류(Risk categorization)

■ 프로젝트 리스크를 리스크 원인, 예를 들어 리스크분류체계(RBS)를 사용한다.

■ 공통적인 근본 원인별로도 리스크를 분류할 수 있다. 프로젝트에 사용될 수 있는 리스크 범주는 리스크관리 계획서에 정의된다.

■ 리스크를 범주별로 분류하면 리스크 노출도가 가장 높은 영역에 주의와 노력을 집중시키거나 관련 리스크 해결을 위한 일반 리스크 대응책을 개발함으로써 보다 효과적인 리스크 대응책을 개발할 수 있다.

6. 데이터 표현(Data representation)

다음은 이 프로세스에서 사용할 수 있는 데이터 표현 기법의 일부 예이다.

(1) 확률-영향 매트릭스(Probability and impact matrix): 확률-영향 매트릭스는 각 리스크의 발생 가능성과 리스크가 발생할 경우 프로젝트 목표에 미치는 영향을 연결해 보여주는 상관 관계표이다.

■ 이 매트릭스는 개별 프로젝트 리스크를 우선순위 그룹으로 분류할 수 있는 확률-영향 조합을 표현한다.

■ 확률-영향 기반의 심층 분석과 리스크 대응 계획수립을 위해 리스크 우선순위를 매길 수 있다. 리스크관리 계획서에 지정된 대로 프로젝트에 대한 확률-영향 정의를 사용하여 각 개별 프로젝트 리스크의 발생 확률과 리스크 발생 시 하나 이상의 프로젝트 목표에 미치는 영향을 평가한다.

■ 개별 프로젝트 리스크마다 확률-영향 매트릭스를 사용하여 평가된 확률-영향의 조합을 기반으로 하는 우선순위가 지정된다.

Probability	위협(Threats)					기회(Opportunities)					Probability
Very High 0.90	0.05	0.09	0.18	0.36	0.72	0.72	0.36	0.18	0.09	0.05	Very High 0.90
High 0.70	0.04	0.07	0.14	0.28	0.56	0.56	0.14	0.14	0.07	0.04	High 0.70
Medium 0.50	0.02	0.05	0.10	0.20	0.40	0.40	0.20	0.10	0.05	0.03	Medium 0.50
Low 0.30	0.01	0.03	0.06	0.12	0.24	0.24	0.12	0.06	0.02	0.02	Low 0.30
Very Low 0.10	0.01	0.01	0.02	0.04	0.08	0.08	0.04	0.02	0.01	0.01	Very Low 0.10

Negative Impact   Positive Impact

Adapted from: PMBOK® Guide-Sixth Edition, Table 11-5, p. 408

(2) 계층구조형 도표(Hierarchical charts): 두 개 이상의 모수를 사용하여 리스크를 분류한 경
우에는 확률–영향 매트릭스를 사용할 수 없으며 다른 그래픽 표시가 필요하다. 예를 들어
버블 차트는 각 리스크를 디스크(버블)로 나타내고 3가지 모수가 x–축 값, y–축 값, 버블
크기로 표시되는 3차원 데이터를 표시한다. 아래 그림의 버블 차트 예는 확인가능성과 근
접성을 x, y축에 나타냈으며 영향 값이 버블 크기로 표시된다.

■ 확인가능성, 근접성 및 영향 값을 보여주는 버블 차트 예

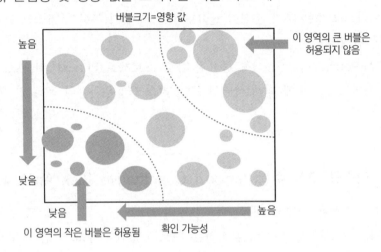

7. 회의(Meetings)

■ 프로젝트팀은 정성적 리스크분석을 수행하기 위해 식별된 개별 프로젝트 리스크만 논의하
는 특화된 회의(일반적으로 리스크 워크숍이라고 함)를 열 수 있다.

■ 회의의 목적에는 이전에 식별된 리스크 검토, 확률–영향(기타 리스크 모수 포함 가능) 평가,
분류 및 우선순위 지정이 포함된다. 정성적 리스크분석 수행 프로세스의 일부로 개별 프로
젝트 리스크마다 적절한 리스크대응 계획수립과 리스크 관리 진행 상황 보고를 담당하는
리스크 담당자가 배정된다.

■ 회의는 분석에 사용될 확률–영향 평가 기준을 검토, 확정하는 것으로 시작된다. 이 회의에
서는 또한 토론을 통해 추가 리스크를 식별할 수 있으며 해당 리스크는 분석을 위해 기록
되어야 한다. 기량이 뛰어난 촉진자를 참여시킴으로써 회의의 효과를 향상시킬 수 있다.

11.3.3 정성적 리스크 분석 수행 프로세스 산출물

1. 프로젝트 문서 업데이트(Project documents updates)
다음은 이 프로세스를 수행한 결과로 업데이트될 수 있는 프로젝트 문서의 일부 예이다.

(1) 가정사항 기록부(Assumption log): 정성적 리스크분석 수행 프로세스 도중 새로운 가정사
항이 도출되거나 새로운 제약사항이 식별될 수 있고, 기존 가정사항 또는 제약사항이 개정

되고 변경될 수 있다. 가정사항 기록부는 새로운 정보를 반영하여 업데이트해야 한다.

(2) 이슈 기록부(Issue log): 현재 기록된 이슈의 변경사항이나 기록되지 않은 새로운 이슈를 기록하기 위해 이슈 기록부를 업데이트해야 한다.

(3) 리스크 관리대장(Risk register): 리스크 관리대장은 정성적 리스크분석 수행 프로세스에서 생성된 새로운 정보로 업데이트된다. 각 개별 프로젝트 리스크의 확률 및 영향 평가, 우선 순위 등급 또는 점수, 지명된 리스크 담당자, 리스크 긴급성 정보 또는 리스크 분류, 우선 순위가 낮은 리스크 또는 추가 분석이 필요한 리스크 감시 목록이 리스크 관리대장 업데이트에 포함될 수 있다.

(4) 리스크 보고서(Report report): 가장 중요한 개별 프로젝트 리스크(일반적으로 확률과 영향이 가장 큰 리스크)와 프로젝트에 대해 식별된 모든 리스크의 우선순위 목록 및 요약 결론을 반영한다.

11.4 정량적 리스크 분석 수행(Perform Quantitative Risk Analysis)

정량적 리스크분석 수행은 식별된 개별 프로젝트 리스크와 그 밖의 전체 프로젝트 목표에 영향을 미치는 불확실성 원인을 수치로 분석하는 프로세스이다. 주요 이점은 포괄적 프로젝트 리스크 노출도를 수치화하고 리스크 대응 계획을 뒷받침할 추가적인 정량적 리스크 정보를 제공할 수 있다.

정량적 리스크 분석 수행 프로세스는 정성적 리스크 분석을 통해 우선순위를 매긴 목록에서 상위에 속한 리스크 목록들을 대상으로 하거나, 기타 프로젝트의 상황 등을 고려했을 때 분석 대상이 될 만한 리스크들을 선정하여 수행한다.

• Perform quantitative risk analysis—definition

The process of numerically analyzing the combined effect of identified individual project risks and other sources of uncertainty on overall project objectives—*PMBOK*® Guide—Sixth Edition, Glossary

(1) 프로세스(입력물/도구 및 기법/산출물)

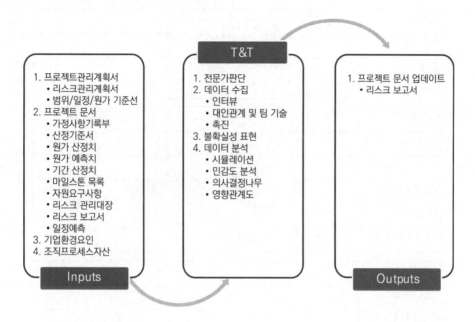

정량적 리스크 분석 수행 프로세스의 가장 핵심 입력물은 무엇인가? 역시 리스크 관리대장이다. 이미 정성적 리스크 분석 수행의 결과가 업데이트 되어있기 때문이다. 정량적 리스크 분석 수행은 SW tool을 사용하는 경우가 분석에 유리하다. 대표적인 도구 및 기법이 데이터 분석에서 시뮬레이션, 민감도 분석, 의사결정 나무이다. 역시 정량적 리스크 분석 수행이 완료되면 리스크 관리 대장에 정량적 리스크 분석결과가 업데이트된다. 주로 업데이트되는 내용은 식별된 리스크에 대한 예비기간 및 예비비가 가장 중요한 자료이다. 정량적 리스크 분석은 일정과 원가가 핵심이므로 이에 관련하여 일정 및 원가 기준선이 입력물로 들어간다. 이에 일정과 원가 관련 다양한 문서가 또한 입력물로 투입된다. 예를 들면 원가 산정치, 원가 예측치, 기간 산정치, 마일스톤 목록 등이다. 주로 High risk가 정량적 리스크 분석수행의 대상이지만 조직에 따라, 또는 프로젝트 특징에 따라 Moderate risk도 정량적 리스크 분석 대상이 될 수 있다.

(2) 프로세스 흐름도

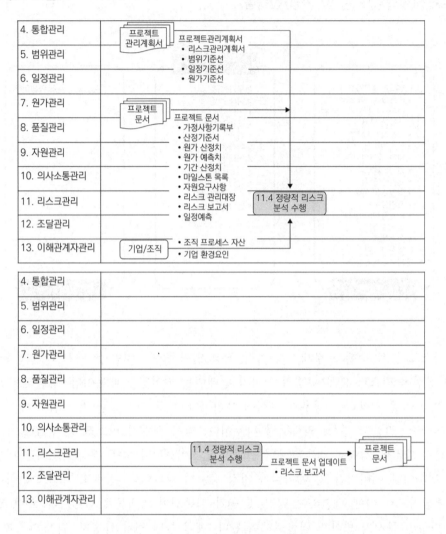

- 정량적 리스크분석 수행은 모든 프로젝트 리스크에 필요하지는 않다. 정확한 분석 수행은 개별 프로젝트 리스크 및 기타 불확실성 원인에 대한 고품질 데이터와 범위, 일정 및 비용에 대한 확고한 기초 프로젝트 기준선에 따라 결정된다.

- 정량적 리스크분석 수행에는 리스크 모델 개발 및 해석에 있어 특화된 리스크 소프트웨어와 전문지식이 일반적으로 필요하다. 시간과 비용도 추가로 소요된다. 프로젝트에 정량적 리스크 분석을 사용하는 경우 프로젝트 리스크관리계획서에 그 내용이 지정된다.

- 정량적 리스크분석은 일반적으로 대규모 또는 복잡한 프로젝트, 전략적으로 중요한 프로젝트, 계약 요구사항에 해당하는 프로젝트 또는 이해관계자가 요구하는 프로젝트에 적합하다.

- 정량적 리스크 분석은 모든 개별 프로젝트 리스크 및 기타 불확실성 원인이 프로젝트 결과에 미치는 종합적인 영향을 평가하여 포괄적 프로젝트 리스크를 평가하려는 경우 신뢰할

수 있는 유일한 방법이다.

■ 정량적 리스크 분석 수행 프로세스의 산출물은 특히 포괄적 프로젝트 리스크와 주요 개별 리스크 수준에 대한 대응책을 추천하는 데 있어 리스크대응 계획수립 프로세스의 투입물로 사용된다. 정량적 리스크분석은 또한 리스크대응 계획수립 프로세스 이후에 포괄적 프로젝트 리스크 노출도를 줄이기 위해 계획된 대응책의 예상 효과를 판별하는 데 사용될 수 있다.

11.4.1 정량적 리스크 분석 수행 프로세스 투입물

1. 프로젝트 관리계획서(Project management plan)

다음은 프로젝트관리 계획서를 구성하는 요소의 일부 예이다.

(1) 리스크관리 계획서(Risk management plan): 프로젝트에 정량적 리스크분석이 필요한지 여부를 지정한다. 또한 분석에 사용 가능한 자원과 예상 분석 빈도에 대한 상세 정보를 제공한다.

(2) 범위 기준선(Scope baseline): 범위 기준선은 개별 프로젝트 리스크 및 기타 불확실성 원인을 평가하는 시작점을 설명한다.

(3) 일정 기준선(Schedule baseline): 일정 기준선은 개별 프로젝트 리스크 및 기타 불확실성 원인이 미치는 영향을 평가할 수 있는 시작점을 설명한다.

(4) 원가 기준선(Cost baseline): 원가 기준선은 개별 프로젝트 리스크 및 기타 불확실성 원인이 미치는 영향을 평가할 수 있는 시작점을 설명한다.

2. 프로젝트 문서(Project documents)

다음은 이 프로세스의 투입물로 고려될 수 있는 프로젝트 문서의 일부 예이다

(1) 가정사항 기록부(Assumption log): 가정사항은 프로젝트 목표에 리스크를 초래하는 것으로 평가되는 경우 정량적 리스크분석을 위한 투입물이 될 수 있다. 제약사항에 따른 영향 또한 정량적 리스크분석 과정에서 모델링이 될 수 있다.

(2) 산정 기준서(Basis of estimates): 프로젝트 기획 과정에서 사용되는 산정 기준서는 정량적 리스크분석 프로세스에서 모델링이 되는 가변성에 반영될 수 있다. 여기에는 산정 목적, 분류, 추정 정확성, 방법론 및 산정 대상에 대한 정보가 포함될 수 있다.

(3) 원가 산정치(Cost estimates): 원가 산정치는 원가 가변성을 평가하는 시작점을 제공한다.

(4) 원가 예측치(Cost forecasts): 프로젝트의 현재 잔여분 산정치(ETC: Estimate to complete), 완료시점 산정치(EAC: Estimate at completion), 완료시점 예산(BAC: Budget at completion) 및 완료성과지수(TCPI: To-complete performance index)와 같은 예측치를 정량적 원가 리스크 분석 결과와 비교하여 목표 달성과 관련된 신뢰도 수준을 판별할 수 있다.

(5) 기간 산정치(Duration estimates): 기간 산정치는 일정 가변성을 평가하는 시작점을 제공한다.

(6) 마일스톤 목록(Milestone list): 프로젝트에서 중대한 사건은 목표 달성과 관련된 신뢰도 수준을 판별하기 위해 정량적 일정 리스크분석 결과를 비교하는 일정 목표를 정의한다.

(6) 자원 요구사항(Resource requirements): 자원 요구사항은 가변성이 평가되는 시작점을 제공한다.

(7) 리스크 관리대장(Risk register): 리스크 관리대장은 정량적 리스크분석을 위한 투입물로 사용될 개별 프로젝트 리스크에 대한 상세 정보를 제공한다.

(8) 리스크 보고서(Report report): 리스크 보고서는 포괄적 프로젝트 리스크의 원인과 현재 포괄적 프로젝트 리스크 상태를 설명한다.

(9) 일정예측치(Schedule forecasts): 예측치를 정량적 일정 리스크분석 결과와 비교하여 목표 달성과 관련된 신뢰도 수준을 판별할 수 있다.

3. 기업환경요인(Enterprise environmental factors)
다음은 정량적 리스크분석 수행 프로세스에 영향을 미칠 수 있는 기업환경요인의 일부 예이다.

- 유사 프로젝트에 대한 산업 연구
- 상용 리스크 데이터베이스 또는 점검목록을 포함하는 공개 자료

4. 조직 프로세스 자산(Organizational process assets)
과거에 완료된 유사한 프로젝트 정보나 이전 프로젝트에서 수행한 정량적 리스크 분석 도구 및 방법 등을 참고할 수 있다.

11.4.2 정량적 리스크 분석 수행 프로세스 도구 및 기법

1. 전문가판단(Expert judgment)
다음 주제에 대한 전문 교육을 이수했거나 지식을 갖춘 집단 또는 개인이 제공하는 전문성을 고려해야 한다.

2. 데이터 수집(Data gathering)
- 인터뷰는 개별 프로젝트 리스크 및 기타 불확실성 원인을 포함하는 투입물을 도출하고 정량적 리스크 분석을 위한 투입물을 생성하는 데 사용될 수 있다. 인터뷰는 전문가로부터 정보가 필요한 경우 특히 유용한 방법이다.
- 인터뷰 언어는 정직하고 편견 없는 참여를 위해 신뢰를 바탕으로 기밀 유지가 보장되는 인터뷰 환경을 조성해야 한다.

3. 대인관계 및 팀 기술(Interpersonal and team skills)
- 이 프로세스에 사용할 수 있는 대인관계 및 팀 기술의 예로 촉진 있으며 이에 제한되지 않

는다. 기량이 뛰어난 촉진자는 프로젝트 팀원 및 기타 이해관계자가 참여하는 특화된 리스크 워크숍을 통해 투입 데이터를 수집하는 데 중요한 역할을 한다.

■ 워크숍은 그 목적을 명확하게 이해시키고 참석자 간에 합의를 도출하며 작업에 계속 집중시키고 개인 간의 의견 충돌이나 편견의 원인을 처리하기 위한 창의적인 접근방식을 사용함으로써 그 효과를 향상시킬 수 있다.

4. 불확실성 표현(Representations of uncertainty)

■ 정량적 리스크분석에는 개별 프로젝트 리스크 및 기타 불확실성 원인을 반영하는 정량적 리스크분석 모델의 투입물이 필요하다.

■ 계획된 활동에 대한 기간, 비용 또는 자원 요구사항이 불확실한 경우, 가능한 값의 범위를 확률분포로 모델에 표현할 수 있으며 그 형식은 다양하다. 가장 일반적으로 사용되는 형식으로는 삼각형, 정규, 로그 정규, 베타, 균일 또는 이산형이 있다. 계획된 활동에 가능한 값 범위를 반영하는 데 적절한 확률분포는 신중하게 선택해야 한다.

■ 확률분포로 개별 프로젝트 리스크를 나타낼 수 있다. 또는 리스크가 확률론적 가지로서 모델에 포함될 수 있다. 이 경우 리스크 발생 시 리스크가 미치는 시간 및/또는 원가 영향을 나타내기 위한 선택적 활동이 모델에 추가된다. 또한 이러한 활동이 특정 시뮬레이션 실행 과정에서 실제로 발생할 수 있는 가능성을 리스크 확률과 비교한다.

■ 확률론적 가지는 계획된 활동과 독립적으로 발생할 수 있는 리스크에 가장 유용하다. 예를 들어 리스크가 일반적인 원인 또는 논리적인 의존관계와 관련이 있는 경우, 해당 관계를 나타내기 위한 상관관계가 모델에서 사용된다. 프로젝트 전체의 대체 경로를 설명하는 확률론적 가지를 사용하여 기타 불확실성 원인을 나타낼 수도 있다.

• Representations of Uncertainty

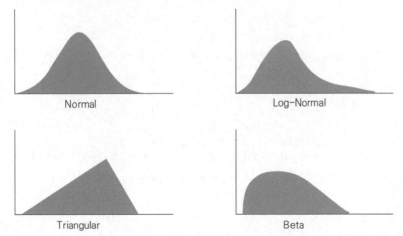

Adapted from: U.S. Department of Energy, http://mepas.pnnl.gov/framesv1/sum3ug.stm

5. 데이터 분석(Data analysis)

다음은 이 프로세스에서 사용할 수 있는 데이터분석기법의 일부 예이다.

(1) 시뮬레이션(Simulation): 정량적 리스크분석은 프로젝트 목표 달성에 미칠 잠재적 영향을 평가하기 위해 개별 프로젝트 리스크 및 기타 불확실성 원인의 종합적 영향을 시뮬레이션 하는 모델을 사용한다.

■ 시뮬레이션은 대개 몬테카를로 분석을 사용하여 수행한다. 원가 리스크에 대한 몬테카를로 분석을 수행하는 경우 시뮬레이션은 프로젝트 원가 산정치를 사용한다.

■ 일정 리스크에 대한 몬테카를로 분석을 수행하는 경우에는 일정 네트워크 다이어그램과 기간 산정치를 사용한다. 통합된 정량적 원가-일정 리스크 분석은 두 가지 투입물을 모두 사용한다. 산출물은 정량적 리스크분석 모델이다.

■ 컴퓨터 소프트웨어를 사용하면 정량적 리스크분석 모델을 수천 번 반복할 수 있다. 투입물 값(예를 들어 원가 산정치, 기간 산정치 또는 확률론적 가지 발생)은 반복(iteration)할 때마다 무작위로 선택한다.

■ 산출물은 프로젝트의 가능한 결과물 범위를 나타낸다(예를 들어 프로젝트 종료 날짜, 완료 시점의 프로젝트 원가).

■ 일반적인 산출물에는 시뮬레이션에서 특정 결과를 얻은 반복(iteration) 횟수를 나타내는 히스토그램 또는 특정 결과를 달성할 확률 또는 그 미만을 나타내는 누적 확률분포(S-곡선)가 포함된다. 몬테카를로 원가 리스크 분석의 S-곡선 예가 그림에 나와 있다.

■ 정량적 원가 리스크분석에 따른 S-곡선 예

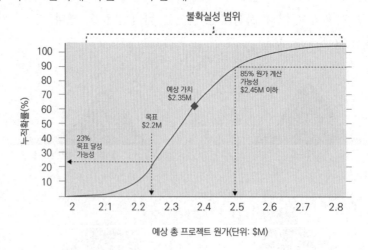

예상 총 프로젝트 원가(단위: $M)

몬테카를로 분석(Monte Carlo Analysis)

■ 우연현상의 경과를, 난수를 써서 수치적·모형적으로 실현시켜 그것을 관찰함으로써 문제의

근사 해를 얻는 방법을 말한다.

■ 몬테카를로 분석은 가능한 원가 또는 기간의 확률 분포에서 임의로 선정한(random) 값을 사용하여 프로젝트 원가나 프로젝트 일정을 여러 차례 계산하거나 반복하는 방법으로 가능한 총 프로젝트 원가 또는 완료날짜의 분포를 산출하는 기법이다.

■ 기본 순서: 변수에 대한 범위 설정 – 적절한 확률분포 선택 – 범위에 있는 변수를 무작위로 선전 – 변이의 누적도수분포 생성에 의해 변이의 발생에 대한 확률분포 고려 – 무작위 수로부터 값을 선택 – 각 선택된 값에 대해 결정론적 분석 수행 – 앞의 순서를 1,000~5,000회 정도 반복한다.

시뮬레이션의 예:

WBS 요소	낮음	가능성 많음	높음
설계	$4M	$6M	$10M
구축	$16M	$20M	$35M
테스트	$11M	$15M	$23M
전체 프로젝트	$31M	$41M	$68M

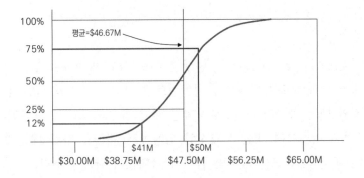

(2) 민감도 분석(Sensitivity analysis)

■ 민감도 분석은 프로젝트 결과에 잠재적으로 가장 큰 영향을 미치는 개별 프로젝트 리스크 또는 기타 불확실성 원인을 판별하는 데 도움을 준다. 민감도 분석은 프로젝트 결과 차이와 정량적 리스크분석 모델 요소의 차이의 상관관계를 보여준다.

■ 민감도 분석의 대표적인 표시 방법 중 하나로 프로젝트 결과에 영향을 줄 수 있는 정량적 리스크분석 모델의 각 요소에 대해 산출된 상관 계수를 나타내는 토네이도가 있다.

■ 여기에는 개별 프로젝트 리스크, 가변성이 큰 프로젝트 활동 또는 특정 모호성 원인이 포함될 수 있다. 항목의 상관관계가 내림차순으로 정렬되며 일반적으로 토네이도 모양을 나타낸다.

■ 종속 변수(입력 값)들이 독립 변수(결과 값)에 미치는 영향력의 크기를 분석하는 방법으로, 리스크에 대한 평가 시 프로젝트 리스크에 영향을 줄 수 있는 중요한 요인들을 규정하고, 변수들이 변경되면 결과가 어떻게 변화되는지를 알기 위해 활용된다. 영향력이 큰 순위부터 차례대로 나열을 하면 모양이 토네이도와 모양이 비슷하다고 하여 이를 토네이도 다이어그램이라고 부른다.

토네이도의 예

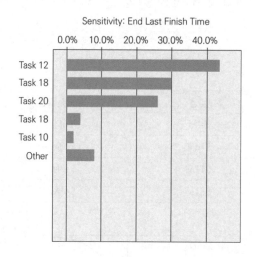

(3) 의사결정나무(Decision tree analysis): 발생할 수도 있고 발생하지 않을 수도 있는 불확실성의 시나리오가 미래에 포함될 때 각 사안별로 확률의 가중치를 합한 값을 말한다. 일반적으로 긍정적일 때는 양수의 값을, 부정적일 때는 음수의 값으로 표현된다. 따라서, 금전적 기대값 분석은 리스크에 대한 중립적인 입장에서 계산을 하기 때문에, 긍정적일 때의 값과 부정적일 때의 값을 모두 합하면 금전적 기대값이 나오게 된다. 특히, 금전적 기대값 분석의 한 유형으로 의사결정 트리 분석(Decision tree Analysis)이 있다. 의사결정나무는 여러 대안 조치 과정 중 가장 효과적인 조치를 지원하는 데 사용된다.

의사결정나무에서는 각각 관련 원가와 관련 개별 프로젝트 리스크(위협과 기회 모두 포함)가 존재할 수 있는 다른 의사결정 또는 사건을 나타내는 가지를 사용하여 프로젝트의 대체 경로가 표시된다. 의사결정나무에서 가지의 끝점은 해당 특정 경로를 따라 부정적 또는 긍정적인 결과를 나타낸다. 의사결정나무는 각 가지의 예상되는 금전적 가치를 산정하여 평가되며 결과적으로 최적의 경로를 선택할 수 있다. 아래 그림에서 의사결정나무의 예를 보여준다.

• Decision Tree Analysis

Decision trees are a graphical representation of expected monetary value(EMV). The tree describes a decision under consideration and the implications of choosing one or another of the available alternatives

금전적 기대 값 분석(Expected monetary value analysis)의 예

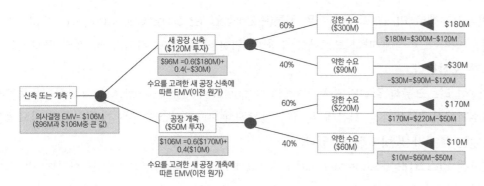

(4) 영향관계도(Influence diagrams)

영향관계도는 불확실한 상황에서의 의사결정을 도와주는 그래픽 도구이다. 영향관계도는 프로젝트 또는 프로젝트 내 상황을 일련의 주체, 결과 및 영향으로 나타내며 이들이 모여 관계 또는 그 영향을 나타낸다. 개별 프로젝트 리스크 또는 기타 불확실성 원인으로 인해 영향관계도의 한 요소가 확실하지 않은 경우, 범위 또는 확률분포를 사용하여 영향관계도에 나타낼 수 있다. 그런 다음 몬테카를로 분석과 같은 시뮬레이션 기법으로 영향관계도를 평가하여 주요 결과물에 가장 큰 영향을 미치는 요소를 표시할 수 있다. 영향관계도의 산출물은 S-곡선, 토네이도와 같은 다른 정량적 리스크분석 방법과 유사하다.

11.4.3 정량적 리스크 분석 수행 프로세스 산출물

1. 프로젝트 문서 업데이트(Project documents updates)

프로젝트 문서의 예로 리스크 보고서가 있으며, 리스크 보고서는 정량적 리스크 분석 결과를 반영하여 업데이트된다. 일반적인 내용은 다음과 같다.

(1) 포괄적 프로젝트 리스크 노출도 평가(Assessment of overall project risk exposure): 식별된 개별 프로젝트 리스크와 기타 불확실성 원인을 고려하여 프로젝트가 주요 목표(예를 들어 필수 종료 날짜, 원가 목표 등)를 달성할 수 있는 확률로 표시된 프로젝트 성공 가능성이다.

(2) 프로젝트의 상세 확률론적 분석(Detailed probabilistic analysis of the project): S-곡선, 토네이도도 및 중요도 분석과 같은 정량적 리스크분석의 주요 산출물이 결과에 대한 설명식 해석과 함께 제시된다. 정량적 리스크 분석의 가능한 상세 결과에 포함되는 항목은 다음과 같다.

- 지정된 신뢰도 수준을 제공하는 데 필요한 우발사태 예비 금액
- 주 공정에 가장 큰 영향을 미치는 개별 프로젝트 리스크 또는 기타 불확실성 원인 식별
- 프로젝트 결과의 불확실성에 큰 영향을 미치는 포괄적 프로젝트 리스크의 주요 추진 요인 이다.
(3) 개별 프로젝트 리스크의 우선순위 목록(Prioritized list of individual project risks): 이 목록 에는 민감도 분석에 따라 프로젝트에 최대 위협 또는 최대 기회가 될 개별 프로젝트 리스 크가 포함된다.
(4) 정량적 리스크분석 결과의 추세(Trends in quantitative risk analysis results): 프로젝트 생 애주기에서 각기 다른 시점에 분석이 반복됨에 따라 리스크대응 계획수립의 필요성을 나 타내는 추세가 뚜렷해질 수 있다.
(5) 권고된 리스크대응(Recommended risk responses): 리스크 보고서는 정량적 리스크분석 결과를 토대로 포괄적 프로젝트 리스크 노출도 또는 주요 개별 프로젝트 리스크에 대해 제안되는 대응책을 제시할 수 있다. 이러한 권고사항은 리스크대응 계획수립 프로세스의 투입물이 된다.

11.5 리스크대응 계획수립(Plan Risk Responses)

리스크대응 계획수립은 개별 프로젝트의 리스크를 처리할 뿐만 아니라, 포괄적 프로젝트 리스 크 노출도를 낮추기 위해 옵션을 마련하고, 전략을 선정하고, 대응조치에 합의를 도출하는 프 로세스이다. 이 프로세스의 주요 이점은 포괄적 프로젝트 리스크와 개별 프로젝트 리스크를 적절히 다루기 위한 적절한 방법을 찾는다는 점이다.
- 필요에 따라 자원을 할당하고 프로젝트 문서와 프로젝트관리 계획서에 활동을 추가하는 작 업도 이 프로세스를 통해 진행된다.
- 리스크 대응 계획수립 프로세스는 프로젝트 목표에 대한 기회는 증대시키고 위협은 줄일 수 있는 선택사항과 행동을 개발하는 프로세스이다. 각 리스크별로 리스크 책임자와 리스 크 담당자를 반드시 배정함으로써 책임과 역할을 명확히 하여야 한다. 정성적 리스크 분석 수행 프로세스와 정량적 리스크 분석 수행 프로세스(사용한 경우) 이후에 진행한다.
- 리스크 대응 계획수립은 우선순위에 따라 처리하며, 필요하면 예산, 일정 및 프로젝트 관리 계획서에 자원 및 활동을 추가되며 계획된 리스크 대응은 리스크의 중요도에 적합하고, 비 용 효율면에서 시도할 가치가 있고, 프로젝트 리스트 상황에 실질적으로 도움이 되어야 하 며, 관련된 모든 당사자들의 동의와 책임자 배정이 필요하고, 시기 또한 적절해야 한다.
리스크 대응 계획 수립의 주요 활동은 다음과 같다.
- 각 리스크별 대응 전략을 수립한다.

- 각 리스크를 책임질 한 명 또는 그 이상의 책임자 식별 및 배정한다.
- 리스크 발생 시 실행할 비상 계획(Contingency plan) 및 대체 계획(Fallback plan)을 예비 일정 및 예비 비용을 포함하여 수립한다.

• Plan risk responses-definition

The process of developing options selecting strategies and agreeing on actions to address overall project risk exposure, as well as to treat individual project risks— *PMBOK®* Guide—Sixth Edition, Glossary

리스크 대응계획(Contingency plan)

식별된 리스크가 발생할 경우를 대비하여 리스크 상황에 대처하기 위해 수립해 놓는 비상 대책 계획이다.

2차 리스크 대응계획(Fallback plan)

Fallback plan은 첫 번째 Contingency plan이 실패할 경우 사용하려고 추가로 준비한 Contingency plan이다. 보통 첫 번째 Plan A가 실패할 경우 가용할 Plan B라고 부르기도 한다.

잔존 리스크(Residual risk)

원래의 리스크가 대응방안을 실행한 후에도 남아있는 것을 말한다. 리스크 대응방안이 잔류 리스크를 너무 많이 남긴다면 추가적인 리스크 대응방안을 사용해야 할 필요가 있다.

2차 리스크(Secondary risk)

원래의 리스크는 제거되더라도 부작용으로서 발생하는 리스크 사항으로 2차 리스크는 원래의 리스크와 같이 리스크 관리대장에 기록하고 관리해야 한다.

(1) 프로세스(입력물/도구 및 기법/산출물)

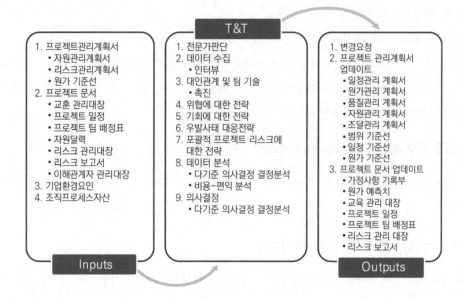

Inputs	T&T	Outputs
1. 프로젝트관리계획서 • 자원관리계획서 • 리스크관리계획서 • 원가 기준선 2. 프로젝트 문서 • 교훈 관리대장 • 프로젝트 일정 • 프로젝트 팀 배정표 • 자원달력 • 리스크 관리대장 • 리스크 보고서 • 이해관계자 관리대장 3. 기업환경요인 4. 조직프로세스자산	1. 전문가판단 2. 데이터 수집 • 인터뷰 3. 대인관계 및 팀 기술 • 촉진 4. 위협에 대한 전략 5. 기회에 대한 전략 6. 우발사태 대응전략 7. 포괄적 프로젝트 리스크에 대한 전략 8. 데이터 분석 • 다기준 의사결정 결정분석 • 비용–편익 분석 9. 의사결정 • 다기준 의사결정 결정분석	1. 변경요청 2. 프로젝트 관리계획서 업데이트 • 일정관리 계획서 • 원가관리 계획서 • 품질관리 계획서 • 자원관리 계획서 • 조달관리 계획서 • 범위 기준선 • 일정 기준선 • 원가 기준선 3. 프로젝트 문서 업데이트 • 가정사항 기록부 • 원가 예측치 • 교육 관리 대장 • 프로젝트 일정 • 프로젝트 팀 배정표 • 리스크 관리 대장 • 리스크 보고서

- 리스크 대응계획 수립 프로세스의 가장 핵심적인 입력물은 무엇인가? 역시 리스크 관리대장이다. 정성적 및 정량적 리스크 분석의 결과까지 업데이트가 된 리스크 관리대장은 어떤 리스크를 어떻게 대응할 것인지를 결정하게 해준다. 대응전략을 결정하려면 먼저 데이터를 수집하고 촉진 등을 통해 Workshop을 진행하는 등 그룹 창의력 기법이 필요하다.

- 촉진의 결과로 위협, 기회, 포괄적 프로젝트에 대한 대응전략이 의사결정을 통해 결정된다. 의사결정에는 다기준 의사결정이 효과적으로 사용될 수 있다. 대응계획은 대응전략을 의미한다. 위협에 대한 대응전략 5가지, 기회에 대한 대응전략 5가지, 그리고 포괄적 프로젝트 리스크에 대한 대응전략 5가지가 도구 및 기법에서 소개된다.

- 일반적으로 프로젝트관리에서는 프로젝트 특성상 불확실성과 가정이 존재하므로 좋은 기회보다는 부정적인 위협요소가 더 많이 발생한다. 만일 대응전략을 준비하지 않고 리스크를 대비한다면 우왕좌왕하게 될 것이다. 이에 따라 리스크별 맞춤형 대응전략이 필요하다.

- 리스크 대응계획 수립 프로세스가 완료되면 산출물로는 대응전략이 표기된 리스크 관리대장이 업데이트된다. 또한 대응전략의 리스크의 변화와 대응전략의 변경가능성에 따라 변경요청이 발생한다.

- 리스크 대응계획수립 프로세스에서 리스크에 잘 처리할 수 있는 리스크책임자가 결정되고, 우리는 리스크 책임자를 Risk owner라고 부른다.

• Risk owner

The person responsible for monitoring the risk and for selecting and implementing an appropriate risk response strategy—*PMBOK*® Guide—Sixth Edition, Glossary

(2) 프로세스 흐름도

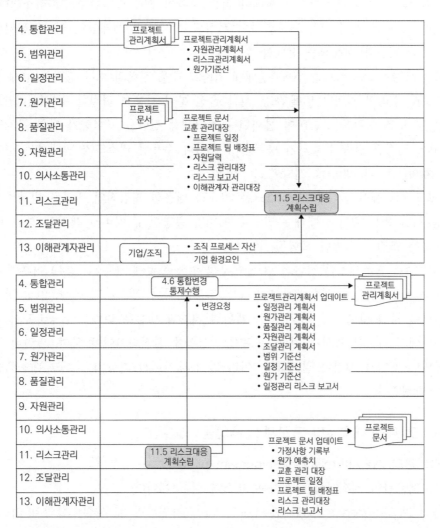

효과적이고 적절한 리스크 대응계획으로 개별 위협을 최소화하고 개별 기회를 극대화할 수 있으며, 포괄적 프로젝트 리스크 노출도를 줄일 수 있다. 적합하지 않은 리스크 대응은 반대의 결과를 가져올 수 있다. 리스크가 식별, 분석되고 우선순위가 정해지면 지명된 리스크 담당자는 프로젝트팀이 프로젝트 목표에 초래되는 위협 또는 기회로 인해 충분히 중요하다고 판단하는 모든 개별 프로젝트 리스크를 해결하기 위한 계획을 개발해야 한다. 프로젝트 관리자는 또한 포괄적 프로젝트 리스크의 현재 수준에 적절하게 대응할 수 있는 방법을 고려해야 한다. 리스크 대응 계획수립은 우선순위에 따라 리스크 처리하며, 필요하면 예산, 일정 및 프로젝트 관리 계획서에 자원 및 활동을 추가한다.

리스크 대응책은 리스크 중요도에 적합하고, 비용 효율적으로 과제가 해결되고, 프로젝트 환경에서 실질적이어야 하며, 모든 관련 당사자들의 합의와 책임자 선정을 필요로 한다. 여러 가지 대안에서 최적의 리스크 대응책을 선정해야 하는 상황이 종종 발생한다. 각 리스크에 가장 효과적인 전략 또는 몇 가지 전략을 혼합하여 선정되어야 한다. 체계적인 의사결정기법을 사용함으로써 가장 적절한 대응책을 선택할 수 있다.

대규모 또는 복잡한 프로젝트를 위해서, 대체 리스크 대응 전략의 보다 강력한 경제 분석을 위한 기반으로서 수리적 최적화 모델 또는 실물 옵션 분석 사용이 적절할 수 있다. 필요에 따라 기본 전략 및 보조 전략을 포함하여 합의된 리스크대응 전략을 구현하기 위한 구체적인 조치가 개발된다. 선정된 전략의 효과가 충분하지 않거나 수용된 리스크가 발생하는 경우 실행할 우발사태 계획(또는 대체방안)을 개발할 수 있다.

2차 리스크도 식별해야 한다. 2차 리스크는 리스크 대응의 직접적인 결과로 발생하는 리스크이다. 종종 시간 또는 원가에 대해 우발사태 예비가 할당된다. 예비가 책정된 경우, 예비를 사용하도록 하는 조건의 식별이 포함될 수 있다.

리스크 분석 수행 프로세스와 정량적 리스크 분석 수행 프로세스(사용한 경우) 이후에 진행한다. 리스크 대응 계획수립은 우선순위에 따라 리스크 처리하며, 필요하면 예산, 일정 및 프로젝트 관리 계획서에 자원 및 활동을 추가한다. 계획된 리스크 대응은 리스크의 중요도에 적합하고, 비용 효율면에서 시도할 가치가 있고, 프로젝트 상황에 실질적이어야 하며, 관련된 모든 당사자들의 동의와 책임자 배정이 필요하다. 여러 가지 대안에서 최상의 리스크 대응책을 선택하는 상황이 발생한다.

11.5.1 리스크 대응 계획수립 프로세스 투입물

1. 프로젝트 관리 계획서(Project management plan)

다음은 프로젝트관리 계획서를 구성하는 요소의 일부 예이다.

(1) 자원관리 계획서(Resource management plan): 자원관리 계획서는 합의된 리스크대응에 배정된 자원을 다른 프로젝트 자원과 조율하는 방법을 결정하는 데 도움을 준다.

(2) 리스크관리 계획서(Risk management plan): 리스크관리 계획서는 리스크 관련하여 역할 및 책임과 리스크 한계선을 제공한다.

(3) 원가 기준선(Cost baseline): 원가 기준선은 리스크대응에 배정된 우발사태 자금에 대한 정보를 제공한다.

2. 프로젝트 문서(Project documents)

다음은 이 프로세스의 투입물로 고려될 수 있는 프로젝트 문서의 일부 예이다.

(1) 교훈 관리대장(Lessons learned): 이전 프로젝트 단계에서 사용한 효과적인 리스크대응에 대해 얻은 교훈을 검토하여 나머지 프로젝트 기간 동안 유사한 대응이 유용한지 여부를 판

별할 수 있다.

(2) 프로젝트 일정(Project schedule): 프로젝트 일정은 합의된 리스크대응 일정을 다른 프로젝 트 활동과 조율하는 방법을 결정하는 데 사용된다.

(3) 프로젝트팀 배정표(Project team assignments): 프로젝트팀 배정표는 합의된 리스크대응에 배정될 수 있는 자원을 보여준다.

(4) 자원달력(Resource calendars): 자원달력에는 합의된 리스크대응에 잠재적 자원이 배정될 수 있는 시점을 나타낸다.

(5) 리스크 보고서(Report report): 리스크 보고서는 리스크대응 전략 선택 필요성을 알려주는 프로젝트의 현재 전체 리스크 노출도에 대한 정보를 제공한다. 리스크 보고서에는 또한 개 별 프로젝트 리스크가 우선순위에 따라 나열되며 리스크대응 선택 필요성을 알려주는 개 별 프로젝트 리스크 분포에 대한 추가 분석을 제공한다.

(6) 이해관계자 관리대장(Stakeholder register): 이해관계자 관리대장은 리스크대응의 잠재적 담당자를 식별한다. 리스크의 상대적 등급을 제공한다.

(7) 리스크 관리대장(Risk register): 리스크 관리대장에는 식별되고 우선순위가 지정된 개별 프 로젝트 리스크와 리스크 대응이 필요한 리스크에 대한 상세정보가 기술된다. 각 리스크의 우선순위 등급으로 적절한 리스크대응 선택에 도움을 줄 수 있다. 예를 들어 우선순위가 높은 위협 또는 기회에는 우선적인 조치와 함께 선제적인 대응 전략이 필요하다. 우선순위 가 낮은 영역의 위협과 기회는 사전대응적 관리 조치를 필요로 하지 않으며, 리스크 관리 대장의 감시 목록에 넣거나 우발사태 예비비를 추가하는 것으로 충분하다.

리스크 관리대장은 각 리스크에 지명된 리스크 담당자를 식별한다. 프로젝트 리스크관리 프로세스 초기에 식별된 예비 리스크대응책이 포함될 수도 있다. 리스크 관리대장은 근본 원인, 리스크 원인 및 경고 징후, 단기적 대응이 필요한 리스크, 추가 분석에 대한 필요성 이 식별된 리스크 등 리스크대응 계획수립에 도움을 줄 수 있는 식별된 리스크에 대한 기 타 데이터를 제공할 수 있다.

3. 기업환경요인(Enterprise environmental factors)
리스크대응 계획수립 프로세스에 영향을 미칠 수 있는 기업환경요인의 일부 예로 주요 이해관 계자의 리스크 선호도 및 한계선을 들 수 있다.

4. 조직 프로세스 자산(Organizational process assets)
다음은 리스크대응 계획수립 프로세스에 영향을 미칠 수 있는 조직 프로세스 자산의 일부 예 이다. 예: 리스크관리 계획서, 리스크 관리대장 그리고 리스크 보고서의 템플릿, 선례 데이터 베이스, 그리고 유사 프로젝트에서 습득한 교훈 저장소

11.5.2   리스크 대응 계획수립 프로세스 도구 및 기법

1. 전문가 판단(Expert judgment)

다음 주제에 한 전문 지식을 갖춘 집단 또는 개인이 제공하는 전문성을 고려해야 한다. 위협 대응 전략, 기회 대응 전략, 우발사태 대응 전략, 그리고 포괄적 프로젝트 리스크 대응 전략, 예를 들어 전문가의 기술 지식이 필요한 경우처럼 특정 개별 프로젝트 리스크와 관련이 있는 특정 주제 전문지식을 갖춘 전문가의 의견이 필요할 수 있다.

2. 데이터 수집(Data gathering)

이 프로세스에 사용할 수 있는 데이터수집기법으로 인터뷰가 있으며 이에 제한되지 않는다. 리스크 담당자와의 구조적 또는 준구조적 인터뷰를 통해 개별 프로젝트 리스크 및 포괄적 프로젝트 리스크에 대한 대응책을 개발할 수 있다. 필요에 따라 다른 이해관계자를 인터뷰할 수도 있다. 인터뷰어는 정직하고 편견 없는 의사결정을 위해 신뢰를 바탕으로 기밀 유지가 보장되는 인터뷰 환경을 조성해야 한다.

3. 대인관계 및 팀 기술(Interpersonal and team skills)

이 프로세스에 사용할 수 있는 대인관계 및 팀 기술의 예로 촉진이 있으며 이에 제한되지 않는다. 촉진을 통해 개별 프로젝트 리스크 및 포괄적 프로젝트 리스크에 대한 대응책을 효과적으로 개발할 수 있다. 기량이 뛰어난 촉진자는 리스크 담당자가 리스크를 이해하고 가능한 대체 리스크대응 전략을 식별 및 비교하며 적절한 대응 전략을 선택하고 편견 원인을 식별 및 극복하는 데 도움을 줄 수 있다.

4. 위협에 대한 대응전략(Strategies for threats)

리스크 대응 계획에는 부정적 위협에 대한 대응과 기회에 대한 대응이 각각 있다. 먼저 위협에 대한 대한 계획은 다음과 같다.

(1) 에스컬레이션(Escalation)

- 에스컬레이션은 프로젝트팀 또는 프로젝트 스폰서가 위협이 프로젝트 범위를 벗어나거나 안된 대응책이 프로젝트 관리자의 권한을 넘어설 수 있다는 데 동의하는 경우 적절한 방법이다. 에스컬레이션 된 리스크는 프로젝트 수준이 아닌 프로그램 수준, 포트폴리오 수준 또는 조직의 기타 관련 부서에서 관리한다.

- 프로젝트 관리자는 위협을 알려야 하는 사람을 결정하고 해당 개인 및 조직 부서에 상세 정보를 전달한다. 에스컬레이션된 위협의 책임은 조직 내 관련자에 의해 승인되는 것이 중요하다.

- 위협은 일반적으로 위협 발생 시 영향을 받게 될 목표와 일치하는 수준에 보고된다. 에스컬레이션된 위협은 보고 후 프로젝트팀에서 더 이상 감시하지 않아도 리스크 관리대장에 정

보 제공 목적으로 기록될 수 있다.

(2) 회피(Avoid)

■ 리스크 회피는 프로젝트팀이 위협을 제거하거나 그 영향으로부터 프로젝트를 보호하기 위해 조치를 취하는 경우이다. 발생확률이 높고 부정적인 영향이 큰 우선순위가 높은 위협에는 이 방법이 적절하다.

■ 회피에는 프로젝트관리 계획서의 일부 변경 또는 위협을 모두 제거하여 발생 확률을 0%로 만들기 위한 위험한 상황에 처한 목표 변경이 포함될 수 있다. 리스크 담당자는 또한 리스크 발생 시 그 영향으로부터 프로젝트 목표를 격리시키기 위한 조치를 수행할 수 있다.

■ 회피 조치의 예로는 위협의 원인 제거, 일정 연장, 프로젝트 전략 변경 또는 범위 축소 등이 포함될 수 있다. 일부 리스크는 요구사항의 명확한 규정, 정보 수집, 의사소통 개선 또는 전문성 확보를 통해 회피할 수 있다.

(3) 전가(Transfer)

■ 전가는 리스크 관리 및 위협 발생 시 영향을 감수하기 위해 제 3자에게 위협의 책임을 넘기는 것이다. 리스크를 전가하는 경우, 일반적으로 위협을 떠맡는 측에 리스크에 대한 보수를 지불하게 된다.

■ 전가는 보험, 이행 보증, 각종 보증 및 보장 등 다양한 조치로 이행될 수 있다. 협약을 사용하여 지정된 리스크에 대한 책임과 의무를 다른 당사자에게 전가할 수도 있다.

■ 제3자에게 이전, 리스크를 떠맡는 측에 리스크에 대한 보수를 지불하는 것으로 보험 활용, 이행 보증, 각종 보증 및 보장, 원가정산방식(판매자가 구매자에게 리스크를 전가), 고정계약(구매자가 판매자에게 리스크를 전가) 등과 연관하여 계약 결정을 조달로 수행한 것이다.

(4) 완화(Mitigate)

■ 리스크 완화는 발생 확률 또는 위협의 영향을 줄이기 위해 조치를 수행한다. 일반적으로 위협이 발생한 후 손해를 복구하는 것보다 빠른 완화 조치가 효과적이다.

■ 확률을 낮추는 것이 불가능할 경우, 심각도를 결정짓는 요인들을 대상으로 한 완화 전략으로 영향을 줄일 수 있다. 예를 들어, 시스템에 중복 설계를 하여 초기 구성 요소의 실패로 인한 영향을 줄일 수 있다.

■ 리스크 사건의 확률 또는 영향을 수용 가능한 한계로 낮추는 것으로 리스크 발생 확률 또는 영향을 줄이기 위해 조기에 조치를 취하는 것이 대개 리스크가 발생한 후에 피해를 복구하는 것보다 효과적이다. 예) 덜 복잡한 프로세스 선택, 제품의 추가적인 테스트 진행, 더 안정적인 공급자의 선정, 프로토 타입(Prototype)의 개발 등이다.

(5) 수용(Accept)

■ 리스크 수용은 위협의 존재는 인지하지만 선제적 조치는 취하지 않는다. 이 전략은 우선순위가 낮은 위협에 적절하며 다른 방법으로 위협을 처리할 수 없거나 비용면에서 효과적이

지 않은 경우에도 채택할 수 있다. 수용은 능동적이거나 수동적일 수 있다.
- 가장 일반적인 능동적 수용 전략은 위협 발생 시 위협을 처리할 시간, 돈 또는 자원을 포함하여 우발사태 예비를 책정하는 것이다.
- 수동적인 수용은 주기적인 위협 검토 이외에 선제적인 조치를 수행하지 않아 큰 변화를 방지하는 것이다.

5. 기회에 대한 대응전략(Strategies for opportunities)

(1) 에스컬레이션(Escalation)
- 이 리스크 대응 전략은 프로젝트팀 또는 프로젝트 스폰서가 위협이 프로젝트 범위를 벗어나거나 제안된 대응책이 프로젝트 관리자의 권한을 넘어설 수 있다는 데 동의하는 경우 적절한 방법이다.
- 에스컬레이션된 기회는 프로젝트 수준이 아닌 프로그램 수준, 포트폴리오 수준 또는 조직의 기타 관련 부서에서 관리한다. 프로젝트 관리자는 기회를 알려야 하는 사람을 결정하고 해당 개인 및 조직 부서에 상세 정보를 전달한다.
- 에스컬레이션된 기회의 책임이 조직 내 관련 담당자에 의해 승인되는 것이 중요하다. 기회는 일반적으로 기회 발생 시 영향을 받게 될 목표와 일치하는 수준에 에스컬레이션된다. 에스컬레이션된 기회는 상신 후 프로젝트팀에서 더 이상 감시하지 않으며 리스크 관리대장에 정보 제공 목적으로 기록될 수 있다.

(2) 활용(Exploit)
- 활용전략은 조직에서 확실한 기회 실현을 위해 우선순위가 높은 기회에 선택할 수 있다.
- 이 전략은 특정한 기회가 반드시 나타나도록, 즉 발생 확률을 100%까지 늘려 해당 기회와 관련된 편익 확보를 추구한다.
- 활용대응의 예로는 조직에서 가장 유능한 팀원을 프로젝트에 배정하여 완료 시간을 단축하는 방법, 신기술이나 업그레이드 기술을 채용하여 원가와 기간을 줄이는 방법이 있다.

(3) 공유(Share)
- 공유는 기회의 소유권을 제3자에게 전달하여 기회가 발생하는 경우 일부 이점을 공유하는 것이다.
- 프로젝트의 이점을 위한 기회를 포착할 가능성이 가장 높도록 공유된 기회의 새로운 담당자를 신중히 선택하는 것이 중요하다.
- 리스크를 공유하는 경우, 일반적으로 기회를 떠맡는 측에 리스크에 대한 보수를 지불하게 된다. 공유 행위의 예로는 리스크 공유 파트너십, 팀, 특수 목적의 회사 또는 합작투자 형성이 있다.

(4) 증대(Enhance)
- 증대 전략은 기회의 확률 및/또는 영향을 증가시키기 위해 사용한다. 일반적으로 기회가 발

생한 후 편익을 향상시키는 것보다 빠른 증대 조치가 효과적이다.

■ 기회 발생 확률은 원인에 대한 주의 집중으로 증가시킬 수 있다. 확률을 높이는 것이 불가능할 경우, 잠재적 편익의 규모를 결정짓는 요인들을 대상으로 한 증대 조치로 영향을 강화할 수 있다.

■ 기회 증대의 예로 조기에 종료하기 위해 활동 자원을 보충하는 방법이 있다.

(5) 수용(Accept)

■ 기회 수용은 기회 존재는 인지하지만 선제적 조치는 취하지 않는 것이다. 이 전략은 우선순위가 낮은 기회에 적절하며 다른 방법으로 기회를 처리할 수 없거나 비용면에서 효과적이지 않은 경우에도 채택할 수 있다.

■ 수용은 능동적이거나 수동적일 수 있다. 가장 일반적인 능동적 수용 전략은 기회 발생 시 기회를 활용하기 위한 시간, 돈 또는 자원의 양을 포함하여 우발사태 예비를 책정하는 것이다.

■ 수동적인 수용은 주기적인 기회 검토 이외에 선제적인 조치를 수행하지 않아 큰 변화를 방지하는 것이다.

6. 우발사태 대응 전략(Contingent response strategies)

■ 일부 대응책은 일정한 사건이 발생할 때에만 사용하기 위한 것이다. 일부 리스크의 경우, 프로젝트팀에서 계획을 실행하기에 충분한 경고가 있을 것이라 믿는 경우, 미리 정의한 특정 조건에서만 실행할 대응 계획을 수립하는 것이 좋다.

■ 중간 마일스톤 누락 또는 우선순위가 더 높은 판매자 확보 등과 같이 우발사태 대응을 유발하는 사건들을 정의하고 추적해야 한다.

■ 이 기법으로 식별된 리스크 대응책을 대개 우발사태 계획 또는 대체방안이라고 하며, 계획의 실행을 촉발하는 사건들이 포함된다. 특정 사건이 발생하는 경우에 사용할 전략으로 대응 계획을 수행할 특정 조건이 되었을 경우를 대비해 작성한다. 우발사태 대응 전략을 통해 수립된 계획들을 비상계획(contingency plan)이라고도 한다.

7. 포괄적 프로젝트 리스크에 대한 전략(Strategies for overall project risk)

리스크 대응은 개별 프로젝트 리스크뿐만 아니라 포괄적 프로젝트 리스크까지 처리하기 위해 계획 및 구현되어야 한다. 개별 프로젝트 리스크를 처리하는 데 사용되는 리스크 대응 전략이 포괄적 프로젝트 리스크에도 적용될 수 있다.

(1) 회피(Avoid)

■ 포괄적 프로젝트 리스크 수준이 매우 부정적이고 프로젝트의 합의된 리스크 한계선을 벗어나는 경우 회피 전략을 채택할 수 있다.

■ 이 전략은 프로젝트 전체에 대한 불확실성의 부정적인 영향을 줄이고 프로젝트를 다시 한

계선 안으로 복원시키기 위한 집중 조치를 취한다. 전체 프로젝트 수준의 회피 전략 예로 프로젝트의 범위에서 리스크가 큰 범위 요소를 제거하는 경우를 들 수 있다.

- 프로젝트를 다시 한계선 안으로 복원시킬 수 없는 경우 프로젝트가 취소될 수 있다. 이는 가장 극단적인 리스크 회피로, 전체적인 위협 수준이 현재 또는 미래에 허용할 수 없는 수준이 되는 경우에만 사용해야 한다.

(2) 활용(Exploit)

- 포괄적 프로젝트 리스크 수준이 매우 긍정적이고 프로젝트의 합의된 리스크 한계선을 벗어나는 경우 활용 전략을 채택할 수 있다.
- 이 전략은 프로젝트 전체에 대한 불확실성의 긍정적인 영향을 포착하기 위한 집중 조치를 취한다.
- 전반적 프로젝트 수준에서 활용 전략 예로는 프로젝트에 대한 범위의 편익이 큰 요소를 추가하여 이해관계자에게 가치 또는 편익을 추가하는 경우를 들 수 있다. 또는 기회를 수용하기 위해 주요 이해관계자와의 협약을 통해 프로젝트의 리스크 한계선을 수정할 수 있다.

(3) 전달/공유(Transfer/Share)

- 포괄적 프로젝트 리스크 수준이 높지만 조직이 리스크를 효과적으로 처리할 수 없는 경우 제3자가 참여하여 조직 대신 리스크를 관리할 수 있다.
- 포괄적 프로젝트 리스크가 부정적인 경우에는 리스크에 대한 보수를 지불해야 하는 전가 전략이 필요하다. 포괄적 프로젝트 리스크가 매우 긍정적인 경우에는 관련 편익을 얻기 위해 책임을 공유할 수 있다.
- 전체 프로젝트 리스크에 대한 전달과 공유 전략 두 가지 모두의 예로는 구매자와 판매자가 전체 프로젝트 리스크를 공유하는 협업 비즈니스 구조 설정, 합작투자 또는 특수 목적의 회사 설립, 프로젝트의 주요 요소 하도급계약 체결 등이 있다.

(4) 완화/증대(Mitigate/Enhance)

- 프로젝트 목표 달성 가능성을 최적화하기 위해 포괄적 프로젝트 리스크의 수준을 변경한다.
- 완화 전략은 포괄적 프로젝트 리스크가 부정적일 때 적용되고 증대 전략은 리스크가 긍정적일 때 적용된다.
- 완화 또는 증대 전략의 예로 프로젝트 계획 변경, 프로젝트 범위 및 경계 변경, 프로젝트 우선순위 수정, 자원 할당 변경, 인도 시간 조정 등이 있다.

(5) 수용(Accept)

- 선제적 리스크 대응 전략으로 포괄적 프로젝트 리스크를 처리할 수 없는 경우 포괄적 프로젝트 리스크가 합의된 한계선을 벗어나더라도 조직이 현재 정의된 프로젝트를 계속 진행하도록 선택할 수 있다.

- 수용은 능동적이거나 수동적일 수 있다. 가장 일반적인 능동적 수용 전략은 프로젝트가 한 계선을 초과하는 경우 사용될 시간, 돈 또는 자원의 양을 포함하여 프로젝트의 전체 우발 사태 예비를 책정하는 것이다.
- 수동적인 수용은 포괄적 프로젝트 리스크 수준에 대한 주기적인 검토 이외에 선제적인 조치를 수행하지 않아 큰 변화를 방지하는 것이다.

8. 데이터 분석(Data analysis)

- 여러 가지 대체 리스크대응 전략을 고려할 수 있다. 다음은 우선 리스크대응 전략을 선택하기 위해 사용할 수 있는 데이터분석기법의 일부 예이다.
- 대안분석(Alternatives analysis). 대체 리스크대응 옵션의 특성 및 요구사항에 대한 간단한 비교만으로 가장 적절한 대응에 대한 의사결정을 도출할 수 있다.
- 비용–편익 분석. 개별 프로젝트 리스크의 영향이 금전적으로 정량화될 수 있는 경우, 비용–편익 분석을 사용하여 대체 리스크대응 전략의 비용–편익을 판별할 수 있다. 영향 수준 변화를 실행 원가로 나눈 비율은 대응 전략의 비용 대비 효과를 나타낸다. 즉 이 비율이 높으면 보다 효과적인 대응을 나타낸다.

9. 의사결정(Decision making)

- 리스크대응 전략을 선택하는 데 사용할 수 있는 의사결정기법의 예로 다기준 의사결정 분석이 있다. 하나 이상의 리스크대응 전략을 고려할 수 있다.
- 의사결정기법은 리스크대응 전략의 우선순위를 정하는 데 도움을 줄 수 있다. 다기준 의사결정 분석은 의사결정 매트릭스를 사용하여 주요 의사결정 기준을 수립하고 대안을 평가하고 등급을 산정하며 선호되는 옵션을 선택하기 위한 체계적인 접근방식을 제공한다.
- 리스크대응 선택 기준에는 대응 비용, 확률 및/또는 영향 변경에 있어 가능한 대응 효과, 자원 가용성, 시기적 제약사항(긴급성, 근접성 및 휴면성), 리스크 발생 시 영향 수준, 관련 리스크에 대한 대응 영향, 2차 리스크 시작 등이 포함될 수 있으며 이에 제한되지 않는다. 최초 선택이 효과적이지 않은 것으로 입증되면 프로젝트 후반에 다른 전략을 선택할 수 있다.

11.5.3 리스크 대응 계획수립 프로세스 산출물

1. 변경요청(Change requests)

계획된 리스크 대응 결과로 프로젝트관리 계획서의 원가 기준선 또는 기타 구성요소에 대한 변경요청이 제기될 수 있다. 변경요청은 통합 변경통제 수행 프로세스를 통해 검토되고 처리된다.

2. 프로젝트관리 계획서 업데이트(Project management plan updates)

프로젝트관리 계획서 변경은 변경요청을 통한 조직의 변경통제 프로세스를 거친다. 다음은 프로젝트관리 계획서에 대한 변경요청이 필요할 수 있는 구성요소의 일부 예이다

(1) 일정관리 계획서(Schedule management plan): 자원 업무량 및 평준화 변경사항과 같은 일정관리 계획서 변경사항이나 일정 전략 업데이트가 통합된다.

(2) 원가관리 계획서(Cost management plan): 예산 전략과 우발사태 예비 집행 방법에 대한 업데이트뿐만 아니라, 원가 회계, 추적 및 보고와 같은 변경사항이 원가관리 계획서 변경사항에 반영된다.

(3) 품질관리 계획서(Quality management plan): 요구사항 충족 접근방식, 품질 관리 접근방식 또는 품질통제 프로세스 변경사항이 품질관리 계획서 변경사항에 반영된다.

(4) 자원관리 계획서(Resource management plan): 자원 전략에 대한 업데이트뿐만 아니라 자원 할당에 대한 변경사항이 자원관리 계획서 변경사항에 반영된다.

(5) 조달관리 계획서(Procurement management plan): 제작-구매 결정 또는 계약 유형 수정 등이 조달관리 계획서 변경사항에 반영된다.

(6) 범위 기준선(Scope baseline): 합의된 리스크 대응에서 초래될 수 있는 승인된 범위 변경에 대한 조치로 범위 기준선 변경사항이 반영된다.

(7) 일정 기준선(Schedule baseline): 합의된 리스크 대응에서 초래될 수 있는 승인된 일정 산정치 변경에 대한 조치로 일정 기준선 변경사항이 반영된다.

(8) 원가 기준선(Cost baseline): 합의된 리스크 대응에서 초래될 수 있는 승인된 원가 산정치 변경에 대한 조치로 원가 기준선 변경사항이 반영된다.

3. 프로젝트 문서 업데이트(Project documents updates)

다음은 이 프로세스를 수행한 결과로 업데이트될 수 있는 프로젝트 문서의 일부 예이다.

(1) 가정사항 기록부(Assumption log): 리스크대응 계획수립 프로세스 도중 새로운 가정이 도출되거나 새로운 제약이 식별될 수 있고, 기존 가정 또는 제약이 개정되고 변경될 수 있다. 가정사항 기록부는 새로운 정보를 반영하여 업데이트해야 한다.

(2) 원가 예측치(Cost forecasts): 계획된 리스크대응의 결과로 원가 예측치가 변경될 수 있다.

(3) 교훈 관리대장(Lessons learned): 교훈 관리대장은 프로젝트의 다음 단계 또는 향후 프로젝트에 유용한 리스크대응에 대한 정보로 업데이트된다.

(4) 프로젝트 일정(Project schedule): 합의된 리스크대응과 관련된 활동이 프로젝트 일정에 추가될 수 있다.

(5) 프로젝트팀 배정표(Project team assignments): 대응책이 확정되면 리스크대응 계획서와 연관된 각각의 조치에 필요한 자원이 배정되어야 한다. 이러한 자원에는 합의된 조치(일반

적으로 프로젝트 팀 내)를 실행할 수 있는 적합한 자격과 경험을 갖춘 개인, 조치에 대한 구체적인 예산 및 시간 허용치, 조치를 완료하는 데 필요한 기술 자원이 포함될 수 있다.

(6) 리스크 관리대장(Risk register): 적절한 리스크 대응책이 채택되어 합의되면 리스크 관리대장에서 업데이트된다. 다음은 리스크 관리대장 업데이트에 포함될 수 있는 사항의 일부 예이다.

- 합의된 대응 전략 및 선택된 대응 전략을 구현하기 위한 구체적인 활동
- 유발 조건, 리스크 발생 징후 및 경고 신호
- 선택된 대응책을 실행하는 데 필요한 예산 및 일정활동
- 우발사태 계획 및 실행을 촉발하는 리스크 요인
- 리스크가 발생했거나 초기 대응책이 부적합한 것으로 판명될 때 사용할 대체방안
- 계획한 대응책을 수행한 후에도 남아 있을 것으로 예상되는 잔존 리스크와 의도적으로 수용한 리스크
- 리스크 대응의 직접적인 결과로 발생하는 2차 리스크

(7) 리스크 보고서(Report report): 리스크 보고서가 업데이트되면 현재 포괄적 프로젝트 리스크 노출도 및 우선순위가 높은 리스크에 대해 합의된 대응책과 해당 대응책을 구현한 결과로 예상될 수 있는 변경사항을 함께 나타낼 수 있다.

• Contingent Response Strategies

Responses provided which may be used in the event that a specific trigger occurs.

Trigger Condition

An event or situation that indicates that a risk is about to occur. 리스크가 발생했거나 발행할 것임을 알리는 표시를 말하며 [리스크 식별]에서 발견되어 [리스크 감시 및 통제] 프로세스에서 감시할 수 있다. Trigger와 동일하게 사용되는 용어로 'Risk symptoms', 'Warning signs'이 있다.

핵심용어 Contingency reserve vs. Management reserve

프로젝트의 계획(Planning)에서는 미래에 대한 예측이 포함된다. 일정, 원가, 리스크, 조달 등 대부분 미래상황에 대한 계획을 수립하는 것이다. 리스크는 불확실성과 가장 밀접한 관계가 있다.

미래에 일어날 사건에 대해 완벽한 예측이라는 것은 불가능 하므로 최대한 예측 가능한 선까지 준비를 하고 그 외에 발생 가능한 사건에 대해서도 당연히 준비를 해야 한다. 프로젝트관리에서 예비라는 개념은 필수적인 항목이다. 예비는 비용과 시간이 포함되며 크게 두 가지 예비로 구분한다.

- 식별된 리스크에 대한 Contingency Reserve이며,
- 식별 못한 리스크에 대한 Management Reserve이다. Management Reserve는 Management Contingency Reserve라고도 한다.

핵심용어-Fallback plan

Fallback plan은 첫 번째 Contingency plan이 실패할 경우 사용하려고 추가로 준비한 Contingency plan이다. 보통 첫 번째 Plan A가 실패할 경우 가용할 'Plan B'라고 부르기도 한다.

11.6   리스크 대응 실행(Implement Risk Responses)

리스크대응 실행은 합의된 리스크대응 계획을 실행하는 프로세스이다. 이 프로세스의 주요 이점은 포괄적 프로젝트 리스크 노출도를 해결함과 동시에 개별 프로젝트 위협은 최소화하고 개별 프로젝트 기회는 최대화하기 위해 합의된 리스크대응 조치가 계획대로 정확히 실행되도록 한다는 점이다.

• Implement risk responses-definition

  The process of implementing agreed-upon risk response plans-PMBOK® Guide-Sixth Edition, Glossary

(1) 프로세스(입력물/도구 및 기법/산출물)

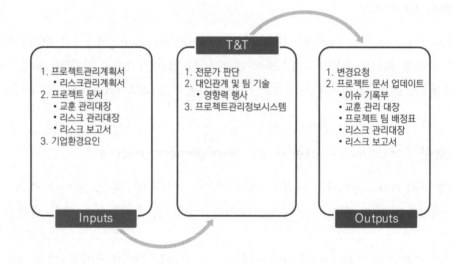

Inputs
1. 프로젝트관리계획서
  • 리스크관리계획서
2. 프로젝트 문서
  • 교훈 관리대장
  • 리스크 관리대장
  • 리스크 보고서
3. 기업환경요인

T&T
1. 전문가 판단
2. 대인관계 및 팀 기술
  • 영향력 행사
3. 프로젝트관리정보시스템

Outputs
1. 변경요청
2. 프로젝트 문서 업데이트
  • 이슈 기록부
  • 교훈 관리 대장
  • 프로젝트 팀 배정표
  • 리스크 관리대장
  • 리스크 보고서

리스크대응 실행 프로세스는 실행프로세스 그룹의 프로세스이다. 가장 중요한 핵심 입력물은 무엇인가? 리스크 대응전략의 실행이기 때문에 각 리스크에 대한 대응전략이 들어가 있는 부분이 핵심일 것이다. 그럼 대응전략은 어떤 부분에 들어가 있는가? 당연히 지속적으로 업데이트되고 있는 리스크 관리대장이다. 리스크 보고서는 참조 문서이다. 실행 프로세스이기 때문에 리스크 책임자가 식별된 리스크가 발생할 것 같으면 즉각 대응전략을 실행하게 될 것이다. 때문에 제대로 대응전략이 수행이 되도록 도구 및 기법으로 소개된 영향력을 행사하는 것이 좋다. 전문가에게 문의하면서 진행하는 것은 당연한 것이다. 대부분 리스크 대응조치도 프로젝트 관리정보 시스템 안에서 작동이 된다. 대응전략이 실행되면, 실행의 결과로 나온 부분을 반영하여 리스크 관리대장을 업데이트하게 된다. 대응전략에 추가적인 개선이 필요할 경우에는 변경요청을 하여 다른 방법으로 시정조치를 하면 된다. 프로젝트 문서는 지속적으로 수정을 하게 되는데 리스크 관리대장과 더불어 이슈 기록부, 교훈 관리대장, 리스크 보고서 등이 같이 업데이트된다. 리스크 관리는 지속적으로 많은 이해관계자들이 같이 참여하고 관심을 가져야 성공을 한다. 프로젝트 관리자는 실행부분에 있어 리스크 책임자와 유연한 관계를 유지하면서 수시로 리스크에 대한 현황을 확인하여야 한다.

(2) 프로세스 흐름도

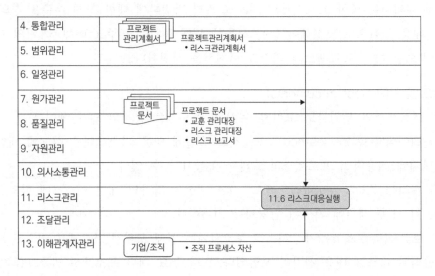

4. 통합관리		4.6 통합변경 통제수행	
5. 범위관리		• 변경요청	
6. 일정관리			
7. 원가관리			
8. 품질관리			
9. 자원관리			
10. 의사소통관리			
11. 리스크관리	11.6 리스크대응실행	프로젝트 문서 업데이트 • 이슈 기록부 • 교훈 관리 대장 • 프로젝트 팀 배정표 • 리스크 관리대장 • 리스크 보고서	프로젝트 문서
12. 조달관리			
13. 이해관계자관리			

11.6.1 리스크 대응 실행 프로세스 투입물

1. 프로젝트 관리 계획서(Project management plan)

리스크관리 계획서에는 프로젝트 팀원 및 리스크 관리를 위한 기타 이해관계자의 역할과 담당 업무가 나열된다. 이 정보는 합의된 리스크 대응을 위한 담당자를 배정할 때 사용된다.

리스크관리 계획서는 또한 프로젝트의 리스크 관리 방법론에 대한 상세 수준을 정의한다. 또한 리스크 대응 구현으로 달성해야 하는 허용 목표를 정의하고 주요 이해관계자의 리스크 선호도를 기반으로 하는 프로젝트의 리스크 한계선을 지정한다.

2. 프로젝트 문서(Project documents)

다음은 이 프로세스의 투입물로 고려될 수 있는 프로젝트 문서의 일부 예이다.

(1) 교훈 관리대장(Lessons learned): 프로젝트 초반에 얻은 리스크대응 실행에 대한 교훈을 이후 단계에 적용하여 프로세스의 효과를 향상시킬 수 있다.

(2) 리스크 관리대장(Risk register): 리스크 관리대장은 각각의 개별 리스크에 합의된 리스크 대응과 각 대응 계획에 지명된 담당자를 기록한다.

(3) 리스크 보고서(Report report): 리스크 보고서에는 현재 포괄적 프로젝트 리스크 노출도 평가와 합의된 리스크 대응 전략이 포함된다. 또한 주요 개별 프로젝트 리스크를 계획된 대응과 함께 설명한다.

3. 조직 프로세스 자산(Organizational process assets)

리스크대응 실행에 영향을 줄 수 있는 조직 프로세스 자산의 예로 특정 리스크 대응의 효과를 나타내는 완료된 유사 프로젝트에서 습득한 교훈 저장소를 들 수 있다.

11.6.2 리스크 대응 실행 프로세스 도구 및 기법

1. 전문가 판단(Expert judgment)
필요한 경우 리스크 대응을 확인 또는 수정할 수 있는 전문 지식을 보유한 개인 또는 그룹의 전문지식을 고려하여 리스크 대응을 가장 효율적이고 효과적인 방식으로 실행할 수 있는 방법을 결정해야 한다.

2. 대인관계 및 팀 기술(Interpersonal and team skills)
이 프로세스에 사용할 수 있는 대인관계 및 팀 기술의 예로 영향력 행사가 있다. 일부 리스크 대응 조치는 프로젝트팀에 속하지 않거나 상충하는 다른 요구사항이 있는 사람이 담당할 수 있다.

프로젝트 관리자 또는 리스크 프로세스를 촉진하는 담당자는 영향력 행사를 통해 지명된 리스크 담당자가 필요한 조치를 수행하도록 독려할 수 있다.

3. 프로젝트관리 정보시스템(PMIS: Project management information system)
프로젝트관리 정보시스템에는 합의된 리스크대응 계획 및 관련 활동이 다른 프로젝트 활동과 함께 프로젝트에 통합되기 위한 일정, 자원 및 원가 소프트웨어가 포함될 수 있다.

11.6.3 리스크 대응 실행 프로세스 산출물

1. 변경 요청(Change requests)
리스크대응을 실행한 결과로 프로젝트관리 계획서의 원가 기준선 또는 기타 구성요소에 대한 변경요청이 제기될 수 있다.

2. 프로젝트 문서 업데이트(Project documents updates)
다음은 이 프로세스를 수행한 결과로 업데이트될 수 있는 프로젝트 문서의 일부 예이다.

(1) 이슈기록부(Issue log): 리스크대응 실행 프로세스의 일부로 이슈가 식별되는 경우 이슈 기록부에 기록된다.

(2) 교훈 관리대장(Lessons learned register): 교훈 관리대장은 리스크대응을 실행할 때 발생한 문제와 해결 가능했던 방안 및 리스크대응 실행에 효과적인 방식에 대한 정보로 업데이트된다.

(3) 프로젝트팀 배정표(Project team assignments): 리스크대응 계획서와 연관된 각각의 조치에 필요한 자원이 배정되어야 한다. 이러한 자원에는 합의된 조치를 실행할 수 있는 적합한 자격과 경험을 갖춘 개인, 조치에 대한 구체적인 예산 및 시간 허용치, 조치를 완료하는 데 필요한 기술 자원이 포함될 수 있다.

(4) 리스크 관리대장(Risk register): 리스크 관리대장은 리스크대응 실행 프로세스의 결과물인

개별 프로젝트 리스크에 대해 이전에 합의된 리스크 대응에 대한 변경사항을 반영하여 업데이트될 수 있다.

(5) 리스크 보고서(Report report): 리스크 보고서는 리스크대응 실행 프로세스에 따른 포괄적 프로젝트 리스크 노출도에 대해 이전에 합의된 리스크 대응에 대한 변경사항을 반영하여 업데이트될 수 있다.

▬▬ 핵심용어 Workaround

계획되지 않은 Risk가 발생할 때, 즉시 대응이 개발되고 수행되어야 하는데 이것을 Workaround 라고 한다. 해결책이 Risk사건 발생되기 전에 미리 계획하는 것이 아닌 점에서 우발사태 계획 (Contingency plan)과 다르다. The response to an unplanned risk event이다.
PMBOK 6판 용어집에서 비록 빠져 있지만 반드시 알아야 할 용어이다.

11.7 리스크 감시(Monitor risks)

리스크 감시는 프로젝트 전반에 걸쳐, 합의된 리스크 대응계획이 실행되는지 감시하며, 식별된 리스크를 추적하고, 새로운 리스크를 식별 및 분석하고, 리스크 프로세스 효율성을 평가하는 프로세스이다. 이 프로세스의 주요 이점은 포괄적 프로젝트 리스크 노출도와 개별 프로젝트 리스크에 관한 최신 정보를 근거로 프로젝트 의사결정을 내릴 수 있다는 점이다.

• Monitor risks−definition

The process of monitoring the implementation of agreed−upon risk response plans, tracking identified risks, identifying and analyzing new risks, and evaluating risk process effectiveness throughout the project−*PMBOK*® Guide−Sixth Edition, Glossary

리스크 감시 프로세스의 목적은 프로젝트 가정사항의 유효성이 지속되는지 여부를 확인하고, 평가된 리스크의 변경 여부 또는 철회 가능성이 있는지, 리스크 관리 정책 및 절차가 준수되고 있는지, 현재 리스크 평가 결과에 따라 원가 또는 일정에 대한 우발사태 예비비 혹은 예비일정을 수정해야 하는지 여부를 지속적으로 확인하는 것이다. 주요 활동은 다음과 같다.

- 새로운 리스크 식별, 분석, 계획 및 식별된 리스크 및 리스크 감시 목록의 지속적인 추적
- 기존 리스크의 재분석(리스크는 시간에 따라 성질이 변한다)
- 우발사태 계획에 대한 원인 감시 및 잔존 리스크 감시
- 리스크 대응 실행에 대한 효과성 평가 및 프로젝트 가정이 아직도 유효한가에 대한 판단
- 적절한 리스크관리 정책 및 절차를 따르고 있는지 확인
- 우발사태 예비비 혹은 예비 일정이 적정한지 확인 및 교훈(Lessons learned)정리이다.

(1) 프로세스(입력물/도구 및 기법/산출물)

리스크 감시 프로세스는 감시 및 통제 프로세스 그룹의 하나이기 때문에 기준과 실적을 비교하여 작업성과 보고와 변경요청을 만드는 패턴을 그대로 가지고 있다. 기준은 당연히 리스크 관리대장이고, 실적은 작업성과 데이터이다. 물론 감시 프로세스는 이슈기록부의 이슈도 처리를 하여야 하고 교훈관리대장을 지속적으로 참조하여야 한다. 도구 및 기법에서는 전체 프로세스의 적절성을 판단하는 프로세스 감사와 프로젝트의 성과 중 기술적 성과에 관련 부분에 대한 데이터 분석이 필요하고 식별된 리스크 및 미식별된 리스크에 대한 예비비의 잔여량의 적절성을 분석하여 대비하여야 한다.

(2) 프로세스 흐름도

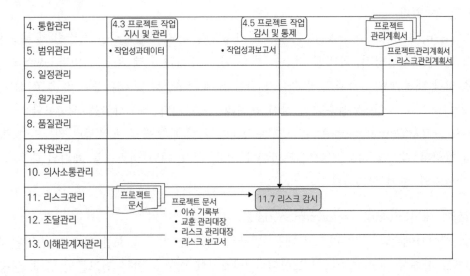

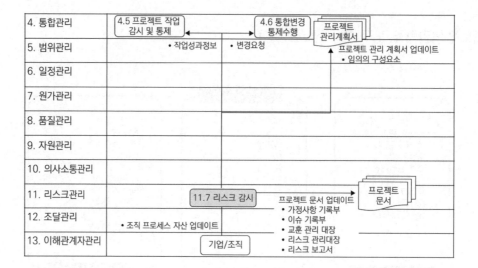

11.7.1 리스크 감시 프로세스 투입물

1. 프로젝트 관리 계획서(Project management plan)

리스크관리 계획서는 리스크를 검토해야 하는 시기와 그 방법, 준수해야 하는 정책 및 절차, 감시 프로세스에서의 역할 및 책임과 보고 형식에 대한 지침을 제공한다.

2. 프로젝트 문서(Project documents)

다음은 이 프로세스의 투입물로 고려해야 하는 프로젝트 문서의 일부 예이다.

(1) 이슈 기록부(Issue log): 이슈 기록부는 미결 이슈가 업데이트되어 리스크 관리대장을 업데이트해야 하는지 여부를 확인하는 데 사용된다.

(2) 교훈 관리대장(Lessons learned): 프로젝트 초반에 얻은 리스크 관련 교훈을 이후 단계에 적용할 수 있다.

(3) 리스크 관리대장(Risk register): 리스크 관리대장의 주요 투입물로는 식별된 개별 프로젝트 리스크, 리스크 담당자, 합의된 리스크 대응 및 구체적인 실행 조치가 있다. 리스크 관리대장은 또한 대응계획의 효과를 평가하기 위한 통제 조치, 리스크의 징후 및 경고 신호, 잔존 및 2차 리스크, 낮은 우선순위의 감시 목록과 같은 기타 세부사항을 제공한다.

(4) 리스크 보고서(Report report): 리스크 보고서에는 현재 포괄적 프로젝트 리스크 노출도 평가와 합의된 리스크 대응 전략이 포함된다. 또한 주요 개별 리스크를 계획된 대응 및 리스크 담당자와 함께 설명한다.

3. 작업성과 데이터(Work performance data)

작업성과 데이터에는 실행된 리스크 대응, 발생한 리스크, 현재 유효한 리스크, 종결된 리스크 등 프로젝트 상태에 대한 데이터가 포함된다. 리스크에 영향을 받는 인도물의 상태, 일정 진척

현황 및 발생된 원가 등의 프로젝트 수행에 관련된 작업성과데이터를 참고한다.

4. 작업성과 보고서(Work performance reports)

작업성과 보고서는 성과 측정치의 정보를 수집하여 분석함으로써 차이분석, 획득가치 데이터 및 예측 데이터를 포함한 프로젝트 작업성과 정보를 제공한다. 이 정보는 성과 관련 리스크 감시와 관련이 있다. 작업성과 보고서에는 프로젝트 성과가 얼마나 좋은지 또는 나쁜지 알 수 있으며, 성과가 안 좋을 경우 리스크 발생 가능성이 더 높아지므로 리스크 감시 및 통제를 더 강화해야 한다.

11.7.2 리스크 감시 프로세스 도구 및 기법

1. 데이터 분석(Data analysis)

다음은 이 프로세스에 사용할 수 있는 데이터 분석기법의 일부 예이다.

(1) 기술적 성과 분석(Technical performance analysis)

기술적 성과 분석에서는 프로젝트 실행 중 실제 기술적 성과와 기술적 달성 일정을 비교한다. 이때 목표 대비 실제 결과를 비교할 수 있는 기준, 즉 수치로 제시할 수 있는 객관적인 기술적 성과척도를 정의해야 한다. 이러한 기술적 성과 측정에는 가중치, 거래 횟수, 결함이 있는 인도물 수, 저장 용량 등이 포함될 수 있다. 편차는 위협 또는 기회의 잠재적 영향력을 나타낼 수 있다. 기술목표의 성과보다 실제 성과가 떨어진다면 리스크가 증가될 수 있으므로 기술적 성과 측정(Technical performance measurement)을 수행하는 것도 리스크에 대한 감시 활동이다.

(2) 예비비 분석(Reserve analysis)

프로젝트 실행 전반에 걸쳐, 예산 또는 일정 우발사태 예비에 긍정적 또는 부정적 영향을 미치는 개별 프로젝트 리스크가 발생할 수 있다. 예비분석에서는 프로젝트의 임의 시점에서 남은 예비가 적합한지 판별하기 위해 잔존 리스크의 양을 잔존 우발사태 예비의 양과 비교한다. 이 결과는 번다운 차트와 같은 다양한 그래픽 표현으로 나타낼 수 있다. 다음과 같은 표를 이용하여 감시를 하면 유용하다.

Reserve used for	사용된 Contingency reserve	사용된 Management reserve	Contingency balance ($21,600 at start)	Management balance ($5,000at start)
A	$2,000		$19,600	$5,000
B	$8,000		$11,600	$5,000
C		$600	$11,600	$4,400

- Contingency reserve

  Time or money allocated in Schedule or cost baselines for known risks with active response strategies—*PMBOK*® Guide—Sixth Edition, Glossary

• Reserve analysis

An analytical technique to determine the essential features and relationships of components in the Project management plan to establish a reserve for the Schedule duration, budget, estimated cost, or funds for a project — *PMBOK® Guide — Sixth Edition, Glossary*

2. 감사(Audits)

■ 리스크 감사는 리스크관리 프로세스의 효과를 판단하기 위해 사용할 수 있는 감사의 한 유형이다. 프로젝트의 리스크관리 계획서에 정의된 대로 적절한 주기로 리스크 감사가 수행되는 것을 보증할 책임은 프로젝트 관리자에게 있다.

■ 리스크 감사는 정기적인 프로젝트 검토 회의에 포함되거나 리스크검토 회의에 포함시킬 수도 있으며 별도 리스크 감사 회의를 열 수도 있다. 리스크 감사를 수행하기 전에 감사의 형식과 목표를 명확히 정의해야 한다.

■ 리스크 감사는 식별된 리스크와 그 근본 원인을 처리하는 리스크 대응 방안의 효과와 리스크 관리 프로세스의 효과성을 검토하고 문서화한다.

• Risk audits

A type of audit used to consider the effectiveness of the risk management process

– Structured independent review of project Activities

– Identify lessons learned

– Scheduled or random

– In — house or independent — *PMBOK® Guide — Sixth Edition, Glossary*

3. 회의(Meetings)

■ 리스크 검토는 정기적으로 실시하며 포괄적 프로젝트 리스크와 식별된 개별 프로젝트 리스크를 처리하는 데 있어 리스크 대응의 효과를 검토하고 문서화해야 한다.

■ 리스크 검토는 또한 새로운 개별 프로젝트 리스크(합의된 리스크 대응에서 비롯되는 2차 리스크 포함) 식별, 현재 리스크 재평가, 시기가 지난 리스크 종결, 리스크 발생으로 초래된 이슈, 현재 프로젝트 또는 향후 유사 프로젝트에서 습득할 교훈의 식별과 같은 결과를 얻을 수 있다.

■ 리스크 검토는 리스크관리 계획서에 지정된 대로 정기적인 프로젝트 현황 회의의 일부로 수행되거나 특별 리스크검토 회의로 열릴 수 있다.

■ EV(Earned value) 분석 등을 활용하여 계획대비 실제 성과를 비교 분석하고 그 차이가 향후 원가 및 일정 목표를 달성할 수 있는지를 확인함으로써 프로젝트에 대한 위협 혹은 기회를 파악할 수 있다.

11.7.3 리스크 감시 프로세스 산출물

1. 작업성과정보(Work performance information)

- 작업성과정보에는 발생한 개별 리스크를 리스크 예상 결과와 비교하여 프로젝트 리스크관리를 수행하는 방법에 대한 정보가 포함된다. 이 정보는 대응 기획 및 대응 실행 프로세스의 효과를 나타낸다.
- 작업성과정보는 리스크 감시의 산출물로서 리스크 재평가나 리스크감사, 차이 및 추세분석, 예비비 혹은 예비 일정 분석, 기술적 성과 측정 등의 결과들을 정리하여 제공함으로써 프로젝트 관리 의사결정을 지원한다.

2. 변경 요청(Change requests)

리스크 감시 프로세스의 결과로 프로젝트관리 계획서의 원가 및 일정 기준선 또는 기타 구성요소에 대한 변경요청이 제기될 수 있다. 변경요청에는 포괄적 프로젝트 리스크의 현재 수준을 처리하거나 개별 프로젝트 리스크를 처리하기 위해 권장되는 시정 및 예방조치가 포함될 수 있다. 우발사태 계획(Contingency plan)이나 Workaround를 수행하게 되면 때때로 변경 요청이 발생하게 되며, 이러한 변경 요청은 통합변경통제 수행 프로세스의 투입물로 사용된다. 또한 변경요청은 시정조치나 예방조치를 포함할 수 있다.

3. 프로젝트 관리 계획서 업데이트(Project management plan updates)

프로젝트관리 계획서 변경은 변경요청을 통한 조직의 변경통제 프로세스를 거친다. 이는 프로젝트관리 계획서 구성요소에 영향을 줄 수 있다. 승인된 변경사항이 반영되면 리스크 관리 프로세스에 영향을 주게 되며, 이러한 영향은 프로젝트 관리 계획서의 수정이 발생될 수 있다.

4. 프로젝트 문서 업데이트(Project document updates)

다음은 이 프로세스를 수행한 결과로 업데이트될 수 있는 프로젝트 문서의 일부 예이다.

(1) 가정사항 기록부(Assumption log): 리스크 감시 프로세스 도중 새로운 가정사항이 도출되거나 새로운 제약사항이 식별될 수 있고, 기존 가정 또는 제약이 개정되고 변경될 수 있다. 가정사항 기록부는 새로운 정보를 반영하여 업데이트된다.

(2) 이슈 기록부(Issue log): 리스크 감시 프로세스의 일부로 이슈가 식별되는 경우 이슈 기록부에 기록된다.

(3) 교훈 관리대장(Lessons learned): 교훈 관리대장은 리스크검토 과정에서 얻은 리스크 관련 교훈으로 업데이트되므로 프로젝트 후반부 또는 향후 프로젝트에 사용할 수 있다.

(4) 리스크 관리대장(Risk register): 리스크 관리대장은 리스크 감시 프로세스에서 생성된 개별 프로젝트 리스크에 대한 정보로 업데이트된다. 여기에는 새로운 리스크 추가, 시기가 지난 리스크 또는 유효하지 않은 리스크 업데이트, 리스크 대응 업데이트 등이 포함될 수 있다.

(5) 리스크 보고서(Report report): 리스크 감시 프로세스에서 새로운 정보를 얻을 수 있으므로 주요 개별 프로젝트의 현재 상태 및 포괄적 프로젝트 리스크의 현재 수준을 반영하여 리스크 보고서가 업데이트된다. 보고서에는 또한 상위 개별 프로젝트 리스크, 합의된 대응 및 담당자와 결론 및 권고사항이 포함될 수 있다. 리스크 관리 프로세스의 효과성에 대한 리스크 감사 결론도 포함될 수 있다.

5. 조직 프로세스 자산 업데이트(Organizational process assets updates)
다음은 리스크 감시 프로세스의 결과로 업데이트되는 조직 프로젝트 자산의 일부 예이다.
리스크관리 계획서, 리스크 관리대장 및 리스크 보고서 템플릿, 그리고 리스크분류체계가 있다.

Issue log flow-Risk management process related

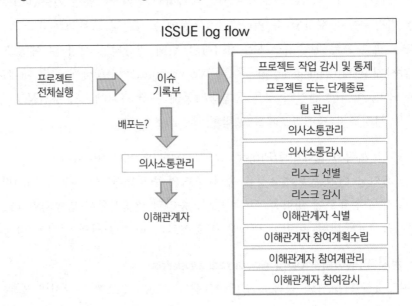

요구사항문서 flow-Risk management process related

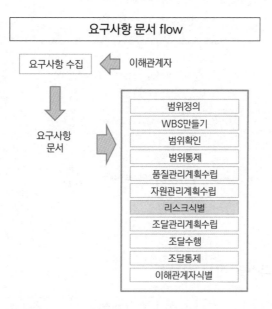

Risk 식별, 분류 및 대응계획 정리

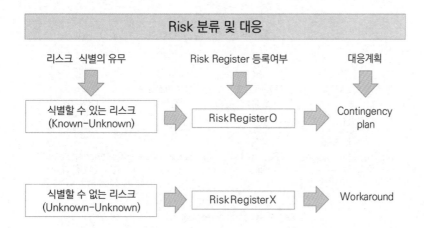

Risk 대응 예비비 및 예산 정리

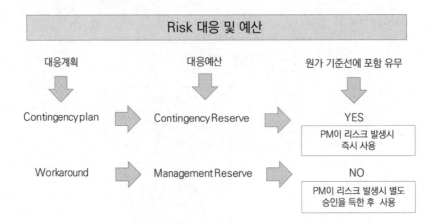

Risk 용어 이해-리스크 발생 상황별

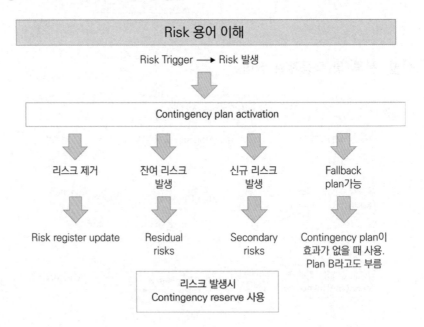

프로젝트 리스크관리 지식영역 종합정리(프로세스 Input-output 위주)

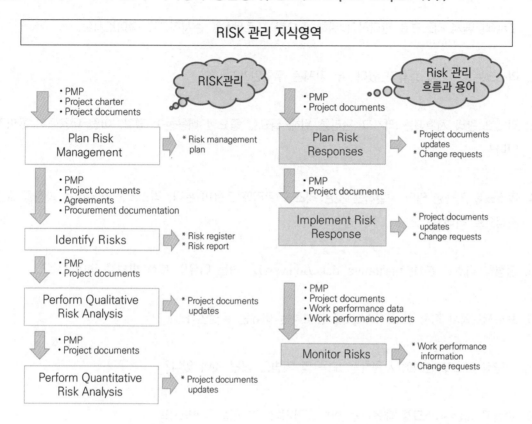

RISK 관리 지식영역

RISK관리

Risk 관리 흐름과 용어

• PMP
• Project charter
• Project documents

Plan Risk Management → * Risk management plan

• PMP
• Project documents
• Agreements
• Procurement documentation

Identify Risks → * Risk register
* Risk report

• PMP
• Project documents

Perform Qualitative Risk Analysis → * Project documents updates

• PMP
• Project documents

Perform Quantitative Risk Analysis → * Project documents updates

• PMP
• Project documents

Plan Risk Responses → * Project documents updates
* Change requests

• PMP
• Project documents

Implement Risk Response → * Project documents updates
* Change requests

• PMP
• Project documents
• Work performance data
• Work performance reports

Monitor Risks → * Work performance information
* Change requests

_____ 프로젝트 리스크 관리 지식영역 종합정리(주관식 문제)

1. 프로젝트에서 리스크를 관리하기 위해 필요한 프로세스를 순서적으로 적어보시오.

2. 리스크는 두 가지 종류가 있다. 두 가지는 무엇인가?

3. 리스크 관리 계획에는 리스크 관리를 위해 필요한 중요한 내용들이 있다. 어떤 내용들이 들어가 있나?

4. 리스크를 가능한 많이 식별하는 것은 리스크 관리에 도움이 된다. 리스크를 식별하는 과정을 흐름 중심으로 적어보시오.

5. 정성적 리스크 분석(Qualitative risk Analysis)을 하는 이유와 분석 방법을 적어보시오.

6. 프로젝트에서 정량적으로 리스크를 분석하는 이유는 무엇인가?

7. 정량적 리스크 분석에 사용하는 도구 및 기법은 어떤 것이 있나?

8. 위협에 대한 리스크를 대응하는 방법 5가지와 그 뜻을 적어보시오.

9. 다음 용어 중 정확히 설명하기 어려운 것들을 체크해보시오.
   Trigger
   Workaround
   Contingency plan
   Management Reserve
   EMV
   Risk Register
   P-I Matrix
   Delphi technique
   Fallback plan
   Residual risk
   Secondary risk\
   Watch list

PMBOK정복하기-11장 용어 및 프로세스 정의 요약

우발 사태 준비금(Contingency reserves)이란 무엇인가?

식별된 리스크에 대한 예비비로 만일 리스크가 발생하는 프로젝트 관리자가 사용할 수 있는 준비금이다. 원가기준선에 포함되어 있어 프로젝트 관리자의 권한 아래 사용될 수 있다.

우발사태 예비비(Contingency reserves)와 관리 예비비(Management reserves)의 차이점은?

우발사태 예비비(Contingency reserves): 식별된 리스크에 대한 예비비로 원가기준선에 포함

관리예비비(Management reserves): 식별하지 못한 리스크에 대한 예비비로 원가기준선에 미포함

리스크 점수를 계산하는 공식은 무엇이며 이 점수는 어떻게 사용되는가?

P(Probability)×I(Impact)=Risk score

Risk score는 정성적 리스크 분석을 수행할 때 리스크관리대장에서 확인된 각 리스크에 대한 리스크 점수를 계산하여 어떤 리스크가 가장 높은 점수를 가지는지 결정하고 정량적 리스크 분석 및/또는 리스크 대응 계획에 의해 추가 고려해야 한다.

문서 검토가 리스크 식별을 위한 도구 및 기술로 고려되는 이유는 무엇인가?

계획, 가정, 이전의 프로젝트 파일 및 과거 프로젝트의 계획을 포함한 프로젝트 문서는 프로젝트 리스크에 대한 좋은 지표가 될 수 있다(Project documentation, including plans, assumptions, previous project files, and plans from past projects can be good indicators of project risks).

확률이란 무엇인가?

어떤 사건이나 조건이 발생할 가능성(The likelihood that the event or condition may occur)

리스크 평가에서는 어떤 3가지 리스크 관리 프로세스가 포함되는가?

리스크 식별, 정성적 리스크분석 수행, 정량적 리스크분석 수행

(Identify Risks, Perform Qualitative Risk Analysis, Perform Quantitative Risk Analysis)

감시 및 통제 프로세스 그룹에서 어떤 프로젝트 리스크 관리 프로세스가 발생하는가?

리스크 감시

리스크 관리의 목적과 관련하여 2가지 종류의 리스크는 무엇인가?

(1) 부정적인 리스크: 위협과 관련된 리스크로 프로젝트 비용, 시간 낭비 또는 기타 유해한 결과 초래

(2) 긍정적인 리스크: 기회와 관련된 리스크로 시간과 돈을 절약하거나 다른 프로젝트 혜택 창출

Negative risks(threats): Can result in increased cost, lost time, or other detrimental results to the project.

Positive risks(opportunities): Can save time or money or produce other project benefits

리스크 대응계획에서 긍정적인 리스크의 기회를 위한 전략은 무엇인가?

Escalate

Exploit

Share

Enhance

Accept

리스크 관리에서 부정적인 리스크(위협)에 대한 전략은 무엇인가?

회피. 이전. 완화. 수용, 에스컬레이션

리스크 관리의 주요 목표는 무엇인가?

긍정적인 기회의 확률 및 영향을 높이고 부정적인 위협의 가능성 및 영향을 줄인다.

리스크오너(Risk owner)의 주된 책임은 무엇인가?

할당된 리스크를 추적하고 리스크가 발생할 경우 문서화된 리스크 대응 계획을 구현한다. 또한 확률 또는 영향의 변화 리스크를 감시한다.

리스크 관리에서 이해관계자가 리스크 식별 프로세스에 입력물로 들어가는 중요이유는 무엇인가?

이해관계자관리대장에서 확인된 핵심 이해관계자, 특히 고객은 리스크 식별에 참여해야 한다.

리스크 관리에서 2차 리스크와 잔여리스크의 차이점은 무엇인가?

2차 리스크는 리스크 대응전략을 실행하여 발생되는 결과로 발생하는 리스크이다.

잔여리스크는 리스크 대응전략이 실행된 후에도 잔존하는 리스크이다.

리스크관리에서 리스크 확률 및 영향 평가, 확률 및 영향 매트릭스, 리스크 데이터 품질 평가, 리스크 분류, 리스크 긴급 평가 및 전문가 판단 등의 도구는 어떤 리스크관리 프로세스가 사용하는가?

정성적 리스크분석 수행

리스크의 정의는 무엇인가?

발생하는 경우에 하나 이상의 프로젝트 목표에 긍정적 또는 부정적 영향을 미치는 불확실한 사건 또는 조건

리스크관리에서 Trigger condition이란 무엇인가?

리스크가 발생하기 직전임을 나타내는 이벤트 또는 상황

리스크관리에서 Identify risks의 주요 산출물은 무엇인가?

리스크관리대장

리스크 식별 프로세스의 도구 및 기법의 예는 무엇인가?

• 브레인스토밍
• 델파이 기술
• 인터뷰(Interviews)(또는 전문가 인터뷰)
• 근본 원인 분석
• SWOT
• 도형화 기법

재미있는 프로젝트 이야기

Problem, Issue, risk의 차이점-삼국지에서 찾아보는 사례

오장원에서 사마의는 촉(蜀)의 병사로부터 제갈량에 대한 정보를 입수한다. "음식은 조금 먹고 일은 많이 하십니다. 아침에는 일찍 일어나고 밤에는 늦게 주무시며, 매 20대 이상의 일은 모두 직접 처리하십니다." 병사의 이 대답으로 사마의는 제갈량이 과로로 오래 버티지 못할 것을 예감한다. 천재형이었던 제갈량은 주위에 의견을 구하거나 부하들에게 권한을 위임하기보다는 모든 것을 스스로 처리하는 것을 선호했다. 청춘의 나이였다면 모르겠으나, 지나친 업무 부담으로 인한 과로로 인해 그는 적장에서 병사하고 만 것이다. 이 이야기에서 Problem, Issue, Risk를 구별할 수 있겠는가?

- 음식은 조금 먹고 일은 많이 하십니다. 아침에는 일찍 일어나고 밤에는 늦게 주무시며, 매 20대 이상의 일은 모두 직접 처리하십니다. → Problem
- 제갈량이 과로로 오래 버티지 못할 것을 예감. → Risk
- 지나친 업무 부담으로 인한 과로로 인해 그는 적장에서 병사하고 만 것이다. → Issue

Problem이란 정상적인 부분에서 벗어난 현상이나 행위가 되겠고, Issue란 문제가 결국은 발생되어 표면화된 것이다. Risk란 문제로 인해 아마도 예측 되는 불확실이다. 프로젝트 상황에서 회의를 할 때 보면 위의 3가지를 조금씩 혼돈하여 사용하는 것을 볼 수 있는데 무조건 문제라고 말하는 부분과 리스크는 무조건 나쁘고 위험한 것만을 나타내는 것으로 이야기하는 것은 주의해야 할 것이다. 프로젝트에서 리스크는 불확실성을 의미하기 때문이다. 따라서 Risk를 번역을 할 때 위험보다는 위기로 번역이 되는 이유도 거기에 있다. "위기는 기회이다"라는 말은 우리가 사용하는 것도 맥을 같이 한다 보겠다.

생활 속의 리스크 관리 이야기

리스크는 확률과 영향에 의해 좌우된다는 것은 다들 알고 있다. 그러나 그런 것을 생활 속에서 실천을 하고 있나? 만일 뚜껑이 열린 상태로 있는 물병 옆에 핸드폰을 놓아둔다면 어떻게 될까? 핸드폰은 물에 묻자마자 고장나게 될 것이다. 특히 어린 아이들이 있는 장소에서 물병과 전자제품을 옆에 두는 것은 극히 위험한 일이다. 늘 생활 속의 리스크 관리 역시 습관이 중요하다. 예전에 계란부침을 하다가 소금대신 조미료를 넣었다. 용기가 같았기에 조금 꺼내서 맛을 보거나 손가락으로 비비면서 감촉으로 구별하곤 했었는데 어제는 좀 혼동이 생겼다. 양념 용기의 표면에 소금, 조미료 표시만 했었으면 쉽게 구별이 되었을 건데 아쉬웠다. 리스크 관리는 쉽게 눈에 보이는 관리부터 시작하는 게 아닐까?

CHAPTER **11**

Example

01 리스크 발생시 Contingency plan을 가동하여 처리하였으나, 리스크가 대응방안을 실행한 후에도 남아있는 것을 무슨 리스크라 부르는가?

① 2ndary risks

② Residual risks

③ Workaround

④ High risks

02 프로젝트 리스크 관리에서 일정의 확률을 높이기 위해 빠른 종료 시에 성과급을 주기로 하고 외주업체에게도 성과급 주면서 빨리 일정을 단축하려고 한다. 이런 기법은 리스크의 기회의 대응전략 중 무엇을 수행한 것인가?

① 활용(Exploit)

② 강화(Enhance)

③ 공유(Share)

④ 수용(Accept)

03 부정적 리스크에 대한 대응방법으로 제3자에게 리스크를 떠맡기고 리스크에 대한 보수를 지불(보험 활용, 이행 보증, 각종 보증 및 보장)하는 기법은 무엇인가?

① 회피(Avoid)

② 완화(Mitigate)

③ 전가(Transfer)

④ 수용(Accept)

04 다음 중 리스크관리 활동에서 확률과 영향 매트릭스를 사용하는 프로세스는 다음 중 어느 것인가?

① 리스크 관리 계획 수행

② 리스크 식별

③ 정성적 리스크 분석 수행

④ 정량적 리스크 분석 수행

05 당신은 프로젝트 관리자로서 팀원들과 같이 프로젝트의 리스크의 감시를 하고 있다. 이에 감시 및 통제의 목적으로 맞지 않는 것은 다음 중 어느 것인가?

① 주기적으로 식별된 리스크를 감시함으로써 발생시 신속한 조치를 취하게 한다.

② 리스크 관련 예비비 등을 분석하고 미리 예방조치할 수 있는 조치를 취하게 한다.

③ 식별할 수 없는 리스크까지 포함하여 전부 관리함으로써 프로젝트 전반에 걸쳐 건전성을 증가 시킨다.

④ 리스크 관리계획에 의해 리스크를 감시하고 통제하여 리스크 발생시 정해진 대응방법으로 조치를 취한다.

06 당신은 식별된 리스크에 대해 정성적 리스크분석 수행 분석을 마치고 정량적 리스크 분석을 하고 있다. 관련 리스크의 경우에 발생확률은 20%이다. 그러나 발생한다면 200,000달러의 손실이 예상된다. 이런 경우 보험가입비용이 20,000달러라면 보험을 드는 것이 바람직한가? 아니면 가입하지 말아야 하나? 그 이유를 포함하여 가장 타당한 것은 다음 중 어느 것인가?

① 보험에 가입한다. 40,000달러 절감이 예상되기 때문에

② 보험에 가입한다. 20,000달러가 절감이 예상되기 때문에

③ 보험에 가입하지 않는다. 40,000달러 추가 비용이 예상되기 때문에

④ 보험에 가입하지 않는다. 20,000달러 추가 비용이 예상되기 때문에

07 다음은 리스크 관련 용어의 설명이다. 내용이 잘못된 것은 무엇인가?

① 잔여리스크(Residual risk)는 식별된 리스크에 대해 Contingency plan에 의거하여 대응 조치하였으나 완전히 처리되지 못하고 남아 있는 리스크를 말한다.

② 2차 리스크(2ndary risk)는 식별된 리스크에 대해 Contingency plan에 의거하여 대응 조치하는 도중에 새롭게 발생된 신규 리스크를 말한다.

③ Fallback plan이란 식별되지 못한 리스크에 대한 대응계획으로 Workaround를 시행하였으나 효과가 없을 시 다시 시행하는 2차의 대응계획을 말한다.

④ Risk trigger란 리스크가 발생할 것 같은 전조 및 조짐을 말한다.

08 리스크 관리계획 프로세스 중 리스크 심각성을 고려하여 우선순위를 정하는 프로세스는 무엇인가?

① 리스크 대응 계획 수행

② 리스크 식별

③ 정성적 리스크 분석 수행

④ 정량적 리스크 분석 수행

09 당신은 시스템 갱신을 마무리한 후에 팀원들과 함께 이번 프로젝트에 대한 교훈을 정리하였다. 그 결과 자원의 불규칙한 투입으로 인해 비용이 23% 정도 초과되었다는 사실을 발견하였다. 당신은 지금 다시 새로운 프로젝트를 시작하려고 한다. 이때 당신이 먼저 해야 할 일은 무엇인가?

① 리스크 관리를 위한 체계적인 접근법을 실행한다.

② 프로젝트 팀에 합류할 팀원들의 자격증을 검토한다.

③ 자동화된 원가 산정 소프트웨어를 사용한다.

④ 외부 감사 팀이 프로젝트를 주기적으로 검토하여 문제 해결 방안을 제공하도록 요청한다.

10 특정 리스크에 대한 책임을 부여 받아 관리 대상 리스크에 대하여 관리와 감시 및 통제의 책임이 있는 개인은?

① 리스크 책임자(Risk owner)

② 프로젝트 관리자(Project manager)

③ 프로젝트 팀원(Project staff)

④ 스폰서(Sponsor)

CHAPTER **11**

Explanation

01 정답 ②

해설 리스크 대응방안이 잔류 리스크(Residual risk)를 너무 많이 남긴다면 추가적인 리스크 대응방안을 사용해야 할 필요 있다. 그래서 Fall back plan으로 2차 대응한다. 그래도 잔류 리스크가 남아 있다면 만일 나중에 리스크 발생시 결국 Contingency reserve로 처리하여야 한다.

02 정답 ①

해설 일정단축 등을 통해 기회를 활용하려는 목적이 있으므로 활용의 전략을 사용한 것으로 봐야 한다.

03 정답 ③

해설 일반적으로 전가(Transfer)는 내부 기술로 수행할 수 없을 때, 또는 비용이 내부에서 할 때 더 많이 들 때, 너무 위험한 작업일 때 Out-sourcing 또는 보험 등을 통해 해결한다.

04 정답 ③

해설 확률과 영향 매트릭스를 준비하는 것은 리스크 관리계획 프로세스이며, 그것을 실제로 사용하는 것은 정성적 리스크 분석 수행프로세스이다.

05 정답 ③

해설 리스크 관리영역에는 식별할 수 없는 리스크는 식별이 불가능하므로 관리할 수가 없다. 만일 식별되지 않은 리스크가 발생하면 이에 대한 대응방법을 Workaround라고 부르며 프로젝트 예산을 사용하지 못하고 별도 예산을 배정받아 조치를 취해야 한다.

06 정답 ②

해설 리스크 발생의 확률은 20%로 예상한다면 손실 금액의 200,000달러에 대한 가능성은 40,000(200,000×0.2)달러이다. 즉 발생하면 40,000달러의 손실이 예상된다. 보험비가 20,000달러라면 약 20,000달러의 절감 효과가 있으니 가입하는 것이 유리하다.

07 정답 ③

해설 Fallback plan이란 식별된 리스크에 대한 대응계획으로 Contingency plan을 시행하였으나 효과가 없을 시 다시 시행하는 2차의 대응계획을 말한다.

08 정답 ③

해설 리스크 관리 프로세스 중 리스크 심각성을 고려하여 우선순위를 정하는 프로세스는 정성적 리스크 분석수행이고 높은 수준의 리스크를 돈과 시간 등 수치로 분석하는 프로세스가 정량적 리스크 분석수행이다.

09 정답 ①

해설 위에서 설명된 상황은 자원 투입에 대한 일정 계획을 제대로 수립하지 못해 이에 따른 위험에 적절하게 대응하지 못한 상황을 보여주고 있다. 그러므로 프로젝트 준비 단계에서 리스크 관리를 위한 방안이 마련되어야 한다. 일반적으로, 프로젝트 관리와 관련한 리스크 요인에는 적절치 못한 시간 및 자원 할당, 부적절한 품질, 그리고 잘못된 프로젝트 관리 등이 포함된다.

10 정답 ①

해설 프로젝트관리자가 주관하여 회의를 통해 식별된 리스크에 대해 가장 그 내용을 잘 아는 주제관련 전문가에게 리스크 발생 시 즉시 처리할 수 있는 개인을 임면하게 된다. 이를 Risk owner라고 부른다. 일반적으로 식별단계에서 선 배정되고 대응계획 시 최종 확정된다.

프로젝트 조달관리

조달관리는 프로젝트팀 외부에서 제품, 서비스 또는 결과물을 구매하거나 획득하기 위해 필요한 프로세스들이 포함한다. 계약서, 발주서, 합의각서 또는 내부 서비스수준 협약 등의 협약을 작성하고 관리하기 위해 필요한 계약 관리 및 통제 프로세스 등도 프로젝트 조달관리에 포함된다.

■ 조달관리계획 수립 프로세스에서는 프로젝트에서 무엇을, 언제, 어떻게, 얼마나 외부로부터 구매하고 조달할 것인가를 계획하는 프로세스이다. 조달계획에서 준비하는 많은 부분들이 있다.

■ 조달수행 프로세스는 프로젝트를 실행하면서 진척에 맞게 조달 문서를 판매자에게 설명 및 전달한 후, 판매자로부터 제안서 같은 응답을 받고 계약을 체결하는 프로세스이다. 제안을 보내고 받고 업체선정을 하고 계약을 체결하는 부분까지 수행한다.

■ 조달통제 프로세스는 구매자와 판매자간의 관계를 관리하는 부분이며 주로 구매자가 판매자를 통제하는 개념의 프로세스이고, 판매자의 작업 결과에 대해 계약 내용대로 이행이 되었는지 최종 검토를 하고 공식적으로 프로젝트를 종료하는 프로세스이다.

프로세스	설명
12.1 조달관리계획 수립 (Plan procurement Management)	프로젝트의 구매조달에 대한 결정사항을 문서화하고 조달 방식을 규정하여 잠재적인 판매자를 식별하는 프로세스이다.
12.2 조달수행 (Conduct procurements)	판매대상자를 모집하고 판매자를 선정하며 계약을 체결하는 프로세스이다.
12.3 조달통제 (Control procurements)	조달관계를 관리하고 계약의 이행 성과를 감시하며 필요한 변경 및 수정을 수행하는 프로세스이다.

12.0 조달관리 개요

(1) 조달관리의 핵심개념

조달관리 프로세스에는 다른 대부분의 프로젝트관리 프로세스보다 엄중한 법적 의무와 처벌이 적용될 수 있다. 제품, 일반적으로 조직을 구속하는 법적 협약에 서명할 권한은 프로젝트 관리자에게 없으며, 해당 권한을 부여받은 담당자만이 협약에 서명할 수 있다.

- 계약방식과 계약서 자체는 인도물 또는 필요한 업무의 단순성이나 복잡성을 반영해야 하며, 계약과 관련된 현지, 국내 및 국제 법률을 준수하는 방식으로 작성해야 한다. 계약서에 없는 사항은 법적으로 집행될 수 없다.
- 국제적으로 진행하는 프로젝트일 경우, 프로젝트 관리자는 계약서를 아무리 명확히 작성하였더라도 문화와 현지 법률이 계약에 미치는 영향과 집행 가능성을 염두에 두어야 한다. 적용분야에 따라 협약은 계약서, 양해각서 또는 발주서 형태를 취할 수 있다.
- 조달 검토 및 승인 프로세스의 주안점은 판매자가 조달에 관한 법률과 규정을 준수하면서 제공하기로 합의하는 서비스 또는 결과물이 계약서에 빠짐없이 기술되도록 하는 것이다.

선정된 입찰자는 사업을 하나의 프로젝트로 관리할 수 있다.

- 구매자(Buyer)는 하도급업체, 공급업체 및 서비스 제공업체의 고객이 되므로 판매자 관점에서 핵심 프로젝트 이해관계자이다. 판매자의 프로젝트 관리 팀에서 업무 수행 또는 서비스 제공에 수반되는 모든 프로세스에 관여할 수도 있다.
- 계약서의 약관과 조달 작업기술서(Statement of work)는 판매자의 다양한 관리 프로세스에 핵심 투입물이 된다. 계약서에 투입물(예: 주요 인도물, 주요 마일스톤, 원가 목표)을 실제로 명시할 수도 있고, 프로젝트팀의 선택 사항을 제한할 수도 있다(예: IT 통합 프로젝트의 팀원 선정에 종종 구매자의 승인이 필요함). 조달 SOW(Statement of work)에는 기술 작업기술서 등의 다른 기술서가 포함될 수 있다.
- 판매자가 다시 하도급업체나 공급업체로부터 하위 단계 제품, 서비스 및 자재를 구입하는 구매자가 되기도 한다.

판매자(Seller)는 프로젝트에 서비스 및/또는 자재를 제공하는 것으로 간주하며, 일반적으로 수행 조직에 속하지 않는다.

- 일부 프로젝트에서의 판매자 역할은 수행 조직의 일원이지만 해당 프로젝트에는 속하지 않는 그룹이나 기능 조직에 의해 충족될 수 있다.
- 복잡한 대규모 프로젝트에서는 판매자가 계약 체결 후 통합 프로젝트팀 소속으로 편입되기도 한다.

분산식 구매

소규모 조직이나 창업 회사, 별도로 구매 또는 계약, 조달 부서가 없는 회사의 경우, 협상을 수행하고 계약에 직접 서명할 수 있는 구매 권한이 프로젝트 관리자에게 부여되는 것으로 간주할 수 있다.

중앙집중식 구매

좀 더 성숙한 조직에서는 계약 구매, 협상 및 최종 체결에 관한 역할을 담당하는 별도 계약 전문부서에서 조달 및 계약 실무를 수행한다.

(2) 프로젝트 조달관리의 추세와 새로운 실무사례

- 도구의 발전: 조달 관리에서 온라인 조달 도구의 사용이 증가하고 있다.
- 더욱 발전된 리스크 관리: 특정 리스크를 관리할 역량이 가장 뛰어난 주체에 정확히 리스크를 할당하는 계약을 체결하는 추세가 증가하고 있다.
- 계약 프로세스 변화: 메가 프로젝트의 성장이 두드러짐으로 인해 여러 국가가 참여하고 국제 계약을 수반함. 계약 이행 중 발생하는 문제와 클레임을 줄이기 위해 국제적으로 공인된 표준 계약서를 사용하는 추세이다.
- 물류 및 공급망 관리: 대규모 프로젝트에서는 자재 흐름 관리가 매우 중요함. 또한, 국제 계약업체가 해당 지역 공급업체로부터 구매해야 하는 자재와 공급품의 물량을 정하기도 한다.
- 기술 및 이해관계자 관계: 인프라 및 상업용 건설 프로젝트에서는 이해관계자와 의사소통 및 관계를 개선하기 위해 웹 카메라(Web-cam) 등의 기술을 사용하는 추세이다.
- 시험 참여: 일부 프로젝트에서는 프로젝트 범위의 상당 부분에 본격적으로 돌입하기 전에 유급 조건으로 초기 인도물과 산출물을 공급할 몇몇 후보 판매자를 시험적으로 참여시키기도 한다.

(3) 조정 고려사항

각 프로젝트가 고유하므로 프로젝트 관리자가 프로젝트 조달관리 프로세스를 적용할 방식을 조정해야 할 수도 있다.

- 조달 복잡성: 턴키식 조달 또는 시점마다 판매자가 다른 복수 조달로 조달 복잡성이 증가하는가?
- 물리적 위치: 구매자와 판매자가 동일한 지역에 있는지, 적당히 근접해 있는지, 아니면 다른 시간대, 국가 또는 대륙에 위치하고 있는가?
- 거버넌스 및 규제 환경: 조달 활동 관련 현지 법규와 규정이 조직의 조달 정책에 통합되어

있는가? 계약 감사 요구사항에 어떤 영향을 주는가?

■ 계약업체의 가용성: 작업을 수행할 역량이 있는 가용 계약업체가 있는가?

(4) 애자일, 적응형 환경을 위한 고려사항

■ 특정 판매자를 편입시켜서 팀을 확장하기도 한다.
■ 구매자와 판매자가 프로젝트와 관련된 리스크와 보상을 함께 나누는 리스크 공유 조달 모델로 이어질 수 있다.
■ 대형 프로젝트에서는 일부 인도물에만 적응형 접근방식을 사용하고 나머지 인도물에는 보다 안정적인 방식을 적용할 수 있다. 이러한 경우, 전체 계약에 대해 표준서비스협약과 같은 관리 협약을 사용하고, 적응형 작업은 부록이나 별첨으로 추가할 수 있다. 그러면 전체 계약에 영향을 미치지 않고도 적응형 작업 범위에서 변경 수행이 가능하다.

조달관리의 일반적 진행 단계

■ 조달 작업기술서(SOW: Statement of work) 또는 위임사항을 작성한다.
■ 예산 책정에 필요한 상위 수준의 비용 산정치를 추산한다.
■ 입찰 기회를 공지한다.
■ 적격 판매자의 최종 후보업체 목록을 식별한다.
■ 입찰서를 작성하여 발행한다.
■ 판매자가 제안서를 작성하여 제출한다.
■ 제안서에 대해 품질을 비롯한 기술적 평가를 실시한다.
■ 제안서에 제시된 비용 평가를 실시한다.
■ 낙찰 제안서를 선정하기 위한 최종 품질 및 비용 종합 평가를 준비한다.
■ 구매자와 판매자 사이 협상을 완료하고 계약서에 서명한다.

12.1 조달관리계획수립(Plan Procurement Management)

프로젝트 조달 결정사항을 문서화하고, 조달 방식을 구체화하며, 유력한 판매자를 식별하는 프로세스이다.

■ 프로젝트 외부에서 재화와 서비스를 조달할지 여부를 결정한다.
■ 외부 조달이 필요할 경우 조달 품목과 방식 및 시기를 결정한다.
■ 재화와 서비스는 수행 조직 내 다른 팀이나 외부 공급원으로부터 조달할 수 있다.

조달과 관련된 역할과 책임은 조달관리 계획수립 프로세스 초기에 정의해야 한다. 프로젝트에서 무엇을, 언제, 어떻게, 얼마나 외부로부터 구매하고 조달할 것인가를 계획하는 프로세스이다. 프로젝트의 구매조달에 대한 결정사항을 문서화하고 조달방식을 규정하여 잠재적인 판매자를 식별하는 프로세스로 리스크 완화 및 판매자에게 리스크 전가와 관련하여 사용할 계획인 계약 유형도 검토한다.

• Plan procurement management– definition

The process of documenting project procurement decisions, specifying the approach, and identifying potential sellers–PMBOK® Guide–Sixth Edition, Glossary

조달관리 계획수립 프로세스 진행 과정에서 프로젝트 일정 요구사항이 전략에 상당한 영향을 미칠 수 있다. 조달관리 계획서 개발 과정에서 내려진 결정사항도 프로젝트 일정에 영향을 미칠 수 있고, 개발일정 프로세스, 활동자원 산정프로세스 및 제작–구매 결정사항과도 통합된다.

(1) 프로세스(입력물/도구 및 기법/산출물)

조달관리계획수립 프로세스의 가장 핵심적인 입력물은 무엇인가? 바로 범위기준선, 요구사항문서, 자원요구사항(Resource requirements)이다. 리스크 대응전략이 들어가 있는 리스크 관리대장도 핵심이다. 이렇게 조달관리계획수립 프로세스는 조달할 제품을 결정하기 때문에 여러 요소들이 투입이 된다. 그동안 계획은 가이드 및 절차와 template 등을 준비하여 기타 프로세스가 관련 활동을 잘 수행하도록 가이드 역할을 하였다면, 조달관리계획수립 프로세스는 그것 외에 조달할 제품을 결정하고 계약 준비를 하는 프로세스이다. 따라서 비즈니스 타당성도 감안을 하고 일정을 분석하면서 조달제품을 시장조사 한다든지, 공급자 선정분석을 하여 제작–구매분석 회의를 통해 제작 또는 구매 결정을 내린다. 조달계약을 준비해야 하기 때문에 산출물로 조달관리계획서 외에 조달문서, 입찰문서, 조달작업기술서 및 공급자 선정기준 등이 나오게 된다.

(2) 프로세스 흐름도

12.1.1 조달관리계획수립 프로세스 투입물

1. 프로젝트 헌장(Project charter)

프로젝트 목표, 프로젝트 설명, 요약 마일스톤 및 사전 승인된 재정 자원을 기술되어 있다.

2. 비즈니스 문서(Business documents)

(1) 비즈니스 케이스(Business case): 비즈니스 케이스가 유효한 상태로 유지되도록 조달 전략

과 비즈니스 케이스를 조율한다.

(2) 편익관리 계획서(Benefits management plan): 특정 프로젝트 편익이 실현될 것으로 예상되는 시기를 기술한다.

3. 프로젝트 관리 계획서(Project management plan)

(1) 범위관리 계획서(Scope management plan): 프로젝트 실행 단계를 진행하면서 계약업체의 작업 범위를 관리할 방법이 범위관리 계획서에 기술되어 있다.

(2) 품질관리 계획서(Quality management plan): 프로젝트가 준수해야 하는 해당 산업 표준 및 강령을 기술하고, RFP 등의 입찰 문서에 사용되며 최종적으로는 계약서에 인용할 수 있다. 공급업체 사전검증 또는 선정 기준의 일부로도 사용될 수 있다.

(3) 자원관리 계획서(Resource management plan): 조달에 영향을 미칠 가정 또는 제약 사항과 함께 구매할 자원과 임대할 자원에 대한 정보를 기술한다.

(4) 범위 기준선(Scope baseline): 범위기술서와 작업분류체계(WBS), 작업분류체계(WBS) 사전이 포함한다. 범위 요소들은 작업기술서(SOW: Statement work)와 위임사항(TOR: Terms of reference)을 개발하는 데 사용한다.

4. 프로젝트 문서(Project documents)

(1) 마일스톤 목록(Milestone list): 주요 마일스톤 목록에는 판매자가 결과물을 인도해야 하는 시기가 기술되어 있다.

(2) 프로젝트 팀 배정표(Project team assignments): 프로젝트팀의 기량과 능력, 조달 활동을 지원할 수 있는 역량에 관한 정보를 기술한다. 프로젝트팀이 책임을 맡은 조달 활동을 수행할 기량을 갖추지 못한 경우, 추가 인력을 확보하거나 필요한 교육을 실시한다.

(3) 요구사항 문서(Requirements documentation): 판매자가 충족시켜야 할 기술적 요구사항으로 프로젝트 요구사항(Project requirement)에 관한 중요 정보와 보안(Security), 성과(Performance), 환경(Environment), 보험(Insurance), 지적재산권(Intellectual property right) 등에 포함될 수 있는 법적인 요구사항을 포함한다. 고객에서 받은 요구사항을 그대로 판매자에게 전달을 하여야 향후 범위확인 시 문제가 발생하지 않는다.

(4) 요구사항 추적 매트릭스(Requirements traceability matrix): 원래의 요구사항과 해당 사항을 충족시키는 인도물을 연결한다.

(5) 자원 요구사항(Resource requirements): 조달이 필요할 수 있는 팀 및 물리적 자원 등의 특정 요구사항에 대한 정보가 포함한다.

(6) 리스크 관리대장(Risk register): 리스크관리대장과 리스크분석 결과, 리스크대응계획(예: 전가)을 기술한다. 전가(Transfer) 리스크는 조달 협약을 통해 조치를 한다. 리스크대응계획의 결과로 리스크에 관한 각자의 책임을 구체화하기 위하여 보험, 증권(Bonding), 서비스 등의

계약서 등이 있다.

(7) 이해관계자 관리대장(Stakeholder register): 규제기관, 계약 및 법무 담당자를 포함하여 프로젝트 참여자 및 그들의 프로젝트 관련 이해사항에 관한 정보를 제공한다.

5. 기업 환경 요인(Enterprise Environmental factors)

- 시장 여건, 시판 중인 제품, 서비스 및 결과물, 판매자(과거 성과 또는 평판 포함)
- 제품, 서비스 및 결과물 또는 특정 산업에 대한 일반적인 약관
- 현지 노무 또는 판매자에 관한 규제 요건 등의 특이한 현지 요구사항
- 조달에 관한 법률 자문, 계약 변경통제 절차를 포함한 계약관리 시스템
- 과거 경험을 바탕으로 사전심사 통과 판매자들로 구축된 다계층 공급업체 시스템
- 재무 회계 및 계약 지불 시스템 등이 있다.

6. 조직프로세스자산(Organizational process assets)

사전심사 통과 판매자 목록, 공식조달 정책, 절차, 및 지침, 계약유형 등이 있다.

조달관리계획에 영향을 미치는 조직프로세스 자산은, 공식적인 조달정책, 지침이며, 관리시스템은 조달관리계획과 계약하고 사용하는 것을 검토하는 데 사용된다. 계약은 조직프로세스 자산 안에 있다. 계약의 유형은 일반적으로 크게 3가지 유형으로 나누는데 내용은 아래와 같다.

▒▒▒▒ 계약방식

계약 유형(Contract type)에는 3가지 종류가 있다.

- Fixed price or lump-sum contracts(고정가/총액 계약)
- Cost-reimbursable contracts(원가정산 계약)
- Time and material(T&M) contract(단가 계약) 등이 있다.

이 중에서 상황에 맞게 공정한 계약을 하는 것이 중요하다.

(1) Fixed price contract(고정가 계약): 고정가 계약에는 다음과 같은 종류가 있다.

① Firm fixed price(FFP: 확정 고정가 계약)

- 일반적으로 많이 사용되는 형태이다. Buyer가 유리한 계약형태이다.
- 모든 작업에 대해 한 가격(Price)으로 합의된다.
- 판매자(Seller)는 원가 초과의 리스크를 감수해야 한다. 예: 계약=$1,000,000

② FPIF(Fixed price incentive fee: 성과급 가산 고정가격)

- 확정금액 계약에 대해 인센티브가 있다. 상한선 가격(Price ceiling)이 결정된다. 예: $1,200,000
- 예: 계약($1,000,000)−프로젝트가 합의한 것보다 일찍 끝나면 매달 $100,000 추가로 지급하기로 하는 등이다.

③ FP-EPA(Fixed price economic price adjustment)

■ 장기 계약 시 환율 변경, 원가 상승 요인 등으로 가격 조정하는 방식이다.

■ 가격 조정 정도는 미리 결정되는 경우가 많다. 주로 수입부품 등이 많이 사용된다.

(2) Cost reimbursable(CR: 원가보상정산): 원가정산 계약 시, 구매자는 원가 초가의 리스크를 감수하는 계약방식이다. Seller에 유리한 계약이다. 일반적 형태는 CPFF, CPIF가 있다.

① Cost plus fixed fee(CPFF: 고정 수수료 가산 원가 계약)

■ 원가 보상 계약 중에서 가장 일반적인 형태이다.

■ 구매자는 모든 원가를 지불하나, 요금(Fee) 또는 수익(Profit)은 특정 금액으로 고정된다. 모든 사용원가를 지불하므로 Seller가 유리한 계약이다. 예: 계약＝원가＋Fee($50,000)

② Cost plus incentive fee(CPIF: 성과급 가산 원가 계약)

■ 구매자는 모든 사용원가와 합의된 수수료를 지불하고 별도로 Incentive를 지급하는 방식으로 역시 Seller가 유리한다. 일의 일정성과를 촉진시키기 위해 사용된다. 예: 계약＝원가＋Fee($100,000)＋Incentive: 프로젝트가 합의한 것보다 일찍 끝나는 대로 매달 $20,000 추가로 지급하는 방식이다.

③ Cost plus award fee(CPAF, 보상금 가산원가)

■ 판매자에게 모든 합법적 원가가 상환되지만, 수수료의 대부분은 계약서에 명시된 일정한 수준의 주관적 성과 기준을 충족시켰을 때 지불하는 방식이다. 예: 계약＝원가＋매월 성과 초과 인센티브 $100(총 보상한도는 $5,000)

(3) Time and material(T&T or unit price: 시간 및 자재 계약): Hybrid 계약이라고 하는데 그 이유는 사용하는 비용을 받는 것은 원가정산 방식이고, 시간당은 고정금액방식이기 때문이다. 범위가 불확실하지만 먼저 일을 추진하고자 할 때 사용된다.

■ 보통 소규모의 계약에 적용한다.

■ 시간별 또는 항목별로 금액 결정된다. 예: 계약＝시간별 $500＋원가 자재비

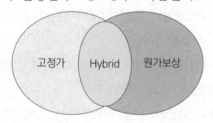

고정가 　Hybrid　 원가보상

Contract types

■ Fixed price contract: An agreement that sets the fee that will be paid for a defined scope of Work regardless of the cost or effort to deliver it.

■ Cost-reimbursable contract: A type of contract involving payment to the seller for the seller's actual costs, plus a fee typically representing seller's profit.

■ Time and material(T&M) contract: A type of contract that is a hybrid contractual arrangement containing aspects of both cost−reimbursable and fixed−price contracts. −*PMBOK® Guide−Sixth Edition, Glossary*

12.1.2 조달관리계획수립 프로세스 도구 및 기법

1. 전문가 판단(Expert judgment)
조달 및 구매, 계약 유형 및 계약 문서, 규정 및 준수 관련 사항에 대한 전문가 의견 등이다.

2. 데이터 수집(Data gathering)
(1) 시장조사(Market research): 업계 및 특정 판매자 역량을 검토하는 일을 포함하고 조달 팀은 시장에서 판매자 역량을 조사하기 위해 회의, 온라인 검토 및 다양한 출처에서 수집한 정보를 활용할 수 있다. 원하는 자재나 서비스를 공급할 수 있는 전체 판매자에 수반되는 리스크 간 균형을 조절함과 동시에 발전된 기술을 활용하도록 특정 조달 목표도 구체화할 수 있다.

3. 데이터 분석(Data analysis)
(1) 제작−구매 분석(Make or buy analysis)
■ 작업이나 인도물을 프로젝트팀이 수행하는 것인지, 외부 공급자로부터 구매할지 여부를 결정하는 데 사용한다. 제작−구매 결정에서 고려해야 할 요인으로는 조직의 인적자원 할당 현황과 그들의 기술 및 능력, 전문 지식의 필요성, 영구 고용 의무를 연장하지 않는다는 의지, 독자적인 전문 지식의 필요성 등이 있다.

■ 투자회수 기간, 투자수익률(ROI: Return of investment), 내부수익률(IRR: Internal rate of return), 현금흐름 할인법, 순현재가치(NPV: Net present value), 편익/비용분석 등의 기법을 사용하여 외부에서 구매할지 여부를 결정한다.

■ 구매와 관련한 직접 비용과 구매 프로세스를 관리하기 위한 간접 비용까지 모두 포함하여야 한다. 특정 제품을 수행조직 내부에서 효율적으로 생산할 수 있는지를 결정한다. 이때 조달할 것인지 아니면 자체적으로 할 것인지에는 다음과 같은 요소 등을 검토한다.
  − 직접, 간접 원가(Cost), 자체 공급 능력(Productive use of in house capacity)
  − 관리 업무 수준(Level of control requirement), 공급자의 가용능력(Supplier availability)

4. 공급자 선정 기준(Source selection criteria)

최저원가	- 최저원가법은 우수한 실무사례와 표준이 제정되어 있고 구체적이며 잘 정의된 산출물이 예상되고 여러 가지 원가로 조달할 수 있는 표준 또는 일상적 성격의 조달에 적합하다.
적격 선망 심사	- 조달의 중요도가 비교적 낮아서 정식 선정 프로세스를 진행하는 시간과 비용이 타당하지 않을 때 적

	격 공급자만 선정하는 방법을 적용한다. - 구매자는 최종 후보업체 목록을 작성한 후, 회사의 신뢰도, 자격, 경험, 전문성, 전문 분야 및 추천 정보를 근거로 입찰자를 선정한다.
품질 기준/최고점 기술제안서	- 선정된 회사로부터 기술 및 원가 자료를 상세히 기술한 제안서를 제출받아서 심사한 후, 기술제안서가 심사에 통과되면 계약 협상에 초청한다.
품질/원가 기준	- 품질/원가 기준법을 사용하면 판매자 선정 프로세스 심사 항목으로 원가를 포함시킬 수 있다. - 프로젝트의 리스크 및 또는 불확실성이 큰 경우, 원가를 비교할 때 품질을 주요 항목으로 고려한다.
단일 공급자	- 구매자가 향후 협상 자료가 될 기술 및 가격제안서를 작성하도록 특정 판매자에게 의뢰한다. - 경합이 없으므로 이 방법은 정당성이 확인되었을 때에만 허용되며, 예외 상황으로 간주한다.
고정예산	- 고정 예산법을 사용하려면 RFP에 초청된 판매자에게 가용 예산을 공개하고 예산 한도에서 최고점 기술제안서를 선정해야 한다. - 판매자는 비용 제약을 따라야 하므로 정해진 예산에 맞춰 제안 범위와 품질을 조정한다. - 구매자는 예산이 SOW와 일치하며 판매자가 예산 한도에서 업무를 수행할 수 있는지 확인한다. - 고정 예산법은 SOW가 정확하게 정의되고 변경이 예상되지 않으며 예산이 고정되어 초과할 수 없는 경우에만 적합하다.

5. 회의(Meeting)

조달 관리 및 감시 전략을 결정하는 데 회의를 이용한다.

12.1.3 조달관리계획수립 프로세스 산출물

1. 조달 관리 계획서(Procurement management plan)

조달 문서 작성부터 조달종료까지 조달 프로세스가 어떻게 관리될 것인지 기술하고 있으며 다음과 같은 많은 내용을 포함한다.

- 프로젝트 일정개발 또는 일정통제 프로세스와 같은 조달 이외 프로젝트 측면과 조달 프로세스를 조율할 방법
- 주요 조달활동 시간표 및 계약관리에 사용할 조달 지표
- 수행 조직에 조달 부서가 있을 때 프로젝트팀의 권한과 제약을 비롯하여 조달 관련 이해관계자 역할 및 책임
- 계획된 조달에 영향을 줄 수 있는 제약 및 가정 및 관할 사법권과 지불 통화
- 독립 산정치 사용 여부와 평가 기준으로 독립 산정치가 필요한지 여부 결정
- 일부 유형의 프로젝트 리스크를 완화하기 위한 이행보증 또는 보험계약 요구사항 식별을 포함하는 리스크관리 이슈 및 사전심사 통과 판매자가 있을 경우 이용할 판매자

2. 조달 전략(Procurement strategy)

- 제작-구매분석 후 외부 조달이 확정된 다음에 조달 전략을 수립해야 한다.
- 조달 전략의 목표는 프로젝트 인도 방법, 법적 구속력이 있는 계약 유형, 조달 단계에 따라 조달을 진행할 방법을 결정하는 것이다.

인도 방법	- 전문 서비스 인도 방법으로는 하도급계약 없이 구매자/서비스 제공업체 간 인도, 하도급계약이 허용되는 구매자/서비스 제공업체 간 인도, 구매자와 서비스 제공업체 합작투자, 구매자/서비스 제공업체가 대행하는 인도 등의 방식이 있다. - 산업용 또는 상업용 건설 프로젝트의 인도 방법의 일부 예로는 턴키, 설계시공일괄(DB), 설계시공분리 입찰(DBB), 설계시공운영(DBO), 시공소유 운영양도(BOOT) 방식 등이 있다.
계약 지불 유형	- 고정가 계약은 작업 유형을 예측할 수 있고, 요구사항이 잘 정의되어 있으며 변경 가능성이 없을 때 적합하다. - 가산원가 계약은 작업이 진화 중으로 변경 가능성이 있거나 충분히 정의되지 않았을 때 적합하다. - 성과급과 보상금은 구매자 목표와 판매자 목표를 일치시키기 위해 사용할 수 있다.
조달 단계	- 조달 순서 또는 단계 정보, 단계별 설명, 각 단계의 구체적인 목표 - 감시에 사용할 조달 성과 지표 및 마일스톤 - 다음 단계로 진행하기 위한 기준 및 진행 상황을 추적하기 위한 감시 및 평가 계획 및 후속 단계에서 사용하기 위한 지식 이전 프로세스

3. 입찰 문서(Bid documents)

유력한 판매자에게 제안서를 요청할 때 입찰 문서를 사용한다. 문서의 사용과 관련된 조건 예시는 다음과 같다.

(1) 정보 요청서(RFI: Request for Information): RFI는 구매할 재화와 서비스에 대한 추가 정보를 판매자에게 요청할 때 사용하며, 일반적으로 RFQ 또는 RFP가 뒤따른다.

(2) 견적 요청서(RFQ: Request for quotation): RFQ는 판매업체가 요구사항을 충족할 방법 또는 소요될 원가에 대한 추가 정보가 필요할 때 일반적으로 사용한다.

(3) 제안 요청서(RFP: Request for proposal): RFP는 프로젝트에 문제가 있는데 해결책을 결정하기 어려울 때 사용한다. 가장 공식적인 문서 "요청서"로 내용과 기간, 판매자 응찰서에 관한 엄격한 조달 규칙이 정해져 있다. 입찰문서는 원하는 응찰서의 양식, 관련 조달 SOW, 모든 필요한 계약 조항에 관한 설명을 기술해야 한다. 조달문서의 복잡성과 상세도는 계획된 조달의 가치 및 관련 리스크에 부합되는 수준이어야 한다.

4. 조달 작업기술서(Procurement statement of work)

조달 작업기술서(SOW)는 프로젝트 범위 기준선으로부터 개발된다. 판매자가 해당 제품, 서비스 또는 결과물을 공급할 역량이 있는지 판별하기에 충분히 상세한 수준으로 조달품목 정보를 SOW에 기술한다. SOW에 기술되는 정보에는 사양, 원하는 수량, 품질 수준, 성과 데이터, 이행 기간, 작업 장소 및 기타 요구사항이 포함될 수 있다. 성과보고 또는 조달된 품목에 대한 프로젝트 사후 운영 지원 등의 필요한 모든 부수적인 서비스에 대한 설명도 있어야 한다.

서비스 계약 시 위임사항(TOR: Terms of reference)의 사항 예시는 다음과 같다.

- 계약업체가 수행해야 하는 작업과 구체적으로 조정된 요구사항
- 프로젝트에 적용 가능하며 계약자가 이행해야 하는 표준
- 승인 받기 위해 제출해야 하는 데이터

■ 계약 이행에 사용하도록 구매자가 계약업체에 제공하는 모든 데이터와 서비스를 자세히 정리한 목록 및 정해진 초기 제출 일정 및 검토/승인 소요 시간

5. 공급자 선정기준(Source selection criteria)

평가기준을 선택할 때 구매자는 선정된 제안서가 필요한 서비스를 최상의 품질로 제공함을 보장할 수 있도록 해야 한다. 국제 규모 프로젝트의 경우, "현지 조달 품목" 요구사항(예: 제안된 핵심 팀원에 현지 국민 참여)이 평가기준에 포함될 수 있다. 선정기준은 계약을 체결할 판매자 한 명을 선정하고 각 제안서에 할당된 가중치 평가점으로 모든 제안서의 순위를 매겨 협상 순서를 지정하는 데 사용할 수 있는 가중치 시스템을 구성하는 요소이다.

공급자 선정기준의 예시는 다음과 같다.

■ 역량과 수용력
■ 제품 원가 및 생애주기 원가
■ 인도 날짜
■ 기술적 전문성과 접근방식
■ 구체적인 관련 경험(예 과거 유사 프로젝트 수행경험)
■ SOW(Statement of work)에 응찰하기 위해 제안된 접근방식과 작업 계획의 적합성
■ 핵심 팀원의 자격, 가용성 및 역량
■ 회사의 재무 안정성
■ 관리진 경험(예: 회사 경영진의 프로젝트 경험)
■ 교육을 포함한 지식 이전 프로그램의 적합성

6. 제작-구매 결정(Make-or-buy decisions)

특정 작업을 프로젝트팀이 수행하는 것이 최선인지 아니면 외부 공급자로부터 구매할지 여부를 결정하는 데 사용한다.

7. 독립 원가 산정치(Independent cost estimates)

대형 프로젝트의 경우, 조달 조직은 제안된 응찰에 대한 기준 값으로 사용할 원가 산정치를 독자적으로 산출하거나 외부 전문가에게 산정을 의뢰할 수 있다. 원가 산정치 간 차이가 심하면 조달 SOW가 불충분하고 명확하지 않았거나 유력한 판매자들이 조달 SOW를 정확히 이해하지 못했거나 완전하게 응찰하지 않은 것일 수 있다.

8. 변경요청(Change requests)

재화, 서비스 또는 자원 조달을 수반하는 의사결정에서는 변경요청이 필요할 수 있다. 프로젝트관리 계획서와 보조 계획서, 기타 부속 문서를 변경하는 경우에도 조달 작업에 영향을 주는 변경요청이 제기될 수 있다.

9. 프로젝트 문서 업데이트(Project documents updates)

교훈 관리대장 (Lessons learned)	규정 및 준수, 데이터 수집, 데이터 분석 및 공급자 선정 분석과 관련된 교훈을 반영하여 업데이트한다.
마일스톤 목록 (Milestone list)	판매자가 결과물을 인도할 것으로 예상되는 시기를 기술한다.
요구사항문서 (Requirements documentation)	판매자가 충족시켜야 할 기술적 요구사항으로 보건, 안전, 보안, 성과, 환경, 보험, 지적재산권, 고용평등의 기회, 라이센스 및 허가, 그 밖에 기술 외적 요건을 포함하는 계약상, 법적 의미가 함축된 요구사항 등이 있다.
요구사항 추적 매트릭스 (Requirements traceability matrix)	원래의 요구사항과 해당 사항을 충족시키는 인도물을 연결한다.
리스크 관리대장 (Risk register)	승인된 판매자마다 조직 특성, 계약 기간, 외부 환경, 프로젝트 인도 방법, 선정된 계약 수단 유형, 최종 합의가 등에 따라 각각 다른 리스크를 동반한다.
이해관계자관리대장 (Stakeholder register)	이해관계자, 특히 규제 기관과 계약 담당자, 법무 담당자에 관한 추가 정보로 업데이트 한다.

10. 조직 프로세스 자산 업데이트: 적격 판매자 관련 정보 등의 업데이트한다
조달에 사용되는 일반적인 문서 유형 목록

조달관리계획서	조달 전략	작업기술서	입찰문서
- 조달 작업을 조율하고 다른 프로젝트 작업, 특히 자원, 일정 및 예산과 통합하는 방법 - 주요 조달 활동 시간표 - 계약을 관리하는 조달 매트릭스 - 모든 이해관계자의 책임 - 조달 가정 및 제약 - 관할사법권 - 현재 지불통화 - 독립산정치의 정보 - 리스크관리 이슈 - 사전심사 통과 판매자	- 조달 인도 방법 - 협약 유형 - 조달단계	- 조달 품목에 대한 설명 - 사양서 - 품질요구사항 - 성과 매트릭스 - 필요한 부수적 서비스에 대한 설명 - 인수방법 및 기준 - 필요한 성과데이터 및 기타 보고서 - 품질 - 성과의 기간과 위치 - 통화, 결제일정 - 보증	- 정보 요청서(RFI) - 견적 요청서(RFQ) - 제안 요청서(RFP)

12.2 조달수행(Conduct Procurements)

판매자(Seller)들의 응찰서를 받아서 판매자를 선정하고, 계약을 체결하는 프로세스로 적격 판매자를 선정하고 인도에 관한 법적 협약을 체결한다. 프로세스의 최종 결과는 정식 계약을 포함하는 확정된 협약(Agreements)이다.

• Conduct procurements-definition

The process of obtaining seller responses, selecting a seller, and awarding a contract-*PMBOK® Guide*-Sixth Edition, Glossary

(1) 프로세스(입력물/도구 및 기법/산출물)

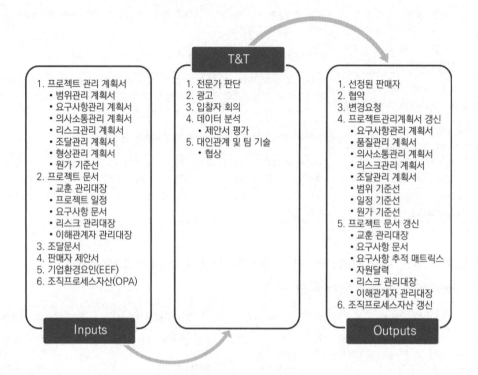

조달수행 프로세스의 핵심 입력물은 무엇인가? 대부분 조달관리계획수립 프로세스에서 준비한 요소들이다. 그 중에서 조달 문서가 핵심이다. 판매자들에게 제안서를 보내고 판매자들의 제안을 받아서 검토 후 업체를 선정하는 프로세스를 진행해야 한다. 그리고 최종적으로 선정된 판매자와 계약을 체결하는 것이 조달수행 프로세스의 목적이다. 프로세스 이름만 가지고 실제 판매자가 제품을 조달하는 수행으로 잘못 이해하시는 분들이 있을 수 있다. 조달수행 프로세스는 계약 체결까지만 수행하는 프로세스이다. 실제 제품이 계약서에 따라 납품이 되고 검사 받고 조달 종료까지 이루어지는 부분은 감시 및 통제 프로세스 그룹에 있는 조달통제 프로세스에서 진행이 된다.

업체에 제안을 하려면 입찰자 회의가 이루어진다. 도구 및 기법에서는 입찰자회의가 언급이 되어 있다. 업체는 입찰자 회의가 끝나면 구매자로부터 제안서를 받게 되는데, 제안서를 검토하여 판매자 제안서를 보내게 된다. 그러면 구매자는 판매자 제안서를 제안서 평가 기법에 따라 검토를 하게 된다. 그리고 가장 평가가 좋게 나온 판매자를 선정하고 판매자와 최종협상을 하여 계약을 체결하게 된다.

(2) 프로세스 흐름도

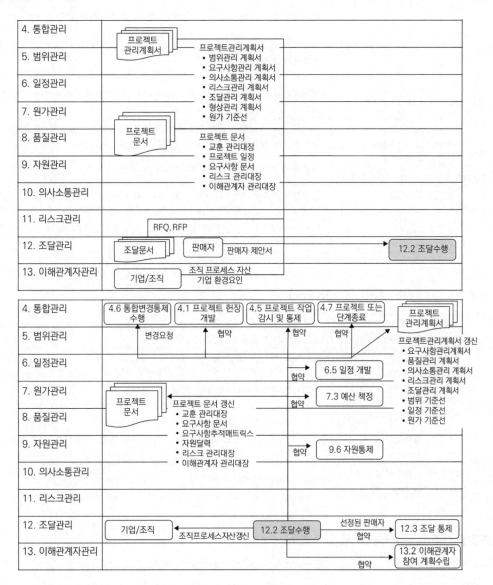

12.2.1 조달수행 프로세스 투입물

1. 프로젝트 관리 계획서(Project management plan)

조달문서 개발부터 조달 통제에 이르는 조달 프로세스 관리 방법이다. 어떻게 조달을 할 것인지 지침 및 방법을 정한 계획이다. Project management plan에는 조달관리계획 및 기타 계획들이 다수 포함되어 있다.

범위관리 계획서 (Scope management plan)	- 범위관리 계획서에는 판매자가 수행한 범위를 포함하여 전체 작업 범위를 관리 하는 방법을 기술한다.
요구사항 관리 계획서 (Requirements management plan)	- 요구사항관리 계획서에는 요구사항을 분석 및 문서화하고, 관리하는 방법을 기술 한다. - 판매자가 충족해야 할 협약에 대한 요구사항을 관리하는 방법도 요구사항관리 계획서에 포함시킬 수 있다.
의사소통관리 계획서 (Communications management plan)	- 의사소통관리 계획서에는 구매자와 판매자 사이 의사소통 방법을 기술한다.
리스크관리 계획서 (Risk management plan)	- 리스크관리 계획서는 프로젝트관리 계획서를 구성하는 요소로, 프로젝트에 대한 리스크관리 활동을 구성하고 수행하는 방법을 기술한다.
조달관리 계획서 (Procurement management plan)	- 조달관리 계획서에는 조달수행 프로세스 동안 수행하는 활동들을 기술한다.
형상관리 계획서 (Configuration management plan)	- 형상관리 계획서에는 구성 가능한 관리 항목과 공식적인 변경통제를 필요로 하 는 항목, 그리고 이러한 항목에 대한 변경을 통제하는 프로세스를 정의한다.
원가 기준선 (Cost baseline)	- 원가 기준선에는 조달에 대한 예산과 조달 프로세스 및 판매자 관리에 수반되는 비용이 포함된다.

2. 프로젝트 문서(Project documents)

교훈 관리대장 (Lessons learned register)	- 프로젝트 초반에 얻은 조달수행에 대한 교훈을 이후 단계에 적용하여 조달관리 프로세스의 효율을 개선할 수 있다.
프로젝트 일정 (Project schedule)	- 프로젝트 일정은 조달 활동을 포함하여 프로젝트 활동의 시작 날짜와 종료 날짜 를 식별한다. 계약업체 인도물의 마감일도 프로젝트 일정에 정의된다.
요구사항 문서 (Requirements documentation)	- 판매자가 충족시켜야 할 기술적 요구사항으로 보건, 안전, 보안, 성과, 환경, 보험, 지적재산권, 고용평등의 기회, 라이센스 및 허가, 그 밖에 기술 외적 요건을 포함 하는 계약상, 법적 의미가 함축된 요구사항 등이 있다.
리스크 관리대장 (Risk register)	승인된 판매자마다 조직 특성, 계약 기간, 외부 환경, 프로젝트 인도 방법, 선정된 계약 수단 유형, 최종 합의 등에 따라 각각 다른 리스크를 동반한다.
이해관계자 관리대장 (Stakeholder register)	식별된 이해관계자에 관한 정보를 이 문서에 상세히 기술한다.

3. 조달문서(Procurement documents)

조달문서는 감사와 추적방법을 제공하고 잠재적 판매자들에게 제안(Proposal) 요청을 하는 데 사용되는 문서들이다. 다양한 조달 문서의 유형이 있다. 예를 들면 입찰 초청서(Invitation for Bid), 제안요청서(Request for proposal), 견적요청서(Request for quotation), 조달작업 기술서, 독립원가 산정치, 공급자 선정기준 등이다.

(1) 입찰문서(Bid documents): 조달문서에는 판매자가 응찰서를 작성할 수 있도록 판매자에게 발송된 RFI, RFP, RFQ 또는 기타 문서를 포함한다.

(2) 조달작업기술서(Procurement statement of work): 조달 작업기술서(SOW: Statement of work)에는 판매자가 수치화할 수 있는 응찰 자료를 제출할 수 있도록 명확히 설정된 목표, 요구사항 및 결과물 정보를 기술하고 있다.

(3) 독립원가 산정치(Independent cost estimates): 독립원가 산정치는 내부 또는 외부 자원을 사용하여 산출하며, 입찰자가 제출한 제안의 타당성 평가 기준이 된다.

(4) 공급자 선정기준(Source selection criteria): 입찰자 제안서를 평가할 방법, 평가 기준 및 가중치에 관해 설명하는 기준이다. 리스크를 완화할 목적으로 구매자가 전체 프로젝트에 영향을 미치는 문제를 안고 있는 단일 판매자로 인해 발생되는 피해를 줄이기 위해서 여러 판매자와 협약을 체결하는 결정을 내릴 수도 있다.

4. 판매자 제안서(Seller proposals)

■ 조달문서 패키지에 대한 응찰서로 작성되는 판매자 제안서는 평가 기구에서 하나 이상의 낙찰자(판매자)를 선정하기 위해 심사할 기본 정보를 구성한다.

■ 판매자가 가격 제안서를 제출하는 경우, 기술 제안서와 별도로 제출하도록 요구하는 것이 모범적 실무사례이다.

• Seller Proposals

Formal responses from sellers to a request for proposal or other procurement document specifying the price, commercial terms of sale, and technical specifications or capabilities the seller will do for the requesting organization that, if accepted, would bind the seller to perform the resulting agreement — *PMBOK*® Guide — Sixth Edition, Glossary

5. 기업환경요인(Enterprise environmental factors)

■ 조달과 관련된 현지 법률 및 규정
■ 주요 조달에 현지 판매자의 참여를 의무화하는 현지 법률 및 규정
■ 조달 프로세스를 제약하는 대외 경제 환경
■ 시장 여건
■ 판매자의 과거 조달관련 성과정보(긍정적 및 부정적 정보 모두 포함)
■ 이미 체결되어 있는 사전 협약
■ 계약관리 시스템

6. 조직프로세스자산(Organizational process assets)

■ 사전심사를 통과한 선호 판매자 목록
■ 판매자 선정에 영향을 미치는 조직 정책
■ 협약서 초안을 구성하여 완성하는 방법을 결정하는 데 적용되는 조직의 특정 템플릿 또는 지침, 그리고 청구 및 지불 프로세스와 관련된 재무 정책 및 절차

12.2.2 조달수행 프로세스 도구 및 기법

1. 전문가 판단(Expert judgment)

제안서 평가, 기술 또는 주제 관련 문제, 금융, 엔지니어링, 설계, 개발, 공급망 관리 등의 관련 직능 영역, 산업 규제 환경, 법률, 규정 및 준수 요구사항, 협상 등 분야의 전문가 의견 등이다.

2. 광고(Advertising)

선별한 신문 또는 무역 전문 출판물 등의 일반 간행물에 공지문을 게재하여 보유하고 있는 유력한 판매자 목록을 확충할 수 있다.

3. 입찰자 회의(Bidder conference)

계약업체 회의, 판매업체 회의 또는 예비입찰 회의라고도 하는 입찰자 회의는 제안서 제출에 앞서 유력한 판매자와 구매자가 모두 참석하는 회의로 유력한 모든 입찰자에게 조달 사항을 충분히 이해시키고 특혜를 받는 입찰자가 없도록 하기 위해 입찰자 회의를 이용한다.

4. 데이터 분석(Data analysis)

제안서 평가를 하여 입찰문서와 조달 작업기술서, 공급자 선정기준, 그 밖에 입찰 패키지에 포함되는 모든 문서의 요건에 빠짐없이 응찰되었는지 확인한다.

5. 대인관계 및 팀 기술(Interpersonal and team skills)

(1) 협상(Negotiation)

- 협상은 협약 도달을 목표로 하는 토론이다. 계약서에 서명하기 전에 상호합의에 도달할 수 있도록 조달협상을 통해 협약 쌍방의 체제, 권리 및 의무, 그 밖의 구매 조건을 명확히 정의한다. 모든 합의사항을 최종 문서 내용에 포함해야 한다.
- 구매자와 판매자 간 체결할 수 있는 서명된 계약서 또는 그 밖의 공식 협약서를 작성하는 것으로 협상을 종결한다.

• Procurement Negotiation

Clarification and mutual agreement which satisfies both parties on the structure and Requirements of the contract.

12.2.3 조달수행 프로세스 산출물

1. 선정된 판매자(Selected sellers)

선정된 판매자는 제안서 또는 입찰평가 결과에 따라 경쟁 범위에 있다고 판단되는 판매자이다.

한국에서는 '우선협상대상자'라는 용어로 많이 쓰이고, 최종 협상을 통해 계약을 체결한다.

2. 협약(Agreements)

계약은 지정된 제품, 서비스 또는 결과물을 제공할 판매자의 의무와 그에 대한 대가를 지불할 구매자의 의무, 법정 구제 대상이 되는 쌍방의 법률적 관계를 명시하는 상호 간에 구속력 있는 협정으로 다음을 포함한다.

- 조달 작업기술서 또는 주요 인도물 및 일정, 마일스톤 또는 일정 요구 시한
- 성과보고 및 가격 및 지불 조건 및 검사, 품질 및 인수 기준
- 보증 및 향후 제품 지원, 성과급과 위약금, 보험, 이행보증 및 재 하도급업체 승인
- 일반 약관 및 변경요청 처리 및 해지 조항 및 대안적 분쟁해결제도

3. 변경 요청(Change request)

프로젝트관리 계획서, 보조 계획서, 기타 관련 문서에 대한 변경요청이 발생한다. 계약 시 많이 발생하며 계약조항이 일부만 수정이 되어도 법적 구속력 때문에 정식변경 승인을 받아야 한다.

4. 프로젝트 관리 계획서 업데이트(Project management plan updates)

요구사항관리 계획서(Requirements management plan)	- 판매자에 의해 식별된 변경으로 인해 프로젝트 요구사항이 변경될 수 있다.
품질관리 계획서 (Quality management plan)	- 판매자가 품질관리 계획서에 정의된 품질관리 방식에 영향을 미치는 대안적 품질 기준 또는 해결책을 제시할 수 있다.
의사소통관리 계획서 (Communications management plan)	- 판매자가 선정되면, 의사소통관리 계획서를 업데이트하여 판매자의 의사소통 요구와 방식을 취합한다.
리스크관리 계획서 (Risk management plan)	- 협약 및 판매자 별로 리스크관리 계획서 업데이트를 필요로 하는 자체 리스크들이 있다. 특정 리스크를 리스크 관리대장에 취합한다.
조달관리 계획서(Procurement management plan)	- 계약 및 협상 프로세스의 결과에 따라 업데이트가 필요할 수 있다.
범위기준선 (Scope baseline)	- 조달 활동을 수행할 때 범위 기준선에 문서화된 프로젝트 작업분류체계(WBS)와 인도물을 고려한다.
일정기준선 (Schedule baseline)	- 전체 프로젝트 일정 이행에 영향을 미치는 변경이 판매자에 의해 발생한 경우, 현재 기대사항을 반영하기 위해 기준선 일정의 업데이트 및 승인이 필요하다.
원가기준선(Cost baseline)	- 프로젝트를 인도하는 도중 계약업체와 자재 가격이 종종 변경될 수 있다. 이러한 변경은 대외 경제 환경에서 비롯되는 자재 가격과 인건비 변동으로 인해 발생할 수 있고, 변경사항은 원가 기준선에 취합해야 한다.

5. 프로젝트 문서 업데이트(Project documents updates)

교훈 관리대장 (Lessons learned register)	- 교훈 관리대장은 조달수행 과정에서 발생한 문제와 해결 가능했던 방안, 효과적이었던 접근방식에 대한 정보로 업데이트된다.
요구사항 문서(Requirements documentation)	- 판매자가 충족시켜야 할 기술적 요구사항

	- 보건, 안전, 보안, 성과, 환경, 보험, 지적재산권, 고용평등의 기회, 라이센스 및 허가, 그 밖에 기술 외적 요건을 포함하는 계약상, 법적 의미가 함축된 요구사항 등이다.
요구사항 추적 매트릭스 (Requirements traceability matrix)	- 프로젝트 계획서에 판매자가 추가되면 선정된 판매자의 역량에 따라 요구사항 관리대장과 추적 매트릭스가 변경된다.
자원달력 (Resource calendars)	- 판매자 가용성에 따라 일정 자원달력을 업데이트해야 할 수도 있다.
리스크관리대장 (Risk register)	- 승인된 판매자마다 조직 특성, 계약 기간, 외부 환경, 프로젝트 인도 방법, 선정된 계약 수단 유형, 최종 합의가 등에 따라 각각 다른 리스크를 동반한다.
이해관계자 관리대장 (Stakeholder register)	- 식별된 이해관계자에 관한 모든 정보가 이 문서에 기술된다. 특정 판매자와 협약이 이루어지면 이해관계자 관리대장이 업데이트 한다.

Centralized vs. Decentralized Contracting 비교

구분	Centralized Contracting (중앙집중계약)	Decentralized Contracting (분산 계약)
장점	- 계약 전문가의 증가 - 표준화된 회사 실무	- 프로젝트에 더욱 집중할 수 있다. - 프로젝트관리자의 권한이 확대된다
단점	- 한 계약전문가가 여러 프로젝트에서 작업하므로 각 프로젝트의 특성을 제대로 반영하기 어렵다.	- 프로젝트 종료 시 계약전문가가 갈 곳 없다. - 회사에서 높은 수준의 계약전문가 유지 어렵다. - 전문가 중복 및 자원의 비효율적으로 사용한다. - 프로젝트별로 일관된 계약 표준 실무 확보 어렵다.

12.3 조달 통제(Control procurements)

조달관계를 관리하고, 계약의 이행을 감시하고, 적절한 변경 및 시정 조치를 수행하고, 계약을 종결하는 프로세스이다.

- 법적 협약의 조항에 따라 판매자와 구매자 모두의 성과가 프로젝트 요구사항을 충족하는지 확인한다. 여러 공급자가 참여하는 대규모 프로젝트에서는 다양한 공급자 간 의사소통을 관리하는 것이 계약행정의 중요한 측면이 있다.
- 계약의 법적 측면 때문에 많은 조직에서 계약행정을 프로젝트와 별개의 조직 직무로서 취급한다. 조달행정 담당자가 프로젝트팀에 소속될 수도 있지만 행정업무 담당자가 다른 부서 소속의 감독자에게 보고하는 구조가 일반적이다.
- 재무관리 업무도 포함된다. 노동 시간과 같은 투입물보다는 프로젝트 산출물 및 산출물과 연계되는 지불을 요구하는 계약이 통제하기 효과적이다.

• Control procurements—definition

The process of managing procurement relationships, monitoring contract performance,

and making changes and corrections as appropriate, and closing out contracts—
PMBOK® Guide—Sixth Edition, Glossary.

(1) 프로세스(입력물/도구 및 기법/산출물)

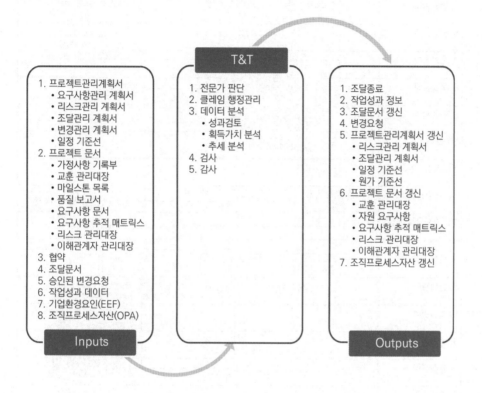

조달통제 프로세스는 감시 및 통제 프로세스 그룹의 프로세스이다. 따라서 기준과 실적을 비교하는 통제 프로세스 패턴을 가지고 있다. 그럼 프로세스의 핵심 입력물은 무엇인가? 기준은 당연히 협약이다. 실적은 작업성과 데이터이다. 실제 조달이 수행되고 있기에 성과검토, 제품에 대한 검사 및 조달관련 프로세스에 대한 감사 부분까지 수행된다. 도구 및 기법의 클레임 행정처리, 전체적인 감사 등은 조달 종료시 행정종료를 감안한 것이다. 조달통제 프로세스의 산출물은 조달종료와 더불어 작업성과 정보 및 변경요청이다.

행정업무 관련 활동의 예는 다음과 같다.

- 데이터 수집, 프로젝트 기록 관리(실무 및 재무 성과에 대한 세부 기록 유지관리) 및 측정 가능한 조달 성과지표 제정 및 조달 계획서와 조달 일정 구체화 작업을 수행한다.
- 조달 관련 프로젝트 데이터를 수집, 분석 및 보고하고, 조직에 제출할 정기 보고서를 작성하는 데 적용할 방침을 제정한다.
- 이행을 촉진하거나 조정이 가능하도록 조달 환경 감시 및 청구서 지불을 수행한다.

(2) 프로세스 흐름도

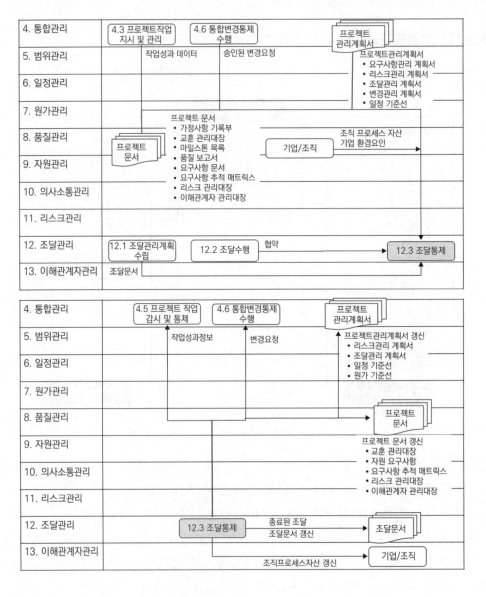

12.3.1 조달통제 프로세스 투입물

1. 프로젝트 관리 계획서(Project management plan)

요구사항관리 계획서 (Requirements management plan)	- 요구사항관리 계획서에는 계약업체 요구사항을 분석 및 문서화하고, 관리하는 방법을 문서화한다.
리스크관리 계획서 (Risk management plan)	- 리스크관리 계획서에는 판매자가 유발하는 리스크 활동을 프로젝트에서 구성하고 수행하는 방법을 기술한다.

조달관리 계획서 (Procurement management plan)	- 조달관리 계획서에는 조달통제 프로세스 동안 수행할 활동들을 기술한다.
변경관리 계획서 (Change management plan)	- 변경관리 계획서에는 판매자가 유발하는 변경사항을 처리할 방법을 기술한다.
일정기준선 (Schedule baseline)	- 전체 프로젝트 성과에 영향을 미치는 변경이 판매자에 의해 유발되는 경우, 현재 기대사항을 반영하기 위해 일정 업데이트 및 승인이 필요하다.

2. 프로젝트 문서(Project documents)

가정사항 기록부 (Assumption log)	- 가정사항 기록부에는 조달 프로세스 동안 고려된 가정사항을 기술한다.
교훈 관리대장 (Lessons learned register)	- 프로젝트 초반에 얻은 교훈을 프로젝트를 진행해 나가면서 지속적으로 적용함으로써 계약업체 성과와 조달 프로세스 효율을 개선할 수 있다.
마일스톤 목록 (Milestone list)	- 주요 마일스톤 목록에는 판매자가 결과물을 인도할 것으로 예상되는 시기를 기술한다.
품질 보고서 (Quality reports)	- 판매자가 충족시켜야 할 기술적 요구사항 등으로 보건, 안전, 보안, 성과, 환경, 보험, 지적재산권, 고용평등의 기회, 라이센스 및 허가, 그 밖에 기술 외적 요건을 포함하는 계약상, 법적 의미가 함축된다.
요구사항 문서(Requirements documentation)	- 요구사항규정을 벗어난 판매자 프로세스, 절차 또는 규정을 품질 보고서에 명시할 수 있다.
요구사항 추적 매트릭스 (Requirements traceability matrix)	- 요구사항 추적 매트릭스는 원래의 요구사항과 해당 사항을 충족시키는 인도물을 연결한다.
리스크 관리대장 (Risk register)	- 승인된 판매자마다 조직 특성, 계약 기간, 외부 환경, 프로젝트 인도 방법, 선정된 계약 수단 유형, 최종 합의가 등에 따라 각각 다른 리스크를 동반한다.
이해관계자 관리대장 (Stakeholder register)	- 이해관계자 관리대장에는 계약된 팀원, 선정된 판매자, 계약 담당자 및 조달에 관여하는 그 밖의 이해관계자를 포함하여 식별된 모든 이해관계자에 대한 정보를 기술한다.

3. 협약(Agreements)

협약은 각 당사자의 의무에 대한 이해를 내포하는 쌍방간 합의이다. 관련 협약을 검토하여 약관이 충족되는지 확인한다.

4. 조달문서(Procurements documentation)

조달문서에는 조달 프로세스의 행정업무를 뒷받침하는 전체 기록이 포함된다. 예: 작업기술서, 지불 정보, 계약업체 작업성과 정보, 계획서, 도면, 그 밖에 정보교환 서신이 조달 문서에 포함된다.

5. 승인된 변경요청(Approved change requests)

승인된 변경요청에는 조달 작업기술서(SOW: Statement of work), 가격 책정, 제공될 제품, 서비스 또는 결과물에 대한 설명을 포함하여 계약서의 약관에 대한 개정사항이 포함될 수 있다.

승인된 변경요청은 조달통제에 있어 판매자가 만드는 제품에 변경이 발생한 경우 재확인 검사에 있어 중요한 정보이다. 만일 승인된 변경요청이 발생하면 변경이 반영되어 들어오는 제품이 제대로 반영되었는지 꼼꼼하게 검사를 하여야 한다.

6. 작업성과 데이터(Work performance data)

- 기술성과, 착수된 활동, 진행 중 또는 완료된 활동, 발생 또는 지출된 비용 등을 비롯하여 판매자의 프로젝트 현황 정보가 작업성과 데이터에 포함된다.
- 지불된 판매자 청구서에 대한 정보 등도 포함된다.

7. 기업환경요인(Enterprise environmental factors)

- 계약변경통제 시스템
- 시장 여건
- 재무관리
- 미지급금 시스템
- 구매 조직의 윤리강령

8. 조직프로세스자산(Organizational process assets)

조달 정책 등이 대표적이다.

12.3.2 조달통제 프로세스 도구 및 기법

1. 전문가 판단(Expert judgment)

금융, 엔지니어링, 설계, 개발, 공급망 관리 등의 관련 직능 영역, 법률, 규정 및 준수 요구사항, 클레임 행정관리 등의 분야 전문가 의견 등이다.

2. 클레임 행정관리(Claims Administration)

클레임은 일반적으로 계약 생애주기 전반에서 계약 조항에 따라 문서화하고, 처리, 감시 및 관리해야 한다. 계약쌍방이 클레임을 해결하지 못하는 경우, 계약서에 명시된 절차를 따른 후 대안적 분쟁해결(ADR) 절차를 따르는 것이 좋다.

협상(Negotiation)	- 분쟁의 당사자들이 상호간에 합의를 이루어내는 것
조정(Mediation)	- 중재 재판관과 중재법률을 모두 계약으로 체결하고, 중재 계약에 의해 분쟁을 해결. 양 당사자가 합의하여 선정한 제 3 자가 재판을 하며 국가의 법률이 아닌 양 당사자가 합의한 근거 규범으로 재판함
중재(Arbitration)	- 법원의 판결이 아닌 조정위원의 권고에 의해 양 당사자가 합의로서 해결하는 자주적 분쟁해결 제도

3. 데이터 분석(Data analysis)

(1) 성과 검토(Performance reviews): 계약에 대한 성과검토를 통해 협약에 대한 품질, 자원,

일정 및 비용 성과를 측정 및 비교하고 분석하고 작업 패키지 중 일정 단축 또는 지연된 패키지, 예산 초과 또는 절감한 패키지, 자원이나 품질 이슈가 발생한 패키지를 식별하는 일도 성과검토에 포함된다.

(2) 획득가치 분석(Earned value analysis): 일정 및 원가 성과지수와 함께 일정차이 및 원가차이를 계산하여 목표로부터 편차 정도를 판별한다.

(3) 추세분석(Trend analysis): 추세분석을 통해 원가성과에 대한 완료시점 산정치(EAC: Estimate to completion)를 추산하여 성과가 향상되는지 아니면 저하되는지 확인할 수 있다.

4. 검사(Inspection)

계약업체가 수행하는 작업에 대한 체계적인 검토 활동으로 인도물에 대한 간단한 검토 또는 작업 자체에 대한 실제 물리적 검토가 검사에 포함될 수 있다.

5. 감사(Audits)

- 조달 프로세스에 대한 체계적인 심사 활동이다.
- 감사와 관련된 권리와 의무는 조달 계약서에 명시해야 한다.
- 필요하면 프로젝트 조정을 위해 구매자와 판매자의 프로젝트 관리자에게 감사 결과 데이터를 확인시켜야 한다.

12.3.2 조달통제 프로세스 산출물

1. 조달 종료(Closed procurements)

구매자는 일반적으로 권한이 부여된 조달행정 담당자를 통해 계약이 완료되었음을 알리는 공식적인 통지서를 판매자에게 전달한다.

- 모든 인도물은 정시에 제공했는지의 확인이 필요하다.
- 기술 및 품질 요구사항을 충족했는지의 확인이 필요하다.
- 미결 클레임 또는 청구서가 없어야 한다.
- 모든 최종 지불이 이행되어야 한다.
- 프로젝트 관리 팀은 종결 전 모든 인도물을 승인해야 한다.

2. 작업성과 정보(Work performance information)

수령한 인도물, 달성된 기술적 성과, 발생되고 승인된 비용을 수행된 작업에 대한 SOW 예산과 비교하여 판매자가 어떻게 작업을 수행했는지에 대한 정보가 작업성과 정보에 포함된다. 감시 및 통제 프로세스의 대표적 산출물이다. 기준과 실적을 비교하여 차이식별한 정보이다. 조달통제의 경우에는 기준으로는 당연히 계약서가 된다. 실적인 작업성과 데이터이다. 계약기준하여 조달이 진행되는지의 성과를 나타내는 것이 작업성과 정보이다.

3. 조달문서 업데이트(Procurement documentation updates)

업데이트될 수 있는 조달문서에 모든 관련 일정, 승인되지 않은 계약 변경요청, 승인된 변경요청이 있는 계약서가 포함된다.

판매자가 작성한 모든 기술 문서, 인도물, 판매자 성과보고서 및 보증서 등의 작업성과 정보, 청구서 및 지불 기록을 포함한 재무 문서, 계약 관련 검사 결과 등이 해당된다.

4. 변경요청(Change requests)

프로젝트관리 계획서와 보조 계획서, 원가 기준선, 일정 기준선, 조달관리 계획서 등의 다른 문서에 대한 변경요청이 제기될 수 있다. 공식 변경 절차를 거치지 않은 변경 등은 분쟁요인이 될 수 있기 때문에 반드시 문서화해야 한다.

5. 프로젝트관리 계획서 업데이트(Project management plan updates)

리스크관리 계획서 (Risk management plan)	- 계약 이행 과정에서 예기치 않은 중대한 리스크가 발생하면 리스크관리 계획서를 업데이트한다.
조달관리 계획서 (Procurement management plan)	- 조달관리 계획서에는 조달 프로세스 동안 수행할 활동들을 기술한다.
일정 기준선(Schedule baseline)	- 전체 프로젝트 일정 이행에 영향을 미치는 중대한 일정 변경이 판매자로 인해 발생한 경우, 현재 예상되는 사항을 반영하기 위해 기준선 일정의 업데이트 및 승인이 필요하다.
원가 기준선 (Cost baseline)	- 프로젝트를 인도하는 도중 계약업체와 자재 원가가 변경될 수 있다.

6. 프로젝트 문서 업데이트(Project documents updates)

교훈관리대장(Lessons learned register)	- 조달된 품목의 범위, 일정 및 원가를 유지하는 데 효과적인 기법으로 교훈 관리대장이 업데이트한다.
자원 요구사항(Resource requirements)	- 계약업체가 작업을 진행함에 따라 계획한 작업 일정에서 벗어난 작업으로 인해 자원 요구사항이 변경될 수 있다.
요구사항 추적 매트릭스(Requirements traceability matrix)	- 요구사항 추적 매트릭스는 충족된 요구사항에 대한 정보로 업데이트한다.
리스크 관리대장(Risk register)	- 프로젝트 실행 과정에서 초기 리스크가 해소되고 새로운 리스크가 발생할 때 리스크 관리대장의 내용이 변경된다.
이해관계자 관리대장(Stakeholder register)	- 실행 단계를 거치며 작업이 진행됨에 따라 계약업체와 공급업체가 변경될 수 있다.

7. 조직 프로세스 자산 업데이트(Organizational process assets updates)

지불 일정 및 요청서 (Payment schedules and requests)	- 모든 지불은 조달계약 약관에 따라 이행해야 한다.
판매자 성과 평가서(Seller performance evaluation documentation)	- 판매자 성과 평가서는 구매자가 작성하며, 현재 계약상 작업 수행을 지속할 판매자의 역량을 문서화하고, 향후 프로젝트에 참여 자격 여부 또는 현재 수행 중이거나 과거에 수행한 프로젝트 작업성과에 매겨진 등급을 기술한다.
사전심사 통과 판매자 목록 업데이트 (Prequalified seller lists updates)	- 사전심사 통과 판매자 목록은 이전에 자격이 검증된(승인된) 유력 판매자 목록 - 부실한 성과를 근거로 실격되어 목록에서 제외되는 판매자가 발생할 수 있기 때문에 조달통제 프로세스 결과에 따라 판매자 목록을 업데이트한다.
교훈 저장소 (Lessons learned repository)	- 교훈 저장소에 교훈을 저장하여 향후 프로젝트에서 조달 성과를 개선할 수 있도록 해야 한다. - 계약 종료 시점에 실제 달성된 조달 결과를 조달관리 계획서에 예상된 결과와 비교한다. - 교훈을 통해 프로젝트 목표의 성취 여부와 실패한 경우 그 사유를 확인할 수 있다.
조달 파일(Procurement file)	- 종료된 계약서를 비롯한 전체 계약 문서를 색인으로 분류한 문서집을 만들어 최종 프로젝트 파일에 취합된다.

조달 통제(종료)와 프로젝트 종료의 차이점

구분	조달통제(조달종료)	프로젝트 종료
시점	조달통제 프로세스를 통한 계약 해제(Termination)	프로젝트 혹은 프로젝트 단계 종료 시
공통점	제품 검증, 행정적인 처리	
주요 인도물	종결된 계약 Procurement audit result	Final Product, service or result transition, 조직 프로세스 자산 업데이트
진행 주관	Buyer 관점 진행	Seller 관점 진행
중요 tools	Procurement audit	전문가 판단

조달관리 Flow: 구매자와 판매자간 조달 프로세스

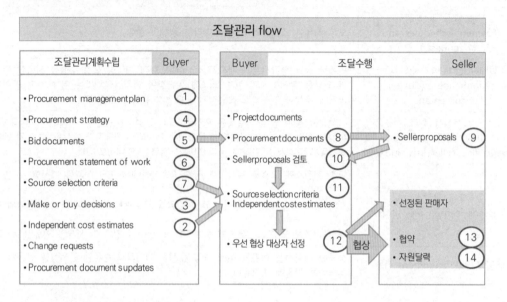

① 먼저 조달관리 계획이 만들어진다.

② 조달품목을 결정하기 위해 내부적으로 검토한 원가의 독립 산정치를 분석한다.

③ 내부적으로 할 것인지, 조달을 할 것인지 Make or buy decision을 내린다.

④ 조달이 결정되면 조달 전략을 수립한다 - 계약유형 및 프로세스 등

⑤ 업체에 입찰문서를 발송한다. 예: RFQ 등

⑥ 입찰문서 RFQ(Request for quotation) 등을 발송 시 조달 작업기술서도 같이 발송한다.

⑦ 내부적으로 업체선정기준을 다시 최종 정리한다.

⑧ RFQ 등이 판매자에게 도착을 한다.

⑨ 판매자는 제안서를 준비하여 구매자에 제출한다.

⑩ 구매자는 판매자의 제안서를 검토한다.

⑪ 제안서 검토 시에는 업체선정기준과 독립 산정치가 이용된다.

⑫ 가장 평가가 좋은 판매자를 우선 선정한 후 협상을 진행한다.

⑬ 선정된 판매자가 협상이 원활하게 진행되어 완료가 되면 협약을 맺는다.

⑭ 협약을 맺은 판매자는 조달 협약에 명시된 일정에 자원이 공급되도록 보증을 한다.

조달(계약)의 중요성

■ 조달관리는 Outsourcing을 하는 계약을 기본으로 하다. 계약에는 여러 종류가 있다. 예를 들면 초기 개발을 진행하는 개발 계약(Development contract), 개발이 완료되면 제품을 공급

하게 하는 공급계약(Supply agreement)이 핵심이고, 기타 A/S 공급계약, 품질 보증계약, 비밀 유지계약, 대리점 계약 등 산업분야마다 다양한 계약이 존재한다.

■ 기업 간의 계약은 대부분 법적 의무준수를 강조하기 때문에 Binding document로 분류된다. 프로젝트에서 고객이 요구하는 제품, 결과, 서비스를 내부적으로 모든 것을 수행할 수 없다. 따라서 일부 또는 상당수는 외주처리, 즉 계약을 통한 조달을 수행하여야 한다.

■ 프로젝트 관리 중 특히 해외에서 수행되는 프로젝트는 대부분 계약을 통해 수행이 되는데 계약내용을 제대로 이해하지 못하고 프로젝트를 수행한다면 실패의 가능성이 높아질 수밖에 없다. 이에 계약서의 전문적인 용어이해와 계약프로세스 이해는 프로젝트 관리자가 반드시 익혀야 하는 부분이다.

자원(Resource) Flow-조달 관련 부문

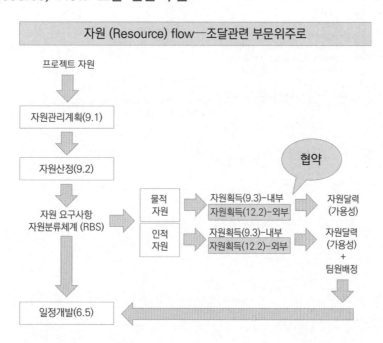

조달수행을 통해 얻어지는 자원(물적, 인적)은 계약을 통해 안정적으로 확약이 되며, 자원의 사용이 가능함을 보증하는 자원 가용성이 계약서에 보장이 된다. 자원달력은 자원가용성을 의미하며 이런 부분은 프로젝트의 일정관리의 기간 산정에 영향을 준다. 왜냐하면 자원의 유형과 타입뿐만 아니라 가용성이 보장이 되지 않은 일정의 기간은 의미가 없기 때문이다. 또한 일정개발에 같은 영향을 준다. 자원의 가용성이 일정의 기본이 되는 것이다.

조달관리 지식영역 종합정리(프로세스 Input-output 위주)

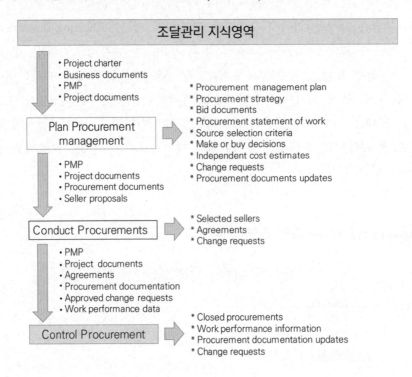

조달관리 지식영역

• Project charter
• Business documents
• PMP
• Project documents

Plan Procurement management
* Procurement management plan
* Procurement strategy
* Bid documents
* Procurement statement of work
* Source selection criteria
* Make or buy decisions
* Independent cost estimates
* Change requests
* Procurement documents updates

• PMP
• Project documents
• Procurement documents
• Seller proposals

Conduct Procurements
* Selected sellers
* Agreements
* Change requests

• PMP
• Project documents
• Agreements
• Procurement documentation
• Approved change requests
• Work performance data

Control Procurement
* Closed procurements
* Work performance information
* Procurement documentation updates
* Change requests

프로젝트 조달관리 지식영역 종합정리(주관식 문제)

1. 프로젝트에서 조달(Procurement)을 관리하기 위해 필요한 프로세스는?

2. 기획(Planning)에서 조달에 대한 준비를 할 때 어떤 것들을 준비해야 하나?

3. 고정금액(Fixed price) 계약방식은 어떤 때 사용하며 어떤 종류가 있나?

4. 원가상환(Cost reimbursable) 계약방식은 어떤 때 사용하며 어떤 종류가 있나?

5. 조달 수행 프로세스의 기본 흐름을 적어보시오.

6. Centralized contracting의 장점은 무엇인가?

7. Bidder conference란?

PMBOK정복하기-12장 용어 및 프로세스 정의 요약

조달관리에서 고정가격 계약의 특징은 무엇인가?

리스크가 판매자에게 높다. 가장 일반적인 계약 유형이다.

계약의 3가지 주요 유형은 무엇인가?

고정가격계약(Fixed – price contracts)

원가보상계약(Cost – reimbursable contracts)

시간 & 물질 계약(Time and material contracts)

조달(Procurement)이란 무엇인가?

일반적으로 조직 외부에서 제품, 서비스 또는 결과를 구매한다.

(Purchasing goods, services, or results typically from outside the organization)

조달관리에서 조달기술서의 목적은 무엇인가?

계약자가 판매자가 필요한 서비스를 제공할 수 있는지 여부를 결정할 수 있도록 계약 업체가 제공할 세부 작업을 설명한다.

"제안서"는 무엇인가?

입찰서, 또는 견적이라고도 하는 제안서는 판매자가 구매자와 계약 조건을 충족시키는 비용, 서비스, 조건 등을 설명하기 위해 판매자가 준비하는 문서이다.

(Also called a bid, tender, or quote, a proposal is a document prepared by the seller to explain the costs, services, terms, etc., by which the seller will meet the terms of the contract with the buyer).

판매자에 대한 다른 용어는 무엇인가?

계약자, 외주 업체, 공급 업체, 공급자, 서비스 제공 업체
(Contractor, Subcontractor, Vendor, Supplier, Service provider)

감시 및 통제 프로세스 그룹에서 어떤 프로젝트 조달 관리 프로세스가 발생하는가?

조달 통제

기획 프로세스 그룹에서 어떤 조달 관리 프로세스가 발생하는가?

조달 관리 계획(Plan procurement management)

조달관리의 Make-or-buy 분석에서 고려해야 할 요소는 무엇인가?

조직이 업무를 수행할 수 있는 기술적 능력

조직의 시설 용량

가능한 직원

프로젝트를 완료하는 데 필요한 시간

계약 SOW(Statement of work)의 목적은 무엇인가?

계약자가 판매자가 필요한 서비스를 제공할 수 있는지 여부를 결정할 수 있도록 계약업체가
제공할 세부작업을 설명한다.

**입찰자회의, 제안서평가기법, 독립산정, 전문가 판단, 광고, 분석 기법 및 조달 협상은 어떤 프로세스
에서 사용되는 도구 및 기법인가?**

조달수행

▬▬▬ 재미있는 프로젝트 이야기

조달관리에 있어 업체 선정평가 시 현금 유동성 파악지식-유동비율과 당좌비율의 차이점

기업에서 유동비율은 유동자산을 유동부채로 나누고 100을 곱한 값이다. 예를 들어 663억 원/304억 원×100＝218%의 유동비율을 가진다. 유동비율이 높다는 것은 유동자산으로 유동부채를 갚을 수 있는 능력으로 218%라는 자산이 부채에 비해 두 배가 더 크므로 안정적으로 보인다.

그럼 과연 그럴까? 우리가 기업을 평가할 때 이런 개략적인 지표로 기업을 평가하면 리스크가 발생한다. 정확히 기업의 현금흐름안정성을 파악하려면 유동비율이 아닌 당좌비율을 확인하여야 한다. 당좌비율은＝당좌자산/유동부채×100＝즉,(유동자산－재고자산)/유동부채×100으로 유동비율에 비해 재고자산을 빼고 계산하기 때문에 실제 현금유동성과 관련된 내용이 달라진다.

만일 재고자산이 313억 원이라면 그 기업의 당좌비율은 (663－313)/304×100＝115%로 나타난다. 초기 유동비율이 218%이었는데 당좌비율로 계산하니 115%로 감소되었다. 왜 재고자산을 제외시키냐 하면 재고자산은 현금유동성에서 처분이 오래 걸리고 평가방법에 따라 그 가치가 달라지기 때문이다. 프로젝트의 조달관리 Make or Buy decision 후 만일 조달로 결정되어 업체선정과 관련된 평가에 있어 프로젝트 관리자 및 팀원은 업체의 재무건전성을 판단할 때 이 수준으로 좀 더 확인하는 재무관련 지식과 습관이 필요하다. 또한 기업은 적정 재고자산을 유지하려는 노력을 기울여야 한다. 재고 자산이 커질수록 현금 유동성의 리스크가 커지기 때문이다. 언제든 균형을 유지하는 것은 사람이건 기업이건 마찬가지이다.

CHAPTER 12

Example

01 당신은 지속적으로 오랫동안 귀사에 품질관련 서비스를 제공해오고 있는 업체와 계약을 하기로 결정하였다. 비록 현재의 프로젝트는 이전의 것들과는 약간 차이점이 있지만, 외주 업체가 수행해야 하는 작업은 과거의 경우와 거의 유사하다. 이러한 상황에서 리스크를 최소화할 수 있는 가장 적절한 계약 방식은 무엇인가?

① Cost-plus award fee

② Firm-fixed-price

③ Fixed-price incentive

④ Fixed-price with economic price adjustment

02 당신은 현재 조달수행 프로세스를 수행하고 있다. 제안서 작성 전에 잠재적 판매자들과 가지는 회의로 모든 잠재적 판매자들이 조달에 대해 분명하고 공통된 이해를 얻도록 보증하는 것이 목적인 회의를 무엇이라 부르는가?

① Procurement offer

② Bidder conference

③ Advertising

④ Focus meeting

03 조달관리계획(Plan procurement management)의 도구 및 기법으로 직접 자체 개발할 것인지 아니면 기술과 경험이 풍부한 외주 업체에 의뢰할 것인지를 분석하는 것을 무엇이라고 하나?

① Source Selection Criteria

② Expert Judgment

③ Selected Seller

④ Make-or-Buy Analysis

04 프로젝트의 구매조달에 대한 결정사항을 문서화하고 조달방식을 규정하여 잠재적인 판매자를 식별하는 프로세스로 리스크 완화 및 판매자에게 리스크 전가와 관련하여 사용할 계약 유형도 검토하는 프로세스는 다음 중 어느 것인가?

① 조달관리 계획수립
② 조달수행
③ 조달 통제
④ 리스크 대응 계획

05 당신은 프로젝트 관리자로 조달수행에 관련 중이다. 조달관리에서 실행프로세스 그룹이 속해 있는 조달수행 프로세스범위에 해당이 안 되는 것은 다음 중 어떤 것인가?

① Selection criteria의 사용
② Make or buy decisions의 완료
③ RFP(Request for proposal)의 발행
④ 업체의 선정 및 계약 체결

06 구매자(Buyer)에게 있어서 고정가 계약(Fixed price contract)의 장점은?

① 향후 원자재 등 가격상승 요인들을 공급자(판매자)에게 전가하고 Buyer는 이에 책임지지 않는다.
② 구매자에게 고정가이기 때문에 비용 위험이 있다.
③ 원자재가격이 인하되면 구매자는 가격인하를 공급자(판매자)에게 요구할 수 있다.
④ 고정가 계약이므로 조달의 안정성을 유지할 수 있다.

07 당신은 프로젝트 관리자이다. 조달관리 중에 갑자기 한 외주업체에서 뜻하지 않은 자연재해로 인해 시설 일부가 손해를 입어 일정준수에 문제가 생겼다. 시설수리 등을 감안하면 제품의 공급을 약 2개월 지연하게 되었다고 통보한 경우 프로젝트 관리자와 팀원은 어떤 조치를 먼저 취하는 것이 바람직한가?

① 자연재해를 입어서 발생한 부분이니 인정하고 프로젝트 일정을 지연시킨다.
② 일정변경에 대한 일정기준선 변경 요청을 정식변경절차를 통해 진행한다.
③ 다른 업체를 찾아 업체를 변경 또는 이원화 조치를 취한다.
④ 일정 지연으로 인한 영향력을 분석한 후, 이에 대한 대안을 분석하여 변경조치를 취한다.

08 당신은 프로젝트 관리자로 외주업체와 계약을 체결한 상태에서 프로젝트계약을 체결하고 업무를 수행하고 있는데 좀처럼 프로젝트에 회의참석 및 의사소통 등에 협조적이 아니다. 이런 경우 당신은 프로젝트 관리자로서 어떤 조치를 취하는 게 가장 바람직한가?

① 프로젝트 성과와는 직접 연관이 없으므로 아무 조치를 취하지 않는다.

② 해당업체가 현재까지 수행된 부분에 대해서 면밀하게 분석한다.

③ 앞으로 어떤 조치를 취하지 않으면 문제가 예상되기 때문에 업체변경조치를 한다.

④ 업체 경영층을 불러 업체담당자를 즉시 교체하라고 조치한다.

09 계약의 업체 심사에서 일반적으로 업체의 선정기준에 포함이 되지 않는 것은 다음 중 어느 것인가?

① 기술적인 능력 요구조건에 대한 판매자의 이해도와 프로젝트 관리 능력 및 방법론

② 사업규모와 유형 및 구축과 경험, 생산능력과 의욕

③ 재무적인 능력과 생애주기 원가 및 지적 재산권 보유 정도

④ 회사에 대한 의존도 및 경영층의 학력수준

10 당신은 프로젝트관리자이다. 업체와 계약을 하려고 할 때 다음 중 계약유형 선정과 관련하여 설명이 부적절한 것은 어느 것인가?

① 작업을 바로 시작하고 싶을 때는 Time and material contract가 유리하다.

② 업체의 비용청구서를 파악할 능력이 부족할 경우에는 원가정산 계약을 취하는 게 좋다.

③ 작업의 내용을 완전하게 알고 관련된 Specification이 확실히 존재하면 고정 계약으로 추진할 수 있다.

④ 어떤 일이 필요한지 결정하는 데 전문가의 서비스를 받고 싶을 때는 원가정산계약 방식을 선정하는 것이 좋다.

CHAPTER **12**

Explanation

01 정답 ②

해설 고정가(Firm-fixed-price) 계약은 판매자가 수행하는 작업이나 발생하는 원가와는 무관하게 사전에 정해진 계약 금액을 지불하는 방식이다. 따라서 이는 구매자가 부담해야 하는 위험도는 낮으며 반대로 판매자가 부담해야 하는 위험도는 높은 계약 방식이다.

02 정답 ②

해설 입찰자 회의(Bidder conferences)는 조달수행프로세스에서 업체담당자들을 한곳으로 모아 제안설명을 하는 회의를 의미한다. 모든 잠재적 판매자들이 조달에 대해 분명하고 공통된 이해를 얻도록 보증하는 것이 회의의 목적이다. Contractor conferences, Vendor conferences, pre-bid conferences라고도 한다.

03 정답 ④

해설 자체기술이 부족하거나, 리스크가 크거나, 자체적으로 하는 것이 외주를 주어서 하는 것보다 비용이 많이 들 때 Make-or-buy Analysis을 하게 되며 그 결과로 Make or buy decisions이 산출된다.

04 정답 ①

해설 조달관리계획에서 Make or buy decisions이 완료되고 외부조달에 따른 계약형태를 준비한다.

05 정답 ②

해설 Make or buy decisions은 조달계획단계에서 결정된다. 조달수행은 업체에게 RFP

(Request for proposal) 또는 RFQ(Request for quotation)을 발행하고 이를 검토하고 업체를 선정하고 계약을 체결하는 폭넓은 활동을 전개한다.

06 정답 ①

해설 일반적으로 원자재나 임금은 지속적인 상승을 하는 경향이 많으므로 이러한 변동요인에 대해 공급자(판매자)의 입장에서 위험부담이 가장 큰 형태의 계약은 고정가격 계약(Fixed price)이다. 고정가 계약은 업무가 명확하게 정의되었을 때 적합하며, 업무가 명확히 정의되지 않은 상태에서 계약을 체결할 때는 원가에다 일정 비율을 정산해 주는 원가정산계약이 더 적합하다.

07 정답 ④

해설 일정지연 등의 문제상황에서는 우선순위는 문제발생에 따른 영향력 분석 후에 다음에 대안을 포함하여 변경조치를 포함한 일련의 조치를 취해야 한다.

08 정답 ②

해설 해당업체에 대한 현재까지 수행된 부분에 대해서 면밀하게 분석하는 이유는 이미 업체와 계약을 체결한 상태에서 일단 성과부분 등을 종합적으로 분석하고 협조문제가 성과부분까지 영향을 미쳐 안 좋다면 어떤 조치를 취해야 한다. 그러나 성과는 좋으나 협조도가 안 좋으면 대인관계기술을 이용한 접근이 바람직하다. 무조건 따지고 계약을 해지하는 극단적 조치를 바로 취하면 프로젝트의 리스크가 커진다.

09 정답 ④

해설 벤더의 선정기준은 제안서에 등급 및 점수를 부여하는 데 사용되는 객관적/주관적 기준으로 평가 기준은 종종 조달문서(Procurement document)에 포함되기도 하며 일반적으로 (1)~(3)까지를 포함한다. 때로는 회사에 대한 의존도로 고려요소이나 경영층의 학력수준까지는 선정기준이 될 수가 없다.

10 정답 ②

해설 업체의 비용청구서를 파악할 능력이 부족할 경우에는 업체가 원하는 비용을 지불할 수밖에 없다. 이런 경우는 고정계약방식으로 추진하여 리스크를 줄일 필요가 있다.

프로젝트 이해관계자관리

프로젝트 이해관계자 관리 지식영역은 프로젝트의 인도물에 영향을 주거나 영향을 받을 이해관계자들을 프로젝트 초반부터 식별하고, 분석하여 이해관계자들이 적절히 프로젝트에 참여하도록 하는 프로세스들로 이루어져 있다.

- 이해관계자 관리는 이해관계자를 식별하는 이해관계자 식별(Identify stakeholder) 프로세스
- 식별된 이해관계자들을 어떻게 관리할 것인지를 계획하는 이해관계자참여 계획수립(Plan stakeholder engagement) 프로세스
- 계획한대로 이해관계자들을 프로젝트에 참여시키고 관리하는 이해관계자 참여관리(Manage stakeholder engagement) 프로세스
- 이해관계자들을 제대로 관리하였는지 확인하고 새롭게 등장한 이해관계자들은 없지 확인하고 계획한대로 수행한 이해관계자 관리가 잘못된 것은 없는지를 확인하고 수정하는 이해관계자 참여감시(Monitor stakeholder engagement) 프로세스로 구성되어 있다.

만약, 중립적인 입장의 이해관계자들이라면 적극적인 지지의 입장으로 바뀌게 하거나 혹은 중립적인 입장을 지속적으로 유지하도록 하여야 하며, 부정적인 입장의 이해관계자들은 최소한 중립적인 입장이 되도록 유도하여야 프로젝트가 성공적으로 완료될 수 있다.

이해관계자 관리 지식영역은 총 4개의 프로세스로 구성이 되어 있다. 착수 프로세스, 기획 프로세스, 실행 프로세스, 감시 및 통제 프로세스 그룹에서 각 1개씩으로 구성되어 있다.

이해관계자는 프로젝트가 착수가 되면 바로 시작되기 때문에 착수 프로세스 그룹에 이해관계자 식별 프로세스가 들어 있다. 식별된 이해관계자들을 전략적으로 관리 계획하고 참여시키고

감시하는 것이 이해관계자 관리의 중요한 부분이다.

프로세스	설명
13.1 Identify stakeholders (이해관계자식별)	프로젝트 이해관계자를 정기적으로 식별하고 이해관계자들의 이해관계, 참여도, 상호 의존관계, 영향력 및 프로젝트의 성공에 미칠 잠재적 영향을 분석하여 문서화하는 프로세스
13.2 Plan stakeholder Engagement (이해관계자 참여계획수립)	이해관계자들의 요구, 기대사항, 이해관계 및 프로젝트에 미치는 잠재적 영향을 바탕으로 프로젝트 이해관계자의 참여를 유도하기 위한 접근 방식을 개발하는 프로세스
13.3 Manage stakeholder engagement (이해관계자 참여관리)	이해관계자의 요구사항 및 기대사항을 충족하기 위해 이해관계자와 의사소통하고 협력하면서 이슈를 해결하고, 관련 이해관계자의 참여관리를 촉진하는 프로세스
13.4 Monitor stakeholder engagement (이해관계자 참여감시)	프로젝트 이해관계자 관계를 감시하면서 이해관계자의 참여 전략 및 계획 수정을 통해 이해관계자참여 전략을 조정하는 프로세스

프로젝트의 편익과 관련된 이해관계자들을 식별하여 참여시키는 프로세스는 반복적으로 진행된다. 프로젝트 이해관계자관리 영역의 프로세스에 대한 설명은 한 번으로 그치지만 이해관계자 식별, 우선순위 지정 및 참여관리 활동은 정기적으로, 또한 적어도 다음과 같은 경우에 검토하고 업데이트해야 한다.

- 프로젝트 생애주기의 여러 단계를 거쳐 프로젝트가 진행되는 경우
- 현재 이해관계자가 더 이상 프로젝트 작업에 관여하지 않거나 프로젝트 이해관계자 공동체에 새로운 이해관계자가 편입되는 경우
- 조직 또는 더 넓은 범위의 이해관계자 공동체에 중대한 변화가 발생하는 경우

13.0 이해관계자 관리 개요

(1) 이해관계자 관리의 핵심개념

- 프로젝트마다 긍정적 또는 부정적 방식으로 프로젝트의 영향을 받거나 프로젝트에 영향을 미칠 수 있는 이해관계자들이 존재하기 마련이다.
- 프로젝트의 작업 또는 결과물에 미치는 영향력이 제한적인 이해관계자도 있고, 프로젝트와 예상 결과물에 상당한 영향을 미치는 이해관계자도 있을 것이다. 주목을 받는 프로젝트 대 실패에 관한 학술 연구 및 분석을 통해 모든 이해관계자 식별, 우선순위 지정 및 참여관리에 대한 구조적인 접근방식의 중요성이 대두되고 있다.
- 프로젝트 관리자와 프로젝트팀이 적절한 방식으로 모든 이해관계자를 정확히 식별하고 이해관계자들의 참여를 관리하는 역량이 프로젝트의 성공과 실패를 가를 수 있다. 성공 가능성을 높이려면 프로젝트헌장이 승인되고 프로젝트 관리자가 배정되어 팀이 구성되기 시작한 후 최대한 빨리 이해관계자 식별 및 참여관리 프로세스를 진행해야 한다.

(2) 프로젝트 이해관계자 관리의 추세와 새로운 실무사례

직원, 공급업체, 주주라는 기존의 범주에서 규제기관, 로비집단, 환경단체, 금융기관 및 언론, 그리고 프로젝트 작업 또는 결과로 인해 영향을 받을 것이라고 생각하며 스스로 이해관계자라고 믿는 사람들을 포함하는 범위로 이해관계자에 대한 정의가 확대되고 있다. 다음은 프로젝트 이해관계자관리 분야의 추세와 새로운 실무사례 중 일부 예이다.

- 한정된 영역을 탈피하여 모든 이해관계자를 식별하고 모든 팀원이 빠짐없이 이해관계자 참여관리 활동에 관여하도록 조치한다.
- 이해관계자 공동체를 정기적으로 검토하고, 종종 개별 프로젝트 리스크 검토도 병행하고 공동가치창출이라는 개념으로 프로젝트 작업 또는 결과의 영향을 가장 크게 받는 이해관계자들과 협업한다. 공동가치창출에서는 영향을 받는 이해관계자를 파트너로 팀에 합류시키는 데 더욱 중점을 두고 긍정적, 부정적 측면 모두에서 효과적인 이해관계자 참여의 가치를 확보한다.
- 긍정적 가치는 이해관계자, 특히 강력한 이해관계자들의 강도 높고 적극적인 지원에서 비롯된 편익에 대한 고려 사항에 기반할 수 있다. 부정적 가치는 이해관계자의 효과적인 참여 실패가 제품 리콜이나 조직 또는 프로젝트 평판 실추로 이어지면서 발생할 실제 비용을 측정하여 추산할 수 있다.

(3) 조정 고려사항

프로젝트는 각각 고유하므로 프로젝트 관리자가 프로젝트 이해관계자관리 프로세스를 적용할 방식을 조정해야 할 수도 있다. 다음은 조정을 위한 고려사항의 일부 예이다.

- 이해관계자 다양성: 이해관계자는 몇 명인가? 이해관계자 공동체에는 얼마나 다양한 문화가 존재하는가?
- 이해관계자 관계의 복잡성: 이해관계자 공동체 내 관계가 얼마나 복잡하게 얽혀 있는가? 이해관계자 또는 이해관계자 그룹이 참여하는 네트워크가 많으면 이해관계자가 받을 수 있는 정보 또는 오보 네트워크는 더욱더 복잡해진다.
- 의사소통 기술: 어떤 의사소통 기술을 활용할 수 있는가? 기술 활용으로 최대 가치 실현을 보장하기 위해 어떤 지원 장치가 마련되어 있는가?

(4) 애자일, 적응형 환경을 위한 고려사항

- 변화가 많은 프로젝트에는 프로젝트 이해관계자들의 적극적인 참여와 관여가 요구된다. 이러한 적응형 환경의 프로젝트팀은 적시에 생산적인 토론과 의사결정을 촉진하도록 여러 계층의 임원진을 거치지 않고 직접 이해관계자들과 소통한다.

- 종종 클라이언트와 사용자, 개발자가 역동적인 공동가치창출 프로세스에서 정보를 교환하며, 이는 이해관계자 참여와 만족도 증가로 이어진다. 프로젝트 전반에 걸쳐 이해관계자 공동체와 정기적인 교류를 통해 리스크를 완화하고 신뢰를 구축하며, 프로젝트 생애주기 초기에 조기 조정을 지원함으로써 비용을 감축하고 프로젝트의 성공 가능성을 높일 수 있다.
- 애자일 방법에서는 조직 내외 신속한 정보 공유를 위해 매우 적극적인 투명성을 장려한다. 프로젝트 회의와 검토에 모든 이해관계자를 초청하거나 공개 장소에 프로젝트 작업물을 게시하는 의도는 프로젝트 변경과 연관되는 모든 불일치나 의존성, 그 밖의 이슈를 최대한 빠르게 표면화하는 데 있다.

(5) 이해관계자(Stakeholder)의 종류

프로젝트의 이해관계자는 프로젝트에 적극적으로 참여하거나 프로젝트의 결과에 긍정적 또는 부정적 영향을 미치는 개인 또는 조직을 말한다. 이러한 이해관계자들은 단순히 프로젝트 관리자와 프로젝트 팀 및 고객만 있는 것이 아니라, 프로젝트를 둘러싼 다양한 환경에서 활동하고 있으면서 영향을 주고 받는 여러 개체들을 모두 포함한다.

- 최고 경영자: 프로젝트에 관심을 가지고 후원을 하는 스폰서의 역할을 하기도 한다. 최고 경영자는 조직 전체 리스크와 환경의 형성에 큰 영향을 주기 때문에 프로젝트의 성공과 실패에 중요한 의미를 부여하기도 한다. 따라서, 최고 경영층의 지원을 확보하는 것은 프로젝트 성공에 매우 중요하다 할 수 있다.
- 상급자: 일반적인 업무 환경을 조성하는 역할로 내부 자원을 통제하는 권한을 가지고 있는 경우가 많다. 상급자는 프로젝트의 원활한 진행에 도움을 줄 수도 있고, 부정적인 영향을 줄 수도 있다.
- 동료: 프로젝트 리더의 입장에서 도움을 받을 수 있는 대상인 동시에 경쟁자이기도 하다. 중요한 정보와 인적, 물적 자원을 제공하고 조직 내에서 일이 추진되도록 도움을 주는 조력자이기도 하지만, 승진이나 프로젝트의 성공에 핵심인 인력들에 대한 확보에서는 경쟁자이기도 하다.
- 고객: 프로젝트의 결과로 인해 직접적인 영향을 받거나 관심을 가지고 상황 보고를 받기 원하는 조직 혹은 개인이나 그룹을 말한다. 이 고객이 조직이나 그룹의 내부에 있으면 내부 고객, 외부에 있으면 외부 고객이라고 한다. 외부 고객의 경우에는 프로젝트를 발주한 주체라고 할 수 있다.
- 스태프: 한시적으로 투입되는 경우가 많으며 이들은 프로젝트 팀원일 수도 있고, 프로젝트의 행정 업무를 도와주는 사람일 수도 있다.
- 정부: 법적인 규제와 정책을 통해 기업의 외부 환경을 형성하는 데 큰 영향을 준다. 예를 들어 터널 공사를 하기 위한 작업 전에 반드시 환경 영향 평가를 하고, 기업 회계의 투명성

을 위한 다양한 법률과 규제의 적용 등이 그 예라 할 수 있다.

- 협력업체: 프로젝트의 일부분을 하청 받아 작업을 수행하는 외부 용역 업체이다. 따라서, 프로젝트의 성공이 부분적으로 협력 업체의 작업성과에 의존되기 때문에 협력 업체 또한 이해관계자에 포함되어야 한다.

- 공급 업체: 협력 업체와 유사하지만 굳이 구분을 한다면 협력 업체는 인력을 공급 업체이다. 프로젝트에 자재와 장비 등을 공급하는 외부의 개인이나 기업으로 이해하면 된다. 따라서, 협력 업체나 공급 업체는 신뢰할 수 있는 개인이나 업체를 구하는 것이 프로젝트 성공에 관건이라 하겠다.

13.1   이해관계자 식별(Identify stakeholders)

이해관계자 식별은 프로젝트 이해관계자를 정기적으로 식별하고 이해관계자들의 이해관계, 참여도, 상호 의존관계, 영향력 및 프로젝트의 성공에 미칠 잠재적 영향을 분석하여 문서화하는 프로세스이다. 주요 이점은 프로젝트팀이 이해관계자 개개인 또는 이해관계자 집단의 참여에 적절한 주안점을 찾을 수 있게 해준다는 점이다.

• Identify stakeholders−definition

The process of identifying project stakeholders regularly and analyzing and documenting relevant information regarding their interests, involvement, interdependencies, influence, and potential impact on project success−PMBOK® Guide−Sixth Edition, Glossary

프로젝트 초반에 이해관계자들을 식별하여, 그들의 요구사항과 기대사항뿐만 아니라, 중요도와 영향력을 파악하는 것은 프로젝트의 성공에 매우 중요하다. 프로젝트 관리자는 한정된 시간에 많은 이해관계자들을 상대해야 하기 때문에 이들의 프로젝트에 대한 관심도와 프로젝트에 미치는 영향도 및 참여도 등에 따라 그들을 분류하고 분석하여 이해관계자 각각에 대한 적절한 관계 유지를 해야 한다. 또한, 이해관계자에 대한 초기 분석 및 평가는 프로젝트 생애주기 동안 주기적으로 검토되고, 수정되어야 한다.

(1) 프로세스(입력물/도구 및 기법/산출물)

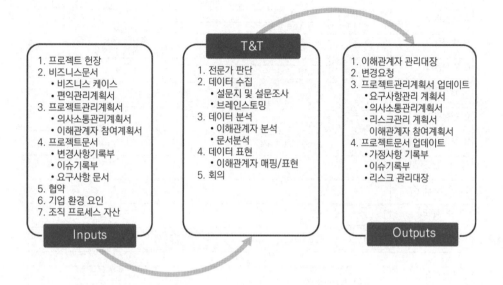

이해관계자 식별 프로세스의 가장 중요한 입력물은 무엇인가? 아마도 착수가 시작되고 바로 이해관계자를 식별하기 때문에 모든 이해관계자를 식별하는 것은 쉽지 않을 것이다 또한 이해관계자는 계속 변경이 된다. 따라서 이해관계자 식별 프로세스는 주기적으로 반복을 하는 특성을 가지고 있다. 그렇다면 입력물 중에서 비즈니스 문서와 프로젝트 헌장은 가장 정확한 입력물이고, 기타 문서들은 시간이 지나면서 들어올 수 있는 입력물이다. 예를 들면 변경사항 기록부, 이슈기록부, 요구사항 문서들은 기획단계 또는 실행, 감시 및 통제 프로세스 진행 중에 나올 수 있는 문서들이다. 점진적 구체화 특성이 이해관계자 식별 프로세스에도 적용이 된다. 이해관계자 식별 프로세스는 단지 이해관계자들만 식별하는 것이 아니다. 이해관계자들을 분석하고 정성적인 분류를 하는 부분까지 포함된다. 따라서 이해관계자 관리대장을 작성하는 것 외에도 데이터 표현 기법인 P-I grid를 통해 이해관계자들을 분류한다. 따라서 13장의 이해관계자 관련 문서(예: 이해관계자 관리대장, 이해관계자 참여평가 매트릭스)들은 모든 이해관계자들과 공유하는 문서가 아니다. 프로젝트 팀이 보안문서로 별도 다루어져야 하는 부분이 있다.

(2) 프로세스 흐름도

13.1.1   이해관계자 식별 프로세스 투입물

1. 프로젝트 헌장(Project charter)

주요 이해관계자 목록이 명시된다. 이해관계자들의 책임에 관한 정보도 포함될 수 있다. 내부 및 외부 이해관계자(프로젝트 스폰서, 고객, 팀원 및 그룹, 프로젝트에 영향을 받는 개인이나 조직 등)에 대한 정보를 제공한다.

2. 비즈니스 문서(Business documents)

(1) 비즈니스 케이스(Business case): 프로젝트 목표가 기술되고, 프로젝트의 영향을 받는 이해관계자들의 초기 목록이 제시된다.

(2) 편익관리 계획서(Benefits management plan): 비즈니스 케이스에서 제시된 편익을 실현하기 위한 예상 계획이 기술된다. 프로젝트 결과물을 통해 편익을 받는 개인이나 그룹을 이해관계자로 식별할 수도 있다.

3. 프로젝트관리 계획서(Project management plan)

이해관계자를 처음 식별할 때는 프로젝트관리 계획서를 사용할 수 없다. 하지만 프로젝트관리 계획서가 개발된 이후에는 프로젝트관리 계획서 구성요소들이 있는데, 다음은 일부 예이다.

(1) 의사소통관리 계획서(Communications management plan): 의사소통과 이해관계자 참여는 강하게 연결되어 있다. 의사소통관리 계획서에 포함된 정보를 근거로 프로젝트 이해관계자를 파악할 수 있다.

(2) 이해관계자 참여 계획서(Stakeholder engagement plan): 이해관계자들을 효과적으로 참여시키는 데 필요한 관리 전략과 조치들이 기술된다. 프로젝트가 조달 프로세스에 의한 계약에 의해 진행된다면, 고객과 계약한 공급업체 혹은 협력업체가 중요한 이해관계자가 된다.

4. 프로젝트 문서(Project documents)

모든 프로젝트 문서가 초기 이해관계자 식별 프로세스에 투입될 가능성은 낮다. 하지만 이해관계자 식별 프로세스는 프로젝트 전반에 걸쳐 진행된다. 프로젝트 착수 단계를 지나면 문서가 사용 가능해지고 프로젝트 전반에 걸쳐 이용되는 문서들이 증가한다. 다음은 이 프로세스의 투입물로 고려될 수 있는 프로젝트 문서의 일부 예이다.

(1) 변경사항 기록부(Change log): 변경사항 기록부에는 새로운 이해관계자를 소개하거나 기존 이해관계자와 프로젝트 간 관계의 본질에 대한 변경사항이 기술된다.

(2) 이슈 기록부(Issue log): 이슈 기록부에는 새로운 프로젝트 이해관계자로 인해 발생할 수 있는 이슈나 기존 이해관계자의 참여 유형 변경사항을 기록한다.

(3) 요구사항 문서(Requirements documentation): 요구사항 문서에는 잠재적 이해관계자에 대한 정보를 기술할 수 있다.

5. 협약(Agreements)

협약 당사자는 프로젝트 이해관계자이다. 협약에 추가 이해관계자를 인용하는 내용이 포함될 수 있다.

6. 기업 환경 요인(Enterprise environmental factors)

다음은 이해관계자 식별 프로세스에 영향을 미칠 수 있는 기업환경요인의 일부 예이다.

- 조직의 문화, 정치적 환경 및 거버넌스 프레임워크
- 정부 또는 산업 표준(규정, 제품 표준, 행동강령)
- 세계적, 지역적 또는 현지 동향, 실무사례 또는 관습

■ 설비 및 자원의 지리적 분포 등이 이해관계자 식별에 중요한 영향을 줄 수 있다.

7. 조직 프로세스 자산(Organizational process assets)

다음은 이해관계자 식별 프로세스에 영향을 미칠 수 있는 조직 프로세스 자산의 일부 예이다.

■ 이해관계자 관리대장 템플릿 및 지침

■ 과거 프로젝트의 이해관계자 관리대장

■ 이해관계자들의 선호사항, 행동 및 참여에 관한 정보가 수집된 교훈 저장소템플릿

기존에 조직에서 사용하던 이해관계자 관리대장 템플릿이나 과거 유사 프로젝트에서 습득한 이해관계자 식별과 관련된 교훈(lessons learned) 및 과거 유사 프로젝트의 이해관계자 관리대장 등의 조직 프로세스 자산이 이해관계자 식별의 중요 투입물이 될 수 있다.

13.1.2 이해관계자 식별 프로세스 도구 및 기법

1. 전문가 판단(Expert judgment)

다음 주제에 대한 전문 교육을 이수했거나 지식을 갖춘 집단 또는 개인이 제공하는 전문 기술력을 고려해야 한다.

■ 조직의 정치 및 권력 구조 이해

■ 조직 자체와 확장된 환경 및 고객을 포함하여 영향을 받는 기타 조직의 환경 및 문화에 대한 지식

■ 업계 또는 프로젝트 인도물 유형에 대한 지식, 그리고 개별 팀원의 기여도 및 전문성에 대한 지식

2. 데이터 수집(Data gathering)

다음은 이 프로세스에 사용할 수 있는 데이터수집기법의 일부 예이다.

(1) 설문지 및 설문조사(Questionnaires and surveys): 설문지 및 설문조사에는 일대일 검토와 핵심전문가 그룹 세션, 그 밖의 대량 정보수집 기법이 포함될 수 있다.

(2) 브레인스토밍(Brainstorming): 이해관계자를 식별하는 데 사용되는 브레인스토밍에는 브레인스토밍(Brainstorming)과 브레인라이팅(Brain-writing)이 모두 포함될 수 있다.

■ 브레인스토밍(Brainstorming): 팀원이나 관련 분야 전문가들로 구성된 그룹에서 의견을 이끌어내는 일반적인 데이터 수집 및 창의성 유도 기법이다.

■ 브레인라이팅(Brain writing): 그룹 창의성 세션을 열기 전에 참가자들이 개별적으로 질문에 대해 생각할 수 있는 시간을 주는 향상된 브레인스토밍 기법이다. 정보는 대면 그룹에서 수집하거나 첨단 기술로 지원되는 가상 환경을 통해 수집할 수 있다.

3. 데이터 분석(Data analysis)

다음은 이 프로세스에 사용할 수 있는 데이터분석 기법의 일부 예이다.

(1) 이해관계자 분석(Stakeholder analysis): 이해관계자 분석을 통해 이해관계자별로 조직에서 직책, 프로젝트에서 맡은 역할, "관심사항", 기대사항, 태도(프로젝트 지원 수준), 프로젝트 관련 정보에 관심도 등의 관련 정보를 정리한 이해관계자 목록이 작성된다. 다음은 이해관계자 관심사항의 일부 예이다.

■ 이해관계: 프로젝트 결과물과 관련된 의사결정이 개인이나 집단에 영향을 미칠 수 있다.

■ 권리(법적 또는 도덕적 권리): 산업보건안전과 같은 법적 권리가 국가의 법률 체계에 정의 되었을 수 있다. 도덕적 권리에는 사적지 보호 또는 환경 지속 가능성의 개념이 포함된다.

■ 소유권: 자산 또는 재산에 대한 법적 권리가 개인이나 그룹에 있다.

■ 지식: 프로젝트 목표, 조직의 성과 또는 조직의 권력 구조에 대한 지식을 보다 효과적으로 전달하여 프로젝트에 도움을 줄 수 있는 전문 지식이다.

■ 기여: 자금 또는 인적 자원을 포함한 기타 자원에 대한 조항, 또는 프로젝트의 목표를 홍보 하거나 프로젝트와 조직의 권력 구조 및 정치 환경 사이 완충 역할을 하는 형태의 지지 활 동과 같이 보다 무형적인 방식의 프로젝트 지원이 포함된다.

이해관계자 분석(Stakeholder Analysis)

프로젝트 전반에서 이해사항, 관심도, 기대사항 및 영향력을 고려해야 하는 관련자들을 결정하 기 위한 정성적 및 정량적 정보를 체계적으로 수집하고 분석하는 기법으로 이해관계자들은 프 로젝트의 각 단계별로 다른 관심과 영향력 등을 미칠 수 있다.

다음은 이해관계자를 식별하는 방법의 예이다.

■ Step 1: 이해관계자 식별
■ Step 2: 이해관계자 정보 수집
■ Step 3: 이해관계자 분류
■ Step 4: 이해관계자 강점 및 약점 분석
■ Step 5: 이해관계자 관리 및 대응전략 개발
■ Step 6: 이해관계자 대응 전략 실행
■ Step 7: 대응 결과 평가 및 전략 수정

(2) 문서 분석(Document analysis): 사용 가능한 프로젝트 문서와 과거 프로젝트의 교훈을 평 가하여 이해관계자와 그 밖의 지원 정보를 식별한다.

4. 데이터 표현(Data representation)

이 프로세스에 사용할 수 있는 데이터 표현기법의 한 가지 예로 이해관계자 매핑/표현 기법이 있다. 이해관계자 매핑 및 표현은 다양한 방법을 사용하여 이해관계자를 분류하는 방법이다. 이해관계자들을 분류하면 프로젝트팀에서 식별된 이해관계자들과 관계를 구축하는 데 도움이 된다. 일반적으로 다음과 같은 방법이 이용된다.

(1) 3 Grid type

- 권력/이해관계 배치도(Power/interest grid)
- 권력/영향력 배치도(Power/influence grid)
- 충격/영향 배치도(Impact/influence grid)

이러한 기법을 이용하여 권한수준(권력), 프로젝트 결과에 대한 관심도(이해관계), 프로젝트 결과에 영향을 미칠 수 있는 능력(영향력), 프로젝트의 계획 또는 실행에 변경을 초래할 수 있는 능력에 따라 이해관계자를 분류할 수 있다. 이와 같은 분류 모델은 소규모 프로젝트나 이해관계자와 프로젝트 간 또는 이해관계자 공동체 내 관계가 단순한 프로젝트에 유용하다.

이해관계자 분석 모델

이해관계자들을 분석하는 방법은 일반적으로 이해관계자들이 프로젝트에 대해 갖고 있는 요소들을 2차원적으로 구분하여 분석하는 방법이 있다. 이해관계자들이 프로젝트에 대해 갖고 있는 요소는 다음과 같다.

- 권한(Power): 이해관계자가 갖고 있는 권한의 수준
- 관심도(Interest): 이해관계자가 프로젝트에 갖고 있는 관심 수준
- 참여도(Influence): 이해관계자가 프로젝트에 적극적으로 참여하는 수준
- 영향도(Impact): 이해관계자가 프로젝트의 계획이나 실행에 미치는 영향의 수준

이 4가지 요소를 각각 X축 혹은 Y측에 각 요소를 배치하여 권한/관심도 그리드, 권한/참여도 그리드, 참여도/영향도 그리드로 조합하여 분석할 수 있다.

Power-Interest grid의 예

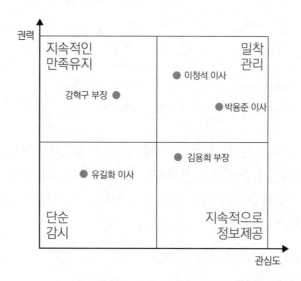

(2) 현저성 모델(Salience model): 이해관계자를 Prominence(두드러짐, 현저함)으로 구분한다.

- Power(권한): 프로젝트의 인도물 혹은 조직에 끼치는 영향
- Legitimate(합법, 타당, 합리): 프로젝트와 상호작용 및 적합성
- Urgency(긴급, 급박, 위기): 의사소통 요구의 긴급성

현저성 모델은 내부 관계망이 복잡하게 얽힌 이해관계자 공동체 또는 복잡하고 규모가 큰 이해 관계자 공동체에 가장 적합하고 식별된 이해관계자들의 상대적 중요도를 결정할 때도 유용하다.

Salience model의 예

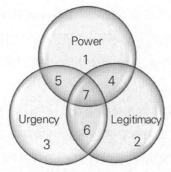

Adapted from: Mitchell, R., Agle, B., Wood, D. Toward a Theory of Stakeholder Identification and Salience: Defining The Principle of Who and What Really Counts, Academy of Management Review 1997, Vol. 22, No. 4, pp. 853-886

Attention you Need to give ↑ ↓ Stakeholder Prominence	7. Definitive	완전한 혹은 명확한 이해관계자임. 가장 신경을 많이 써야 함
	4.. Dominant	우세한, 지배적인 이해관계자
	5. Dangerous	위험한 이해관계자
	6. Dependent	의존적인 이해관계자
	1. Dormant	휴지(休止) 상태인 이해관계자
	2. Discertionary	자유재량이 많은 이해관계자
	3. Demanding	요구하는 이해관계자

(3) 이해관계자 큐브: 앞서 설명한 배치도 모델을 개선한 형태이다. 이 모델은 배치도 요소를 3차원 모델로 결합했으며 프로젝트 관리자와 팀이 이해관계자 공동체를 식별하여 참여시키는 데 활용할 수 있다. 이해관계자 공동체를 높여서 다차원 주체로 묘사하며 의사소통 전략의 개발을 지원하는 다차원적인 모델을 제시한다.

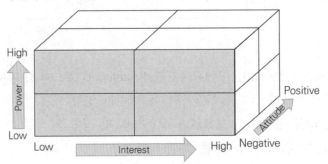

[Stakeholder Potential and Attitude Cube]

(4) 영향력의 방향(Directions of influence): 프로젝트의 작업 또는 프로젝트팀 자체에 미치는 영향력에 따라 이해관계자들을 분류한다. 이해관계자는 다음과 같은 방법으로 분류할 수 있다.

- 상향(실행 조직 또는 고객 조직, 스폰서 및 운영위원회의 고위 관리)
- 하향(임시 지위를 맡아 지식 또는 기술을 제공하는 팀 또는 전문가)
- 외향(공급업체, 정부 부처, 일반 대중, 최종 사용자 및 규제 당국과 같이 프로젝트팀 외부의 이해관계자 집단 및 대표)
- 측방향(부족한 프로젝트 자원을 두고 경합하는 관계에 있거나 자원 또는 정보 공유에서 프로젝트 관리자와 협업하고 있는 다른 프로젝트 관리자 또는 중간 관리자와 같은 동료 프로젝트 관리자)

(5) 우선순위(Prioritization): 프로젝트에 관련된 이해관계자가 매우 많아서 이해관계자 집단의 구성원이 자주 바뀌거나 이해관계자와 프로젝트팀 간 또는 이해관계자 공동체 내부 관계가 복잡할 때 이해관계자들의 우선순위를 지정해야 할 수 있다.

5. 회의(Meetings)

회의는 주요 프로젝트 이해관계자들 간 공감대를 형성하는 데 이용된다. 전자 매체 또는 소셜 미디어 기술을 활용하여 아이디어를 공유하고 데이터를 분석하는 퍼실리테이션 워크숍, 소그룹 길잡이 토론 및 가상 그룹 형식을 취할 수 있다.

프로젝트에 참여하는 각 이해관계자들에 대한 역할, 지식 수준, 직급 등 다양한 정보들을 서로 공유하고 분석하게 된다.

13.1.3 이해관계자 식별 프로세스 산출물

1. 이해관계자 관리대장(Stakeholder register)

이해관계자 관리대장은 이해관계자 식별 프로세스의 주요 산출물이다. 관리대장에는 식별된 이해관계자에 관한 정보가 기술되며, 다음은 관련 정보의 일부 예이다.

■ 개인신상 정보: 이름, 조직 내 직위, 조직의 소재지 및 연락처 정보, 프로젝트에서 담당하는 역할

■ 평가 정보: 프로젝트 결과에 영향을 미치는 주요 요구사항과 기대사항, 잠재력, 그리고 프로젝트 생애주기에서 이해관계자의 영향을 가장 크게 받는 단계

■ 이해관계자 분류: 내부/외부, 충격/영향/권력/이해관계 분류, 상향/하향/외향/측 방향 분류 또는 프로젝트 관리자가 선정한 다른 분류 모델

• Stakeholder Register

 A project document including the identification, assessment, and classification of project stakeholders. PMBOK® Guide−Sixth Edition, Glossary

2. 변경요청(Change requests)

이해관계자 식별 프로세스의 첫 번째 반복(Iteration) 과정에서는 변경요청이 제기되지 않는다. 하지만 프로젝트 전반에 걸쳐 지속적으로 이해관계자 식별이 진행되면서 새로운 이해관계자 등장 또는 기존 이해관계자에 관한 새로운 정보 취득으로 인해 제품 또는 프로젝트관리 계획서, 프로젝트 문서에 대한 변경요청이 제기될 수 있다.

3. 프로젝트관리 계획서 업데이트(Project management plan updates)

프로젝트 초기 시점에 이해관계자들이 식별되면 프로젝트관리 계획서를 업데이트하지 않아도 된다. 프로젝트가 진행됨에 따라 프로젝트관리 계획서를 변경해야 하는 경우, 변경요청을 통한 조직의 변경통제 프로세스를 거친다. 다음은 프로젝트관리 계획서에 대한 변경요청이 필요할 수 있는 구성요소의 일부 예이다.

(1) 요구사항관리 계획서(Requirements management plan): 새롭게 식별된 이해관계자에 의해 요구사항 활동이 계획, 추적 및 보고되는 방법에 영향을 미칠 수 있다.

(2) 의사소통관리 계획서(Communications management plan): 이해관계자 의사소통 요구사항 과 합의된 의사소통 전략이 의사소통관리 계획서에 기록된다.

(3) 리스크관리 계획서(Risk management plan): 이해관계자 의사소통 요구사항과 합의된 의 사소통 전략이 프로젝트의 리스크관리에 영향을 미치는 경우, 리스크관리 계획서에 취합 된다.

(4) 이해관계자 참여 계획서(Stakeholder engagement plan): 식별된 이해관계자와 관련하여 합의된 의사소통 전략이 이해관계자 참여 계획서에 기록된다.

4. 프로젝트 문서 업데이트(Project documents updates)

다음은 이 프로세스를 수행한 결과로 업데이트될 수 있는 프로젝트 문서의 일부 예이다.

(1) 가정사항 기록부(Assumption log): 이해관계자들의 상대적 권력, 이해관계 및 참여에 관한 정보의 대부분은 가정을 근거로 한다. 이 정보는 가정사항 기록부에 취합된다. 추가로 특 정 이해관계자와 상호작용에 따르는 모든 제약사항도 기록부에 입력된다.

(2) 이슈 기록부(Issue log): 이 프로세스의 결과로 제기된 새로운 이슈가 이슈 기록부에 기록 된다.

(3) 리스크 관리대장(Risk register): 이 프로세스에서 식별된 새로운 리스크는 리스크 관리대장 에 기록되며, 리스크 관리 프로세스를 통해 관리된다.

▨▨▨ PM Template-이해관계자 관리대장

프로젝트 명				작성일자		작성자	
이름	직급	역할	연락처	요구사항	기대사항	영향력	분류

이해관계자 관리대장 Flow

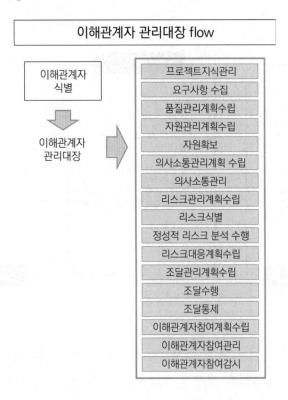

이해관계자 관리대장 flow

이해관계자 식별

이해관계자 관리대장

프로젝트지식관리
요구사항 수집
품질관리계획수립
자원관리계획수립
자원확보
의사소통관리계획 수립
의사소통관리
리스크관리계획수립
리스크식별
정성적 리스크 분석 수행
리스크대응계획수립
조달관리계획수립
조달수행
조달통제
이해관계자참여계획수립
이해관계자참여관리
이해관계자참여감시

13.2 이해관계자참여 계획수립(Plan stakeholder engagement)

이해관계자참여 계획수립은 이해관계자들의 요구, 기대사항, 이해관계 및 프로젝트에 미치는 잠재적 영향을 바탕으로 프로젝트 이해관계자의 참여를 위한 접근 방식을 개발하는 프로세스이다.

주요 이점은 이해관계자들과 효과적으로 의사소통하기 위한 실행 계획을 제시한다는 점이다.

• Plan stakeholder engagement-definition

The process of developing approaches to involve project stakeholders, based on their needs, expectations, interests, and potential impact on the project-*PMBOK® Guide*- Sixth Edition, Glossary

이해관계자 참여계획수립 프로세스는 이해관계자들의 프로젝트에 대한 요구사항이나 관심 혹은 잠재적 영향력 등에 대한 분석을 기반으로 프로젝트 생애주기 동안 프로젝트 성공을 위해 이해관계자들을 효과적으로 프로젝트에 참여시킬 수 있는 적합하고 실행 가능한 관리전략을 수립하는 프로세스이다.

(1) 프로세스(입력물/도구 및 기법/산출물)

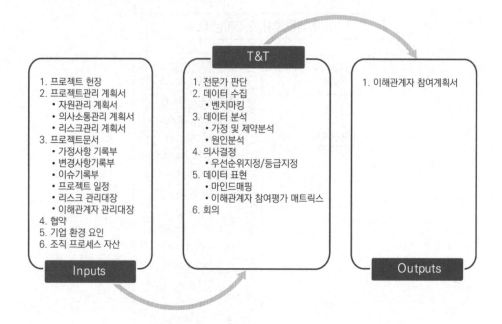

이해관계자 참여계획수립 프로세스의 가장 중요한 입력물은 무엇인가? 역시 이해관계자 관리 대장이다. 다양한 이해관계자들을 어떻게 효과적으로 참여시킬 것인지 전력을 수립하는 것이 이해관계자 참여계획 프로세스이기 때문이다. 이해관계자와 관련이 되어있는 자원관리 계획 및 의사소통 관리를 검토하고 각종 이슈 및 가정 사항 및 변경기록부도 검토를 하여야 한다. 이해관계자와 관련된 데이터를 수집하고 분석하고 데이터 표현을 통해 도식화하는 것이 이해 관계자 분석에 유리하다. 특히 데이터 표현기법 중 이해관계자 참여평가 매트리스는 실제 프 로젝트 관리에 유용하게 사용될 수 있는 기법이다. 이해관계자 참여계획에 대한 작성은 프로 젝트 관리자와 팀원이 모여서 회의를 통해 만들어진다. 회의 중에 수시로 이해관계자 참여관 련 논의에서 우선순위 및 등급지정 부분에 의사결정이 이루어진다.

(2) 프로세스 흐름도

4. 통합관리	4.1 프로젝트 헌장개발	• 프로젝트 헌장	프로젝트 관리계획서
5. 범위관리			프로젝트관리계획서 • 자원관리 계획서 • 의사소통관리 계획서 • 리스크관리 계획서
6. 일정관리			
7. 원가관리	프로젝트 문서	프로젝트 문서 • 가정사항 기록부 • 변경사항기록부 • 이슈기록부 • 프로젝트 일정 • 리스크 관리대장 • 이해관계자 관리대장	
8. 품질관리			
9. 자원관리			
10. 의사소통관리			
11. 리스크관리			
12. 조달관리	12.2 조달수행	협약	
13. 이해관계자관리	기업/조직	조직 프로세스 자산 기업 환경요인	13.2 이해관계자참여 계획수립

4. 통합관리		프로젝트 관리계획서
5. 범위관리		프로젝트관리계획서 업데이트 • 이해관계자 참여계획서
6. 일정관리		
7. 원가관리		
8. 품질관리		
9. 자원관리		
10. 의사소통관리		
11. 리스크관리		
12. 조달관리		
13. 이해관계자관리	13.2 이해관계자참여 계획수립	

프로젝트 이해관계자들의 다양한 정보 요구사항을 파악해 놓은 효과적인 계획서가 프로젝트 생애주기 초기에 개발되며, 이해관계자 공동체가 변경됨에 따라 정기적으로 검토되고 업데이트된다. 이해관계자 참여계획서의 최초 버전은 초기에 이해관계자 식별 프로세스를 통해 이해관계자 공동체가 식별된 후에 작성된다. 이해관계자 참여 계획서는 이해관계자 공동체에 대한 변경사항을 반영하여 정기적으로 업데이트된다. 다음은 일반적으로 계획서 업데이트의 요인이 되는 상황의 일부 예이다.

- 프로젝트의 새로운 단계를 시작하는 경우 및 조직 구조나 업계 내에서 변동사항이 발생하는 경우
- 새로운 개인이나 집단이 이해관계자가 되고 현재 이해관계자가 더 이상 이해관계자 공동체

에 속하지 않는 경우, 또는 프로젝트의 성공에 기여하는 특정 이해관계자의 영향력에 변동
이 있는 경우

■ 변경관리, 리스크관리 또는 이슈관리와 같은 다른 프로젝트 프로세스 영역의 산출물로 인
해 이해관계자 참여 전략을 검토해야 하는 경우

이러한 조정의 결과로 식별된 이해관계자들의 상대적 비중이 변경될 수 있다.

13.2.1 이해관계자참여 계획수립 프로세스 투입물

1. 프로젝트헌장(Project charter)

프로젝트헌장에는 이해관계자 참여 방법을 계획할 때 고려할 수 있는 프로젝트의 목적과 목
표, 성공 기준에 대한 정보가 기술된다.

2. 프로젝트관리계획서(Project management plan)

다음은 프로젝트관리 계획서를 구성하는 요소의 일부 예이다.

(1) 자원관리 계획서(Resource management plan): 자원관리 계획서에는 팀과 이해관계자 관
리대장에 열거된 이해관계자의 역할과 책임에 관한 정보가 기술될 수 있다.

(2) 의사소통관리 계획서(Communications management plan): 이해관계자 관리를 위한 의사
소통 전략과 수행 계획은 모두 프로젝트 이해관계자관리 영역의 프로세스들에 투입됨과
동시에 해당 프로세스로부터 정보를 받기도 한다.

(3) 리스크관리 계획서(Risk management plan): 리스크관리 계획서에는 최적의 이해관계자
참여 전략 조합을 선별하는 데 도움이 되는 리스크 한계선 또는 리스크 대처 태도가 기술
될 수 있다.

3. 프로젝트 문서(Project documents)

다음은 이 프로세스의 투입물로 고려될 수 있는 프로젝트 문서의 일부 예이다.

(1) 가정사항 기록부(Assumption log): 가정사항 기록부는 가정 및 제약 사항에 대한 정보를
기록하며, 특정 이해관계자와 연결될 수 있다.

(2) 변경사항 기록부(Change log): 변경사항 기록부에는 프로젝트의 원래 범위에 대한 변경사
항이 기록된다. 일반적으로 특정 변경요청, 변경요청에 대한 의사결정 또는 승인된 변경
실행의 영향을 받는 범주에 속하기 때문에, 변경사항 기록부는 그와 같은 특정 이해관계자
와 연결된다.

(3) 이슈 기록부(Issue log): 이슈 기록부에 기록된 이슈를 관리하고 해결하려면 영향을 받는
이해관계자와 추가적인 의사소통이 요구된다.

(4) 프로젝트 일정(Project schedule): 담당자 또는 실행자로서 특정 이해관계자에 연결될 수
있는 활동들이 일정에 포함된다.

(5) 리스크 관리대장(Risk register): 리스크 관리대장에는 식별된 프로젝트 리스크가 기록되며, 일반적으로 리스크 담당자 또는 리스크의 영향을 받는 대상으로서 특정 이해관계자와 연결된다.

(6) 이해관계자 관리대장(Stakeholder register): 이해관계자 관리대장은 추가 분류 데이터 및 기타 정보가 포함된 프로젝트 이해관계자 목록을 제공한다.

4. 협약(Agreements)

계약업체 및 공급업체 계약을 계획할 때, 계약업체와 공급업체의 효과적인 관리를 보장하기 위해 조직의 조달/계약 담당 그룹과 협업하는 것이 조정 활동에 포함된다.

5. 기업환경 요인(Enterprise environmental factors)

다음은 이해관계자참여 계획 수립 프로세스에 영향을 미칠 수 있는 기업환경 요인의 일부 예이다.

- 조직의 문화, 정치적 환경 및 거버넌스 프레임워크
- 인사행정 정책 및 이해관계자 리스크 수용범위
- 구축된 의사소통 채널
- 세계적, 지역적 또는 현지 동향, 실무사례 또는 관습
- 설비 및 자원의 지리적 분포

6. 조직 프로세스 자산(Organizational process assets)

다음은 이해관계자참여 계획수립에 영향을 미칠 수 있는 조직 프로세스 자산의 일부 예이다.

- 소셜 미디어, 윤리 및 보안에 관한 기업 정책 및 절차
- 이슈, 리스크, 변경 및 데이터 관리에 관한 기업 정책 및 절차
- 조직의 의사소통 요구사항 및 정보의 개발, 교환, 저장 및 검색에 관한 표준화된 지침
- 이해관계자들의 선호사항, 행동 및 참여에 관한 정보가 수집된 교훈 저장소
- 효과적인 이해관계자 참여를 지원하는 데 필요한 소프트웨어 도구

13.2.2 이해관계자참여 계획수립 프로세스 도구 및 기법

1. 전문가 판단(Expert judgment)

다음 주제에 대한 전문 교육을 이수했거나 지식을 갖춘 집단 또는 개인이 제공하는 전문 기술력을 고려해야 한다.

- 조직 대내외 정치 및 권력 구조 및 조직 대내외 환경 및 문화
- 이해관계자 참여 프로세스에 사용되는 분석기법과 평가기법
- 의사소통 수단 및 전략 및 현재 프로젝트에 참여 중이며 과거 유사한 프로젝트에 참여했을 가능성이 있는 이해관계자, 이해관계자 집단 및 조직의 특성과 관련하여 과거 프로젝트에

서 습득한 지식이해관계자들이 어느 단계에서 어떤 수준의 참여가 필요한지에 대한 조언을 제공한다.

2. 데이터 수집(Data gathering)

■ 이 프로세스에 사용할 수 있는 데이터수집기법의 한 가지 예로 벤치 마킹이 있다. 이해관계자 분석의 결과는 세계적 수준으로 간주되는 다른 조직 또는 프로젝트의 정보와 비교된다.

3. 데이터 분석(Data analysis)

다음은 이 프로세스에 사용할 수 있는 데이터분석기법의 일부 예이다.

(1) 가정 및 제약 분석(Assumption and constraint analysis): 참여 전략을 적절히 조정하기 위해 현재의 가정 및 제약 사항을 분석할 수 있다.

(2) 근본원인분석(Root cause analysis): 참여도를 높이는 데 적합한 전략을 선별하기 위해 근본원인분석을 통해 프로젝트 이해관계자의 지지 수준을 설명할 근본적인 이유를 밝힐 수 있다.

4. 의사결정(Decision making)

우선순위 지정/등급지정은 이 프로세스에 사용할 수 있는 의사결정기법의 일부 예이다. 이해관계자와 마찬가지로 이해관계자 요구사항도 우선순위와 등급을 정할 필요성이 있다. 이해관계와 영향력이 가장 큰 이해관계자가 대개 우선순위 목록 맨 위에 오른다.

5. 데이터 표현(Data representation)

다음은 이 프로세스에 사용할 수 있는 데이터 표현 기법의 일부 예이다.

(1) 마인드 매핑(Mind mapping): 마인드 매핑은 각 이해관계자에 관한 정보, 이해관계자 간 그리고 이해관계자와 조직 간 관계에 관한 정보를 시각 자료로 구성하는 데 사용된다.

(2) 이해관계자 참여 평가 매트릭스(Stakeholder engagement assessment matrix): 이해관계자 참여 평가 매트릭스는 이해관계자의 현재 참여도와 성공적인 프로젝트 인도에 필요한 수준의 참여도를 비교하는 데 유용하다. 이해관계자의 참여도는 다음과 같이 분류할 수 있다. 각각의 이해관계자들이 현재 참여수준이 어떤 상태인지와 성공적인 프로젝트 완료를 위해서는 그 이해관계자의 참여수준이 어떠해야 하는지를 비교해야 한다. 즉, AS-IS 상태와 프로젝트 팀이 원하는 TO-BE 수준을 정리해야 한다.

■ 비인지형(Unaware): 프로젝트와 잠재적 영향력을 인지하지 못하는 수준

■ 저항형(Resistant): 프로젝트와 잠재적 영향력은 인지하고 있지만, 작업 또는 결과로 발생할 수 있는 변화에 저항하는 수준의 이해관계자들은 프로젝트 작업이나 결과에 비협조적일 것이다.

■ 중립형(Neutral): 프로젝트를 인지하고 있지만 비협조도 하지 않는 수준

- 지원형(Supportive): 프로젝트와 잠재적 영향력을 인지하고, 작업 및 결과를 지원하는 수준
- 주도형(Leading): 프로젝트와 잠재적 영향력을 인지하며 프로젝트가 성공할 수 있도록 적극적으로 참여하는 수준

PM Template-이해관계자 참여 평가 매트릭스

이해관계자	미확인	저항	중립	지지	선도
강혁구 부장		C		D	
이청석 이사			C	D	
박용준 이사			C	D	
유길화 이사				C D	
김용희 부장		C	D		

C: 현재 참여수준(Current attitude toward project)
D: 미리 정의한 참여수준(기대수준)(Desired attitude needed on the project)

6. 회의(Meetings)

회의는 이해관계자참여 계획수립 프로세스에 투입할 데이터를 논의 및 분석하고 견고한 이해관계자 참여 계획서를 개발하는 데 이용된다.

13.2.3 이해관계자참여 계획수립 프로세스 산출물

1. 이해관계자참여 계획서(Stakeholder engagement plan)

- 이해관계자 참여 계획서는 의사결정 및 실행 과정에 이해관계자의 생산적인 참여를 촉진하기 위해 필요한 전략과 조치를 기술한 문서로 프로젝트관리 계획서를 구성하는 요소이다.
- 프로젝트에 요구되는 수준과 이해관계자의 기대사항에 따라 매우 상세하게 혹은 요약해서 공식적 또는 비공식적 문서로 이해관계자 참여 계획서를 작성할 수 있다.
- 이해관계자 참여 계획서의 일부 예로는 이해관계자 개인 또는 그룹의 참여를 위한 특정 전략 또는 접근방식이 있다.

13.3 이해관계자 참여관리(Manage stakeholder engagement)

이해관계자 참여관리 프로세스는 이해관계자의 요구사항 및 기대사항을 충족하기 위해 이해관계자와 의사소통하고 협력하면서, 이슈를 해결하고, 관련 이해관계자의 참여를 유도한다.
주요 이점은 프로젝트관리자로부터 이해관계자의 지지는 확대하고 반발은 최소화할 수 있다는 점이다.

• Manage stakeholder engagement-definition

The process of communicating and Working with stakeholders to meet their needs and expectations, address issues, and foster appropriate stakeholder involvement−*PMBOK*® Guide−Sixth Edition, Glossary

이해관계자 참여관리 프로세스는 프로젝트 전체 생애주기 동안 이해관계자들의 요구사항 혹은 기대사항을 만족시키고, 발생된 문제들을 다루고, 적합한 이해관계자들을 프로젝트 활동에 참여시키기 위해 이해관계자들과 지속적으로 의사소통하고 함께 일을 하는 프로세스이다.

(1) 프로세스(입력물/도구 및 기법/산출물)

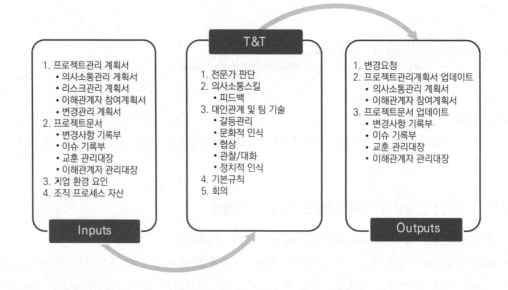

이해관계자 참여관리의 핵심 입력물은 무엇인가? 이해관계자 참여계획서와 관리대상인 이해관계자 관리대장이다. 이해관계자 참여관리는 실행프로세스 그룹이 있다. 즉 계획을 실행하는 프로세스이다. 계획은 이해관계자참여 계획이다. 그럼 어떤 계획이 있었나? 이해관계자를 적극적으로 참여시키는 전략이 포함되었던 계획이다. 계획을 실행하려면 다양한 소프트 스킬이 필요하다. 도구 및 기법에 있는 의사소통 스킬과 대인관계 및 팀 기술은 이해관계자 참여관리의 중요한 역할을 한다.

프로젝트 관리자는 이해관계자에게 다양한 전략을 실행함으로써, 지지(Supportive)하는 이해관계자들과는 관계를 돈독하게 하고, 지속적으로 관계를 유지하고, 저항(Resistance)하는 이해관계자들과는 이해관계자를 중립 혹은 지지로 끌어올리는 전략 실행하고, 중립(Neutral)적인 이해관계자들과는 중립적인 관계를 지속적으로 유지하거나, 지지로 끌어올리는 전략 실행함으로써 이해관계자들에게 프로젝트의 목표, 목적, 이점 및 리스크들을 이해시켜, 이해관계자들의 적극적인 참여를 유도하고, 결국에는 프로젝트를 성공시키고자 하는 프로세스이다.

이해관계자 참여관리 프로세스는 다음과 같은 활동들을 포함한다.

- 프로젝트의 성공에 대한 지속된 헌신을 얻거나 확인하기 위한 이해관계자들의 참여를 독려한다.
- 프로젝트의 목표를 달성하기 위해 협상이나 의사소통을 통해 이해관계자들의 기대사항을 관리한다.
- 아직 이슈화되지 않은 잠재적 문제점들이나 향후 문제가 될 것으로 보이는 것들을 프로젝트 리스크와 연관되어 평가하기 위해 식별하고 논의한다.
- 식별된 이슈들을 명확하게 하거나 해결한다.

(2) 프로세스 흐름도

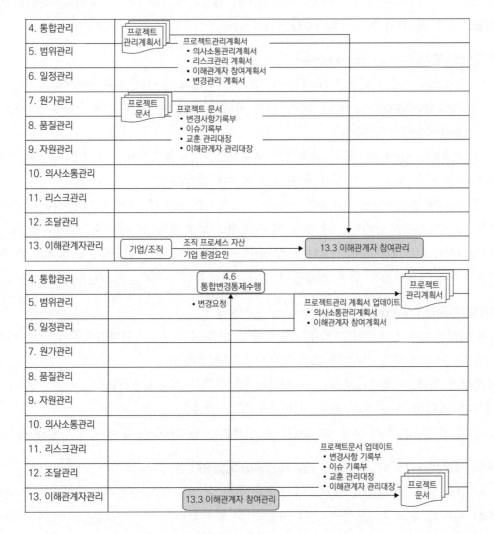

13.3.1   이해관계자 참여관리 프로세스 투입물

1. 프로젝트관리 계획서(Project management plan)
다음은 프로젝트관리 계획서를 구성하는 요소의 일부 예이다.

(1) 의사소통관리 계획서(Communications management plan): 의사소통관리 계획서는 이해관 계자 의사소통에 사용할 방법과 기술을 명시한다.

(2) 리스크관리 계획서(Risk management plan): 리스크관리 계획서는 이해관계자 참여관리에 이용할 수 있는 리스크 범주, 리스크 선호도 및 보고 형식을 기술한다.

(3) 이해관계자 참여계획서(Stakeholder engagement plan): 이해관계자 참여 계획서는 이해관 계자 기대사항 관리에 관한 지침과 정보를 기술한다.

(4) 변경관리 계획서(Change management plan): 변경관리 계획서는 프로젝트에 대한 변경을 제출, 평가 및 실행하는 프로세스를 기술한다.

2. 프로젝트 문서(Project documents)
다음은 이 프로세스의 투입물로 고려될 수 있는 프로젝트 문서의 일부 예이다.

(1) 변경사항 기록부(Change log): 변경요청과 처리 상황이 변경사항 기록부에 문서화되고, 해 당 이해관계자에게 전달된다.

(2) 이슈 기록부(Issue log): 모든 프로젝트 문제 또는 이해관계자의 우려사항과 함께 이슈 관 리에 수반되는 모든 조치 항목이 이슈 기록부에 문서화된다.

(3) 교훈 관리대장(Lessons learned register): 프로젝트 초반에 얻은 이해관계자 참여관리에 대한 교훈을 이후 단계에 적용하여 이 프로세스의 효율과 효과를 개선할 수 있다.

(4) 이해관계자 관리대장(Stakeholder register): 이해관계자 관리대장에는 프로젝트 이해관계 자 목록과 이해관계자 참여 계획을 실행하는 데 필요한 제반 정보를 제공한다.

3. 기업환경요인(Enterprise environmental factors)
다음은 이해관계자 참여관리 프로세스에 영향을 미칠 수 있는 기업환경요인의 일부 예이다.

- 조직의 문화, 정치적 환경 및 조직 거버넌스 프레임워크
- 인사행정 정책, 이해관계자 리스크 한계선 및 구축된 의사소통 채널
- 세계적, 지역적 또는 현지 동향, 실무사례 또는 관습
- 설비 및 자원의 지리적 분포. 프로젝트 중 발생되는 변경사항을 문서화(일정, 원가, 리스크 등)

4. 조직 프로세스 자산(Organizational process assets)
다음은 이해관계자 참여관리 프로세스에 영향을 미칠 수 있는 조직 프로세스 자산의 일부 예이다.

- 소셜 미디어, 윤리 및 보안에 관한 기업 정책 및 절차
- 이슈, 리스크, 변경 및 데이터 관리에 관한 기업 정책 및 절차

- 조직의 의사소통 요구사항 및 정보의 개발, 교환, 저장 및 검색에 관한 표준화된 지침
- 과거 유사한 프로젝트의 선례정보

13.3.2 이해관계자 참여관리 프로세스 도구 및 기법

1. 전문가 판단(Expert judgment)

다음 주제에 대한 전문 교육을 이수했거나 지식을 갖춘 집단 또는 개인이 제공하는 전문 기술력을 고려해야 한다.

- 조직 대내외 정치 및 권력 구조
- 조직 대내외 환경 및 문화
- 이해관계자 참여관리 프로세스에 사용할 분석기법과 평가기법
- 의사소통 방법과 전략
- 현재 프로젝트에 참여 중이며 과거 프로젝트에 참여했을 가능성이 있는 이해관계자, 이해 관계자 집단 및 조직의 특성
- 요구사항 관리, 공급업체 관리 및 변경관리

2. 의사소통 기술(Communication skills)

의사소통관리 계획서에 기술된 이해관계자별 의사소통 방법을 이해관계자 참여관리 프로세스 중에 적용한다. 프로젝트 관리팀은 다양한 프로젝트관리 활동 및 주요 의사결정에 대한 이해 관계자 반응을 파악하기 위해 피드백을 활용한다.

다음은 피드백을 수집할 수 있는 방법의 일부 예이다.

- 대화(공식 및 비공식)
- 이슈 식별 및 논의
- 회의
- 진행 상황 보고서
- 설문조사

3. 대인관계 및 팀 기술(Interpersonal and team skills)

다음은 이 프로세스에 사용할 수 있는 대인관계 및 팀 기술의 일부 예이다.

(1) 갈등 관리(Conflict management): 프로젝트 관리자는 갈등이 시기 적절하게 해결되는지 확인해야 한다.

(2) 문화적 인식(Cultural awareness): 이해관계자들의 문화 차이와 요구사항을 고려하는 태도 의 문화적 인식은 프로젝트 관리자와 팀이 효과적으로 의사소통을 하는 데 도움이 된다.

(3) 협상(Negotiation): 협상은 프로젝트 작업 또는 결과를 지지하는 협조 또는 합의를 도출하 고 팀 또는 다른 이해관계자들과 갈등을 해결하기 위해 활용된다.

(4) 관찰/대화(Observation/conversation): 관찰/대화는 프로젝트 팀원과 그 밖에 이해관계자들의 작업과 태도를 지속적으로 살피는 데 사용된다.

(5) 정치적 인식(Political awareness): 프로젝트 내부와 주위 권력 관계를 이해함으로써 정치적 인식이 확립된다.

4. 기본규칙(Ground rules)

이해관계자 참여관리와 관련하여 프로젝트 팀원과 그 밖의 이해관계자에게 기대되는 품행이 팀 헌장에 정의된 기본규칙에 따라 결정된다.

5. 회의(Meetings)

회의를 통해 이해관계자 참여관리에 관한 이슈나 우려사항을 논의하고 해결한다. 다음은 이 프로세스의 일환으로 유용할 수 있는 회의 유형의 일부 예이다.

- 의사결정, 이슈 해결, 교훈 및 회고
- 프로젝트 착수, 스프린트 기획, 그리고 현황 업데이트

13.3.3 이해관계자 참여관리 프로세스 산출물

1. 변경요청(Change requests)

이해관계자 참여관리의 결과로 프로젝트 범위 또는 제품 범위에 대한 변경이 제기될 수 있다. 모든 변경요청은 통합 변경통제 수행 프로세스를 통해 검토되고 최종 처리된다.

2. 프로젝트관리 계획서 업데이트(Project management plan updates)

프로젝트관리 계획서 변경은 변경요청을 통한 조직의 변경통제 프로세스를 거친다. 다음은 프로젝트관리 계획서에 대한 변경요청이 필요할 수 있는 프로젝트관리 계획서 구성요소의 일부 예이다.

(1) 의사소통관리 계획서(Communications management plan): 새로운 또는 변경된 이해관계자 요구사항을 반영하여 의사소통관리 계획서를 업데이트한다.

(2) 이해관계자 참여 계획서(Stakeholder engagement plan): 이해관계자를 효과적으로 참여시키는 데 필요한 신규 또는 개정 관리전략을 반영하여 이해관계자 참여관리 계획서를 업데이트한다.

3. 프로젝트 문서 업데이트(Project documents updates)

다음은 이 프로세스를 수행한 결과로 업데이트될 수 있는 프로젝트 문서의 일부 예이다.

(1) 변경사항 기록부(Change log): 제기되는 모든 변경요청에 근거하여 변경사항 기록부를 업데이트할 수 있다.

(2) 이슈 기록부(Issue log): 이슈 기록부는 기록부 항목의 개정 또는 전개 내용을 반영하여 업

데이트될 수 있다.

(3) 교훈 관리대장(Lessons learned register): 현재 프로젝트나 향후 프로젝트에서 정보를 활용할 수 있도록 이해관계자 참여관리에 효과적인 방식 또는 비효과적인 방식을 반영하여 교훈 관리대장을 업데이트한다.

(4) 이해관계자 관리대장(Stakeholder register): 해결된 이슈, 승인된 변경, 일반적인 프로젝트 현황과 관련하여 이해관계자에게 제공하는 새로운 정보를 반영하여 이해관계자 관리대장을 업데이트할 수 있다.

13.4 이해관계자 참여감시(Monitor Stakeholder Engagement)

이해관계자참여 감시는 프로젝트 이해관계자 관계를 감시하면서 이해관계자의 참여 전략 및 계획 수정을 통해 이해관계자참여 전략을 조정하는 프로세스이다. 주요 이점은 프로젝트가 진전되고 환경이 변화함에 따라 이해관계자 참여활동의 효율과 효과를 유지 또는 증가한다는 점이다.

• Monitor stakeholder engagement-definition
  The process of monitoring project stakeholder relationships, and tailoring strategies for engaging stakeholders through the modifications of engagement strategies and plans
  PMBOK® Guide－Sixth Edition, Glossary

(1) 프로세스(입력물/도구 및 기법/산출물)

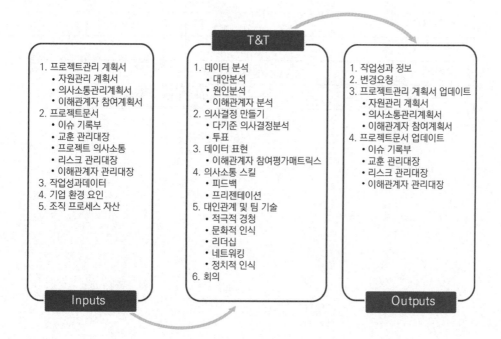

이해관계자 참여감시 프로세스의 가장 중요한 입력물은 무엇인가? 감시 및 통제 프로세스 그룹에 속해 있는 이해관계자 참여감시 프로세스이기에 기준과 실적이 들어오고 산출물로 작업성과정보와 변경요청이 나온다. 그럼 기준은 무엇인가? 이해관계자 참여계획서와 이해관계자 관리대장이 된다. 실적은 작업성과 데이터이다. 또한 이해관계자를 대상으로 하는 참여감시이기 때문에 이해관계자들이 만들어 내는 이슈를 관리하여야 한다. 프로젝트 정보와 관련이 있는 프로젝트 의사소통이 원활하지 못하면 이해관계자들은 이슈를 만들고 프로젝트 관리에 협조적이 아닐 수도 있다. 따라서 프로젝트 관리자 및 팀원은 늘 이해관계자를 데이터를 통해 분석을 하고 이해관계자 참여 매트릭스를 주기적으로 평가하여 개선할 부분이 있으면 시정조치를 하여야 한다. 회의 중 이해관계자 참여관리 및 참여평가에 대한 다양한 사안에 대한 의사결정을 하게 된다. 이해관계자 관리는 사실 의사소통이 제일 중요하다. 따라서 도구 및 기법을 보면 의사소통 스킬, 대인관계 및 팀 기술이 들어가 있다. 산출물은 기본 패턴인 작업성과정보와 변경요청이다.

(2) 프로세스 흐름도

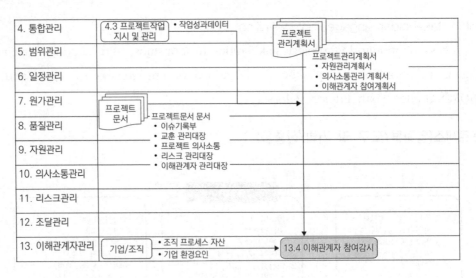

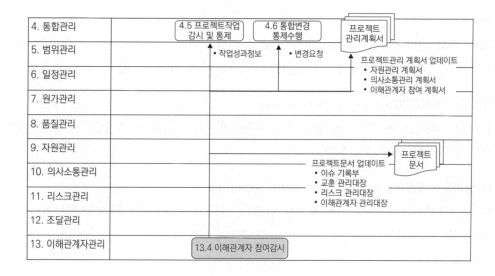

4. 통합관리		4.5 프로젝트작업 감시 및 통제	4.6 통합변경 통제수행	프로젝트 관리계획서
5. 범위관리		• 작업성과정보	• 변경요청	프로젝트관리 계획서 업데이트 • 자원관리 계획서 • 의사소통관리 계획서 • 이해관계자 참여 계획서
6. 일정관리				
7. 원가관리				
8. 품질관리				
9. 자원관리				프로젝트 문서
10. 의사소통관리			프로젝트문서 업데이트 • 이슈 기록부	
11. 리스크관리			• 교훈 관리대장 • 리스크 관리대장 • 이해관계자 관리대장	
12. 조달관리				
13. 이해관계자관리	13.4 이해관계자 참여감시			

13.4.1 이해관계자 참여감시 프로세스 투입물

1. 프로젝트관리계획서(Project management plan)

다음은 프로젝트관리 계획서를 구성하는 요소의 일부 예이다. 3가지의 계획서가 중요한 입력물(투입물)이 된다.

(1) 자원관리 계획서(Resource management plan): 자원관리 계획서에는 다양한 팀원관리 방법이 기술된다.

(2) 의사소통관리 계획서(Communications management plan): 의사소통관리 계획서에는 프로젝트 이해관계자와 의사소통 계획 및 전략을 기술한다.

(3) 이해관계자참여 계획서(Stakeholder engagement plan): 이해관계자 요구 및 기대사항을 관리하기 위한 계획이 정의된다.

2. 프로젝트 문서(Project documents)

다음은 이 프로세스의 투입물로 고려될 수 있는 프로젝트 문서의 일부 예이다.

(1) 이슈 기록부(Issue log): 이슈 기록부에는 프로젝트 및 이해관계자와 관련하여 알게 된 모든 이슈를 문서화한다.

(2) 교훈 관리대장(Lessons learned register): 프로젝트 초반에 얻은 교훈을 프로젝트 이후 단계에 적용하여 이해관계자 참여관리 효율과 효과를 개선할 수 있다.

(3) 프로젝트 의사소통(Project communications): 의사소통관리 계획서와 이해관계자 참여관리 계획서에 정의된 대로 이해관계자에게 배포된 프로젝트 의사소통관리 자료들이 포함된다.

(4) 리스크 관리대장(Risk register): 리스크 관리대장에는 이해관계자 참여관리 및 상호작용, 분류 및 잠재적 대응 목록과 관련된 리스크를 포함하여 식별된 프로젝트 리스크들이 기술

된다.

(5) 이해관계자 관리대장(Stakeholder register): 이해관계자 관리대장에는 기술되는 이해관계
자 정보의 일부 예로 식별된 이해관계자, 이해관계자 평가 및 분류 정보가 있다.

3. 작업성과 데이터(Work performance data)

작업성과 데이터에는 프로젝트에 협조적인 이해관계자와 그들의 참여 수준 및 유형 등과 같은
프로젝트 현황 데이터가 포함된다.

4. 기업환경요인(Enterprise environmental factors)

다음은 이해관계자참여 감시 프로세스에 영향을 미칠 수 있는 기업환경요인의 일부 예이다.

- 조직의 문화, 정치적 환경 및 거버넌스 프레임워크
- 인사행정 정책
- 이해관계자 리스크 한계선
- 구축된 의사소통 채널
- 세계적, 지역적 또는 현지 동향, 실무사례 또는 관습
- 설비 및 자원의 지리적 분포

5 조직 프로세스 자산(Organizational process assets)

다음은 이해관계자참여 감시 프로세스에 영향을 미칠 수 있는 조직 프로세스 자산의 일부 예
이다.

- 소셜 미디어, 윤리 및 보안에 관한 기업 정책 및 절차
- 이슈, 리스크, 변경 및 데이터 관리에 관한 기업 정책 및 절차
- 조직의 의사소통 요구사항
- 정보의 개발, 교환, 저장 및 검색에 관한 표준화된 지침
- 과거 프로젝트의 선례정보

13.4.2 이해관계자 참여 감시 프로세스 도구 및 기법

1. 데이터 분석(Data analysis)

다음은 이 프로세스에 사용할 수 있는 데이터분석기법의 일부 예이다.

(1) 대안분석(Alternatives analysis): 대안분석을 통해 목표 이해관계자 참여관리 결과에서 벗
어난 변이에 대처할 대안을 평가할 수 있다.

(2) 근본원인분석(Root cause analysis): 근본원인분석을 통해 이해관계자 참여관리 결과가 예
상보다 못한 근본 원인을 판별할 수 있다.

(3) 이해관계자 분석(Stakeholder analysis): 이해관계자 분석을 통해 프로젝트 진행 중 특정
시점에 이해관계자 집단 및 개인의 지위를 판별할 수 있다.

2. 의사결정(Decision making)

다음은 이 프로세스에 사용할 수 있는 의사결정기법의 일부 예이다.

(1) 다기준 의사결정 분석(Multi-criteria decision analysis): 성공적인 이해관계자 참여관리 기준의 우선순위를 매기고 가중치를 부여하여 가장 적합한 기준을 선별한다.

(2) 투표(Voting): 투표는 이해관계자 참여에 있어 의견 충돌을 조율할 수 있는 가장 적절한 대응책을 선택하는 데 사용될 수 있다.

3. 데이터 표현(Data representation)

이 프로세스에 사용된 데이터 표현 기법의 한 가지 예로 이해관계자 참여 평가 매트릭스가 있다. 이해관계자 참여 평가 매트릭스를 통해 이해관계자별 참여도 변화를 추적하여 이해관계자의 참여를 감시한다.

4. 의사소통 기술(Communication Skills)

다음은 이 프로세스에 사용할 수 있는 의사소통기법의 일부 예이다.

(1) 피드백(Feedback): 피드백은 이해관계자가 정보를 제대로 받고 이해했는지를 확인하기 위해 사용된다.

(2) 프레젠테이션(Presentations): 프레젠테이션은 이해관계자에게 명확한 정보를 제공한다.

5. 대인관계 및 팀 기술(Interpersonal and team skills)

다음은 이 프로세스에 사용할 수 있는 대인관계 기술의 일부 예이다.

- 적극적 경청(Active listening): 적극적 경청으로 오해와 잘못된 의사 전달을 줄일 수 있다.
- 문화적 인식(Cultural awareness): 문화적 인식과 문화적 민감성은 프로젝트 관리자가 이해관계자와 팀원의 요구사항과 문화적 차이에 근거하여 의사소통을 계획하는 데 도움을 준다.
- 리더십(Leadership): 성공적인 이해관계자 참여관리를 위해서 이해관계자들에게 비전을 제시하고 프로젝트 작업 및 결과를 지원하도록 장려할 수 있는 강력한 리더십이 필요하다.
- 네트워킹(Networking): 네트워킹을 통해 이해관계자의 참여도에 대한 정보 접근을 보장한다.
- 정치적 인식(Political awareness): 조직의 전략을 이해하고, 해당 분야에서 권력과 영향력을 발휘하는 인물을 파악하고, 대상 이해관계자들과 의사소통 역량을 키우는 데 정치적 인식이 활용된다.

6. 회의(Meetings)

회의 종류에는 현황회의(Status meetings), 스탠드업 회의(Standup meetings), 회고(Retrospectives), 그리고 이해관계자 참여수준 감시 및 평가를 위한 이해관계자 참여 계획서에서 합의된 다른 모든 회의가 포함된다. 직접 대면하는 교류 방식이 이상적이지만 비용이 많이 소요될 수 있다. 원격회의 및 첨단 기술을 통해 격차가 해소되고 있고, 다양한 방식으로 연결하여 회의를 진행할 수 있다.

l3.4.3 이해관계자 참여 감시 프로세스 산출물

1. 작업성과정보(Work performance information)

작업성과 정보는 현재 프로젝트 지원 수준 등의 이해관계자 참여 현황에 대한 정보를 포함하며, 이해관계자 참여 평가 매트릭스, 이해관계자 큐브 또는 기타 도구에 정의된 목표 참여도와 비교하여 제시한다.

2. 변경 요청(Change requests)

변경요청에는 현재 이해관계자 참여도를 개선하기 위한 시정조치와 예방조치가 포함될 수 있다. 변경요청은 통합 변경통제 수행 프로세스를 통해 검토되고 처리된다.

3. 프로젝트 관리 계획서 업데이트(Project management plan updates)

프로젝트관리 계획서 변경은 변경요청을 통한 조직의 변경통제 프로세스를 거친다. 다음은 변경요청이 필요할 수 있는 프로젝트관리 계획서 구성요소의 일부 예이다.

(1) 자원관리 계획서(Resource management plan): 이해관계자 참여관리 활동에 대한 팀 책임의 업데이트가 필요할 수 있다.

(2) 의사소통관리 계획서(Communications management plan): 프로젝트 의사소통 전략의 업데이트가 필요할 수 있다.

(3) 이해관계자 참여계획서(Stakeholder engagement plan): 프로젝트 이해관계자 공동체에 대한 정보의 업데이트가 필요할 수 있다.

4. 프로젝트 문서 업데이트(Project document updates)

다음은 이 프로세스를 수행한 결과로 업데이트될 수 있는 프로젝트 문서의 일부 예이다.

(1) 이슈 기록부(Issue log): 이슈 기록부의 정보에 이해관계자의 태도가 포함되며, 업데이트가 필요할 수 있다.

(2) 교훈 관리대장(Lessons learned register): 교훈 관리대장은 품질 계획수립 프로세스에서 발생한 과제에 대한 정보와 어떻게 회피할 수 있는지로 업데이트된다. 또한 이해관계자 최적으로 참여시키는 데 효과가 있었던 접근법과, 효과가 없었던 접근법으로 업데이트된다.

(3) 리스크 관리대장(Risk register): 이해관계자 리스크에 대응책을 반영하여 리스크 관리대장을 업데이트해야 할 수 있다.

(4) 이해관계자 관리대장(Stakeholder register): 이해관계자 관리대장은 이해관계자참여 감시의 결과로 수집된 정보로 업데이트된다.

이슈기록부 Flow-이해관계자관리 관점

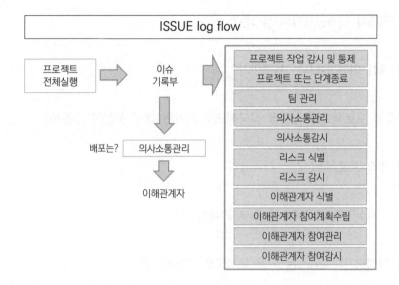

이해관계자 관리 지식영역 종합정리(프로세스 Input-output 위주)

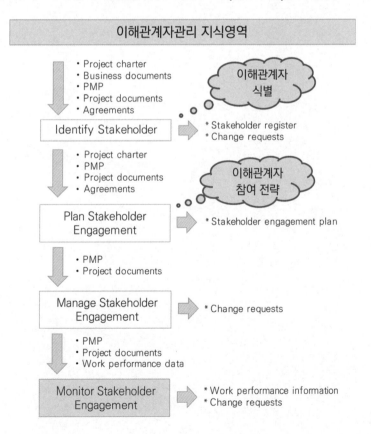

프로젝트 이해관계자 관리 지식영역 종합정리(주관식 문제)

1. 프로젝트 관리에서 이해관계자의 정의는?

2. 일반적으로 핵심 이해관계자는 누구인가?

3. 이해관계자들을 프로젝트에 참여를 적극적으로 시키면 어떤 장점이 있을까?

4. 이해관계자 관리 프로세스는?

5. 이해관계관리 지식영역 프로세스를 전부 기록하시오.

6. 이해관계자 참여평가매트릭스는 어떤 목적으로 사용되는가?

PMBOK정복하기-13장 용어 및 프로세스 정의 요약

프로젝트 이해 관계자의 예는 무엇인가?

고객 또는 최종 사용자, 스폰서, PMO(프로젝트 관리 오피스), 프로젝트 관리자, 프로젝트 팀, 기능 관리자, 운영 관리, 고위 경영진, 영향을 가지고 있는 조직, 수행조직

왜 프로젝트 관리자는 이해 관계자 참여관리를 하는가?

프로젝트 수용 가능성을 높인다. Increases likelihood of project acceptance.

관심을 가지고 이슈를 관리한다. Keeps issues from becoming concerns.

이해 관계자가 프로젝트 혜택을 이해하도록 돕는다. Help stakeholders understand project benefits

이해 관계자가 프로젝트 리스크를 이해하도록 돕는다. Help stakeholders understand project risks.

프로젝트 도중에 발생하는 방해요소들을 제한시킨다. Limit disruptions during the project.

이해 관계자의 기대사항에 대해 영향을 돕는다. Help influence stakeholder expectations

이해 관계자 참여를 장려한다. Encourage stakeholder participation

이해 관계자란 무엇인가?

프로젝트의 결정, 활동 또는 결과에 영향을 받거나, 영향을 받거나, 주는 개인, 그룹 또는 조직 An individual, group, or organization who may affect, be affected by, or perceive itself to be affected by a decision, activity, or outcome of a project.

이해관계자참여관리 프로세스에 대한 입력물은 무엇인가?

이해관계자참여계획수립

의사소통관리계획

리스크관리계획

변경관리계획
변경로그
이슈로그
Lessons learned register
이해관계자관리대장
기업환경요인
조직프로세스자산

이해 관계자관리 영역에서 Monitor Stakeholder Engagement의 산출물은 무엇인가?
작업성과정보, 변경 요청, 프로젝트 관리 계획 업데이트, 프로젝트 문서 업데이트,
조직 프로세스 자산 업데이트

재미있는 프로젝트 이야기

경영 및 프로젝트 관련 지식

이론과 현실은 다르다. 계획은 그대로 지켜지는 것은 아니다. 그러나 이론의 깊이가 필요하고 계획의 필요성은 존재한다. 자기계발과 관련해서는 나만의 무기가 필요하다. 안정된 직장에서라고 정년까지 버티기는 쉽지 않다. 설사 버틴다 하더라도 회사는 그리 반갑지는 않을 것이다. 투입대비 효능을 따지는 조직에서 나이가 들어가면서 창조성과 추진력이 약해지기 때문일 것이다. 야구선수를 예를 들어 예전의 강타자도 시간이 지나면서 홈런을 많이 치지 못한다. 그러면 야구구단은 은근히 코지직이나 은퇴의 압력을 넣는다. 회사에서도 어느 정도 고용보장이 되어 있어도 쉽지는 않아 보인다. 그럴 때 나만의 무기가 필요하다. 나의 무기는 무엇인가? 업무경험일까? 영어 실력일까? 아니면 무엇이 있을까? 정답은 무기가 없다 이다.

업무경험은 다른 곳에서는 별로 효용가치가 적다. 설사 관련성이 있다 하더라도 예전과는 달리 요즘은 그리 오래 가지 못한다. 어학은 요즘은 차별화가 아니다. 그냥 언어이다. 그럼? 기업의 제품 차별화 전략에 VRIO라는 것을 사용하여 기업경쟁력에 이용한다. 개인도 마찬가지로 적용해보면 어떨까?

V: Valuable – 가치 – 현재의 가치(능력)를 분석해보며

R: Rare – 내가 가지고 있는 가치가 드문 것인가? 유일한 것인가? 경쟁력인 있는 것인가? 점검해야 한다.

I: Imitate – 그래서 남들이 모방해서 바로 나의 가치부문을 허물 수 있나?

O: Organizational support – 나 혼자가 아닌 조직과 같이 일하며 지원을 받으며 나의 길을 준비하는가?

VRIO관점에서 보면 개인의 경쟁력은 차별화이며, 그 차별화 분야가 쉽게 위협을 받지 않는 분여야 한다. 그 말은 시간과 많은 노력이 들어가는 지식의 깊이 – 관련 이론, 체계적은 이론 정리와 실무의 이상적 적용의 스킬 등이 필요하며, 인적 네트워크를 통한 조직과의 지식교류 및 공유 등이 필요하며, 꾸준한 자기계발의 지속으로 단계적 상승의 스팩이 필요하다. 일반적으로 이것은 최소 5년 이상의 시간이 소요되기 때문에 중장기 계획을 준비하여 실천하기 않으면 불가능하다. 모두가 시간이 지니면 효용가치가 떨어진다.

CHAPTER **13**

Example

01   이해관계자(Stakeholder)에 관한 설명으로 맞는 것은?

① 프로젝트 팀원만을 의미한다.

② 프로젝트에 영향을 주거나 받는 개인 및 조직을 말한다.

③ 프로젝트 관리자가 관리하는 핵심적인 사람 또는 조직을 의미한다.

④ 프로젝트에 자금을 공급하는 개인 또는 조직을 의미한다.

02   이해 관계자 분석의 일반적인 순서로 아래 사항 중 가장 먼저인 것은?

① 이해 관계자 강점 및 약점 결정

② 이해 관계자 식별

③ 이해 관계자 분류

④ 이해 관계자 정보 수집

03   당신은 건설 프로젝트를 수행하고 있는 프로젝트 관리자이다. 어느 날 인근 주민들로부터 소음과 진동 및 먼지 등 대한 불만 민원 문제가 발생했다. 그러면서 주민들이 화가 나서 도로를 차단하고 나섰다. 당신은 프로젝트 관리자로서 제일 먼저 무엇을 했어야 했나?

① 주민들을 중요 이해관계자로 식별했어야 했다.

② 리스크관리계획을 잘 세웠어야 했다.

③ 이해관계자들을 권한과 영향력에 따라 중요도를 분류하고 적절한 대응을 했어야 한다.

④ 리스크대응계획에서 부정적 리스크의 대응계획을 수행했어야 한다.

04 프로젝트 관리에서 이해관계자들을 잘 식별하고 관리하는 것은 중요하다. 당신은 프로젝트 관리자로서 프로젝트의 이해관계자를 정의할 때 틀리게 설명 부분이 포함되어 있는 것은 다음 중 어느 것인가?

① 이해관계자간 이해관계에 따라 사안별 의사충돌이 발생할 수 있다.

② 스폰서는 프로젝트 자금지원의 권한을 가지고 있다.

③ 프로젝트 팀원은 중요한 이해관계자에 포함된다.

④ 프로젝트를 수행 시 팀원의 비용과 시간의 수준은 주로 종료 프로세스 그룹에 가장 많은 투입을 하게 된다.

05 당신은 지금 프로젝트 이해관계자를 식별하기 위해 노력하고 있다. 다음 중 이해관계자에 범위에 포함되는 대상으로 가장 적절한 것은?

① 프로젝트에 대해 알고 있으며 이를 지원해 주는 사람들

② 프로젝트에 관한 책임이 있는 사람들

③ 고객 및 프로젝트 팀

④ 프로젝트에 긍정적 혹은 부정적으로 영향을 미치거나 영향을 받을 수 있는 사람들

06 프로젝트 목표 달성을 위해 회사조직의 스폰서에 배정된 사람으로 프로젝트 관리 계획을 개발하고 팀을 관리하고 갈등을 중재하는 사람을 무엇이라 부르는가?

① 프로젝트 관리자

② 스폰서

③ PMO

④ Arbitrator(중재자)

07 프로젝트 관리에서 이해관계자들을 잘 식별하고 관리하는 것이 중요하다. 당신은 프로젝트 관리자로서 프로젝트의 이해관계자를 정의할 때 다음 설명 중 틀린 부분은 어느 것인가?

① 프로젝트 팀원의 의견과 상충될 수 있다.

② 프로젝트의 성과의 이익을 가질 수도 있다.

③ 프로젝트 팀원도 중요한 이해관계자에 포함된다.

④ 프로젝트를 수행 시 주로 감시 및 통제에 가장 많은 시간과 노력을 하며 성과물에 대한 인수를 가장 중요시 한다.

08 프로젝트에 모든 이해관계자들을 참여시키는 목적은 프로젝트에서 어느 부분이 가장 중요하기 때문인가?

① 프로젝트 일정, 산출물, 그리고 모든 요구사항을 결정한다.

② 프로젝트의 산출물을 정의하고 제약사항과 제품 산출물을 결정하는 데 도움이 된다.

③ 프로젝트에 대한 자원 요구와 자원 제약을 결정한다.

④ 가정사항, WBS 및 관리 계획을 제공하는 데 도움이 된다.

09 당신은 ABS 회사의 프로젝트 관리시스템은 PMS의 사이트의 개발을 관리하기 위해 프로젝트 관리자로 임명이 되었다. 이 사이트는 매우 복잡하고 상호작용될 것이며, 당신의 프로젝트 팀 및 고객 또한 이런 부분에 경험이 많지 않다. 개발일정에 여유가 없으며, 만일 지연이 된다면 당신의 회사와 ABS회사에 비용이 증가될 것이다. 당신은 스폰서를 가지고 있고 이미 프로젝트 헌장에 공식 서명하였고 프로젝트관리 계획에 동의를 하였다. 고객의 인사부에서는 프로젝트의 진행보고서와 정기적 회의를 통하여 정보를 얻고 있으며, 이 프로젝트는 일정과 비용을 잘 준수하고 있다. 이제 마지막으로 공시적인 인수 검토가 예정 되었다. 갑자기 당신은 개발된 인도물을 전체적으로 인수할 수 없으므로 그동안의 모든 노력이 취소될 수 있을 것이라는 소식을 들었다. 이런 상황이 발생한 원인은 무엇인가? 가장 적절한 것을 고르시오.

① 핵심 이해 관계자가 프로젝트에 포함이 안 되어 있었다.

② 프로젝트 헌장과 프로젝트관리계획이 충분하게 설명이 되어 있지 않고 그것들이 고객에 의해 적절하게 검토가 되지 못하였다.

③ 의사소통 관리가 적절하지 못하였고 관련된 이해관계자들이 요구하는 정보를 제공하지 못하였다.

④ 프로젝트 스폰서가 프로젝트에 대해 충분한 지원을 하는 데 실패했다.

10 당신은 프로젝트 관리자이다. 프로젝트헌장이 승인이 이루어진 다음에 당신은 팀원들과 함께 관련 이해관계자들을 만나 프로젝트에 대해 묻고 피드백을 받는다. 현재 당신은 어떤 활동을 하고 있는 것인가?

① 이해관계자 식별 후 요구사항 수집 활동을 하고 있다.

② 범위를 정의하고 있다.

③ 리스크 대응계획을 하고 있다.

④ 의사소통 관리를 하고 있다.

CHAPTER 13

Explanation

01 정답 ②

해설 프로젝트에 영향을 주거나 받는 개인 및 조직을 이해관계자라고 한다. 물론 회사외부에
도 존재한다(예: 고객, 외부기관 등).

02 정답 ②

해설 이해관계자 식별이 가장 먼저이다. 이해관계자 분석은 일반적으로 다음 순서로 진행된
다. 이해관계자 식별 → 이해관계자정보수집 → 이해관계자분류 → 이해관계자 강점 및 약점분
석 → 이해관계자대응전략개발 → 이해관계자대응전략의 실행 → 대응결과평가 및 전략수정

03 정답 ①

해설 프로젝트 착수 시 가장 먼저 해야 하는 것은 이해관계자들의 식별이다. 이해관계자 관리
에 있어 중요이해관계자를 제대로 식별하는 것이 가장 중요하다. 초기에 식별이 안되고 나중
에 식별이 되면 문제가 더 크게 발생할 수가 있다.

04 정답 ④

해설 프로젝트 이해관계자는 프로젝트에 영향을 주거나 받는 개인 또는 조직을 포함하며 주
로 핵심 이해관계자는 프로젝트 팀원, 고객, 스폰서 등이 될 수 있다. 물론 프로젝트 팀원의 시
간과 노력은 실행단계에서 가장 많이 들어간다. 프로젝트 생애주기의 일반적인 특성으로 이해
하여야 한다.

05 정답 ④

해설 프로젝트 이해관계자의 범위에는 해당 프로젝트에 긍정적 혹은 부정적 영향을 미치거나

영향을 받을 수 있는 모든 사람들이 포함된다.

06 정답 ①

해설 스폰서는 프로젝트 관리자를 프로젝트초기에 선정합니다. 프로젝트관리자는 스폰서가 만드는 프로젝트헌장을 돕고, 프로젝트착수가 되면 프로젝트계획을 만들고 실행을 위해 프로젝트 팀과 이해관계자들을 관리한다. 프로젝트 동안 발생하는 프로젝트 팀 내 갈등관리나 이해관계자들의 기대사항을 관리하는 것은 프로젝트 관리자(Project manager)의 중요한 역할이다.

07 정답 ④

해설 프로젝트 이해관계자는 프로젝트에 영향을 주거나 받는 개인 또는 조직을 포함하며 주로 핵심 이해관계자는 프로젝트 팀원 고객 스폰서 등이 될 수 있다. 물론 결과물의 검증에도 관여하지만 시간과 노력은 실행단계에서 가장 많이 들어간다. 여기서는 폭넓게 이해관계자로 이해하여야 하며 프로젝트 생애주기의 일반적인 특성으로 이해하여야 한다.

08 정답 ②

해설 WBS, 일정 개발은 주로 프로젝트 팀원들에 의해 만들어지고, 자원 부분은 일정관리의 한 부분이다. 핵심 이해관계자로부터는 프로젝트의 제약사항 및 제품 산출물에 대한 부분을 결정한다.

09 정답 ①

해설 문제상황을 보면 프로젝트 진행과정은 양호하였으나 최종적 공식인수단계에서 모든 이해관계자가 참여하는 과정에서 문제가 발생하였으므로 이는 인수와 관련된 핵심이해관계자가 초기에 빠져있다가 나중에 참여하여 공식인수과정에서 치명적으로 관여한 것이다. 따라서 초기에 핵심이해관계자 식별과정에서 누락되어 있었다. 그래서 의사소통관리를 통한 모든 중요한 프로젝트 정보를 받기 못하였다가 나중에 참여하여 문제가 발생한 것이다.

10 정답 ①

해설 프로젝트 헌장이 승인되면 바로 이해관계자를 식별하여야 한다. 그런 다음에 프로젝트 요구사항을 수집하여야 한다.

핵심요약 정리 및 총정리 200문제

Part 1   Part 2 >

PMP Power

1. 문서들의 중요흐름

(1) 비즈니스 문서(Business document: Business case + Benefit management plan)

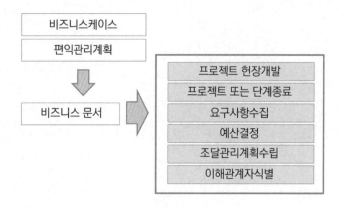

(2) 프로젝트 헌장(Project charter)

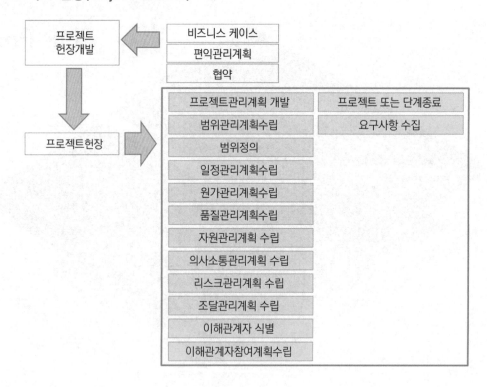

(3) 가정사항 기록부(Assumption log)

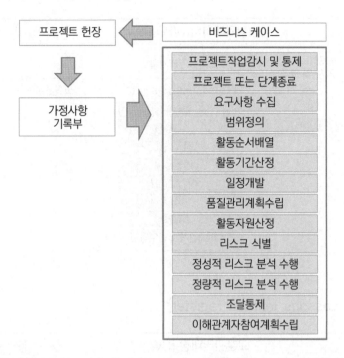

(4) 이슈기록부(Issue log)

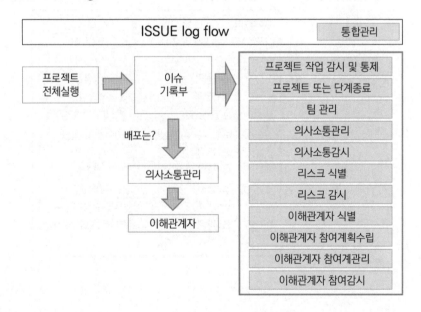

(5) 작업성과 데이터(Work performance data)

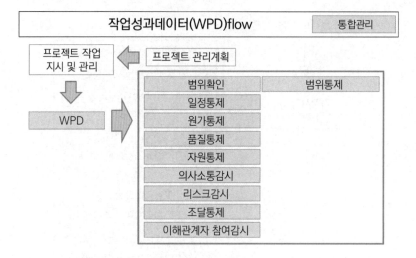

(6) 교훈관리대장(Lessons learned register)

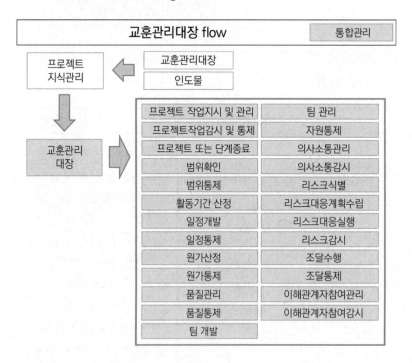

(7) 작업성과보고서(Work performance reports)

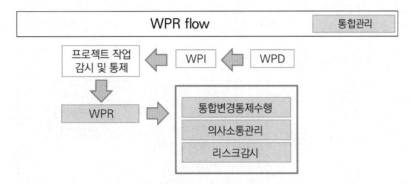

(8) 변경기록부(Change log)

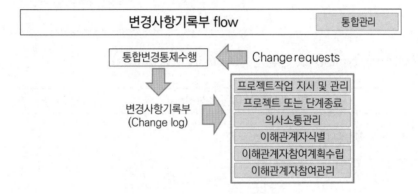

(9) 요구사항 문서(Requirements documentation)

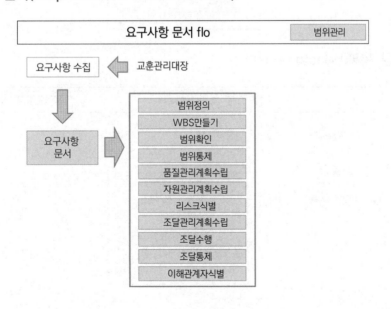

(10) 범위기준선(Scope baseline)

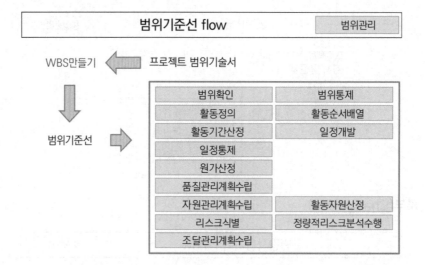

(11) 활동목록(Activity list) & 활동속성(Activity attributes)

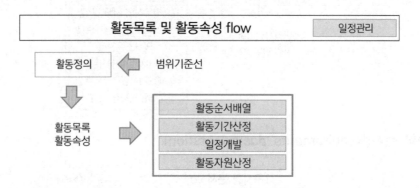

(12) 마일스톤 목록(Milestone list)

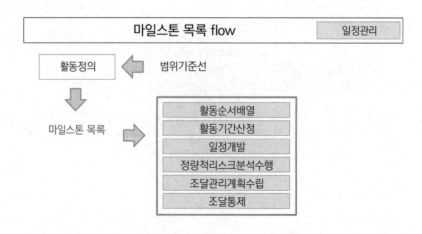

(13) 프로젝트 일정(Project schedule)

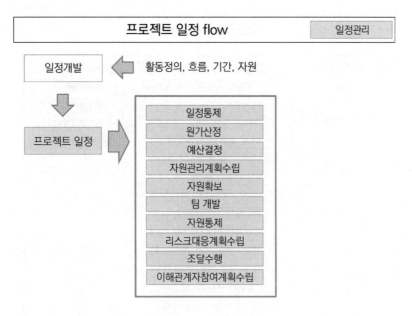

(14) 원가기준선(Cost baseline)

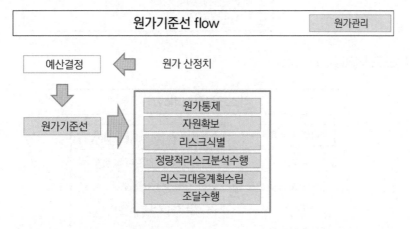

(15) 품질 매트릭스(Quality matrix)

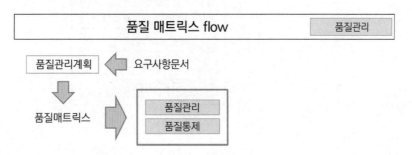

(16) 리스크 관리대장(Risk register)

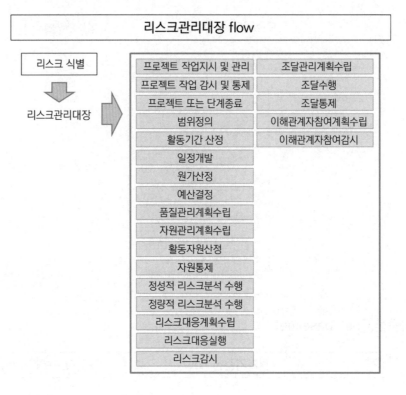

(17) 리스크 보고서(Risk report)

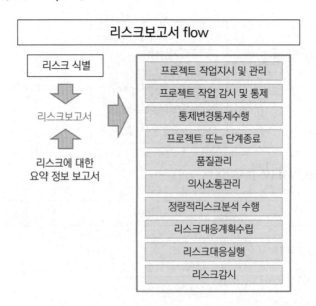

(16) 이해관계자 관리대장(Stakeholder register)

이해관계자 관리대장 flow

이해관계자 식별

이해관계자
관리대장

| 프로젝트지식관리 |
| 요구사항 수집 |
| 품질관리계획수립 |
| 자원관리계획수립 |
| 자원확보 |
| 의사소통관리계획수립 |
| 의사소통관리 |
| 리스크관리계획수립 |
| 리스크식별 |
| 정성적 리스크 분석 수행 |
| 리스크대응계획수립 |
| 조달관리계획수립 |
| 조달수행 |
| 조달통제 |
| 이해관계자참여계획수립 |
| 이해관계자참여관리 |
| 이해관계자참여감시 |

2. 중요한 흐름의 정리

(1) 인도물 기본 flow

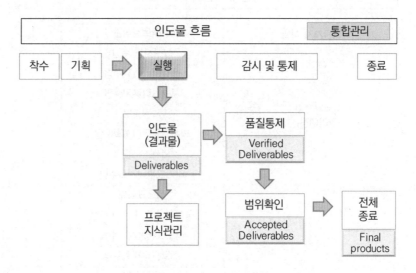

(2) 인도물의 승인 flow

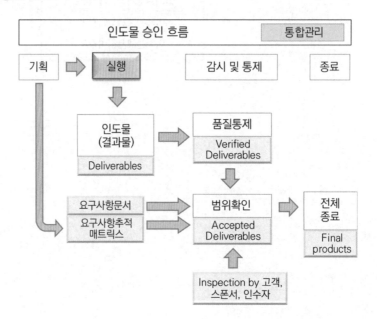

(3) 작업성과보고서(Work performance reports) flow

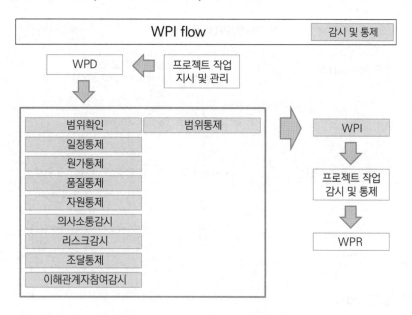

(4) WPD~WPI flow

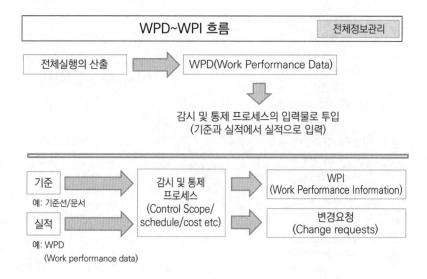

(5) WPI~WPR flow

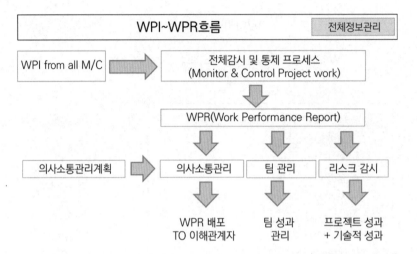

(6) 변경요청 발생 flow

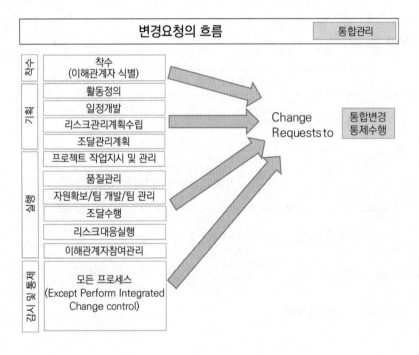

(7) 변경요청의 승인 flow

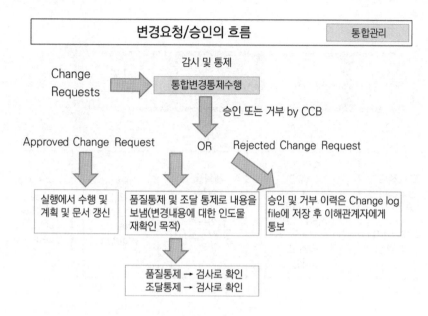

(8) 요구사항의 전체 flow(착수단계의 개략적 요구사항~기획단계의 요구사항)

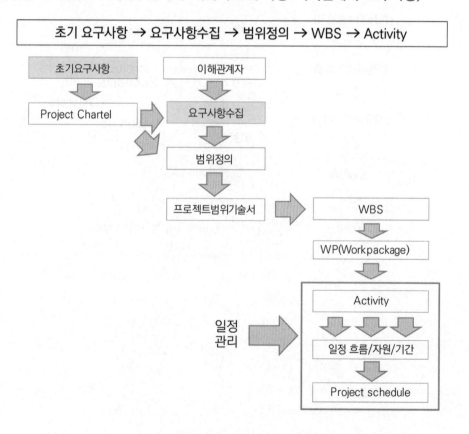

(9) WBS(Work breakdown structure) flow(착수~WBS)

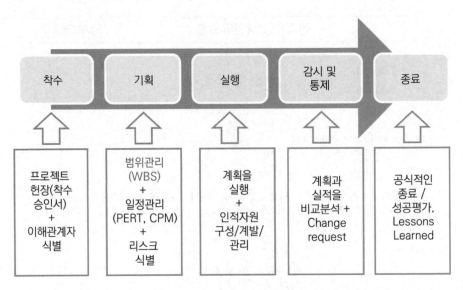

(10) WBS(Work breakdown structure) flow(착수~WBS~활동)

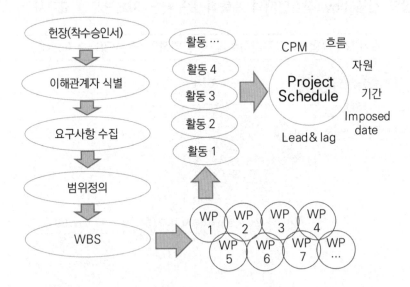

(11) WBS(Work breakdown structure) making flow

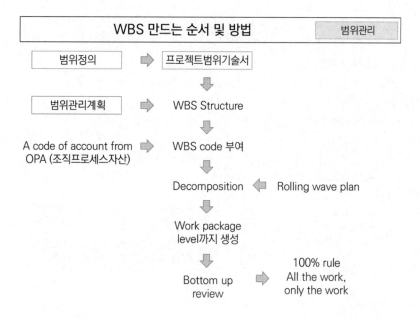

(12) WBS~Activity flow

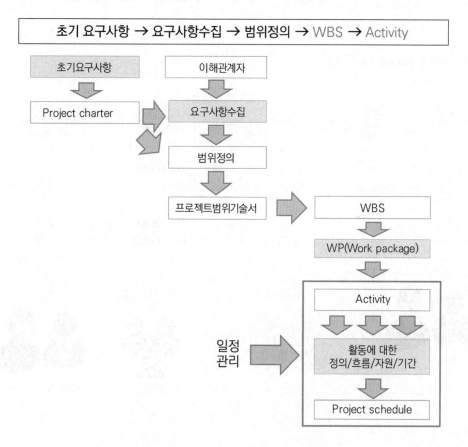

(13) 자원(Resource) flow

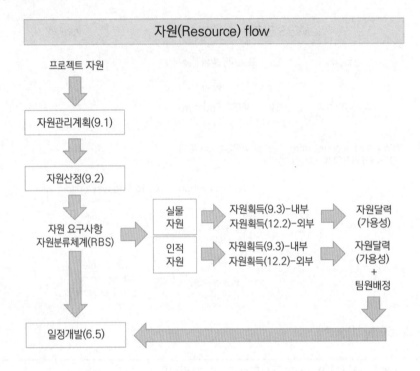

(14) 품질관리 process flow

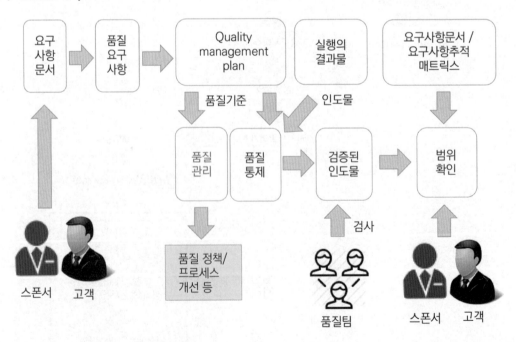

(15) 품질통제 process flow

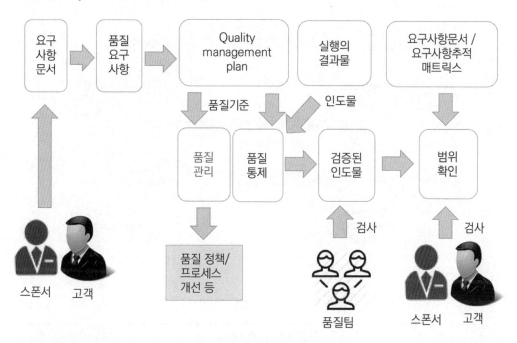

(16) 품질통제와 범위확인 프로세스의 차이점

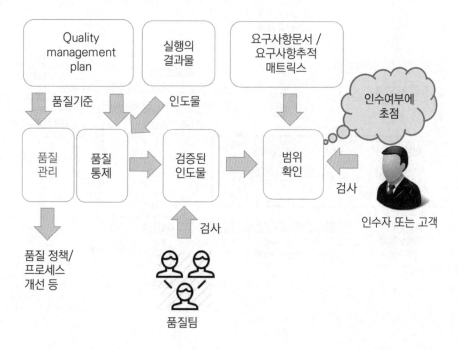

(17) 인도물 basic flow view

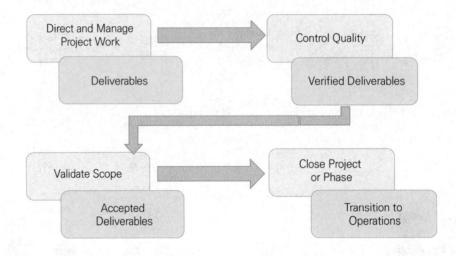

(18) 품질관리 process flow(Deliverables inspection view)

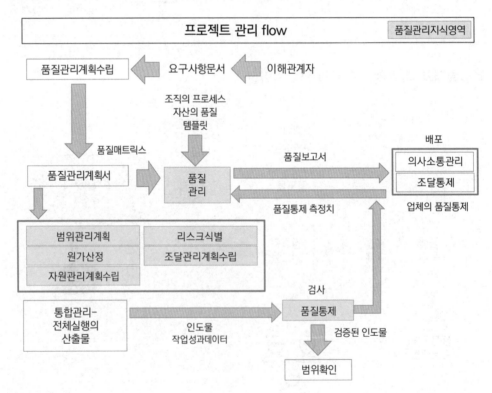

(19) Risk 식별~대응계획 flow

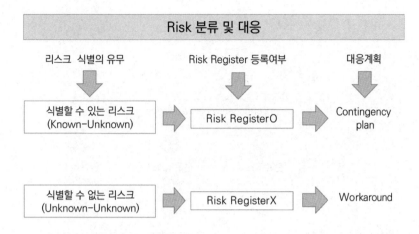

(20) Risk 대응 예비비 및 예산

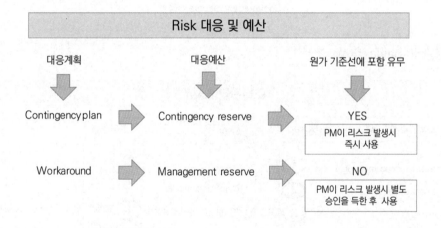

(21) Risk 용어(발생상황별)

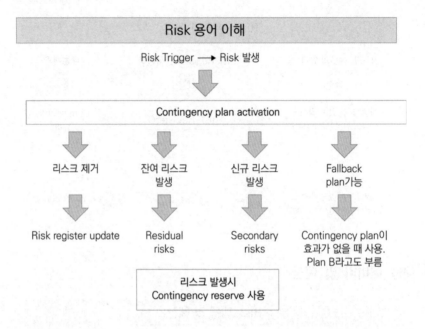

(22) 조달관리 basic flow

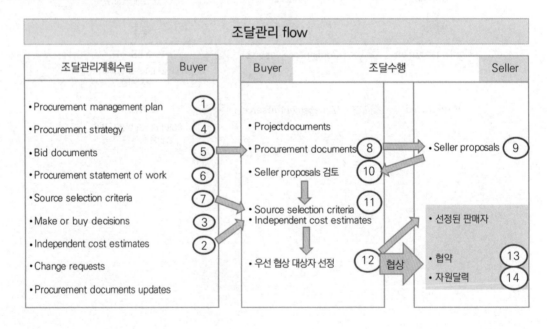

3. 지식영역별 전체흐름정리

(1) 통합관리 지식영역 전체흐름

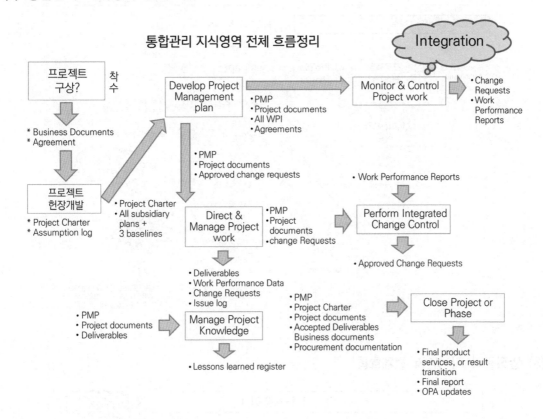

(2) 범위관리 지식영역 전체흐름

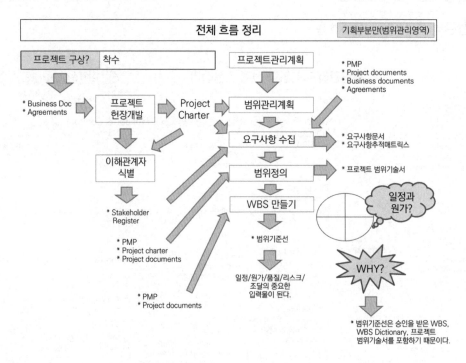

(3) 일정관리 지식영역 전체흐름

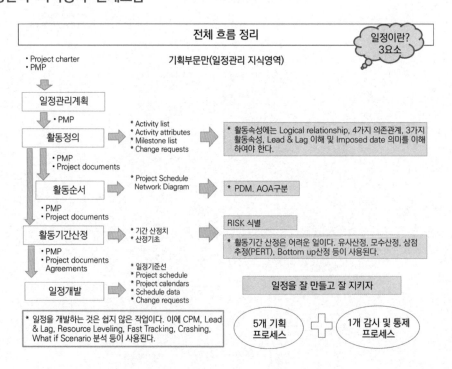

(4) 원가관리 지식영역 전체흐름

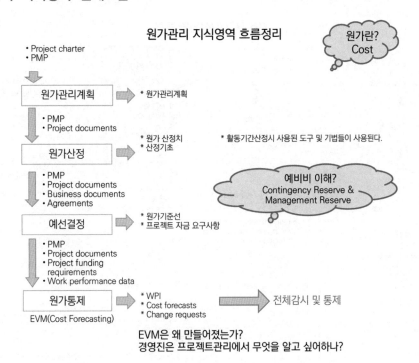

원가관리 지식영역 흐름정리

원가란?
Cost

- Project charter
- PMP

원가관리계획 ➡ * 원가관리계획

- PMP
- Project documents

원가산정 ➡ * 원가 산정치   * 활동기간산정시 사용된 도구 및 기법들이 사용된다.
              * 산정기초

- PMP
- Project documents
- Business documents
- Agreements

예비비 이해?
Contingency Reserve &
Management Reserve

예선결정 ➡ * 원가기준선
            * 프로젝트 자금 요구사항

- PMP
- Project documents
- Project funding requirements
- Work performance data

원가통제 ➡ * WPI   ➡ 전체감시 및 통제
EVM(Cost Forecasting)   * Cost forecasts
                        * Change requests

EVM은 왜 만들어졌는가?
경영진은 프로젝트관리에서 무엇을 알고 싶어하나?

(5) 품질관리 지식영역 전체흐름

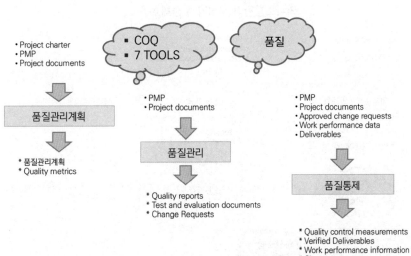

품질관리 지식영역

- COQ
- 7 TOOLS   품질

- Project charter
- PMP
- Project documents

품질관리계획

* 품질관리계획
* Quality metrics

- PMP
- Project documents

품질관리

* Quality reports
* Test and evaluation documents
* Change Requests

- PMP
- Project documents
- Approved change requests
- Work performance data
- Deliverables

품질통제

* Quality control measurements
* Verified Deliverables
* Work performance information
* Change requests

(6) 자원관리 지식영역 전체흐름

자원관리 지식영역 흐름

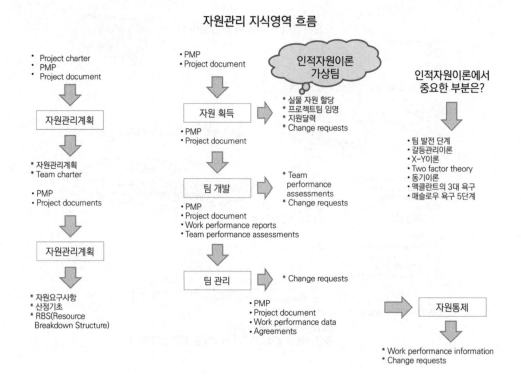

(7) 의사소통관리 지식영역 전체흐름

의사소통관리 지식영역 전체흐름

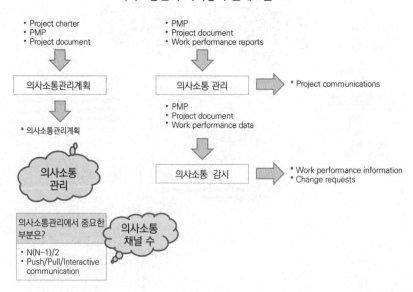

(8) 리스크관리 지식영역 전체흐름

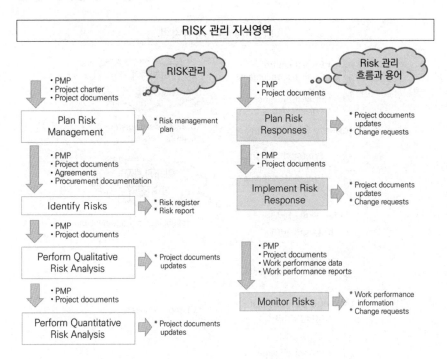

(9) 조달관리 지식영역 전체흐름

(10) 이해관계자관리 지식영역 전체흐름

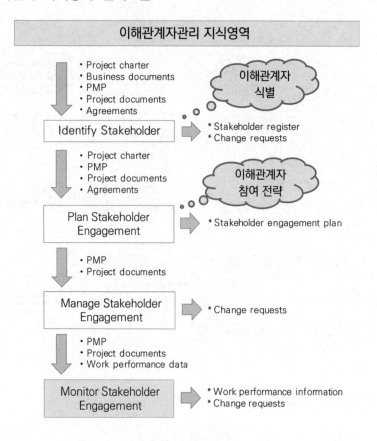

총정리 200문제

001 교육시스템구축으로 유명한 (주)청석의 경영진은 사내에서 최근 잠재적으로 임명된 프로젝트 관리자를 만나 회사의 운영 효율성을 향상시키는 중요한 프로젝트를 시작하라고 지시한다. 이에 프로젝트 관리자는 프로젝트 헌장 발급을 경영진에게 요청을 한다. 이와 관련 프로젝트 헌장이 프로젝트 관리자에게 중요한 문서가 되는 이유는 무엇인가?

① 프로젝트에서 사용할 프로젝트 방법론에 대해 간략히 설명하기 때문이다.

② 프로젝트 관리자에게 프로젝트 관리에 필요한 공식적인 자원사용에 대한 권한을 부여하기 때문이다.

③ 프로젝트 팀의 성과 측정의 기초로 사용될 수 있기 때문이다.

④ 프로젝트 팀을 위한 세부 작업 범위를 제공하기 때문이다.

정답 ②

해설 프로젝트 헌장은 공식적으로 프로젝트관리자에게 자원사용에 대한 권한을 부여하고 공식적인 지위에 대한 권한을 같이 부여하기 때문이다.

002 프로젝트 헌장과 관련하여 프로젝트 생애주기 및 주요 이해관계자 관리대장에 대한 정보는 프로젝트 헌장의 어느 부분에서 찾을 수 있는가?

① 프로젝트 목표

② 개략적인 요구 사항

③ 요약 마일스톤

④ 개략적인 프로젝트 설명

정답 ②

해설 프로젝트 헌장에서 개략적인 요구사항을 통해 프로젝트 생애주기 접근방법 및 핵심 이해관계자가 언급이 된다.

003 프로젝트 관리에 있어 프로젝트 팀에 속해 있는 팀원으로 속하여 있는 기능관련 업무, 예를 들면 기계, 금속, 시스템 공학 부분의 작업을 프로젝트 관리의 작업으로 통합하는 책임을 맡은 사람은 일반적으로 누구인가?

① 프로젝트 관리자

② Steering committee

③ 기능부서장

④ PMO

정답 ①

해설 프로젝트관리의 결과의 책임은 프로젝트 관리의 책임이 기능적인 업무라 할지라도 결과적으로 프로젝트 관리자의 책임이다.

004 당신의 조직에서는 프로젝트가 공식적으로 종료되지 않은 것이 일반적인 현상이다. 사람들은 일반적으로 회의에 참석하지 않으면서 중단이 된다. 이에 당신은 공식적인 종료의 편익적인 부분을 새로운 프로젝트 팀에게 다음과 같이 설명하고자 한다. 내용이 가장 적절한 것은 무엇인가?

① 공식적인 프로젝트 성과보고서를 보여주고 핵심적인 마일스톤을 제공한다.

② 프로젝트 관련 정보를 배포하고 보관하고 조회하고 처분하는 프로젝트 의사소통을 관리한다.

③ 프로젝트 정보가 보관되고 계획된 작업이 완료되며 팀 자원이 해제된다.

④ 이해관계자를 위한 종료에 대한 이미지를 제공한다.

정답 ③

해설 프로젝트 종료는 행정적인 종료와 내부적인 종료가 있고, 행정적 종료에는 프로젝트 최종보고서의 발행, 클레임의 처리 등 고객과의 행정적인 처리가 있고, 내부적인 종료는 성공의 평가, 교훈사항 정리, 조직프로세스 자산의 보관 및 팀의 해체가 있다.

005 방금 프로젝트가 착수되었고 프로젝트 팀은 프로젝트 조정자 및 세 명의 시스템 엔지니어, 두 명의 소프트웨어 프로그래머, 두 명의 어플리케이션 엔지니어로 구성된다. 그 주에서 조정자의 첫 번째 임무는 조직 프로세스 자산, 특히 이전 프로젝트에서 얻은 교훈을 검토하는 것이다. 한 회의 도중에 프로젝트 조정자는 프로젝트관리정보시스템에서 약 500의 Lessons Learned가 있다고 하며 어찌할지 못하고 있다. 이에 프로젝트 관리자는 프로젝트 조정자에게 Lessons Learned 관련하여 무엇을 집중하라고 말할 것인가?

① 공급자들의 계약 유형 및 공급업체 실적보고서

② 이해 관계자 역할에서 발생한 변화

③ 프로젝트 성과정보

④ 유사한 프로젝트에 직면했던 문제의 근본원인분석

정답 ④

해설 Lessons Learned은 과거 프로젝트의 교훈사항으로 잘된 점과 개선할 부분을 기록한 소중한 문서이다. 이것을 분석하면 근본문제가 어디에 있었는지 파악할 수 있다.

006 당신은 해외 건설관련 프로젝트를 관리하고 있다. 해당국가의 건설부는 건물법규를 엄격하게 집행한 것으로 유명하다. 프로젝트가 진행되는 동안 현지에서 나온 건설부 검사관은 해당 규정을 준수하여야 한다고 하면서 당신이 원래 계획했던 것보다 높은 수준의 절연 등급이 필요하다는 것을 통지한다. 만일 재질을 변경한다면 당신의 프로젝트의 원가 및 일정에 영향을 미친다. 다음 중에서 프로젝트 관리자가 할 수 있는 가장 최선의 대책은 무엇인가?

① 정식변경요청을 통한 시정조치를 한다.

② 리스크 관리대장에 문제를 기록하고 이에 대한 대응계획을 수행한다.

③ 즉시 해당 절연자재를 주문하고 이에 대한 내용을 변경기록부에 기록하고 영향을 문서화한다.

④ 해당 건설부 검사관에게 변경관련 사항을 결정을 재고하도록 요청한다.

정답 ①

해설 안전규격 준수가 충족되지 않는다면 프로젝트 결과에 심각한 영향을 미칠 수 있다. 이에 정식변경요청 조치를 통해 이에 대한 시정조치를 진행하여야 한다.

007 당신은 백신제조회사인 ID사의 복잡한 프로젝트에 방금 임명되었다. 당신의 프로젝트 스폰서는 당신에게 지난 회사의 프로젝트에서 일했을 때 조직이 제대로 조직화되지 않았으며, 또한 회의 및 마감기한을 자주 놓쳤다고 알려준다. 그렇다면 당신은 프로젝트 관리자로 다음 중 어떤 조치를 취하는 것이 가장 적절한가?

① 즉시 고객과 이야기하여 과거의 행동이 이번 계약에서는 용인되지 않음을 알려준다.

② 고객과 관련된 과거의 프로젝트 정보를 조사하고, 이 정보를 사용하여 프로젝트 헌장에 대한 개략적인 리스크와 영향을 분석하여 기록한다.

③ 프로젝트 스폰서에게 요청하여 고객에게 모든 회의에 참석하고 모든 마감일을 지키도록 한다고 한다.

④ 이번 프로젝트를 취소하도록 한다. 왜냐하면 실패할 것이 분명하기 때문이다.

정답 ②

해설 방금 프로젝트를 착수하였기 때문에 원활한 프로젝트 진행을 위해서는 과거의 기록을 분석하여 이번 프로젝트에 같은 일이 발생하도록 준비를 하여야 한다.

008 당신은 프로젝트 관리하고 있는데 작업패키지에 대한 실행을 관리하고 있다. 프로젝트 실행 중에 팀원 중 한 명이 작업수행 데이터를 수집하고 있다. 다음 중 작업성과데이터 내용에 해당이 되지 않는 것은 다음 중 어느 것인가?

① 발생된 변경 요청의 수

② 작업에 대한 활동 시작일과 종료일자

③ 실제 집행된 비용

④ 프로젝트 현금 흐름을 기반으로 표현된 순현재가치

정답 ④

해설 작업성과데이터는 Raw data로 실제 일한 범위, 원가, 일정을 기본을 나타낸다. 또한 발생한 리스크, 변경요청의 수도 포함한다. 순현재가치는 매일 작업데이터에서 나타나기가 어렵다.

009 당신은 스폰서로서 프로젝트 팀의 구성을 이끌고 있으며 프로젝트를 공식적으로 인정할 준비를 하고 있다. 당신은 프로젝트 관리자와 함께 비용편익분석을 할 것이다. 이 분석과 관련하여 다음 중 어느 것이 가장 적합한 내용인가?

① 실현가능한 실체적인 이익을 고려하고, 비실체적인 이익은 무시한다.

② 최종 프로젝트 예산을 수립하고 실제 지출액과 계획 지출액의 차이를 비교하는 데 사용되는 분석이다.

③ 프로젝트가 제대로 실행되면 예상되는 재정적 및 비재정적 편익을 제공하는지 검증한다.

④ 프로젝트가 제대로 실행되면 더 이상의 분석이 필요하지 않고 성공할 것임을 검증한다.

정답 ③

해설 프로젝트가 착수될 때 비즈니스 케이스의 비용편익분석은 단순히 재정적인 부분만 보는 것이 아니라, 비재정적인 부분도 같이 고려한다. 전략적인 프로젝트 착수 부분도 상당히 존재하기 때문이다.

010 당신은 신규 프로젝트의 비즈니스케이스를 내부적으로 조정 위원회에 보고하려고 한다. 이에 당신은 투자의 미래가치를 무엇으로 정의하는 게 좋은가?

① 투자의 원금을 회복하는 데 소요되는 기간

② 투자로 얻는 자금의 투자 수익률

③ 프로젝트 수익 – 투자액

④ 현재 투자된 자금의 미래의 가치

정답 ④

해설 ①은 Payback period에 대한 설명이다. 투자의 미래가치는 비즈니스케이스 측면
에서는 미래의 현금흐름을 현재가치로 분석이 되어야 한다. 그리하면 현재 투자하는 금
액이 적절한지 예측하게 된다.

011 당신은 프로젝트 관리자로서 프로젝트의 종료단계부문을 팀원들에게 설명하고 있다. 이에 종료
프로세스 그룹에 대한 설명에서 내용을 틀리게 설명한 것은 다음 중 어느 것인가?

① 종료 프로세스에는 프로젝트 산출물의 최종 수용 및 검증이 포함된다.
② 종료 프로세스는 프로젝트의 각 단계가 끝날 때 완료되어야 한다.
③ 종료 프로세스는 프로젝트에서 단지 한 번만 수행되어야 한다.
④ 종료 프로세스에는 모든 프로젝트관리 프로세스그룹 전체에서 모든 활동을 마무리하
는 작업이 포함된다.

정답 ③
해설 종료 프로세스는 각 작은 인도물(Work package)들의 공식 인수와 더불어 각 단계
에서도 발생하므로 수시로 발생할 수 있다. 참고로 프로젝트 전체 종료는 최종 인도물이
마지막 단계로 인도가 완성될 때 전체 프로젝트 종료가 이루어진다.

012 당신은 프로젝트 관리자로 프로젝트의 1단계가 끝났으며 2단계를 시작할 것인지 결정하여야 한
다. 여러 다른 이해관계자와 함께 팀을 구성하여 현재까지 수행된 작업을 검토하고 프로젝트 관
리 부분에 대해 팀과 긴밀하게 논의한다. 다음 중 다음 단계의 진행 여부를 판단할 시 진행여부
를 결정할 가장 중요한 데이터 요소는 무엇인가?

① 프로젝트가 조직에 의도된 이익을 제공하기에 아직 궤도에 오르고 있는지 여부를 분
석한다.
② 비용 및 일정 면에서 편차의 정도
③ 프로젝트에 필요한 자원이 조직에 존재하는지 여부
④ 관찰된 품질이 팀에게 받아들여지는지 여부

정답 ①
해설 편익의 지속적인 유지성을 포함한 비즈니스 타당성을 다음 단계로 진입 시 반드시
확인한다.

013 이제 프로젝트의 다섯 단계 중 두 단계를 완료했다. 두 번째 단계는 첨단 기술 문제로 인해 어려
웠다. 세 번째 단계에서는 팀원 중 약 30% 정도가 신규로 들어온 팀원으로 구성이 된다. 세 번
째 단계를 시작하기 전에 해야 할 가장 중요한 일은 무엇인가?

① 두 번째 단계에서 잘 수행한 팀원에게 보상을 준다.

② 동기부여기법을 사용하여 팀이 세 번째 단계에 대해 흥미롭다는 것을 인지시킨다.

③ 사회 심리학자를 고용하여 새로운 팀 구성원을 추가한 후에 팀이 잘 작동할 수 있는지 확인하기 위해 성격 테스트를 수행한다.

④ 두 번째 단계를 적절하게 닫고, 그 단계의 모든 교훈을 이해하고 문서화하는지 확인한다.

정답 ④

해설 Lessons Learned는 각 단계의 종료 시 반드시 수행하여야 한다.

014 당신은 프로젝트를 완료했다. 모든 결과물이 전달되고 유효성이 검증되었다. 문서의 종료를 위해 서명이 하나 더 필요하다. 다음 중 누구의 서명이 필요할까?

① 프로젝트 팀원
② 프로젝트 관리자
③ 프로젝트 스폰서
④ PMO

정답 ③

해설 프로젝트 스폰서는 프로젝트 종료시의 최종 책임자이다.

015 프로젝트 관리자로서 프로젝트 헌장의 개발에 관여하는 것이 중요하다. 프로젝트 헌장의 이해를 돕기 위한 측면도 있다. 이 이해는 무엇을 의미하는가?

① 각 단계의 Gate 검토 시 비즈니스 사례의 유효성을 확인하는 데 도움을 준다.
② 중요한 요구를 하는 이해 관계자를 식별하는 데 도움이 된다.
③ 프로젝트 팀에서 필요한 비즈니스 분석가의 수를 결정할 수 있도록 도와준다.
④ 프로젝트의 목적, 목표 및 예상되는 장점에 대한 공통된 이해를 보장한다.

정답 ④

해설 초기부터 프로젝트 헌장작성에 참여하여 프로젝트의 목적 및 배경을 이해하고 장점 등을 이해하는 데 도움이 된다.

016 당신은 프로젝트 헌장을 작성 중이다. 스폰서는 투자 수익을 비용과 비교하는 비즈니스 사례의 분석 결과에 대해 질문했다. 스폰서는 무엇을 요구하고 있는 것인가?

① 편익 – 원가 비율
② 현재 가치
③ 미래 가치
④ 순현재가치

정답 ①
해설 편익대비 원가의 지출비율은 재무적 타당성 분석에서 핵심적인 부분이다. 일종의
프로젝트 재무적 타당성이다.

017 보험회사에 대한 청구시스템 업그레이드를 구현하는 프로젝트를 관리하고 있다. 시스템을 완료
했으며 생산에 들어가기 위해 필요한 모든 테스트를 통과했다. 클레임 관리자와 IT 관리자와의
회의를 통해 새로운 시스템의 최종 문서를 검토하고 시스템을 Production 환경에 적용하는 날
짜를 정하였다. 다음은 어떤 예를 나타내고 있는 것인가?

① 최종 제품 승인
② 제품의 수용
③ 제품의 이전
④ 문서 보관

정답 ③
해설 상황을 보면 프로젝트를 완료하고 시스템을 이관하는 과정을 표현한 것이다.

018 프로젝트가 방금 완료되었으며 프로젝트 관리자와 팀이 공식적으로 프로젝트를 종료할 준비를
하고 있다. 다음 중에서 프로세스를 완료하는 데 반드시 필요한 것은 아닌 것은 무엇인가?

① 프로젝트 관리 계획
② 다음 단계의 요청 변경
③ 최종 보고서 작성을 위한 템플릿 및 지침
④ 프로젝트의 수용된 인도물

정답 ②
해설 프로젝트가 완료되었으므로 변경요청은 이제 필요가 없다. 변경요청은 프로젝트
생애주기에서 착수에서 기획, 실행, 감시 및 통제 프로세스에서 발생이 되지만 종료 프
로세스에서는 변경요청이 나오지 않는다.

019 귀사는 자동차 제조회사의 XP 프로젝트에 다양한 전자부품을 제공하고 있다. 자동차 제조 회사
에서는 최근 고용 불안의 상황이 발생하였는데 일부 직원들이 해고를 당할 가능성이 있다고 들
었다. 그래서 귀사는 그 제조회사가 인력 규모를 축소한 후에 임시직원을 채용함으로써 얻을 수
있는 재정적 이익을 보여주는 프레젠테이션을 작성했다. 그러나 제조회사의 포트폴리오 운영위
원회는 프로젝트를 중단했다. 이 결정의 가장 큰 이유는 무엇인가?

① 이 시점에서 정보는 완전히 소문이다.
② 임시직원을 채용하면 낮은 수익률이 있다.

③ 내부 자원이 없다.

④ 임시직원 배치는 전략적으로 일치하지 않는다.

정답 ④

해설 제조회사의 포트폴리오 위원회는 기업의 전략적 가치를 중요시하기 때문에 임시직원의 채용 등은 전략과 일치하지 않는다.

020 프로젝트 관리자는 프로젝트를 종료하고 싶지만 고객으로부터 공식 승인을 받지 못하고 있다. 언제 승인 종료가 되어 완료될 수 있는가?

① 고객이 최종 검사를 수행할 수 없는 경우

② 단계적 구현 또는 종료된 프로젝트의 경우

③ 프로젝트가 외부 고객을 위해 완료되지 않은 경우

④ 사회 부문에서 수행되는 자선 사업의 경우

정답 ②

해설 프로젝트 종료에서 단계의 종료 및 프로젝트 종료를 의미한다.

021 프로젝트 수행 중에 팀원 중 한 명이 전문지식을 습득하고 작업수행에 새로운 기술을 숙달했다. 팀원의 기능관리자는 이 사실을 완전히 알지 못할 수도 있다. 단계 또는 프로젝트가 종료되는 동안 프로젝트 관리자가 수행해야 할 가장 중요한 작업은 무엇인가?

① 이 정보로 조직의 기술 데이터베이스를 업데이트한다.

② 이 기술로 이력서를 업데이트하도록 팀원에게 요청한다.

③ 팀원의 기능 관리자에게 기고문을 적어서 메모한다.

④ 팀 구성원의 기여도를 인식한다.

정답 ①

해설 관련정보를 기술데이터베이스에 입력하여 기능관리자가 알도록 하여야 한다.

022 당신은 프로젝트 헌장을 만들고 당신의 권위를 문서화하고 있다. 당신은 자원 및 가용성에 관한 의사 결정에 대한 권한은 제한적이다. 다음 중 조직에 가장 맞게 설명이 된 조직 유형은 무엇인가?

① 프로젝트 조직

② 약한 매트릭스

③ 강한 매트릭스

④ 균형 매트릭스

정답 ④

해설 자원 및 가용성에 제한적이라면 균형 매트릭스 조직일 가능성이 크다. 강한 매트릭스 및 프로젝트 조직은 관리자로서 권한이 강력하다. 약한 매트릭스는 프로젝트 조정자와 촉진자가 등장하며 프로젝트 관리자는 조직에서 표현이 되지 않는다.

023 당신은 신제품 개발담당이사, 판매관리자 및 마케팅 관리자들과 회의를 소집한다. 제품 라인으로의 업그레이드가 언제 어떻게 회사에 도움이 되는지 이해하고 싶다. 당신은 다음 중 어느 문서를 요청할 것인가?

① 프로젝트 헌장
② 비즈니스 사례
③ 지속가능성 분석
④ 편익관리 계획

정답 ④
해설 편익관리계획은 지속적으로 제품의 편익이 발생되는지에 대한 판단을 제공하여 준다.

024 당신은 프로젝트 관리자로서 프로젝트를 종료하고 이를 수행하는 데 필요한 모든 입력을 컴파일(Compile)하기 시작한다. 당신은 스폰서로부터 프로젝트 종료과정을 검토할 수 있는 전화를 받는다. 스폰서가 검토하려는 가장 큰 이유는 다음 중 무엇인가?

① NPV와 IRR이 실현되었는지 확인하려고 한다.
② 모든 요구 사항이 충족되었는지 확인하려고 한다.
③ 프로젝트 결과에 대한 비즈니스 타당성과 실제 편익대비 편익관리계획을 검토한다.
④ 이 프로젝트에 적합하지 않는 다음 프로젝트에 대한 요구 사항을 분석하려고 한다.

정답 ③
해설 스폰서 입장에서는 프로젝트 종료시의 초기 설정했던 타당성과 편익이 제대로 실현이 되었는지 확인해야 한다.

025 프로젝트 리스크와 관련된 부정적인 결과의 가능성을 줄일 수 있는 활동을 수행하기 위한 문서화된 접근법은 다음 중 무엇인가?

① 시정조치
② 예방조치
③ 이슈조치
④ 결함수정

정답 ②

해설 리스크와 관련된 정형화된 문서적인 조치는 역시 변경요청과 관련되어 예방조치이다.

026 프로젝트 또는 프로젝트 단계를 종료하는 과정에서 조직 프로세스 자산을 업데이트해야 한다. 다음 중 종료의 일부로 업데이트되지 않는 것은 무엇인가?

① 프로젝트 헌장
② 품질 보고서
③ 리스크 보고서
④ 제품승인 문서

정답 ①

해설 종료 시에는 대부분 문서가 업데이트되며 프로젝트 헌장은 초기 착수 문서이므로 대상에서 포함이 되지 않는다.

027 다음 중 프로젝트의 최종종료보고서에 포함될 가능성이 가장 적은 것은?

① 인도물의 수용 근거
② 계획 대비 실제비용 및 일정데이터
③ 프로젝트의 실제 ROI와 계획 ROI
④ 품질기준에서 계획대비 충족 여부

정답 ③

해설 편익 부분은 내부적으로 별도 분석되는 것이고 고객에게 제출하는 최종보고서에는 인도물과 관련된 인수증거 및 관련 데이터 및 보고서 등이 포함된다.

028 프로젝트가 실행 단계의 중간에 있다고 하더라도 방금 프로젝트가 취소되었음을 알게 되었다. 현재 프로젝트 팀에 속한 사람들이 총 10명 있다. 10명 중 7명은 향후 프로젝트를 위해 회사에 남을 수 있다고 통보 받았지만, 나머지 3명은 프로젝트 팀에서 떠나야 한다. 팀에 남아야 하는 사람과 떠나야 하는 사람에 관한 올바른 결정을 내리기 위해 경영진에게 줄 수 있는 정보와 입력물은 무엇인가?

① 가장 불일치와 갈등에 관여했던 세 사람을 해고하는 것이 좋다.
② 과거 실적 보고서 및 모든 팀 구성원의 실적의 평가를 검토하여 권장 사항을 작성한다.
③ 동료들 간의 가장 약한 연결고리를 결정하기 위해 팀으로부터 피드백을 얻는다. 이 정보를 권장 사항의 기초로 사용한다.
④ 기능 관리자의 손에 3명을 결정하게 한다.

정답 ②

해설 팀 성과측정치와 프로젝트 성과보고서를 참조하여 팀원의 잔류 및 미잔류 결정을 내리는 것이 이상적이다.

029 당신의 조직은 새로운 의료기기에 대한 테스트 및 검증을 제공하기 위해 신규 고객으로부터 입찰을 받았다. 제품을 출시하기 전에 제조, 조립 및 문서를 평가하게 된다. 이것은 프로젝트의 무슨 예인가?

① 조직의 필요
② 시장 수요
③ 고객 요구 사항
④ 기술적 진보

정답 ③
해설 내용을 보면 고객의 요청에 따라 입찰을 통해 프로젝트가 착수된 것이다.

030 프로젝트 관리자가 수행해야 하는 역할 중 하나는 가능한 한 프로젝트 환경을 단순화하는 것이다. 다음 중 프로젝트의 복잡성 증가에 가장 기여하는 특성은 무엇인가?

① 요구사항의 모호성
② 비즈니스 편익에 대한 높은 기대감
③ 프로젝트의 각 부분 간의 상호 연결 수
④ 구성 요소 간의 동적 상호 작용

정답 ②
해설 프로젝트의 복잡성을 증가시키는 부분에 있어서 비즈니스 편익에 대한 상당한 기대감이 중요한 요소일 수 있다. 그 이유는 각 이해관계자들이 많은 간섭을 하는 거버넌스가 존재할 수 있기 때문이다.

031 당신은 다수의 프로젝트가 있기 때문에 경제적 타당성 조사가 필요하다. 프로젝트 관리 활동의 기초로 사용되는 문서로 경제적 타당성 조사와 관련이 있는 것은 다음 중 어느 것인가?

① 편익관리계획
② 전략적 계획
③ 비즈니스 케이스
④ 경제적 타당성 조사

정답 ③
해설 프로젝트 헌장의 입력물인 비즈니스케이스는 전략적인 부분과 재무적인 경제적 타당성 분석을 다 포함하고 있다.

032 프로젝트 관리자는 예산의 필요할 시기를 더 잘 이해할 수 있도록 프로젝트 단계별로 예산을 분산하려고 한다. 이로 인해 프로젝트의 원가기준선을 개발하게 한다. 일반적으로 프로젝트 예산의 대부분이 지출되는 부분은 다음 중 어느 것인가?

① 프로젝트 관리 계획 개발

② 프로젝트 작업 지시 및 관리

③ 통합된 방식으로 프로젝트 변경의 관리

④ 프로젝트 케이스와 프로젝트 차터의 개발

정답 ②

해설 예산을 가장 많이 사용하는 것은 역시 실행이다. 프로젝트 작업 지시 및 관리는 전체 실행을 의미하므로 정답으로 적정하다.

033 IT 부서의 업그레이드 프로젝트의 일환으로 그래픽 부서의 용도로 2대의 특별한 컴퓨터를 주문하였다. 컴퓨터 중 하나에 문제가 있으며 여전히 작동하지 않는다. 프로젝트의 마감 단계에 있고 계약이 공급업체와 체결되지 않았다는 것을 알고 있다. 당신은 이런 경우 어떤 조치를 취하겠는가?

① 이 문제가 해결될 때까지 프로젝트를 종료하지 않는다.

② 프로젝트를 종료하고 최종 프로젝트 보고서에 기록한다.

③ 당신 스스로 컴퓨터를 직접 수리하라. 그것은 공급업체가 하는 것보다 더 빠를 것이다.

④ 법무 부서에 불이행 문제가 있음을 알린다.

정답 ①

해설 분명 문제가 발생하고 있다. 이런 문제는 이슈이다. 프로젝트가 종료하기 위해서는 이슈가 해결이 되어야 한다. 프로젝트 종료 시 이슈로그가 들어가는 이유를 생각하여 보라.

034 프로젝트 관리자는 주어진 프로젝트에 대한 요구사항이 매우 역동적이며 예측할 수 없는 방식으로 빈번하게 변할 수 있다고 생각한다. 프로젝트의 과제 중 하나는 이러한 변화에 적응하는 것이다. 이러한 변화에 대처하고 대응할 수 있는 최상의 생애주기모델을 채택한다면 다음 중 어느 것인가?

① 예측형 수명주기

② 애자일/적응형 라이프 사이클

③ 계약형 수명주기

④ 폭포형 수명주기

정답 ②

해설 불확실성에 대비하는 방법론이 애자일(Agile)이다. 애자일은 적응형 생애주기라고 부르며 반복적과 점증적인 특징을 다 포함하고 있다.

035 프로젝트를 종료하는 과정에서 사용할 수 있는 몇 가지 데이터 분석 기술이 있다. 다음은 가능한 선택사항들이다. 이 중에서 해당이 되지 않은 것은 무엇인가?

① 문서분석
② 대안분석
③ 회귀분석
④ 추세분석

정답 ②

해설 종료 시에는 다양한 데이터 분석을 수행하는데 모든 문서에 대한 분석과 회귀분석 및 추세분석을 실시하여 프로젝트가 종료 시 제대로 진행되었는지 평가를 하게 된다. 대안 분석은 종료 단계에서 사용하기에는 시점상의 차이가 있을 수 있다. 주로 대안분석은 기획과 감시 및 통제 단계에서 사용한다.

036 프로젝트 관리자의 주된 역할은 프로젝트의 모든 구성 요소와 측면을 통합할 수 있도록 하는 것이다. 통합의 비용이 증가되는 부분과 관련이 없는 것은 다음 중 어느 것인가?

① Scope creep
② 부정확하게 정의된 목표
③ 부정확하게 작성된 범위기술서
④ 변경통제위원회의 존재

정답 ④

해설 비용을 증가시키는 요인은 대체적으로 범위의 증가와 계획의 부정확성에 있다. 변경통제위원회는 비용증가와 직접적 관계가 없다.

037 고객은 신원을 확인하기 위해 사람의 이름과 지문을 확인하는 보안 시스템이 필요하다고 말했다. 모든 직원의 출입 시간을 기록하기 위해 시스템을 네 개의 출입문에 배치해야 한다. 이 정보는 프로젝트 헌장의 어느 부분에 문서화되어야 하나?

① 개략적 요구사항
② 프로젝트 정당성
③ 요약 마일스톤
④ 개략적 리스크

정답 ①

해설 헌장에는 초기 고객의 개략적인 요구사항이 담긴다. 상기 내용은 프로젝트 초기의 요구사항이다.

038 프로젝트를 수행하는 동안 프로젝트 관리자는 특정 계약자에게 여러 가지 문제에 직면하여 공급 업체와 계약을 해지하기로 결정했다. 프로젝트 관리자는 동일한 계약자가 조직의 여러 다른 프로젝트에서 작업하고 있음을 알고 있다. 프로젝트 관리자가 할 수 있는 최상의 방법은 다음 중 어느 것인가?

① 계약을 종료하고 다른 공급 업체를 식별한다.

② 지식관리 데이터베이스 안에 계약종료와 교훈사항을 문서화하고 계약부서와 관련된 프로젝트 관리자에게 통보한다.

③ 부실 성능에 비추어 주어진 공급업체와의 모든 현재 계약을 해지하도록 계약 사무소에 요청한다.

④ 공급업체의 저성과의 중요원인을 식별하고 시정조치를 위한 계획을 추천한다.

정답 ②

해설 먼저 문서화를 제대로 하고 관련대상 부서에 통지하는 것이 바람직하다. 직접적으로 계약종료를 하도록 강요하는 것은 적합하지 않다. 왜냐하면 다른 프로젝트에서는 문제가 없을 수도 있고 만일 강제 계약을 종료토록 하면 다른 프로젝트는 실패할 가능성도 높아진다.

039 4명의 프로그램 관리자에게 보고하는 15명의 프로젝트 관리자는 세계 최대공항을 건설하는 조직 안에 포함이 되었다. 15명의 프로젝트 관리자가 프로젝트를 담당하고 있다. 3개의 프로젝트는 이미 완료되어 수용되었다. 프로젝트 관리자는 이 프로그램에 따라 새 프로젝트를 시작한다. 프로젝트를 시작할 때 프로젝트 관리자가 검토해야 하는 첫 번째 문서는 무엇인가?

① 이해관계자 관리대장 및 프로젝트 보고서

② 프로젝트 기록 및 프레젠테이션

③ 공항 비즈니스 케이스

④ 다른 프로젝트에 대한 이해관계자로부터 얻은 교훈 및 피드백

정답 ④

해설 과거 유사프로젝트의 교훈사항을 먼저 점검하고 이번 프로젝트의 관련 문서나 계획을 보는 것이 좋다. 이런 과거 기록은 주로 조직프로세스 자산에 포함이 되어 있다.

040 형상관리는 다음과 같은 목적으로 기술 및 관리 방향 및 감시를 적용하는 데 사용되는 문서화된 절차이다. 가장 적절한 것은 무엇인가?

① 프로젝트 상태에 대한 객관적인 측정 유지
② 프로젝트 실제현황에 대한 변경 사항과 특정한 변경의 통제
③ 고위 경영진에게 성과 문제에 대한 보고
④ 획득 가치에 대한 성과 목표 정의

정답 ②

해설 변경관리와 버전관리를 포함하여 전반적인 변경과 관련된 큰 틀의 시스템을 형상관리 시스템이라 한다.

041 프로젝트를 실행하는 동안 프로젝트 관리자와 프로젝트 팀은 성능 차이로 인한 시정 조치를 취해야 한다. 이러한 시정 조치는 다른 프로젝트 관리자에게 도움이 될 수 있으며 다음을 통해 공유되고 문서화되어야 한다.

① Change control board
② Steering committee
③ 정량적 리스크 분석
④ Lessons learned register

정답 ④

해설 다른 프로젝트 관리자에게 도움을 줄 수 있는 정보의 대표적인 것은 역시 Lessons learned register이다.

042 회사가 상당한 투자를 해준 상당한 수준의 프로젝트가 50% 완성되었다. 이해관계자는 이것이 예산 초과 또는 일정 지연을 감당할 여유가 없는 프로젝트라는 것을 자주 언급했다. 어떤 종류의 정보가 이해 관계자에게 가장 가치가 있는가?

① 품질 감사 보고서
② 작업성과 보고서
③ 작업성과 데이터
④ 프로젝트 팀 성과 평가치

정답 ②

해설 작업성과 보고서는 작업성과정보를 통해 현재현황을 평가하고, 획득가치기법의 요소인 일정 및 원가의 예측치를 입력물로 받아서 작성이 되기 때문에 프로젝트의 미래예측도 가능하다.

043 프로젝트를 종료한다는 것은 모든 활동을 질서 정연한 결론으로 이끌어내는 데 있다. 다음 중 종료 프로세스의 일부가 될 가능성이 없는 것은?

① 모든 계약상 의무의 종결유무를 확인한다.

② 프로젝트 또는 단계 기록을 수집 및 보관한다.

③ 다음 프로젝트의 현장 작업을 시작한다.

④ 지식 공유 및 지식 이전 관리한다.

정답 ③

해설 다음 프로젝트 헌장 개발을 이번 프로젝트 프로세스에서 행할 이유가 없다.

044 프로젝트의 인도물은 고객이 수용했으며 프로젝트는 종료되고 있다. 프로젝트 관리자는 고위 경영진이 새 프로젝트에 긴급하게 참여해야 하는 대다수의 팀 구성원을 위해 현재의 프로젝트 팀의 즉시 해제를 하도록 요청 받았다. 이런 경우 프로젝트 관리자는 무엇을 우선으로 하여야 하나?

① 팀원을 해체하기 전에 교훈을 얻은 회의를 포함하여 공식적으로 프로젝트를 종료한다.

② 지시에 따라 즉시 팀원을 해체한다.

③ 팀 구성원을 해체하지만 지식관리 데이터베이스에서 습득한 교훈을 수집할 수 없음을 기록한다.

④ 팀원을 해체하고 나중에 시간을 요청하여 나머지 프로젝트 종결 활동을 완료한다.

정답 ①

해설 공식적인 프로젝트 종료를 위해 최선을 다하여야 한다. 교훈사항을 모으고 공식종료 수순을 밟는다.

045 당신은 프로젝트 관리자로서 계획된 6개월 기간의 중간 지점에 있는 프로젝트를 관리하고 있다. 당신의 팀은 고객에게 일련의 프로토 타입 중 최신 내용을 발표했다. 고객은 일반적으로 진행 상황에 만족하기는 하지만, 고객이 요구한 특정 기능이 결여되어 있다고 주장한다. 당신은 고객의 요구사항을 확인하고 고객이 언급한 특정 기능에 대해 명확하지 않은 것을 알게 된다. 기능을 추가하는 것은 프로젝트가 일정을 놓치고 예산을 초과하게 만드는 상당한 비용이 드는 노력을 필요로 한다. 이런 상황을 해결하는 가장 좋은 방법은 무엇인가?

① 누락된 기능에 대한 변경 요청을 기록하도록 고객에게 요청한다.

② 고객 및 스폰서와 해당 이슈를 토의하고 해결 방법을 찾아본다.

③ 고객이 지시한 대로 변경 작업의 영향을 분석한다.

④ 부분 또는 누락된 기능을 추가하고 고객에게 나머지 비용을 흡수하도록 동의함으로써 중간수준으로 합의한다.

정답 ②

해설 요구사항 관리 부분에 허점이 추후에 발견되었다. 따라서 이에 대해 진지하게 고객과 스폰서와 협의를 하고 대안을 찾아보는 것이 최상의 방법이다.

046 당신은 프로젝트 관리자로서 프로젝트 종료와 관련된 정보를 준비하고 있다. 이에 최종보고서 작성시 필요하지 않은 것은 다음 중 어느 것인가?

① 최종 프로젝트 차이에 대한 요약정리

② 프로젝트 변경이력들의 요약

③ 발생한 리스크 및 이슈들의 요약

④ 다음 프로젝트에서 완료해야 할 작업

정답 ④

해설 최종보고서에는 이번 프로젝트에서 발생한 내용 및 정보가 포함된다. 다음 프로젝트에서 할 작업은 포함이 되지 않는다.

047 프로젝트 종료 및 계약 종료는 모두 프로젝트의 필수 작업이다. 이 두 가지 활동 중 공통적으로 갖는 것 중에서 가장 중요한 것은 다음 중 어느 것인가?

① 프로젝트 자원의 해제를 가져온다.

② 프로젝트 교훈사항을 작성하여 마무리한다.

③ 해결해야 할 클레임이 발생할 수 있다.

④ 각 프로젝트 단계의 끝에서 수행된다.

정답 ②

해설 교훈 사항정리는 프로젝트 종료나 조달의 종료나 다 필요하다. 클레임이 발생할 수 있는 부분도 공통점이나 교훈사항정리가 더 중요하다.

048 비즈니스 가치를 제외하고 다음 중 프로젝트 승인을 위한 중요한 사전 조건은 무엇인가?

① 조직 전략과 프로젝트의 연계

② 낮은 수준에서 중간 수준의 리스크

③ 프로젝트가 끝날 때까지 명확한 로드맵

④ 현재 및 잠재 고객의 프로젝트 참여 의사

정답 ①

해설 프로젝트와 조직전략과의 연계의 중요성은 늘 강조되고 있다. 이런 부분이 프로젝트 경영이고 편익관리와 비즈니스 타당성의 점검과 늘 연계되어 있다.

049 대규모 IT 프로젝트의 마무리 시점에서, 최종 인도물이 사용자에 의해 테스트가 되었으며 사용자는 테스트 결과에 만족한다. 프로젝트 스폰서가 출장을 떠나기 때문에 사용자 대표는 최종 제품에 서명하여 시간을 절약할 것을 제안한다. 스폰서를 기다리면 인수인계가 지연되고 비용이 추가될 수 있다. 이런 경우 당신은 프로젝트 관리자로서 어떻게 하여야 하는가?

① 스폰서에게 이메일을 통해 통지하고 그가 돌아올 때 공식 승인을 하도록 한다. 대신 리스크 관리대장에 일정 지연과 비용의 증가로 가능성과 영향을 기록한다.

② 사용자가 인도물에 서명하기를 원한다는 사실을 문서화한다. 인수로 기록하고 종료 준비를 한다.

③ 사용자가 만족을 표명했으므로, 공식적인 승인은 필요하지 않으며 종료로 진행할 수 있다.

④ 프로젝트가 완료됨에 따라 교훈을 얻은 회의를 실시하고 팀원을 해체한다.

정답 ①

해설   인수는 공식적인 프로세스를 거쳐야 한다. 인수와 관련된 스폰서가 있어야 하고 이에 대한 조치를 취하여야 한다. 일단 지연 부분에 대한 리스크를 스폰서에 통지하여야 한다.

050 베타기업은 대부분의 수익이 경쟁 입찰에 진행하는 프로젝트 기반 회사이다. 마케팅 및 영업 부서는 입찰 그룹을 평가하여 입찰을 준비한다. 프로젝트 관리자는 계약서가 끝날 때까지 배정되지 않았다. 어떤 문서에서 개략적인 요구 사항이 프로젝트 관리자의 검토를 위해 처음 나타나는가?

① 프로젝트 헌장

② 프로그램 관리 계획

③ WBS

④ 조달 작업기술서

정답 ①

해설 프로젝트 착수와 관련하여 개략적인 요구사항은 프로젝트 헌장 안에 포함이 된다. ④번 조달 작업기술서는 외주를 줄 때 구체적인 내용이 기입되어 사용이 된다.

051 당신은 프로젝트 관리자로서 프로젝트의 최종 결과를 요약하고 있다. 최종 보고서안에 사용되는 가장 적합한 차트(Chart) 유형은 무엇인가?

① 획득가치기법(Earned Value Management)

② 관리도(Control Chart)

③ RAM(Role Assignment Matrix)

④ 추세 예측(Trend Forecast)

정답 ①

해설 프로젝트의 관리 성과를 나타내기 위해서 가장 대표적으로 사용되는 것이 획득가치기법이다. 이것을 통해 프로젝트 현재 현황과 미래예측이 가능해진다.

052 프로젝트에 5,000,000달러를 투자하여 6,500,000달러를 벌어들인다면 편익원가비율, 즉 BCR(Benefit cost ratio)는 얼마인가?

① 0.77

② 1.07

③ 1.09

④ 1.3

정답 ④

해설 6,500,000/5,000,000＝1.3, 즉 투자대비 30% 수익을 가져왔다는 이야기이다.

053 프로젝트 변경을 관리할 때, 프로젝트 관리자가 변경통제시스템에서 수행할 수 있는 가장 유용한 역할은 무엇인가?

① 영향력을 가진 변경통제위원회를 수립한다.

② 변경을 초래하는 요인에 영향을 줌으로써 불필요한 변경을 사전에 방지하고 예방한다.

③ 원래 프로젝트의 기준선을 유지될 수 있도록 가능한 한 변경을 방지한다.

④ 프로젝트 작업을 수행하는 동안 계획에서 전혀 벗어나지 않도록 팀을 훈련시킨다.

정답 ②

해설 변경도 사전에 불필요한 변경을 예방하는 것이 일차적으로 중요하고 변경이 만일 발생하면 기준선과의 영향을 관리하고, 변경이 승인된 부분만 수행되도록 관리하는 것이다.

054 당신은 단계별로 조직된 소프트웨어 개발 프로젝트를 위한 프로젝트 헌장을 준비하고 있다. 소프트웨어 프로젝트의 일반적인 단계에는 개념화, 기획, 코딩, 테스팅 및 구현이 포함된다. 이런 경우 프로젝트 관리 프로세스 그룹과 관련하여 가정 적절한 설명은 다음 중 어느 것인가?

① 프로젝트 관리 프로세스 그룹이 단계 대신 사용해야 한다.

② 프로젝트 관리 프로세스 그룹은 각 단계 내에서 수행되어야 한다.

③ 프로젝트 관리 프로세스 그룹은 인도물을 표시하기 위해 프로젝트 마지막 단계에서만 수행해야 한다.

④ 프로젝트 단계로 기획을 하기에 충분하기 때문에 별도로 프로젝트 관리 프로세스 그룹은 필요하지 않다.

정답 ②

해설 단계 안에서도 착수-기획-실행-감시 및 통제 및 종료 프로세스 그룹이 수행되므로 ②번이 적절한 답이다.

055 미래 가치 사용에 투자할 수 있는 최상의 프로젝트를 결정하고 있다. 다음 네 가지 프로젝트 중 무엇이 가장 최상의 프로젝트인가?

① 미래 가치 1,100,000달러의 프로젝트 A
② 미래 가치 1,100,500달러의 프로젝트 B
③ 미래 가치 1,500,500달러의 프로젝트 C
④ 질문에 대답하기에 불충분한 정보

정답 ③

해설 역시 미래가치가 클수록 좋은 프로젝트이다. 수익성 측면에서는 그렇다. 참고로 전략적인 측면도 늘 검토해야 함을 잊지 말아야 한다.

056 제품의 요구 사항과 사양이 허용 범위 내에 있음을 보장하기 위해 테스트 라운드를 추가하는 것을 방금 승인했다. 이것은 다음 중 무엇의 예인가?

① 시정 조치
② 예방 조치
③ 재작업
④ 결함 수정

정답 ②

해설 문제를 예방하기 위한 예방조치는 리스크 관리의 부분의 중요한 역할이다.

057 교훈을 얻은 회의를 진행하는 것은 지속적인 개선 문화를 장려하기 위해 다른 프로젝트에서 사용할 수 있는 프로젝트 경험으로부터 통찰력과 지식을 얻는 중요한 메커니즘이다. 프로젝트 팀과 함께 배운 교훈을 수집하기 위해 회의를 진행하는 동안 중요도가 떨어지는 부분은 어느 것인가?

① 프로젝트 범위에 대한 이해 관계자의 다양한 기대치를 비교한다.
② 기술 자원의 부족으로 향후 프로젝트에서 기술 지연을 방지하는 방법을 분석한다.
③ 프로젝트 팀의 작업을 토대로 개별 팀 구성원의 성과를 평가한다.
④ 계획 및 시행된 리스크 대응이 프로젝트 예산에 미치는 영향을 분석한다.

정답 ③

해설 교훈사항 작성에 있어 팀 성과 및 개별성과측정치 평가는 다른 부분에 비해 미시적인 부분이다.

058 종료 프로세스는 전체 프로젝트가 완료되고 프로젝트 내의 단계가 종료된 후에 발생한다. 단계
　　 종료와 프로젝트 종료 사이의 근본적인 차이점은 무엇인가?

　　 ① 중간단계가 끝나는 동안 교훈사항은 문서화되지 못할 수도 있다.

　　 ② 단계 종료 동안에, 최종 프로젝트 산출물을 공식 승인하지 못할 수도 있다.

　　 ③ 지식공유는 단계종료 동안에는 핵심이 아닐 수 있다.

　　 ④ 단계 종료는 비공식적인 과정일 수 있다. 체크리스트와 보고서만 작성하면 된다.

　　 정답 ②

　　 해설　단계진행 중에 종료가 이루어질 수 있기 때문에 최종 산출물이 완성이 되지 못한
　　 상태에서 Pre-mature closing이 발생할 수도 있다. 반면 프로젝트 종료는 범위확인을
　　 통해 공식적으로 인도물을 승인하고 종료를 추진한다.

059 Contingency and management reserves를 포함하여 총 프로젝트 예산은 2,000,000달러
　　 이다. 최종 프로젝트 비용이 승인된 예산의 ± 5% 수준이면 프로젝트는 성공한 것으로 간주된
　　 다. 이렇게 기준을 설정한 것은 다음 중 어떤 예인가?

　　 ① 프로젝트 목표 및 성공 기준

　　 ② 프로젝트 요구 사항

　　 ③ 개략적인 리스크

　　 ④ 제약사항

　　 정답 ①

　　 해설　프로젝트 성공기준이다. 이 부분은 프로젝트 종료 시 재평가를 하게 된다.

060 프로젝트 착수단계에서 이해 관계자와의 회의에서 프로젝트 관리자는 비즈니스 편익을 제공하는
　　 프로젝트의 능력이 환율의 변동에 크게 의존한다는 사실을 깨달았다. 다음 중 이런 부분을 설명
　　 해주는 부분은 다음 중 어느 것인가?

　　 ① 조직 프로세스 자산

　　 ② 기업 환경 유인

　　 ③ 프로젝트 가정

　　 ④ 프로젝트 제약 조건

　　 정답 ②

　　 해설　환율 변동은 기업환경요인의 한 부분이다.

061 당신은 프로젝트 관리자로서 획득가치기법에 따라 원가 및 일정성과지수가 현재 각각 0.94와 0.89라는 보고서를 받았다. 이에 당신은 어떤 조치를 취하겠는가?

① 일이 정말 잘 진행되고 있는 것처럼 팀 회의를 조성하고 작은 축하를 한다.
② 프로젝트 스폰서와 긴급 회의를 소집하여 일정을 단축할 수 있는 전문가를 뽑는다.
③ 이 데이터가 추세인지 또는 일시적인 수치를 나타내는지를 먼저 확인한다.
④ 보고서에 주석으로 추가할 수 있는 설명을 준비한다.

정답 ③
해설 먼저 전반적인 흐름인지 일시적인 것인지 현황 평가 후 대응대책을 마련하여야 한다. 현재 일정이 11% 지연되고 있고 비용이 6% 초과되고 있는 상태이다. 이에 특히 일정지연부분을 점검하여야 한다.

062 Thomas는 숙련된 프로젝트 관리자이며 착수하려는 프로젝트의 성공 방법에 대해 프로젝트 스폰서와 상의하고 있다. 스폰서가 제시하고자 하는 조치 중 하나는 투자수익이다. Thomas는 프로젝트의 실행 가능성을 결정하는 것이 유용한 방법일 수 있다고 생각하지만 프로젝트가 끝날 때 이를 측정하는 것은 쉽지 않을 수 있다. Thomas는 왜 그렇게 생각하나?

① 프로젝트가 충분한 투자 수익을 창출하는지 여부는 프로젝트 관리자가 통제할 수 없기 때문에
② 프로젝트 관리자와 팀은 재무적인 측정을 계량화할 전문 지식을 갖지 못할 수 있기 때문에
③ 일부 간접비를 배분하기 쉽지 않기 때문에 총투자를 계량하는 것이 불가능할 수 있기 때문에
④ 발생하는 수익은 프로젝트가 완료되고 결과가 전달될 때까지 알려지지 않을 수 있기 때문에

정답 ①
해설 이 문제는 쉬운 문제는 아니다. 가장 적절한 것은 ①번이다. 쉽게 투자수익을 통제하기가 어렵다. 여러 가지 환경요인이 종합되어 프로젝트 관리의 성과가 나오기 때문에 초기 성공기준을 종료 시 평가하기가 쉽지 않다고 Thomas는 생각하고 있다.

063 프로젝트가 종료되었으며 프로젝트 관리자는 종료 프로세스를 수행하는 방법에 대해 알지 못한다. 일반적으로 어떻게 종료 프로세스 추진을 해야 하는 부분은 사전에 어디에서 결정되었어야 하나?

① 품질 관리를 수행하는 동안
② 계획 프로세스 중

③ 범위확인을 수행하는 동안

④ 조직 프로세스 자산 준비 중에

정답 ②

해설 가이드 및 절차는 기획프로세스의 프로젝트 관리계획에 들어가 있다.

064 프로젝트에 문제가 있다. 당신은 프로젝트 관리자로서 팀을 구성하여 솔루션을 식별한다. 첫 번째 단계는 문제를 완전히 탐색하고 명확하게 정의하는 것이다. 다음 단계는 적당한 것은 다음 중 무엇인가?

① 솔루션 실행 계획

② 프로세스 평가

③ 문제 해결안 생성

④ 리스크 관리

정답 ③

해설 문제의 탐색이 완료되면 문제해결안을 생성한다. 그 다음에는 생성된 해결안으로 실행을 하고 영향을 평가하고 최종 검증을 하는 것이다.

065 프로젝트 인도물이 수용이 되었고 모든 프로젝트 기록이 보관되었다. 당신은 프로젝트 관리자로서 프로젝트를 종료 전에 작업을 통해 제품이 운영에 의해 관리가 되는지를 확인하여야 한다. 이런 부분에서 나타나는 것은 무엇을 의미하는 상황인가?

① 범위 관리

② 범위 확인

③ 제품의 배포

④ 소유자에게 이전

정답 ④

해설 내용을 보면 다음 단계로 이전을 하는 상황이다. 종료 시에는 제품, 결과, 서비스를 고객 또는 인수자에게 이전을 하는 것을 최종적인 목표로 하고 있다.

066 당신은 프로젝트 관리자로서 IT 업그레이드 프로젝트를 종료하고 있다. 제품을 고객에게 이전조치하고 교훈관리대장 및 조직 프로세스 자산 등 다양한 문서를 업데이트했다. 나머지 단계로 고객과의 행정적 처리를 완료하기 위해 취하여야 하는 가장 적절한 것은 무엇인가?

① 업체에 미지급금 지불하기

② 리스크 등록대장을 갱신하기

③ 프로젝트 성과를 요약한 최종 보고서 작성하여 고객에게 발송하기

④ 데이터 분석 수행하기

정답 ③

해설 대표적인 행정적 종료가 최종보고서 제출이다. 물론 미지급금, 클레임행정 등도 있지만 프로젝트 종료에 있어서는 최종보고서가 우선이다.

067 프로젝트가 예기치 않게 조직에 의해 종료되었다. 프로젝트 종료 절차를 완료하는 과정에서 프로젝트 관리자가 해야 하는 첫 번째 작업은 무엇인가?

① 교훈사항을 조직 프로세스 자산으로 업데이트한다.
② 프로젝트에 할당된 자원을 해산한다.
③ 최종 보고서를 작성하여 이해 관계자에게 배포한다.
④ 결과물의 완성 수준을 결정하여 보고한다.

정답 ④

해설 갑자기 프로젝트가 중단되어 종료되는 경우에는 먼저 현재 일의 성과 부분의 진척 정도를 평가하여 보고를 하여야 한다. 아마도 매몰비용의 내용에 따라 고객과 종료에 따른 협상을 하여야 할 것이다.

068 프로젝트에서 전반적인 포괄적 리스크는 다음과 같은 이유로 프로젝트 착수 시점에서 중요하다.

① 리스크와 비용은 직접 관련이 있다.
② 리스크와 비용은 반비례 관계이다.
③ 리스크와 지식은 직접 관련이 있다.
④ 리스크와 프로젝트 경험은 역으로 관련된다.

정답 ④

해설 경험이 많으면 조직프로세스 자산에 리스크 데이터가 축적되고 이로 인해 착수할 시 프로젝트 리스크는 줄어드는 경향이 있다.

069 당신은 프로젝트 관리자로서 2년짜리 제약 프로젝트를 종료하고 있다. 지금까지 당신은 교훈을 얻은 세션을 실행하고, 인력을 재배치하여 모든 비용이 프로젝트에 청구되고 최종 보고서에 대해 정교하게 작성되도록 했다. 이 시점에서 취할 수 있는 가장 중요한 조치는 무엇인가?

① 이해 관계자로부터 만족도를 측정한다.
② 기념 파티를 열어 성공을 축하한다.
③ 다음 과제를 찾기 시작한다.
④ 기업환경요인을 업데이트한다.

정답 ①

해설 프로젝트 종료가 행정적으로 마무리되었다. 이에 최종적으로 이해관계자들로부터 성과의 만족도를 평가받는 것이 좋다.

070 한 조직 내의 영향력 있는 임원이 복도에서 우연히 한 프로젝트 관리자를 만났다. 임원은 프로젝트 관리자가 다음 회계 연도의 까다로운 생산 목표를 달성하는 데 어려움을 극복하고 싶어한다. 프로젝트 관리자가 응답할 수 있는 가장 적절한 대응 답변은 무엇인가?

① 이것은 운영관리의 활동이다. 프로젝트의 영역이 아니다.

② 중요한 개조가 필요하기 때문에 프로그램이다.

③ 프로젝트 관리자가 참여하기 전에 프로젝트의 비즈니스 사례를 준비해야 한다.

④ 생산 목표는 현실적이어야 하며 조직의 역량에 맞게 조정되어야 한다.

정답 ①

해설 생산의 실적 부분은 운영관리 부분이다. 프로젝트 관리 부문이 아니다.

071 팀은 프로젝트 관리 계획에 상세히 설명된 활동을 수행하면서 몇 가지 새로운 기술을 발견하고 새로운 지식을 습득했다. 이러한 기술과 지식을 언제 수집하여 보관하여야 하나?

① 프로젝트가 끝나면 조직 프로세스 자산을 업데이트한다.

② 지식이 손실되지 않도록 최대한 빨리 해야 한다.

③ 지식이나 기술이 성공적으로 입증된 후에 한다.

④ 고객 또는 프로젝트 후원사가 보관 처리를 완료한 후 한다.

정답 ②

해설 필요한 지식은 빨리 저장을 하여 손실을 없애야 하고 안전하게 저장하여야 한다.

072 팀원은 모든 프로젝트가 끝날 때 모든 프로젝트 기록을 보관하는 가치에 대해 궁금해 한다. 다음 중 프로젝트 기록을 사용하지 않는 것에서 중요도가 떨어지는 것은 어느 것인가?

① 이전의 조직의 프로젝트 성과를 벤치마킹하여 이번 프로젝트의 목표수립을 위해

② 후속 프로젝트의 교훈사항 작성에 도움을 주기 위해

③ 후속 프로젝트를 계획하는 데 사용하기 위해

④ 미래의 프로젝트가 실패할 가능성을 피하기 위해

정답 ②

해설 다른 부분은 중요도가 있지만 후속 프로젝트의 교훈사항의 작성에 도움이 되기 위해 사용되는 부분은 미시적이다.

073 신세대 스마트폰용 리튬 이온배터리의 결함 부품이 품질 테스트에 실패했다. 당신은 그것을 분해해본 결과 전자 부품 중 하나가 품질에 문제를 일으키고 있는 것을 확인한다. 부품을 교체하고 다시 테스트하여 이온 배터리가 품질통과를 한다. 이것은 다음 중 무엇의 예인가?

① 지속적 프로세스 개선 활동

② 예방 조치

③ 파래도 다이어그램을 통한 품질개선

④ 결함 수정

정답 ④

해설 품질문제에 대한 결함수정으로 재작업을 실시하였으므로 결함수정으로 인한 변경 부문이 해당이 된다.

074 이전 프로젝트 관리자가 갑자기 떠나서 당신은 방금 프로젝트에 참여했다. 현재 프로젝트 현황을 파악해보니 개략적인 프로젝트의 목적을 설명하는 문서가 없다. 당신은 프로젝트 관리자로서 가장 먼저 하여야 할 일은 다음과 같다.

① 팀 회의에 실시하고 프로젝트 관리 계획을 만든다.

② 프로젝트헌장을 승인받는다.

③ 이슈로그를 읽어본다.

④ 프로젝트를 보류하기 위해 변경요청을 수행한다.

정답 ②

해설 개략적인 프로젝트의 목적을 설명하는 문서가 없다는 것은 아직도 프로젝트 착수 인서, 즉 프로젝트 헌장이 없다는 것이다. 이에 즉시 프로젝트 헌장을 승인을 받아야 한다.

075 프로젝트 관리자는 프로젝트의 특정 단계에서 원재료를 주문했다. 단계가 끝나는 시점에서 원재료의 절반 이상이 여전히 남아있는 것으로 나타났다. 초과된 원재료는 어떻게 해야 하나? 가장 적절한 조치는 다음 중 어느 것인가?

① 나머지 단계에서 필요하지 않은 경우 자재를 반품하거나 매매하거나 창고로 보내야 한다.

② 초과된 원재료의 처리 방법은 전체 프로젝트가 종료될 때까지 기다려야 한다.

③ 초과 재료가 주문된 이유를 파악하고 책임 소재를 따져본다.

④ 초과된 잔여재료에 대해 다루는 방법에 대한 조언을 스폰서에게 요청한다.

정답 ①

해설 일차적인 조치는 반품조치, 매매조치, 창고에 보관하는 것이다. 그런 다음에 이런 부분이 잘 안 되면 대안을 찾아보아야 한다.

076 프로젝트 팀이 프로젝트 작업을 완료했으며 종료 단계에 있다. 프로젝트 관리자와 팀원들은 프로젝트 기록을 보관하고, 최종 보고서를 작성하고, 교훈을 얻은 문서를 완성했다. 그렇다면 다음 중 프로젝트가 종료된 것으로 간주되기 전에 가장 중요한 단계는 무엇인가?

① 프로젝트 팀원은 다른 프로젝트 또는 활동에 배정되어야 한다.
② 팀은 최종 보고서가 조직의 프로세스 요구 사항을 준수하는지 확인해야 한다.
③ 프로젝트 관리자는 공식적으로 프로젝트의 종료를 모든 이해 관계자에게 알려야 한다.
④ 고객으로부터 인도물에 대한 공식승인 받은 부분을 확실하게 문서화해야 한다.

정답 ④
해설 종료 단계에서는 역시 인도물에 대한 공식 승인 부분의 문서에 대한 철저한 확인과 문서화가 필요하다.

077 프로젝트 헌장을 준비하면서 비즈니스 케이스를 검토하고 있다. 비즈니스 케이스는 프로젝트의 결과의 영향이 프로젝트 투자가 정당화하는지 여부를 결정한다. 다음 중 비즈니스 사례에 포함될 수 있는 비재무적 측정 항목은 무엇인가?

① 순현재가치
② 성공 기준
③ 회수 기간
④ 비용 편익

정답 ②
해설 ②번을 제외하고는 재무적인 분석 방법이다.

078 실행 중에 팀은 프로젝트 범위를 기준으로 삼아 중요한 작업 패키지를 놓친 것을 알게 되었다. 추가 작업은 프로젝트의 비용 및 일정 기준에 영향을 줄 수 있다. 프로젝트 관리자는 가장 먼저 무엇을 해야 하나?

① 실수를 만회하기 위해 초과 근무를 하도록 팀원에게 요청한다.
② 요구되는 작업에 대한 자세한 분석을 수행하고 프로젝트의 기준선을 수정한다.
③ 팀에 대한 영향을 줄이고 변경 요청을 준비할 수 있는 대안을 찾아보도록 요청한다.
④ 누락된 작업 패키지의 이유를 포함하여 교훈사항을 업데이트한다.

정답 ③
해설 먼저 같이 대안을 찾아보는 것이 중요하다. 대안 중에는 기준선 변경을 포함한 변경요청이 포함될 수도 있다.

079 프로젝트 스폰서는 프로젝트 결정을 효과적으로 내릴 수 있어야 한다. 다음 중 스폰서가 효과적인 프로젝트 결정을 내리는 데 도움이 되도록 프로젝트 관리자 및 팀이 준비할 수 있는 최선의 방법은?

① 스폰서가 주요 결정을 고려하기 위해서는 모든 기술적 세부 사항 등이 제공되어야 한다.

② 팀원은 스폰서를 항상 지지해야 한다.

③ 결정을 내리기 전에 모든 이해 관계자들 사이에서 합의를 위해 노력한다.

④ 스폰서 및 프로젝트 관리자는 초기에 명확한 기대를 설정해야 한다.

정답 ④

해설 이해관계자는 각각 다른 기대사항을 가지고 있다. 초기 기대사항이 정리가 되지 않으면 스폰서가 프로젝트 목표 부분에 결정을 내리기가 쉽지 않다. 따라서 이에 대한 사전 협의 및 합의가 필요하다.

080 한 회사가 지방 정부로부터 큰 계약을 맺었다. 프로젝트 관리자가 회사에서 임명되어 헌장을 작성 중이다. 헌장을 준비하는 동안 프로젝트 관리자는 여러 부서의 팀 구성원 간에 작업이 조정되어야 함을 깨달았다. 프로젝트의 목표가 매우 공격적이기 때문에 프로젝트 관리자는 부서별 사일로를 극복하기 위해 취할 수 있는 노력의 수준에 대해 우려하고 있다. 프로젝트 관리자는 무엇을 해야 하나?

① 부서별 사일로를 프로젝트 헌장의 주요 리스크 중 하나로 추가한다.

② 보수적인 방식으로 프로젝트를 계획하고 적절한 기대치를 설정한다.

③ 고객과 협상하여 Contingency reserve를 추가한다.

④ 프로젝트 스폰서와 적절한 조직 거버넌스 프레임워크가 프로젝트에서 작동하도록 설정하는 방법을 협의한다.

정답 ④

해설 프로젝트가 대형 프로젝트이고 다양한 부서가 통합되어 관리되는 일종의 메가 프로젝트이다. 이런 경우 거버넌스 관리가 중요하다. 따라서 이에 대한 협의가 필요하다.

081 다국적 기업이 다른 나라에 사무소를 설립했다. 지역 사회 봉사 활동의 일환으로 이 지역의 지역 사회에 의료 지원을 제공하기 위한 프로젝트 추진을 위한 기금을 마련하기로 결정했다. 이런 경우 이 프로젝트의 비즈니스 사례는 무엇을 기반으로 하고 있는가?

① 신규시장에서 설립의 필요

② 브랜드 이미지 강화

③ 고객 요청 충족

④ 사회적 필요 충족

정답 ①

해설 내용을 보면 신규시장에 대한 진출 성격이 강하다.

082 노르웨이의 두 도시를 연결하는 대형교량의 프로젝트관리자로서 정교한 이해관계자참여계획을
준비했다. 이 프로젝트는 완료하는 데 10년이 걸릴 것으로 예상된다. 계획을 얼마나 자주 검토
해야 하나?

① 기준선을 변경해야 하는 경우에만 실시한다.

② 프로젝트 관리 계획과 이해 관계자의 입력에 근거로 한다.

③ 회계 기간에 맞추어 적어도 일년에 두 번 정도 한다.

④ 주요 단계 또는 마일스톤 완료시 실시한다.

정답 ②

해설 계획에 대한 검토주기는 프로젝트 관리 계획과 이해관계자의 요구사항을 기반으로
한다.

083 착수단계에서 프로젝트 헌장에 대한 개략적인 리스크를 식별하고 문서화하는 것이 좋다. 다음
중 프로젝트 헌장에 포함되지 않을 가능성이 큰 리스크 내용은 다음 중 어느 것인가?

① 비즈니스 예측은 불확실하고 정부 정책에 의존한다.

② 프로젝트 동안에 요구 사항이 자주 변경될 수 있다.

③ 이번에 사용되는 기술은 조직에 새로운 것이다.

④ 프로젝트 중에 자원이 남을 수 있다.

정답 ④

해설 자원이 남는 부분은 아주 큰 리스크로 볼 수는 없다.

084 대형 아시아 도시의 지하철 노선을 확장하기 위해 방금 착수된 프로젝트에 당신은 프로젝트 관
리자로 갑자기 임명되었다. 직면하게 될 프로젝트 수준의 리스크를 신속하게 이해하려면 당신은
다음 중 가장 유용한 문서는 무엇인가?

① 편익관리계획

② 타당성 조사

③ 프로젝트 헌장

④ 프로젝트 범위기술서

정답 ③

해설 프로젝트 헌장은 핵심 리스크를 포함하고 있고 시점은 방금 시작했기 때문에 프로

젝트 헌장이 가장 유용한 문서이다.

085 최근 회의 결과 고객은 많은 재작업을 유발하고 프로젝트 일정에 영향을 줄 수 있는 설계 변경을 요청한다. 프로젝트 관리자로서 다음을 수행해야 한다. 기장 적절한 것은 다음 중 무엇인가?

① 요청을 무시하고 계획대로 프로젝트를 계속 진행한다.
② 고객에게 일정이 변경되지 않는다고 알린다.
③ 적절한 채널을 통해 변경의 승인을 구하라.
④ 향후 변경 사항을 피할 수 있도록 설계 프로세스에 대한보다 면밀한 감독을 제공한다.

정답 ③
해설 정식 변경요청 프로세스를 따르도록 하는 것이 가장 이상적이다.

086 프로젝트를 성공적으로 수행하려면 팀원이 자신의 역할을 이해하고 있어야 한다. 이를 이해하기 위해서 가장 좋은 방법은 다음 중 어느 문서와 관련이 있는가?

① 범위 기준서
② 원가 기준서
③ 프로젝트 헌장
④ 책임 할당 매트릭스

정답 ④
해설 팀원의 역할과 책임은 RAM(Role Assignment Matrix)에 포함이 되어 있다.

087 당신은 스폰서와의 회의 후, 대구 스마트 시티 프로젝트의 통신의 대역폭을 개선하는 프로젝트의 프로젝트 관리자가 되기로 합의했다. 프로젝트가 시작되었고 잘 진행되지 않았으며 목표와 성공 기준에 대해 혼란이 있었다. 그렇다면 당신이 취하여야 할 다음 조치는 어느 것인가?

① 범위 기준선을 설정하기 위한 킥오프 회의 실시
② WBS 개발을 위한 킥오프 팀을 개최한다.
③ 프로젝트 헌장을 검토한다.
④ 프로젝트 팀원을 식별한다.

정답 ③
해설 성공기준이 포함되어 있는 것은 프로젝트 헌장이다.

088 프로젝트 관리자는 프로젝트에서 많은 기능을 수행한다. 다음 중 일반적으로 프로젝트 관리자로서 역할에 포함되지 않는 활동은 무엇인가?

① 프로젝트 회의를 위한 의제를 준비한다.

② 이해관계자간 갈등해결방법을 결정한다.

③ 적절한 사람들이 프로젝트 회의에 참석하도록 보장한다.

④ 팀원에게 작업완료방법에 대한 단계별 지침을 제공한다.

정답 ④

해설 작업별 완료 방법 등은 계획서에 일반적으로 준비가 되지 프로젝트 관리자가 일일이 제공하는 것은 아니다.

089 당신은 프로젝트 관리자로서 팀원들과 함께 모든 프로젝트에서 얻은 경험과 지식을 지식 데이터베이스에 업데이트해야 한다. 이 활동을 수행하기에 적절한 시기는 다음 중 언제인가?

① 각 주요 마일스톤이 종료된 후

② 최종 유효성 검사 프로세스 동안

③ 프로젝트 착수 시점에

④ 적절한 기회에 프로젝트 전반에 걸쳐

정답 ④

해설 지식데이터는 그때그때 프로젝트 생애주기 동안 시점에 맞게 데이터베이스에 저장을 하여야 한다.

090 새로운 다리건설 프로젝트의 설계 단계가 끝나는 시점에서, 팀은 설계는 좋지만 실제 건설에서는 고객이 예상한 것보다 더 많은 비용이 소요될 것으로 파악했다. 이번 것은 원가보상계약이므로 비용이 더 추가되면 고객은 이 추가부문에 대해 비용을 더 지불해야 한다. 이런 상황에서 당신은 프로젝트 관리자로서 어떤 조치를 취하는 것이 가장 좋은 접근 방법인가?

① 고객에게 이 사실을 통보하고 교훈관리대장을 업데이트한다.

② 고객이 비용＋계약에서 비용을 전부 부담해야 하므로 아무것도 할 필요가 없다.

③ 설계를 조정하여 비용을 절감하는 방법을 확인한다.

④ 관리예비비 사용을 통해 다음 단계의 비용을 준비한다.

정답 ①

해설 먼저 관련 사실을 고객하고 통지를 하고 이런 교훈사항을 정리하여야 한다.

091 프로젝트 관리자는 고위 경영진에게 새로운 제품 라인을 개발하기 위한 비즈니스케이스를 제시하고 있다. 그는 이 기술에 익숙하며 최근 연구에서 얻은 연구 및 증거를 인용하고 있음을 알고 있다. 그러나 그는 그 출처를 인용하지 않았다. 오히려, 그의 연구인 것처럼 그것을 제시하고 있다. 그렇다면 그는 어떤 윤리 기준을 위반하고 있는가?

① 그는 직업적인 방식으로 자신을 지휘하지 않고 있다.

② 그는 다른 사람들의 지적 재산권을 존중하지 않는다.

③ 그는 개인적으로 이익을 얻기 위해 자신의 전문지식을 행사하고 있다.

④ 그는 진정으로 진리를 이해하려고 애쓰지 않는다.

정답 ②

해설　지적 재산권은 매우 중요한 문제이다. 리스크와 관련이 있기에 항상 조심스럽게 다루어져야 한다. 기본적으로 인용부분의 출처를 기입하는 것은 당연하다.

092 다음 중 프로젝트 또는 단계의 종료에 내용이다. 다음 문장 중 어느 것이 맞지 않는 내용을 포함하고 있는가?

① 최종 보고서는 프로세스의 결과 중 하나이다.

② 결과물의 공식이전이 종료프로세스의 일부여야 한다.

③ 프로젝트가 공식적으로 종료될 때까지 팀을 해체해서는 안 된다.

④ 종료 프로세스에서만 프로젝트 관리자는 배운 교훈을 문서화해야 한다.

정답 ④

해설　종료 프로세스에서 그동안 주기적으로 도출된 교훈사항이 정리되고 완료되어야 한다. 종료 프로세스에서만 교훈사항을 정리하는 것이 아니다.

093 당신은 20개월, 7백만 달러짜리 프로젝트를 관리하고 있다. 현재 8개월째 진행 중이다. 귀하의 핵심 자원 중 하나가 심각하게 아플 수 있으며 장기간 장애가 발생해야 한다. 이 핵심 자원을 대체할 적절한 기술을 가진 사람이 조직에는 아무도 없다. 조직 외부사람에게 작업을 하청을 해야 한다. 외주 업체의 다른 약속으로 인해 한 달 동안 프로젝트를 시작할 수 없으므로 프로젝트 종료일이 지연된다. 외주 업체의 비용도 교체할 자원보다 훨씬 높다. 이런 경우에 당신은 프로젝트 관리자로서 어떤 다음 조치를 취하여야 하는가?

① 외주업체와의 협상을 통해 즉시 자원을 확보하거나 가격을 낮춘다.

② 통합 변경 통제 수행 프로세스를 통한 프로세스 일정 및 비용 변경 요청조치를 수행한다.

③ 숙련된 자원 부족에 관한 문제를 이슈로써 기록한다.

④ 프로젝트의 범위에서 외주업체의 작업을 제거한다.

정답 ②

해설 현재 내용을 보면 외주업체를 통해 작업을 수행하여야 하고 일정과 원가 기준선이 변경될 가능성이 매우 높다. 물론 ①번 방법을 실시하면 좋겠지만 결정적인 확실성이 부족하다. 따라서 확실한 방법은 ②번을 통해 프로젝트의 기준선을 변경하여야 한다.

094 프로젝트 착수단계에서 이해 관계자와의 회의를 통해 프로젝트 스폰서는 이 프로젝트가 회사의 현재 기술 및 기존 인적 자원을 사용할 것이며 예산은 50만 달러를 넘지 않아야 함을 분명히 한다. 스폰서가 설명하는 문서는 무엇인가?

① 프로젝트 헌장

② 이해 관계자 참여 계획

③ 프로젝트 자금요구사항

④ 요구사항 추적 매트릭스

정답 ①

해설 초기 제약사항은 프로젝트 헌장에 담겨있다.

095 당신은 프로젝트 관리자로서 프로젝트 팀 회의 중에 각 팀원에게 자신의 활동 및 발생 비용에 대한 진도를 묻고 있다. 현재 당신이 수집하고 있는 것은 다음 중 어느 것인가?

① 작업성과정보

② 변경요청

③ 작업성과데이터

④ 리스크

정답 ③

해설 순수 진도 체크는 작업데이터이고 기준대비 진도의 차이에 대한 정보는 작업성과정보이다. 작업성과데이터는 작업의 Raw data이다.

096 프로젝트는 법적 종료, 재정적 종료 및 행정 종료를 요구한다. 다음 중 금융 종료의 예는 어느 것인가?

① 작업이 운영으로 전환되었는지 확인

② 모든 청구번호가 닫혀 있는지 확인

③ 최종 일정 분석의 준비확인

④ 계약 SOW가 완전함을 보장

정답 ②

해설 All charge numbers가 종료되었는지 확인하여야 한다. 미지급금 및 클레임 행정 등이 마무리되어야 청구번호가 종료될 수 있다.

097 고급 암호화 기술을 사용하는 최신 보안 장치의 프로젝트 관리자는 클라이언트가 최근 릴리스된 일련의 기능을 포함하도록 범위를 늘리는 것에 동의한다면 프로젝트에 훨씬 더 많은 가치를 제공할 것이라고 믿고 있다. 고객에게 접촉하니 그들은 새로운 기능을 통합하기 위해 프로젝트에 더 많은 시간과 돈을 투자할 의향이 있다. 그렇다면 당신은 프로젝트 관리자로서 다음 단계에서 무슨 조치를 취하여야 하나?

① 범위 기준선을 변경한다.
② 최신 암호화 기능과 최신 암호화 기능을 비교하는 상세한 기술적 분석을 준비한다.
③ 변경 요청을 준비하고 CCB에 제출토록 한다.
④ 이 프로젝트가 원래의 범위 기준선에 따라 완료된 후 별도의 개선 프로젝트가 예산이 마련될 때까지 연기한다.

정답 ③
해설 범위 변경에 따른 정식적인 변경요청 부분을 마무리하여야 한다.

098 통합변경통제 프로세스를 통해 검토 및 처리를 위해 승인된 범위 변경의 결과로 나타나는 현상에 적절하지 않은 것은 다음 중 어느 것인가?

① 프로젝트 원가 관리 계획의 변경
② 기업 환경 요인의 변화
③ 프로젝트 일정 기준 변경
④ 프로젝트 관리 계획의 다른 구성 요소에 대한 변경

정답 ②
해설 대부분 승인된 변경요청은 프로젝트 내부적인 변경으로 인한 조치이기 때문이다. 기업환경요인 부문까지는 영향을 미치지 못한다.

099 프로젝트 조정자가 프로젝트에 범위를 자주 변경하는 것에 대해 우려하고 있다. 프로젝트 조정자는 범위기준선의 변경이 너무 많은 변화를 가져올 것이라고 우려하고 있다. 만일 당신이 프로젝트 조정자에게 조언을 한다면 가장 적절한 것은 다음 중 어느 것인가?

① 추가 변경사항이 발생하지 않도록 막으려면 스폰서와 즉시 만나야 한다.
② 변경 요청이 CCB를 통과하는 한 문제가 없다.
③ 범위 기준선의 변경을 막는 것은 프로젝트 조정자의 임무이기 때문에 좀 더 관심을 가지라고 한다.
④ 변경 사항을 방지하는 것은 CCB의 임무이며 프로젝트 조정자의 임무는 아니다.

정답 ②

해설 프로젝트에서 변경은 불가피하다. 정식변경절차를 따른다면 문제가 없다.

100 당신은 프로젝트 관리자로서 요구사항을 정의하는 과정에 있는데 20명으로 구성된 프로젝트 팀을 관리하고 있다. 20명의 사람들 중 7명은 한 가지 접근 방식을 선호하고 다른 세 가지 방식을 지원하는 사람은 3명 미만이다. 당신은 7명의 사람들이 취한 접근 방식을 선택하기로 결정했다. 어떤 의사 결정 기술을 사용하고 있는가?

① 만장일치
② 과반수
③ 다수결
④ 합의

정답 ③

해설 20명 중의 7명은 다수결의 원칙에 따른 것이다.

101 당신은 주니어 프로젝트 관리자를 조언하고 있다. 그는 범위의 개념을 이해하지만 범위를 통제한다는 의미 뒤에 있는 개념을 완전히 파악하지 못한다. 당신은 범위통제에 대해 그에게 가장 중요한 고려 사항이 무엇이라고 하겠는가?

① 이해 관계자에 대한 범위변경을 설명한다.
② 범위 기준선을 변경하지 못하게 한다.
③ 프로젝트 및 제품에 대한 자세한 기술서를 개발하여야 한다.
④ 프로젝트 및 제품 범위의 상태 모니터링 및 범위변경사항을 관리해야 한다.

정답 ④

해설 범위통제는 범위기준선 대비 실적을 관리하는 것이다. 따라서 프로젝트 및 제품 범위의 상태 모니터링 및 범위변경사항을 관리하여야 한다.

102 당신은 프로젝트 관리자로서 고객이 프로젝트의 작업 산출물을 수용할 수 있도록 당신과 프로젝트 팀이 수행해야 하는 일 중 가장 중요한 것은 다음 중 어느 것인가?

① 고객이 변경 요청할 시 프로젝트 범위변경을 즉시 실시한다.
② 범위 확인 프로세스를 따른다.
③ 필요에 따라 프로젝트 계획 및 기준선을 수정한다.
④ PERT 차트를 사용한다.

정답 ②

해설 인도물에 대한 수용 부분은 범위확인 프로세스를 따르는 것이 제일 효율적이다.

103 범위확인 및 품질통제에는 긴밀한 연관성이 있다. 둘 간의 차이점에서 품질통제는 품질요구 사항을 만족시키는 인도물의 정확성과 관련이 있으며 범위확인은 다음과 관련된다. 범위확인과 관련된 것 중 가장 적절한 것은 어느 것인가?

① 표준 및 운영정의관련 부문의 준수
② 성취되는 일의 가치
③ 완료된 작업이 수용 가능한지의 보증
④ 진행 상황을 업데이트하기 위한 상태의 감시

정답 ③
해설 범위확인은 인도물의 수용이 대한 부분이 핵심이다. 인수자는 요구사항 문서와 요구사항 추적매트리스를 기반으로 인수성에 대한 결정을 한다.

104 프로젝트를 성공적으로 킥오프 회의를 완료했다. 팀원 중 많은 사람들이 당신과 같은 건물에서 일하지만, 다른 사람들은 먼 도시에 거주한다. 당신은 프로젝트 관리자로서 프로젝트 팀에게 최상의 정보를 제공하기 위해 어떤 최선의 행동을 하는 것이 다음 중 가장 타당한가?

① 한 달에 한 번 화상회의를 실시한다.
② 팀이 필요할 때 스폰서를 업데이트하는 프로세스를 만든다.
③ 함께 배치된 팀원들이 일정을 게시하고 상태를 업데이트할 수 있는 War room을 만든다.
④ 모든 팀 구성원이 전자방식으로 액세스할 수 있는 모든 프로젝트 문서의 프로젝트 데이터베이스를 잘 구성한다.

정답 ④
해설 가상팀이 포함이 되어 있다. 따라서 프로젝트 관련 데이터를 안정적으로 접근할 수 있도록 데이터베이스의 안정적 구축이 우선이다. 이런 부분은 의사소통관리의 중요한 부분이다.

105 당신은 회사에서 매출을 늘리는 방법을 조사하는 특별한 프로젝트를 이끌고 있다. 프로젝트 팀은 영업 담당자, 지원 인력 및 감독자로 구성된 부서 간 기능 팀으로 구성했다. 팀원들은 모두 해야 할 일에 대해 서로 다른 의견을 가지고 있다. 당신은 누구를 믿어야 하는지 확신이 없고, 당신보다 누가 더 전문가인지 잘 모른다. 이런 경우에 당신이 해야 하는 다음 단계 조치는 무엇인가?

① 프로젝트 스폰서에게 의견을 묻는다.
② 전문가 팀이 매출 극대화를 위한 접근 방식에 대한 합의를 이끌어낼 수 있도록 촉진한다.

③ 팀에서 가장 숙련된 판매 전문가에게 연락하고 그 사람의 의견을 더 많이 부여한다.

④ 비효율적인 판매에 대한 이유를 파악하기 위해 원인 – 결과 다이어그램을 사용한다.

정답 ②

해설 Workshop 등 촉진 기법을 사용하여 다양한 의견이 개진되고 합의될 수 있도록 이끌어낸다. 브레인스토밍, 브레인라이팅 등 다양한 기법이 등장하기도 한다.

106 WBS 사전에는 작업 패키지에 대한 자세한 설명이 들어 있다. 다음 중 WBS 사전에 포함되지 않는 것은 어느 것인가?

① 작업의 상세한 설명

② 책임 있는 사람 또는 그룹

③ 인수기준

④ 작업 패키지 검사 결과

정답 ④

해설 작업패키지 검사결과 등은 WBS 사전에 포함이 되고 있지 않다. Work package를 수행할 수 있도록 책임자, 작업장소, 품질기준 등은 포함이 될 수 있지만 검사결과까지는 포함이 안 된다.

107 프로젝트를 실행하는 동안 계획되지 않은 범위변경(Scope creep)이 발생했다. 이 문제를 통제하려면 당신은 프로젝트 관리지로서 먼저 무엇을 완벽하게 개발하였어야 하나?

① 조달 작업기술서

② 범위기술서

③ 범위관리계획

④ 갱신된 프로젝트 기준선

정답 ③

해설 범위관리계획에서는 Scope creep를 방지하기 위한 가이드 및 절차가 포함되어 있다. 범위관리에서 범위통제의 지침으로 Scope creep를 방지하도록 철저한 통제 및 관리를 요구한다.

108 당신은 프로젝트 관리자로서 프로젝트 관리 팀은 대규모 항공 우주 프로젝트를 계획하고 있다. 당신은 이해 관계자가 프로젝트에 일찍 참여하기를 원하지만, 그들은 계획을 세우는 데 참여할 시간이 별로 없다고 이야기한다. 왜 당신은 이해관계자들이 조기에 프로젝트 참여를 요청하였을까? 가장 적절한 이유는 다음 중 어느 것인가?

① 처음부터 전체 과정을 목격할 수 있기 때문에

② 모든 의사결정에 참여할 수 있기 때문에

③ 범위확인을 지원할 산출물의 품질에 대한 정보를 제공할 수 있기 때문에

④ WBS가 프로젝트를 가장 잘 지원할 수 있는 방식으로 구성할 수 있기 때문에

정답 ③

해설 거의 정답이 될 수 있는 사안이다. 그러나 인도물에 대한 인수가 핵심이므로 먼저 인도물의 품질부분의 요구사항 및 핵심정보를 먼저 접수해야 유리하다. 그리고 요구사항 전반에 대한 인수기준도 완전하게 확인하여야 한다.

109 당신은 호텔 예약 사이트에 인공지능 인터페이스를 생성하는 프로젝트의 관리자로 선정이 되었다. 고객은 수시로 요구사항을 변경하는 것으로 유명하다. 이에 Scope creep에 대한 리스크가 많이 존재한다. 당신은 이런 상황에서 어떤 도구와 기법을 이용하여 프로젝트 통제를 하는 것이 유리할까?

① 차이분석

② 업무 성과 데이터 분석

③ 예비비 분석

④ 데이터 수집

정답 ①

해설 수시로 차이분석을 통해 기준과 실적을 비교하고 범위에 관리를 강화하여 범위가 비공식적으로 증가되는 현상을 방지하여야 한다. 변경 시에는 정식변경절차를 따르도록 조치를 취하여야 한다.

110 당신은 크고 복잡한 프로젝트를 관리하고 있다. 팀에는 여러 공급 업체와 다양한 부서의 내부 팀 구성원이 있다. 당신 팀원 중의 한 명이 공급 업체 및 내부직원에 대해 요구 사항을 수집하려고 한다. 그 팀원은 당신에게 회의에 참석하여 제대로 진행이 되는지 확인하도록 요청한다. 그 팀원은 당신이 특정한 결과를 이끌어주기를 바라지는 않지만, 최전방에서 목표를 유지하고 결과를 달성하며 이해 관계자를 돕는 데 필요한 기술을 제공받고자 한다. 이런 경우 어떤 방법을 사용하는 게 가장 효율적일까?

① 비즈니스 분석

② 관찰

③ 타협

④ 촉진기법

정답 ④

해설 워크숍은 대표적인 촉진기법이다. 특히 요구사항을 수집할 때 가장 유용하다. 다양

한 요구사항을 워크숍을 통해 수집할 수 있기 때문이다.

111 당신은 요구 사항 수집 프로세스가 아직 없는 새로운 프로젝트를 인계받았다. 몇 년 동안 프로젝트 관리를 해오고 있는 동안 당신과 팀원들도 요구사항을 모으는 데 경험이 없다. 이런 경우 당신은 다음 단계의 진행을 위해 무엇을 하여야 하나? 가장 적절한 것은?

① 모든 문서를 읽고 직접 작업을 해본다.
② 스폰서에게 프로젝트가 상당히 지연될 것이라고 보고한다.
③ 그것을 제3자에게 아웃소싱 실시한다.
④ 스폰서에게 충분한 비즈니스 분석 전문 지식을 가진 자원을 예산책정하도록 요청한다.

정답 ④
해설 내부적으로 경험이 없기 때문에 무작정하기보다는 전문가의 도움을 받는 데 필요한 상황이다. 전문가 도움과 관련된 예산책정이 필요하다.

112 당신의 회사는 고객에게 고객 맞춤식 회계 패키지를 제공하고 있다. 고객이 원래 계약에 포함되지 않은 추가 재고모듈을 요청했다. 이런 경우 당신은 어떻게 대응하여야 하나?

① 예산 및 일정이 이미 승인되었음을 고객에게 설명하고, 이 요청을 소프트웨어 버전 2.0에 포함하도록 요청한다.
② 고객과의 좋은 관계를 유지하기 위해 추가비용 없이 기존 계약하에 재고모듈을 추가할 것을 제안한다.
③ 예산 및 일정에 미치는 영향을 평가하고, 이해 관계자의 승인을 받고, 승인된 범위 변경을 반영하여 프로젝트 및 계약 문서를 업데이트한다.
④ 새로운 모듈에 얼마나 많은 돈을 기꺼이 쓸지 고객에게 설명하라. 추가 비용으로 추가 프로그래머를 고용하기에 충분하다면 변경에 동의한다.

정답 ③
해설 정상적인 비즈니스 관계에서는 먼저 변경요인이 발생하면 변경에 따른 영향을 평가하고 변경에 따른 사전 예산 및 일정과 관련된 승인을 받고 정식변경 프로세스를 진행하여야 한다.

113 당신의 회사는 기존 제품을 수정해야 하는 새 제품의 출시를 위해 노력하고 있다. 모든 요구 사항이 확인되고 승인되었다. 개발 팀은 해결해야 할 다섯 가지 기술적인 문제를 확인한다. 당신이 이 제품의 프로젝트 관리자라면 당신이 취하여야 하는 다음 단계는 무엇인가?

① 제품 및 프로젝트에 대한 식별, 상태 계산 및 검증, 감사의 세 가지 형상관리 활동을 수행한다.

② 비용, 일정 및 품질 영향을 결정하기 위해 프로젝트의 구성 및 관리를 수행한다.

③ 문제 해결을 위한 시정 조치를 요청한다.

④ 제품을 분석하고 기술 팀에게 문제 해결 옵션을 개발하게 한다.

정답 ④

해설 먼저 제품을 분석하여 이해하여야 한다. 그런 다음에 문제해결방법을 찾아야 한다.

114 최종 요구사항 목록을 개발하는 데 어려움을 겪고 있다. 여러 위치에 100명이 넘는 이해 관계자
가 있다. 많은 응답자로부터 정보를 수집하는 데 가장 적합한 방법은 다음 중 어느 것인가?

① 설문 조사 및 조사기법

② 이메일 및 문자 메시지

③ 전화 의사소통

④ 소셜 미디어 사이트

정답 ①

해설 이해관계자가 너무 많으면 요구사항 수집기법 중에서 설문지 기법이 유용하다.

115 당신은 프로젝트 관리에 익숙하지 않은 조직의 팀에서 일하고 있다. 당신이 프로젝트 범위기술
서 작성을 돕는 동안 어떻게 제외사항을 사용하도록 권장해야 한다. 제외사항을 작성하게 만드
는 이유로 가장 적절한 내용은?

① 프로젝트를 더 잘 이해하기 위한 관리이다.

② 회사의 전략적 목표에 부합하게 만든다.

③ 이해 관계자의 기대치를 관리하고 Scope creep을 줄인다.

④ 일정에 더 집중하게 만든다.

정답 ③

해설 범위관리의 목적이 All the work, only the work이다. 제외사항을 통해 the only
work에 대한 부분이 확실해진다.

116 프로젝트 검토 회의 중에 스폰서는 작은 수준의 범위변경을 요청하고 관리 준비금을 사용하여
비용을 지불하도록 요청한다. 원가의 영향이 없는 변경이다. 이런 경우 당신은 프로젝트 관리자
로서 다음 조치를 어떻게 취해야 하는가?

① 범위 기준선의 일부가 아니기 때문에 변경을 거부한다.

② 범위 변경에 관리 준비금을 사용하지 않아야 하므로 변경을 거부한다.

③ 원가에 영향이 없으므로 이력을 남기지 않아도 된다.

④ 변경을 변경프로세스로 진행한 후 이력을 변경 로그에 입력한다.

정답 ④

해설 변경은 변경이다. 따라서 정식적으로 변경조치를 하고 이력을 변경로그에 담는다.

117 당신은 매우 높은 수준의 리스크를 가진 프로젝트를 관리하고 있다. 범위에 대한 많은 모호함이 있다. 당신과 당신의 프로젝트 팀은 프로젝트가 궤도에서 벗어나 더 큰 리스크에 처하지 않도록 최선을 다하는 방법을 결정하고자 한다. 범위와 관련하여 최선의 결정은 다음 중 어느 것인가?

① 스폰서가 주요일정에서 서명하도록 한다.

② 최대한 많은 활동에서 일정 단축기법인 Fast tracking을 사용한다.

③ 가능한 한 많은 활동 간에 리드를 사용한다.

④ 진행 상황을 반복형 번다운 차트를 만들어서 추적 관리한다.

정답 ①

해설 범위와 관련 리스크는 범위와 일정관리에서 단계적 성과관리가 중요하다. 따라서 주요일정별 인수자가 서명을 하여 관리를 하는 게 범위관리 측면에서 효과적이다. ②번은 일정단축기법이고 ③번은 일정개발에서 사용되는 일정의 흐름에서 논리적인 관계 표현 시 사용된다. ④번의 번다운 차트 사용은 비주얼 관리의 핵심기법이지만 현재 상황에서는 ①번에 대해 영향력이 적다.

118 당신은 프로젝트 관리자로서 고객이 제품을 받아들일 수 있는 명확한 기준을 설정하기 위해 팀과 회의를 갖고 있다. 그들 중 한 명은 어떤 문서에서도 수용 기준에 관한 정보를 찾을 수 없다고 말한다. 당신은 이런 문제점이 발생한 경우에 무엇을 하는 것이 바람직한가?

① 프로젝트 범위기술서를 분석한다.

② 인수기준 설정을 위해 고객에게 전화한다.

③ 팀원에게 실행될 때까지는 인수기준이 수립되지 않을 것이라고 설명한다.

④ 프로젝트 리스크 관리계획을 검토한다.

정답 ①

해설 인수기준은 프로젝트 범위기술서에 포함이 되어 있다. 먼저 범위기술서를 분석하여 인수기준과 관련된 내용을 분석하고, 그 분석결과에 따라 대응대책을 준비하면 된다.

119 당신은 프로젝트 관리자로서 새로운 세대의 석유 및 가스 파이프 라인을 설계하는 프로젝트에서 엔지니어 팀을 구성하여 요구 사항을 수집했다. 3일간의 워크숍을 통해 비즈니스 시스템과 어떻게 사람 및 기타 시스템이 상호작용하는 방식을 보여주면서 제품 범위를 시각적으로 묘사하는 산출물을 제작했다. 이 산출물은 무엇인가?

① Context diagram

② RACI chart

③ Top-down flowchart

④ Swim-lane diagram

정답 ①

해설 Context diagram은 비즈니스 시스템과 사람과의 Interface를 나타내는 일종의 Scope model이다.

120 적절한 변경에 대한 승인이 없이 프로젝트의 범위를 초과하면 어떤 부작용이 발생할 수 있는가? 가정 적절한 것은?

① 고객 기대치를 초과하게 된다.

② 더 높은 품질의 제품이 생산된다.

③ 비용 초과 및 잠재적 이해 관계자의 불만이 발생한다.

④ 고객을 위한 더 많은 서비스를 제작한다.

정답 ③

해설 정식변경절차 없이 범위가 증가되면 원가와 일정이 초과되는 것은 당연하다. 품질도 영향을 미칠 것이다. 그러면 고객의 불만도 같이 증가가 될 것이다. 따라서 변경관리를 잘해야 한다.

121 프로젝트 관리자는 최종 사인오프 중에 대부분의 산출물이 거부되는 것에 우려하고 있다. 재작업 비용이 수백만 달러에 달하고 프로젝트 리스크가 증가하고 있다. 이런 우려가 나오는 가장 큰 이유는 다음 중 어느 것인가?

① 품질통제에 대한 주의와 관심의 부족

② 착수와 기획단계에서 이해 관계자와의 참여의 부족

③ 부적절한 리스크 관리-특히 식별 및 감시부분

④ 수행 기관의 고위 경영진의 지원 부족

정답 ②

해설 이해관계자의 프로젝트 참여는 매우 중요한데 이런 부분이 부족하면 인도물의 거부 등 많은 이슈 등이 발생할 수 있다.

122 프로젝트 관리자는 탄소 배출량을 전혀 내지 않는 새로운 폐수 처리 시설에 대한 요구 사항을 수집하고 체계화하기 위해 회의를 진행하고 있다. 많은 아이디어를 그룹으로 쉽게 분류할 수 있는 도구가 필요하다. 이 도구 및 기법은 무엇인가?

① 마인드 매핑

② 공칭 그룹 기법

③ 크로포드 슬립 기법

④ 친화력 다이어그램

정답 ④

해설 친화도 기법은 유사한 아이디어를 Grouping시키는 그룹 창의력 기법 중의 하나이다. 주로 Workshop 때 많이 사용한다.

123 당신은 프로젝트 관리자이다. 당신의 프로젝트 팀원이 조달 행위를 하고 있는데 조달제품의 입고 지연이 발생하고 있다. 이런 상황에서 할 수 있는 가장 좋은 방법은 무엇인가?

① 상사에게 보고하고 상사의 지시를 따른다.

② 리스크 관리의 회피 전략을 취한다.

③ 팀원들과 회의하여 원인을 분석하고 대안을 식별한다.

④ 고객에게 상황을 통보하고 대안을 모색하게 한다.

정답 ③

해설 프로젝트 진행 시 문제가 발생하면 먼저 팀원들과 원인을 분석하고 대안을 찾는 게 우선이다. 그런 다음 상사에게 보고도 하고 고객에게 통보하여 최적인 방법으로 상황을 해결하여야 한다.

124 공장에서 상자를 생산하고 있다. 한 상자당 100달러인데. 이를 토대로 하여 3,000상자로 만들면서 300,000달러로 비용을 계획하고 있다. 이는 어떤 것을 바탕으로 이루어진 것인가?

① 유사산정

② 삼정추정

③ 모수산정

④ 50/50법칙

정답 ③

해설 매개변수 산정이리고 하며 또 같은 비율로 계산하는 Parametric estimating(모수산정) 방식이다. 쉽게 추정은 가능하지만 학습곡선을 무시하였고, 제품처럼 실체적인 부분은 가능하지만 보이지 않은 비실체 제품의 추정에는 어려움이 많다.

125   당신은 프로젝트 관리자이다. 어느 날 판매자와의 회의에서 판매자가 말하기를 프로젝트 팀의 구매담당자가 판매자의 승인요청에 대해 늦게 승인함으로써 프로젝트를 지연시키고 있으며, 이로 인해 판매자 측에 예상치 못한 비용이 발생했다고 주장하고 있다. 이런 상황에서 당신은 프로젝트 관리자로서 우선적으로 해야 하는 조치는 다음 중 무엇인가?

① 모든 관련 데이터를 수집하여 회사의 변호사로 데이터를 전송하고, 법적 조치에 대해 변호사와 상의한다.

② 관련 이슈와 관련하여 계약에 명시된 조건 등을 검토하고, 내용파악이 어려우면 법무 팀과 상의한 후 관련된 조치를 취한다.

③ 요구사항 기술서를 분석하고 클레임조치를 하여 법적 조치 없이 해결토록 노력한다.

④ 왜 인수가 늦어졌는지 팀과 회의를 하고 이유들을 목록으로 만들고 시정 조치를 한다.

정답 ②

해설   조달과 관련 계약으로 이루어진 부분이기에 먼저 계약 조항을 꼼꼼히 확인하고 관련된 조치를 취하는 게 좋다. 무조건 팀과 회의를 하는 것보다 계약내용을 정확히 파악하는 것이 필요하다.

126   당신은 프로젝트 관리자이다. 프로젝트를 관리할 때 어떤 문제가 발생할 때 해결하는 가장 좋은 순서는 다음 중 어느 것인가?

① 팀원과 협의 후 관리자와 자원관리자에 알린다.

② 관리하고 있는 자원들로 문제를 해결하고 자원관리자와 고객에게 알린다.

③ 스스로 해결한 다음 관리자 및 고객에게 알린다.

④ 자원 관리자에 통보 후 관리자와 고객에게 알린다.

정답 ②

해설   프로젝트 상황에서 문제는 많이 발생한다. 관리자는 문제에 대해 먼저 관리하는 자원으로 해결 후 관련 내용을 고객에게 통보하고 자원관리자에게 알리며 필요 시 도움을 요청한다. 자원관리자는 기능부서장인 경우가 많다. 다른 방법으로는 PM이 PMO에 도움을 요청할 수도 있다.

127   프로젝트에 모든 이해관계자들을 참여시키는 목적은 프로젝트에서 어느 부분 때문인가?

① 프로젝트 일정, 산출물, 그리고 요구 사항을 결정한다.

② 프로젝트 인도물의 정의 및 제약사항과 제품 산출물을 결정하는 데 도움이 된다.

③ 프로젝트에 대한 자원 요구와 자원 제약을 결정한다.

④ 가정사항, WBS(Work breakdown structure) 및 관리 계획을 제공하는 데 도움이 된다.

정답 ②

해설 WBS(Work breakdown structure), 일정 개발은 주로 프로젝트 팀원들에 의해 만들어지고, 자원 부분은 일정관리의 한 부분이다. 핵심 이해관계자로부터는 프로젝트 인도물의 정의와 제약사항 및 제품 산출물에 대한 부분을 결정한다.

128 한 프로젝트 관리자는 프로젝트의 수행 경험이 적은데, 어느 날 신규 프로젝트의 프로젝트 관리자로 임명이 되었다. 그는 자신의 프로젝트를 완료하기 위해 매트릭스 조직에서 일하게 될 것이기 때문에 매트릭스 조직 구조를 잘 이해해야 한다. 다음 중 매트릭스 구조의 특징으로 잘못된 것은 어느 것인가?

① 정보의 흐름이 단순하지 않다.

② 팀원들은 한 가지 업무에 집중할 수 없다.

③ 자원 사용을 극대화할 수 있어 프로젝트에 집중하게 할 수 있다.

④ 프로젝트 관리자는 자원의 사용에 대해 기능 부서장과 잘 협상하여야 한다.

정답 ③

해설 매트릭스 조직에서 기능 부서장과 프로젝트 관리자가 같이 존재하므로 팀원들은 한쪽 일에 집중을 할 수가 없다.

129 당신은 프로젝트 관리자로서 프로젝트를 착수 준비를 하고 있을 때 3명의 이해관계자가 찾아와서 회사의 새로운 프로젝트 관리 방법론에 대한 정보를 요청하였다. 그들은 이번에 적용하는 프로젝트를 관리하는 방법론이 어디에서 왔으며 기존 프로젝트의 방법론과 왜 다른지를 알고 싶어 한다. 이번 프로젝트는 일부 이해 관계자들을 민감하게 만드는 "변경 책임"라는 새로운 조항을 사용할 예정인데, 아직 이번 프로젝트에 새로운 용어로 변경하여 관리할 것인지 아직 확신이 서지 않는다. 이런 경우 당신은 프로젝트 관리자로서 무엇을 해야 하나?

① 지속적인 의사소통을 유지할 것이라고 이해관계자들에게 통보한다.

② 계약서의 새로운 조항에 대한 정의내용을 이해관계자에게 보낸다.

③ PMO에 통보하여 이 문제에 대한 협조를 구한다.

④ 새로운 조항은 중요하므로 반드시 이번 프로젝트에 반영시킨다.

정답 ③

해설 이 문제의 핵심 포인트는 아직 확신이 서지 않고 망설이는 상태이고 이해관계자들이 민감하게 반응을 하고 있으므로 PMO의 자문을 받는 것이 최선이다. 물론 ①, ②가 틀린 말은 아니지만 현재 상황에게는 ③이 가장 효과적인 방법이다.

130 프로젝트 관리자는 자신의 두 번째 프로젝트를 관리하고 있다. 먼저 첫 번째 맡은 프로젝트는 이미 1개월 전에 시작했고 이번에 두 번째를 관리하고 있는데, 첫 번째 프로젝트는 작은 규모여서 부담이 적었는데 이번 두 번째 프로젝트는 모든 일의 크기가 증가할 것으로 예상되어 보인다. 매일 시간이 지나감에 따라 프로젝트 관리자는 도움이 필요하다는 강한 느낌을 갖기 시작했다. 프로젝트 관리자는 최근 회사 내에서 자신의 두 번째 프로젝트와 유사한 프로젝트가 진행되었다는 것을 들었다. 그렇다면 어떤 조치를 취하는 것이 가장 바람직한가?

① 유사한 프로젝트를 수행한 관리자에게 접촉하여 이번 프로젝트에 대한 지원을 부탁한다.

② PMO으로부터 유사 프로젝트의 기록 및 지침 등 관련 문서 등을 받아 검토한다.

③ 이번 프로젝트가 문제가 있는지 지켜본다.

④ 프로젝트 범위가 모든 이해관계자들에게서 동의가 되었는지 범위를 확실히 한다.

정답 ②

해설 프로젝트 관리자가 선택할 수 있는 많은 것들이 있다. 다른 프로젝트 관리자 경험이 중요하지만 최선은 아니며, 우선적으로 PMO에 접촉하여 유사 프로젝트의 기록 정보의 지식을 얻어 검토하고 다음 단계로 전문가 판단을 받을 수 있다.

131 당신 프로젝트 이전의 프로젝트 관리자는 프로젝트 조직도 없이 관리하고 관리 통제도 부족하고 명확하게 정의된 프로젝트 인도물도 없었다. 그렇다면 당신은 다음 중 프로젝트를 잘 관리하기 위한 최선의 선택은 무엇이 되겠는가?

① 각 단계에 대한 교훈을 개발한다.

② 프로젝트에 대한 라이프 사이클 접근 방식을 채택한다.

③ 각 작업 패키지에 대한 구체적인 작업 계획을 개발한다.

④ 프로젝트의 제품 기술서를 개발한다.

정답 ②

해설 프로젝트의 제품에 대한 설명은 도움이 되겠지만 각 단계 모두를 관리하고 산출물을 개선하는 데는 부족하다. 효과적인 프로젝트 관리는 프로젝트를 실행하기 위한 라이프 사이클 접근 방식이 필요하다. 라이프 사이클 접근 방식을 채택하는 것은 제어 및 산출물을 모두 커버하는 유일한 해답이다. 이 말은 프로젝트 생애주기를 기준으로 각 단계로 나누어 프로세스 그룹으로 단계별로 착수-기획-실행 및 감시 및 통제-종료 단계를 철저히 하는 것을 의미한다.

132 지속적인 운영과 유지의 검토는 프로젝트의 제품에게는 매우 중요하다. 지속적인 운영과 유지에 대한 설명을 잘 나타낸 것은 다음 중 어느 것인가?

① 프로젝트 종료 동안 수행되어야 할 활동으로 포함되어 있다.
② 프로젝트 생애주기에서 부분 단계로 되어야 한다. 왜냐하면 생애주기 비용의 많은 부분이 유지 및 운영과 관련이 있기 때문이다.
③ 프로젝트의 부분의 관점으로 볼 수는 없다.
④ 별로 프로젝트의 관점으로 봐야 한다.

정답 ③
해설 프로젝트의 정의를 다시 기억하여야 한다. 운영 및 유지 보수는 지속적인 활동으로 간주된다. 따라서, 프로젝트 또는 그의 일부로 간주되지 않는다.

133 프로젝트 범위기준선 승인이 완료되었다. 프로젝트 팀은 리스크를 식별하는 작업을 시작했다. 프로젝트 관리자는 이미 여러 번 유사한 프로젝트를 수행해서 리스크는 적은 편이지만 가상팀의 프로젝트를 수행하고 있어 의사소통 관리의 중요성이 부각되고 있다. 현재 단계에서 프로젝트 관리자와 팀원은 다음에 무슨 일을 해야 하는가?

① Lessons Learned를 검토한다.
② 활동목록과 속성을 만든다.
③ 프로젝트범위기술서를 검토한다.
④ 리스크 관리계획서를 만들고 리스크 대응계획을 완료한다.

정답 ②
해설 범위기준선이 완료되면 일정개발 프로세스에 진입하여야 하므로 활동정의 프로세스를 통해 활동목록과 속성을 만들어야 한다.

134 당신은 프로젝트 관리자로서 주어진 프로젝트는 5단계로 나누어져 있다. 먼저 프로젝트의 첫 번째 단계가 성공적으로 거의 완료되고 있다. 당신은 프로젝트 관리자로서 다음 단계가 시작되기 전에 우선적으로 무엇을 중요하게 확인하여야 하는가?

① 다음 단계에서 자원의 가용성을 검증한다.
② 원가기준선, 범위기준선, 일정기준선과 실제 진척률을 비교하여 전체 프로젝트의 진척률을 정리하여 보고한다.
③ 단계의 목표가 달성되었는지 확인하고 공식적으로 인도물에 대해 승인을 받는다.
④ 프로젝트 기대사항과 연결된 프로젝트 결과를 얻기 위해 시정조치를 취한다.

정답 ③
해설 단계의 종료는 공식적으로 종료되어야 한다.

135 효과적인 프로젝트의 통합관리를 잘 하려면 어느 부분이 잘 수행되어야 하는가?

① 팀 구성원의 개인의 경력관리 및 팀 빌딩 향상

② 주기적인 프로젝트 관리계획의 갱신

③ 제품의 품질의 통제

④ 프로젝트 이해관계자들과의 효과적인 의사소통

정답 ④

해설 자원관리 및 프로젝트 관리 계획의 주기적인 갱신도 중요하지만 가장 핵심은 프로젝트 이해관계자들과의 효과적인 의사소통관리이다.

136 변경이 발생할 때 프로젝트 관리자는 변경에 대해 무엇을 가장 우선적으로 중점을 두어야 하는 것은?

① 비공식적인 변경을 예방하고, 공식적 변경절차를 따르게 하여 일관성을 유지한다.

② 변경내용을 이해관계자에게 공식적으로 통보한다.

③ 프로젝트 관리자가 독자적으로 변경을 추적하고 기록한다.

④ 모든 변경을 프로젝트 관리자가 승인하고 변경승인 내용이 실행에서 수행되도록 한다.

정답 ①

해설 프로젝트 관리자는 변경에서도 비공식적인 변경을 막고 공식적인 변경절차를 유지토록 하여야 하고, 변경요청이 오면 변경에 따른 영향을 분석하고 이에 대한 대안을 분석하여야 한다. 변경은 정식변경절차를 밟아야 한다. Scope creep을 방지하고 변경된 승인만 실행토록 하여야 한다.

137 당신은 프로젝트 관리자이다. 프로젝트 계획 단계에서 당신은 프로젝트헌장이 8명의 각각의 스폰서에 의해 서명이 된 것을 발견하였다. 이런 경우에 프로젝트 관리자로서 가장 주의를 기울여야 할 부분은 무엇인가?

① 변경통제 위원회의 운영에 많은 주의를 기울인다.

② 변경관리와 형상관리에 많은 시간과 노력을 기울인다.

③ 단일 스폰서가 되도록 요구한다.

④ 의사소통 채널을 분석하고 의사결정의 보고 구조를 분석한다.

정답 ②

해설 스폰서가 많으면 많은 변경이 예상된다. 스폰서간 많은 경쟁적 요구사항이 발생될 것이고 이에 따른 많은 변경이 발생하므로 변경관리와 형상관리에 많은 주의와 관심을 기울여야 한다.

138 프로젝트를 위한 프로젝트 차터(헌장)가 계획 준비를 위해 승인되었다. 그리고 당신은 프로젝트 관리자로 임명되었다. 프로젝트 계획은 프로젝트기간에 걸쳐 지속적인 노력이라는 것을 인식한다면, 당신은 팀원의 역할분담을 위해 어느 프로세스를 가장 먼저 통합하여 관리하는 게 가장 효과적인가?

① WBS(Work breakdown structure)를 만들고 활동정의 프로세스를 한다.

② 활동자원을 산정하고 일정을 개발한다.

③ 품질관리계획을 만들고 품질관리를 실시한다.

④ 원가산정을 하고 예산결정을 한다.

정답 ①

해설 WBS(Work breakdown structure)만들기는 인도물을 작은 단위로 쪼개어 Work package까지 분할한 것이고, 활동정의는 Work package를 쪼개어 Activity로 분할하는 것으로 유사하다. WBS(Work breakdown structure) → Work package → Activity로 연결되는 흐름에서 서로 통합적으로 관리하는 게 효율적이다. WBS가 만들어지면 팀원들에게 Work package별 업무를 분장할 수 있다.

139 프로젝트의 착수 시 약속했던 자원의 가용이 이루어지지 않은 채 프로젝트는 기존 제품을 수정하는 단계에 있다. 이런 경우 당신은 프로젝트 관리자로서 상위관리자에게 다음 중 어떤 조치를 우선적으로 하여야 하는가?

① 어떻게 자원가용이 약속되었는지를 보여준다.

② 자원이 없는 것을 기반으로 다시 계획을 수정한다.

③ 약속된 자원가용이 없으면 발생하는 충격을 설명한다.

④ 프로젝트 일정을 Crashing한다.

정답 ③

해설 약속된 자원을 사용할 수 없는 것을 배울 때 최선의 방법은 자원부족 시 발생하는 영향분석을 하여 그 충격을 알려 주는 것이다. 단순히 이야기하는 것보다 구체적으로 영향을 알려주는 전략이 필요하다. 그래야 자원을 공급받는지, 프로젝트 범위축소를 위한 정식변경 요청이 수행될 수 있다.

140 당신은 XY 회사의 프로젝트 관리시스템인 PMS(Project Management System) 사이트의 개발을 관리하기 위해 프로젝트 관리자로 임명이 되었다. 이 사이트는 매우 복잡하고 상호작용 될 것이며, 당신의 프로젝트 팀 및 고객 또한 이런 부분에 경험이 많지 않다. 개발 일정에 여유가 없으며, 만일 지연이 된다면 당신의 회사와 XY회사에 비용이 증가될 것이다. 당신은 스폰서를 가지고 있고 이미 프로젝트 헌장에 공식 서명하였고 프로젝트관리 계획에 동의를 하였다. 고객의 인사부에서는 프로젝트의 진행보고서와 정기적 회의를 통하여 정보를 얻고 있으며, 이 프로젝트는 일정과 비용을 잘 준수하고 있다. 이제 마지막으로 공식적인 인수검토가 예정되었다. 갑자기 당신은 고객으로부터 개발된 인도물을 전체적으로 인수할 수 없으므로 그동안의 모든 노력이 취소될 수 있을 것이라는 소식을 들었다. 이런 상황이 발생한 원인은 무엇인가? 가장 적절한 것을 고르시오.

① 핵심 이해 관계자가 프로젝트에 포함이 안 되어 있었다.
② 프로젝트 헌장과 프로젝트관리계획이 충분하게 설명이 되어 있지 않고 그것들이 고객에 의해 적절하게 검토가 되지 못하였다.
③ 의사소통 관리가 적절하지 못하였고 관련된 이해관계자들이 요구하는 정보를 제공하지 못하였다.
④ 프로젝트 스폰서가 프로젝트에 대해 충분한 지원을 하는 데 실패했다.

정답 ①
해설 문제상황을 보면 프로젝트 진행과정은 양호하였으나 최종적 공식인수단계에서 모든 이해관계자가 참여하는 과정에서 문제가 발생하였으므로 이는 인수와 관련된 핵심이해관계자가 초기에 빠져 있다가 나중에 참여하여 공식인수과정에서 치명적으로 관여한 것이다. 따라서 고객 중에서 초기에 핵심이해관계자 식별과정에서 누락되어 있었다. 그래서 고객 중 핵심 이해관계자는 의사소통관리를 통한 모든 중요한 프로젝트 정보를 받지 못하였다가 나중에 참여하여 문제가 발생한 것이다.

141 프로젝트 관리자가 프로젝트 일정에는 영향을 미치지 않고 쉽게 완료할 수 있는 변경요청을 하겠다는 내용을 고객으로부터 받았다. 프로젝트 관리자가 제일 먼저 취하여야 하는 행동은 무엇인가?

① 가능한 빨리 변경을 수행한다.
② 변경통제위원회에 넘긴다.
③ 다른 프로젝트 제약사항들의 영향성을 분석한다.
④ 스폰서에 허가를 위해 접촉한다.

정답 ③
해설 변경사항 발생시에는 다음과 같은 프로세스로 일을 진행하여야 한다.
(1) 먼저 변경에 따른 다른 부분과의 영향성을 분석한다.

(2) 영향성 분석 결과를 변경요청하는 대상에게 알린다.

(3) 변경요청이 정식으로 들어오면 정식변경통제 프로세스에 따른다.

(4) 변경통제위원회(CCB)는 변경요청을 승인 또는 거부를 한다.

(5) 변경이 승인되면 실행에서 수행하고 문서와 계획을 갱신한다.

142 당신의 회사는 중요한 새로운 프로젝트를 획득했다. 그것은 6개월 후에 시작하고 약 300억 원 규모의 큰 프로젝트이다. 당신은 현재 기존의 20억 원 규모를 관리하는 프로젝트 관리자이다. 당신이 새로운 프로젝트의 획득 소식을 들었을 때 무엇을 먼저 확인하여야 하는가?

① 어떻게 새로운 프로젝트에서 자원을 사용할 것인지를 경영층에 물어본다.

② 당신의 프로젝트에서 Resource leveling을 실시한다.

③ Fast tracking을 통한 일정단축을 실시한다.

④ 새로운 프로젝트 획득이 어떤 영향을 당신의 프로젝트에 미칠 것인지 경영층에게 물어본다.

정답 ④

해설 회사에 중요한 프로젝트를 수주하면 일반적으로 당신의 프로젝트에 영향을 미칠 수도 있다. 따라서 새로운 프로젝트 획득이 어떤 영향을 당신의 프로젝트에 미칠 것인지 경영층에게 물어본다. 만일 다른 프로젝트가 당신 프로젝트에 영향을 미친다면, 당신은 적극적으로 행동하고 대안을 식별하여야 한다.

143 당신은 회사를 그만두는 현재의 프로젝트 매니저에서 프로젝트를 갑작스럽게 인수받게 되었다. 현재의 프로젝트 관리자는 작업성과정보를 주기적으로 확인하고 있는바 프로젝트 일정 및 원가 등 중요 요소 등이 잘 유지관리 있다고 당신에게 이야기한다. 그러면서 그는 팀원들에게 성과를 지속적으로 내도록 요청하고 있다고 한다. 이런 경우 당신은 새로운 프로젝트 관리자로서 무엇을 첫 번째로 하여야 하는가?

① 리스크 상태를 확인한다.

② 비용성과를 확인한다.

③ 프로젝트 관리계획을 검토한다.

④ 당신의 목표를 팀원에게 이야기한다.

정답 ③

해설 프로젝트 관리계획은 기준선을 포함하여 기본 관리틀을 제공하고 다른 활동과 관련하여 선택안을 제공하기 때문에 어느 것보다 프로젝트의 많은 정보와 지침을 가지고 있다. 만일 새로운 프로젝트 관리자로 프로젝트를 인수받았다면 중요한 계획인 프로젝트 관리계획을 전반적으로 검토하는 게 좋다.

144 당신은 프로젝트 중간에 프로젝트 관리자로 임명이 되었다. 프로젝트는 기준선 안에서 잘 관리
되고 있다. 그러나 고객은 프로젝트 성과에 대해 좋아하지 않고 있다. 이런 경우 당신이 첫 번째
로 해야 하는 것은 무엇인가?

① 프로젝트와 그 문제를 협의한다.

② 기준선을 새로 계산한다.

③ 계약을 재협상한다.

④ 고객과 회의를 한다.

정답 ④

해설 당신은 왜 고객이 좋아하지 않는지 그 이유를 정확히 확인하는 것이 필요하다. 의
사소통방법에서도 Interactive communication이 가장 효과적이다. 그런 다음에 팀원과
만나서 대안을 결정하여야 한다.

145 당신은 프로젝트 관리자로서 고객과의 인도물에 대한 범위확인을 범위기준선, 요구사항 문서와
요구사항 추적매트릭스를 기본으로 하여 그룹의사결정 기법을 통해 만장일치로 인도물에 대해
범위확인을 성공적으로 완료하였다. 그렇다면 범위확인 프로세스의 핵심 산출물은 다음 중 어느
것인가?

① 최종 산출물(Final products)

② 인수된 인도물(Accepted Deliverables)

③ 검증된 인도물(Verified Deliverables)

④ 작업성과데이터(Work Performance Data)

정답 ②

해설 범위확인 프로세스의 핵심 산출물은 인수된 인도물(Accepted Deliverables), 작업
성과정보(Work Performance Information), 변경요청(Change Requests) 등이다.

146 어느 날 회사 경영진이 이메일로 당신에게 연말까지 신규 NF프로젝트의 프로젝트관리자로서 즉
시 프로젝트를 수행하도록 지시하였다. 아직 프로젝트는 공식적으로 착수되지 않은 상태에서 이
런 이메일을 받은 경우 당신은 어떤 조치를 취하여야 하는가?

① 즉시 프로젝트 착수하고 팀원을 조직한다.

② 팀원들과 상의하여 타당성 분석을 하고 프로젝트 헌장을 승인한다.

③ 프로젝트헌장의 공식 승인이 필요하다고 회사 경영진에게 이야기한다.

④ 이메일도 공식 승인이므로 공식적으로 프로젝트 착수를 시작한다.

정답 ③

해설 해당 경영진에게 프로젝트 헌장 승인이 필요하다고 요청한다. 이유는 이메일은 비

공식(informal written) 의사소통이므로 공식적인 착수 승인을 받아야 한다. 공식적인 착수 승인 없이 팀원을 조직하고 타당성 분석을 시작하고 내부적으로 프로젝트 관리자가 프로젝트 착수할 수가 없다. 먼저 프로젝트 조직프로세스 자산 등을 검토하는 등 프로젝트 시작을 위한 사전 준비를 하는 것이 바람직하다.

147 당신은 외국에서 파견 후에 귀국하여 새로운 자리를 찾고 있다. 회사에서 마침 새로운 프로젝트 관리자를 찾고 있어서 이제 막 착수가 완료된 프로젝트의 프로젝트 관리자로 새롭게 일을 시작하려고 한다. 이런 경우 당신은 프로젝트에 배정된 관리자라면 전체적인 프로젝트의 중요한 부분을 살펴보는 데 있어 우선적으로 무슨 문서를 살펴보아야 하나?

① 프로젝트 요구사항문서
② 프로젝트 범위기술서
③ 프로젝트 헌장
④ 범위 관리 계획서

정답 ③
해설 먼저 프로젝트 헌장의 내용을 꼼꼼히 살펴보아야 한다. 프로젝트의 목적 및 개략적인 예산 및 일정은 큰 틀에서 프로젝트를 이해하는 데 도움이 된다.

148 프로젝트의 실행 중에 고객이 변경을 요청하여 왔다. 이런 경우 변경 요청사항을 어떻게 일차적으로 대응하는 게 가장 바람직한가?

① 정식 변경절차에 의해 변경요청서를 발송하라고 고객에게 통보한다.
② 원가와 일정에 대한 영향력을 분석하고 팀원을 소집하여 미팅을 한다.
③ 범위확인이 완료되었으므로 변경사항을 받을 수 없다고 거절한다.
④ 스폰서에게 보고하고 상의한다.

정답 ②
해설 항상 변경요청사항에 대한 영향분석이 우선이다. 그리고 분석결과를 고객에게 알린다. 고객이 변경을 하겠다면 정식변경절차를 따르도록 한다.

149 프로젝트가 초기에 승인 받은 계획 일정, 즉 Schedule Baseline과 비교 시 현재 프로젝트 상태는 약 15% 정도 지연이 되고 있다. 예산에 여유가 없다. 이런 경우 일정을 맞추기 위해 당신은 프로젝트 관리자로서 가장 먼저 무엇을 하여야 하는가?

① Crashing
② Fast Tracking
③ Early start date에 시작

④ 범위축소

정답 ②

해설 프로젝트 일정을 단축하기에는 자원 투자가 없는 일정병행단축 기법인 Fast tracking 을 하는 게 가장 바람직하다.

150 프로젝트 관리자 및 관련 이해관계자는 SW프로젝트의 요구사항수집을 하고 있다. 각 이해관계 자들이 각자의 생각을 제시하고 유사한 의견을 모아서 최종적으로 의견을 수집하는 기법을 무엇 이라 하는가?

① 친화도
② Mind map
③ 델파이 기법
④ Focus Group

정답 ①

해설 이해관계자들이 각자의 생각을 제시하고 유사한 의견을 모아서 최종적으로 의견을 수집하는 기법을 친화도라고 한다. 이 기법은 주로 workshop을 실시할 때 사용되는 효 과적인 기법이다.

151 프로젝트 팀원이 회의 중에 있다. 내용을 이해하는 데는 전혀 문제가 없는 데도 불구하고 팀원 들이 집중을 하지 못하고 어수선하다. 팀원들은 서로 잡담을 하며, 때로는 회의주제와 관련 없 음을 발표를 한다. 프로젝트 관리자는 무엇을 소홀히 해서 이런 문제가 발생한 것인가?

① 회의주제가 불투명하고 이해하기가 어렵다.
② 사전에 회의 참석자를 서로 구별하지 못했다.
③ 팀원들의 윤리적 소양에 대해 프로젝트 관리자의 대응 리더십이 약하다.
④ 팀원들에게 회의 기본규칙에 대해 의사소통하지 않았다.

정답 ④

해설 프로젝트 관리에는 기본 규칙이 존재하여야 한다. 서로를 위한 기본규칙이 잘 정 돈이 되어 있어야 회의 등 모든 활동부문에 질서가 유지된다.

152 현재 프로젝트 팀원이 4명 있었다. 한 명이 해외로 파견을 가는 바람에 팀원이 3명으로 줄었다. 프로젝트 관리자는 스폰서에 요청해서 2명의 신입직원을 프로젝트에 합류시켰다. 그렇다면 프로젝트 관리자를 포함한 총 프로젝트 내 채널수는 얼마인가?

① 12
② 15
③ 18
④ 21

정답 ②

해설 프로젝트 관리자를 포함하면 총 프로젝트 팀원 수는 5명이다. 1명이 나가고 2명이 들어왔으니 1명이 기존보다 늘어난 셈이다. 따라서 프로젝트 팀원 수는 총 6명이 된다. 따라서 의사소통 채널수는 공식에 의거하여 $6(6-1)/2 = 15$개이다.

153 리스크관리대장에 있는 리스크가 발생하여 Contingency plan을 가동하였다. 대응전략을 가동하자 이로 인해 새로운 리스크가 발생하였다. 이것을 무엇이라고 부르나?

① 2차 리스크(Secondary risks)
② 잔여 리스크(Residual risks)
③ 트리거(Trigger)
④ Fallback plan

정답 ①

해설 Contingency plan을 가동하면서 대응전략을 가동하자 이로 인해 발생한 새로운 리스크를 2차 리스크(Secondary risks)라 부른다.

154 프로젝트 제품인수조건에 100% 이해관계자가 동의해야 한다는 조건은 없다. 프로젝트의 종료 단계에서 인수할 산출물(인도물)에 대해 고객 및 스폰서 중 한 명이 만족스러워 보이지 않는다, 이런 경우 당신은 프로젝트 관리자로서 무슨 조치를 취해야 하는가?

① 인수 검증 조치를 중단한다.
② 최종보고서를 제출한다.
③ 대안을 식별한다.
④ 문제원인을 분석하고 모든 이해관계자가 동의하도록 조치한다.

정답 ②

해설 산출물에 대해 모든 이해관계자가 만족할 수는 없다. 그래서 그룹 의사결정기법이 기법으로 들어가 있다. 제품 인수 조건에 만일 만장일치 조건이라면 정답이 ④가 되겠으나 일반적인 인수과정이라면 모든 이해관계자를 100% 만족시킬 수는 없다. 한 명이 만족스럽지 않다 하더라도 인수검증은 그대로 진행하여 인수확인을 받은 다음에 그대로 최종보고서를 제출하여 종료를 진행하여야 한다.

155 당신은 프로젝트 관리자이다. 프로젝트 관련 화상회의를 진행 중인데 한 명의 팀원이 자꾸 다른 이야기를 하거나 다른 팀원을 비난하고 있다. 이런 상황이 발생하고 있는 경우에 당신은 회의를 방해하는 해당 팀원에 대해 어떤 조치를 취해야 하는가?

① 회의를 중단하고 공개적으로 해당 팀원에게 주의를 준다.

② 회의를 중단시켜서 취소시키고 이에 대한 책임의 원인으로 해당 팀원을 조용히 불러 주의를 준다.

③ 회의를 일단 끝내고 해당 팀원을 불러 주의를 준다.

④ 그냥 아무 일 없는 듯이 회의를 진행하고 별도 조치를 취하지 않고 나중에 프로젝트 회의에서 별도 주제로 이 문제를 공개적으로 이야기한다.

정답 ③

해설 팀원이 뭘 몰라서 할 수도 있다. 따라서 공개적으로 그를 비판하는 것은 좋지 않다. 회의를 마치고 조용히 불러 주의를 주는 게 효과적이다. 프로젝트 관리자는 모든 팀원들의 자존심을 세우고 배려를 늘 생각하여야 한다. 만일 문제가 반복되면 더 강한 갈등조정을 하여야 한다.

156 당신은 입찰에 성공하여 업체로 선정된 후에 고객과 회의를 하고 있다. 원가보상 계약으로 계약을 체결하였지만 고객은 예산준비를 위해 프로젝트의 전체 비용을 빨리 알고 싶어한다. 이런 경우 당신은 지난 내용이 비슷한 과거 프로젝트에서 추정을 하려고 한다. 이런 경우 어떤 산정 도구를 사용하여 원가를 추정하여야 하는가?

① 유사 산정

② 모수 산정

③ 삼점 추정

④ Bottom up 산정

정답 ①

해설 비슷한 과거 프로젝트에서 추정하는 방식을 Top-down estimation이라고 하며, 유사산정이라 한다. 예산추정이 정확하지는 아니하지만 빠르게 추정할 수 있어 유용하다. 대신 전문가 판단을 통해 보완을 하여야 한다.

157 팀원들과 중요한 안건에 대해 이야기를 하고 있다. 회의 도중에 의사결정하는 단계에서 팀원들의 각자 의견의 사소한 부분보다는 팀원들의 공통점을 취하고 프로젝트 목표에 부합하는 방향으로 진행하였다. 이것은 어떤 갈등해결 방법을 사용한 것인가?

① 회피(Avoiding)

② 완화(Smoothing)

③ 문제해결(Problem Solving)

④ 강요(Forcing)

정답 ②

해설 개개인의 작은 의견을 무마하고 전체 큰 의견이나 방향을 주장하는 것이 완화이다.

158 프로젝트 관리 팀이 회의 참석을 위해 해외로 출장을 간다. 프로젝트 관리자는 팀원 모두를 여행자 보험에 가입시켰다. 이런 행위는 리스크의 어떤 대응 기법을 사용한 것인가?

① 회피

② 활용

③ 전가

④ 수용

정답 ③

해설 보험은 대표적인 리스크 전가 방식이다. 혹시 여행 중 문제가 생기면 문제가 발생하므로 보험가입을 한 것이다.

159 당신은 프로젝트 관리자이다. 갑자기 조달업체의 한곳이 부도가 발생하였다. 그 해당 업체는 2주일 안으로 산출물을 프로젝트에 제공하기로 되어 있었다. 이때 먼저 업체 산출물을 확인하기 위해 참조해야 할 문서는 무엇인가?

① 프로젝트 범위기술서

② 조달작업기술서

③ 요구사항 문서

④ 업체선정기준

정답 ②

해설 계약서 내에 포함이 되어 있는 조달작업기술서는 업체가 조달해야 하는 제품(인도물)의 상세한 내용이 들어가 있다. 따라서 이것을 먼저 살펴보아야 한다.

686

160 프로젝트 관리자는 팀원들의 출퇴근 기록하고 관리하고 있다. 이는 프로젝트 관리자가 어떤 이론에 입각하여 관리를 하고 있다고 보는가?

① X-이론
② Y-이론
③ Z-이론
④ 기대이론

정답 ①

해설 X-이론은 팀원은 수동적이어서 관리를 하여야 한다는 이론을 말한다. 근태를 관리함은 이런 속성을 말해준다.

161 당신은 프로젝트 관리자이다. 업체와의 회의에서 프로젝트를 빨리 종료하면 성과급을 준다고 이야기를 하면서 예상일정보다 더 단축하라고 하였다. 이는 리스크의 어떤 대응전략인가?

① 활용
② 증대
③ 공유
④ 수용

정답 ①

해설 기준일정보다 일정을 단축하는 것은 기회의 활용이다. 예를 들어 계약에서는 인센티브를 넣어서 계약하는 방식으로 일정을 단축하면 이는 활용이라는 긍정적 리스크의 대응전략을 사용하는 것이다.

162 프로젝트 관리 관련하여 1차 회의를 하고 있다. 초기 요구사항 수집을 이해관계자로부터 하고 있는데 이해관계자 중에 1명이 회의를 거의 통제하고 있어 모든 이해관계자들의 다양한 요구사항이 잘 수집이 안 되고 마무리되었다. 이런 경우 2차 회의에서 당신은 프로젝트 관리자로서 어떤 조치를 취해야 하는가?

① 2차 회의 시에는 회의를 통제하려면 1차 회의 시 회의를 통제했던 그 이해관계자를 배제하고 회의를 진행한다.
② 1차 회의와 같은 방법으로 진행한다.
③ 명목 집단법을 응용하여 모든 이해관계자로부터 요구사항을 익명으로 수집하여 요구사항을 정리한다.
④ 브레인스토밍을 통해 자유롭게 의견을 내도록 한다.

정답 ③

해설 1차 회의의 문제는 영향력이 있는 한 명이 회의를 지배하였다. 따라서 익명을 통해 의견을 수렴하는 것이 바람직하다. 명목 집단법 같은 방법이 유용할 것이다. 브레인스토 밍은 의견수렴이 좋지만 1차 회의 시와 같이 영향력이 있는 한 명이 역시 회의 분위기를 지배할 가능성이 높다.

163 당신은 프로젝트 관리자이다. 새로 편성된 프로젝트 팀을 관리하고 있다. 그런데 프로젝트 팀원들이 자신이 어떤 일을 해야 하는지 잘 알지 못하고 있다. 이 단계는 프로젝트 팀 발전의 어느 단계인가?

① Forming

② Storming

③ Norming

④ Performing

정답 ①

해설 Forming시에는 팀이 새롭게 만들어 졌으므로 프로젝트 팀원들이 자신이 어떤 일을 해야 하는지 잘 알지 못한다. 이런 경우에 프로젝트 관리자는 지시적 리더십으로 팀원들에게 일에 대한 지시를 적절히 해 주어야 한다.

164 CV(Cost Variance)=-$1,400, AC(Actual Cost)=$4,000 인 경우, CPI(Cost Performance Index)는?

① 0.35

② 0.65

③ 1.25

④ 1.54

정답 ②

해설 CV=EV-AC이므로, -$1,400=EV-$4,000, EV=$4,000-$1,400=$2,600

  CPI=EV/AC=$2,600/$4,000=0.65

165 프로젝트를 진행 중 Control Chart의 Lower Control Limit는 300, Upper Control Limit= 320이고 평균은 310이다. 다음 중에서 품질의 정상적인 범위는 어느 것인가?

① 299, 301, 305, 307, 308, 315, 307

② 302, 307, 309, 312, 315, 317, 321

③ 311, 313, 314, 316, 317, 318, 319

④ 305, 311, 319, 309, 301, 308, 316

정답 ④

해설　①번은 299가 out of range이고, ②번에서는 321이 Out of range이다. ③번은 Rule of Seven이므로 평균값의 한쪽에 7개가 위치하여 있으므로 정상이 아니다.

166　품질관리에서 품질관리 계획에서 품질비용을 계획하고 있다. 품질비용에서 제품의 SW의 품질을 전부 확인하기 위해서 새로운 시험기를 도입하였다. 이는 품질의 어떤 비용에 해당되는 것인가?

① 예방비용
② 평가비용
③ 내부실패비용
④ 외부실패비용

정답 ②
해설　제품의 SW의 품질을 전부 확인하기 위해서 새로운 시험기를 도입한 것은 품질평가를 위한 것이다. 평가비용을 사용한 것이다.

167　프로젝트 팀원중의 한 명이 성과 평가에 때론 보상의 불만으로 회사를 그만두었다. 이것은 인적자원 이론에서 어느 부분에 해당되는 것인가?

① Halo effect
② David McClelland의 성취동기이론
③ Victor H.Vroom의 기대이론(expectancy theory)
④ Douglas McGregor's의 X이론과 Y이론

정답 ③
해설　보상에 대한 불만은 믿었던 만큼 결과를 못 받아서 생긴 불만으로 보고 동기와 관련된 기대이론으로 보는 것이 타당하다.

168　프로젝트 환경에서 당신은 프로젝트 관리자로서 Intranet를 사용하여 프로젝트 내용을 팀원들에게 공지하였다. 팀원들의 입장에서 이런 의사소통방식은 다음 중 어느 것에 해당되는가?

① Pull Communication
② Push Communication
③ Interactive Communication
④ 위 보기 모두 해당

정답 ①
해설　프로젝트 관리자 입장에서는 Push Communication이고, 팀원의 입장에서는 Pull Communication에 해당된다.

169 당신은 프로젝트 관리자로서 팀원들과 함께 Prototype를 만들어 제품의 요구사항을 확인하고
    분석하고 있다. 반복적인 실험을 하면서 문제를 개선하고 있다. 이런 활동은 리스크 관리차원에
    서는 어떤 대응전략에 해당되는가?

    ① Avoid or Mitigation

    ② Share or Exploit

    ③ Transfer or Accept

    ④ Accept or Enhance

    정답 ①

    해설 Prototype를 만들어 확인을 하는 것은 요구수집을 정확히 하기 위함이다. 이는 리
    스크의 회피 또는 완화 부분에 해당하는 것이다.

170 프로젝트에서 계획비용이 $500,000이고, EV(Earned Value)는 $400,000이고 실제비용
    (Actual Cost)은 $600,000이 소요되었다. 이 프로젝트에서 SV(Schedule Variance)는 얼마
    인가?

    ① $-\$50,000$

    ② $-\$100,000$

    ③ $-\$200,000$

    ④ $100,000$

    정답 ②

    해설 SV＝EV－PV이므로, $\$400,000-\$500,000=-\$100,000$

171 품질관리에서 두 가지 요인들의 상관관계를 나타낸 것은 어느 것인가?

    ① Scatter diagram

    ② Pareto diagram

    ③ Histogram

    ④ Ishikawa diagram

    정답 ①

    해설 프로젝트 추진 중 발생되는 문제의 요인이 되는 변수 또는 파라미터에 대한 관계를
    도식화하는 기법은 Scatter diagram이다. 산점도에는 2가지 변수로 상관관계를 만든다.

172 당신의 프로젝트 팀원 중 한 명이 프로젝트 종료가 얼마 안 남은 상황에서 곧 계약만료가 된다.
    이때 프로젝트 관리자가 우선적으로 하여야 하는 일은?

    ① 변경요청을 한다.

② 리스크 관리대장에 등록한다.

③ 이해관계자관리대장을 갱신한다.

④ 활동자원산정을 다시 한다.

정답 ②

해설 프로젝트 종료가 얼마 안 남은 상황에서 한 팀원이 계약만료가 되면 팀의 자원부족이 예상된다. 이것은 일정지연의 리스크이다. 이를 등록하고 대응계획을 만들어야 한다.

173 당신은 현재 리스크를 식별하려고 한다. 어떤 도구 및 기법을 사용하여야 할까?

① P－I Matrix

② SWOT analysis

③ Monte－carlo simulation

④ Decision making Tree

정답 ②

해설 리스크 식별에 사용되는 도구 및 기법은 아주 다양하다. 대부분은 요구사항수집이 사용되고, 그리고 SWOT 분석 등도 사용이 된다.

174 프로젝트의 일정 및 원가 모두 여유가 없다. 그런데 고객이 일정을 단축하라고 한다. 이런 경우 먼저 일정단축을 어떤 방법으로 하는 것이 좋은가?

① 팀원을 Overtime시켜 일을 많이 시킨다.

② 추가 자원을 투입한다.

③ Fast Tracking을 한다.

④ Crashing을 한다.

정답 ③

해설 일정 및 원가에 여유가 없다면 일정을 병행함으로써 비용에 영향을 주지 않고 일정을 단축시키는 Fast tracking을 검토해야 한다.

175 프로젝트의 SPI는 1.1, CPI=1.2이 그대로 유지가 된다면 향후 어떻게 되겠는가?

① EAC가 BAC보다 작게 된다.

② EAC가 BAC보다 크게 된다.

③ EAC와 BAC가 같게 된다.

④ 예측을 할 수가 없다.

정답 ①

해설 CPI가 1.2라면 원가절감이 20% 절감이 예상된다. 따라서 현 예산보다 20% 정도 원가 절감을 하게 되어 완료시의 예상원가가 원가기준선보다 작게 된다.

176 판매자(공급자)의 인도물에 원재료 가격상승이 있어 비용상승이 되나 가격을 인상 안 해도 되는 계약 방식은 어느 것인?

① Cost plus fixed fee
② Cost plus incentive fee
③ Firm Fixed Price
④ Time and Material

정답 ③
해설 고정가격방식 계약은 판매자의 원가상승 요인이 있어도 기존 가격을 유지하는 방식의 계약으로 구매자에게 유리한 계약 방식이다.

177 이전에 수행되었던 프로젝트 조달문서를 후임 프로젝트 관리자가 언제든 검색 및 열람이 가능하게 되는 것은 어떤 부분 때문에 가능한 것인가?

① 조직 프로세스자산의 기록관리시스템
② Watch List의 관리
③ Risk Register관리
④ Change log의 보관

정답 ①
해설 이전 프로젝트들의 모든 문서 및 기록은 조직프로세스 자산에 저장이 된다.

178 타당성 검토에서 만일 3억 5천만 달러를 투자한다면 경기가 좋을 때(확률 60%) 6억 달러의 이익이 나고, 경기가 나쁠 때(확률 40%) 2억 5천만 달러의 이익이 날 것이라 예상된다고 한다. 이런 경우에 EMV(Economic Monetary Value)를 구하여라.

① 1억 달러
② 1억 천만 달러
③ 2억 5천만 달러
④ 3.6억 달러

정답 ②
해설 경기가 좋을 때 6억 달러×60%=3.6억 달러, 경기가 안 좋을 때는 2억 5천만 달러×40%=1억 달러
3.6억 달러−3.5억 달러=0.1억 달러+1억 달러=1.1억 달러

179 일정관리에서 선행공정이 끝나는 시점이 후속 공정의 끝나는 시점일 때 연관관계는 어떻게 표시가 되는가?

① FS

② FF

③ SS

④ SF

정답 ②

해설 Finish to Finish인 연관관계이다.

180 프로젝트 일정이 촉박한 상태에서 빠른 판단을 필요로 하는 상황에서 두 명의 팀원이 서로 의견 대립 중이다. 프로젝트 관리자는 어떤 갈등해결 방안을 활용해야 하는가?

① 강요/지시

② 타협/화해

③ 철회/회피

④ 문제해결/협조

정답 ②

해설 가장 좋은 갈등해결방법은 문제해결방식이지만, 시간이 오래 걸리는 단점이 있다. 이 문제에서는 일정이 촉박한 상태이므로 타협을 만들어야 한다.

181 경영진(스폰서)이 출장경비 등록에 대한 새로운 정책을 실행하였다. 프로젝트는 기존 급여제공 시스템과 통합하기 위한 출장경비 관리시스템을 도입해서 운영 중이다. 직원들은 출장경비영수증을 전자적으로 새롭게 도입한 시스템에 등록하고 있다. 이것은 무슨 관리에 해당되는 것인가?

① 형상관리

② 품질관리

③ 통합관리

④ 리스크관리

정답 ①

해설 기존 시스템을 변경하여 새로운 시스템에 변경사항을 적용시키고 있다. 이는 변경관리를 포함한 형상관리 부분에 속한다.

182 당신은 프로젝트 관리자로서 프로젝트의 최종 인도물을 고객에 인계를 한 후에 약 2주 정도 휴가를 가려고 한다. 만일 당신은 고객에 인도물을 인도한 상태라면 당신은 휴가를 가기 전까지 마무리해야 하는 것은 어느 것인가?

① 프로젝트 활동을 종료시킨다.

② 고객으로부터 최종 인도물에 대해 어떤 문제가 있는지 없는지 알아본다.

③ 프로젝트 문서를 잘 저장해 놓는다.

④ 팀원과 교훈사항을 정리한다.

정답 ②

해설 프로젝트 최종 인도물을 고객에 보낸 것에 대한 피드백을 받고 관련내용을 팀원과 상의하고 어떤 문제가 있다면 대책을 마련하고 휴가를 가야 한다.

183 프로젝트 팀원 중 한 명이 갑자기 조만간 퇴사한다고 한다. 이에 대해 당신은 프로젝트 관리자로서 우선적으로 해야 할 일은 무엇인가?

① 리스크 관리계획서를 갱신한다.

② 정식변경요청을 한다.

③ 추가 자원을 요구한다.

④ 자원관리계획서를 확인한다.

정답 ④

해설 먼저 자원관리계획서를 살펴보고 직원관리계획과 필요역량들을 분석하고 이에 대한 대응계획을 만든다. 예를 들면 추가자원을 요청하는 변경요청이 될 것이다.

184 당신은 조달관리 프로세스를 진행하고 있다. 여러 회사로부터 조달을 받으려고 한다. 업체들을 한곳으로 모아서 설명회를 하려고 한다. 조달수행에서 사용되는 이 기법을 무엇이라고 부르나?

① Bidder conference

② Suppler selection criteria

③ Proposal evaluation technique

④ Independent estimates

정답 ①

해설 Bidder conference는 Contractor conferences, vendor conferences, pre-bid conferences라고 부르며 제안서 작성 전에 잠재적 판매자들과 가지는 회의이다. 모든 잠재적 판매자들이 조달에 대해 분명하고 공통된 이해를 얻도록 보증하는 것을 목적으로 하고 있다.

185 당신은 프로젝트 관리자이다. 이번 프로젝트는 일정이 매우 빡빡하고 수행하는 인도물 또한 매우 복잡하여 전문인력이 필요한 상황이다. 프로젝트 팀 확보 과정에서 이번 당신의 프로젝트에 반드시 필요한 중요한 한 팀원을 다른 프로젝트의 중요성 때문에 우선순위에 의해서 빼앗겼다. 이에 대해서 해당되는 프로젝트 관리자와 협상을 하였으나 받아들여지지 않았다. 그 팀원이 매우 중요하여 다른 자원으로 현실적으로 대체가 어렵고, 그 팀원이 없으면 프로젝트의 실패가능성이 매우 높아진다. 이런 경우 당신은 프로젝트 관리자로서 어떤 조치를 취하면 좋은가?

① 프로젝트 수행이 불가능하다고 스폰서에게 통보한다.

② 중요자원을 가져간 해당 프로젝트 관리자와 협상을 하여 다시 팀원을 가져오게 만든다.

③ 이번 프로젝트의 중요성을 분석하고 그 팀원의 중요한 역할을 정리하여 스폰서에게 가서 보고하여 다시 그 팀원을 달라고 한다.

④ 팀원이 간 것은 이미 결정된 사항이니 포기하고 다른 대안을 찾아본다.

정답 ③

해설 이런 문제는 많이 발생할 수 있는 현상으로 중요 핵심자원은 여러 프로젝트에서 같이 필요로 한다. 당신은 프로젝트 관리자로서 그 팀원의 역할을 스폰서에게 잘 부각시켜 핵심팀원을 확보해야 한다. 그렇지 않으면 프로젝트의 실패 가능성이 높아진다. 이와 같은 문제가 다른 프로젝트에도 존재한다면 그것은 경영층이 포트폴리오 차원에서 다시 전략을 결정하여야 하고 프로젝트의 성공과 실패에 대한 부분의 영향성을 사전에 점검해 놓은 것이 필요하다.

186 리스크 관리 부문의 설명 중 잘못된 것은 다음 중 어느 것인가?

① 리스크 목록을 가지고 어떻게 리스크를 관리할 것인지 준비하는 것이 리스크 관리 계획 프로세스이다.

② P-I Matrix는 준비는 리스크 관리 계획에서 하고, 사용은 정성적 리스크 분석 프로세스에서 한다.

③ 리스크 식별의 산출물은 리스크 관리대장으로, 정성적 리스크 분석 수행을 마치면 갱신이 된다.

④ 리스크 대응전략에서 부정적 리스크와 긍정적 리스크 대응전략에 사용되는 공통 기법은 수용(Accept)이다.

정답 ①

해설 리스크의 식별은 리스크 식별 프로세스부터 이루어진다. 리스크 관리계획은 리스크 관리를 어떻게 할 것인지에 대한 계획이지, 리스크를 어떻게 관리할 것인지의 계획이 아니다.

187 프로젝트 변경요청 절차와 관련된 설명이다. 다음 중 설명이 잘못된 것은 어느 것인가?

① 변경요청은 프로젝트에 관련된 모든 이해관계자가 요청할 수 있다.
② 변경요청은 정식절차를 밟아 진행되면 형상관리의 틀에 따라 변경절차가 이루어져야 한다.
③ 승인 또는 거부된 변경요청 내용은 Change log에 기록하여 이해관계자들에게 의사소통 관리 프로세스 절차를 통해 배포된다.
④ 승인된 변경요청은 품질통제 프로세스와 조달수행 프로세스에서 재확인하여 시정조치가 제대로 되었는지를 모니터링한다.

정답 ④
해설 승인된 변경요청은 품질통제 프로세스와 조달통제 프로세스에서 재확인하여 시정조치가 제대로 되었는지를 모니터링한다.

188 조달 관리에서 독립산정(Independent estimates)이 조달수행에서 사용되는 목적은 다음 중 어느 것인가?

① 판매자(Seller)가 제시한 금액이 합리적인 것인지 비교하여 판단하기 위함이다.
② Make or Buy Decisions을 위한 기본 조건이다.
③ 제안서 평가기준에 의거하여 판매자 등급을 정하기 위함이다.
④ 분석기법을 통한 원가절감을 하기 위함이다.

정답 ①
해설 독립산정(Independent estimates)은 조달수행 프로세스에서 판매자가 구매 대상 업무/제품에 대해서 정확하게 이해하였는지 평가를 위하여 구매 조직에서 사전에 독립적으로 가격을 추정하여 차이가 큰 업체를 제거하는 방법이다. 또는 판매자가 작업 기술서를 잘못 이해하여 잘못된 가격을 제시한 것에 대한 시정 검토 차원도 있다.

189 조달관리의 조달수행의 활동이 아닌 것은 다음 중 어느 것인가?

① 입찰자 회의를 하여 입찰 내용을 잠재 판매자들에게 설명을 한다.
② 제안서를 각 판매자들에게 발송하여 입찰토록 한다.
③ 판매자에게 온 각 제안서를 평가하여 업체를 산정하고 계약을 체결한다.
④ 계약의 성과보고를 분석하여 이해관계자들에게 보고한다.

정답 ④
해설 ④는 계약이 체결되고 나서 계약을 기준으로 하여 작업의 성과를 비교하여 만들어지는 것으로 조달 통제프로세스에서 발생되는 내용이다.

190 다음은 리스크 관련 부문에서 식별된 리스크에 대한 설명이다 용어의 정의 및 해당조치의 내용 설명이 잘못된 것은 어느 것인가?

① 식별된 리스크에 대한 대응을 Contingency plan이라고 부르고 이때 사용되는 예산을 Contingency reserve라 한다.

② Contingency plan이 실패할 경우를 대비한 계획을 Fallback plan이라 부른다.

③ Contingency plan을 가동하였으나 제거되고 않고 남아 있는 리스크를 Residual risk 라 하고 Watch list에 보관하여 수시로 감시한다.

④ Contingency plan을 가동하여 그 결과 새로운 리스크가 발생된 것을 2차 리스크 (Secondary risk)라 하고 이에 대한 대응으로 workaround를 실시한다.

정답 ④

해설 2차 리스크로 식별이 된 것으로 리스크 관리대장으로 입력하여 대응하여야 한다. 만일 리스크가 발생하면 역시 Contingency plan을 가동하여야 한다.

191 품질비용(Cost of Quality)에 대한 설명이다. 다음 중 설명이 맞게 되지 않은 것은 어느 것인가?

① 품질비용은 원가기준선에 포함이 된다.

② 품질비용에는 품질원가에 적합 및 부적합비용이 있으며 적합에는 예방비용 및 평가 비용이 포함되고, 부적합비용에는 실패비용이 포함된다.

③ 예방비용에는 설계검토, 검사와 테스팅 등이 포함된다.

④ 실패비용에는 내부실패비용과 외부실패비용이 있다.

정답 ③

해설 설계검토, 검사와 테스팅 등은 예방비용이 아니고 평가비용에 해당된다. 예방비용 은 교육이 대표적이다.

192 조달 계약방식에서 구매자가 판매자가 소용된 원가를 전부 지급하고 별도로 인센티브를 지급하 는 계약 방식은 어느 것인가?

① Cost Plus Fixed Fee(CPFF, 고정수수료가산원가)

② Cost Plus Incentive Fee(CPIF, 성과급가산원가)

③ Cost Plus Award Fee(CPAF, 보상금가산원가)

④ Time and Material Contract(시간 자재 계약)

정답 ②

해설 Cost Plus Incentive Fee(CPIF, 성과급가산원가) 계약에서 구매자는 모든 판매자가 사용한 원가와 합의된 수수료를 지불하고 별도로 Incentive를 지급하는 것으로 판매자가 절대적으로 유리한 방식이다. 원가를 전부 보상 받기 때문에 판매자는 비용을 절감할 필요성을 못 느껴 과도한 비용이 발생할 수 있다. 따라서 이에 대한 보완 장치가 필요하다.

193 다음은 조달통제의 계약종료와 프로젝트 종료를 표현한 것이다. 내용이 잘못된 것은 다음 중 어느 것인가?

① 조달종료 시점은 조달과 관련된 계약이 종료되는 시점이다.
② 조달종료는 주로 구매자 입장에서, 프로젝트 종료는 판매자 관점에서 진행이 주관된다.
③ 조달종료의 주요 인도물은 종결된 계약과 조달 감사결과이고, 프로젝트 종료의 주요 활동은 최종 산출물, 서비스 및 결과를 고객에 이전하고 조직 프로세스 자산을 갱신하는 것이다.
④ 조달종료와 프로젝트 종료의 공통점은 Audit과 전문가 판단을 같이 사용한다는 점이다.

정답 ④
해설 조달 통제와 프로젝트 종료의 공통점은 제품의 검증 및 행정적인 처리이고, 조달 통제의 계약종료는 조달 감사를 통하고, 프로젝트 종료는 주로 전문가 판단을 통한 Inspection에 초점을 맞춘다.

194 프로젝트 종료 시에 Lessons Learned를 최종 정리하여 조직프로세스 자산에 잘 보관을 하여야 한다. 이 문서를 만드는 과정 및 관련 설명에 가장 적절한 것은?

① 이 문서는 프로젝트 관리자가 혼자 만들고 작성한다.
② Lessons Learned를 가장 효과적으로 사용하는 프로세스 그룹은 종료프로세스 그룹이다.
③ 이 문서는 프로젝트 관리자와 팀원이 프로젝트를 진행하면서 주기적으로 작성하다가 프로젝트 종료 시에 완료하는 것이 가장 좋다.
④ 이 문서는 프로젝트 초기에 빨리 완성되는 것이 좋으며 이해관계자가 범위 확인 시 확인하는 필수 문서이다.

정답 ③
해설 Lessons Learned는 프로젝트의 잘된 점과 개선할 부분을 작성하는 문서로 주기적으로 프로젝트 관리자의 주관아래 팀원과 관련 이해관계자들이 같이 작성하는 것이 좋다.

195 다음 중 프로젝트 생애주기에 대한 설명이다. 다음 설명 중 틀린 내용이 포함된 것은 어느 것 인가?

① 프로젝트 생애주기에서 단계적으로 일정을 나누어도 그 단계 내에서는 착수-기획-실행-감시 및 통제-종료 프로세스가 존재한다.

② 프로젝트의 불확실성은 초기에 크고 비용과 인력은 초기에 낮게 투입된다.

③ 이해관계자가 프로젝트에 미치는 영향력 및 리스크, 불확실성은 초기에 높으나 시간 이 지날수록 점차 낮아진다.

④ 프로젝트 착수단계에 변경이 발생하면 변경 비용이 크게 발생하나 실행단계에서 변 경이 발생하면 바로 시정조치가 가능하므로 상대적으로 변경비용이 작다.

정답 ④

해설 프로젝트 착수단계에 변경이 발생하면 변경 비용충격이 작다. 그러나 시간이 지나 실행단계에서 변경이 발생하면 완성된 부분을 수정하여야 하므로 비용의 충격이 크다.

196 다음은 WPD(Work Performance Data), WPI(Work Performance Information), WPR (Work Performance Reports)에 대한 설명이다. 이 중 내용이 잘못된 것은?

① WPD(Work Performance Data)는 실행 프로세스 그룹에서 발생하며 감시 및 통제 프로세스의 입력물로 투입된다.

② WPI(Work Performance Information)는 감시 및 통제 프로세스에서 나오는 산출물 로 WPR(Work Performance Reports)를 만드는 프로세스에 투입된다.

③ WPR(Work Performance Reports)는 통합관리 영역에서 만들어지며 이해관계자들에 게 배포하기 위해 실행프로세스 그룹에 속해있는 이해관계자참여관리 프로세스에 투 입된다.

④ WPD가 없으면 WPI가 정확하게 나올 수 없으며, WPI가 없으면 WPR이 정확하게 나 올 수가 없다.

정답 ③

해설 WPR(Work Performance Reports)는 이해관계자들에게 배포하기 위해 실행프로세 스 그룹에 속하며 의사소통영역에 속해있는 의사소통관리프로세스에 투입된다.

197 당신은 프로젝트 관리자이다. 조달관리계획을 통해 Make or Buy Decisions이 완료되었다. 한 제품을 조달하려고 사내 Supplier pool에 있는 3개 업체를 접촉하여 확인을 한 바, 각 업체의 품질이 거의 유사한 것이 1차 검사를 통해 확인되었다. 이런 경우에 당신은 프로젝트 관리자로 서 어떤 조치를 다음에 취해야 하는가?

① RFQ(Request for Quotation)을 각 업체에 발송한다.

② 임의로 단독업체를 선정하여 협상한다.

③ 가격경쟁을 조장해서 낮은 가격을 제안하도록 유도한다.

④ 계약서를 준비하고 계약서 체결을 완료한다.

정답 ①

해설 공정한 입찰을 위해 RFQ를 발송한다. 그런 다음에 제안서가 들어오면 좋은 평가 점수를 받은 업체와 협상하여 계약 체결을 하면 된다.

198 리스크 대응전략에서 합작 등을 통해 시장에 진출하는 등 서로간 강 약점을 보완하여 기회를 살리는 대응전략을 무엇이라고 하는가?

① 활용(Exploit)

② 공유(Share)

③ 증대(Enhance)

④ 수용(Accept)

정답 ②

해설 공유(Share)는 브랜드 사용을 제휴 등 서로 간의 장점을 교환하여 시장에 진출하는 등 불확실성을 줄이기 위해 기회를 유리하게 이용하는 전략이다.

199 미래의 상황이 불확실한 상황이라면 이용되는 모든 변수가 확실한 상황임을 가정하고 분석하는 예측은 오류를 발생시키게 되는데 이러한 오류를 감소시키기 위하여 다른 조건이 일정한 경우에 어느 한 투입 요소가 변동할 때의 예측치가 어느 정도 관련되어 변동하는가를 분석하는 것을 무엇이라 하는가? 이것은 무엇인가?

① Monte-carlo simulation

② Sensitivity Analysis

③ Decision Tree Analysis

④ Expected monetary value Analysis

정답 ②

해설 민감도 분석(Sensitivity Analysis)은 불확실성 수준이 높은 변수의 상대적 중요성을 보다 안정적인 변수와 비교할 때 유용하다. 도표의 모양이 마치 회오리바람(Tornado)처럼 생겨서 토네이도 도표라고 부른다.

200 품질관리에서 제품을 검사하고 있다. 표본검사보다는 전수검사를 강화하고, 표본 검사일 경우에
도 샘플 수를 보다 많이 선정하고, 생산라인에서는 반복적인 확이 시험을 해서 불량률을 줄이려
는 노력을 하고 있다. 이는 리스크의 대응전략과 연관한다면 어떤 전략을 사용하고 있는가?

① 활용(Exploit)

② 증대(Enhance)

③ 완화(Mitigation)

④ 전가(Transfer)

정답 ③

해설   위의 설명의 모든 예는 품질의 문제가 발생되는 것을 완화시키기 위한 노력이다.

책을 마무리하면서(필자소견)

PMP Power학습서는 학습자 입장에서 스스로 공부할 수 있도록 설명과 표, 그림을 많이 추가하여 만든 책입니다. 천천히 이해를 하면서 전체 흐름을 잡으십시오. 전체 흐름이 잡히면 문제를 풀어보시면서 PMP시험에 대비하시기 바랍니다.

이제 프로젝트 전문가가 되기 위한 PMP 시험에 합격하여 자격증을 취득하시고 훌륭한 프로젝트 전문가가 되시길 기원합니다.

PMP취득이 목적이 아닌 과정으로 생각하시고 계속 프로젝트 관련 부분의 학습과 지식습득의 네트워킹을 통해 다양한 사례와 정보교환으로 한 단계 도약하는 진정한 전문가가 되시면 좋겠습니다.

청석 이두표 드림

저자소개

청석 이 두 표

보유자격증: CMC, PMP, PMI-RMP, PMI-ACP, Prince2 Practitioner, Project+,
　　　　　ISO 9001/14001 선임심사원

현) 올포피엠 대표
현) 아주대학교 공학대학원 겸임교수
현) 한양대학교 생산서비스경영 박사과정 수료
현) PMI Chapter Korea 이사
　　한양대학교 경영전문대학원 전략프로젝트경영 MBA
　　직장경력: 한국로버트보쉬, 대우자동차, 쌍용자동차

출간도서(이두표)

• 열정은 혁신을 만든다
• PMP Power 실전문제 1000
• CAPM Power 실전문제 600
• 프로젝트관리의 이해(2018)
• 제4차 산업혁명에서의 스마트공장 구축프로젝트관리(2018)
• 재미있는 프로젝트 이야기(수필)-(2017)
• PMP Power exam 800제(학습서 겸 문제집)-(2015)
• 아내에게 글로 보낸 선물(시집)-(2015)

PMP Power

초판발행	2019년 1월 15일
지은이	이두표
펴낸이	안종만
편 집	전채린
기획/마케팅	손준호
표지디자인	김연서
제 작	우인도·고철민

펴낸곳　　(주) **박영사**
　　　　　서울특별시 종로구 새문안로3길 36, 1601
　　　　　등록 1959. 3. 11. 제300-1959-1호(倫)

전 화　　02)733-6771
f a x　　02)736-4818
e-mail　　pys@pybook.co.kr
homepage　www.pybook.co.kr
ISBN　　979-11-303-0665-0　13320

정 가　　40,000원